R 统计与数据可视化
社会科学数据分析实践

[美] David S. Brown 著　李嘉平 译

Statistics and Data Visualization Using R
The Art and Practice of Data Analysis

电子工业出版社
Publishing House of Electronics Industry
北京·BEIJING

内 容 简 介

本书讲解了数据分析的方法、逻辑、艺术与实践。全书共 17 章，第 1 章介绍了 R、RStudio、R Markdown 的安装和使用；第 2 章介绍了数据分析的动机和四个构成要素：①描述数据并形成假设，②模型的构建与估计，③诊断，④提出下一个问题，后续章节将按照数据分析构成要素的顺序来组织；对数据了解得越多，我们就越能够提出更好的问题，形成更好的假设，描述与数据相关的概念和所需的工具，这些内容将在第 3~9 章中详述；模型的构建与估计是一个应该在理论和证据之间来回往复迭代的过程，关于构建模型的练习将在第 10~14 章中进行；诊断既能帮助我们发现问题，又能帮助我们发掘有意义的关联，形成额外的解释或假设，关于诊断将会在第 15 章和第 16 章中详述；第 17 章将讨论许多涉及二元因变量的问题；附录 A 将提供创建其他新假设的技巧和窍门。

本书的基本理念是通过上手操作来学习。学习统计学以及数据分析的艺术与实践的最好方式，就是进行数据分析。本书用大量案例辅以数据可视化，将统计学知识融汇其中，循循善诱，帮助读者避坑排雷，培养正确的数据分析思维方式。本书适合数据分析初学者，也适合有经验的数据分析人员。

Statistics and Data Visualization Using R: The Art and Practice of Data Analysis
Copyright © 2022 by SAGE Publications, Inc.

All rights reserved. Except as permitted by U.S. copyright law, no part of this work may be reproduced or distributed in any form or by any means, or stored in a database or retrieval system, without permission in writing from the publisher.

The Translation is published by arrangement with SAGE Publications, Inc..

本书简体中文版专有出版权由 SAGE Publications, Inc. 授予电子工业出版社。未经出版者预先书面许可，不得以任何方式复制或抄袭本书的任何部分。

版权贸易合同登记号　图字：01-2023-0780

图书在版编目（CIP）数据

R 统计与数据可视化：社会科学数据分析实践 /（美）戴维·S. 布朗（David S. Brown）著；李嘉平译. —北京：电子工业出版社，2023.9
书名原文：Statistics and Data Visualization Using R: The Art and Practice of Data Analysis
ISBN 978-7-121-46191-0

Ⅰ. ①R… Ⅱ. ①戴… ②李… Ⅲ. ①统计分析–统计程序 Ⅳ. ①C819
中国国家版本馆 CIP 数据核字（2023）第 155184 号

责任编辑：张慧敏
印　　刷：中国电影出版社印刷厂
装　　订：中国电影出版社印刷厂
出版发行：电子工业出版社
　　　　　北京市海淀区万寿路 173 信箱　邮编：100036
开　　本：720×1000　1/16　印张：31.5　字数：669 千字
版　　次：2023 年 9 月第 1 版
印　　次：2023 年 9 月第 1 次印刷
定　　价：169.00 元

凡所购买电子工业出版社图书有缺损问题，请向购买书店调换。若书店售缺，请与本社发行部联系，联系及邮购电话：（010）88254888，88258888。
质量投诉请发邮件至 zlts@phei.com.cn，盗版侵权举报请发邮件至 dbqq@phei.com.cn。
本书咨询联系方式：faq@phei.com.cn。

译者序

2021年底，机缘巧合下，了解到有一本R可视化方面的书需要翻译。看过目录之后，发现主要是介绍统计学的。虽然自诩是R十余年的老用户，也有过相关培训班的教学经验，但统计学并不是我的强项。不过，觉得趁这个机会把统计学知识再捋一捋也不错。回想起当年学习R的时候，几乎没有什么中文资料，只能边啃官方文档，边被R与众不同的诡谲语法踩躏。好在后来觅得丁国徽前辈翻译的《R导论》，以及他和王学枫、谢益辉、李军泰翻译的 *R for beginners*，仿佛在黑暗中摸索寻得一个火种，照亮了前路。想到这里，就决定应承下来，希望把优秀的R内容传播给更多的人，将火种传递下去。于是便请好友牵线搭桥，几番辗转找到了张慧敏编辑。读了原版书，更加确信这是一本值得翻译的好书。

本书对初学者十分友好，作者提供了大量社会科学领域的实际案例，并仔细地将这些案例的分析思路拆解，逐步列出了所需要用到的R代码。读者只需要利用本书提供的数据跟着代码同步练习，便能看到作者思考的过程，无痛掌握统计学知识。包装在典雅文笔之下的，是不断提问、反复迭代、持续获得新发现的思维模式——探索性数据分析。而可视化在这个过程中扮演了极其重要的角色。人脑在图形模式识别方面具有得天独厚的优势，作者利用这个优势，将数据可视化贯穿全书，引导读者从图中发现数据的各种模式，并将其与议题结合起来以获得洞见。干巴巴的统计量，其说服力远比不上恰到好处的数据可视化。至于怎样算恰到好处，作者也给出了十分具有操作性的建议和原则，劝谏读者不要过犹不及。

本书并不完美，存在一些小问题。但瑕不掩瑜，本书用大量案例辅以数据可视化，将统计学知识融汇其中，循循善诱，帮助读者避坑排雷，培养正确的数据分析思维方式，是一本不可多得的好书。希望读者能在本书的指引下，以探索性数据分析为道，以统计学知识为术，以R为器，解决实际问题。

平时看惯了平铺直叙的软件文档，面对作者雅致的文风，想要原汁原味地翻译出来着实有难度。加上文章引经据典，大量使用了俚语，以及担心文化差异会带来理解偏差，我不得不花大力气查阅书中提及的文化典故，力求还原作者的本意。在这个过程中了解到不少地道的俚语表达和文化典故，还挺有意思的。

在翻译过程中，有些优秀的工具值得称道。首先是非常优秀的老牌译文管理软件 OmegaT，大大提高了翻译的效率。其次是清华出品，能够据意查词的 WantWords 反向词典。此外，为了提高翻译的准确性和效率，我边译边开发了一款配合 OmegaT Brower 插件使用的小工具，作用是快速同时查询多个在线词典并以最简洁的方式呈现出来（感兴趣的同行及读者可以自行到 GitHub 搜索 minimalist_browser_for_omegat 获取）。本书如有翻译不当、疏漏之处，还请邮件联系指正：lijiaping@sr.gxmu.edu.cn。

在完美主义和拖延症的双重夹击下，本书的翻译时间大大超出预期。感谢我最喜欢的出版社之一，电子工业出版社和张慧敏编辑将这本好书交给我翻译，包容了我这个"拖稿大魔王"。感谢好友杨锦徐荣牵线搭桥提供了这个机会。感谢家人的陪伴与支持。最后，愿世界和平。

李嘉平
广西医科大学第一附属医院
广西心脑血管疾病防治精准医学重点实验室
2023 年 3 月

前言

打入毒品贩内部,找出供货商。

——《龙虎少年队》(21 Jump Street)
艾斯·库伯(Ice Cube)(索尼影业,2012)

本书旨在鼓励、启发和激发学生对社会科学数据分析的兴趣。其根本前提是学生通过做数据分析来学数据分析。为此,本书从简单的图形工具开始,探索数据并对数据提出有意义的问题。重点是用于发现深埋于回归表整洁外表之下的问题的那些方法。最后,读者会熟悉基本的数据分析技术,并形成数据分析方法,理解所做出的概念、分析乃至哲学的选择。在我看来,一个重要的目标是激发读者对所做事情的兴趣。本书的案例旨在让我们用真实的数据来面对现实世界的议题和问题。数据下载完成后,确保在开始前执行 `installD()` 和 `libraries()` 指令,第一个指令安装所有需要用到的包,而第二个指令加载这些包。`installD()` 指令只需要执行一次;`libraries()` 指令需要在每次重新启动 R 后都执行。

本书为谁而写

本书面向多种读者,但主要还是为初学者准备的。本书假设读者事先没有统计学或微积分的相关知识,而扎实的统计学或微积分背景并不会使这些练习毫无收获。本书源于我在科罗拉多大学教授的大型课程——"定量方法导论(Introduction to Quantitative Methods)"。这是政治学专业学生的必修课,学生需要阅读、理解并审慎地考察越来越多的定量证据。我们真诚地希望在课堂上用一套技能武装学生,帮助他们解决问题。

数据分析师使用 R 就像生物学家使用电子显微镜一样,这种面向对象的统计语言已经被广泛使用,主要是在数据科学家中间站稳了脚跟。虽然从教学的角度来讲,用纸笔学习统计学令人赞赏且有好处,但在这个大数据时代,学生必须掌握最先进的工具。本书充分为读者考虑，读者可下载配套数据并跟着一起做。这套代码根据我的经验提供了一组优秀的指令，初级、中级和高级的分析师都能用上。

对于那些经验更丰富的读者来说，本书提出了一种方法，强调简单的分析如何通过描述、理论和证据之间的来回往复迭代产生更好的议题。本书鼓励提出假设，查看证据，然后由这些证据产生新的假设。在我看来，为了提出下一个议题而构建假设时，读者就会展现出对案例的深刻理解。比起学习代码，比起理解概率论，本书设法形成一个永无止境的发现循环，体现为描述我们之所见，提出假设，根据经验检验它，然后产生下一个议题或假设。从这个意义上讲，即使是技术能力较高的读者，也能从中受益。

组织

大多数统计学教材都是从概率论的基础知识开始的，然后是抽样和假设检验，最后是相关性和回归分析。虽然概念上是连贯的，但学生首先要在学期之初克服对概率论的恐惧，必须解读标准正态分布表或 t-分布表，然后在最后两周掌握二元或多元回归分析。这里存在两种思想流派，本书兼顾两者。一些人坚持认为，支撑回归理论的概率基础必须出现在首条数据拟合线之前。另一些人喜欢一开始就拟合曲线，构建模型。他们认为，学生只有在面对构建模型、生成估计以及评估模型拟合的挑战之后，才会有强烈的动机去理解用于生成 t- 比率、R^2 统计量和置信区间的概率机制。本书的设计是：在描述数据和进行比较之后，可以跳过第 8 章和第 9 章，直接进行回归分析。关于诊断的章节，为支撑线性回归的高斯 - 马尔可夫假设提供了直观的感受。

还有一章专门介绍数据的展示（第 7 章）。如何向受众展示发现，往往连这样最基本的原则我们都不肯花时间。我将爱德华·塔夫特（Edward Tufte）的开创性工作与一些侧重于叙事过程的资料结合起来。

在掌握了多元回归分析的机制后，本书以逻辑回归作为结束——社会科学中的许多问题都涉及二元选择（是否投票）、所处的二元状态（是否大学毕业）以及二元环境（是否住在某个城市）。鉴于社会科学中这些问题的重要性和普遍性，本书会向学生介绍逻辑回归，如何分析以及报告其结果。

基本理念

在学术生涯的早期，我受到了我非常敬重的两位资深学者之间的争论的影响。我不记得主题了，但那是在两位教授的研究生研讨会上。当我们着手评估和审查一篇指定的文章时，其中一位教授显然介意其缺乏理论的严谨性。论文的论点似乎在随着每个新证据的出现而改变。面对论文中一个相当明显的事后推理的实例，两位教授开始争论这篇文章到底有没有做出什么贡献。虽然两人关系很好，但争论非常激烈，当其中一人强调"我不相信为了符合事实而不断改变理论的工作！"的时候，争论达到了顶点。我们等待着回应，房间里变得鸦雀无声。沉默片刻后，另一位教授笑着反讽道："我不相信为了符合理论而不断改变事实的工作！"

正是如此。那天，关于如何打磨我的技艺，我的脑海中画出了清晰的线路。意识到"事实"从来都不是独立于我们的理解、背景和生活经历之外的，对我而言，这比用来解释它们的理论更为坚实。

话虽如此，我们还是得从某个地方开始，在我看来，最好的数据集是用有意义的、强效且重要的理论和问题构建的。因此，就像警察队长（《龙虎少年队》中由艾斯·库伯饰演）告诫下属（查宁·塔图姆和乔纳·希尔饰演）先打入毒品贩内部，然后找出供货商一样，本书鼓励学生先提出一个假设，然后根据经验去检验它。最后，关于社会科学是一种推演过程还是数据挖掘工作，本书不参与这场论战（毕竟，查宁·塔图姆确实问过他的队长，他们能否直接先找到供货商）。介于推演过程和数据挖掘工作之间，我希望能证明最好的实证研究有赖于二者之间开诚布公的讨论。

目录

第 1 章 ● 入门指南　001

概述　001
R、RStudio 和 R Markdown　002
对象与函数　004
RStudio 入门　006
RStudio 的 R Markdown 导览　012
R Markdown 文件与 R 脚本　017
小练习　019

第 2 章 ● 数据分析导论　027

概述　027
数据分析的动机　028
　大数据越来越大　028
　数据分析是一项有市场需求的技能　029
　数据分析是一种公益　030
数据分析的构成要素　031
描述数据并形成假设　033
　假设一：民族语言碎片化　034
　假设二：女性选举权　040
　假设三：人力资本　046
　假设四：政治稳定　048
模型的构建与估计　052
诊断　054
　结果的稳定性　054
　残差图　056
提出下一个问题　059

第 3 章 ● 描述数据　　**064**

　概述　　064
　数据集和变量　　066
　不同类型的变量　　068
　　连续变量　　069
　　分类变量　　069
　　有序分类变量　　070
　描述数据可以节省时间和精力　　073
　　数据的形状　　073
　　数据的极差　　077
　辨识困惑、问题、假设和线索　　079
　　困惑和问题：重要的区别　　079
　　描述数据以改进问题　　081
　　描述数据披露了更多线索　　084
　度量　　086
　　有效性　　086
　　可靠性　　088

第 4 章 ● 集中趋势和离散程度　　**093**

　概述　　093
　集中趋势的度量：众数、平均数和中位数　　094
　　众数　　095
　　平均数　　096
　　中位数　　100
　平均数与中位数　　103
　离散程度的度量：极差、四分位距和标准差　　106
　　极差　　107
　　四分位距　　109
　　标准差　　110
　四分位距与标准差　　116
　　关于方差的说明　　117

第 5 章 ● 数据的单变量和双变量描述　　**123**

　概述　　123
　好的、差的和离群值　　124

单变量数据的 5 种视图   125
- 频率表   126
- 条形图   127
- 箱线图（或盒须图）   128
- 直方图   131
- 茎叶图   135

变量间是否相关   138
- 散点图   139
- 箱线图（双变量）   145
- 马赛克图   145
- 交叉表   148
- 气泡图   148

第 6 章 ● 数据变换   157

概述   157

数据变换的理论原因   158
- 变换数据确保符合理论   158
- 数据和问题都要变换以相互匹配   159

数据变换的实际原因   160

数据变换——从连续变量到分类变量   164

数据变换——改变类别   169

Box-Cox 变换   175

第 7 章 ● 数据展示的一些原则   186

概述   186

一些风格要素   187
- 消除杂乱   188
- 聚焦   190
- 整合图文   192
- 一图应该胜千言   195
- 了解你的受众   201
- 了解你的目的：解释性、探索性或信息性   203

故事的基本要素   208

文档（树立讲述者的可信度）   209

建立直觉（设定背景）   211

展示因果关系（旅程）	211
从因果到行动（决议）	213

第 8 章 ● 概率论精要 — 218

概述	218
总体和样本	219
样本偏差与随机样本	220
大数定律	222
大数定律的可视化	223
中心极限定理	227
平均数的抽样分布随着 n 的增加而接近正态分布	228
和的抽样分布是正态的	230
从正态分布中抽取时的观测数量	231
中心极限定理的一个有用性质	232
从不同的分布中抽样	233
标准正态分布	239
标准正态分布与临界 z 分数	242

第 9 章 ● 置信区间与假设检验 — 250

概述	250
大样本的置信区间	251
求总体比例	251
求总体平均数	256
小样本与 t- 分布	260
自由度	263
小样本的样本标准差	264
用小样本构建置信区间	269
例子：女性薪酬与男性薪酬	270
比较两个样本的平均数	272
例子：两个群体和两种收入	273
例子：种族和对警察的看法	275
例子：收入和对特朗普的支持	275
置信水平	277
关于统计推断和因果关系的简要说明	280

第 10 章 ● 进行比较 — 285

概述	285
为什么要进行比较	286
需要比较的问题	287
比较两个分类变量	289
例子：对警察的看法	289
例子：哪些人去教堂	292
比较连续变量和分类变量	294
例子：奥巴马情感量表	294
比较两个连续变量	297
例子：性别与教育	297
例子：性别与政策制定	298
探索性数据分析：调查美国的堕胎率	301
重述要点	303
好的分析引出新的问题	308

第 11 章 ● 受控比较 — 312

概述	312
什么是受控比较	313
比较两个分类变量，同时控制第三个变量	314
例子：对警察的看法	314
例子：对移民的看法	320
比较两个连续变量，同时控制第三个变量	327
例子：婴儿死亡率	328
例子：凶杀率	331
论点与受控比较	334

第 12 章 ● 线性回归 — 340

概述	340
线性回归的优点	341
线性回归中的斜率和截距	342
对斜率和截距的解读	343
例子：选民投票率和教育	343
拟合优度（R^2 统计量）	348

统计显著性	352
计算 t-比率	353
二元回归的例子	355
一个州的宗教信仰水平是否会影响堕胎率	356
宗教信仰是否会影响枪支法案	358
暴力会导致政治不稳定吗	359
收入（人均 GDP）与投票率有关吗	361

第 13 章 ● 多元回归   368

概述	368
什么是多元回归	369
为什么要使用多元回归	370
回归模型和论点	371
回归模型、理论和证据	372
解读多元回归中的估计值	376
实质显著性	376
统计显著性	377
拟合优度：R^2	378
例子：凶杀率与教育	379
理论	379
描述数据	380
估计	384
经验蕴涵	386
讨论	389

第 14 章 ● 虚拟变量和交互作用   394

概述	394
什么是虚拟变量	395
加性模型与交互作用模型	396
二元虚拟变量回归	397
多元回归与虚拟变量	398
多元回归中的交互作用	398
例子：伯尼·桑德斯，教育和收入	400
例子：外援，人均 GDP 和民主	405

第 15 章 ● 诊断 1：普通最小二乘法是否适用 — 412

概述 — 412
回归分析中的诊断 — 413
统计量与估计量的性质 — 414
高斯 - 马尔可夫假设 — 419
残差图 — 425

第 16 章 ● 诊断 2：残差、杠杆值与影响力的度量 — 438

概述 — 438
离群值 — 439
杠杆值 — 442
影响力的度量 — 448
库克距离 — 448
dfbeta — 449
增加变量图 — 454

第 17 章 ● 逻辑回归 — 461

概述 — 461
需要逻辑回归解决的议题与难题 — 462
逻辑回归违反了高斯 - 马尔可夫假设 — 463
使用对数发生比 — 466
使用预测概率 — 469
二元逻辑回归 — 469
多元逻辑回归 — 471
例子：2012 年奥巴马赢得的选举人团 — 472
逻辑回归模型拟合 — 475
例子：奥巴马，收入和教育 — 475
接收者操作特征曲线和曲线下面积 — 476

附录 A ● 形成经验蕴涵 — 488

1 入门指南

本章大纲
- 学习目标
- 概述
- R、RStudio 和 R Markdown
- 对象与函数
- RStudio 入门
- RStudio 的 R Markdown 导览
- R Markdown 文件与 R 脚本
- 小练习
- 小结
- 常见问题
- 复习题
- 数据分析与可视化练习
- R 函数注释

学习目标
- 理解 R、RStudio 与 R Markdown 之间的区别。
- 区分函数与对象。
- 下载、安装、操作 R 和 RStudio。
- 理解 R Markdown 的主要特性。
- 使用 R Markdown 创建一个 Word 或 HTML 文档。

概述

本章的课题就像在生物课上学习如何使用高倍显微镜。学习如何在 RStudio 中操作和检查数据,就像将生物标本放在载玻片上,需要正确地将其放在镜头下并对焦。这个比喻还可以再进一步。在生物课上,还要学习如何做实验笔记以及展示我们的发现。RStudio 可以轻松记录分析结果并以专业文档的形式展示出来。

本章的目标是为读者介绍 R、RStudio 和 R Markdown。我们通过 RStudio 来执行 R 中的命令,RStudio 提供的直观界面使得 R 中的很多任务变得简单了。我们将在 RStudio 中使用 R Markdown 来做笔记并生成专业文档。掌握统计软件是数据分析的重要组成部分。科学家熟练使用实验室设备才能做出好的分析;精通实验的科学家更有可能获得有意义的发现。对你来说,也是如此。

R、RStudio 和 R Markdown

R 是基于 S 的统计编程语言，而 S 是贝尔实验室于 20 世纪 60 年代开发的编程语言。R 是一种开源语言，由 R 核心开发团队和 R 基金会管理。R 是自由软件，有成千上万的用户编写自己的 R 代码，并以**包**（package）的形式贡献出来。有数以万计的包被设计出来，旨在帮助各个特定领域的数据分析。安装的包作为附加功能，可以帮助我们更轻松、更高效地进行分析。用户向 R 在线社区提交包来测试代码，测试完成后，代码就可公开供所有人使用了。

当 R 运行时，用户看到的实际界面相当简陋，主要靠向命令提示符输入指令来操作。2010 年阿莱尔（J. J. Allaire）开发了一个集成开发环境（IDE）——RStudio，它让 R 更易用了。从技术的角度来讲，本书的内容是在 R 中完成的，但实际上我们执行命令、做笔记并生成报告用的都是 RStudio。

在 RStudio 中，有一个名为 **R Markdown** 的笔记和文档生成功能[1]。R Markdown 是一种基于 Markdown 配合 R 使用的轻量级标记语言，而 Markdown 是一种更通用的轻量级标记语言。为什么要用 R Markdown 呢？为什么不将图形与统计输出结果直接复制粘贴到 Word 文件中去？虽然可以这么做，但我还是建议使用 R Markdown。R Markdown 有两个重要的用途。首先，使用它整合数据图形和文本变得非常容易，可以用 HTML、Word 或 LaTeX[2] 格式生成文档。其次，R Markdown 提倡细致地做记录，以便日后可以轻松复现结果。向自己和更广泛的受众传达结果是数据分析中一个重要但经常被忽视的部分，而我们会很重视这一点。

本书被设计为在计算机旁阅读。在计算机上下载并安装好 R 和 RStudio 后（下文详述），就可以使用 RStudio 来完成所有的分析了。只需要打开 RStudio，而不需要打开 R。本书中几乎所有的图表都是用 RStudio 生成的。也有一些例外，不过也是从 RStudio 开始，再用 Adobe Illustrator 编辑完成的。学习本书，仅需 RStudio 即可。

本书的例子可被轻松复制。文中各图表都有相应的可在 RStudio 中输入的指令（R 代码），以便读者利用代码来重现相同的图表。代码位于其生成图表的上方，称为"代

---

[1] 译注：该功能得益于谢益辉 2011 年开发的 `knitr` 包，极大地拓展了 Markdown 的应用范围。

[2] 只有加载了正确的 LaTeX 文件，计算机才能生成 PDF 文档。LaTeX 实现的功能与 R Markdown 类似，但它是一种更加完备，也因此更加复杂的标记语言。如果计算机上有正确的 LaTeX 文件，那么在生成 PDF 文档时，RStudio 会将 R Markdown 标记语言转换为 LaTeX（译注：该过程是通过调用标记语言转换工具 pandoc 实现的，pandoc 支持多种格式之间的相互转换）。由于使用了基于 TeX 的格式化语言，因此以这种方式生成的文档具有卓越的品质，为你打开了本需要精通 TeX 语法才能使用 TeX 的全新世界的大门。要生成 PDF 文档，必须下载一整套文件（译注：译者推荐通过 `tinytex` 包安装轻量化的 TeX：`install.packages('tinytex'); tinytex::install_tinytex()`）。所需软件可在 LaTeX 官网找到，其适用于 Mac、Windows 和 Linux 平台。

码块"。以代码块 1-1 为例，其代码生成了一个叫散点图的图形。对于散点图，将在本章及后续章节中详述。就目前而言，重要的是在代码块和生成的图形之间建立起直观的联系。在图 1-1 中，绘制了各州学生人均教育支出与该州收入中位数之间的关系。

代码块 1-1

```
plot(states$medinc, states$stuspend,
     main = "图 1-1：富裕的州支出较高",
     col = "#bf0000", pch = 20, font.main = 1)
```

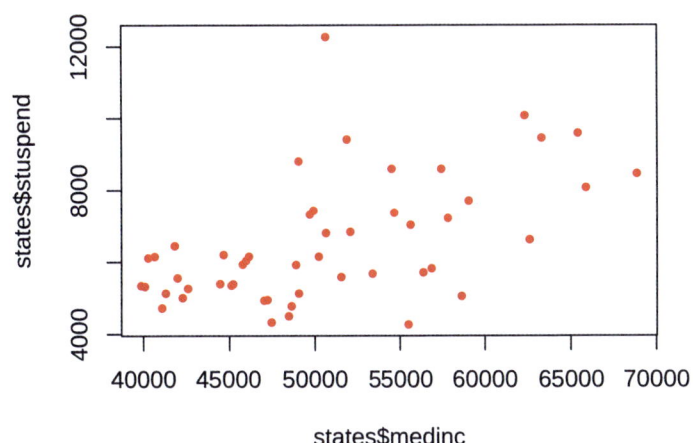

图 1-1：富裕的州支出较高

 数据可视化的艺术与实践
只复制相关的部分代码

经验丰富的从业者依靠他们熟知的几段代码来生成特定的图表和统计分析。如果有一个可以检索、复制和编辑这些代码的文件就最好不过了。使用 RStudio 可以轻松实现这个需求。整个分析都要从零开始编写代码的情况很少（要记的东西太多，出错的可能性也因此更多）。

知识检验：理解 R、RStudio 与 R Markdown 之间的区别。

1. 以下关于 R 的描述哪个是准确的？
   a. 一种基于 S 的统计编程语言
   b. 一个集成开发环境（IDE）

c. 一种轻量级的标记语言

d. 一种基于 RStudio 的统计编程语言

2. 以下关于 RStudio 的描述哪个是准确的？

a. 一种基于 S 的统计编程语言

b. 一个 R 集成开发环境

c. 一种轻量级的标记语言

d. 一种基于 R 的统计编程语言

3. 以下关于 R Markdown 的描述哪些是准确的？

a. 一种基于 RStudio 的统计编程语言

b. 一种轻量级的标记语言

c. RStudio 中一项用于重复结果的功能

d. RStudio 中一项用于展示结果的功能

对象与函数

虽然这不是专门学习 R 的书，但在我们开启学习的旅程之前，有几个概念值得一提。关于 R 的综合论述，我认为库尔特·高巴茨（Kurt Gaubatz）的 *A Survivor's Guide to R* 最实用（Gaubatz, 2015）。与其用一整章（或两三章）来介绍 R，我认为不如在此简单讨论一下 R 的两个特性，以便更好地理解那些要输入或复制到 RStudio 的指令。

让我们从**函数**（function）开始。在 R 中，函数（function）和命令（command）这两个词是可以互换的。函数告诉 R 进行指定的动作。它们既像高中数学里学到的函数，又像我们每天使用的动词：开（open）门、吃（eat）西兰花，或者完成（finish）家庭作业。在这些例子中，命令或函数是开（open）、吃（eat）、完成（finish）。另外，每个函数都有一个对象与之配对：门（door）、西兰花（broccoli）、家庭作业（homework）。在 R 中，函数被表示为紧跟着一对括号的词，括号中包含要操作的对象。上面例子的 R 代码看起来就像 `open(door)`、`eat(broccoli)`、`finish(homework)`。由于 R 实际上并不能真的开门、吃西兰花或完成家庭作业（虽然有人会说它确实能开门，而且至少能帮助完成家庭作业），让我们用一个更现实的例子来说明本书将要用到的数据。以下是一个 R 代码示例。

```
hist(states$hsdiploma)
```

此处 `hist` 是函数，`states$hsdiploma` 是对象。在这个简单的例子中，我们告诉 R 创建一个直方图（后续首个会话将用到的一种数据概要图）。我将提供本书用到的所有数据，其中包括美国 50 个州的信息、调查受访者的信息，以及从世界各国收集来的信息。本例中使用的数据是美国各州成年人口完成高中教育的百分比，该数据名为 `states$hsdiploma`。只要看到括号前有一个词，我们就知道这个词是一个函数。R 中有很多函数，我们也可以定义自己的函数。

另一个基本概念是**对象**（Object）。在上面日常生活的例子中，对象是门（door）、西兰花（broccoli）和家庭作业（homework）。函数可以被看作是动词，对象则是名词。在上面的 R 代码示例中，`states$hsdiploma` 是函数 `hist` 操作的对象。R 就是我们所说的面向对象的语言，即 R 就是为操作对象而设计的语言。在上面的例子中，对象 `states$hsdiploma` 是数值列表（list）[1]。对象可以是一个数值列表、几个数值列表（称为数据集）或各种其他东西。我们也可以定义自己的对象。小于号和短横线的组合（"<-"）在 R 代码中被识别为定义对象，本质上相当于"等于"[2]。请看下面的例子。

```
myobject <- hist(states$hsdiploma)
```

本例定义了一个名为 `myobject` 的对象作为 `states$hsdiploma` 的直方图度量，即每个州的成人人口中拥有高中文凭的百分比。`states$hsdiploma` 的结构就是一个简单的数值列表，每个数值代表一个州。为了巩固函数和对象的概念，我们用一个函数和一些数值来定义一个对象，只要将其输入计算机即可。我们从定义一个对象开始：

```
newobject <- c(1,1,1,1,3,4,5,5,5,5,6,6)
```

上面的代码告诉 R 创建一个名为 `newobject` 的对象，并将它定义为一个包含 12 个数值的列表。这里我要生成一个 12 个数值的列表，其取值范围在 1 至 6 之间。数值列表的结构与 `states$hsdiploma` 一致，只不过这里用的是我们自己输入的数值。名为 `states$hsdiploma` 的列表包含 50 个数值（每个州一个数值）。函数 `c` 告诉 R 要将数值合并（combine）成一个列表。有了定义为 12 个数值的列表对象 `newobject`，我们就可以用一个函数来生成这个列表的直方图，即称为 `myobject` 的对象。代码如下：

```
hist(newobject)
```

作为面向对象编程语言 R 的介绍，这甚至连皮毛都算不上。我们没有过多纠缠于 R 的基础知识，主要原因很简单：学习使用 R 进行数据分析的最佳方法是使用 R。

---

1 译注：严格地讲，它应该是数值向量（vector），`states['hsdiploma']` 才是 R 术语中的列表（list）。
2 译注："<-" 的采用需要回溯到 S 语言的历史。箭头 "<-" 来源于贝尔实验室某古董机器上那个印着下划线的键，但敲出来显示的却是箭头。S 语言认为箭头是一个很形象的赋值符号，于是被采纳，R 沿用至今。在 R 中 "<-" 和 "=" 都是赋值符号，几乎是等价的。此外，除了 "<-"，还有 "->" 也是赋值符号，只不过赋值方向相反。

其次，当前的编码实践，无论使用哪种语言（R、C++、JavaScript、Python等）都涉及对有价值代码块（通常来自 Internet 上的各种不同站点）的辨识、复制以及使用。学会辨识函数与对象对我们大有裨益。请放心，本书包含了完成复杂、高效和有洞见的工作所需的所有代码块。

在继续之前，还有一个注意事项。我们在 R 中看到的大部分代码都是带着一对括号的函数（或命令）。正如我前面所指出的，括号里的是某种对象。就像门、西兰花和家庭作业的例子一样，对象可以是各种不同的东西。随着我们的继续，你会发现在括号中经常出现用逗号隔开的额外指令。这些额外指令让我们的命令更加明确。在开门 open(door) 的例子里，我们可以慢慢开门 open(door, slowly) 或只开一条门缝 open(door, just a crack)。这些命令可以变得相当长，以便更好地把控数据操作过程，并提供更多的洞见。

> **知识检验：区分函数和对象。**

4. 根据 R 中动词和函数之间的比喻，以下哪些是合理的？
    a. `homework()`
    b. `finish()`
    c. `combine()`
    d. `numbers()`

5. 根据 R 中名词和对象之间的比喻，以下哪些是合理的？
    a. `finish(homework)`
    b. `numbers(combine)`
    c. `homework(finish)`
    d. `combine(numbers)`

RStudio 入门

要使用本书的资料，需要分别下载 R、RStudio 和两个位于 SAGE 出版公司网站上的文件。在计算机上安装好正确版本的 R 后，就可以下载 RStudio 并使用了。在安装好 R 和 RStudio 后，还要从 SAGE 出版公司网站上下载两个文件：`Getting_Started_with_R.Rmd` 和 `Art_and_Practice.RData`。其中，第一个文件包含的资料可以帮助你上手 RStudio 和 R Markdown；第二个文件包含我们要用到的数据以及我编写的几个函数。

数据可视化的艺术与实践
把文件放在一起

最好在计算机上找地方建立一个文件夹，以便将文件集中在一个位置。最佳实践是把这个文件夹保存在云端某个地方（使用 Dropbox、iCloud 或其他类似服务），在任何计算机上都总能访问到，也不会因计算机发生意外而丢失。

- 第 1 步：打开 RStudio 应用程序，它看起来应该如图 1-2 所示。

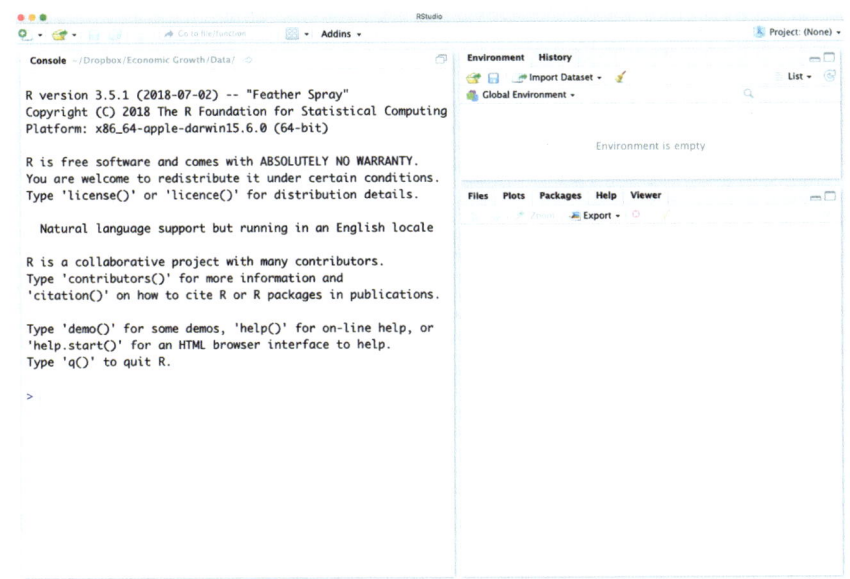

图 1-2：RStudio 打开时的视图

使用 R 的方法有很多。本书将采用 R Markdown，以便生成专业的 Word、HTML 或 LaTeX 格式的文档。

- 第 2 步：导航到左上窗格，选择黄色的文件夹按钮 。此步骤如图 1-3A 所示。

它将打开一个浏览窗口，可以在其中访问到 R Markdown 文件 `Getting_Started_with_R.Rmd`。打开该文件后，我们会看到在 RStudio 左上角打开了一个窗格，显示内容如图 1-3B 所示。

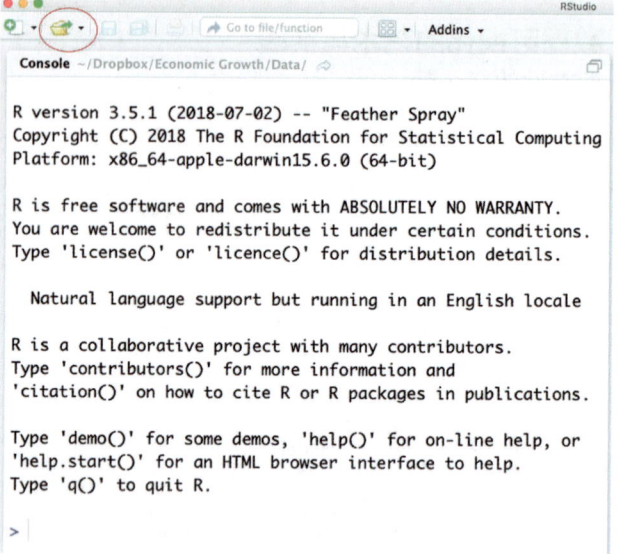

图 1-3A：打开 R Markdown 文件

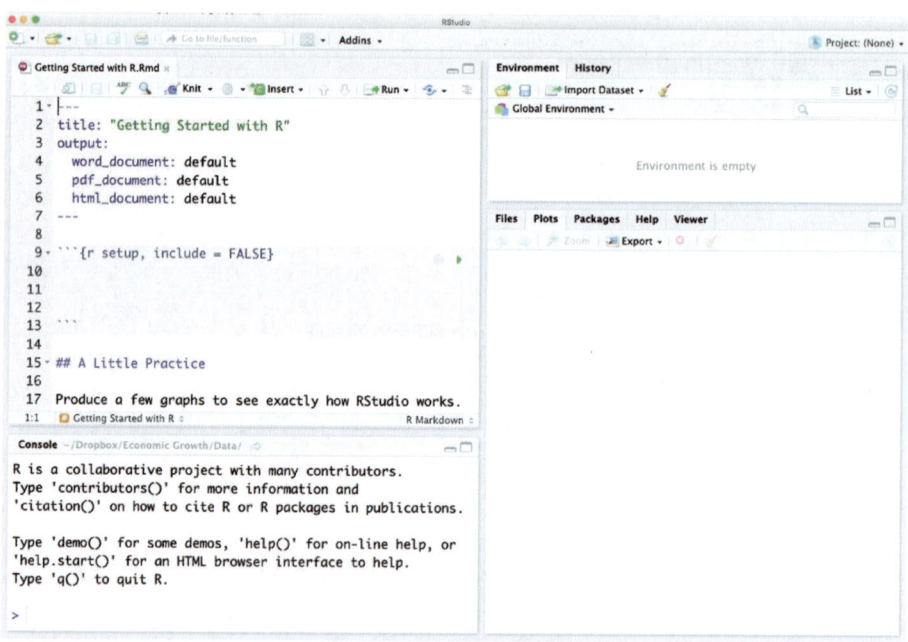

图 1-3B：R Markdown 文件出现了

请注意，R Markdown 文件中有一个灰色区域。这个灰色区域被称为**代码块**，是我们放指令（真正的 R 代码）的地方。由于这是窗口中出现的第一个代码块，因此我将其命名为 setup，它包含了数据在计算机上的路径及加载命令。

- 第3步：导航至右上窗格，点击黄色的文件夹按钮 （见图1-4A）[1]，在弹出的文件浏览窗口中找到 Art_and_Practice.RData 文件并选中它。如果你正确地完成了这一步，在右上窗格中应该能看到三个数据集：nes、states 和 world，如图 1-4A 所示。

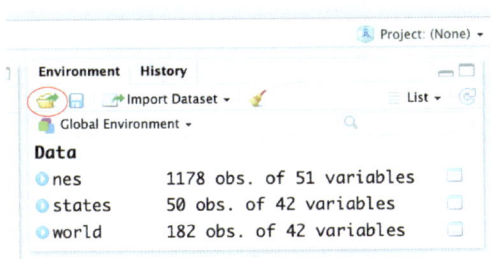

图 1-4A：打开数据文件

请注意，选中文件后，含有相应真实路径的加载命令将会出现在左下窗格（控制台窗格）中。加载命令看起来类似于图 1-4B 所示，但会根据文件所在路径的不同而发生变化：load("~/Art_and_Practice.RData")。你可以复制那个以 ">" 开头的命令 load。

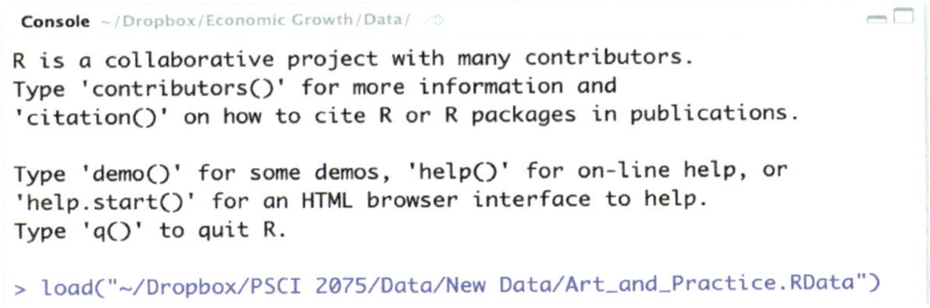

图 1-4B：复制 load（加载）命令

复制该命令后，将其粘贴到代码块中的任何一行（见图 1-4C）。在图 1-4C 中，我用红色的椭圆画出了可以粘贴代码的地方。这行代码告诉 R Markdown 数据在哪里，以便把这个文件编译（knit）[2] 成 Word、HTML 或 LaTeX 格式的文档。

- 第4步：安装本书所需的包。在控制台窗格的提示符下输入我定义的 installD() 函数并运行（见图 1-5A）。数据文件中包含一些专为本书编写的函数，其中之一就是 installD() 函数，它会安装需要用到的所有包。

---

1 数据文件 Art_and_Practice.RData 包含数据以及一些函数。我说的数据，指的是制作图表、进行统计检验以及开始探索重要主题（例如美国的枪支管制法）所需要的实际数据。对于数据和数据集更完整的定义，将保留至第 2 章展开叙述。
2 "knit" 是我们将 R Markdown 文件转换为文档时使用的术语。

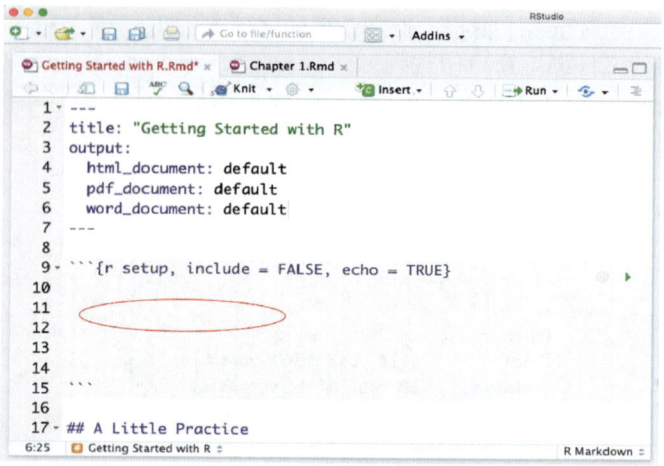

图 1-4C：将命令粘贴至代码块中

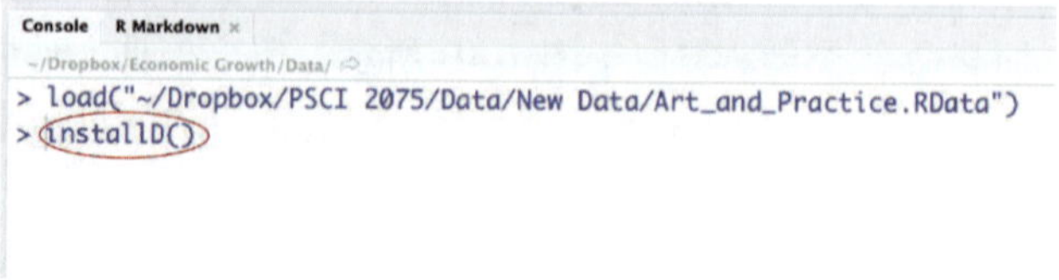

图 1-5A：安装本书用到的包

只要在控制台窗格（左下）的提示符下输入 `installD()` 并回车，计算机就会开始安装包。整个过程可能需要 3 ~ 5 分钟或更久，这取决于你的计算机速度。待所有的包都安装好后，控制台窗格将返回至提示符状态。

- 第 5 步：在控制台窗格（左下）的提示符下输入 `libraries()` 并回车，将刚才安装的所有包都加载到 RStudio 中，以备后续使用（见图 1-5B）。这也是专门为本书编写的特殊函数。

`libraries()` 函数与 `library()` 函数类似，只不过后者每次加载一个包。当每个包加载的时候，可以在控制台看到一些活动。这个过程通常只持续几秒钟。当控制台返回提示符时，就表示已经准备好了！

我们来回顾一下，首次启动 RStudio 的时候，需要在控制台输入 `installD()` 来安装本书所需的包——`installD()` 函数会从网上将所需的所有包下载下来。随着本书内容的深入，还有其他的包要安装。幸运的是，RStudio 的界面让包的安装变得容易了。整个过程只需点击右下窗格中的"包（Packages）"选项卡，再点击"安装（Install）"按钮，然后输入要安装的包名，剩下的工作就交给 RStudio 来完成了。

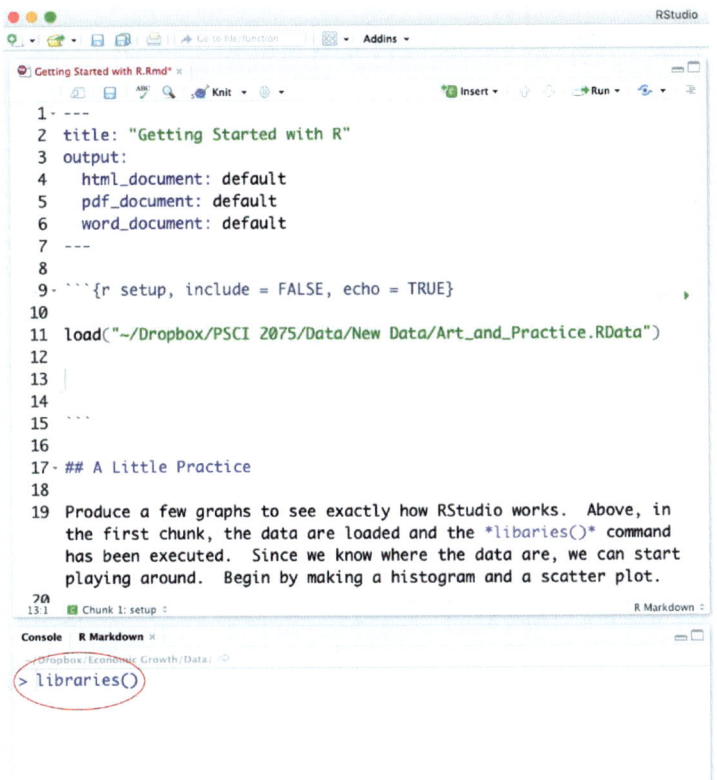

图 1-5B：加载包

请记住，在 RStudio 安装完包后（光标返回至控制台的 ">" 提示符），要输入 libraries() 并回车。libraries() 函数（我为本书定义的一个函数）让刚安装的包处于可用状态。installD() 只需要运行一次，而每次重新启动 RStudio 后都要输入 libraries() 加载相关的包。要运行设置（setup）代码块中所有的命令，只需点击代码块右上方的绿色箭头 ▶ 即可。如果一切顺利，这将会加载数据并运行 libraries() 函数。

在继续之前，我们需要注意包的加载顺序。R 的优势之一，是有成千上万的包可以使用。但同时，这也是它的缺点之一。由于有那么多不同的贡献者编写了这么多包，难免有些包会具有同名函数。例如，dplyr 包和 MASS 包里都有 select() 函数。有时一个包会"屏蔽"另一个包。当我们调用函数时，R 只管运行最后加载包的函数。为了明确要用哪个函数，有时需要在前面加上包名和两个冒号（"::"）。例如，我们在第 3 章中会看到 select() 函数前面有 dplyr::，以确保函数正常运行。在本书中，只有几个代码块出现这种情况。每当这种情况出现时，我都会提醒你注意。

> **知识检验：下载、安装、操作 R 和 RStudio。**

6. 下列关于 `installD()` 函数的描述，哪个是准确的？
   a. 它安装并加载 R 包。
   b. 它是加载所有包的基础 R 函数。
   c. 它是作者定义的函数，用于加载本书用到的所有包。
   d. 它是作者定义的函数，用于安装本书用到的所有包。

7. 下列关于 `libraries()` 函数的说法，哪些是正确的？
   a. 它安装并加载 R 包。
   b. 它是加载所有包的基础 R 函数。
   c. 它是作者定义的函数，用于加载本书用到的所有包。
   d. 它是作者定义的函数，用于安装本书用到的所有包。

8. 下列表述哪些是正确的？
   a. 每个会话开始时都必须运行 `installD()` 函数。
   b. 每个会话开始时都必须运行 `libraries()` 函数。
   c. `Art_and_Practice.RData` 文件中包含本课程所需的数据。
   d. 本课程只需运行 `installD()` 函数一次。

RStudio 的 R Markdown 导览

使用 RStudio 的方式有很多。本书介绍了如何通过 R Markdown 来使用 RStudio。不过，你也可以直接在控制台窗格中复制粘贴或输入命令。我使用 R Markdown 的原因有几个。首先，代码紧挨着生成的图，在代码和分析结果之间建立了直观的联系，故而有利于高质量地记录和认真地分析。其次，它有助于我们自己和他人重复我们的工作，这是科学研究过程的重要环节。将说明和代码放在一起，其他人就可以顺着思路了解到你的结论是如何得出的。也许更重要的是，让自己更容易记住结论是如何得出的。最后，R Markdown 可以生成各种格式的专业文档。如何展现研究成果与最初如何获得它同等重要。本节将简要介绍如何在 RStudio 中使用 R Markdown。

在继续之前，让我们先了解一下基础知识：YAML、代码块，以及如何在 R Markdown 中执行命令。让我们继续上一节的内容。你的屏幕显示的内容应该与图 1-6A 所示的相似。打开了 R Markdown 文件 `Getting_Started_with_R.Rmd`，并添加了导入数据文件的 `load()` 函数，以及加载所需包的 `libraries()` 函数。

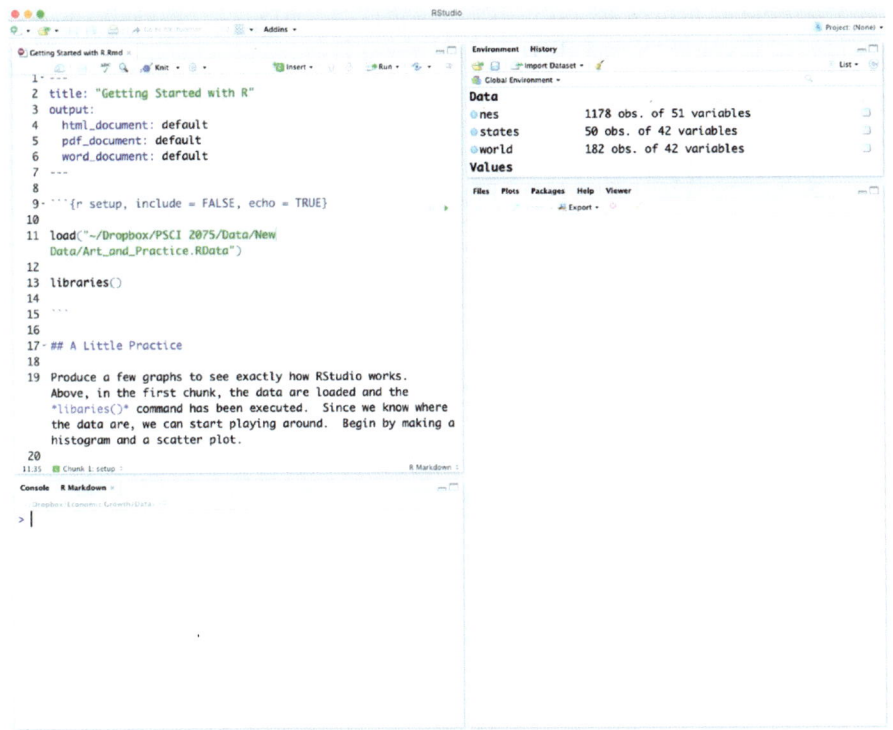

图 1-6A：打开了 R Markdown 文件的 RStudio

如果以后要创建一个新的 R Markdown 文件，只需点击文件图标旁带绿色加号的下拉箭头 ▼ 并选择 R Markdown 即可。这个图标位于 RStudio 窗口的左上角。

在 R Markdown 文件的开头，有三个短横线分隔出了若干个指令，用于设置主标题和要创建的文档格式列表：PDF、Word 和 HTML（见图 1-6B）。这部分被称为 **YAML**，即 YAML Ain't Markup Language 的缩写。它包含了整个文档的设置指令。当我们打开一个新的 R Markdown 文件时，它就已经包含了最基本的 YAML 指令。目前先让 YAML 保持简单，如果你想使用其他命令，请参阅 RStudio 网站上的 R Markdown 速查手册（cheat sheet）。

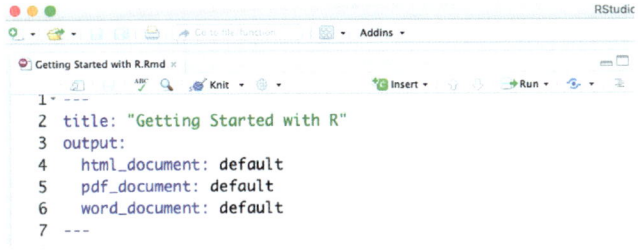

图 1-6B：YAML

除了从 RStudio 网站下载，还可以通过屏幕顶部的 RStudio"帮助（Help）"菜单访问到整套的速查手册。在图 1-6C 中，我们可以看到如何在不离开 RStudio 的情况下访问各种速查手册。

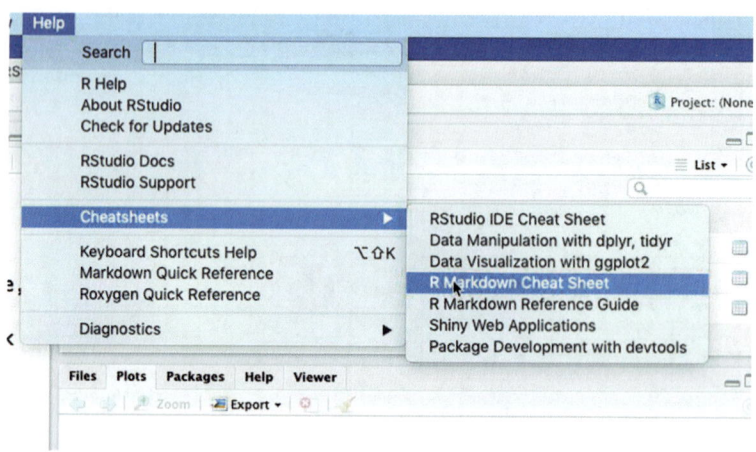

图 1-6C：查看 R Markdown 的速查手册

R Markdown 文档中更重要的部分是被称为代码块的灰色区域（见图 1-6D）。代码块包含了真正要执行的 R 代码。三个撇号"```"紧接着括起来的"{r}"标志着代码块的起始，后面的三个撇号表示代码块的结束。代码块也可以通过快捷键创建，Mac 上是"Control+Command+I"，Windows 上是"Ctrl+Alt+I"。

代码块顶部（花括号内）的代码告诉 R Markdown 要做几件事。第一，`include = FALSE` 语句告诉 R Markdown 不要在文档中包含任何来自该代码块的无关输出。例如，如果 `include` 语句被设置为 `TRUE`，那么所有运行 `libraries()` 时产生的输出都会出现在编译出来的文档中。我们不希望这些输出都出现在文档中，所以将其设置为"FALSE"。

```
8
9  ```{r setup, include = FALSE, echo = TRUE}
10
11 load("~/Dropbox/PSCI 2075/Data/New
    Data/Art_and_Practice.RData")
12
13 libraries()
14
15 ```
16
```

图 1-6D：代码块

第二，`echo = TRUE` 告诉 R Markdown 要将代码块中的代码在文档中展示出来（见图 1-6E）。在上述例子中，如果将大写的 `TRUE` 和 `FALSE` 互换，那么结果就会反过来。

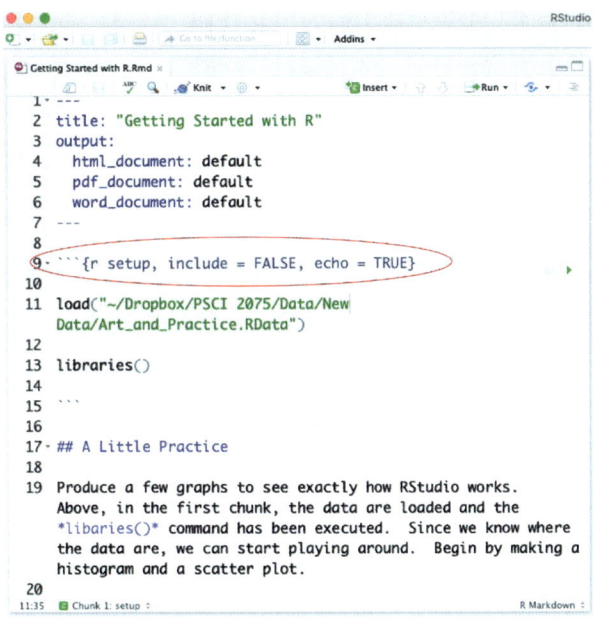

图 1-6E：代码块选项

输入或粘贴的指令（真正的 R 代码）都被放在灰色区域内（见图 1-6F）。例如，load() 函数指定了要使用的数据文件。对本书而言，数据文件名为 Art_and_Practice.RData。函数运行后，数据就会被加载到 RStudio 中。

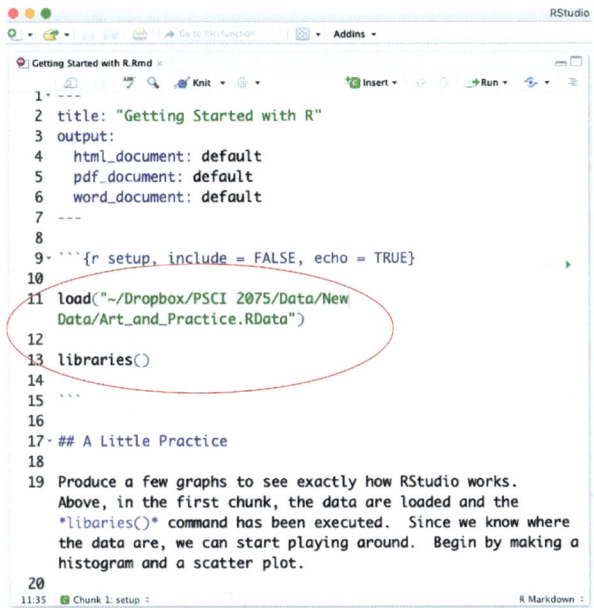

图 1-6F：执行的 R 代码

设置好代码块选项，在代码块中输入了 R 代码，就可以点击左上窗格顶部的运行按钮 Run 或代码块旁边的绿色箭头 ▶ 来执行代码（见图 1-6G）。同样地，我用两个红色的椭圆在执行代码的地方做了标注。每行代码也可以单独执行，只需将光标放在该行的任意位置，在 Mac 上按"Command+Enter"快捷键，或在 Windows 上按"Ctrl+Enter"快捷键即可。

图 1-6G：执行代码

最后，任何出现在白色区域内的内容都是文档中的文本（我们的笔记）。在空白处输入什么都可以（见图 1-6H）。R Markdown 是更复杂的标记语言的简化版。这是刻意为之的，这样我们就不必花时间学习那么多代码了。生成专业文档所需的所有命令，都可以从下拉菜单中的 R Markdown 速查手册中找到（参见图 1-6C）。

使用 RStudio 的方式有很多。下面介绍一套入门的最佳实践。在更加熟悉执行命令、分析输出结果和编译文档之后，你就可以开发自己的数据分析工作流程了。在继续之前，让我们回顾一下 RStudio 窗口中不同的窗格。

> **数据可视化的艺术与实践**
> **选择众多**
>
> 并不存在唯一正确的 RStudio 使用方法，有很多种方法可以获得相同的估计、图形，呈现结果的方式也有很多。更重要的是，开发自己的有效工作流程需要充满好奇心和幽默感，始于数据，终于洞见。

- 左上窗格。我们的大部分工作都是在 RStudio 的左上窗格中完成的。这里是创建 R Markdown 文件，记录工作、笔记和观察结果的地方。最好养成用这种方式执行代码的习惯，因为它们都被保存了下来且易于访问。

- 左下窗格（控制台）。在控制台窗格中，你可以看到正在执行的命令。如果不需要记录，那么也可以直接在控制台输入命令。例如，在运行更复杂的分析之前，你可能会想先看看数据的概貌[1]。
- 右下窗格。这个窗格用于管理包，以及查看生成的图表。如果你使用的是 R Markdown 文件，并且想让图表出现在右下窗格中，则可以在左上窗格中找到齿轮图标 ▼，然后选择在控制台输出代码块结果（Chunk Output in Console）。只要图表出现在右下窗格中，就可以被放大、另存为、单独导出。
- 右上窗格（全局环境）。此窗格显示可用的数据集及自定义函数。它可以帮助我们追踪正在使用的数据和对象。

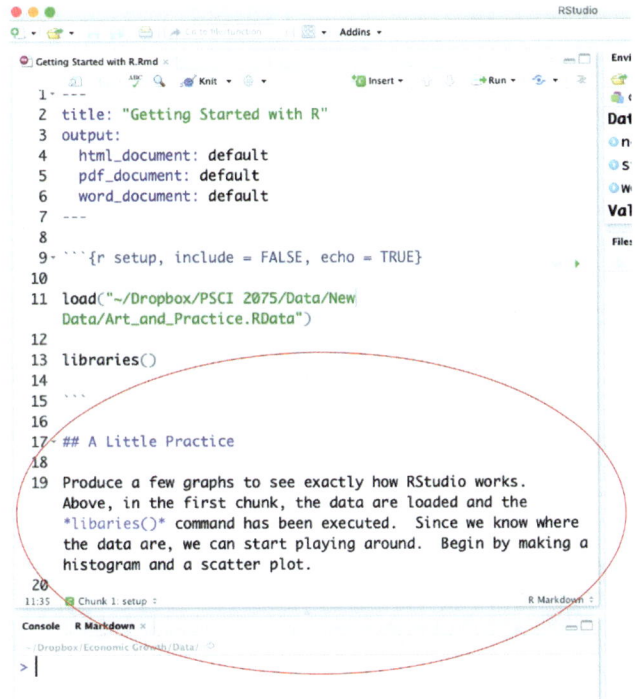

图 1-6H：输入文本的地方

R Markdown 文件与 R 脚本

如前所述，本书是用 R Markdown 写的。所有你要执行的代码都包含在本书标记为"代码块"的部分，它们处理了每个图表。在每个代码块之前，我都提供了说明来解释代码做了什么。你只需熟悉代码的位置，将其输入自己的 R Markdown 文件中进行必要的调整，然后执行。为了帮助你快速定位所需要的代码，在每章的末尾都

---

1 注意，我们可以使用上方向键，在控制台窗格中回顾之前用过的命令。

有一个概览列出本章中使用的所有 R 函数及其首次出现的代码块标签。

R 脚本是保存代码的文件。它们不能用来生成好看的文档，但可以作为保存特定任务代码的非正式方式，以便追溯分析步骤。如果你不打算写深入评述或生成文档，那么强烈建议使用 R 脚本。请注意，R 脚本没有像 R Markdown 那样的代码块，整个 R 脚本可以看作是 R Markdown 中的一个大代码块。只要命令前面没有"#"符号[1]，它就会被执行，就像在控制台中一样。正如前面所提到的，本书的结构沿用的是 R Markdown 的模式，而非 R 脚本。尽管如此，如果你喜欢通过 R 脚本来操作 RStudio，依据本书的内容学习也是很容易的。

知识检验：理解 R Markdown 的主要特性。

---

9. 指出下列哪些表述正确描述了 R Markdown 文档 YAML 部分的功能。
    a. 它提供了在 R 中执行命令的地方。
    b. 它包含了设置整个文档外观的指令。
    c. 它是记录最常用的命令的地方。
    d. 它总是出现在 R Markdown 文档的末尾。

10. 以下关于代码块的特征描述，哪些是正确的？
    a. 它提供了在 R 中执行命令的地方。
    b. 代码块在 R Markdown 文件中显示为灰色方框。
    c. 执行代码块的唯一方法是点击绿色箭头。
    d. 应该在第一个代码块中指明要使用的数据文件。

11. 以下关于 RStudio 的描述，哪些是正确的？
    a. 只能在左上窗格中执行命令。
    b. 可以在控制台窗格中执行命令。
    c. 按下"Command+Enter"（Mac）或"Ctrl+Enter"（Windows）快捷键可以执行命令。
    d. 按下"Control+Command+I"（Mac）或"Ctrl +Alt+I"（Windows）快捷键可以生成一个代码块。

12. R Markdown 文件和 R 脚本有什么区别？
    a. R Markdown 文件用于制作展示用的文档。
    b. R 脚本用于制作展示用的文档。
    c. R Markdown 文件应该只用于保存经常重复使用的或复杂的代码组合。
    d. R 脚本应该只用于保存经常重复使用的或复杂的代码组合。

---

1 译注："#"为注释符号，在代码块内也适用。

小练习

让我们用数据画一张图，看看整个流程是怎样的。回顾一下，我们刚才加载了数据，运行了 `libraries()` 函数，并打开了 R Markdown 文件 `Getting_Started_with_R.Rmd`。现在可以开始试着玩玩了。让我们先从揭示数据分布的直方图开始。假设我们对受教育程度感兴趣。我们有一个**变量**（**variable**），记录了一个州的成人人口中拥有高中文凭的百分比（`hsdiploma`），其内容就是一串数值。变量的集合被称为**数据集**（**data set**）。确切地说，`hsdiploma` 是 `states` 数据集中的一个变量。关于变量和数据集，将在第 2 章中详述。现在，让我们来看看这个叫作 `hsdiploma` 的变量到底是怎样的。

代码块 1-2 绘制了一张直方图，这是一种用于表明某变量的最低值、最高值和最常见值的图（见图 1-7）。代码块 1-2 告诉 R 要绘制一张直方图。请记住，代码既可以写在 R Markdown 的代码块中，也可以在控制台窗格中执行。因为我们使用的是 `Getting_Started_with_R.Rmd`，所以代码在代码块中。点击代码块右上角的绿色箭头 ▶ 执行代码，就可以生成如图 1-7 所示的直方图。

代码块 1-2

```
hist(states$hsdiploma, main = "图1-7：这是我的第一张图！",
     font.main = 1, col = "#0000bf")
```

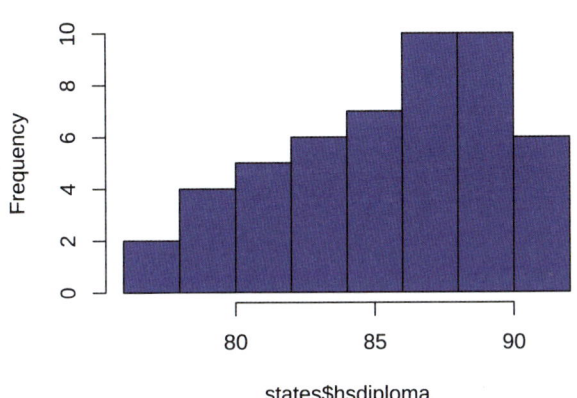

图 1-7：这是我的第一张图！

正如我之前在介绍函数和对象时所说的，R 中的所有函数都以函数名和一对括号打头，在括号中可以插入函数所需的信息（对象）。请注意，我们使用美元符号（`$`）将数据集名称与变量名称分开。通过指定数据集和变量名称，R 就知道要用哪个数据集中的哪个变量。在代码块 1-2 中，我们使用函数 `hist()` 来绘制直方图，在括号中指明用哪个变量（`states$hsdiploma`）。还可以添加标题（`main =`），指定标题的字体（font.main =），用什么颜色（col =）。

点击代码块右上角的绿色右向箭头 ▶，RStudio 就会执行命令绘制直方图。

让我们使用 states 数据集中的 murderrate 和 hsdiploma 变量再画一张散点图（见图 1-8）。散点图展现了不同的两个变量之间的联系。在下面的例子中，我们将关注美国各州人口的受教育程度和凶杀率（每 10 万人口中凶杀案受害者数量）之间的联系。请注意，pch = 的出现确定了点的形状（见代码块 1-3）。

代码块 1-3

```
plot(states$hsdiploma, states$murderrate,
     main = "图 1-8：教育减少暴力 \n",
     font.main = 1, col = "#bf0000", pch = 19)
```

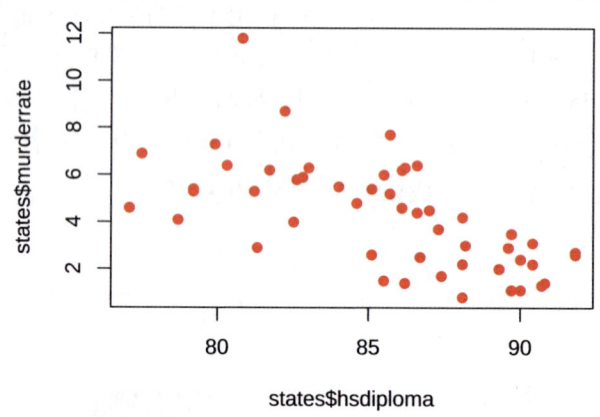

图 1-8：教育减少暴力

我们可以改变设置，让输出结果显示在右下窗格中，以便进一步查阅。若要进行此设置，找到窗口上方的齿轮图标 ⚙ ▼，然后选择在控制台输出代码块结果（Chunk Output in Console）。现在，我们已经加载了数据和包，还画了一些图，该编译（knit）文档了。

点击每个代码块旁边的绿色按钮，确保 R Markdown 文件中所有的代码块都能正常运行后，点击窗口顶部 Knit 图标 Knit ▼ 旁边的小箭头，然后选择"Word"或"HTML"。完成此操作后，你可以看到 RStudio 生成文档的过程（在控制台可以看到进度）。如果操作无误，你应该得到了一份漂亮的，记录着这个简短分析的 HTML 或 Word 文档。

让我们用一些手工创建的数据画一张图，当作额外的例子来展示 R 作为面向对象的编程语言的强大。之前，我们讨论了运行函数和定义对象之间的区别。我们已经运行了两个函数来创建直方图和散点图。

为清晰起见，我们继续使用在关于函数和对象的讨论中用过的例子。在 Getting_Started_with_R.Rmd 文件中，你会看到一个代码块定义了一个名为 myobject 的对象，这是一个含有 12 个数值的列表（之前的例子）。在定义了对象之后，就可以将其放在函数的括号中对其进行操作了。R 会知道它是否是正确类型的对象。如果你尝试在不合适的对象上运行函数，R 会拒绝的！

为了解释为什么 R 会拒绝，让我们回到 eat(broccoli) 的例子。当运行 eat() 函数时，R 期望吃进去的是某种食物。如果你输入 eat(glass)（让R吃玻璃），它会吐出来的（给你一个错误信息）。R 知道对于 eat 函数而言，glass（玻璃）不是正确的对象类型。

由于这些命令已经包含在代码块中，只需点击代码块右上方的绿色箭头 ▶ 即可执行。你应该会看到一张类似于图 1-9 的直方图。这就是面向对象语言的魅力所在：只要定义了一个对象，就有大量函数可以使用它。

在代码块 1-4 中，有两个命令。其中第一个命令定义了对象 myobject。函数 c() 告诉 R 将逗号分隔的元素合并成一个列表（在本例中为一个变量）。在定义了包含 12 个数值的对象 myobject 之后，我们绘制了这个变量的直方图。我们使用的 hist() 函数与代码块 1-2 中的相同，只不过这次把它画成了绿色。

代码块 1-4

```
myobject <- c(1,1,1,1,3,4,5,5,5,5,6,6)
hist(myobject, main = "图 1-9：自己定义的对象",
     font.main = 1, col = "#00ff00")
```

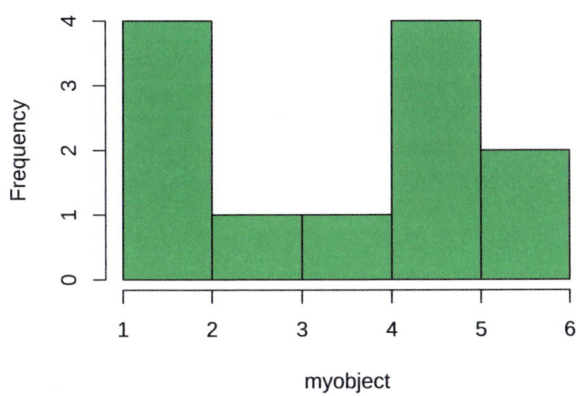

图 1-9：自己定义的对象

正如前面所讨论的，本章的目的是让你开始使用 RStudio。能复制代码并自己运行是重要的一步，但不要止步于此——看看对代码的微小改动是如何改变输出结果的。想要获得成为优秀数据分析师的必备才能，实践必不可少。让我们对前面的例子做一些修改。

将最后一个代码块中的代码拿来加以修改。为了帮助你开始，我复制了前面的代码块，将其粘贴到代码块 1-5 中，然后尝试修改变量 myobject 中的数值来改变直方图的形状。我把数值改成了 3 和 4，以强调中间的范围。我还把颜色选项从绿色（#00ff00）改成了红色（#bf0000）。结果如图 1-10 所示。

代码块 1-5
```
myobject <- c(1,2,3,3,3,4,4,4,5,5,6)
hist(myobject, main = " 图 1-10：自己定义的对象",
     font.main = 1, col = "#bf0000")
```

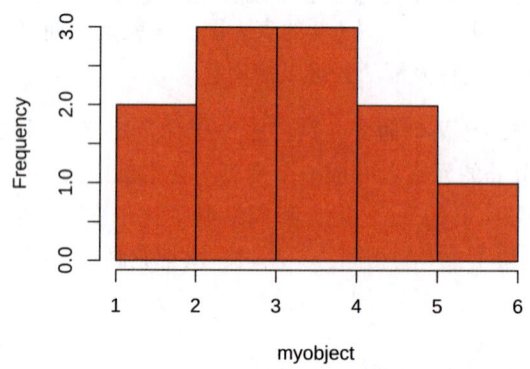

图 1-10：自己定义的对象

正如你将了解到的，颜色和形状很容易被滥用，甚至会干扰我们对数据真实含义的理解。随着后续章节的展开，我们会进一步关注这个问题。现在，引用著名教师弗烈兹小姐（Miss Frizzle[1]）的话：

碰碰运气；犯犯错误；搞搞事情！

> **知识检验**：使用 R Markdown 创建一个 Word 或 HTML 文档。

13. 找出下列哪些代码可能会产生错误信息。

    a. play(football)
    b. play(homework)
    c. eat(pizza)
    d. eat(spoon)

---

1 译注：著名电视节目《神奇校车》中的主要角色，因其乱蓬蓬卷发而得名。

14. 编译（knitting）有什么作用？
    a. 执行 R 命令
    b. 生成 HTML 文档
    c. 生成 Word 文档
    d. 生成 PDF
15. 下列哪些表述是正确的？
    a. 在 `hist()` 函数中用 `main =` 参数可以指定直方图的颜色。
    b. 在 `hist()` 函数中用 `states$hsdiploma` 指定要绘制的变量。
    c. 在 `hist()` 函数中用 `col =` 参数指定要使用哪一列。
    d. 在 `plot()` 函数中用 `pch =` 参数指定要绘制的每个点的形状。

小结

本章介绍了 R、RStudio 和 R Markdown。我们还学习了如何加载数据、加载执行命令所需的包，以及使用数据生成一些简单的图。虽然本章无法替代专门学习 R 编程语言的好书，但现在你已经有足够的技能开始探索了。如果你从开篇就试着使用 RStudio，那么很快就会掌握完成杰出工作所需的必要技能，完成一些惊人的工作，同时还能发现一些有趣的现象——这全靠几个简短的命令和 RStudio 的基本知识。

数据可视化的艺术与实践
好奇心和幽默感

就像写作一样，我们编写代码和组织工作的方式透露了很多关于我们自身的信息。我们的耐性将会展露无遗。R 的优点和缺点之一是，有很多方法可以做到同样的事情。尽管网上有很多帮助和建议，但它们可能会有所不同。有时候，由于我们在 R 中用到的很多东西都是由许多不同的人编写的，因此存在的不一致之处，可能会导致难以排除故障。再加上要学习一套新的语法系统，这可能会让人感到绝望。胆怯的人不适合学习 R。在整个过程中，你的平静感和幽默感培养得越好，你就学得越快。遇到困难，然后找到快速摆脱困难的方法是非常有益的，并且这种方法可以被应用于许多其他领域。这就是所谓的批判性思维。

常见问题

- 我在这个阶段看到的大多数问题包括两种：①R、RStudio的版本和计算机的系统软件不兼容；②运行 `installD()` 函数时，包没有彻底完整地安装好。因此，请注意 R 和 RStudio 的版本号，并确保它们与系统软件兼容。
- 还要注意在运行 `installD()` 函数时有没有发生什么状况。留心观察那些加载不了或安装突然中断的包。如果接下来的 `libraries()` 函数运行不了，可以回头再试运行一下 `installD()` 函数。有时，重新安装 R 和 RStudio 并重新开始会有所帮助。多花 5～10 分钟重新安装软件，并把所有的包都安装好，可以避免以后出现问题。
- 启动并运行后，你可能会发现某些东西无法正常工作。有各种各样的网站可以寻求帮助，在此阶段可能会碰到如下主要问题：
  - 命令打错了。
  - 计算机上已经存在另一个 R 副本。
  - 在安装包时，部分文件已损坏。
  - `installD()` 函数没有安装好所有的包。
  - 下载的 R 和 RStudio 版本不兼容。
  - 打开 RStudio 后，没有运行 `libraries()` 函数。
  - 没有运行过 `installD()` 函数。
  - R 和 RStudio 的版本与计算机的系统软件不兼容。
  - 没有在正确的窗格中打开 Art_and_Practice.RData 文件。

复习题

1. 什么是 RStudio？
2. 什么是 R Markdown？
3. RStudio 中的控制台窗格有什么用？
4. 在 R 中，对象和函数之间的区别是什么？
5. R Markdown 中的命令是如何执行的？
6. 什么时候应该使用 R 脚本？
7. "Command+Enter"（Mac）快捷键能做什么？
8. 在 RStudio 中使用 R Markdown 有什么好处？
9. 什么是编译（knitting）？
10. #00ff00 是什么颜色？

数据分析与可视化练习

1. 包的安装和加载有何区别？
    a. 每次重新打开 RStudio 时，都必须加载包。
    b. 每次重新打开 RStudio 时，都必须安装包。
    c. 安装包是在加载它们之后进行的。
    d. 加载包是在安装它们之后进行的。

2. 下列哪种说法概括了 RStudio 的主要特点？
    a. 存在一种正确且被广泛接受的方式来使用 RStudio。
    b. R 脚本是进行分析时记录笔记和命令的最佳方式。
    c. R Markdown 文件是进行分析时记录笔记和命令的最佳方式。
    d. 命令都是在控制台窗格中执行的。

3. 以下哪些更可能是函数？
    a. eat
    b. pray
    c. calculate
    d. Sally

4. 以下哪些更可能是对象？
    a. eat
    b. pray
    c. prayer
    d. broccoli

5. 下列哪些命令在 R 的语境中说得通？
    a. eat(sandwich)
    b. broccoli(eat)
    c. eat(broccoli, steamed, everyday)
    d. eat(steamed, broccoli, everyday)

6. R Markdown 中的代码块是什么？
    a. 定义了整个 R Markdown 文件的特征
    b. 包含可执行的 R 代码
    c. 在 R Markdown 文件中编译的 R 代码
    d. 是写代码注释的好地方

7. 下列哪些表述是正确的？
    a. RStudio 可以在不打开和运行 R 的情况下运行。
    b. R 可以在不打开和运行 RStudio 的情况下运行。
    c. 如果你的计算机上已经安装了 R，那么 RStudio 就可以运行。

d. 只有在 R 先打开的情况下，RStudio 才会运行。

8. 下列哪些表述是正确的？

    a. `installD()` 用于安装本书所需的所有包。
    b. `libraries()` 是作者定义的函数，用于安装本书所需的包。
    c. `libraries()` 是作者定义的函数，用于加载本书所需的包。
    d. 每次打开 RStudio 都要运行 `installD()` 函数。

9. 下列哪些表述最好地描述了控制台窗格中的活动？

    a. 执行单条命令
    b. 执行不需要保存的命令
    c. 执行较长的代码
    d. 保存命令以备将来使用的好地方

10. 你需要什么来成功使用 RStudio？

    a. 有微积分的知识背景
    b. 至少学过一门编程语言
    c. 上过统计学的课
    d. 幽默感

R 函数注释

以下函数在本章中出现。它们按首次出现的顺序列出（括号中的是代码块编号），并在此注释以简要地说明其用途。其中有些不是独立的函数，必须结合其他指令使用。友情提示：只要按照它们出现的顺序运行，每章的代码就都可以正常工作。正确的运行还依赖作者定义的 `libraries()` 函数，用于加载所需的 R 包。

`plot()`：R 的基础绘图函数。在本章中用于生成散点图。（1-1）

`hist()`：R 的基础直方图函数。（1-2）

`c()`：将逗号分隔的元素合并为列表[1] 的函数。（1-4）

---

1 译注：本章提到的列表与 R 术语中的列表（list）不是一回事。这里的列表指的是一串数值，对应的 R 术语应为向量（vector）。R 术语中的列表指的是一种变量类型，与向量、数据框、因子等类似。`c()` 可以合并向量、列表等多种类型的变量。

2 数据分析导论

本章大纲
- 学习目标
- 概述
- 数据分析的动机
- 数据分析的构成要素
- 通过描述数据形成假设
- 模型的构建与估计
- 诊断
- 提出下一个问题
- 小结
- 常见问题
- 复习题
- 数据分析与可视化练习
- R 函数注释

学习目标
- 讨论本书的目标与范围
- 阐述获得数据分析技能的重要性
- 列出数据分析的构成要素,以及它们是如何组合在一起的
- 通过描述数据形成假设
- 解释假设、模型与估计之间的联系
- 定义诊断并解释其在数据分析中的角色
- 构想新的问题

概述

对解释人类行为感兴趣的学者、从业者和政策制定者们被数据海洋淹没了。本书是为那些想要在数据海洋中安全游上岸的人量身定制的。本书的目的是介绍数据分析的方法、逻辑、艺术与实践。具体来说,本书提供了为解决问题而调查数据所需必备的关键技能与工具。最终,通过学习有经验的从业者是如何提出问题、形成假设、估计模型以及呈现结果的,你将会学到如何将数据分析的艺术与实践结合起来。基本的理念是通过上手操作来学习。学习统计学以及数据分析的艺术与实践的最好方式就是进行数据分析。

本章为导论,具体组织方式如下:首先,讨论分析定量数据背后的一些动机。然后,通过对社会科学中的一个重要议题进行简短探索,来说明数据分析的构成要素。这个例子不会详细解释每个要素。此处的目的是提供本书其他部分的脉络。

本书是根据本章列出的数据分析过程来组织的:描述数据并形成假设、模型的

构建与估计、诊断以及提出下一个问题。展现分析结果同样也是本书的重要部分。数据分析是一个不断迭代的过程：一个需要在数据分析的各要素间持续来回往复迭代的过程。例如，我们从统计模型生成的估计很少能够解决问题。而新的更好的问题通常才是数据分析的结果。

数据分析的动机

进行数据分析的动机有很多，但其中有三个最为常见。第一，有更多的事物被测量和量化。可用数据越来越多的趋势不仅仅出现在人口学和经济学方面，就连我们的日常活动（如驾驶、约会、购物和听音乐等）也可以用来分析了。第二，与第一个相关，有数据分析的需求。因此，与分析定量数据有关的技能很受市场欢迎。第三，数据分析能够帮助我们明辨是非。

大数据越来越大

我们在互联网上花了相当多的时间，政府、企业等都利用了我们上网留下的痕迹，政治家（在一定程度上）受到调查结果的驱使，CEO 依据从雇员和客户那里收集来的数据做决策。下面这些例子说明了数据分析的普遍性和有效性。

1. 注意到关于尿布、婴儿配方奶粉和连体衣的定向广告越来越多，被垃圾邮件淹没的收件人给广告投放方致电，询问为什么他们要给他发送针对婴儿的广告（家里已经有很多年没有婴儿了）。广告方解释道，最近的购物记录显示在他家里有位孕妇。打完电话一周后，他发现他的女儿怀孕了。

2. 通过对投票数据构建的元分析，纳特·西尔弗（Nate Silver）在他的 FiveThirtyEight 专栏中正确地预测了 2012 年美国所有 50 个州的总统竞选结果。

3. 当瘟疫传播的时候（例如，埃博拉在非洲的爆发），美国疾控中心和其他部门只能依靠两周前从医院和诊所收集来的数据做决策。在 H1N1（禽流感）、埃博拉、寨卡或 COVID-19 病毒快速爆发的情况下，两周前的数据太滞后了，谷歌的一个团队利用互联网找出病毒爆发地。为了开发模型，他们在网上追踪了与禽流感传播相关的搜索关键词：发烧、咳嗽、疼痛。他们最终找到了 45 个词语，据此他们可以追踪疫情，提醒政府官员具体何时何地有最新的禽流感疫情爆发 [1]。

---

[1] 这个例子可以在肯尼思·库克耶（Kenneth Cukier）和维克多·麦尔‑荀伯格（Viktor Mayer-Schönberger）所著的《大数据时代：生活、工作与思维的大变革》中找到。谷歌试图追踪禽流感疫情的做法并非没有受到批评。对于与大数据相关弊端的讨论，请参见（Lazer et al. 2014）。

4. 为了帮助芝加哥，一个饱受高凶杀率困扰的城市减少犯罪活动，警方采用了新的数据与数据分析软件（Violent Crime Is Down in Chicago, 2018）。依据地图上的酒品店和高速公路入口匝道的位置，在整个城市部署了用于定位枪击的传感器，分析人员据此识别出犯罪活动高发区域。这些信息加上体育赛事播报的数据，提高了定位潜在问题的准确度。这些新数据让警察在芝加哥城区内巡逻的效率更高了。

无论是在商业、政治、政府治理、健康还是在打击罪犯领域，数据都是解决重要问题的关键。这些例子表明，在理解和影响人类的行为上，对数据的运用是越来越多了。那些知道如何收集、分析与解释数据的人可以影响重要的决策。

数据分析是一项有市场需求的技能

定量数据分析是一项有市场需求的技能。面对海量数据，公司、政府官员与非政府组织都意识到需要准确、及时地分析这些数据。只要在谷歌上搜索"R 职位"就能了解到其潜力。

在私营部门，越来越多的公司依靠问卷调查来了解其市场、员工和客户。随着 Survey Monkey 和 Qualtrics[1] 的广泛应用，公司更加依赖问卷调查了。实施问卷调查是一门学问。糟糕的问卷调查要么会产生误导，要么对于解决手头的问题毫无帮助。了解定量数据分析的基础，能够提高对调查研究的理解与实施能力。

政府部门需要训练有素的社会科学家。在 10 到 15 年前，美国政府部门只是嘴上说说他们需要社会科学家。直到最近几年，他们才真正开始雇佣社会科学家。在美国的地方、州和联邦政府机构里，数据分析技能对职业生涯有促进作用；美国政府机构知道，一支配备了高效分析师的工作人员队伍可以制定出更好的政策。

研究生课程项目希望学生具有定量分析背景。无论什么学科，掌握牢靠的定量分析技能都可以帮助你进入排名前 20 的院系。对于具有工程学、计算机科学或定量分析专长的法学院候选人而言，拥有独特的技能是一个重要的考虑因素，这能让他们在竞争中脱颖而出。

除了法学院，定量分析技能还能为你敲开政策学院和社会科学研究生课程项目的大门。在社会科学研究中，需要考察定量证据的主题数量越来越多。在最近的几十年里，有太多的定量数据和证据被忽视了。如果申请人能够证明自己具有数据分析的能力，那么就能提高他们进入这些领域顶尖学校研究生课程项目的概率。

---

1 译注：在线问卷调查服务。

数据分析是一种公益

也许比这些纯粹功利性的原因更重要的是,社会发展依赖高质量的分析。就像《数学家读报》(*A Mathematician Reads the Newspaper*)(Paulos, 1995)一书中精彩描绘的那样,我们拥有的那种公共政策是我们应得的。在其中的一个例子中,保罗斯(John Allen Paulos)详细叙述了宾夕法尼亚州一场有争议的参议院竞选,仅靠以前的选举结果拟合一条回归线就认定舞弊简直太反常了,根本不可信。鉴于当前美国政治的分歧,了解抽样以及能够从中得出的推论,可以增强我们对结果的信心,或者表明有必要进行新的选举。

美国当下政治时代的一个特点是阴谋论的盛行。到处都是唾手可得的数据,邪恶势力很容易将本来毫无关联的两件事联系在一起,还很有说服力。在一个有预见性的例子中,保罗斯详细叙述了由来自得克萨斯大学的计算机程序员约翰·李维(John Leavy)完成的一项工作。李维将美国总统的数据导入计算机中两两比较,想找出他们之间的相似之处。结果他发现,威廉·麦金莱(William McKinley)和詹姆斯·加菲尔德(James Garfield)两个总统(他们都被刺杀了)之间有些非常有趣的联系。

两人都是在俄亥俄州出生和长大的共和党人。他们都是美国内战老兵,而且都在众议院任职。两人都是保护性关税和金本位制的狂热支持者,他们的姓氏都包含8个字母。在他们被刺杀后,他们的副总统西奥多·罗斯福(Theodore Roosevelt)和切斯特·艾伦·阿瑟(Chester Alan Arthur)取而代之,而两位副总统都来自纽约市,都留着八字胡,名字都包含17个字母。(Paulos, 1995)[91]

不管公民是成为数据科学家还是成为消费定量数据的行家里手,消息灵通的公众都能更好地辨别真伪。本书的一个重要目标就是说明统计数据是如何被使用和滥用的。明辨是非就靠那些掌握了本书所希望提供的知识和技能的人了。

> **知识检验**:阐述获得数据分析技能的重要性。

1. 在大数据影响力不断扩大的当今,为什么说数据分析是一项重要技能?
    a. 它对我们的职业生涯有帮助。
    b. 我们能获得更好的政策。
    c. 它定义了我们作为公民和消费者的角色。
    d. 拥有更多的技能,我们能获得更高的报酬。

2. 数据分析作为一项技能（于私），对下列哪些有帮助？
    a. 我们能获得更高的报酬。
    b. 政府机构和私营部门都需要有技能的人员。
    C. 进入研究生学位项目深造（如法学院、商学院、一般的研究生院）。
    D. 有助于社会。
3. 对于公众而言，以下哪些论述了拥有数据分析技能的好处？
    a. 引导更好的政策制定。
    b. 帮助社会辨别真伪。
    c. 有助于民主。
    d. 帮助公司理解其客户。

数据分析的构成要素

市面上不乏关于如何进行社会科学研究的优秀教材，这些教材着力于假设形成、假设检验和预测的过程。在这里，目标是相同的，但在方法上有差别。在本书中，我们将通过数据可视化以及用真实数据解决现实问题来学习调查的基础。

在这种理念的指导下，本节按照数据分析的顺序列出了它的四个构成要素：①描述数据并形成假设；②模型的构建与估计；③诊断；④提出下一个问题。这里会提到新的概念和方法（如模型的构建与估计、变量变换、诊断等）。本章的目的是用例子来介绍一个好的数据分析框架大致是什么样的。当新的概念和方法出现时，我会指出它们在本书后续哪个章节中详述，而非在此处展开介绍。下面让我们来定义数据分析的构成要素。

1. 描述数据并形成假设

我们描述数据是为了更好地理解问题，提出更好的议题。作为基础，描述数据主要着眼于识别出典型案例（集中趋势）和理解它有多典型（离散程度）。然而，我们应该更深入一些。观察某些案例或整类案例与其他案例是否相关，也是此环节的重要部分。对数据了解得越多，我们就越能够提出更好的问题，形成更好的假设。相关的概念和描述数据所需的工具，将在第 3~9 章中详述。

在继续之前，关于**理论**（theory）和**假设**（hypothesis）再多说两句。一般而言，假设是猜测，而相互关联的假设构成了一个更大的整体，即理论，并且理论经过了一些成功的验证。它们之间的区别很模糊，因为在白话中，理论和假设经常互换使用。在本书中，假设指对两件事之间关系的具体猜测。理论指一组相关的，可以成功解释某些经验现象的假设。

2. 模型的构建与估计

一旦对数据有了一定的了解并给出了可能的解释，我们就可以继续构建与估计模型了。**模型**是简化版的现实，用于帮助我们理解复杂的世界。模型可以被看作论据或解释——它们是我们为解释经验问题或难题而提出的论据。例如，如果想要解释为什么有些国家的凶杀率很高，我们构建的模型或论据可能会包括收入、人口年龄、警察数量以及司法系统的效率。当然也可以涵盖大量其他可能的因素，但这会让模型变得复杂。我们并不想要复刻现实，甚至不需要接近现实。有了一个好的模型（例如，包含了主要因素而非所有可能因素的模型），我们就可以开始理解每个因素的重要性并估计其影响了。

估计对我们选择的模型非常敏感。观察数据的方式影响着我们能到看什么。因此，模型的构建与估计是一个应该在理论和证据之间来回往复迭代的过程。关于构建模型的练习将在第 10 ~ 14 章中进行。

3. 诊断

在构建模型并获得一些估计（estimate）之后，我们开始进行**诊断**（diagnostics）。诊断是用来判断我们是否使用了正确模型的一组工具。为了确认模型是否合适，我们要检查模型预测结果与现实的匹配程度。预测结果与现实之间的差被称为残差。例如，如果我们的模型很好地预测了除富产石油的中东地区外所有国家的新生儿死亡率，那么诊断的结果也会如此。也就是说，这些案例的残差会相对较大。也许我们的模型估计受这些中东国家的影响太大了。诊断帮助我们确定，我们的估计是否能很好地解释世界是如何运作的，它们是某些奇怪案例的产物，还是模型选择不当的结果。

需要牢记的是，诊断既能帮助我们发现问题，又能帮助我们发掘有意义的关联，形成额外的解释或假设。关于诊断，将会在第 15 章和第 16 章中详述。

4. 提出下一个问题

最后，在掌握了估计以及预测结果与现实的吻合程度之后，其他疑问和想法不可避免地浮出水面。构建或发现这些额外的疑问和想法的有效方法是用简单的"如果……那么……"陈述句：如果我们得到的估计是正确的，那么我们期望能看到 x。对每组估计都使用这个陈述句，将有助于发掘可能的解释和其他待检验的假设。既然要完全确定地证明某件事情是不可能的，那么练习创建其他待检验的假设就显得格外重要。就像法庭上的检察官一样，他们必须提供尽可能多的间接证据来说服陪审团。他们提供的证据越多，陪审团越可能认定被告有罪。本书附录中提供了创建其他新假设的技巧和窍门。

现在我们对数据分析的构成要素有了感性认识，让我们通过例子来深入研究它们在现实生活中的样子。下一节将通过对一个问题非常简略的探索来介绍数据分析，这个难题几十年来在社会科学领域一直引起人们的广泛关注。

> 知识检验：列出数据分析的构成要素，以及它们是如何组合在一起的。

4. 以下哪些是数据分析的构成要素？
   a. 创建与形成假设
   b. 诊断
   c. 描述数据
   d. 收集数据

5. 数据分析的正确顺序是什么？
   a. 估计模型，形成假设，诊断，提出新问题
   b. 描述数据，形成假设，估计模型，诊断，提出新问题
   c. 形成假设，描述数据，估计模型，诊断，提出新问题
   d. 描述数据，形成假设，提出新问题，诊断

6. 下列关于数据分析的陈述哪个是准确的？
   a. 存在大家公认且遵循的方法。
   b. 形成假设总是在描述数据之前。
   c. 描述数据总是在形成假设之前。
   d. 存在公认的分析顺序。

7. 理论和假设的差别是什么？
   a. 并没有差别。
   b. 假设是猜测的，理论是确定的。
   c. 理论就是经受住了时间检验的假设。
   d. 理论定义了一种综合方法或一组随着时间的推移积累了确凿证据的假设。

8. 以下描述模型的陈述哪些最贴切？
   a. 模型复制了现实。
   b. 模型是简化的现实。
   c. 评判模型的最佳方法是通过它的预测能力。
   d. 模型的使用由其预测能力和简单性来定义。

描述数据并形成假设

最好的分析从困惑（puzzle）或问题（question）开始。为了描绘数据分析的大致框架，让我们从一个久经考验的例子开始。为什么有些国家比其他国家更富裕？

源自发展经济学、政治学和社会学的工作着重指出了教育、宗教、种族分化、性别平等和政治稳定[1]。这些解释仅代表了,学者们为了解释我们在国家之间观察到的巨大差异而提出的一些比较常见的假设。让我们更详细地探讨这些假设。

> **数据可视化的艺术与实践**
> **描述数据并形成假设**
>
> 描述数据并形成假设是一个迭代的过程。在没有猜测我们将要发现什么的情况下,数据分析永远不会开始。然而,真正的分析将会改变我们的认知。在最佳情况下,数据分析将引导我们至最初被忽略的新问题上。

假设一:民族语言碎片化

一个国家的民族面貌与经济增长之间有什么关系?有些人认为一个国家的族群数量与经济发展有直接关系。在异质性社会中,由于语言、宗教和信仰的多元化,个体会发现更难组织生产和交易活动。不同族群之间的竞争(种族冲突)也抑制了经济的发展。

为了探索第一个假设,现在要开始涉及更多的 R 代码了。请记住,使用 R 的最佳方式是将代码块保存下来,以便在需要时进行复制/粘贴。一旦确定了散点图或其他任何图形的外观,替换变量、选择颜色或者更改图形的其他特征就会很容易。

到目前为止,我们只介绍了几个简单的基本 R 函数,如 hist() 和 plot()。为了让你快速上手出版级的图表,让我们继续深入。纵观全书,我都使用了 R 包 ggplot2。**ggplot** 中的 gg 代表的是图形语法(grammar of graphics),一种基于图层的图形思考方式。让我来详细解释。

代码块 2-1 从 ggplot() 函数开始。在圆括号中,我们首先指明要使用的数据:world。代码的下一个功能是 aes() 函数或图形属性(aesthetics)。图形属性指定要用哪个变量,以及要加什么形状、颜色或标签。一旦第一个图层完成了,你就会注意到剩下的代码不过是在添加一系列新的图层。首先,我们使用 geom_point() 函数增加一层散点。然后,我们使用 geom_smooth() 函数增加一条直线,使用 ggtitle() 函数添加标题,使用 xlab() 和 ylab() 函数分别添加 x 轴和 y 轴的标签,使用 theme_minimal() 和 theme() 函数设置主题风格,使用 geom_text_repel() 函数添加文本。geom_text_repel() 函数中的代码有点复杂,因为我们希望 R 只标出代表卢森堡(LUX)和马达加斯加(MDG)的两个数据点。请注意,

---

1 有关增长理论的信息处理和当前关于增长经验的学术研究,请参见(Jones, 2015)。有关长期增长趋势的最新文献综述,请参见(Lloyd et al. 2018)。

各图层之间是通过加号来叠加的。我建议你从 ggplot() 函数开始,运行并观察结果。然后一层一层地添加,观察图是如何逐步变成最终结果的。该练习说明了图形语法的逻辑:图层的简单叠加。

代码块 2-1 绘制了一张漂亮的散点图(见图 2-1),这张散点图描绘了民族异质性与人均国内生产总值(GDP)对数值之间的关系。

代码块 2-1

```r
ggplot(world, aes(ethfrac, log(gdppc), label = iso3c)) +
    geom_point(color="#bf0000") +
    geom_smooth(method="lm", se=FALSE, color="#0000bf") +
    ggtitle(" 图 2-1: 民族语言碎片化降低收入 ") +
    ylab(" 人均国内生产总值(对数处理)") +
    xlab(" 民族语言碎片化 ") +
    theme_minimal() +
    theme(plot.title = element_text(size = 8, face = "bold"),
          axis.title = element_text(size = 8, face = "bold")) +
    geom_text_repel(size = 2.8,
        aes(label=ifelse(iso3c=="MDG" |
                         iso3c=="LUX",
                         as.character(iso3c),'')),
        hjust = 0, vjust=-1), show.legend=FALSE)
```

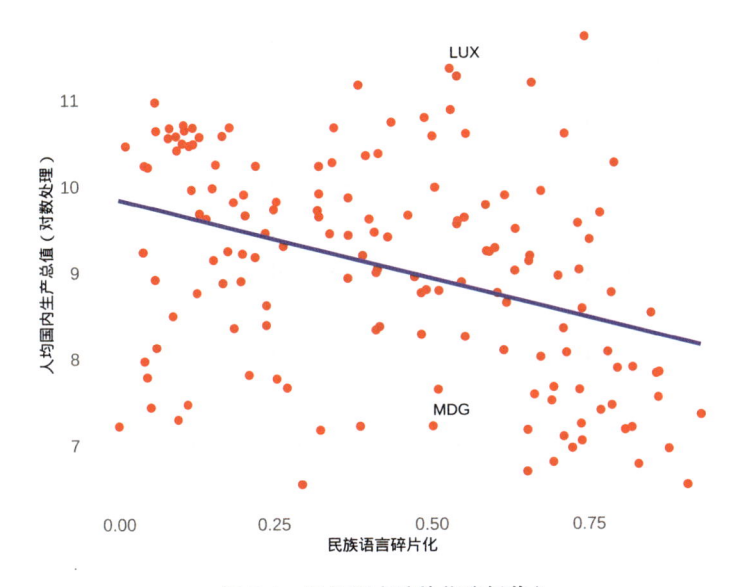

图 2-1:民族语言碎片化降低收入

在图 2-1 中,我使用人均 GDP 来衡量财富(收入)。国内生产总值(GDP,Cross Domestic Product)是一个国家特定年份内生产的所有商品和服务的总量。简而言之，民族语言碎片化（Ethnolinguistic Fractionalization, ELF）表明了你的邻居讲不同语言的可能性。其分数越高，一个国家人口中使用的语言就越多。人均 GDP 和民族语言碎片化程度的散点图[1]表明，当民族异质性增加的时候，人均 GDP 就会降低。散点图展示了一个观测（此处为一个国家）在由两个变量（对数处理的人均 GDP 和民族语言碎片化）描绘的二维网格中处于什么位置。关于散点图将在第 5 章中展开论述。

需要注意的是，尽管它们总体呈**负相关**关系（直线向下），但了解一个国家的民族异质性程度对我们准确预测收入水平帮助不大。例如，马达加斯加（MDG）和卢森堡（LUX）的民族语言碎片化（ELF）得分大致相同，但人均收入水平却截然不同。即便知道 ELF 分数可以给我们一个粗略的猜测，但人均 GDP 存在的巨大差异仍需要进一步解释。

虽然 ELF 分数和人均 GDP 看起来确实存在负相关关系，但是仅靠一条下斜线还不足以概括出二者的关系。仔细观察图中左上角的位置，可以观察到有一些聚集在一起的国家，它们或许影响了这条线的走向。如果没有这些情况，这条线可能会更平坦。这些国家也许将线的左侧拉高了，导致形成了负斜率。原来，这些国家都属于被标注为"工业化国家"的类别，它们包括欧洲一些国家、北美一些国家、澳大利亚、新西兰和日本。

请注意下面是如何改动代码块 2-1 的。我将工业化国家用蓝色表示，将原来的线改成了虚线，并对非工业化国家（红色的）另外拟合了一条线（使用 smooth() 函数）。我还使用 annotate() 函数给图添加了注释（见图2-2）。现在不会拘泥于代码的细节，因为我们要把精力集中在数据分析的要素上。随着后续章节的展开，你将会很熟悉代码块 2-2 中的代码。

代码块 2-2

```
ggplot(world, aes(ethfrac, log(gdppc))) +
    geom_point(color=ifelse(world$aclpregion=="Industrial Countries",
                        "#0000bf", "#bf0000")) +
    geom_smooth(method="lm", col="grey", se=FALSE,
                linetype = "dashed") +
    ggtitle(" 图 2-2: 工业化国家聚集在一起 ") +
    ylab(" 人均国内生产总值（对数处理）") +
    xlab(" 民族语言碎片化 ") +
    theme_minimal() +
```

---

[1] 人均收入由人均 GDP 衡量。人均 GDP 为何采用对数度量，将在变量变换中解释（第 6 章）。种族的度量采用阿莱西那（Alesina, 2003）构建的 ELF 分数。在早期的设想里，分数是通过一个国家中两个随机选择的个体来自同一个族裔语言群体的概率来构建的。阿莱西那与合作者采用了相同的构建方法，但是结合了种族和语言特征。这些数据源自波洛克（Pollock, 2014）。

```
    theme(plot.title = element_text(size = 8, face = "bold"),
          axis.title = element_text(size = 8, face = "bold")) +
    geom_smooth(data=subset(world,
                            aclpregion != "Industrial Countries"),
                            color="#bf0000", se=FALSE, method = "lm") +
    annotate("text", x = 0.15, y = 11.5,
             label = "工业化国家", col="#0000bf")
```

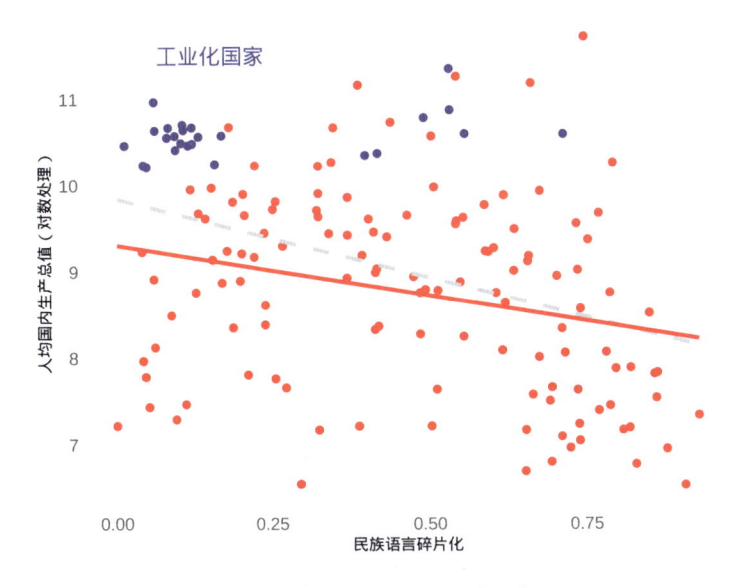

图 2-2：工业化国家聚集在一起

图 2-2 表明该线对工业化国家的影响有多敏感。请注意，与纳入了工业化国家影响的灰色虚线相比，只拟合了其他国家的红色线相对更平缓。

为了进一步强调这些国家的影响，我用 R 对没有标注为"工业化国家"的所有国家拟合了一条曲线。后续将详细讨论和定义**平滑**（smooth）（第 5 章）。现在只要简单地将平滑曲线当作 R 拟合数据产生的线段或曲线就够了。曲线表明此处可能还潜藏着其他模式。在图 2-3 中，黑色线表明当我们用非线性平滑（曲线）来描绘数据时，有趣的模式出现了。虽然整体趋势大致为负（灰色虚线），但大部分数据（非工业化国家）讲述了一个不同的故事。我们沿着 x 轴从左往右移动，人均 GDP 增长到最大值后开始下降。在非工业化国家中，或许存在促进经济活力的最佳程度的民族语言异质性。

在代码块 2-3 中，我只是将图 2-2 中的红色直线换成了黑色曲线。由于曲线是 geom_smooth() 的默认值，所以这里只是去掉了告诉 R 要绘制直线的表达式 method = "lm"。

代码块 2-3

```
ggplot(world, aes(ethfrac, log(gdppc))) +
    geom_point(color=ifelse(world$aclpregion=="Industrial Countries",
                            "#0000bf", "#bf0000")) +
    geom_smooth(method="lm", col="grey", se=FALSE,
                linetype = "dashed") +
    ggtitle(" 图 2-3：关系可以是非线性的 ") +
    ylab(" 人均国内生产总值（对数处理）") +
    xlab(" 民族语言碎片化 ") +
    theme_minimal() +
    theme(plot.title = element_text(size = 8, face = "bold"),
          axis.title = element_text(size = 8, face = "bold")) +
    geom_smooth(data=subset(world,
                            aclpregion != "Industrial Countries"),
                color="black", se=FALSE) +
    annotate("text", x = 0.15, y = 11.5,
             label = " 工业化国家 ", col="blue")
```

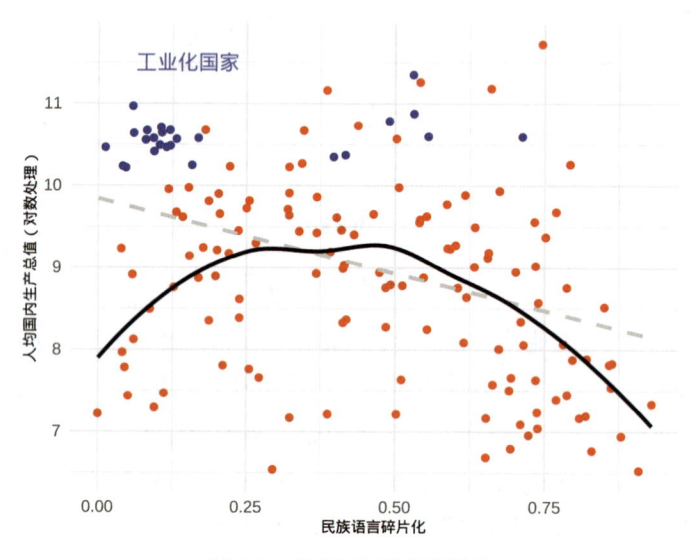

图 2-3：关系可以是非线性的

　　黑色线所描绘的曲线模式可能会让我们得出这样的结论：如果严重缺乏民族异质性，或者民族异质性太强，经济发展就会受到影响。

　　虽然这一观察有一定的道理，但更仔细的观察表明，说是倒 U 形模式可能有点言过其实。请注意，在图 2-4 中，四个最贫穷且民族语言同质化的国家都是小岛国：科摩罗（COM）、海地（HTI）、基里巴斯（KIR）和所罗门群岛（SLB）。考虑到这些国家和那些位置相近的国家规模较小，也许规模很重要[1]。在发展中国家中，最小的

---

[1] 有一篇经济学文献研究了是否存在经济绩效的最佳国家规模。有关该辩论的一项贡献，请参见（Alesina，2003）。

国家（无论异质性如何）人均收入都相对较低。

为了突出这四个国家，我通过 `ifelse()` 函数使用不同的颜色和标签将它们区分出来（见代码块 2-4）。

代码块 2-4

```r
ggplot(world, aes(ethfrac, log(gdppc))) +
    geom_point(color=ifelse(world$iso3c=="COM" |
                            world$iso3c=="HTI" |
                            world$iso3c=="KIR" |
                            world$iso3c=="SLB", "#bf0000", "grey")) +
    geom_smooth(method="lm", col="grey", se=FALSE,
                linetype = "dashed") +
    ggtitle("图 2-4：小国人均 GDP 较低") +
    ylab("人均国内生产总值（对数处理）") +
    xlab("民族语言碎片化") +
theme_minimal() +
theme(plot.title = element_text(size = 8, face = "bold"),
      axis.title = element_text(size = 8, face = "bold")) +
geom_smooth(data=subset(world,
                        aclpregion != "Industrial Countries"),
                        color="black", se=FALSE) +
geom_text_repel(size = 2.8, aes(label=ifelse(iso3c=="COM" |
                                             iso3c=="HTI" |
                                             iso3c=="KIR" |
                                             iso3c=="SLB",
                                as.character(iso3c),'')))
```

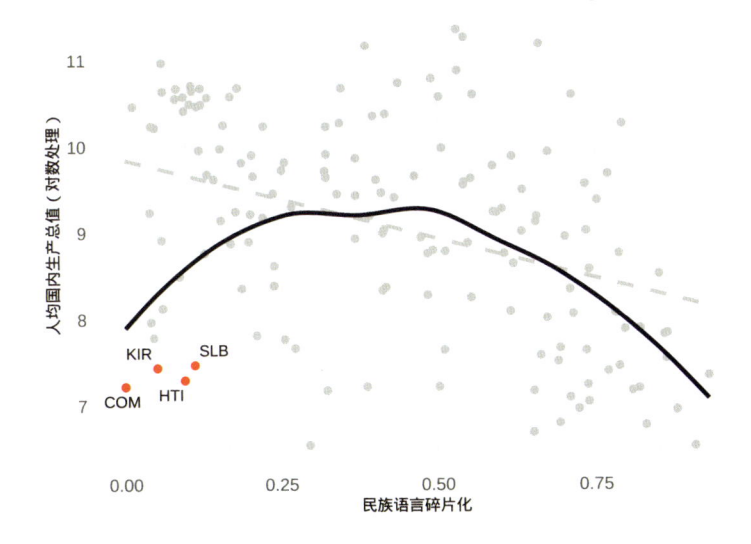

图 2-4：小国人均 GDP 较低

由于我们希望避免根据科摩罗（COM）、基里巴斯（KIR）、海地（HTI）和所罗门群岛（SLB）等小岛国来总结人均 GDP 与 ELF 之间的关系，所以当沿着 x 轴从左往右观察时，人均 GDP（对数处理）和 ELF 分数之间似乎确实存在负相关关系。换句话说，有一些初步证据表明，这一假设有一定的价值。然而，仍然存在着大量变化，并且这种关系绝不是完全**线性**的。这里所说的线性，指的是具有单一斜率的直线。

在继续探讨下一个假设之前，让我们回顾一下形成假设和描述数据的过程。我们以对一个国家的民族构成及其经济的预感来开始这一节。这张简单的散点图显示，两者之间可能存在负相关关系。我们找出了一些聚集在一起，能够解释为何线向下倾斜的国家。然后对剩余的数据拟合了一条曲线，我们发现存在一种倒 U 形模式：与中等水平的国家相比，民族语言异质性低和高的国家的收入水平较低。进一步调查显示，收入水平低、民族语言异质性低的国家都是小岛国。这一观察表明，一个国家的地理面积可能很重要。

在本节中，我们看到了不同的数据集群是如何引出新发现并提出更多的待检验假设的。

假设二：女性选举权

第二个假设涉及女性及其在政府和经济中的作用。女性是否接受过教育？她们是否享有平等的权利？我们可以假设，女性参与社会活动对经济发展至关重要。作为衡量女性参与情况的一个非常粗略的指标，world 数据集中的一个变量记录了女性获得选举权的年份。女性获得选举权的年份与人均 GDP 有何关系？为了回答这个问题，请看代码块 2-5，它绘制了人均 GDP 与该国女性获得选举权年份的散点图（见图 2-5）。

代码块 2-5

```
ggplot(world, aes(womyear, log(gdppc))) +
  geom_point(col="#bf0000") +
  geom_smooth(method="lm", se=FALSE, color="#0000bf") +
  ggtitle(" 图 2-5: 女性选举权获得越迟，国家越贫穷 ") +
  ylab(" 人均国内生产总值（对数处理）") +
  xlab(" 女性获得选举权的年份 ") +
  theme_minimal() +
  theme(plot.title = element_text(size = 8, face = "bold"),
        axis.title = element_text(size = 8, face = "bold"))
```

虽然人均 GDP 在女性选举权的各层次上呈现出的值非常不同（存在相当大的差异），但整体呈下降趋势。换言之，随着女性获得选举权的年份的增加（选举权获得得迟），人均 GDP 似乎下降了。是什么导致了这样的结果？也许这条下降的线仅仅描述了工业化的西方国家与非洲国家之间的差异。毕竟，在 20 世纪 60 年代实现独立之前，非洲还没有任何人获得过选举权。

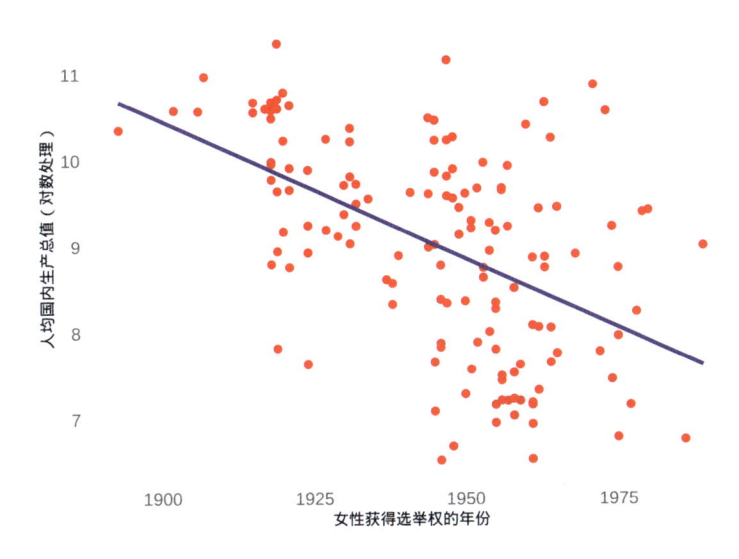

图 2-5：女性选举权获得越迟，国家越贫穷

代码块 2-6 对代码块 2-5 中的代码进行了一点改进。首先，我们使用 `ifelse()` 函数将工业化国家设置成蓝色，将撒哈拉以南的国家设置成红色。其次，我们使用 `annotate()` 函数在图中添加了"工业化国家"和"撒哈拉以南非洲国家"的标签。

如果这种关系仅仅体现为工业化国家[1]和撒哈拉以南非洲国家之间的差异，那么除了女性的参与，可能还有其他因素将彼此区分开来（例如，过去的殖民时期）。图 2-6 中左上象限的那些工业化国家和右下象限的撒哈拉以南非洲国家显然表明，独立时期或殖民时期也是部分因素。

代码块 2-6

```
ggplot(world, aes(womyear, log(gdppc))) +
  geom_point(color=ifelse(world$aclpregion==
                          "Industrial Countries", "#0000bf",
                   ifelse(world$aclpregion==
```

---

[1] 没有什么好办法来命名这组国家：西方国家、工业化西方国家、发达国家、后工业化国家、高收入国家等。与其陷入对命名方式的讨论，不如直接使用 Przeworski 等人（2000）在数据出处用的分类。被视为工业化国家的有：澳大利亚、奥地利、比利时、加拿大、瑞士、塞浦路斯、德国、丹麦、西班牙、芬兰、法国、英国、希腊、爱尔兰、意大利、日本、列支敦士登、卢森堡、马耳他、荷兰、挪威、新西兰、葡萄牙、圣马力诺、瑞典和美国。

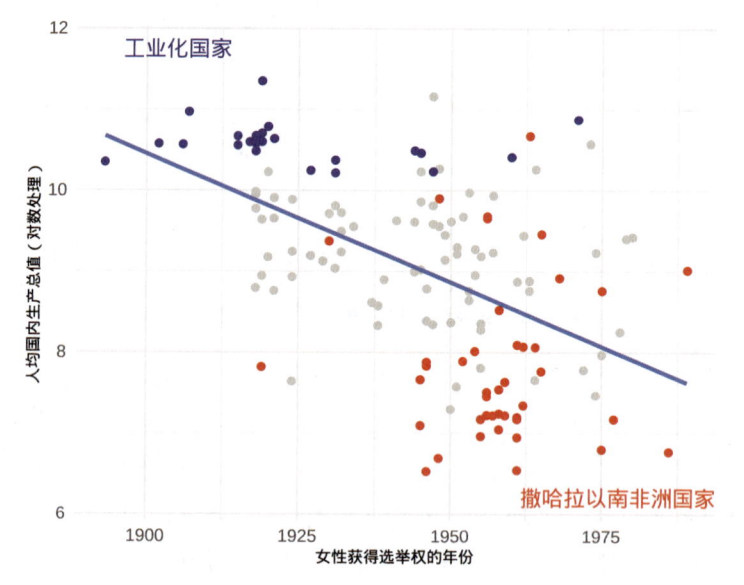

```
                         "Sub-Saharan Africa", "#bf0000", "grey"))) +
annotate("text", x = 1905, y = 11.75,
         label = " 工业化国家 ",
         col="#0000bf") +
annotate("text", x = 1975, y = 6.2,
         label = " 撒哈拉以南非洲国家 ", col="#bf0000") +
geom_smooth(method="lm", se=FALSE) +
ggtitle(" 图 2-6：工业化国家和撒哈拉以南非洲国家分别形成集群 ") +
ylab(" 人均国内生产总值（对数处理）") +
xlab(" 女性获得选举权的年份 ") +
theme_minimal() +
theme(plot.title = element_text(size = 8, face = "bold"),
      axis.title = element_text(size = 8, face = "bold"))
```

图 2-6：工业化国家和撒哈拉以南非洲国家分别形成集群

目前虽然已经获得了一些重要发现，但我们不可止步于此。数据分析的部分挑战和乐趣在于培养敏锐的洞察力，能够注意到每个细节。很多时候，最有趣的发现就是这样产生的。例如，请注意，x 轴上 1935—1945 年间的观测（点）相对较少，这意味着各国在这些年里停止了授予女性选举权。

在代码块 2-7 中，我引入了 geom_vline() 函数，它会在 x 轴的指定位置画一条竖线。当我们想要突出强调某些特定值的时候，这会很有用（见图 2-7）。

代码块 2-7

```r
ggplot(world, aes(womyear, log(gdppc))) +
  geom_point(color=ifelse(world$womyear < 1935, "#bf0000",
                   ifelse(world$womyear > 1944,
                          "#0000bf", "grey"))) +
  geom_smooth(method="lm", se=FALSE) +
  geom_vline(xintercept=1934, col="grey", linetype = "dashed") +
  geom_vline(xintercept=1944, col="grey", linetype = "dashed") +
  ggtitle(" 图 2-7：二战期间的缺口 ") +
  ylab(" 人均国内生产总值（对数处理）") +
  xlab(" 女性获得选举权的年份 ") +
  theme_minimal() +
  theme(plot.title = element_text(size = 8, face = "bold"),
        axis.title = element_text(size = 8, face = "bold"))
```

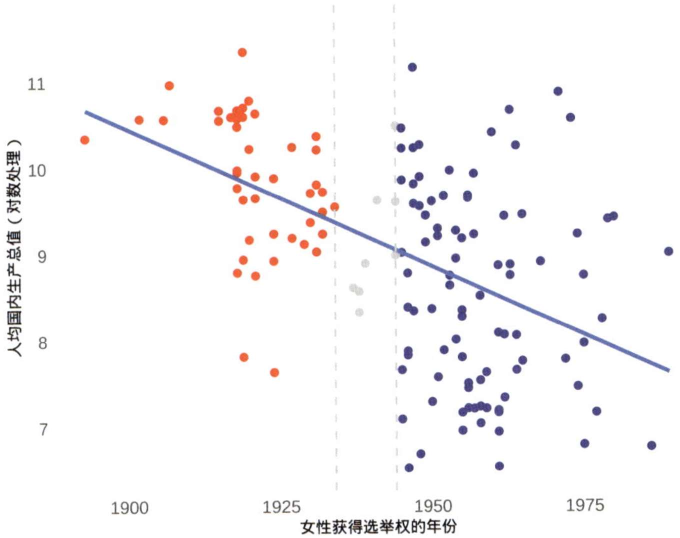

图 2-7：二战期间的缺口

  1935—1945 年间的停顿或许是一个值得探讨的数据特征。该时期的缺口表明，争取女性权利的斗争让位于第二次世界大战。为了说明这一点，我把 1935 年之前的点画成红色，1945 年之后的点画成蓝色。战后，一些国家作为独立实体进入了国际社会。在创立之初，不少国家就直接授予了女性选举权。显然，人均 GDP 可能是由国家的政治自治而非女性的权利驱动的。这两个国家集群以及战前和战后的案例表明，国家处于殖民状态还是独立状态能说明人均 GDP 水平。

  这种关系的另一个特征是，几乎同时授予女性选举权的国家，人均收入却存在巨大差异。这里所说的巨大差异，指的是授予女性选举权的日期非常近，人均 GDP

水平从相当高到相当低不等。请注意，埃塞俄比亚（ETH）、布隆迪（BDI）和塞拉利昂（SLE）与匈牙利（HUN）、塞浦路斯（CYP）和利比亚（LBY）几乎同时授予了女性选举权，但这两组国家的人均收入水平却非常不同（见代码块 2-8 和图 2-8）。显然，仅凭女性的选举权并不能解释一切。如果能解释，那么图中所有的国家都将更接近这条线。

代码块 2-8

```
ggplot(world, aes(womyear, log(gdppc))) +
  geom_point(color="#bf0000") +
  geom_smooth(method="lm", se=FALSE, color="#0000bf") +
  ggtitle("图 2-8：人均 GDP 的巨大差异") +
  ylab("人均国内生产总值（对数处理）") +
  xlab("女性获得选举权的年份") +
  theme_minimal() +
  theme(plot.title = element_text(size = 8, face = "bold"),
        axis.title = element_text(size = 8, face = "bold")) +
  geom_text_repel(size = 2.8,
                  aes(label=ifelse(iso3c=="ETH" |
                                   iso3c=="BDI" |
                                   iso3c=="SLE" |
                                   iso3c=="HUN" |
                                   iso3c=="CYP" |
                                   iso3c=="LBY",
                       as.character(iso3c),''),
                  hjust = 0, vjust=-1), show.legend=FALSE)
```

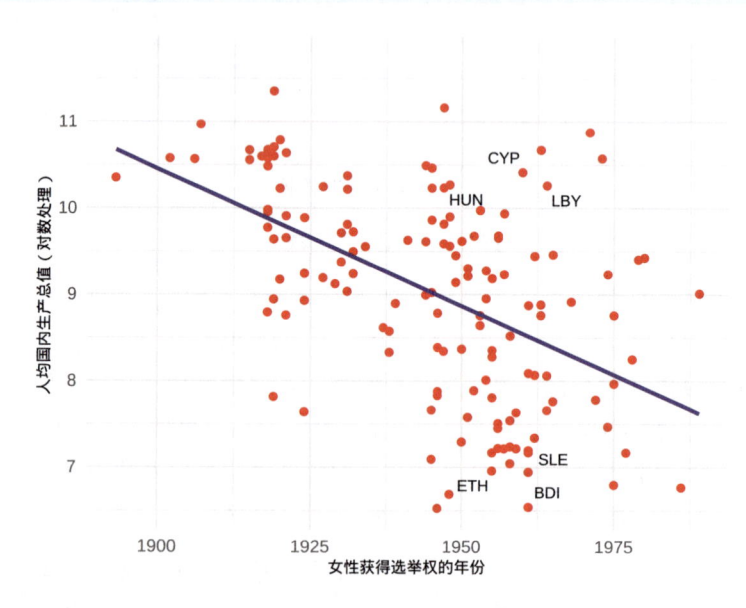

图 2-8：人均 GDP 的巨大差异

回到图 2-6 中，其中工业化国家为蓝色，撒哈拉以南非洲国家为红色，世界其他地区为灰色。考虑到我们在图 2-6 中观察到的工业化国家和非洲国家之间的模式，一种非常有用的检验方法是对撒哈拉以南的国家单独拟合一条线，看看女性选举权与撒哈拉以南非洲国家的人均收入之间是否存在联系。通过这样做，我们想问的是，人均 GDP 和女性获得选举权的年份之间是真的存在负相关关系，还是单纯是工业化国家和撒哈拉以南非洲国家之间的差异造成的。如果在人均 GDP 和女性选举权之间存在强负相关关系，那么我们期望能在撒哈拉以南非洲国家中发现这种关系。

为了区分图中不同的组，创建一个变量往往很有用，其中 1 代表特定组，0 代表其他剩下的所有组。在代码块 2-9 中，前两行为撒哈拉以南非洲国家创建了一个这样的变量。首先，使用 ifelse() 函数来声明，如果 world$region 变量等于撒哈拉以南非洲（Sub-Saharan Africa），则生成 1；否则生成 0。然后把 world$SSA 这个新的变量转换成因子（factor）类型。关于因子类型将在第 5 章中详细介绍。

代码块 2-9

```
world$SSA <- ifelse(world$region=="Sub-Saharan Africa", 1, 0)
world$SSA <- as.factor(world$SSA)

ggplot(world, aes(womyear, log(gdppc), col=SSA)) +
  geom_point() +
  theme_minimal() +
  theme(plot.title = element_text(size = 8, face = "bold"),
        axis.title = element_text(size = 8, face = "bold")) +
  geom_smooth(method="lm", se=FALSE) +
  ggtitle(" 图 2-9：在撒哈拉以南非洲国家女性获得选举权的年份与人均 GDP 无关 ") +
  ylab(" 人均国内生产总值（对数处理）") +
  xlab(" 女性获得选举权的年份 ") +
  scale_color_manual(values=c("lightblue", "#0000bf")) +
  theme(legend.position = "none") +
  annotate("text", x = 1928, y = 6.8,
           label=" 撒哈拉以南非洲国家 ", col="#0000bf")
```

在图 2-9 中，撒哈拉以南的国家为深蓝色。如图所示，在撒哈拉以南非洲国家，女性选举权与经济发展之间似乎没有关系（线是平的）。然而，在世界其他地区，二者似乎存在强负相关关系。对撒哈拉以南非洲国家的不同现象做出解释，有助于厘清其他国家人均 GDP 与女性选举权之间存在的密切关系。

想想这对我们的研究意味着什么。在许多国家，女性选举权与独立和民主化同时出现。就其他事情与女性选举权（独立、民主化或两者兼而有之）相交织的程度来看，允许女性参与选举可能只不过是一个更大进程的结果。因此，在我们的解释中必须考虑到这些其他重要事件——独立和民主化。

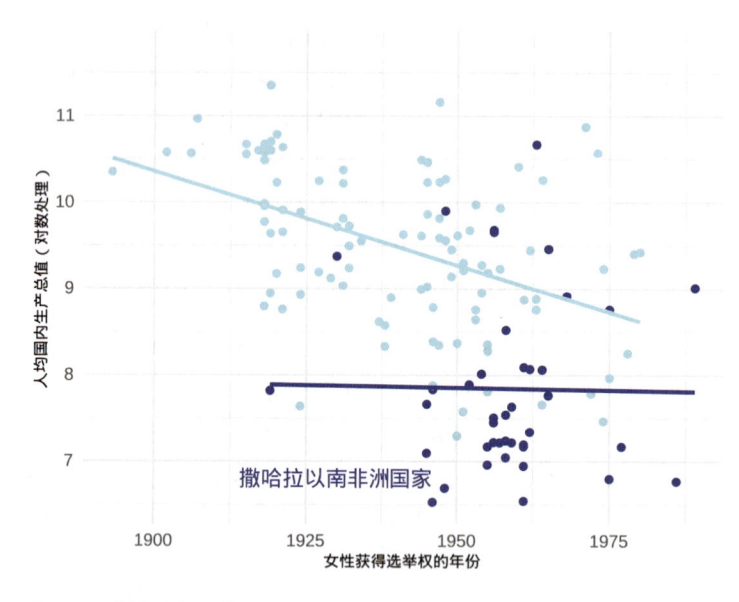

图 2-9：在撒哈拉以南非洲国家女性获得选举权的年份与人均 GDP 无关

在研究下一个假设之前，让我们在此停下来总结一下形成假设和描述数据的过程是如何展开的。仔细观察简单的散点图就能获得相当多的信息。在这个例子中，我们再次利用按区域对观测对象着色，获得了额外的发现。我们首先探讨了收入与女性获得选举权的年份之间的负相关关系是否可用工业化国家和撒哈拉以南非洲国家之间的差异来解释。我们还注意到二战期间的数据产生了一个缺口，这表明还有其他因素可以解释女性选举权与收入之间的关系。最后，我们研究了在撒哈拉以南国家的案例中，是否也存在在所有观测中发现的负相关关系。在整个过程中，我们可以看到描述数据和形成假设是如何交互作用的。

对数据的准确描述可以帮助我们评估假设以及构想新的假设。通过一张散点图，我们从评估女性选举权影响经济增长的假设出发，发现一个国家的独立或走向民主的情况也应该被考虑在内。数据的简单视图就可以提供似乎无数值得研究的模式、差异或怪异之处。正如最后几张图所示，仔细地检查每张图可以获得重要的洞见。我希望在此证明，只要肯花时间去调查，给各组数据涂上不同的颜色，了解哪些个案决定了线的斜率或曲线的形状，那么一张简单的散点图就能告诉我们关于这种关系的很多信息。通过不同方式的可视化来发现数据的有趣特征是一项值得开发的有用技能。

假设三：人力资本

我们继续，经济增长的一个重要组成部分是人力资本：教育。经济学家认为，随着居民知识的增长,经济发展也随之而来。人力资本度量值〔由罗伯特·巴罗(Robert Barro)和李钟华(Jong-Wha Lee)建构的人力资本指数〕与人均GDP有什么关系?根据图2-10,似乎二者存在强正相关关系:每个工人的人力资本越多,人均GDP就越高。当然,发达经济体能让更多的人上学:因果关系可能是相反的(从财富到教育)。然而,我们可以说这两个变量之间有着很强的关联。图中的直线代表我们根据人力资本指数水平对人均GDP的预测,请注意观测对象离这条线有多近。我们还可以观察到,与前两张图相比,这张图的形状可以更好地用一条线来**总结**(summarize)。注意我对"总结"一词的使用。我们用"总结"来描述数据的特征。当使用直线时,我们用两个数字来总结数据:直线的截距和它的斜率。

代码块2-10中的代码现在看起来应该很眼熟了。配合ggplot()函数构建的二维网格(人均GDP与人力资本指数),使用geom_point()函数绘制了一个点图层,再使用geom_smooth()函数画了一条直线。还使用ifelse()函数将卡塔尔(QAT)、科威特(KWT)和津巴布韦(ZWE)标注出来了。

代码块2-10

```r
ggplot(world, aes(pwthc, log(gdppc))) +
  geom_point(col="#bf0000") +
  geom_smooth(method="lm", se=FALSE, col="#0000bf") +
  ggtitle("图 2-10:国内生产总值与教育之间的关系密切") +

  ylab("人均国内生产总值(对数处理)") +
  xlab("Barro 和 Lee 的人力资本指数") +
  geom_text_repel(size = 2.8,
       aes(label=ifelse(iso3c=="QAT" |
                        iso3c=="KWT" |
                        iso3c=="ZWE",
                 as.character(iso3c),'')),
       show.legend=FALSE) +
  theme_minimal() +
  theme(plot.title = element_text(size = 8, face = "bold"),
        axis.title = element_text(size = 8, face = "bold"))
```

图2-10中除了明显的线性模式,离群值也是一个值得注意的特征,即那些与其他数据相差甚远的个案。例如,卡塔尔(QAT)和科威特(KWT)因严重低估特别醒目——它们位于线上方相当高的位置(这条线代表我们的预测)。考虑到这两个国家的人力资本指数水平,我们预计的人均GDP(比实际的)低得多。显然,这两个国家都拥有大量已探明的石油储量,这也许是预测不准确的原因。还要注意位于该线下方的一个案例,津巴布韦(ZWE)。按照津巴布韦的人力资本水平,我们本来预计的人均收入会更高。在津巴布韦(一个以农业为主的国家)的案例中,20世纪90年代和21世纪初日益严重的腐败以及不稳定的财产权——土地纠纷——或许能解释

其业绩不佳的原因。尽管人力资本指数在解释人均 GDP 方面做得相当好，但离群值有助于我们找出其他可能的解释：自然资源、财产权和政治。

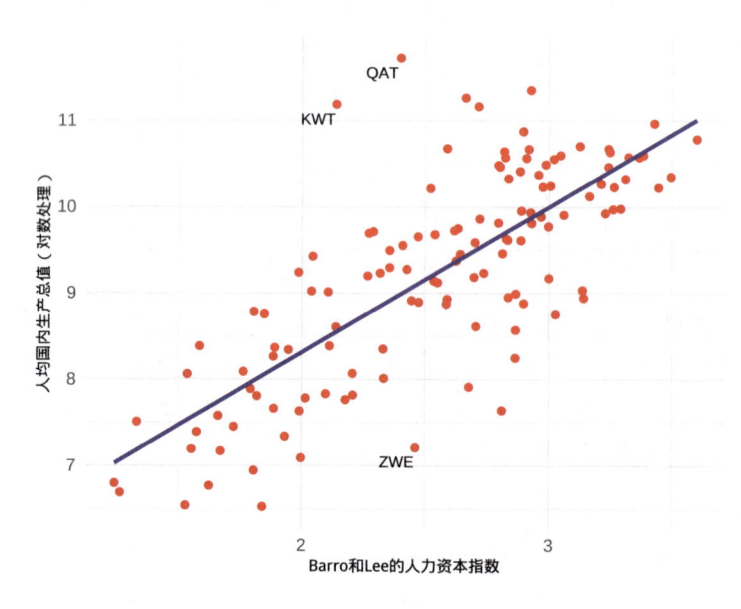

图 2-10：国内生产总值与教育之间的关系密切

在本节中，我们了解到理解特定个案能启发我们得到潜在的、未来可能想检验的假设。离群值提醒我们注意以前没有考虑的重要因果要素。在这个例子中，在调查人力资本在决定一个国家收入方面的重要作用时，我们发现石油（卡塔尔和科威特）和财产权（津巴布韦）也可能对收入水平产生影响。我们再次看到，如何通过描述数据来产生额外的假设。

假设四：政治稳定

政治在国民经济发展中扮演着什么样的角色？政权不稳定的国家或许不是贸易和投资的最佳场所。政治不稳定是否与较低的财富水平有关？考虑到这种可能性，我们绘制了人均 GDP 与政权发生重大变化后的年数（durable 变量）的关系（见图 2-11）。我们对 durable 变量做了对数处理，其原因与对人均 GDP 做对数处理的原因相同：通过取对数对变量进行变换（关于数据变换将在第 6 章中详述）。政权稳定性与人均 GDP 之间似乎确实存在正相关关系——政权相对稳定的国家收入水平较高（见图 2-11）。当我们沿着 x 轴从左往右移动时，收入水平似乎提高了。

代码块 2-11 列出了之前用于绘制散点图的一组命令。唯一的小问题是 durable 变量的对数处理。由于 durable 变量包含 0，而 0 取对数是未定义的，所以在进行对数处理前要加 1。第 6 章将介绍更多关于对数处理和变量变换的内容。

代码块 2-11
```
ggplot(world, aes(log(durable + 1), log(gdppc))) +
  geom_point(col="#bf0000") +
  theme_minimal() +
  geom_smooth(se=FALSE, col="#0000bf", method="lm") +
  ggtitle(" 图 2-11：政治稳定带来财富增长 ") +
  ylab(" 人均国内生产总值（对数处理）") +
  xlab(" 年数 durable（对数处理）") +
  theme_minimal() +
  theme(plot.title = element_text(size = 8, face = "bold"),
        axis.title = element_text(size = 8, face = "bold"))
```

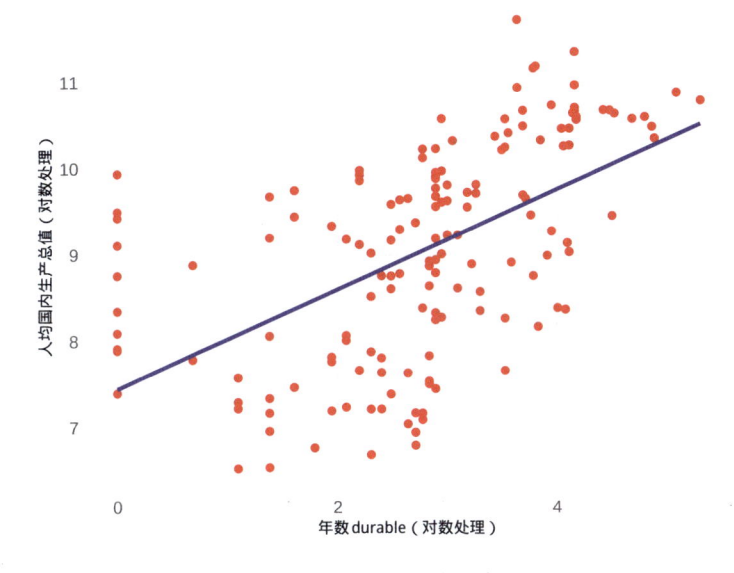

图 2-11：政治稳定带来财富增长

虽然政治稳定和收入之间似乎确实存在正相关关系，但蓝色线可能不是总结这种关系的最佳方式。特别要注意 x 轴上 0 处的点，除了一个点，其他的点都位于线的上方。还要注意的是，在 x 轴的 0 和 2 之间，大多数观测都位于线的下方。而在 3 以上，大部分点都位于线的上方。

为了比较方便，我使用 `geom_smooth()` 函数在图中画了一条直线和一条曲线（见图 2-12）。其中一个图层直接用数据的默认值拟合了一条曲线，而另一个图层指定了 `method = "lm"` 参数，用来告诉 R 要对数据进行直线拟合（见代码块 2-12）。

代码块 2-12

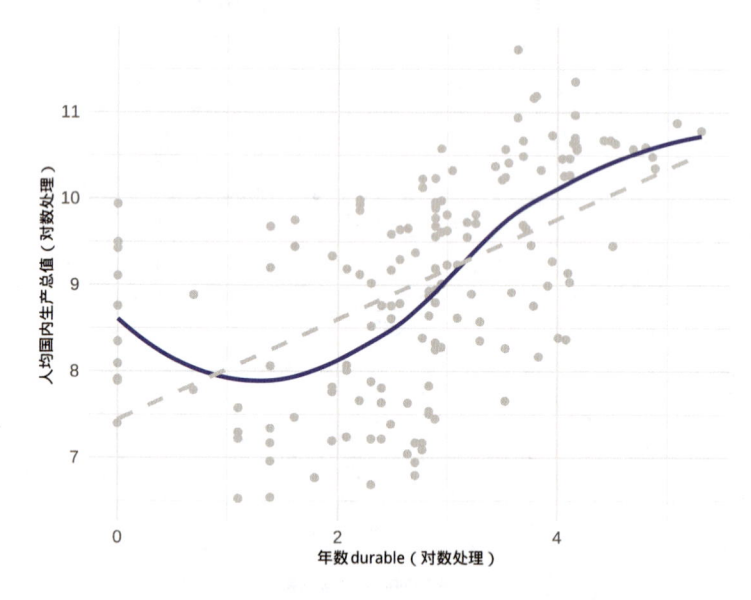

```r
ggplot(world, aes(log(durable + 1), log(gdppc))) +
  geom_point(col="grey") +
  geom_smooth(se=FALSE, col="#0000bf") +
  geom_smooth(method="lm", se=FALSE,
              linetype = "dashed", col = "grey") +
  ggtitle("图 2-12：人均 GDP 与政治稳定呈非线性关系") +
  ylab("人均国内生产总值（对数处理）") +
  xlab("年数 durable（对数处理）") +
  theme_minimal() +
  theme(plot.title = element_text(size = 8, face = "bold"),
        axis.title = element_text(size = 8, face = "bold"))
```

图 2-12：人均 GDP 与政治稳定呈非线性关系

在本例中，可以用 S 型曲线来描述二者的关系。在 durable 变量较低的左侧，收入反而高（高于预测值）[1]。沿着 x 轴向右，人均收入急剧增加，我们开始系统性地低估了人均 GDP 的水平（右侧大部分点都落在线的上方）。

虽然 S 型曲线的曲率不大，但像这样的模式表明存在着阈值。在本例中，S 型曲线表明，只有在实现了几年的政治稳定后，经济发展才会腾飞。当政治稳定达到一定程度时，S 型曲线表明政治稳定的时间每增加一年的变化并不会带来经济发展的显著提升。换言之，一旦同一套宪法规则生效了若干年，即使再增加一年也不会产生同样的积极影响。

---

[1] 由于 0 的对数是未定义的，而部分个案的 durable 变量为 0，所以在取对数之前加了 1，这是变换数据时常用的技巧。请注意那些 x 轴上 0 处的个案，它们的原始值为 0，然后加上常数 1。而 1 的对数为 0。

虽然政权稳定性和人均 GDP 之间的关系可能不是严格的线性关系（不是一条直线）且存在大量变数，但两个变量仍呈**正相关**关系。换句话说，随着政权稳定性的提高，人均 GDP 也会增加：这两个变量是一起增长的。在试图解释为什么有些国家富裕而有些国家贫穷时，政权稳定性是我们应该考虑的另一个变量。

总而言之，本节我们用另一个示例说明了描述数据是如何促成假设形成的，反之亦然。在之前的例子中，我们看到某些技术，比如辨识数据团以及个别离群值的方法，有助于产生额外的待检验假设。这个例子表明，研究变量间关系的函数形式——观测是形成直线还是形成 S 型曲线——也能为我们的调研提供参考。现在我们对数据看起来是怎样的有了更感性的认识，还盘查了一些可能的猜想，是时候继续进行模型的构建与估计了。

> **知识检验：通过数据描述形成假设。**

9. 以下哪些准确地描述了形成假设的过程？
    a. 我们总是带着一些先入为主或先前的观念进入某项工作。
    b. 不要带着一些先入为主或先前的观念进入某项工作。
    c. 为案例添加不同的颜色和标签可以帮助我们产生假设。
    d. 在产生待检验的假设之前，不要开始描述数据。
10. 当评估民族语言异质性解释收入水平的假设时，数据的哪个特征产生了新的假设？
    a. 欧洲收入很高。
    b. 世界上的工业化国家聚集在一起。
    c. 这种关系可能不是线性的。
    d. 有些贫穷的岛国的民族语言异质性很低。
11. 数据的哪个特征产生了民族独立在解释人均 GDP 方面发挥着重要作用的假设？
    a. 第二次世界大战期间的数据有一个缺口。
    b. 女性获得选举权的时间与人均 GDP 之间存在明显的线性关系。
    c. 小岛国很早就允许女性参与选举。
    d. 收入与人力资本之间存在线性关系。
12. 本节使用了哪些可视化技术来探索发现？
    a. 用不同的形状来代表不同的数据分组
    b. 用不同的颜色来代表不同的数据分组
    c. 将特殊的个案单独用标签标注出来
    d. 将特殊的个案单独用颜色标注出来

13. 在关于描述数据并形成假设的这一部分，你得到了什么启发？
    a. 查看数据即可证明假设。
    b. 描述数据通常就可以解决问题。
    c. 描述数据往往会修正假设或引出新的问题。
    d. 有效地描述数据很少能证明假设是正确的或将其完全否认。

模型的构建与估计

一旦描述数据并形成了假设，就是时候发展我们的论点或构建模型了。我们现在要开始介绍第 10 ~ 14 章所涉及的内容了。回归表将在本节中出现，但不会深入讨论其机制。它们在此出现是为了帮助你理解一些将来要构筑的分析工具，而这些工具在数据分析过程中占据着重要地位。

我们目前研究过的散点图表明，有多种因素影响着经济发展。民族语言异质性、女性选举权、人力资本和政权稳定性似乎都很重要。为了获得它们与人均 GDP 关系的最佳估计，我们需要一个好的模型。为了达成目标，让我们将模型简单地定义为希望在解释中包含的因素列表。为此，应将合理的假设和对数据的熟悉结合起来。一个好的模型只辨明那些有助于准确预测结果的基本要素——本例中的结果是一个国家的人均 GDP。

在继续之前，我们必须承认学者和从业者在如何构建模型上存在分歧。重要的哲学辩论潜藏在表面之下。简而言之，争论的焦点是理论还是数据应该作为我们的指导。一方不相信数据，认为了解世界上所有的事实对我们并没有好处，除非知道这些事物是如何组合在一起的——理论。另一方则不相信理论，认为最好的理论来自尽可能多地了解世界——数据。在我看来，醉心于一种方法而排斥另一种方法往往会产生误导，而两种方法相互交融更有成效。到目前为止，我们已经看到了观察数据如何为理论提供参考信息。接下来，我们看看理论如何影响从数据中得出的结论。认识到这两种方法如何在实践中发挥作用是本书的主要关注点。

从使用一个因素的简单模型开始：仅用女性获得选举权的年份来解释人均 GDP 的模型（见表 2-1）。具有两个变量——一个因变量（人均 GDP）和一个自变量（女性选举权，womyear）——的模型被称为**二元回归模型**。具有两个以上变量——一个因变量（人均 GDP）和一个以上自变量——的模型被称为**多元回归模型**。在双变量的情况下，模型使用一条线来总结人均 GDP 与女性选举权之间的关系，而不考虑任何其他因素。

代码块 2-13 定义了一个 mod1 对象，然后使用 "stargazer" 包中的 `stargazer()` 函数，在回归表中展示 mod1 的结果。使用 `lm()` 函数将 mod1 对象定义为一个简单的二元回归模型。`lm()` 函数中的 lm 指的是线性模型（linear model）。在回归中，人均 GDP（gdppc）的对数被回归到一个国家女性获得选举权的年份（womyear）上。统计学中的一个重要惯例是因变量被回归到自变量上。

代码块 2-13

```
mod1 <- lm(log(gdppc)~womyear, data=world)
stargazer(mod1, header=FALSE,
          title = "表2-1：二元模型的估计",
          type = "html", out = "table3.htm")
```

表 2-1：二元模型的估计

	Dependent variable:
	log(gdppc)
womyear	−0.032***
	(0.005)
Constant	70.750***
	(8.831)
Observations	143
R^2	0.257
Adjusted R^2	0.252
Residual Std. Error	1.046 (df = 141)
F Statistic	48.874*** (df = 1; 141)

注：***$p<0.01$。

stargazer 函数需要正确类型的对象作为参数。此处，由线性模型定义的 mod1 对象是合适的。我们还可以指定表格的标题、输出的类型（本例中为 HTML）以及包含结果的文件。注意，当编译（knit）成 HTML 或 PDF 文档时，会出现一个漂亮的表格。遗憾的是，在撰写本文时，stargazer 还无法在编译 Microsoft Word 文档时生成类似的表格。

通过这个二元模型，我们发现人均 GDP 与女性选举权之间存在负相关关系（−0.032）。换言之，随着女性选举权变量的增加（获得选举权的日期越晚），人均 GDP 在减少。−0.032 为描述女性选举权与人均 GDP 之间关系的直线斜率。

在进入下一节之前，让我们回顾一下。在描述数据并探索了一些假设之后，我们构建了一个用于解释人均 GDP 的模型。我们首先构建了一个非常简单的模型，拟合一条线来总结人均 GDP 与一个国家女性获得选举权年份之间的关系。我们发现这条线的斜率（我们的估计）是 –0.032，这意味着女性参与政治确实在经济发展中发挥着重要作用。

> **知识检验：解释假设、模型与估计之间的联系。**

14. 下列关于模型构建的陈述哪项是正确的？
    a. 理论应该总是先于事实。
    b. 事实应该总是先于理论。
    c. 应该在理论和事实之间不停地来回往复迭代。
    d. 作者认为应该在理论和事实之间不停地来回往复迭代。
15. 指出下面哪些陈述是正确的。
    a. 具有两个变量的模型被称为二元回归模型。
    b. 具有两个以上变量的模型被称为二元回归模型。
    c. 我们需要一个好的模型来得到两个变量之间关系的最佳估计。
    d. 具有两个以上变量的模型被称为多元回归模型。

诊断

有了估计，接下来需要确定结果有多可信。带有模型估计值的表格展现出一种自信和权威的气息。在漂亮的表格行列中整齐排列的估计值，却可能是基于一些有问题的假设、离奇的案例或糟糕的指标得到的。就像在二手车市场遇到一个急功近利的销售员，他把你带到一辆锃光瓦亮的雪佛兰（Corvette）前面，你还是打开引擎盖检查一下为好。诊断提供了一些工具来帮助我们判断估计是合理的还是具有高度误导性。雪佛兰是在 4s 内就从 0 加速到 60 英里/小时[1]，还是刚开出停车场就熄火了？

结果的稳定性

检查结果的**稳定性**以及是否满足某些猜想，只是执行诊断的两种可能方式。第 15 章和第 16 章将专门讨论这些内容。在此，我只是想说明模型（理论）的选择会如何影响我们对关系（数据）的估计。

为了说明这个问题，我使用 `lm()` 函数估计了一个多元回归模型，然后使用 `stargazer()` 函数（见代码块 2-14）生成了包含结果的表（见表 2-2）。

---

[1] 1 英里≈1.61 千米。

代码块 2-14

```
mod2 <- lm(log(gdppc)~womyear + ethfrac + durable + pwthc,
           data=world)
stargazer(mod2, header=FALSE,
          title = "表2-2：估计值并不稳定",
          type = "html", out = "table4.htm")
```

表 2-2：估计值并不稳定

	Dependent variable:
	log(gdppc)
womyear	−0.001
	(0.004)
ethfrac	−0.698**
	(0.291)
durable	0.007***
	(0.002)
pwthc	1.416***
	(0.163)
Constant	6.682
	(8.201)
Observations	105
R^2	0.725
Adjusted R^2	0.714
Residual Std. Error	0.657 (df = 100)
F Statistic	65.813*** (df = 4; 100)

注：**$p<0.05$；***$p<0.01$。

二元模型的结果有多稳定呢？所谓稳定性，是指模型稍微改变时，结果会有多大变化。如果模型中的小改变（增加一些变量）就产生了明显的变化，那么就可以说结果是不稳定的。请记住，二元回归中的斜率是 −0.032。一旦加上其他变量（见表 2-2），女性选举权的斜率就变为 −0.001，降至原本的 $\frac{1}{32}$！显然，我们对女性选举权的估计取决于所使用的特定模型。

为了更直观地理解这一点，我绘制了一张图，显示当考虑到人力资本、政治不稳定和民族语言碎片化时，女性选举权与人均 GDP 的关系。此图被称为**增加变量图**（**added variable plot**）[1]，它显示了当其他变量被考虑进去时两个变量之间的关系。同样，在第 15 章和第 16 章中可以学到如何生成这个非常有用的数据视图。在此之前，请考虑当所有变量都被包括在模型中时，人均 GDP（对数处理）与女性选举权之间的

---

1 译注：此图也被称为偏回归图（partial regression plot）。

关系（见图 2-13）。

可视化回归分析结果的一种简单方法是使用名为"visreg"的 R 包。在代码块 2-15 中，我使用 visreg() 函数来绘制在代码块 2-14 中定义的多元回归模型的预测值。在本例中，我想在把模型中的其他变量都考虑进去的情况下可视化女性选举权与人均 GDP 之间的关系。"visreg"包让这个过程变得很容易，只需要指出要使用的模型（本例中为 mod2），并指定感兴趣的自变量（womyear）即可。

代码块 2-15

```
visreg(mod2, "womyear", ylab="GDP 预测值（对数处理）",
       xlab=" 女性获得选举权的年份 ",
       main=" 图 2-13：女性选举权没有效应 ",
       band=FALSE)
```

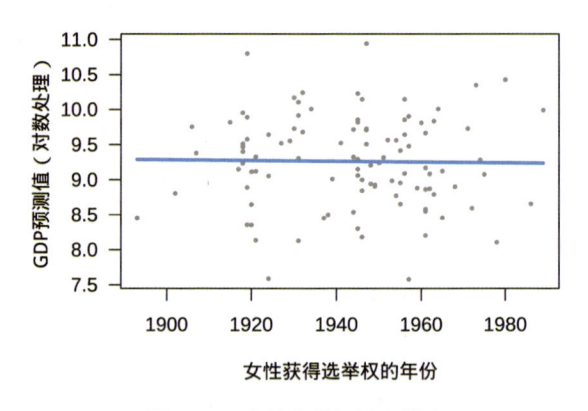

图 2-13：女性选举权没有效应

图 2-13 中的蓝色线代表模型 2 根据女性选举权预测的人均 GDP 水平。点代表每个国家的实际值。

虽然这不一定能解决问题，但增加变量图显示，在控制其他变量的情况下，模型 2 对收入（人均 GDP）的预测与女性选举权没有多大关系。一旦将人力资本、政治稳定和民族语言碎片化考虑进去，知晓女性何时获得选举权并不能告诉我们真实的人均 GDP 水平如何。这项工作表明，在模型中纳入政治稳定、民族语言碎片化和人力资本的情况下，人均 GDP 与女性选举权之间的关系是不稳定的。这阐明了一个深刻的教训：估计取决于我们所选择的模型。

残差图

最后，我们可以检查当人均 GDP 水平从低到高变化时预测是变得更好了还是变得更差了。如果对富裕国家或贫穷国家的预测系统性地更好或更坏，那么我们就知道模型还可以改进。**残差图**（图 2-14）方便快捷地告诉我们，每个案例与预测之间的差异（即残差）是否遵循着什么模式。图 2-14 所示是根据预测绘制的残差图，其中的水平虚线表示完美的预测。如果有点落在了这条线上，则说明模型正确地预测了这个国家的实际收入水平。远离虚线的点，例如新加坡（SGP），是模型预测表现不好的例子。这张残差图表明该模型严重低估了新加坡（SGP）和卢森堡（LUX）的收入水平。

为了获得残差，首先需要估计模型并收集残差。在代码块 2-16 中，我再次使用 lm() 函数估计了一个线性模型。此模型包含四个自变量：womyear、ethfrac、durable 和 pwtch。在得到模型估计后，我使用 resid() 函数和 predict() 函数创建了 world$res 和 world$pred 两个变量。

代码块 2-16

```
mod2 <- lm(log(gdppc)~womyear + ethfrac +
           durable + pwthc, na.action = na.exclude,
           data=world)
world$res <- resid(mod2)
world$pred <- predict(mod2)
```

有了模型预测值和残差的变量，就可以准备将两者绘制在一起了。代码块 2-17 用于执行此操作。代码块 2-17 绘制的散点图，将点设置为红色，使用 ifelse() 函数标注了五个国家的点，还绘制了一条水平线代表预测值（残差等于 0）。

代码块 2-17

```
ggplot(world, aes(pred, res)) +
  geom_point(col="#bf0000") +
  geom_text_repel(size = 2.8,
        aes(label=ifelse(iso3c=="SGP" |
                         iso3c=="TJK" |
                         iso3c=="ZWE" |
                         iso3c=="USA" |
                         iso3c=="LUX",
                    as.character(iso3c),''),
            hjust = 0, vjust=-1), show.legend=FALSE) +
  geom_hline(yintercept = 0, linetype = 2) +
  theme_minimal() +
  theme(plot.title = element_text(size = 8, face = "bold"),
        axis.title = element_text(size = 8, face = "bold")) +
  xlab("预测或"拟合"值") +
  ylab("残差") +
  ggtitle("图 2-14：一些可能的离群值")
```

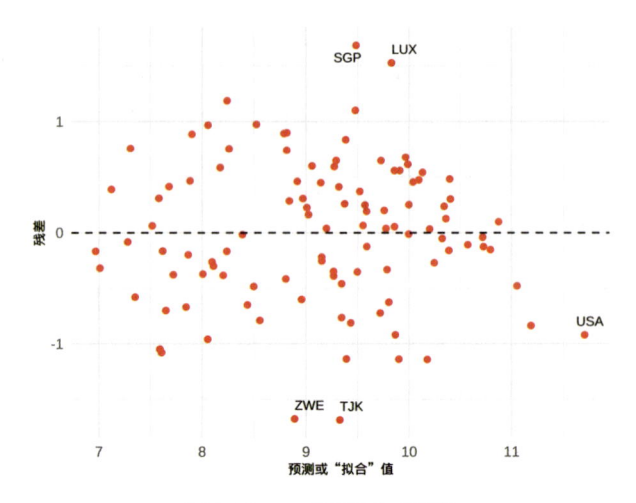

图 2-14：一些可能的离群值

我们来找找是否存在什么模式。正如在后续章节中将要学到的，模型估计中的一个重要假设是，我们的预测对于低值或高值是同样好或同样坏的。在这个例子中，我们假定对相对贫穷或相对富裕的国家预测时，模型的准确性不会改变。图 2-14 可被形容成无形的云：无论是对富裕国家还是贫穷国家，预测的结果好坏一样，观察不到明显的模式。由此可以得出结论，我们分析的一个重要假设已经成立[1]。

通过残差图还能发现是否存在离群值（与其他数据相去甚远的案例）。在此回归模型中，新加坡（SGP）、卢森堡（LUX）、塔吉克斯坦（TJK）、美国（USA）和津巴布韦（ZWB）是潜在的离群值。这些是模型没有很好地预测出来的异常个案。为什么？正如在前一节中通过散点图所了解到的，调查这些案例或许能提供相关线索，了解还涉及哪些其他因素。

> **知识检验：定义诊断并解释其在数据分析中的作用。**

16. 下面哪些关于诊断的比喻是恰当的？
    a. 打开汽车引擎盖检查
    b. 检查病人的 X 光片
    c. 在审判中盘问证人
    d. 在新闻发布会上向政治家提问

17. 当我们进行诊断时，是在寻找什么？
    a. 结果是否表现出紧密的联系？
    b. 假设是否得到了证实？

---

1 本例使用的关于普通最小二乘（OLS）回归分析的假设的解释，将在关于诊断的章节（第 15 章）中介绍。

c. 结果是否会随着模型的细小变化而变化？
   d. 是否存在过度影响结果的奇怪案例？
18. 我们要在残差图中寻找什么？
   a. 奇怪的案例
   b. 奇怪的模式
   c. 任何模式
   d. 典型案例

提出下一个问题

数据分析最重要的环节之一是提出新的问题。这些估计意味着什么？如何才能加以检验？在前文所述的回归分析中，人力资本、民族语言碎片化以及政治稳定性都会改变对女性选举权的估计。为什么会这样？也许女性的政治权利和人力资本指数是密切相关的（我们可以检验一下）。女性对 GDP 的影响或许也取决于人力资本。选举权在教育水平低的国家可能影响不大，但当女性受到教育后，选举权会变得极其强大。除了这些可能性，模型可能还应该包含其他变量（例如，独立的日期、殖民地历史和民主）。当我们在模型中引入这些变量时，估计会发生变化，从而引发新的发现。

提出下一个问题有两个作用。第一，它可以帮助证实我们的假设。提出下一个问题，围绕它形成假设并进行测试，可以为我们最初的假设带来新的证据支持。第二，它可以带来新的发现。我们会经常发现最初提出的问题并不是最有意义的，或者找错了方向。无论是哪种情况，提出下一个问题都是数据分析的基本环节。

我们该如何构想出新的问题？一种能有效启发新问题思路的方法是从"如果……那么……"语句开始："如果"结果为真，"那么"我们还期望在数据中看到什么？这项工作检验了我们对问题的了解、创造性思维的能力以及逻辑思维的能力。这当然是我们所说的"批判性思维"的一部分。与任何事情一样，它是需要实践的，就像肌肉，越用越强壮，用得少就会萎缩。

新问题的最后一个特点是，其常常可以帮助我们"跳出框框思考"。虽然这是一个被用烂了且定义不明确的指示，老板完全没有想法时也常咕哝这话，但跳出框框思考直接来自提出新问题。换句话说，提出新问题就是跳出框框思考。新问题迫使我们去考虑"假如"。当我们跳出框框思考时，就是在探索超越当前的模型——所谓的框框。

> **知识检验：构想新的问题**

19. 我们为什么要提出新的问题？
    a. 它们挑战老问题。
    b. 它们迫使我们重新考虑模型。
    c. 它们提供了额外的证据。
    d. 它们帮助我们跳出框框思考。
20. 我们该如何构想新的问题？
    a. 了解这个课题。
    b. 使用"如果……那么……"语句。
    c. 实践。
    d. 练习。

小结

本章的目标是激发学习热情并介绍数据分析的过程。信息及其在日常生活中的运用日益增长，要求我们知道如何使用和理解定量数据。特别地，我希望展示出理论和证据之间来回往复迭代的过程，这些理论和证据支撑了后面几页中采用的方法。尽管各个学者和从业者采取的方法略有不同，但本章所概述的过程是一个良好的开始：①描述数据并形成假设；②模型的构建与估计；③诊断；④提出下一个问题。

本书与其说是关于概率论和统计学的，不如说是关于如何发现存在于数据中的模式，以及我们可以从中得出的推论的。我们有很多想要解释的事情（财富、不平等、暴力、投票等），还有很多数据需要探索。

我们有许多工具可以用来了解数据的诸多特征。例如，如果问题是要降低美国的凶杀率，那么了解最低的和最高的凶杀率在哪里就很有帮助。大部分州都有类似的比率，还是说差异很大？类似的比率集中在南部、东北部和西部吗？想回答这些问题需要描述数据。我们对数据的了解越多，提出的问题就越好，构建的模型也就越好。在第3章中，我们将通过例子来讨论描述数据的重要性。

> **常见问题**

- 探索与展示。大多数的统计学书籍通常都没有阐明探索（exploration）和展示（presentation）之间的区别。本章介绍的许多内容都展示了背后发生的事情。通常，不会出现无路可走的情况。以探索数据还是展示数据为目的是截然不同的。

- 理解残差图。要花时间来了解残差图的分析。最难的是要理解平坦的水平线代表值为 0 的残差，表明个案被完美预测。位于线上方的点代表被模型低估的个案，而位于线下方的点则代表被模型高估的个案
- 理论与假设。学生和从业者经常交替使用这两个术语。理论是用来解释各种不同现象的框架或关系系统。假设则更具体、更具探索性，代表了我们对世界运转规则的最佳估测。对这些估测进行检验，来证实或质疑现有的理论。如果越来越多的证据表明我们的理论是不正确的，那么就是时候改变该理论了。
- 耐心。耐心，或者确切地说是缺乏耐心，是数据分析中存在的普遍现象。学生和从业者变得不耐烦了。在数据分析过程中，他们的不耐烦主要体现在三个方面。首先，他们经常跳过对数据的良好描述，直接开始估计模型。其次，他们在还没有花足够的时间进行诊断的情况下就发布了结果。最后，他们在思考如何有效地展示数据上花的时间相对较少。正如第 7 章所示，关于如何展示数据的考量很关键。

复习题

1. 简述理论和证据之间的拉锯。
2. 数据分析的构成要素有哪些？
3. 请说明颜色、形状和标签是如何帮助进行数据分析的。
4. 为什么构想下一个问题如此有用？
5. 在查看残差图时，要找的是什么？
6. 什么叫结果的稳定性？
7. 如何描述 ggplot 中使用的图形语法？
8. 什么是模型？
9. 什么是诊断？
10. 诊断的目的是什么？

数据分析与可视化练习

1. 下面的 `ifelse()` 函数是什么意思？

    `ifelse(world, region =="Europe", 1, 0)`

    a. 如果 world 变量等于 "region"，则赋值为 1。
    b. 如果 world 变量等于 "region"，则赋值为 0。
    c. 如果 world$region 变量等于 "Europe"，则赋值为 1，否则为 0。
    d. 如果 world$region 变量等于 "Europe"，则赋值为 0，否则为 1。

2. 以下关于数据分析过程的陈述，哪个是准确的？

    a. 描述数据有利于模型估计。

    b. 诊断应该总是标志着分析工作的结束。
    c. 一旦完成了模型估计，就会有发现。
    d. 如果模型的设计妥当，就没有必要进行诊断。
3. 以下哪些陈述准确地描述了诊断的目的？
    a. 它们有助于辨识重要个案例。
    b. 它们表明我们是否使用了恰当的模型。
    c. 它们能提出新的问题。
    d. 它们有助于产生额外的假设。
4. 在研究女性选举权和收入水平之间的关系时，我们构造了怎样的"如果……那么……"语句？
    a. 如果女性选举权和人均 GDP 之间的关系只是欧洲和撒哈拉以南非洲地区之间重大差异的结果，那么我们期望看到撒哈拉以南非洲各国之间也存在同样的关系。
    b. 如果女性选举权和人均 GDP 之间的关系并不只是欧洲和撒哈拉以南非洲地区之间重大差异的结果，那么我们期望看到撒哈拉以南非洲各国之间也存在同样的关系。
    c. 如果选举权和收入之间的关系紧密，那么欧洲和非洲之间也应该存在这种关系。
    d. 如果女性选举权和人均 GDP 之间的关系并不只是欧洲和撒哈拉以南非洲地区之间重大差异的结果，那么我们不期望看到撒哈拉以南非洲各国之间也存在同样的关系。
5. 在研究人力资本积累与人均 GDP 之间的关系时，科威特、卡塔尔和津巴布韦这些特例说明了什么？
    a. 它们表明自然资源、财产权和政治可能很重要。
    b. 因为它们不具有代表性，所以应该从数据中剔除。
    c. 它们都说明石油可以作为人均 GDP 的重要解释。
    d. 腐败显然是一个需要考虑的重要变量。
6. 对结果稳定性的探索揭示了什么？
    a. 在进行模型估计时，需要考虑一些重要的阈值。
    b. 使用了错误的估计方法。
    c. 无论在模型中纳入了什么变量，结果表明的都是同样的事。
    d. 我们对模型中某个变量的估计，在很大程度上取决于如何设置模型——要包含哪些变量。
7. 什么是增加变量图？
    a. 一种展示将残差与预测值相比较的图
    a. 一种展示将预测值与残差相比较的图
    c. 在考虑所有其他变量的前提下，一种展示单变量关系的图
    d. 一种展示因变量和自变量之间关系的图
8. 是什么发现让我们开始质疑民族异质性与人均 GDP 之间的关系是否是线性模式？
    a. 有许多贫穷的岛国。
    b. 我们标注为"工业化国家"的国家群可能产生了这种线性模式。

c. 当忽略欧洲的国家时，线的斜率下降了。
　　d. 将所有国家都考虑在内时，收入和民族语言异质性之间似乎存在非线性关系。
9. 在散点图中，对于不同的 x，y 的差异很大说明了什么？
　　a. 这种关系不是线性的。
　　b. 变量 x 和 y 之间没有关系。
　　c. 变量 x 很好地解释了 y 的变化。
　　d. 可能还有其他变量可以解释这种变化。
10. 以下关于残差图的说法哪些是正确的？
　　a. 水平线上方的点代表被低估的个案。
　　b. 水平线上方的点代表被高估的个案。
　　c. 数据中的模式表明模型存在问题。
　　d. 数据中的模式表明模型是合适的。

R 函数注释

以下函数在本章中出现。它们按首次出现的顺序列出（括号中的是代码块编号），并在此注释以简要地说明其用途。其中有些不是独立的函数，必须结合其他指令使用。需要一提的是，如果按照它们出现的顺序运行，每章的代码就都可以正常工作。正确的运行还依赖作者定义的 `libraries()` 函数，用于加载所需的 R 包。

`ggplot()`：定义图的基本结构（通常是变量 x 和 y）。（2-1）

`aes()`：aes（图形属性，aesthetics）函数在 ggplot 中用于定义图的基本结构[1]，通常包含要用到的变量以及形状或颜色。（2-1）

`ylab()`：在 ggplot 中设置 y 轴标签。（2-1）

`xlab()`：在 ggplot 中设置 x 轴标签。（2-1）

`theme_minimal()`：为 ggplot 设置极简风格的主题。（2-1）

`theme()`：指定 ggplot 中的字体、大小等。（2-1）

`annotate()`：在图中放置文本注释。（2-2）

`geom_vline()`：在图中放置一条垂直线。（2-7）

`scale_colour_manual()`：让用户指定要在图中使用具体什么颜色。（2-9）

`stargazer()`：来自"stargazer"包的一个函数，用于创建具有专业水准的表格。（2-13）

`lm()`：拟合线性回归模型的函数。"lm"代表线性模型。（2-13）

1　译注：图形属性与变量的映射关系。

描述数据 3

本章大纲
- 学习目标
- 概述
- 数据集和变量
- 不同类型的变量
- 描述数据可以节省时间和精力
- 辨识困惑、问题、假设和线索
- 度量
- 小结
- 常见问题
- 复习题
- 数据分析与可视化练习
- R 函数注释

学习目标
- 理解数据集和变量之间的差异。
- 辨识连续变量、分类变量和有序分类变量。
- 论述描述数据是如何节省时间和精力的。
- 将数据描述与回答问题和明确困惑联系起来。
- 创建有效且可靠的度量。

概述

描述数据往往被那些渴望用复杂的计量经济模型来检验其假设的人所忽视。然而，数据描述有几个重要的功能：帮助我们明确问题和困惑；为假设和理论的构建提供信息；帮助我们评判度量的有效性和可靠性。最终，精心设计的描述可以做出非常有力的陈述。以爱德华·塔夫特（Edward Tufte）绘制的一张广为人知的图为例：查尔斯·米纳德（Charles Minard）对拿破仑进军俄罗斯的描述（见图 3-1）。

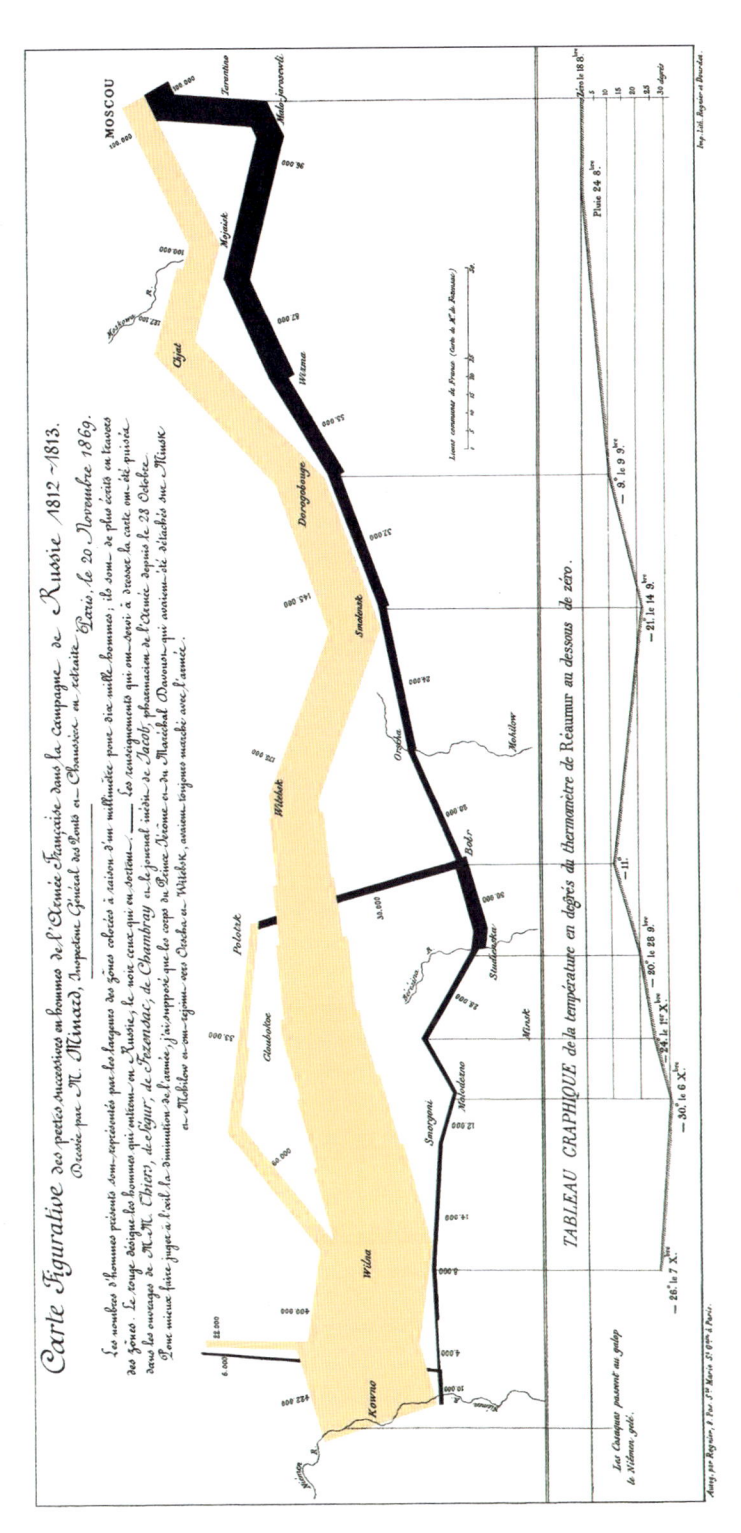

图 3-1：法国大军行军路线

这张图的美在于其传达的信息简洁而优雅。从图中我们可以看出所进行的战役、战役发生的地点，以及战役中拿破仑士兵的伤亡情况。这张反战海报揭示了战争的可怕代价。海报记录了拿破仑军队战死的地点，并提供了解释。在图的底部，米纳德记录了行军中特定地点的温度，这表明天气影响了拿破仑军队的死亡率。仔细观察会发现，海报不仅给出了战役的全貌，还披露了重要的战役。

从莫斯科折返的途中，请留意别列津纳河（图上的 Berezina R.）的渡口，拿破仑的兵力在此被削减了一半。大军发现平时结冰的别列津纳河竟然融化了，渡河变得十分凶险。在俄罗斯士兵的包围下，法国士兵不得不在两座临时快速搭建的桥上过河，元气大伤。历史学家估计，仅在这场战斗中就有 21,000 名法国士兵丧生（de Fezensac, 1852）[xviii]。

虽然与米纳德的工作相比我们的描述更加粗浅，但目标是相似的：优雅并有目的地提供尽可能多的信息。虽然没有指导性的简单规则，但可以根据一些重要的惯例来完善我们的技能。

为了构建有用的图，我们需要了解数据的底层结构。本章从数据集和变量之间的区别开始。下面的讨论解释了连续变量和分类变量之间的区别。本章随后说明了如何通过描述数据来快速评估问题、假设和数据之间的联系。最后，正确的分析需要我们收集有效且可靠的数据。好的数据描述有助于确认数据的有效性和可靠性。

数据集和变量

为了生成有用的数据描述，我们需要了解其基本结构：**数据集**和变量之间的区别。我们还必须熟悉特定类型的变量，因为其特征决定了应采用的描述方式。为了得到翔实有用的描述，下一节我们将讨论数据最基本的结构特征。

为了更好地说明数据集和变量之间的区别，请看表 3-1，它展示了 states 数据集的前六行。为了生成这个表格，我定义了一个 stdat 数据集，其中包含了 state、region、trumpwin、percwom 和 inc 这些来自 states 数据集的变量（见代码块 3-1a）。select() 函数用于指明想在数据集中使用的变量。head() 函数告诉 R，列出所选变量的前六行。然后使用 kable() 函数生成表格，以表格形式展示 stdat 数据集（见代码块 3-1b）。（与本书中所有的代码块一样，我建议将代码块 3-1a 复制到 RStudio 中运行。）

代码块 3-1a

```
stdat <- head(dplyr::select(states, state, region, trumpwin, percwom, inc))
```

代码块 3-1b

```
knitr::kable(stdat, format = "pandoc", caption = "表 3-1：states 数据集的
前六行")
```

表 3-1：states 数据集的前六行

state	region	trumpwin	percwom	inc
Alabama	South	1	75.49	34650
Alaska	West	1	79.02	45529
Arizona	West	1	84.00	35875
Arkansas	South	1	88.52	34014
California	West	0	89.94	44481
Colorado	West	0	79.57	44088

变量描述了人、地方或事物的某个特征。数据集是两个或更多变量的集合。在数据集中，列是变量，行是案例。这个数据集包含了几个变量（列），用于描述 50 个州的不同特征（行）。为了说明这一点，我们从各州的 states 数据集中选择了五个变量：state、region、trumpwin、percwom 和 inc。其中，变量 state 表示州名，region 表示地区，trumpwin 记录了唐纳德·特朗普（Donald Trump）是否在 2016 年的竞选中赢得该州的选举人团，percwom 表示女性相对于男性的平均工资，inc 记录了人均收入。

在继续之前，需要注意的是，本书的大部分内容都是以知识积累的形式组织的。换句话说，在本章中没有牢固掌握的任何概念或结构都会在今后的工作中造成问题，而坚实的基础则让后续章节的进展更加顺畅。在通常情况下，人们会被诱惑着过早地转向数据分析中更有价值/意义、更多彩的方面。我的建议是先理解本章中的概念和想法，然后再继续。

知识检验：理解数据集和变量之间的区别。

COUNTRY	GDPPC	TURNOUT	WOMYEAR
Afghanistan	1629.167	45.83	NA
Angola	6360.849	62.77	1975
Albania	9646.582	53.31	1920
U Arab Emirates	56245.478	NA	NA
Argentina	18333.995	81.07	1947
Armenia	6376.268	62.87	1921

1. 上面数据集中的列代表以下哪一项？
    a. 数据集
    b. 变量
    c. 案例
    d. 国家
2. 上面数据集中的行代表以下哪一项？
    a. 变量
    b. 数据集
    c. 投票率
    d. 案例
3. 以下哪些是变量？
    a. world
    b. turnout
    c. womyear
    d. Afghanistan
4. 辨别以下选项是数据集还是变量。
    a. states
    b. hsdiploma
    c. nes
    d. ftobama

不同类型的变量

花点时间学习不同类型的变量总比花无数时间来调试错误消息要好。如果在这个问题上不打牢基础，就会使假设与数据的匹配变得困难。如果你理解了连续变量、分类变量和有序分类变量之间的区别，就可以避免错误消息，并且可以在假设和数据之间建立起紧密的联系。

从实用的角度来看，我们在 R 中可以生成的诸多摘要（summary）、模型、函数和图形都取决于知晓使用的是哪种变量。在命令或函数中使用的变量类型错误，通常会引发错误消息。遗憾的是，我们有时不清楚到底出了什么问题——R 的错误消息包含的信息量可能太少了。更麻烦的是，有时该出现的错误消息根本不会出现。有时在模型或函数中使用了不合适的变量，仍会产生看起来一切正常的结果，尽管事实并非如此。在这种情况下，有可能会在没有发现问题的情况下误入歧途。在最好的情况下，也要花费大量的时间来追溯已经完成的步骤。在最坏的情况下，整个项目就毁了。幸运的是，正确地描述数据有助于预防这样的事故。此外，通过数据的图形能很容易地发现问题，因为有什么奇怪的现象马上就能反映出来。

了解连续变量、分类变量和有序分类变量之间的区别，不仅能避免搞错方向，还能帮助我们更紧密地将假设与数据联系起来。例如，如果我们想衡量民主的概念，那么是使用一个连续变量来衡量，还是使用像威权政体和民主政体这样有明显差别的变量？如果我们想了解退休人员的投票方式是否与其他人群不同，那么是使用一个记录年龄的变量，还是使用一个表明受访者是否退休的变量？本章将对连续变量、分类变量和有序分类变量进行探索、定义和讨论，以便我们能避开错误消息，并将数据与问题更紧密地联系起来。

连续变量

连续变量（continuous variable）衡量的是计数或数量。使用"连续"一词是因为它传达了这样一个概念：变量可以在其最大值和最小值之间取任意值。身高、体重和年龄都是可以取任意值的概念或事物。它们是连续的度量，它们都代表着某种计数或数量。

因此，连续变量在测量逐步增加或减少的事物、概念或想法时很有帮助。很显然，人口或人的年龄、体重和身高都在逐渐增加，但概念呢？如果我们试着衡量幸福感，则可能会将其视为一个连续变量，看法在悲伤和快乐之间具有无限多的取值可能。最后，如果我们试图衡量个人财富，它将具有数千、数百万甚至数十亿计的取值可能（每增加或减少 1 美元或 1 分钱）。

请注意，所有这些概念都可以用分类变量来衡量：快乐或悲伤、富裕或贫穷，我们只有某种程度的选择。换句话说，对于每个变量，我们可以设定若其值超过某个阈值，则悲伤的人会变得快乐，贫穷的人会变得富有。在理想情况下，如何定义幸福和财富应该取决于我们怎么衡量它们。遗憾的是，我们需要的数据类型并不一定是所得到的数据类型。因此，实际情况有时会替我们做出决定。

分类变量

分类变量（categorical variable）表示种类上的差异，而不是计数或数量的差异。它们确定了人、地方或事物的鲜明特征。例如，在表 3-1 中，region 变量被认为是一个分类变量：美国某州所处位置的鲜明特征。trumpwin 变量也是一个分类变量。虽然其包含了数字，但它代表着两种截然不同的可能性：特朗普赢得了该州的选举人团，或者没有（1 或 0）。另一个常见的例子是记录受访者党派的变量。通常，调查会询问受访者是民主党人、共和党人还是无党派人士。

请注意，对于分类变量而言，两个不同类别之间的差异不是增量的，而是种类上的差异。即使差异再小,也还是不同的。你可能上一年级、二年级、三年级或四年级,你不可能同时上二年级和三年级。

总之,数据通常有两种形式:连续变量和分类变量。具有计数或数量的变量是连续变量;含有名称或某种特征的变量是分类变量。连续变量使用数字(例如,人均 GDP),而分类变量既可以使用数字(`trumpwin`),也可以使用名称(`region`)。无论是用数字还是用名称,分类变量都对应着人、地方或事物的不同特征。理解连续变量和分类变量之间的差异非常重要,因为这决定着我们该使用什么工具来描述。

有序分类变量

有时,分类变量包含着可按某个维度排序的类别。国家选举研究(National Election Studies,NES)数据中的变量 `pid7` 就是一个例子,它记录了个人是否自我认同为"坚定的民主党人"、"弱民主党人"、"无党派人士"、"弱共和党人"或"坚定的共和党人"。国家选举研究数据中的另一个变量 `educ` 则记录着个人是否完成了小学、中学、大学或研究生学业。请注意,这两个变量都包含了可以排序的类别:政党认同变量 `pid7` 可以从最自由到最保守排序,教育程度变量 `educ` 可以按受教育程度从最低到最高排序。如果存在可辨认的顺序,那么给数据排序以反映出顺序会很有用。对于其类别可按某个维度排序的变量,被称为**有序分类变量**(ordered categorical variable)。

请看图 3-2 中的例子。我构建了两张条形图(bar plot),x 轴为境外直接投资(FDI;净流入量占 GDP 的百分比),y 轴为政权体制。

首先来讲讲代码。第一个函数定义了一个新的因子(factor)变量 `world$g`,对 `world$regime` 变量的因子水平(levels,即变量的类别)进行了排序(见代码块 3-2a)。

代码块 3-2a

```r
world$g <- factor(world$regime,
                  levels = c("Royal Dictatorship",
                             "Military Dictatorship",
                             "Civilian Dictatorship",
                             "Mixed Democracy",
                             "Presidential Democracy",
                             "Parliamentary Democracy"))
```

接下来定义的两个对象(`fig1` 和 `fig2`)提供了绘制条形图的指令,计算并绘制出每个类别的平均值。你会注意到,对于每张图,我都使用了第 2 章中介绍的 `ggplot()` 函数来定义图的基本结构。在本例中,我使用了来自 `world` 数据集的 `regime` 和 `fdi` 变量。由于要绘制各类别的平均值,所以使用了 `stat_summary()`

函数，并指定要使用平均值进行计算。此外，还使用了 coord_flip() 函数，将条形图的方向从垂直的变为水平的（见代码块 3-2b）。

代码块 3-2b

```
fig1 <- ggplot(world, aes(x=regime, y=(fdi))) +
  stat_summary(fun.y=mean, geom="bar", fill="#0000ff", aes(group=1)) +
  ylab(" 未排序 ") +
  xlab("") +
  theme_minimal() +
  theme(plot.title = element_text(size = 8, face = "bold"),
        axis.title = element_text(size = 8, face = "bold")) +
  coord_flip(ylim=c(0,10))

fig2 <- ggplot(world, aes(x=g, y=(fdi))) +
  stat_summary(fun.y=mean, geom="bar", fill="#0000ff", aes(group=1)) +
  ylab(" 已排序 ") +
  xlab("") +
  theme_minimal() +
  coord_flip(ylim=c(0,10)) +
  theme(plot.title = element_text(size = 8, face = "bold"),
        axis.title = element_text(size = 8, face = "bold"))
```

最后，使用 grid.arrange() 函数确定两张图的摆放方式。ncol=2 选项告诉 R 要并排放置这两张图（见代码块 3-2c）。

代码块 3-2c

```
grid.arrange(fig1, fig2, ncol=2,
             top = textGrob(" 图 3-2：政权体制与境外直接投资的无序和有序视图 ",
                            gp=gpar(fontsize=10, fontface = "bold")))
```

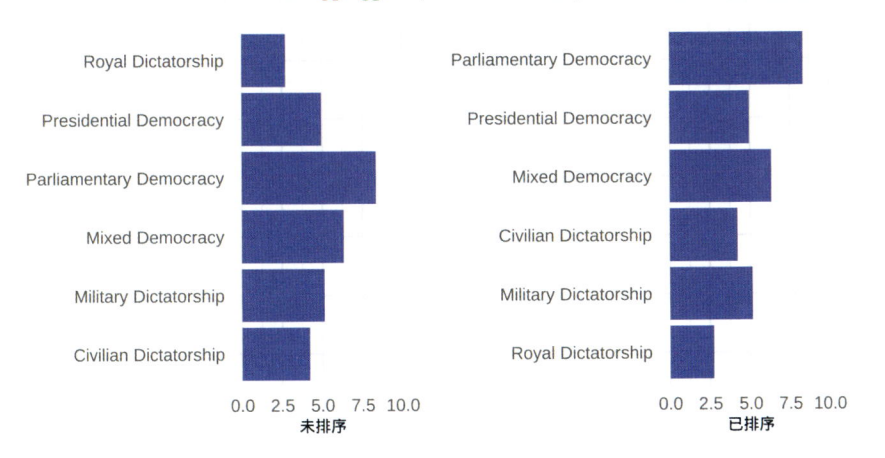

图 3-2：政权体制与境外直接投资的无序和有序视图

条形代表着不同政权体制下的境外直接投资平均值。在左侧的图中，政权体制用的是原本的顺序，即没有特定的顺序。当然，也可以根据政权的压迫程度，将其分类在一个光谱上排列。假设我们想知道专制程度是否与境外直接投资有关。为了回答这个问题，在代码块 3-2a 中，我将皇室独裁制（Royal Dictatorship）移到最前面（最专制），并调换了军事独裁制（Military Dictatorship）和文官独裁制（Civilian Dictatorship）的位置。

请注意这两张图看起来差别有多大。我们尽可能对类别按最不专制（图的顶部）到最专制（图的底部）进行了排序，排序后的图表明，从议会制民主（Parliamentary Democracy）到皇室独裁制（Royal Dictatorship），境外直接投资会减少。通过对不同类别按专制程度排序，我们可以判断数据中是否存在有意义的模式。在左侧未排序的图中，很难判断我们到底看到了什么；而在右侧已排序的图中，有初步证据表明，制度更民主（专制更少）的国家更可能获得境外直接投资。

有人可能会质疑我重新排序类别的方式。例如，无法确定军事独裁制是否一直比文官独裁制更专制，也不清楚为什么会把议会制民主放在总统制民主之前。不管我的选择如何，很显然，类别的排列顺序会对我们的分析产生很大影响。如果该变量适合排序，那么这些类别如何排列展示就很重要[1]。

> ### 数据可视化的艺术与实践
> **抵挡住数据拿来就用的诱惑**
>
> 前两个例子说明了为什么我们必须抵挡住数据拿来就用的诱惑。创建数据的人或组织的动机和假设可能跟我们的不同。因此，对他们的分析而言，这些分类简单而有意义，但对我们的分析而言，却未必。有了 R，我们可以对类别进行重新排序和检查，引出未曾有过的发现。

知识检验：辨识连续变量、分类变量和有序分类变量。

---

5. 以下哪些是连续变量？
    a. world$gdppc
    b. states$inc
    c. nes$marstat
    d. states$region

---

[1] 相关案例请从网上获取，获取路径见封底的"读者服务"。

6. 以下哪些是分类变量？
    a. world$polity2
    b. states$trumpwin
    c. nes$pid7
    d. nes$birthyr
7. 以下哪些是或可以是有序分类变量？
    a. states$region
    b. nes$educ
    c. nes$birthright_b
    d. states$weed

描述数据可以节省时间和精力

熟悉数据很重要的原因有很多。接下来我们会看到，熟悉数据能帮助我们提出更好的问题，选择恰当的摘要，发现有意义的难题（puzzle），注意到错误。在本节中，我们将讨论数据的两个特征——形状（shape）和极差（range），理解它们有助于节省大量的时间和精力。首先，在数据分析中做出的重要选择取决于数据的形状。如果一开始不知道数据的形状，那么分析可能会误入歧途，直到发现后才不得不返工。其次，了解数据的极差能帮助我们快速确定最初提出的问题是否正确。

正如本章开头所讲的，描述数据作为分析的第一步，其重要性怎么强调都不为过。分析人员往往急着拟合模型，生成能带给他们想要的答案的估计。只要粗略地看一下数据，就可以轻松地避免两个常见的实际问题。首先，我们使用的一些模型和数据摘要很容易受到数据形状的影响。我们先要知道数据的形状，才能确定使用什么样的数据摘要和模型。

其次，我们需要知道问题的尺度。假设我们想要解释休斯敦每小时的温度，如果发现它在 24 小时内仅变化了 5 度，该怎么办？这还是一个值得探讨的难题吗？如果事先知道变化的程度，就不用浪费那么多时间了。换句话说，我们需要知道变量的极差——最小值和最大值之间的差。从一开始就了解变量的形状和极差能节省大量的时间和精力。

数据的形状

变量的大多数个案位于最小值和最大值之间的什么地方？值的分布是否均匀？个案在最小值、中位数或最大值附近是否有聚集？为了回答这些问题，我们要检查数据的**形状**（shape）或**分布**（distribution）。从这个角度来讲，"形状"和"分布"是同义词，它们描述了数据的分布特征，即大部分个案位于变量取值范围的何处。了解数据的形状很重要，因为简单的数据摘要会受到不同的形状或分布的影响。

正如第 4 章所示，当变量含有相对其他数据极小或极大的数值时，该变量的简单数值摘要（如平均值或标准差）具有误导性。了解数据的形状或分布有助于我们选择最准确的摘要。下面解释一下我所说的形状是什么意思。

为了说明这一点，我创建了两个变量，并将它们绘制在图 3-3 中。请注意，我首先使用 data.frame() 函数创建了一个名为 mydata 的数据集，其中有两个变量：一个是"正态"分布，近似于钟形曲线（使用 rnorm() 函数）；另一个是"指数"分布（使用 rexp() 函数）。设置正态曲线参数的观测数量为 1,000,000，平均值为 0，标准差为 1。关于平均值和标准差将在第 4 章中讨论。与正态曲线不同，设置指数曲线参数的观测数量为 1,000,000，增长率为 1。为了绘制两条曲线堆叠的图，需要使用 melt() 函数将两个变量（数据集的两列）叠加起来（见代码块 3-3a）。

代码块 3-3a

```
myData <- data.frame(normal=rnorm(1000000, m=0, sd=1),
                     skewed=rexp(1000000, rate=1))

data <- melt(myData)
```

然后，我使用所谓的**密度图**将两个变量叠加在一起绘制以便比较。在代码块 3-3b 中，我使用了 ggplot() 函数，其中有些要注意的地方。首先请注意，我使用的是 data 数据集。如果使用 head() 函数查看该数据集，则会看到标为 variable 和 value 的两列，对应着数据集的两个变量。这有助于理解 ggplot() 函数中的 aes() 函数和 geom_density() 函数。代码中另一个值得注意的地方是，这里使用了非常具体的深蓝色（#0000ff）和深红色（#bf0000）为两张不同的密度图手动上色。

代码块 3-3b

```
ggplot(data, aes(x=value)) +
  geom_density(aes(group=variable, col=variable)) +
  theme_minimal() +
  scale_colour_manual(values =
      c("normal" = "#0000ff", "skewed" = "#bf0000")) +
  labs(color="分布类型") +
  theme(legend.position = c(0.7, 0.5)) +
  ggtitle("图3-3：正态分布和指数分布") +
  theme(plot.title = element_text(size = 8, face = "bold"),
        axis.title = element_text(size = 8, face = "bold"))
```

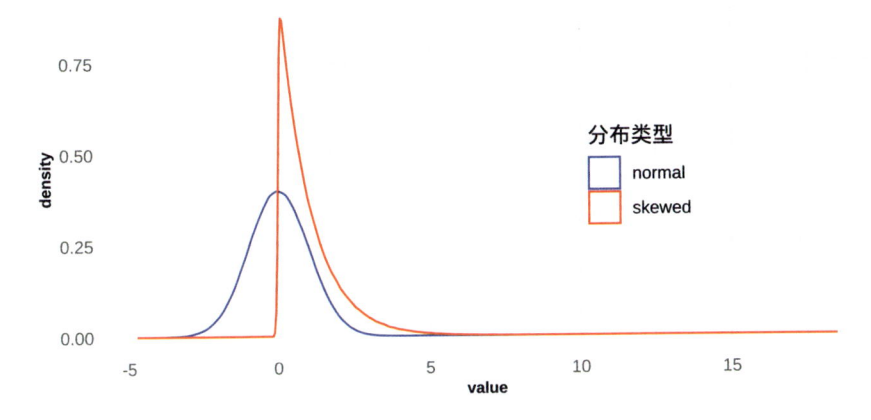

图 3-3：正态分布和指数分布

密度图标示了各个观测值在变量范围内的位置。对于深蓝色线（正态分布），变量的大部分观测值都位于 x 轴上的 0 处（曲线的高峰），只有极少数接近于 4 和 –4。深红色线（指数分布）的大部分观测值也接近于 0。然而，有几个观测值超过了 8。

深蓝色曲线的形状近似于钟形曲线：分布的一半（大于 0）与另一半（小于 0）呈镜像对称。深红色变量勾勒出的轮廓代表指数分布。深红色曲线是非对称的，包含了大于 7 和 8 的观测值。如果它是对称的，则会存在 –7 和 –8 的观测值。由于曲线不是对称的，所以我们说深红色轮廓的分布是**偏态的**（skewed）。

正如将在下一章中看到的，深红色变量的形状警告我们，某些简单的数据摘要会产生误导。一开始就知道数据的形状信息是很有用的，它能影响我们决定使用什么样的摘要和模型。

再看另一个例子，这个例子使用的是 world 数据集的真实数据。我们对**直方图**已经有了一定的了解，现在看看叠加了密度图的直方图是如何展现数据的形状的。为了理解我们所说的不同形状是什么意思，看这两个变量：选民投票率（world$turnout）和婴儿死亡率（world$inf）。

为了绘制叠加了密度图的直方图，我们需要对 geom_histogram() 函数的代码做一点改动。由于直方图和密度图的单位不同，在本例中将它们按比例缩放至同一尺度，以便对曲线与直方图的条形进行比较。直方图中的 ..ncount.. 选项和密度图中的 ..scaled.. 选项用于缩放操作。

使用真实数据，选民投票率的直方图相当接近于理想的钟形曲线。除了一个值远低于 25%，我们可以认为投票率服从正态分布。

现在来看看世界上婴儿死亡率的形状,即各国每千名活产婴儿死亡数。请注意,在代码块 3-4 和代码块 3-5 中,由于只需要绘制一个变量,所以在 ggplot() 函数的图形属性中只指定了一个变量:在代码块 3-4 中是 world$turnout,在代码块 3-5 中是 world$inf。在带有密度图的直方图中,geom_histogram() 和 geom_density() 函数也分别在 "ncount" 和 "scaled" 的前后加上了两个点号。

代码块 3-4

```
ggplot(world,aes(x = turnout))  +
    geom_histogram(aes(y = ..ncount..), fill = "#0000ff") +
    geom_density(aes(y = ..scaled..)) +
    theme_minimal() +
    ylab("统一尺度的密度和观测数量") +
    xlab("选民投票率") +
    ggtitle(" 图 3-4:选民投票率服从正态分布") +
    theme(plot.title = element_text(size = 8, face = "bold"),
          axis.title = element_text(size = 8, face = "bold"))
```

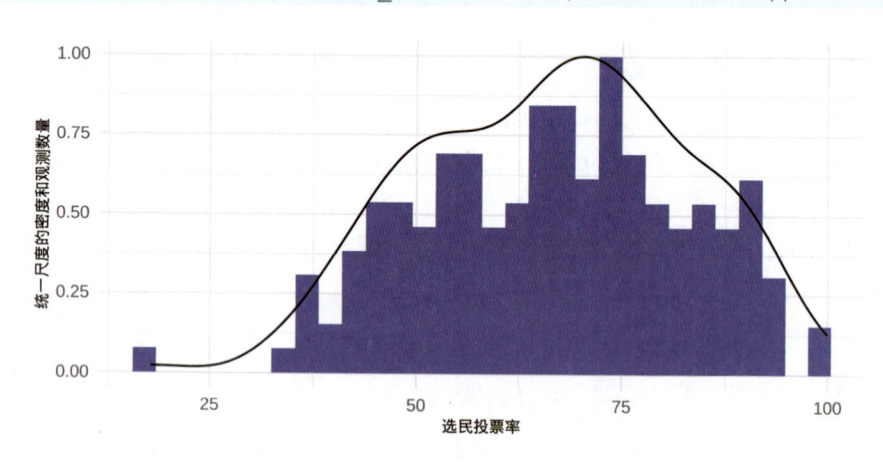

图 3-4:选民投票率服从正态分布

代码块 3-5

```
ggplot(world, aes(x = inf))   +
    geom_histogram(aes(y = ..ncount..), fill = "#0000ff") +
    geom_density(aes(y = ..scaled..)) +
    theme_minimal() +
    ylab("统一尺度的密度和观测数量") +
    xlab("婴儿死亡率") +
    ggtitle(" 图 3-5:婴儿死亡率不服从正态分布") +
    theme(plot.title = element_text(size = 8, face = "bold"),
          axis.title = element_text(size = 8, face = "bold"))
```

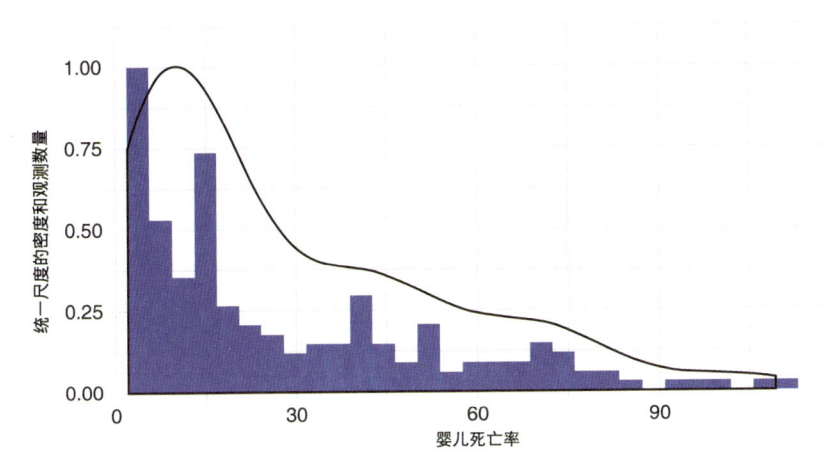

图 3-5：婴儿死亡率不服从正态分布

幸运的是，许多国家每千名活产婴儿死亡数相对较低。不幸的是，有些国家每千名活产婴儿中就有 30 人、60 人甚至 90 人死亡。对于我们来说，重要的是认识到分布的形状不是正态的，促使我们在着手总结数据和估计模型时采取某些预防措施。

回顾一下，形状是数据的一个重要特征。正如我们将在下一章和整本书中看到的那样，用来描述数据的摘要和模型可能会受到数据形状的影响。如果对数据的形状使用了错误的摘要或模型，我们会被误导。因此，我们应该从描述数据的形状或分布开始。

数据的极差

变量的**极差**（range）就是其最大值和最小值之间的差。描述数据——特别是了解变量的极差——可以帮助我们发现那些一开始就不值得花时间和精力来分析的问题。例如，假设我们想要解释学生的成功，那么就要开发一个模型来解释为什么有些学生的考试分数比其他人的分数高：学习的时间、以前学过的统计课程数量、前一天晚上的睡眠时间等。假如我们大费周章终于建立了一个可行的模型来解释学生的成功，在模型估计完成后，构建了一个只列出考试分数的简单表格，却发现最低分和最高分之间的差异小于 3（比如在 93% 和 96% 之间）。如果一开始就知道学生间的分数差只有几分，那么还有必要花时间和精力来分析问题吗？

这个故事的寓意是：极差很小的因变量预示着一开始就不存在什么难题。虽然"学生成功的原因是什么"这个问题本身很有价值，但快速描述这些数据能省下很多时间。

我们来看看数据中的例子：一个州成年人口中完成高中学业的百分比。教育成果显然是一个重要的追踪指标，而完成高中学业的成年人口的百分比是一个明确且公认的度量。在花任何资源调查为什么某些州的百分比更高之前，最好先了解一下教育成果的极差。请看图 3-6 中的直方图和密度图。其代码与代码块 3-4 和代码块 3-5 中的代码基本相同，唯一不同的是换了新的变量 hsdiploma（见代码块 3-6）。

> **数据可视化的艺术与实践**
> **小改动给不同数据带来相同的视图**
>
> 　　最后的三个例子，使用不同的变量生成了相同的视图，你可以看到对代码做一些小改动来生成不同数据的相同视图有多容易。只要确定了绘图代码，就可以很容易地复制和粘贴代码，并进行小的改动，以查看不同数据的相同视图。你可以把这些代码保存在 R 脚本或 R Markdown 文件中，以备将来使用。

代码块 3-6

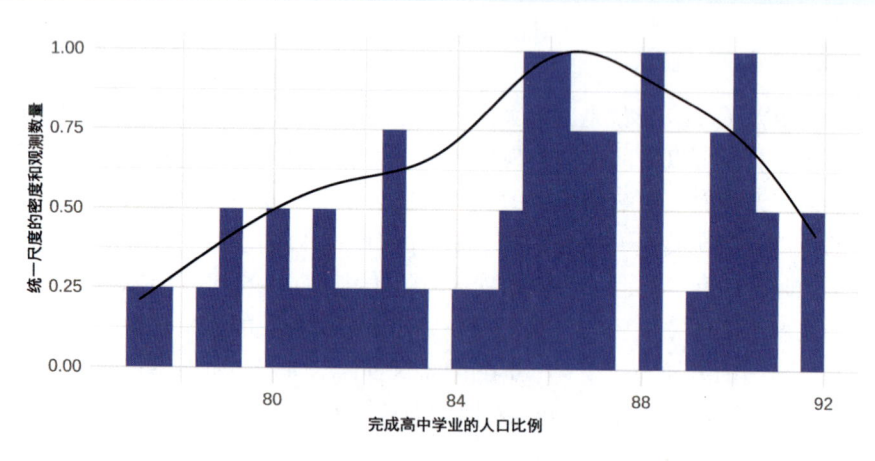

```
ggplot(states, aes(x = hsdiploma)) +
  geom_histogram(aes(y = ..ncount..), fill = "#0000ff") +
  geom_density(aes(y = ..scaled..)) +
  theme_minimal() +
  ylab("统一尺度的密度和观测数量") +
  xlab("完成高中学业的人口比例") +
  ggtitle(" 图 3-6：各州差距不大") +
  theme(plot.title = element_text(size = 8, face = "bold"),
        axis.title = element_text(size = 8, face = "bold"))
```

图 3-6：各州差距不大

　　从图 3-6 中可以看出，大多数州的百分比都在 80% 和 90% 之间。实际上，我们的研究主要涉及解释为什么有些州 10 个成年人中有 8 人完成了高中学业，而其他州是 9 人。鉴于完成高中学业的人口比例的极差相对较小，我们倾向于寻找其他方法来衡量教育成果。不先考虑问题大小，而直接花费几小时来研究数据，可能会浪费大量的时间。在本例中，可以预见的是，最终模型可能只能解释 2～3 个百分点的差异，不如把资源用于研究其他东西。

> 知识检验：论述描述数据是如何节省时间和精力的。

8. 为什么知道数据的形状是有用的？
    a. 有助于确定问题的规模。
    b. 有助于选择正确的数据摘要。
    c. 有助于选择使用哪种模型。
    d. 可能会带来新的发现。
9. 为什么知道数据的极差是有用的？
    a. 有助于确定问题的规模。
    b. 有助于选择正确的数据摘要。
    c. 有助于选择使用哪种模型。
    d. 可能会带来新的发现。

辨识困惑、问题、假设和线索

通过严谨的数据描述，提高了我们对数据的理解，这对确定困惑（puzzle）、提出问题（question）、建立理论（theory）和发现额外的线索（clue）都颇有助益。出色的数据分析的每一步都很关键，而描述数据则是基础。请注意，"对数据的理解"等同于"对主题的理解"。对手头问题的深入了解是无可替代的。你对所研究主题的历史和各种特征了解得越多，提出的问题和假设就越好。这与了解数据没有什么区别，这就是为什么数据描述如此重要。本节将提供一些示例，说明花时间并努力描述数据是如何辅助分析任务的。

困惑和问题：重要的区别

全面地描述数据有助于我们确定困惑。为什么这很重要？真正的困惑是没有明显的解决方案的。然而，问题可以有很多解决方案；透露了我们的偏见。从真正的困惑出发，是相对客观地开始分析的好办法。请考虑以下比喻。

问题就像针对嫌疑人的警方调查。问题是科学项目的重要组成部分，但它们与困惑不同。在许多警方调查（至少在维多利亚时代的英国）中，有一个著名的问题："是管家干的吗？[1]"为了回答这个问题，调查要通过确定管家和犯罪活动之间是否有联系来进行。在这种情况下，侦探必须注意不能将他们的调查只局限在与其心目中的嫌疑人有关的证据上。有时要做到这一点很困难，因为经验丰富的侦探可能已经看到过很多确实是管家杀了人的案件。好的侦探会一直防范这种偏见，因为针对管家的调查更有可能发现是管家干的。类似地，那些从自己心目中的原因开始做分析的分析师会发现，他们总是对的。

虽然逐一排除嫌疑人是所有调查的重要环节，但从问题（"是管家干的吗？"）而不是困惑本身（"谁干的？"）开始，调查过程会带着强烈的暗示。从问题开始，可能会在不经意间排除重要的可能性或需要调查的嫌疑人。问题并不总是但更可能带有偏见。有过处理涉及管家罪案的经历，可能会让有经验的侦探先考虑这种情况。有经验的学者也不例外。调查的目的更倾向于证明管家有罪，而不是为了破案。

从问题开始会让分析师束手束脚，尤其是当问题的重要性取决于答案时。换言之，如果罪行的重要性取决于谁做了这件事，那么即使侦探完全出于善意，也更有可能抓错人。这同样适用于学者或政策分析人员。例如，如果我一开始就问政党认同是否与对狗或猫的偏好有关，那么调查可能会在无意间倾向于我想要得出的有趣观点：共和党人和爱狗之间有很强的相关性。像发现政党认同和宠物偏好之间没有关联这样的研究不太可能发表出来，甚至不会被当地新闻报道。

如果调查或研究从一个无论答案如何都有价值的问题开始，那么学者就不会受到诱惑而倾向于某种假设。就对待工作的客观程度而言，回答这类问题能让学者从一开始就处于最公正的立场。什么是无论答案如何都有价值的问题？

在《纽约时报》上发表的那些最受欢迎的文章主要关注的是个人福祉。似乎每周都会有关于咖啡因或酒精对健康产生有害或有益影响的新发现。从个人的角度来看，由于酒精和咖啡因如此流行，了解它们对健康的影响非常重要。因此，无论发现对健康的影响是消极的、积极的还是无足轻重的都很重要。显然，星巴克和肯塔基州的许多酿酒厂更喜欢某个答案。消费者更喜欢正确的那一个。

问题各种各样，除了本身就有价值的问题，还有出于某种动机而问出的问题。为了确认调查员（制药公司或研究生）是否面临制造结论的压力，认清是哪种问题很重要。

以开放思维描述和探索数据更可能产生亟待解决的真正难题。虽然从问题开始完全正确，但还要认清问题的答案是否决定了其重要性。如果是的话，那么最好重新拟定这个问题。

---

[1] 译注："The butler did it"的概念最早源自玛丽·罗伯茨·莱因哈特（Mary Roberts Rinehart）的小说《门》，小说中的管家是罪犯。后来很多小说都采用了这个套路。此处可引申为一些既定的刻板印象。

> **数据可视化的艺术与实践**
> **快速区分问题和困惑的方法**
>
> 分辨困惑（puzzle）和问题（question）的一种方法是通过句子开头的词。困惑通常以"如何（how）"和"为什么（why）"开头，而问题通常包含"是否（are）"和"有没有（do）"这两个词。这只是快速确认提问者心中是否已经有了答案的一种方法，并不总是万无一失的。

描述数据以改进问题

在早期阶段就了解数据是什么样的，对于重新拟定问题有帮助。例如，假设我们对受访者被逮捕的次数和他们对司法系统的看法之间的关系感兴趣。这是陪审团遴选的典型问题：检察官和辩护律师想知道候选陪审员是否有过与警察打交道的经历。只要简要描述被逮捕次数的变量就会发现，绝大多数受访者从未被逮捕过，少数人有过一次，多次被逮捕的就更少了。在这种情况下，稍微修改一下我们的问题可能更加合理。与其问被逮捕的次数是否影响对司法系统的看法，不如问被逮捕是否有影响更有意义。

看另一个例子。假设我们对镇上的警察与社区的关系感兴趣。在过去几年里，警察的行为越来越政治化。是什么影响着人们对警察的看法？鉴于该主题的政治化性质，我们可能会认为政党认同影响人们对穿制服者的看法。在按党派划分的情感量表中，平均分值（0 ~ 100，100 为最高分）展现出非常有趣的事情（见图 3-2）。

为了计算每一类政党认同的平均值，我使用的是 R 中一个非常有用的软件包——**dplyr**。dplyr 是管理和操作数据的好工具，通过一个简单的表就能回答很多问题。例如，哪些国家或州的凶杀率最高？贫困程度最高的州是在南部吗？上下滚动查看数据并非可行的方案。dplyr 是查找答案的最佳方式。从许多方面来看，dplyr 的功能类似于使用程序的搜索功能在 100 页的文档中查找某个词。不使用 dplyr，就像通过阅读整个文档来查找某个词一样。

在代码块 3-7a 中，我创建了一个名为 `avgaytherm` 的 **tibble** 对象（在本文中，tibble 是一种能被 dplyr 轻松操作的对象）。因为只需要 `pid7` 变量没有缺失数据（NA）的案例，我在 `as_tibble` 函数中使用了"子集（subset）"函数。此外，我还想去掉那些回答"不确定（Not sure）"的受访者。

代码块 3-7a

```
avgaytherm <- as_tibble(subset(nes, pid7!="NA" & pid7!="Not sure"))
```

下一组命令利用了"dplyr"包的优势。我将 tibble 对象 avgaytherm 按政党认同分组，然后计算各组的情感量表平均值，将结果保存为 dt 对象。

虽然本书没有涉及 dplyr，但其他地方有大量介绍 dplyr 功能的文档。关于 dplyr，《R 数据科学》（*R for Data Science*）一书提供了优秀的论述（Wickham et al. 2017）。另外，请注意代码中的"%>%"。它被称为管道运算符，大体上可以翻译成"然后（then）"。

用于生成表 3-2 的代码的意思是：定义一个名为 dt 的对象，该对象通过将 avgaytherm 按变量 pid7 分组，然后计算 pid7 各组对警察看法的平均值得到。其中，mutate_if() 函数用于确保表中的输出格式仅保留两位小数（见代码块 3-7b）。

代码块 3-7b

```
dt <- avgaytherm %>%
  group_by(pid7) %>%
  summarise(ftpolice.mean = mean(ftpolice)) %>%
  mutate_if(is.numeric, format, digits=4)
```

最后，在定义了 dt 之后，再次使用 kable() 函数将数据以表格形式展示出来（见代码块 3-7c）。

代码块 3-7c

```
knitr::kable(dt, format = "pandoc",
             caption = "表 3-2：民主党人对警察的支持较少")
```

表 3-2：民主党人对警察的支持较少

pid7	ftpolice.mean
Strong Democrat	58.04
Weak Democrat	62.69
Lean Democrat	61.41
Independent	62.58
Lean Republican	73.78
Weak Republican	76.32
Strong Republican	80.73

虽然保守主义和对警察看法之间的关系明显，但对数据的简单描述为我们的假设增添了细节。虽然处于意识形态范围两端的受访者对警察的评价有很大差异，但我们注意到，分值最大差距发生在无党派人士（Independent）和偏共和党人（Lean Republican）之间。如果对警察的看法纯粹是由意识形态驱动的，那么坚定的民主党人和无党派人士之间应该有更大的差异。

表 3-2 中的数据表明，不同类别的民主党人和无党派人士对警察的看法相当稳定。这些群体的情感量表分值从 58.04 到 62.58 不等。然而，无党派人士和偏共和党人之间的差距巨大。无党派人士和共和党人之间的巨大差距表明，除了意识形态，可能还存在其他因素。相反，可能存在严格意义上的党派影响。或者，我们的党派分类与政治意识形态并不相符（另一个潜在的有趣发现）。无论是哪种情况，都要修改我们的意识形态理论，通过考虑与党派相关的因素来进行修正。

我们往往把某个变量投入分析中以产生估计和结论，却没有意识到有这么多个案数据缺失。确认变量数据的完整性是节省时间的方法之一。为了实现这个目的，简单的汇总表（summary table）就很有用。

在表 3-3 中，统计了 world 数据集中四个变量的观测值（nobs）和缺失值（NAs）的数量：nourish、gtbeduc、polity2 和 gdppc。

为了生成该表，首先创建一个只包含要在表中展示的变量的数据集。这里又使用到了"dplyr"包。代码块 3-8a 定义了一个数据框（data frame）对象 df，该对象只提取了 world 数据集中的 nourish、gtbeduc、polity2 和 gdppc 变量。

代码块 3-8a

```
df <- world %>%
    dplyr::select(nourish, gtbeduc, polity2, gdppc)
```

然后使用 basicStats() 函数计算每个变量的观测值和缺失值的数量（见代码块 3-8b）。

代码块 3-8b

```
dft <- basicStats(df)[c("nobs", "NAs"),]
```

现在我们得到了 dft 对象，接下来可以使用 kable() 函数将其打印出来，生成一个漂亮的表格（见代码块 3-8c）。

代码块 3-8c

```
knitr::kable(dft, format = "pandoc", caption =
    "表 3-3：数据缺失（NA）的个案过多")
```

表 3-3：数据缺失（NA）的个案过多

	nourish	gtbeduc	polity2	gdppc
nobs	182	182	182	182
NAs	70	51	27	6

从表 3-3 中可以看到，nourish 变量（营养不良人口的百分比）有 70 个缺失值。这意味着 182 个备选数据点大约有三分之一不可用。在这种情况下，整个大洲的数

据都可能会丢失或严重缺乏代表性。因此，希望从这些数据中得出结论是不可能的。简单的数据摘要就可以帮助避免在以为有代表性案例的错误假设下花费数小时来调查某个问题。在深入之前，最好先通过简单的数据描述来了解数据的局限性。

描述数据披露了更多线索

有时，即使是最简单的数据视图或对数据的基本理解，也能揭示出以前的理论或假设所忽略的重要关系。描述的数据越多，就越可能发现一些模式，揭示出我们要阐明的可能原因。请看图 3-7 中的散点图。

关于散点图将在第 5 章中正式介绍。现在请注意，在 ggplot() 函数的图形属性中设置了两个变量：inc 和 infant。同时还告诉 ggplot 要按 region 变量设置颜色。在设置好了图的主要结构后，只要通过 geom_point() 函数绘制点来定义散点图的图层即可（见代码块 3-9）。

代码块 3-9
```
ggplot(states, aes(inc, infant, col=region)) +
  geom_point() +
  theme_minimal() +
  ggtitle(" 图 3-7：美国婴儿死亡率与收入 ") +
  ylab(" 每千名活产婴儿死亡数 ") +
  xlab(" 人均收入 ") +
  scale_colour_manual(values = c("South" = "#0000bf",
          "West" = "#bf0000", "Midwest" = "#00ffff",
          "Northeast" = "#04183d")) +
  labs(color="") +
  theme(legend.position = c(0.75,0.75)) +
  theme(plot.title = element_text(size = 8, face = "bold"),
        axis.title = element_text(size = 8, face = "bold"))
```

图 3-7：美国婴儿死亡率与收入

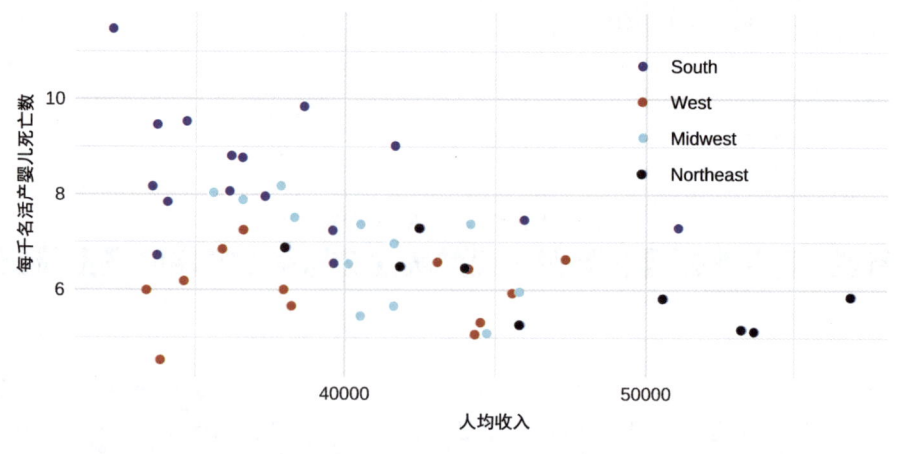

假设我们对婴儿死亡率，即每千名活产婴儿死亡数感兴趣。婴儿死亡率经常被用作衡量人口健康水平的一个非常宽泛的统计口径，尤其是对女性而言。婴儿死亡的一个可能原因是收入。为了调查这一点，我们构建了一张散点图来看美国各州婴儿死亡率和人均收入之间的关系。我们还根据地区：东北部（Northeast）、南部（South）、中西部（Midwest）和西部（West）设置了每个案例的颜色。

虽然收入似乎确实与婴儿死亡率有关——随着收入的增加，婴儿死亡率下降了——但请注意，婴儿死亡率最高的州位于南部。虽然南部各州的收入普遍较低，但我们知道他们的受教育程度相对较低，而且可能也更保守；他们的政府代表不太可能在教育和健康方面投入。仅仅通过描述收入和婴儿死亡率之间的关系，我们就发现了许多其他需要考虑的因素，提供了值得深入调查的其他线索。

> **数据可视化的艺术与实践**
> **空间利用最大化**
>
> 如果可能，请将图形的图例放置在图的内部。将图例放置在网格内而非页边空白处，可以将更多空间用在数据展示而非图例上。通过 legend.position 函数即可轻松实现这样的效果（见代码块 3-9）。

知识检验：将数据描述与回答问题和明确困惑联系起来。

10. 下列哪些是问题，哪些是困惑？
    a. 民主党人是否更可能养狗或养猫？
    b. 为什么有些人养狗而不养猫？
    c. 最低工资法是否有助于提高工资？
    d. 为什么各州的最低工资法不同？

11. 请指出下列陈述是否正确。
    a. 问题不是科学过程的一部分。
    b. 可以不带任何偏见地解决困惑。
    c. 好的困惑的重要性并不取决于答案。
    d. 问题的重要性可能取决于答案。

12. 在图 3-7 中还有什么其他线索？
    a. 人口密度与婴儿死亡率有关。
    b. 收入在 40 000 美元以下时，与婴儿死亡率关系不大。
    c. 党派与婴儿死亡率相关。
    d. 贫穷意味着婴儿死亡率高。

度量

将假设转换为有意义的指标是数据分析中的一个重大挑战。仔细检查你的度量。发现一个强有力的经验模式令人兴奋，但发现没有人认可你的度量就令人沮丧了。一开始就得花点时间制定**有效**且**可靠**的度量。

假设我们发现民主的某种度量与经济增长之间存在很强的相关性。我们的发现会像民主的度量和定义之间的联系那样扎实。例如，基于自由和公平选举的度量并不能完全反映行政长官上任后的运作方式。除了关于衡量民主程度的困难，除非我们准确地衡量了经济活动的年度变化，否则很少有人会相信这个结果。关于民主和经济增长之间的强相关性，关键问题在于有效性（将我们的度量与民主的定义相匹配）和可靠性（准确解释所有经济活动）。

度量的有效性指的是数据与假设的匹配程度；度量的可靠性指的是衡量的准确性和一致性。描述数据是判定有效性和可靠性的好方法。

有效性

数据是否代表了我们希望衡量的想法或概念？假设我们对教育与民主之间的关系感兴趣。我们想知道教育水平高的社会是否更可能是民主的。在这个例子中，我们需要教育水平和民主程度的度量。教育水平可以用许多不同的方式来衡量，例如入学率、受教育年限、识字率等。哪种是衡量社会教育水平的最佳方式？

民主同样也有很多度量，例如，有没有公平自由的选举、是否遵循法治、是否人人都能参与竞选。此外，在这些民主的特征中，哪个最能代表政府的民主程度？简单看看流行的民主度量之一政体（polity2）就会发现，佛得角、匈牙利、蒙古、乌拉圭和毛里求斯的分数与加拿大、瑞典、英国和美国的一样。polity2 度量是有效的吗？我们可以用本书的剩余篇幅和许多其他书来讨论这个问题。但此处的重点是，只要看一眼数据就会开始质疑，该变量是否确实提供了有效的度量。

再看另一个例子。假设我们想了解美国的教育水平和党派归属之间的关系。我们假设，该州的教育水平越高，其人民就越自由。在 states 数据集中，我们只能使用一个记录完成高中学业的人口百分比的变量（hsdiploma）。如果看都不看就盲目地把这个变量纳入模型中，我们就不会意识到那些高中毕业率最高的州都位于人口稀少的中西部和西部，它们是南达科他州、华盛顿州、犹他州、阿拉斯加州、内布拉斯加州、怀俄明州和蒙大拿州。简单看看表 3-4 中前 15 个州就会让人停下来思考。

为了制作这个表，我再次使用了"dplyr"包。我首先定义了 ed 数据集，并告诉 dplyr 只需要使用 states 数据集中的 state 和 hsdiploma 变量。然后使用 arrange() 函数，根据 hsdiploma 变量按降序排列。最后使用 slice() 函数选出前 15 个州（见代码块 3-10a）。

代码块 3-10a

```
ed <- states %>%
   dplyr::select(state, hsdiploma) %>%
   arrange(desc(hsdiploma)) %>%
   slice(1:15)
```

一旦得到了结果，就很容易使用 kable() 函数以表格形式展示出来（见代码块 3-10b）。pandoc 选项用于在 Microsoft Word 中生成简洁而美观的表格（见表 3-4）。

代码块 3-10b

```
knitr::kable(ed, format = "pandoc", caption = "表 3-4：前 15 个州")
```

表 3-4：前 15 个州

state	hsdiploma
South Dakota	91.8
Washington	91.8
Minnesota	90.8
Utah	90.7
Alaska	90.4
Nebraska	90.4
Vermont	90.0
Wyoming	90.0
Colorado	89.7
Iowa	89.7
Montana	89.6
Maine	89.3
Connecticut	88.2
Kansas	88.1
New Hampshire	88.1

要么教育水平高的州倾向于共和党（即，假设是错误的），要么使用的度量确实没有体现出我们想要的（即，度量指标无效）。我们不如改用获得本科学位的人口百分比作为替代。看一眼简单的表就足以让我们质疑度量的有效性。在开始建模工作之前，只要简要地描述数据就能带来巨大的收获。如果没有有效的度量，那么收集更多的数据可能是明智之举。

可靠性

度量的可靠性也值得关注。准确性关乎可靠性。可靠的度量可以重复（无论是今天还是明天测量，都会得到相同的结果）或被其他人重复（两个不同的人得到相同的结果）。有些度量设计得很差，让其他人很难重复。定义标准不明确的分类度量是不可靠的，因为其他人很难就分数或分类达成一致。

有些指标极其难以可靠衡量。个体的智力或国家的 GDP 就是两个常用但难以可靠衡量的指标。要衡量民主程度也很困难。当被要求为国家是否有"公开"的候选人选拔过程打分（分值在 1 和 10 之间）时，两位知识渊博的学者会得出截然不同的结论。

询问人们对候选人或政策的看法的调查问题可能也不可靠。一个调查对象在周二可能给伯尼·桑德斯（Bernie Sanders）[1] 打 68 分（满分 100 分），周三在没有任何更多信息的情况下就改打 50 分了。在美国，GDP 增长率在最初公布后的几个月内会定期进行修正。这些数字会定期修正，说明我们难以可靠地衡量国内生产总值。

我们使用任何数据工作都应该睁大眼睛。描述数据可以帮助我们更好地理解从这些数据中得出的推断和结论的局限性。

> **知识检验：创建有效且可靠的度量。**

13. 以下哪些情况会引起人们对有效性的担忧？
    a. 对经济的大型综合度量
    b. 通过询问某人的同学来衡量其智力
    c. 通过请公民给自己的国家打分来衡量民主程度
    d. 使用一个人的教育水平或收入来衡量幸福感

14. 以下哪些是可靠的度量？
    a. 柠檬水摊位产生的收入
    b. 微软产生的年终收入
    c. 询问受访者是否会投票
    d. 现场观看就职演讲的人群规模

15. 下列哪些是有效但不可靠的？
    a. 依据当年全球温度衡量气候变化
    b. 使用 GDP 衡量一个国家的经济产出
    c. 以每年捐助多少来衡量善心
    d. 以获得奥斯卡奖的数量来衡量一部电影的质量

---

[1] 译注：美国佛蒙特州的联邦参议员，是美国国会史上任期最长的无党派独立议员。

16. 请指出以下度量是否有效、可靠或两者兼备。
    a. 以他人观察到的一个人的快乐和满足程度来衡量幸福
    b. 以抗议次数来衡量政府合法性
    c. 以监狱中的人数来衡量社会正义
    d. 以推特粉丝数来衡量知名度

小结

熟悉数据是无可替代的。如果我们知道数据看起来是什么样的，就可以避免一大堆问题。此外，还能通过简单的描述获得一些发现。在本章中，我们看到了描述数据如何帮助找出有意义的困惑，提出好的问题，形成想要测试的假设和理论，以及发现其他线索。精确的描述还能指出我们手头的数据是否还不足以完成任务，在这种情况下可以重新拟定问题或者获取更多的数据。

常见问题

- 有时很难区分连续变量和分类变量，因为有些连续变量的可能值非常少，几乎就像分类变量一样；有些分类变量有很多类别，几乎就像连续变量一样。以 world 数据集中的 fhliberties 变量为例，它记录了国家给予个人多少权利和自由（分值为 1 ~ 7，其中 1 表示最多）。尽管只有 7 个可能值，但有些人将其作为连续变量使用。在某些情况下，并没有标准答案（连续变量或分类变量）。这取决于问题，以及打算如何使用该度量。
- 判断一个分布是偏态的还是正态的，往往因人而异。虽然有更专业的方法来测量偏度，但如果你怀疑某个变量是偏态的，那么请牢记，该变量的某些数据摘要可能受到了极值的过多影响。
- 缺失数据（NA）过多的状况被忽略太多次了。不耐烦的分析师往往会继续深入，对数据进行更细致的区分。要始终注意实际处理的观测数量，因为它对特定群体的数据代表性影响很大。
- 如果说一图胜千言，那么就得好好看明白了。正如在本章以及将继续在后续章节中所强调的，每一张图都要好好花时间制作。数据分析中的最大阻碍是，还没意识到图中蕴含的信息，就抵挡不住诱惑急匆匆地开始制作下一张图了。

复习题

1. 我们为什么要描述数据？
2. 什么是度量的有效性？
3. 什么是度量的可靠性？

4. 对数据的描述如何改变我们的问题？
5. 对数据的描述如何改变我们的假设？
6. 为什么知晓观测数量很重要？
7. 为什么了解问题和困惑的区别很重要？
8. 什么是数据集？什么是变量？
9. 什么是有序分类变量？
10. 什么是连续变量？

数据分析与可视化练习
---

1. 指出下面哪些是变量，哪些是数据集。
   a. `world`
   b. `inf`
   c. `states`
   d. `nes`

2. 请给出用于显示 `world` 数据集前 6 行的代码。

3. 写出显示这些变量前 6 行的代码：`state`、`st`、`murderrate` 和 `hsdiploma`。

4. 以下哪些是分类变量？
   a. `world$colony`
   b. `world$region`
   c. `states$weed`
   d. `nes$amer_ident`

5. 以下哪些是连续变量？
   a. `world$young`
   b. `world$aclpregion`
   c. `states$trumpwin`
   d. `states$stand`

6. 以下哪些是有序分类变量？
   a. `nes$pid3`
   b. `nes$educ`
   c. `states$region`
   d. `states$democrat`

7. 以下哪些是困惑？哪些是问题？
   a. 为什么南部各州的凶杀率较高？
   b. 以共和党为主的州是否比以民主党为主的州更富裕？

c. 民主党州的教育支出是否更高？

d. 民主国家是否比独裁国家发展得更快？

8. 下列哪些存在与度量的有效性、可靠性或两者都相关的问题？

   a. 使用全球年度温度衡量气候变化

   b. 使用人均 GDP 衡量一个国家的收入

   c. 使用 `polity2` 度量衡量民主程度

   d. 使用收入衡量幸福

9. 指出下列哪些是与度量可靠性相关的问题。

   a. 很难重现结果。

   b. 结果与分析师的推断相悖。

   c. 变量不符合问题的需求。

   d. 很难判断被测的是增加了、减少了还是保持不变。

R 函数注释

以下函数在本章中出现。它们按首次出现的顺序列出（括号中的是代码块编号），并在此注释以简要地说明其用途。其中有些不是独立的函数，必须结合其他指令使用。友情提示，只要按照它们出现的顺序运行，每章的代码就都可以正常工作。正确的运行还依赖作者定义的 `libraries()` 函数，用于加载所需的 R 包。

`head()`：列出数据框的前 6 行。(3-1a)

`select()`：使用 dplyr 在数据框中选择变量。(3-1a)

`kable()`：用于以表格形式展示数据。(3-1b)

`factor()`：用于操作变量中的水平（类别）。(3-2a)

`ggplot()`：定义图的基本结构（通常是变量 x 和 y）。(3-2b)

`aes()`：aes（图形属性，aesthetics）函数在 ggplot 中用于定义图的基本结构[1]，通常包含要用到的变量以及形状或颜色。(3-2b)

`stat_summary()`：计算要在 ggplot 中显示的各种数据框统计值。(3-2b)

`ylab()`：在 ggplot 中设置 y 轴标签。(3-2b)

`xlab()`：在 ggplot 中设置 x 轴标签。(3-2b)

`theme_minimal()`：为 ggplot 设置极简风格的主题。(3-2b)

`theme()`：设置 ggplot 中的字体、大小等。(3-2b)

`coord_flip()`：调换 ggplot 的 x、y 坐标。(3-2b)

`grid.arrange()`：将两张或多张不同的图放在一起展示。(3-2c)

`levels()`：用于列出变量中的类别（水平）。(线上案例的 3-3a)

---

1 译注：图形属性与变量的映射关系。

`data.frame()`：创建一个数据框（数据集）。（线上案例的 3-3a）

`melt()`：在数据框中将变量堆叠在一起。（3-3a）

`geom_density()`：在 ggplot 中绘制密度图。（3-3b）

`ggtitle()`：设置 ggplot 的标题。（3-3b）

`geom_histogram()`：在 ggplot 中绘制直方图。（3-5）

`as_tibble()`：创建类似于表格的对象，以供 dplyr 使用。（3-7a）

`subset()`：根据逻辑表达式选择案例。（3-7a）

`group_by()`：在 dplyr 中用于基于分组进行计算。（3-7b）

`summaryize()`：在 dplyr 中用于计算指定的统计值。（3-7b）

`mutate_if()`：如果逻辑条件成立，则在 dplyr 中创建一个新变量。（3-7b）

`basicStats()`：计算指定数据框的统计值。（3-8b）

`geom_point()`：在 ggplot 中绘制散点图。（3-9）

`arrange()`：在 dplyr 中用于根据指定的变量对案例排序。（3-10a）

`desc()`：在 dplyr 中用于对案例按降序排列。（3-10a）

`slice()`：在 dplyr 中用于指定使用哪些行进行操作。（3-10a）

4 集中趋势和离散程度

本章大纲
- 学习目标
- 概述
- 集中趋势的度量：众数、平均数和中位数
- 平均数与中位数
- 离散程度的度量：极差、四分位距和标准差
- 四分位距与标准差
- 小结
- 常见问题
- 复习题
- 数据分析与可视化练习
- R 函数注释

学习目标
- 学会计算众数、平均数和中位数。
- 理解平均数和中位数之间的区别。
- 学会计算极差、四分位距和标准差。
- 理解四分位距和标准差之间的区别。

概述

　　描述数据通常从回答两个问题开始：①什么是典型案例？②典型案例有多典型？前者与集中趋势有关，后者与离散（分散）程度有关。本章探讨数据的这两个基本特征。集中趋势在日常生活中非常重要，我们常常在无意识中就使用了这个概念。我们的日常衣着选择在一定程度上取决于对当天的气温估计，而这通常是基于本季的常见温度或平均温度。医生也根据集中趋势做诊断。医生根据患者的心跳是低于还是高于平均水平来开药。患者的血压是过低还是过高？这些诊断都是基于集中趋势做出的。

　　离散（分散）程度也是如此。例如，在计算一个重要会议的行程时间时，我们可能决定不依赖平均时间，而是依据时间差。如果行程时间变化很大（差异很大），那么就能为我们安排启程时间提供信息。了解收入分布情况，有助于政策制定者制定政策来帮助那些最困难的人。一个四口之家的平均家庭收入可以提供给他们足够的食物、住房和教育。然而，大多数家庭是都接近这一平均水平，还是情况差异很大？

如果某些家庭的实际收入远低于生存所需，那么政策制定者需要知道。

本章内容涵盖集中趋势和离散程度。我们要了解它们是什么，以及它们回答了什么类型的问题，还要学习衡量它们的不同方法。如何计算并理解集中趋势和离散程度的不同表示形式构成了本章的基本内容。

集中趋势的度量：众数、平均数和中位数

我们在试图理解周围的世界时，会自然而然地受典型案例所吸引。我们想知道普通孩子在学校的表现如何，一般公民想要什么样的公共服务，或者完成大学学业所需的平均时间是多少。各级政府的政策决策、医疗领域的决策，以及民主本身，都依赖典型案例。集中趋势的度量提供了这些信息。

有多种方法可以衡量集中趋势。使用哪种度量取决于数据类型和离群值的存在。就数据类型而言，要看变量是连续的还是分类的。如果是连续变量，我们一般会问"平均数是多少？"；如果是分类变量，我们通常想知道哪个类别出现的频率最高。

就离群值而言，我们使用的度量取决于极值处于低位还是高位。如你所见，我们使用的度量之一，平均数，会受到极值的影响。《纽约时报》中一篇关于美国枪支数量的文章提供了一个很好的例子（Fisher et al. 2017）。世界上绝大多数国家每100人中拥有的枪支只有不到20支，美国一枝独秀，达到了80支！如果在本例中使用平均数来表示集中趋势,将会受到美国案例的影响(被拉高了)。本例可以使用中位数，而不是平均数。后续我们将讨论它们的计算方法和使用时机。

至于分类数据，我们的问题就变了。在使用分类变量时，我们并不是在寻找平均或者中间的情况。相反，我们想知道哪个类别拥有最多的观测数量。众数，而非平均数或中位数，表示观测数量最多的类别。选举就是一个很好的例子，因为我们想知道哪位候选人获得的选票最多。尽管新闻媒体发布民意调查很少明确提及众数，但这是我们关注的焦点。

总而言之，我们有三种不同的方法来衡量集中趋势：众数、平均数和中位数。如你所见，尽管每种方法都是为找出典型案例而设计的，但它们之间的差异是巨大的。度量的选择很重要，而且风险可能很高。具有误导性的集中趋势和离散程度统计摘要可能只会导致稍微有点烦人的后果（开会迟到或选错衣服），而有些情况对社会（飓风预报）和个体（大学录取）的影响则是巨大的。

表4-1可作为集中趋势度量的快速指南。

表 4-1：集中趋势的度量

数据类型	问题	度量
连续的（无离群值）	平均数是多少	平均数
连续的（有离群值）	中间个案的值是多少	中位数
分类的	哪一类最多	众数

众数

众数（mode）是指在变量中出现频率最高的值。众数在分析分类数据时特别好用。例如，如果把美国所有共和党人、民主党人和无党派人士的人数分别加起来，众数就是指拥有数量最多的那一类。如前所述，选举是基于众数的：我们想知道哪位候选人获得的选票最多。

确定众数在政治、社会和商业领域都很重要。要求受访者描述自己的问卷调查最终依赖众数的确定。我们往往想知道有多少受访者认为自己是非裔美国人、亚裔美国人、拉丁裔美国人、美洲原住民或白人。确定哪些团体在州或国会选区占主导地位对政治具有重要意义。对移民问题的关注基于众数：哪些国籍的移民人数最多？为了确定最畅销品牌或最受欢迎产品的调查（CEO 痴迷的事情）都与众数有关。

众数的计算

要找出众数，请看 NES 数据集中政党认同变量 `pid7` 的条形图。在这项调查中，我们看到，认为自己是"坚定的民主党人（Strong Democrat）"的受访者人数接近 300 人，比第二大类别"无党派人士（Independent）"多出近 100 人。因此，众数是坚定的民主党人。如果说 NES 的调查对象很好地代表了美国选民，图 4-1 中的条形图就能为政治策略提供参考，并让某些政治家辗转难眠。

和前几章一样，下面的代码可在 RStudio 中复制和使用。代码块 4-1 绘制了一张简单的条形图。由于条形图描绘的是一个变量，所以设置了图形属性的只有一个变量 `pid7`（即在 `aes()` 函数内）。注意，这里让 R 采用代码为 #0000ff 的蓝色来填充条形。我们可以通过名称来指定颜色（红色、蓝色等），但要设置一个非常具体的色调，代码更有用。对于其他命令应该很熟悉了：`theme_minimal()` 函数表示采用极简的绘图风格，`coord_flip()` 函数将绘图的方向改为水平的，`theme()` 函数指定标签的字体、风格和大小。要键入的代码很多，不过只要确立了条形图的外观，要创建其他条形图，只需要替换 `pid7` 和数据集名称 `nes`。

代码块 4-1

```
ggplot(nes, aes(x=pid7)) + geom_bar(fill="#0000bf") +
  theme_minimal() +
```

```
ggtitle("图 4-1：坚定的民主党人数量远超坚定的共和党人") +
xlab("政党认同") +
ylab("受访者人数") +
coord_flip() +
theme(plot.title = element_text(size = 8, face = "bold"),
      axis.title = element_text(size = 8, face = "bold"))
```

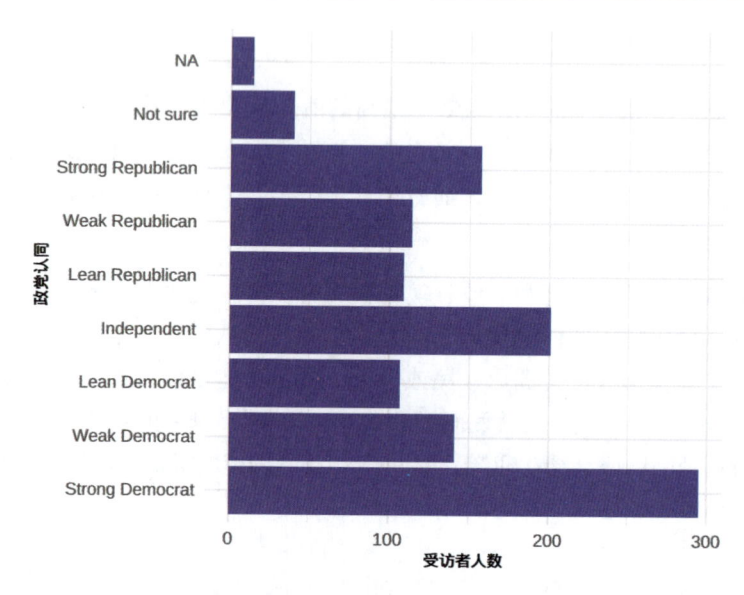

图 4-1：坚定的民主党人数量远超坚定的共和党人

平均数

源于其直观的说服力和计算的便利性，**平均数（mean）**也许是最常用的数值摘要。从棒球运动员在本垒板上的成功（安打率）到新生班级的学业准备（平均 GPA、平均 ACT 或 SAT 分数），都是基于平均数计算的。平均数（mean 或 average）是一个耳熟能详的概念，它描述了我们生活中的许多重要方面。因此，我们对其含义和代表的意义有直观的感受。

平均数的计算

假设我们想计算统计课上学生手头的平均现金量。在计算时，我们把所有的金额加起来，再除以班上的学生人数。让我们通过平均数来了解一些术语和数学运算。

首先，必须指出的是，在这种情况下，个体（individual）、案例（case）和观测（observation）是同义词，它们可以互换使用。我们使用 n 代表数据集或变量中的个体、案例或观测的数量。你可能会被问道，"n 是什么？"这个问题指的是数据集或变量中有多少个观测、个体或案例。

其次，尽管计算平均数相当简单，但由于它很常见，所以熟悉其数学表示也很重要。公式中的部分内容在许多其他计算中也会用到，知道了会很有用（例如，求和符号 Σ）。我们从用于表示平均数的小写希腊字母 μ 开始。

$$\text{mean} = \mu$$

下面是平均数的数学公式：

$$\mu = \frac{1}{n} \sum_{n=1}^{n} x$$

让我们将其分解为几个组成部分。请看求和符号以及紧挨着它的 x，如下所示。这部分表达式的意思是求和，将所有的数值（每个学生口袋里的现金数额）相加。

$$\sum_{n=1}^{n} x$$

Σ 是求和符号。在 Σ 的通用形式中（不涉及具体例子时），使用 n 来表示个体、案例或观测的数量。求和符号提供了一种紧凑而有用的方式，表明我们要对所有的观测值 x 进行求和。如果没有求和符号，要表达将所有观测值相加的操作会变得冗长。

$$x_1 + x_2 + x_3 + \cdots + x_n$$

在计算学生手头的平均现金量时，x_1 代表的是我们调查的第一个学生，x_2 代表第二个学生，x_3 代表第三个学生，依此类推。三个点表示继续调查班上的每个人，直到最后一个学生 x_n。如果班上有 10 个学生，我们就把这 10 个学生相加。用求和符号写作：

$$\sum_{n=1}^{10} x$$

这表明要重复运算 10 次。为完整起见，如果不用求和符号，那么运算过程就会写成：

$$x_1 + x_2 + x_3 + \cdots + x_{10}$$

当以通用形式编写表达式，而不是指具体的例子时，我们使用小写的 n（如下所示），而不是 10。

$$\sum_{n=1}^{n} x$$

现在班上学生手头的所有现金已经加起来了，接下来需要再除以学生人数。要除以学生人数，我们通常会看到用 Σ 求和后再乘以 $\frac{1}{n}$，意思是用总和除以观测数量（n）。得到如下表达式：

$$\frac{1}{n}\sum$$

当我们把这两个表达式组合起来时，就是把 10 个人的所有现金加起来，然后除以 10。一般来说，求和符号 Σ 表示：①执行运算并记录结果；②将每次运算得到的所有结果求和。在本例中，运算是指找出每个学生口袋里有多少现金（表示为 x）。求和符号在统计学中执行一项重要的运算；它是"重复运算并将产生的所有值相加"的简写（通常对某变量的所有值 $x_1 \cdots x_n$ 执行）。对于这个例子而言，将它们全部放在一起就得到：

$$\mu = \frac{1}{10}\sum_{n=1}^{10} x$$

让我们把事情变得更具体一些。假设班上有 10 个学生，他们的口袋里有 1 ~ 10 美元。我们把每个学生的金额记录下来放在一个列表中，让计算机计算平均数：

$$x = (1, 2, 3, 4, 5, 6, 7, 8, 9, 10)$$

鉴于有 10 个人，我们在公式中添加一些信息。班上的一个人有 1 美元，另一个人有 2 美元，下一个人有 3 美元，依此类推。运算的第一部分包括对这些金额的求和：

$$1+2+3+4+5+6+7+8+9+10=55$$

现在我们已经计算出了班上 10 个学生手头的现金总额（55 美元），再除以 10（即乘以 $\frac{1}{10}$）。

$$\frac{1}{10}\sum_{n=1}^{10} x$$

该班上学生手头的现金数额平均为 5.5 美元。

到目前为止，我们专注于一个只有几个人（*n*=10）的简单例子。接下来，让我们利用 R 来计算世界各国每 10 万人口中凶杀案受害者平均数量。为了将本例的平均数可视化，我绘制了一张直方图，其中红色线表示平均数（见图 4-2）。

请看下面计算平均数并绘制直方图的代码（见代码块 4-2a 和代码块 4-2b）。第一条命令 mean(world$homicide, na.rm = TRUE) 用于计算平均数。请注意括号中包含的 na.rm = TRUE，这告诉 R 即使有些国家的数据缺失，也要计算平均数。如果想自己练习计算平均数，指令可以在代码块中输入并执行，也可以直接在控制台中输入并回车。还要注意 ## 和与平均数 8.459007 相邻的 [1]。在 RMarkdown 中，当将 R 生成的输出结果编译到文档时，就会出现 ##[1]。[1] 表示仅计算命令生成的元素数量。

代码块 4-2a

```
mean(world$homicide, na.rm = TRUE)
## [1] 8.459007
```

通过绘制一条代表平均数的线叠加在直方图上（下面的 geom_vline() 函数），我们能看到平均数是如何代表数据中间部分的。我们可以把平均数想象成跷跷板的支点，平衡着直方图。

代码块 4-2b

```
ggplot(world, aes(homicide)) +
    geom_histogram(bins=20, fill = "#0000ff") +
    labs(title=" 图 4-2：世界平均凶杀率") +
    xlab(" 每 10 万人口中凶杀案受害者数量") +
    geom_vline(xintercept=8.45, col="#bf0000")  +
    annotate("text", x = 12, y = -7, label = "8.45", col="#bf0000",
             size = 3) +
    theme_minimal() +
    theme(plot.title = element_text(size = 8, face = "bold"),
          axis.title = element_text(size = 8, face = "bold"))
```

---

1 译注：可以通过设置代码块参数 comment = "" 将其去掉。建议再加上 prompt = TRUE，以便更好地区分输出与代码。

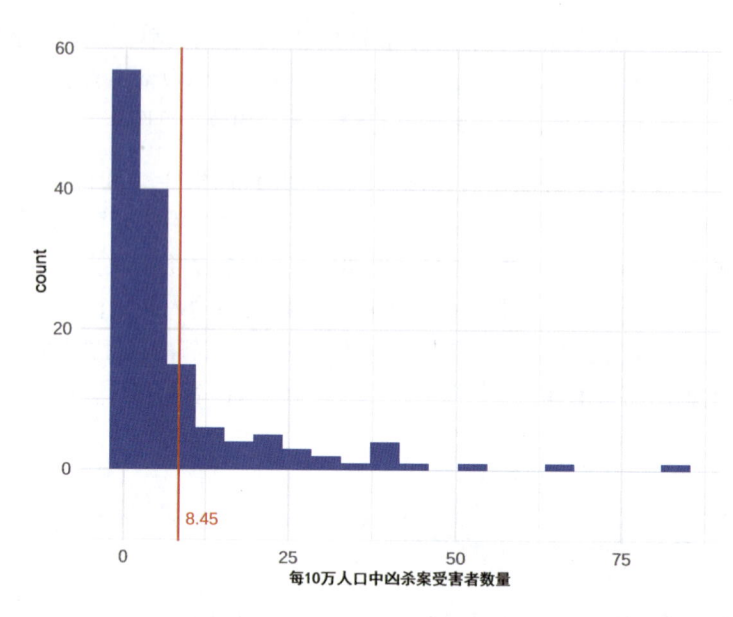

图 4-2：世界平均凶杀率

通过我们的样本数据可以得知，国家的平均凶杀率为 8.45。大部分国家每 10 万人口中凶杀案受害者不足 10 人。然而，有些（三个）国家超过了 50 人！尽管直方图中平均数左侧的蓝色区域较大，但右侧的极端案例抵消了左侧的大多数案例。当变量中含有极值时，我们可能就要使用不同的集中趋势度量：中位数。

> **数据可视化的艺术与实践**
> **使用"线"来提高图形的水准**
>
> 准确地说，要使用垂直线、水平线和注释。在展示数据时，通过在图中指出和标记重要的数值来提升图形的水准。图 4-2 就是一个很好的例子。要说明凶杀率的平均数是 8.45，同时又要让读者明白到底平均数在哪里。在图中放置一条垂直线，就不会留下任何想象的空间。如果需要指出哪些案例或群组超过或者没有达到某个重要的阈值，水平线也很有用。

中位数

中位数（median）不像平均数那样常用，但仍发挥着重要的作用。当变量中存在极值时，就会使用中位数。中位数就是中间案例的值。将其与平均数区分开的一种方法是，中位数问的是"典型案例是什么"，而不是"平均数是多少"。当存在极值时，中位数或许最能代表典型案例。

当存在极值时，中位数很有用。例如，假设我们对小区的平均收入感兴趣，小区有 6 个家庭年收入 50,000 美元，第 7 个家庭年收入 1,000,000 美元。就本例中的"典型"家庭而言，更有用的度量是中位数（50,000 美元），而不是平均数（介于 50,000 美元和 1,000,000 美元之间）。

中位数的计算

正如图 4-2 中的直方图所示，在描述凶杀率的集中趋势时，我们更想用中位数而不是平均数。中位数代表在变量中位于中间或 50 分位处案例的值。它的计算方法是，将数据按从最低值到最高值的顺序排列，然后找到中间那个案例的值。如果数据包含奇数个案例，则中位数是中间的那个数据点，两边的案例数量相等。如果数据包含偶数个案例，则中位数是排序后中间两个值的平均数。

- 奇数个案例的中位数 =(1, 2, 3, 4, 5, 6, 7, 8, 9)=5
- 偶数个案例的中位数 =(1, 2, 3, 4, 5, 6, 7, 8, 9, 10)=5.5

对于奇数个案例，数字 5 两侧有相同数量的案例，5 就成了中间案例的值。对于偶数个案例，不存在这样的中间数字。因此，我们取排序后中间两个值的平均数。

$$\frac{5+6}{2}=5.5$$

在 R 中可以使用 `median()` 函数计算中位数。请注意，虽然只要使用 `mean()` 和 `median()` 函数就可以轻松用 R 计算平均数和中位数，但 `mode()` 函数却不是用来计算众数的。`mode()` 函数会告诉你变量在 R 中是以什么方式存储的（这对于理解集中趋势没什么用）。要想知道哪个类别的案例最多，最简单的方法是生成条形图或频数表。

让我们回到凶杀率的例子中计算中位数。请注意，在代码块 4-3a 中，我加入了 `na.rm = TRUE` 选项，因为可能会有数据缺失。

代码块 4-3a

```
median(world$homicide, na.rm = TRUE)
## [1] 3.3
```

在计算出中位数后，我们绘制一张直方图，同时在中位数 3.3 处放置一条垂直线。再次使用 `geom_vline()` 函数生成与 *x* 轴相交的垂直线。使用 `annotate()` 函数在图中添加文字（见代码块 4-3b）。

代码块 4-3b

```
ggplot(world, aes(homicide)) +
    geom_histogram(bins=20, fill = "#0000bf") +
    ggtitle(" 图 4-3：世界凶杀率中位数 ") +
    xlab(" 每10万人口中凶杀案受害者数量 ") +
    geom_vline(xintercept=3.3, col="#bf0000") +
    annotate("text", x = 7, y = -7, label = "3.3", col="#bf0000",
            size = 3) +
    theme_minimal() +
    theme(plot.title = element_text(size = 8, face = "bold"),
        axis.title = element_text(size = 8, face = "bold"))
```

正如直方图中的垂直线所示（见图 4-3），每 10 万人口中凶杀案受害者数量的中位数为 3.3。请注意平均数（8.45）和中位数（3.3）之间的差距；平均数是中位数的两倍以上。在描述凶杀率的集中趋势时，采用的度量很重要。让我们做完几个练习后探讨一下为什么。

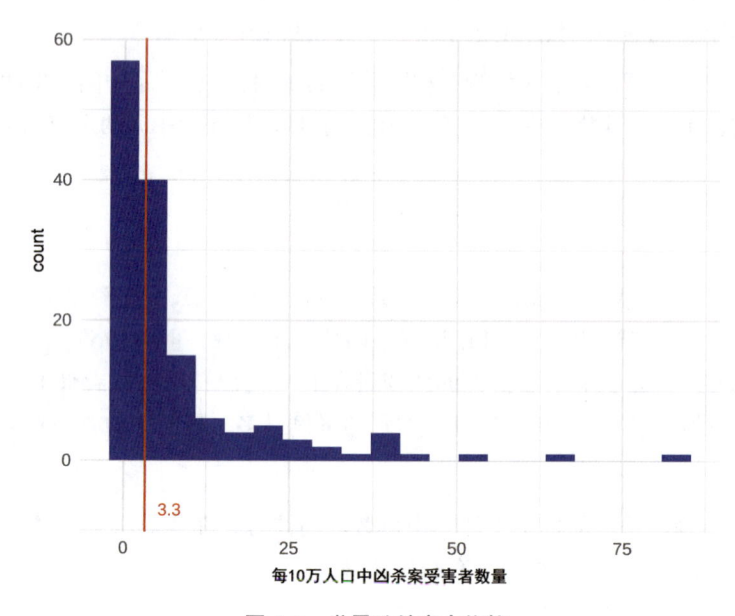

图 4-3：世界凶杀率中位数

知识检验：学会计算众数、平均数和中位数。

---

1. 指出适合每个问题的集中趋势的度量。

    a. 哪位候选人赢得了选举？
    b. 是休斯敦还是达拉斯的住房价格更高？

c. 今年最流行的男婴名字是什么？
d. 今年在你的大学会有多少学生入学？
2. 计算以下变量的平均数和中位数。哪种度量最能说明集中趋势？如果两者都合适，可以同时注明。
   a. `world$turnout`
   b. `world$gdppc`
   c. `states$hsdiploma`
   d. `states$inc`
3. 确定以下变量的众数：
   a. `nes$pid7`
   b. `nes$marstat`
   c. `nes$employ`
   d. `nes$race`

平均数与中位数

许多统计模型和摘要都使用平均数。如前所述，决定使用平均数还是中位数基于是否存在极值。当存在极值时，凭借平均数判断数据的集中趋势非常不准确。在凶杀率的例子中，有些国家的凶杀案受害者数量异常高。其他例子不胜枚举，最熟悉的可能就是房价了。当提到房屋价格时，我们都会使用中位数而不是平均数，因为极其昂贵的房屋会拉高平均数，扭曲我们对房地产市场的认知。

为了直观地看到平均数和中位数之间的差异，请看 world 数据集中的 durable 变量。durable 记录了国家保持政治稳定的年数，以其政治体制发生重大变革后的年数来衡量。durable 变量的直方图说明了平均数和中位数是如何被离群值影响的（见图 4-4）。直方图显示，有几个国家已经稳定了 100 年以上。然而，绝大多数国家的稳定时间都不足 25 年。在本例中，由于极值的存在，平均数（红色线）位于中位数（蓝色线）的右边。因此，这两个度量差异明显：中位数为 17 年，平均数为 27.2 年。要计算 durable 变量的平均数和中位数，只需要输入 `summary(world$durable)`。

> **数据可视化的艺术与实践**
> **透明度选项 alpha**
>
> 除了选项 alpha=0.5，代码块 4-4 中的东西你都见过了。alpha[1] 选项非常实用，可以使所用的颜色变淡。在本例中，它让我们能够更清晰地看到所绘制的垂直线。

代码块 4-4

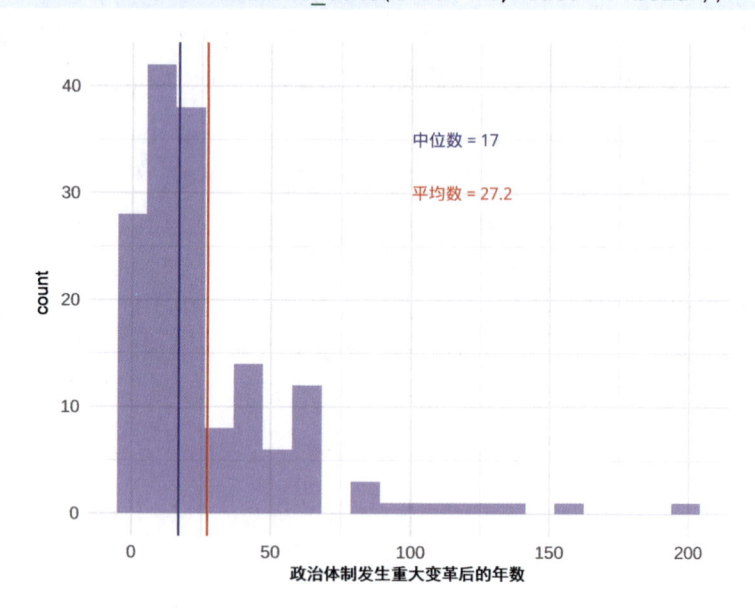

```
ggplot(world, aes(durable)) +
  geom_histogram(bins=20, fill = "#0000bf", alpha=0.5) +
  ggtitle("图 4-4：平均数和中位数的差异") +
  xlab("政治体制发生重大变革后的年数") +
  geom_vline(xintercept=27.2, col="#bf0000") +
  geom_vline(xintercept=17, col="#0000bf") +
  annotate("text", x = 100, y = 30, hjust = 0,
           label = " 平均数 = 27.2", col="#bf0000", size = 3) +
  annotate("text", x = 100, y = 35, hjust = 0,
           label = " 中位数 = 17", col="#0000bf", size = 3) +
  theme_minimal() +
  theme(plot.title = element_text(size = 8, face = "bold"),
        axis.title = element_text(size = 8, face = "bold"))
```

图 4-4：平均数和中位数的差异

---

1 译注：alpha 通道为图像的不透明度参数，0.5 代表透明度为 50%。

现在，假设在输入数据时不小心给美国案例多打了一个"9"，将年数从 199 年变为 1999 年。如果以这个打字错误来计算平均数和中位数，中位数仍然是 17，但平均数会从 27.2 跳到 38.6。为了说明打字错误带来的结果，以及其对平均数而非中位数造成的影响，我创建了一个新变量 newdurable，并将值 199 替换成 1999，然后计算 newdurable 变量的平均数（见代码块 4-5a）。

代码块 4-5a

```
world$newdurable <- world$durable

world$newdurable <- replace(world$newdurable,
   world$newdurable==199, 1999)

mean(world$newdurable, na.rm=TRUE)
## [1] 38.61392
```

重新绘制直方图，不过这次增加了一条垂直线（绿色虚线）代表新的平均数 38.6（见图 4-5，代码块 4-5b）。请注意，打字错误让平均数发生了右移，而中位数却保持不变——即使存在巨大的离群值（当美国的值被误认为是 1999 时），中位数也没有变化，仍然是 17。

代码块 4-5b

```
ggplot(world, aes(durable)) +
    geom_histogram(bins=20, fill = "#0000bf", alpha=0.5) +
    labs(title="图 4-5：极值使平均数发生了移动") +
    xlab("政治体制发生重大变革后的年数") +
    geom_vline(xintercept=27.2, col="#bf0000") +
    geom_vline(xintercept=17, col="#0000bf") +
    geom_vline(xintercept=38.6, col="#00ff00",
               linetype = "dashed") +
    annotate("text", x = 100, y = 30, hjust = 0,
             label = "有打字错误的平均数从 27.2 移动到 38.6",
             col = "#00ff00", size = 3) +
    annotate("text", x = 100, y = 25, hjust=0,
             label = "中位数仍为 17 保持不变", col = "#0000bf",
             size = 3) +
    theme_minimal() +
    theme(plot.title = element_text(size = 8, face = "bold"),
          axis.title = element_text(size = 8, face = "bold"))
```

对离群值的敏感程度不同是平均数和中位数的一个重要区别。在下文中我们会发现，有些离散程度的度量是基于平均数的。因为有些离散程度的度量依赖平均数且离群值可能潜藏其中，所以我们应该谨慎。我们针对如何衡量集中趋势所做的考量，也同样适用于对离散程度的衡量。

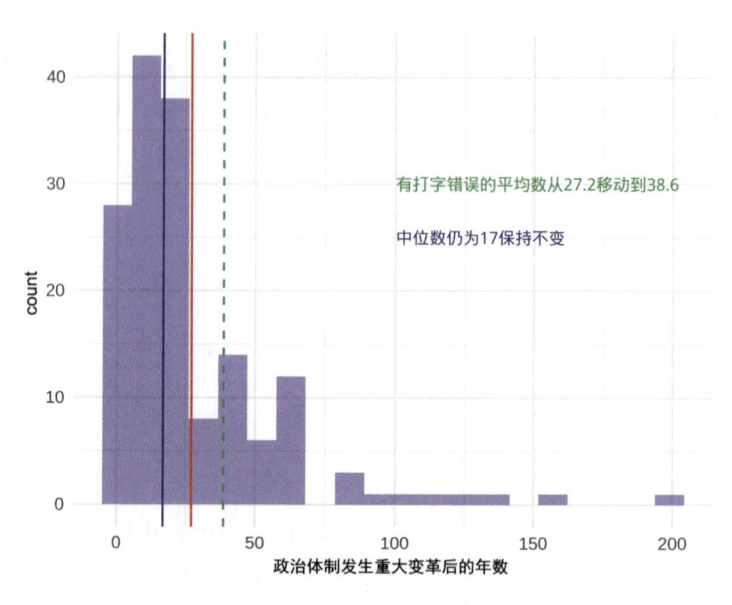

图 4-5：极值使平均数发生了移动

> 知识检验：理解平均数和中位数之间的区别。

4. 指出下面的变量最适合用平均数还是中位数来描述。
   a. 婴儿死亡率
   b. 人均 GDP（世界各国间）
   c. 美国 50 个州完成高中教育的平均人口百分比
   d. 各国接受的外援数量

5. 说明在下列条件下，平均数和中位数会发生什么变化（是增大还是减小）：
   a. 增加了一个大于当前变量最大值的案例
   b. 增加了一个小于当前变量最小值的案例
   c. 最大值翻倍
   d. 最小值减半

离散程度的度量：极差、四分位距和标准差

一旦我们了解了变量的集中趋势，第二个问题就来了：案例与平均数的距离一般是多少？计算每个案例与平均数的距离是很容易的，但我们想知道这个距离是否具有代表性。对于我们大多数人来说，仅仅知道薪水、考试成绩或静息心率是否高于或者低于平均水平是不够的；我们想确切地知道自己的情况与其他人群的关系。

例如，你可能知道自己的考试成绩高于平均数，但你的成绩是排在前 10%、20% 还是 40%？不同的答案可能意味着 C+ 和 A 之间的差距。了解离散程度可以提供一些观察视角。

另一个例子说明了这一点。假设我们知道得克萨斯州休斯敦 6 月份的平均气温是 90 华氏度（约 32 摄氏度）。旅行时，我们可能会带上短裤和 T 恤。我们知道科罗拉多州丹佛 7 月份的平均气温是 75 华氏度（约 23 摄氏度）。虽然丹佛的气温略低，但我们可能还是想带上短裤和 T 恤。这时知道离散程度就能派上用场了。如果知道这两个城市的温度分布或温度离散程度的更多情况，我们的衣着选择可能会大相径庭。虽然我们可能会在休斯敦穿短裤和 T 恤（温度与 90 华氏度相差不大），但最好为丹佛 60 华氏度到 90 华氏度（15.5 摄氏度到 32 摄氏度）的温差做好准备。

虽然旅行打包行李看起来微不足道，但在计划前往珠穆朗玛峰或月球旅行时，温度的离散程度可能会产生生死攸关的后果。温度的离散程度也会影响我们设计和储存疫苗的方式。有时了解离散程度比了解平均数或中位数更重要。例如，如果投保成功与否取决于大样本的身体特征计算，那么我们最好了解其离散程度。开发中的医疗设备可能对普通病人工作正常，但如果心率、体重和身高的离散程度很高，那么可能需要改变其设计。

无论是应对飓风还是应对金融危机，我们都需要了解极端情况。大衰退（2008 年）的一个原因是不了解极端情况：数万亿美元依赖的金融模型却不包含 20 世纪 20 年代和 30 年代（极端情况）的数据。在没有全面了解财政结果的情况下（大萧条时期的事情变得多么糟糕），对金融风险的假设有很大的缺陷（Cassidy, 2009）。我们通过极差、四分位距、标准差和方差得知离散程度。

极差

变量的极差（range，即取值范围）是其最小值和最大值之间的距离。正因如此，它可以帮助我们根据最好或最坏的情况做出决策或制定政策。例如，如果一种新开发的药物效果可能包括死亡，那么我们认为无法接受使用此药（特别是，如果它的目的是治疗普通感冒）。特定金融产品的潜在回报范围对其价格有影响：投资者要为收益很少为负的金融产品支付更多的费用。让我们用另一个例子来具体说明。

无论是安装有线电视、等快递还是等水管工，我们通常都会得到一段服务时间。想一想你的相对耐心水平是如何被安装有线电视的师傅、快递员或水管工的服务时间段所影响的。在这个例子中，时间段代表取值范围（range）。如果有线电视公司说在上午 8 点和下午 5 点之间会派人去你家，那么当天任何离开家的计划都得取消。我们经常根据这个范围（range）来判断这些服务的效率。如果有线电视公司能在上午 11 点到中午 12 点这个时间段为你提供服务，即使不是闻所未闻，也会被认为是高效的。

当你负责在当地冰雪皇后（Dairy Queen）柜台收银时，不妨考虑一下预期的顾客人数范围。如果在放学时，预期的顾客人数范围是 10 ~ 50 人，老板可能会决定安排两到三名员工。如果这个范围是 10 ~ 100 人，并且你的老板重视员工的心理健康，那么他们会增加几名随叫随到的员工，以防在体育赛事或乐队比赛后出现几辆校车。一般来说，范围越大，所需要的灵活性就越大。正如我们在讨论集中趋势时所了解到的，极值很重要。那么，极值是如何影响极差的？

只有在两种情况下变量的极差会对极值敏感：极值要么大于最大值，要么小于最小值。换句话说，只有当在变量中增加的极端个案成为新的最小值或最大值时才会改变极差。为了说明这一点，我们来看看美国的婴儿死亡率。

极差的计算

要计算变量的最小值和最大值，只需使用 summary() 函数即可。从代码块 4-6 可以看出，summary() 函数很有用，因为它简单且生成的信息量很大。它不仅提供了变量的最小值和最大值（给出了极差），而且提供了第一四分位数、中位数、平均数以及第三四分位数的信息。第一四分位数和第三四分位数有助于确立四分位距的边界，我们接下来会讨论这个问题。

代码块 4-6

```
summary(states$infant)
##    Min.  1st Qu.  Median    Mean  3rd Qu.    Max.
##   4.520   5.938   6.785   6.981   7.878  11.470
```

R 的输出并不总是最美观的格式。summary() 函数的输出（见代码块 4-6）就是一个很好的例子。虽然统计数据和数字是右对齐的，但是它们有时看着令人迷惑。代码块 4-6 生成的输出中报告了 6 种不同的统计量：Min. = 最小值（4.520），1st Qu. = 第一四分位数（5.938），Median = 中位数（6.785），Mean = 平均数（6.981），3rd Qu. = 第三四分位数（7.878），Max. = 最大值（11.470）。

虽然了解可能的结果范围很有用，但我们还需要更多的信息。让我们以美国的婴儿死亡率（每千名活产婴儿死亡数）为例继续讨论。美国各州的婴儿死亡率从 4.5 到 11.5 不等。虽然我们知道 11.5 是最大值，但我们不知道大部分州是接近 4.5 还是接近 11.5。这个范围告诉我们，健康结果中的不平等程度是不可接受的，但它并没有告诉我们，这是因为不平等（一些州需要帮助），还是因为面临着健康危机（49 个州的婴儿死亡率都接近 11.5）。我们需要知道大多数州处于什么位置。计算四分位距可以获得这一信息。

四分位距

四分位距（interquartile range）是第 25 和第 75 百分位数之间的距离：中间的那一半数据。假如我们有 100 个案例（最简单的例子），第 25 个最小值就是第 25 个百分点的案例，第 75 个最小值就是第 75 个百分点的案例。四分位距就是这两点之间的距离，它表明了中间的那一半数据在哪里。例如，为了计算 states 数据集中婴儿死亡率的四分位距，计算机将数据从最低到最高排序，然后确定哪些州是第 25 和第 75 百分位数的案例。接下来报告这些州的婴儿死亡率。这些都是在后台完成的，当我们运行 summary() 函数时就会报告这些数字。

四分位距的计算

与中位数一样，四分位距也是基于案例之间的顺序的。四分位距没有着眼于中间案例，而是确定了第 25 和第 75 百分位数的案例。计算极差（寻找变量的最小值和最大值）的函数也可以用来计算四分位距，在代码块 4-7 中运行函数 summary()。对于婴儿死亡率而言，四分位距为每千名活产婴儿中有 5.9～7.9 人死亡。（请注意，R 将第 25 百分位数称为第一四分位数，将第 75 百分位数称为第三四分位数。）这意味着美国中间一半的州位于这两个值之内。我们现在对这一问题的严重程度有了更多的了解。用于计算极差的相同代码也能用于计算四分位距。

代码块 4-7

```
summary(states$infant)
##    Min. 1st Qu.  Median    Mean 3rd Qu.    Max.
##   4.520   5.938   6.785   6.981   7.878  11.470
```

与中位数一样，四分位距对离群值不敏感。请注意，当我们重复讨论政治稳定性所犯的错误时，四分位距保持不变：引入了一个打字错误，将 durable 变量中的美国案例从 199 年改为 1999 年。代码块 4-8 中的 durable 和 newdurable 统计摘要包括最小值、第一四分位数、中位数、平均数、第三四分位数和最大值。请注意，当最大值增加到 1999 年（newdurable）时，第一四分位数和第三四分位数并没有发生变化（见代码块 4-9）。

代码块 4-8

```
summary(world$durable)
##    Min. 1st Qu.  Median    Mean 3rd Qu.    Max.    NA's
##    0.00    8.00   17.00   27.22   38.50  199.00      24
```

代码块 4-9

```
summary(world$newdurable)
##    Min. 1st Qu.  Median    Mean 3rd Qu.    Max.    NA's
##    0.00    8.00   17.00   38.61   38.50 1999.00      24
```

在掌握了中间一半数据在哪里的信息后，我们还想了解更多的信息。现在我们知道了数据的极差和四分位距，假设还想知道典型案例距离平均数有多远。虽然四分位距朝着正确方向迈出了一步，但第 25 和第 75 百分位数的案例可能并没有代表性。计算标准差可以告诉我们典型案例与平均数之间的差距有多大。

标准差

标准差（standard deviation）是一个常用的离散（分散）程度统计摘要，因其概念简单和计量单位这两个重要属性而流行。让我们来阐明这两个属性的含义。

首先，让我们来讲讲计量单位。变量的标准差是以变量的原始单位（英里、英尺、英寸、磅、年、百分比等）表示（标准化）的。这里用两个变量来说明这一点：婴儿死亡率和女性在州立法席位中所占的百分比。

标准差的计算

对于标准差，要计算所有案例与平均数之间的平均距离（差）。在下面的代码中，我计算了两个变量的标准差。女性占立法席位百分比的标准差为 7.197513（四舍五入为 7.2），婴儿死亡率的标准差是每千名活产婴儿中有 1.435324 人死亡（四舍五入到 1.4）。这两个数字都沿用了各自的计量单位，因此很容易理解其大小。

在代码块 4-10 中，我使用了 sd() 函数来计算标准差，选项是我们已经熟悉的 na.rm = TRUE。R 的输出通常看起来相当难看（大多数编程语言的输出都是如此）。在本例中，每个计算出的标准差前都有一个"[1]"，说明每个 sd() 函数实例都会产生一个编号。

代码块 4-10

```
sd(states$femleg, na.rm = TRUE)
## [1] 7.197513
sd(states$infant, na.rm = TRUE)
## [1] 1.435324
```

同样，理解其运算过程以及数学方法表示是很重要的。计算观测与平均数的距离（或偏差），对这些距离求平方，然后除以 n，这些都是统计学中经常进行的操作。对这些计算越自如，对数据分析的直觉就越好。

标准差的概念简单，即案例与平均数之间的平均距离。随着平均距离的增加，离散程度和分散程度也在增加。

现在知道了如何用 R 计算标准差，再让我们看看底层的计算机制。与计算平均数类似，只不过我们关注的是案例与平均数之间的平均距离。

在进行数学计算之前，让我们试着描述一下计算过程：

用每个案例的观测值减去平均数，计算出每个观测与平均数的距离；对结果求平方以确保距离为正；将所有的平方距离相加，再除以观测数量。最后，为了使用原始计量单位，取平方根。

如你所见，每个计算都不难，但步骤较多。另外要注意的是，用叙述性文字解释时有点难以理解。让我们一点点把计算过程列出来。

- 计算每个观测与平均数的距离。
- 对每个观测的距离求平方。
- 对每个观测的平方距离求和。
- 除以观测数量。
- 取平方根。

现在想想这些步骤如何用数学公式表示。我们用希腊字母 σ 来表示标准差。与叙述性文字或要点相比，数学公式紧凑而准确。虽然很多人认为这是对标准差更优雅、更有用的表述，但也有人认为这种表达式难以理解。

$$\sigma = \sqrt{\frac{\sum(x_i - \mu)^2}{n}}$$

为了巩固理解，让我们逐个要点进行分析，从数学上说明发生了什么。

- 计算每个观测与平均数的距离。

$$(x_i - \mu)$$

请注意，我们使用希腊符号 μ 来表示变量的平均数。还要注意 x 的下标 i，它是统计学中常见的符号。i 只是用来表示单个观测。i 意为每个观测，这是在三个要点中都有出现的术语。在本例中，当从每个观测值中减去平均数时，我们是从每个州的婴儿死亡率中减去平均数，从而得出每个州与平均数之间的距离。在计算出各州与平均数之间的距离后，对其求平方。

- 对每个观测的距离求平方。

$$(x_i - \mu)^2$$

我们对 $(x_i - \mu)$ 求平方，使该项的值总是为正。如果不对该项求平方，当将 50 个州的距离相加时，总是会得到 0，因为有些州低于平均数，有些州则高于平均数。由于平均数代表接近中间的东西，我们有同样多的正负距离，求和时就会相互抵消。

对该项求平方是运算的重要环节。

现在计算出了每个州的所有平方距离，需要把它们相加或计算总和。

- 对每个观测的平方距离求和。

$$\sum (x_i - \mu)^2$$

在本例中，我们实际上做的运算是：

$$(x_{\text{Alabama}} - \mu)^2 + (x_{\text{Alasta}} - \mu)^2 + (x_{\text{Arkansas}} - \mu)^2 + \cdots + (x_{\text{Wyoming}} - \mu)^2$$

正如我在前面所指出的，低于平均数的总距离将非常接近高于平均数的总距离。如果不对每项求平方，最终总会得到接近 0 的结果。这里用一个简单的例子来说明。

假设我们有两个分散程度非常不同的变量：变量 1 的极差为 4，平均数为 3；变量 2 的极差为 40，平均数为 30。

变量 1 = (1, 2, 3, 4, 5)
变量 2 = (10, 20, 30, 40, 50)

让我们计算每个案例与平均数的距离。

变量 1：(1 – 3) + (2 – 3) + (3 – 3) + (4 – 3) + (5 – 3) = 0
变量 2：(10 – 30) + (20 – 30) + (30 – 30) + (40 – 30) + (50 – 30) = 0

如果不对每项求平方，就算是极差非常不同的两个变量，最终得到的距离总和也还是等于 0。因此，在计算与平均数的距离并求和时，我们对距离求平方以保证其始终为正。将这些平方距离相加后，除以观测数量，就像计算平均数一样。

- 除以观测数量。

$$\frac{\sum (x_i - \mu)^2}{n}$$

最后一步是用原始计量单位来表示这个数字。由于前面的步骤为了避免出现负数，对距离求了平方，所以需要取平方根将数字转换回其原始计量单位。

- 取平方根。

$$\sqrt{\frac{\sum (x_i - \mu)^2}{n}}$$

将数字带入运算过程中并呈现出来，对于我们理解运算原理很重要。让我们回到计算班上学生手头上现金金额的例子。为了使这个例子更可控，让我们把班上的学生数量限制为 5 个（$n=5$）。在代码块 4-11 中，我创建了 cash 变量，用于记录（现编的数字）每个学生口袋里的金额。经过计算，平均数为 19 美元。

代码块 4-11
```
cash <- c(10, 20, 40, 15, 10)
mean(cash)
## [1] 19
```

现在让我们一步步计算这 5 个学生手头上现金金额的标准差。

- 计算每个观测与平均数的距离。

$$(x_i - \mu)$$
$$(10-19)+(20-19)+(40-19)+(15-19)+(10-19)$$

- 对每个观测的距离求平方。

$$(x_i - \mu)^2$$
$$(10-19)^2+(20-19)^2+(40-19)^2+(15-19)^2+(10-19)^2$$

- 对每个观测的平方距离求和。

$$\sum(x_i - \mu)^2$$
$$81+1+441+16+81=620$$

- 除以观测数量。

$$\frac{\sum(x_i - \mu)^2}{n}$$
$$\frac{620}{5}=124$$

- 取平方根。

$$\sqrt{\frac{\sum(x_i - \mu)^2}{n}}$$
$$\sqrt{124} \approx 12.45$$

我们现在得到了这个例子的标准差：12.45 美元[1]。让我们使用 R 计算来复核运算。注意，在代码块 4-12 中，没有使用 `na.rm = TRUE` 选项，因为我知道没有缺失数据。

代码块 4–12

```
sd(cash)
## [1] 12.4499
```

让我们通过可视化的方法来继续培养直觉。为了更好地理解标准差告诉了我们什么，让我们研究一下标准差与离散程度或分散程度的关系。为了说明这一点，我将创建三个具有不同标准差的变量，并绘制相应的直方图。而在此之前，还有些准备工作要做。

首先，创建一个数据框来保存新变量。我把这个新的数据框称为 h，并指定它有 500 个观测。有了数据框，再创建三个新变量（h$p1、h$p2 和 h$p3），并指定每个变量都是正态分布的（`rnorm()`），有 500 个观测值，平均数为 0，标准差为 1。请注意，我设置了随机数生成器的种子（`set.seed()`），只要将种子设置为相同的数字（42），就可以获得相同的结果（见代码块 4-13a）。

代码块 4–13a

```
h <- data.frame(1:500)

set.seed(42)

h$p1 <- rnorm(500,0,1)
h$p2 <- rnorm(500,0,2)
h$p3 <- rnorm(500,0,3)
```

在代码块 4-13b 中，我使用了"tidyr"包中的 `gather()` 函数将三个变量叠加在一起，以便绘图。（在第 3 章中，我使用了"reshape2"包中的类似函数 `melt()`。）这将重塑数据集 h，它有两个变量：第一个变量是 condition，记录了观测结果是来自 p1、p2 还是 p3 分布；第二个变量是 mesurement，记录了真正的数值。然后，我重新设置了 p1、p2 和 p3 的标签，以表明其代表的标准差。

代码块 4–13b

```
data_long <- gather(h, condition, measurement,
                    p1:p3, factor_key=TRUE)

data_long$condition <- factor(data_long$condition,
                        levels = c("p1","p2","p3"),
                        labels = c("标准差=1"," 标准差=2",
                                   " 标准差=3"))
```

---

[1] 按上面的公式计算 $\sqrt{124}$ 应该等于 11.14。sd(cash) 计算出来之所以等于 12.45，是因为使用的公式不同，sd 函数除的不是观测数量 n，而是自由度 $n–1$。也就是说，取平方根的数实际上是 620/4=155。

有了新的数据集和标签，就可以生成三张直方图了（见代码块 4-13c）。

请观察针对不同标准差绘制出的直方图（见图 4-6），分散程度有什么变化。请注意每个面板（panel）中的直方图的变化，随着标准差的增加，直方图变得更宽、更分散了。在标准差为 1 的第一个面板中，小于 –5 或大于 5 的案例一个也没有。在标准差为 2 的第二个面板中，小于 –5 或大于 5 的案例很少。在标准差为 3 的第三个面板中，位于区间 –5 和 5 之外的案例就很多了。

代码块 4-13c
```
ggplot(data_long, aes(measurement)) +
  geom_histogram(aes(measurement), fill = "#0000ff") +
  facet_grid(.~condition) +
  labs(title=" 图 4-6：双倍和三倍的随机变量标准差 ") +
  xlab("") +
  theme_minimal() +
  theme(plot.title = element_text(size = 8, face = "bold"),
        axis.title = element_text(size = 8, face = "bold"))
```

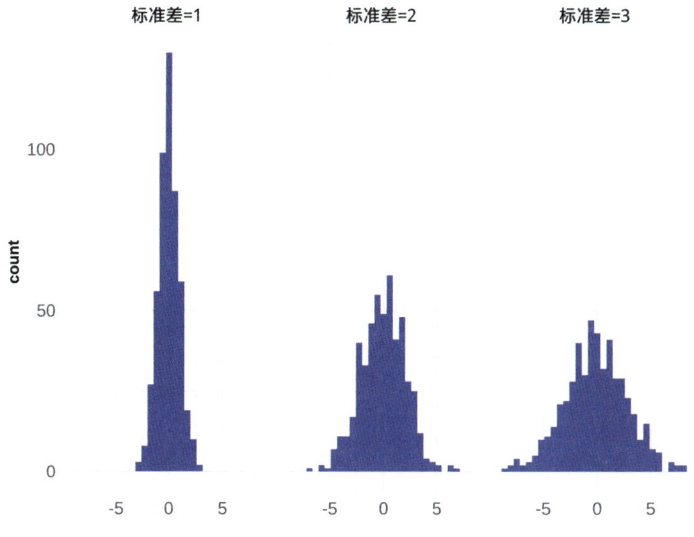

图 4-6：双倍和三倍的随机变量标准差

> 知识检验：学会计算极差、四分位距和标准差。

6. 计算下列变量的极差、四分位距和标准差：
   a. `world$gdppc`
   b. `states$hsdiploma`

c. nes$ftpolice
   d. nes$ftobama

7. 绘制世界立法机构中女性立法者占比（world$womleg）的直方图。计算标准差，并在图中用垂直线标出来（高于或低于平均数的都要标出来）。

8. 绘制世界立法机构中女性立法者占比（world$womleg）的直方图。计算四分位距，并在图中用垂直线标出来。

四分位距与标准差

与标准差相比，四分位距对极值没那么敏感。为了感受四分位距和标准差之间的区别，让我们搬出前面的例子：由 durable 变量衡量政治稳定性。

回顾一下，我们在 durable 变量中引入了一个打字错误，即不小心在美国 199 年的稳定期上加了一个 9，变成了 1999 年。由于标准差是案例与平均数的平均距离，在 durable 变量中，美国的记录从 199 年增加到 1999 年，使得标准差从 31 年的政治稳定增加到了 159 年！在没有任何额外代码的情况下，生成的输出结果很难读。与 "[1]" 相邻的两个数字是由 durable 和 newdurable 变量计算出来的标准差。在本例中，第 25 和第 75 百分位数的案例保持不变，也就是说，四分位距保持不变：数字对应着两个四分位数（第一四分位数为 8，第三四分位数为 38.5）。因为 world 数据集中有缺失数据，所以使用了现在已经很熟悉的 na.rm = TRUE 选项（见代码块 4-14）。

代码块 4-14
```
sd(world$durable, na.rm = TRUE)
## [1] 31.1848
summary(world$durable)
##    Min. 1st Qu.  Median    Mean 3rd Qu.    Max.    NA's
##    0.00    8.00   17.00   27.22   38.50  199.00      24
sd(world$newdurable, na.rm = TRUE)
## [1] 159.4293
summary(world$newdurable)
##    Min. 1st Qu.  Median    Mean 3rd Qu.    Max.    NA's
##    0.00    8.00   17.00   38.61   38.50 1999.00      24
```

总之，四分位距承受极值的能力，使其在有离群值存在时是一个有用的度量。就如例子中展示的那样，标准差对离群的案例非常敏感。尽管标准差对离群值很敏感，但它仍然是最常用的离散程度或分散程度的计算方法。但愿明确知道其计算方法能帮助我们避免意外情况。

知识检验：理解四分位距和标准差之间的区别。
---

9. 请指出你会使用四分位距还是标准差来总结以下变量。
    a. 婴儿死亡率
    b. 收入（世界各国）
    c. 美国平均教育水平
    d. 各国平均接受的国外援助金额

10. 描述在下列情况下四分位距和标准差的变化（是增大还是减小）：
    a. 增加了一个大于当前变量最大值的案例
    b. 增加了一个小于当前变量最小值的案例
    c. 最大值翻倍
    d. 最小值减半

11. 在研究 `world$co2` 变量时，是标准差还是四分位距能更好地代表变量的分散程度？

12. 绘制婴儿死亡率（`world$inf`）的直方图。计算四分位距，并在图中用垂直线标出来。

13. 在研究 `world$inf` 变量时，是标准差还是四分位距能更好地代表变量的分散程度？

关于方差的说明

方差（variance）就是标准差的平方。由于希腊字母 σ 表示标准差，我们将方差表示如下：

$$\text{Variance} = \sigma^2$$

虽然方差不是以变量的原始计量单位来表示的，不那么适合作为离散程度的统计摘要，但是因为我们用它来计算不少其他的统计量，所以它还是很重要的。方差的公式如下：

$$\sigma^2 = \frac{\sum(x_i - \mu)^2}{n}$$

方差是每个观测与平均数的平均平方距离，其本身并不是最直观或最有用的统计量。不过，它在许多其他计算中都能派得上用场。以分子 $\sum(x_i - \mu)^2$ 为例，这部分代表了其他值得注意的度量。分子代表离差平方和（sum of squared deviations），我们在未来的学习中会见到。

$$SS = \sum(x_i - \mu)^2$$

我在这里只提到了方差和离差平方和，以便在其他统计学教材中遇到时可以轻松地认出来。

小结

集中趋势和离散程度在数据描述中占有突出的地位。虽然它们不是我们唯一想知道的，但它们回答了两个非常重要的问题：什么是典型案例？典型案例有多典型？本章我们学习了如何计算和描述一个变量的集中趋势与离散程度。不同度量之间最重要的区别是它们对离群案例的敏感度。平均数和标准差对离群案例都很敏感，因为它们的计算基于的是变量的距离，以及变量与其平均数的距离。中位数和四分位距的计算方式不同；它们对与平均数的距离不那么敏感。

为什么平均数和标准差容易受到离群值的影响，但我们还要依赖它们？这在很大程度上与其易于计算有关。因此，不仅要了解变量的离散程度，还要了解其外形：它的实际形状。数据的形状可以通过下一章的描述性工具来呈现。

常见问题

- 如果在计算平均数时有缺失值存在，R 代码要加上 `na.rm = TRUE` 参数[1]，否则就不会进行计算。
- 理解求和符号只是意味着将求和符号后面代表每个观测的表达式结果加起来。
- 理解（通常是与平均数的）距离或偏差可互换使用，它们描述的是同一件事。
- 细节，细节……要注意计量单位。始终清楚地知道每个变量是什么。
- 了解所提出的问题与所使用的度量之间的联系很重要。在本章的语境中，其主要区别在于对集中趋势和分散程度的判定。对于集中趋势，我们想知道平均观测值是怎样的；对于分散程度，我们想知道平均数（平均值）是否能很好地反映一般的案例。

复习题

1. 平均数和中位数的区别是什么？
2. 标准差和四分位距的区别是什么？
3. 我们可以用平均数来回答什么问题？
4. 我们可以用标准差来回答什么问题？
5. 标准差与方差相比有什么优势？

---

1 译注：意思是去掉缺失值（NA，Not Available）后再计算。

6. 说明随着标准差的增大，变量的分布会发生什么变化。
7. 描述求和符号 Σ 是如何运算的。
8. 什么度量最能代表预期寿命的集中趋势？
9. 什么度量最能代表凶杀率的集中趋势？
10. states 数据集的 n 是多少？

数据分析与可视化练习

1. 生成以下变量的直方图，以确定平均数和中位数（或两者之一）是否适合作为表示集中趋势的度量。

    a. states$inc
    b. world$ethfrac
    c. world$co2
    d. world$military

2. nes$amer_ident 变量的哪个分类是众数？

3. 生成以下变量的直方图，以确定四分位距和标准差（或两者之一）是否适合作为表示分散程度的度量。

    a. states$inc
    b. world$ethfrac
    c. world$co2
    d. world$military

4. 计算以下变量的标准差。

    a. world$military
    b. nes$ftsci
    c. nes$fttrump
    d. states$ptratio

5. 下面的公式计算的是什么？

$$\mu = \frac{1}{n}\sum_{n=1}^{n} x$$

   a. 众数
   b. 平均数
   c. 标准差
   d. 四分位距

6. 下面的标准差公式存在什么问题？

$$\sigma^2 = \frac{\sum (x_i - \mu)^2}{n}$$

   a. 没有对残差平方求和。
   b. 没有对残差进行平方。
   c. 没有对残差平方和的平方根除以 n。
   d. 没有除以观测数量。

7. 如何修正下面的直方图？

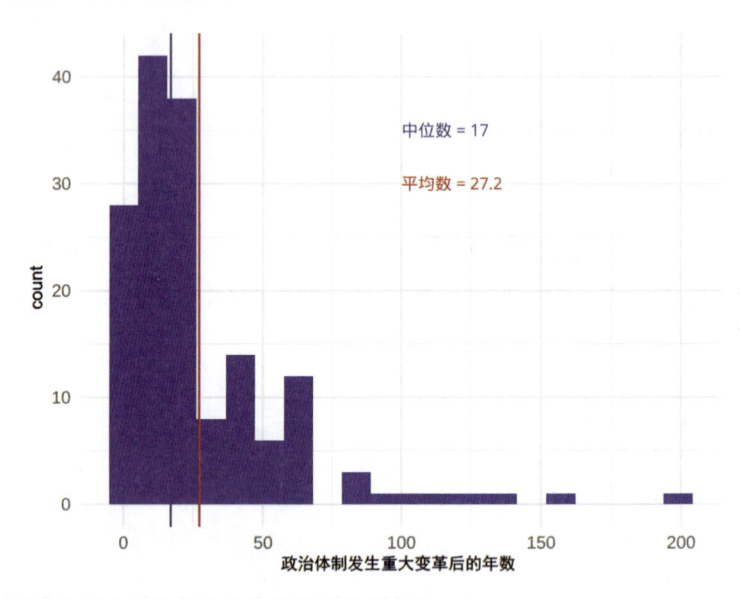

8. 下列直方图中平均数和中位数分别是哪条线？

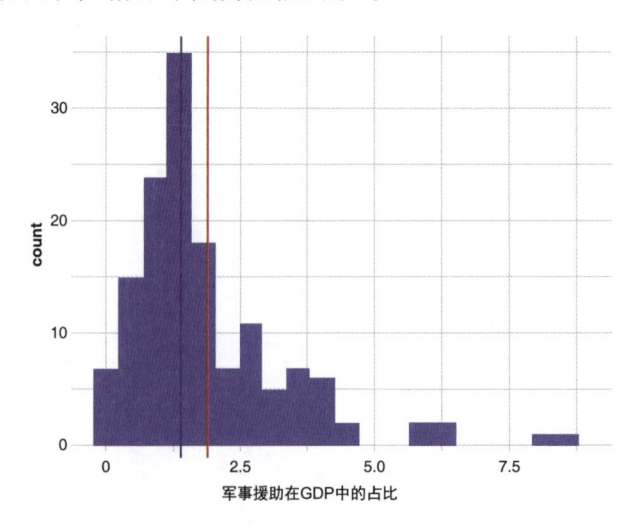

9. 以下哪一项对上一个问题中的"军事援助在 GDP 中的占比"的分布描述最恰当？

   a. 正态分布
   b. 偏态分布
   c. 右偏分布
   d. 左偏分布

10. 将下列分布按标准差的大小排序（升序）。

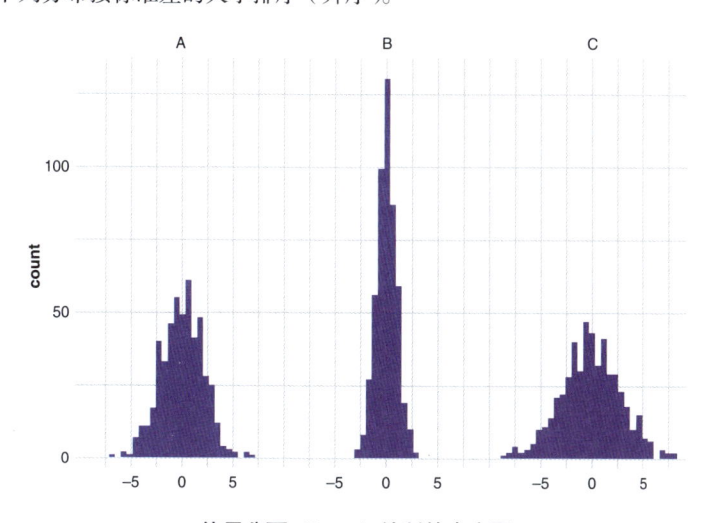

使用分面（facet）绘制的直方图

R 函数注释

以下函数在本章中出现。它们按首次出现的顺序列出（括号中的是代码块编号），并在此注释以简要地说明其用途。其中有些不是独立的函数，必须结合其他指令使用。友情提示：只要按照它们出现的顺序运行，每章的代码就都可以正常工作。正确的运行还依赖作者定义的 libraries() 函数，用于加载所需的 R 包。

ggplot()：定义图的基本结构（通常是变量 x 和 y）。(4-1)

aes()：aes（图形属性，aesthetics）函数在 ggplot 中用于定义图的基本结构[1]，通常包含要用到的变量以及形状或颜色。(4-1)

theme_minimal()：为 ggplot 设置极简风格的主题。(4-1)

ggtitle()：设置 ggplot 的标题。(4-1)

xlab()：在 ggplot 中设置 x 轴标签。(4-1)

ylab()：在 ggplot 中设置 y 轴标签。(4-1)

coord_flip()：调换 ggplot 的 x、y 坐标。(4-1)

---

1 译注：图形属性与变量的映射关系。

`theme()`：设置 ggplot 中的字体、大小等。（4-1）

`mean()`：计算变量的平均数。如果变量中含有缺失值，记得要加上 `na.rm = TRUE` 参数。（4-2a）

`geom_histogram()`：在 ggplot 中绘制直方图。（4-2b）

`geom_vline()`：绘制垂直线。（4-2b）

`annotate()`：在图上添加注释。（4-2b）

`median()`：计算变量的中位数。（4-3a）

`replace()`：将变量中的某个值替换为别的值。（4-5a）

`summary()`：生成变量的平均数、中位数和四分位距。（4-6）

`sd()`：计算变量的标准差。如果变量中含有缺失值，记得要用 `na.rm = TRUE` 参数。（4-10）

`c()`：将括号中的元素合并为列表[1]。（4-11）

`data.frame()`：创建一个数据框（数据集）。（4-13a）

`set.seed()`：设置随机数生成器的初始种子。这对于复现涉及随机元素的结果很有用。（4-13a）

`rnorm()`：随机生成服从正态分布的数据。（4-13a）

`gather()`：将数据从宽格式转换为长格式（将变量堆叠在一起，就像在第 3 章中使用的 `melt()` 函数）。`gather()` 函数来自 "tidyr" 包。（4-13b）

`factor()`：用于操作变量中的水平（类别）。（4-13b）

`levels()`：用于列出变量中的类别（水平）。（4-13b）

`facet_grid()`：将图形放在同一个维度以便比较。（4-13c）

---

[1] 译注：本章中提到的列表与 R 术语中的列表（list）不是一回事。这里的列表指的是一串数字，对应的 R 术语应为向量（vector）。R 术语中的列表指的是一种变量类型，与向量、数据框、因子等类似。`c()` 可以合并向量、列表等多种类型的变量。

5 数据的单变量和双变量描述

本章大纲
- 学习目标
- 概述
- 好的、差的和离群值
- 单变量数据的 5 种视图
- 变量间是否相关
- 小结
- 常见问题
- 复习题
- 数据分析与可视化练习
- R 函数注释

学习目标
- 提出单变量视图能回答的问题。
- 创建并分析数据的单变量视图。
- 提出双变量视图能回答的问题。
- 创建并分析数据的双变量视图。

概述

在第 4 章中,我们学习了如何计算简单的数值摘要来描述集中趋势和离散程度。在本章中,我们将学习如何用图来总结数据。图提供了一种快速且直观的方式来理解我们的数据。数值摘要很有用,但是图提供的信息更多。我们已经知道了为什么(why)数据描述如此重要,以及它是什么(what),现在继续探讨如何(how)进行数据描述。本章专门讨论数据的单变量视图和双变量视图的方法与分析。

就单变量数据而言,我将介绍频率表、条形图、箱线图、直方图和茎叶图。双变量视图则包括散点图、马赛克图、交叉表和气泡图。当想要了解连续变量和分类变量之间的关系时,箱线图也很有用。

这里有两个重要的经验值得一提。首先,为了获得重要的洞见,应该对图进行深入挖掘。在继续进行更复杂的计量经济学操作之前,绘制经过深思熟虑的图形摘要是值得的。其次,图比数值摘要更有效,因为图包含了更多的信息,同时揭示了经验模式。让我们先从单个变量的统计摘要开始:单变量数据。

好的、差的和离群值

数据的单变量视图有助于回答各种问题。哪个是最好的，哪个是最糟的，有没有与众不同的人或事物？同样，我们可以问，可能发生的最好情况是什么，可能发生的最坏情况是什么，更可能发生什么情况？我们还可以看到人、地方或事物的某些特征是常见的还是少见的。也许有个别案例与众不同（离群值），揭露了重要的线索。本节介绍的数据的单变量视图可以收集到的信息量惊人。

重要的决策和政策的制定都基于数据的单变量视图。例如，政府官员和教育工作者希望了解学生群体的健康风险。他们首先可能会编制一份任务清单。由于很少有学校能够充分解决所有问题，管理人员想知道哪种疾病或高风险行为最普遍（疾病或问题行为的众数是什么）。如果答案是吸毒，该校区可能会决定雇用更多的辅导员。如果答案是"霸凌"，那么把看起来凶巴巴的校长助理安排在走廊或许是最好的办法。

数据的单变量视图也可以揭示哪些人、地方或事物是最好的、最糟的，或是处于中间的。当一门课程的成绩呈曲线形状时，教授会查看数据的单变量视图，看看是否有可能的断点，能把考试的高、中、低成绩分开。谷歌现在通过分析输入搜索引擎的某些关键词的频率来追踪人类行为。互联网安全主要基于确定公司服务器上是否有异常活动出现。数据的单变量视图回答了所有这些问题。

这样的例子比比皆是，迅速看一眼直方图就能让金融分析师了解到某只股票或债券可能的投资回报。该投资的最佳和最糟的情况是什么？美国的平均家庭收入是多少？世界上典型的选民投票率是多少？在放学回家的路上，下车人最多的是哪一站？根据现象和问题，或许仅靠**单变量描述**就能做出重要发现。本章展示了如何创建和分析单变量数据的视图。

随着数据浪潮的冲击，很少有人肯花时间详细研究单个变量的集中趋势和离散程度了。仅仅依靠离散程度（标准差）或集中趋势（平均数）这样简单的数值摘要很有诱惑力。尽管任何描述，即使是简单的数值摘要，也都是朝着正确方向迈出的一步，但还是画一张图为好。在分析中使用每个变量之前，都要对其进行盘查。

对于单变量数据，我们将介绍频率表、条形图、箱线图、直方图和茎叶图。我们会学到哪种统计摘要适用于分类数据和连续数据。本节还提供了它们的使用示例及其所传达的信息。

> **数据可视化的艺术与实践**
> **在 R 中使用不同的包**
>
> 本书是基于一个数据环境展开的，该数据环境被设置为能调用 R 中各种不同的包。熟悉手动安装和加载包很有好处，因为存在着成千上万个可能相当有用的包。在第 1 章中输入"installD()"时，就会安装好本书需要的包。每次输入"libraries()"时，都会"加载"本书用到的所有包。libraries() 是作者定义的函数，用于加载所需要的包。如果想手动加载某个包，请使用 R 的基础函数 library()。本章涵盖的大部分描述都使用了 ggplot 框架。然而，有些函数来自"descry"包，如 freq() 和 CrossTab() 函数。

> **知识检验**：提出单变量视图能回答的问题。

1. 单变量数据回答了以下哪些问题？
    a. 哪个是最好的、最差的、平均的？
    b. 最有可能的结果是什么？
    c. 可能发生的最糟糕的事情是什么？
    d. 我是特别的吗？
2. 以下哪些问题涉及集中趋势，哪些涉及离散程度？
    a. 一个国家是否存在收入不平等的情况？
    b. 大学生面临的最常见问题是什么？
    c. 学生对大学体验的评价是否类似？
    d. 汤姆·布雷迪（Tom Brady）是有史以来最伟大的橄榄球运动员吗？

单变量数据的 5 种视图

为了回答上一节提出的问题，我们有几种不同的工具可以使用：频率表、条形图、箱线图、直方图和茎叶图。虽然这不是一个详尽的列表，但它们代表了最常见和最有效的数据可视化方法。比较一下此处介绍的不同视图和第 4 章介绍的数值摘要。根据问题的不同，有时一个数字的数值摘要就足够了。但在通常情况下，图更有用一些。

数据可视化的力量也许在爱德华·塔夫特（Edward Tufte）对挑战者号航天飞机灾难的分析中得到了最好的说明，当时 7 名宇航员在升空后仅几十秒钟就失去了生命（Tufte，1997）[49]。故障是火箭助推器上的 O 形环因天气寒冷而失效。制造火箭助推器的公司工程师建议，不要在佛罗里达寒冷得反常的早晨发射火箭。正如塔夫特所展示的那样，数据表格和措辞柔弱的文字掩盖了工程师们用来向美国宇航局官员提供建议的数据。当然，我们永远无法确定这一点，但如果提供了有效的直方图，美国宇航局官员可能会更倾向于推迟发射。塔夫特展示了一张描述在不同温度下火箭助推器测试次数的条形图，凸显了在 30 华氏度（约为 –1 摄氏度）左右的温度下发射航天飞机的风险。虽然在分析数据时，生命通常不会直接受到威胁，但有时会。图并不总是回答问题所必需的，但有时是。

第 3 章中关于连续变量和分类变量的经验教训将在接下来的两节中变得很明显。对连续变量和分类变量之间区别的理解，将影响我们采用何种视图。以下是检查单变量数据的 5 种不同方法。

频率表

当变量是分类变量时，使用**频率表**（frequency table）。频率表显示每个类别中有多少案例，给出类别的相对大小。例如，如果你想知道国家选举研究（NES）数据中有多少民主党人（Democrat）、共和党人（Republican）和无党派人士（Independent），就使用频率表。正如下面的频率表所示，有 449 名受访者表示他们是民主党人（见表 5-1）。

我们简单讲讲代码块 5-1。生成频率表的最简单方法是使用 R 包 "descry" 中的 `freq()` 函数。该函数既能生成频率表，又能生成变量的条形图（本节稍后将会讨论条形图）。由于还不想生成条形图，所以我加入了 `plot = options(descr.plot = FALSE)` 参数，告诉 R 只需要生成频率表。

代码块 5-1

```
freq(nes$pid3, plot = options(descr.plot = FALSE))
```

表 5-1：民主党人是众数

	Frequency	Percent
Democrat	449	38.1154
Republican	276	23.4295
Independent	375	31.8336
Other	74	6.2818
Not sure	4	0.3396
Total	1178	100.0000

频率表揭示了分类变量的基本结构，表明某些类别是要合并起来还是要排除掉

假设我们想知道就业与否会不会影响政党认同。我们有来自 NES 数据集的 `employ` 变量。看一眼频率表就会发现一共有 9 个类别（见表 5-2，代码块 5-2）。因为"暂时失业"（Temporarily laid off）只有 4 个受访者，所以可以忽略它。表 5-2 还表明，就业的概念比我们原来想象的要复杂。例如，学生未就业与钢铁工人未就业的意义相同吗？家里有一只狗和一只猫的家庭主妇与家里有 5 个孩子的家庭主妇一样吗？

代码块 5-2

```
freq(nes$employ, plot = options(descr.plot = FALSE))
```

表 5-2：就业的定义是复杂的

	Frequency	Percent
Full-time	466	39.5586
Part-time	141	11.9694
Temporarily laid off	4	0.3396
Unemployed	101	8.5739
Retired	194	16.4686
Permanently disabled	107	9.0832
Homemaker	91	7.7250
Student	60	5.0934
Other	14	1.1885
Total	1178	100.0000

有时，知道有多少人、地方或事物属于一个类别就足够了。企业想知道其业务有多大比例来自国外，大学想知道其学生有多少来自州外，政党想知道达到投票年龄的人群中有多大比例是成员。频率表能解决这些问题。

条形图

虽然频率表非常有用，但没有视觉表现形式的冲击力。幸运的是，我们可以在 R 中画一张**条形图（bar plot）**来可视化类别之间的差距或不平等。`employ` 变量的条形图提供了与频率表相同的信息，它帮助我们直观地了解不同类别的相对大小。构建条形图既可以确定大多数案例所在的位置，又提供了跨类别比较的简单方法。

绘制条形图的代码在代码块 5-3 中给出。请注意，由于条形图只代表一个变量，`aes()` 函数也只包含一个变量：`employ`。设置好了图形属性，我们就可以使用 `geom_bar()` 函数增加一个图层，并用蓝色(使用 #0000bf 代表具体的色调)填充条形。代码块中的其他内容看起来应该都很熟悉了。如果需要温习，本章末尾提供了一个 R 函数列表。

代码块 5-3

```
ggplot(nes, aes(employ)) +
  geom_bar(fill = "#0000bf") +
  theme_minimal() +
  ggtitle("图 5-1：就业变量 employ 的条形图") +
  xlab("") +
  ylab("受访者人数") +
  coord_flip() +
  theme(plot.title = element_text(size = 8, face = "bold")) +
  theme(axis.title = element_text(size = 8, face = "bold"))
```

不同类别的相对频率在图 5-1 中一览无余。我们很快就会发现，很大一部分人都是全职就业（Full-time）。请注意，由于使用了 `coord_flip()` 函数，图的绘制方向是水平的。当类别名称太长（例如，Temporarily laid off）时，水平方向的条形图很有帮助。

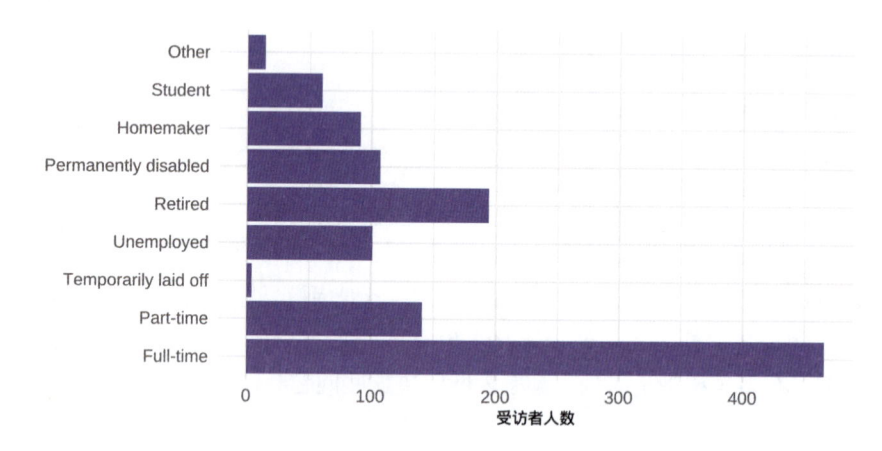

图 5-1：就业变量 employ 的条形图

箱线图（或盒须图）

箱线图（boxplot）画出了连续变量的分布，它们勾勒出数据的中间部分（"箱"），并标识出离群值（位于"须"之外的任何数值）[1]。正如双变量视图部分所述，它们也可以用来比较变量在不同类别中的分布和中位数。下面的箱线图描绘了在各国上一次全国立法选举中投票的投票年龄人口的百分比（见图 5-2）。中位数（方框中间的粗线）略高于 60%，四分位距（方框）在 55% 和 80% 之间。

代码块 5-4 生成了一张箱线图。请注意，即使这张箱线图只显示了一个变量，我

---

[1] 在大多数统计包中，须的长度被拉伸到其连接的枢的分散程度（hinge spread，中位数与方框的顶部或底部之间的距离）的 1.5 倍。

们也需要在 aes() 函数中同时指定 x 和 y 变量。由于在此例中只想为一个变量生成箱线图，所以只要设置参数 x="" 即可。

代码块 5-4

```
ggplot(world, aes(x="", turnout)) +
    geom_boxplot(col="#0000bf") +
    theme_minimal() +
    ggtitle("图 5-2：投票率的箱线图") +
    ylab("上一次选举的投票率")+
    xlab("") +
    theme_minimal() +
    theme(plot.title = element_text(size = 8, face = "bold")) +
    theme(axis.title = element_text(size = 8, face = "bold"))
```

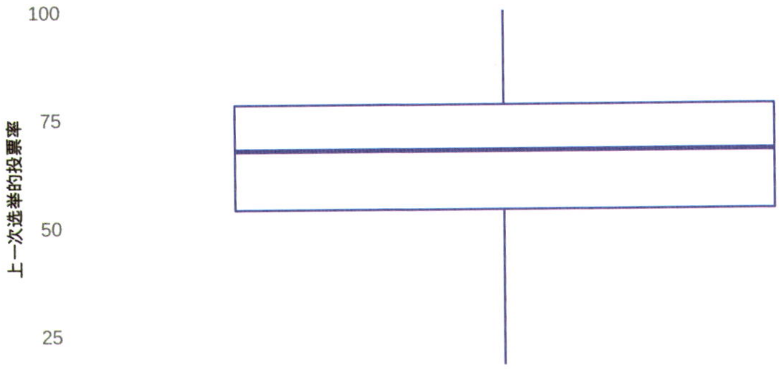

图 5-2：投票率的箱线图

本例展示了一个正态分布：箱是相对对称的。中位数与上下枢（upper and lower hinge，方框的顶部和底部）之间的距离大致相同。箱线图还显示了中位数（分隔方框的粗线；在本例中约为 65%）。

请看一个偏态严重的变量，人均 GDP 的箱线图（见图 5-3，代码块 5-5）。

代码块 5-5

```
ggplot(world, aes(x="", gdppc)) +
  geom_boxplot(color="#0000ff") +
  theme_minimal() +
  ggtitle("图 5-3：偏态分布") +
  ylab("人均 GDP（美元）") +
  xlab("") +
  theme(plot.title = element_text(size = 8, face = "bold")) +
  theme(axis.title = element_text(size = 8, face = "bold"))
```

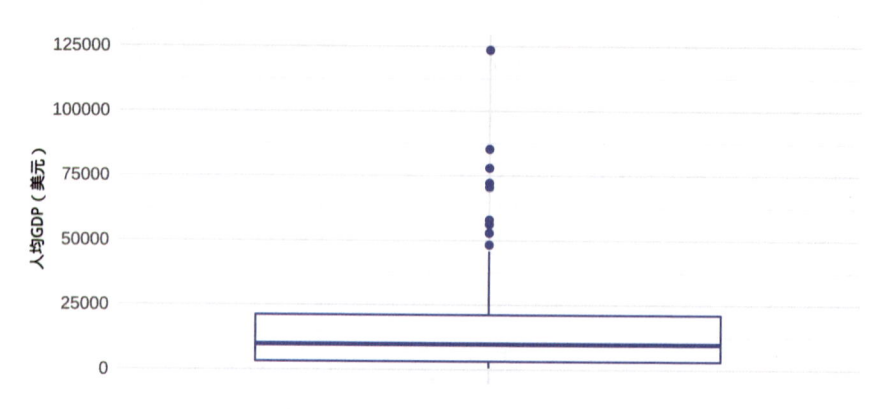

图 5-3：偏态分布

在图 5-3 中，中位数和上枢之间的距离稍大，但请注意位于上须之外的离群值。在本例中，至少有 8 个不同的案例位于须之外。

遗憾的是，箱线图通常不显示单个观测值。当观测数量成百上千时，要认出所有的案例是很麻烦的。幸运的是，我们可以标注并"抖动"（jitter）这些点，这样它们就不会直接彼此重叠在一起了。

请看图 5-4 中的箱线图，它展示了各州凶杀率（murderrate 变量）的分布情况。通过标注和抖动这些点，我们对数据提出的许多问题都可以得到解答。哪个州的凶杀率最高？哪个州（如果有的话）具有代表性？我所在的州与其他州相比如何？

关于生成图 5-4 的代码（见代码块 5-6），这里有几点需要说明。我使用了抖动功能将点的位置分散开来。另外请注意，我使用了参数 seed=1 来抖动点和标签的位置（使它们匹配）。当在箱线图中使用抖动功能时，需要在 aes() 函数中设置变量 x 和 y。因为只画一个箱线图，所以我将变量 x 设置为 factor(0)，否则代码将无法运行。

代码块 5-6

```
ggplot(states, aes(x=factor(0), y=murderrate)) +
    geom_boxplot(outlier.colour=NA, fill=NA, colour="grey20") +
    geom_point(fill = "#bf0000", size=2,
               shape=21, colour="grey",
               position=position_jitter(seed = 1)) +
    geom_text_repel(aes(label = st), col = "grey",
                    position = position_jitter(seed = 1),
                    hjust=0.3, vjust=0.7, size=3) +
    theme_minimal() +
    ggtitle(" 图 5-4：精致的箱线图 ") +
    ylab(" 凶杀率：每 10 万人口中凶杀案受害者数量 ") +
```

```
    xlab("") +
theme(plot.title = element_text(size = 8, face = "bold")) +
theme(axis.title = element_text(size = 8, face = "bold")) +
theme(axis.text.x=element_blank())
```

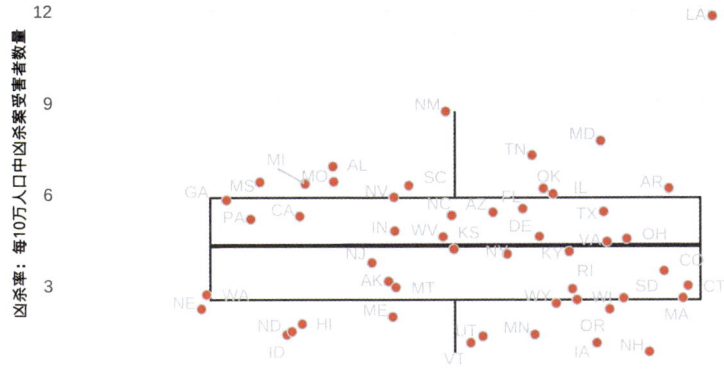

图 5-4：精致的箱线图

我们看到，通过标签标识出所有的数据点，可以获得大量原本无法获得的信息。我们首先看到路易斯安那州（LA）是凶杀率最高的州（每 10 万人口中有接近 12 个凶杀案受害者）。不出意料，农村和人口稀少的州的凶杀率很低，如佛蒙特州（VT）、犹他州（UT）、明尼苏达州（MN）、爱荷华州（IA）、新罕布什尔州（NH）。让人惊讶的是，新泽西州（NJ）和纽约州（NY）的凶杀率接近堪萨斯州（KS）。

直方图

我们已经使用过直方图来了解数据的形状了。这是一种非常有用且必要的方法，所以前面提前介绍了。下面是正式的介绍。

由于直方图代表数据的单变量视图，因此只需要在 aes() 函数中指定一个变量（见代码块 5-7）。然后增加直方图图层，使用 geom_histogram() 函数。在该函数中，设置要在（条形）图中使用的分箱（bin）数，并用蓝色（#0000bf）填充（见图 5-5）。其他部分的代码看起来应该都很熟悉了。

代码块 5-7

```
ggplot(world, aes(durable)) +
    geom_histogram(bins=10, fill = "#0000bf") +
    ggtitle("图 5-5：durable 变量的直方图") +
    xlab("自上次重大政权更迭以来的年份") +
    theme_minimal() +
    theme(plot.title = element_text(size = 8, face = "bold")) +
    theme(axis.title = element_text(size = 8, face = "bold"))
```

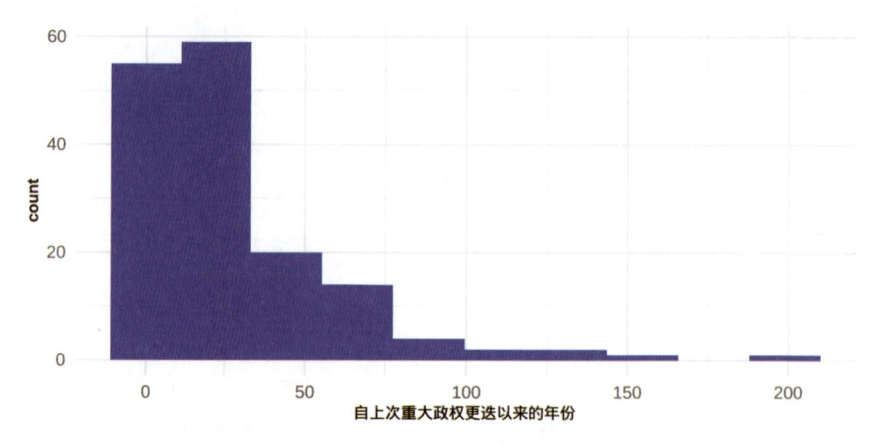

图 5-5：durable 变量的直方图

直方图显示了连续变量的频数分布，揭示了变量的分布形状。y 轴上的单位表示每个取值范围内的案例数。我们将每个取值范围称为一个"分箱(bin)"。直方图很有用，因为它提供了有关变量的集中趋势和离散程度的信息。我们可以通过控制分箱的数量，以不同的精细度来检查分布的各部分细节。上面的例子指定了 10 个分箱，已经能很好地展现出变量的整体分布。请注意,如果将分箱的数量限制到极限，就 3 个 (见代码块 5-8 和图 5-6)，会发生什么呢？

代码块 5-8

```
ggplot(world, aes(durable)) +
    geom_histogram(bins=3, fill = "#0000bf") +
    labs(title = paste("图 5-6：分箱不足")) +
    xlab("自上次重大政权更迭以来的年份") +
    theme_minimal() +
    theme(plot.title = element_text(size = 8, face = "bold")) +
    theme(axis.title = element_text(size = 8, face = "bold"))
```

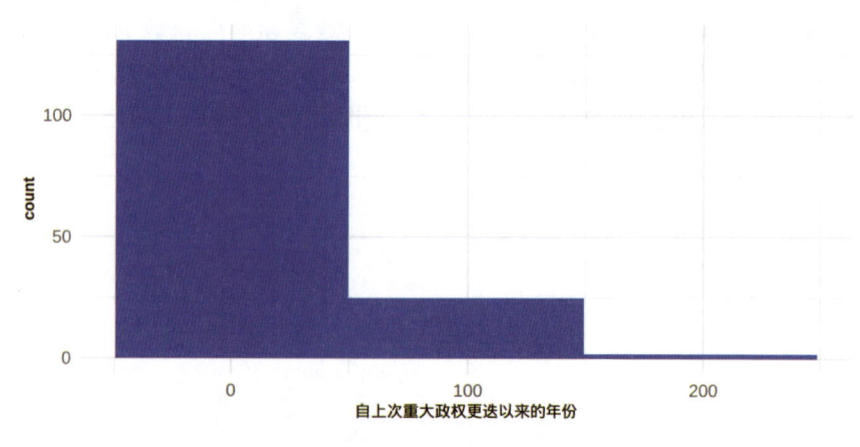

图 5-6：分箱不足

在图 5-6 中，3 个分箱划定了范围区间：0 ~ 100、101 ~ 200、201 及以上。从直方图中很难了解到什么，因为这些分箱覆盖的区域实在太广了。0 ~ 100 的案例是更接近 100，还是更接近 0？要注意分箱的大小，因为这影响到我们能看到什么。默认的分箱数量是 30 个，但不应该总是将其作为既定的数字。分箱数量太多或太少都会隐藏或掩盖数据的重要特征。

直方图非常适合用来表示变量的**偏度**：中间偏左还是偏右的值更极端？在图 5-7 中，使用三个不同的变量绘制了三个直方图：①个人自由得分（Ruger et al. 2009）；② 2012 年美国大选的投票率；③州学生人均支出。尽管存在更多极端的偏态例子，但这三个变量恰好分别表现出负偏态分布（个人自由得分）、正态分布（投票率）和正偏态分布（州学生人均支出）。在第 6 章中变换数据时，将证明了解这些常规形状是很有用的。

为了进行比较，我定义了三个不同的直方图（见代码块 5-9），并分别命名为 p1、p2 和 p3。然后使用 grid.arrange() 函数将它们并排绘制出来。选项 nrow=1 和 ncol=3 告诉 R 把这三个对象放在一行。

代码块 5-9

```
p1 <- ggplot(states, aes(freedom)) +
  geom_histogram(bins=10, fill = "#0000bf") +
  ggtitle("自由 (freedom) ") +
  xlab("个人自由得分") +
  theme_minimal() +
  theme(plot.title = element_text(size = 8, face = "bold")) +
  theme(axis.title = element_text(size = 8, face = "bold"))

p2 <- ggplot(states, aes(turnout)) +
  geom_histogram(bins=10, fill = "#0000bf") +
  ggtitle("投票率 (turnout) ") +
  xlab("2012年选举投票率") +
  theme_minimal() +
  theme(plot.title = element_text(size = 8, face = "bold")) +
  theme(axis.title = element_text(size = 8, face = "bold"))

p3 <- ggplot(states, aes(stuspend)) +
  geom_histogram(bins=10, fill = "#0000bf") +
  ggtitle("学生支出 (stuspend) ") +
  xlab("学生人均支出（美元）") +
  theme_minimal() +
  theme(plot.title = element_text(size = 8, face = "bold")) +
  theme(axis.title = element_text(size = 8, face = "bold"))
```

```
grid.arrange(p1, p2, p3, nrow=1, ncol=3,
             top = textGrob("图 5-7：偏度示例",
                  gp=gpar(fontsize=10,fontface = "bold")))
```

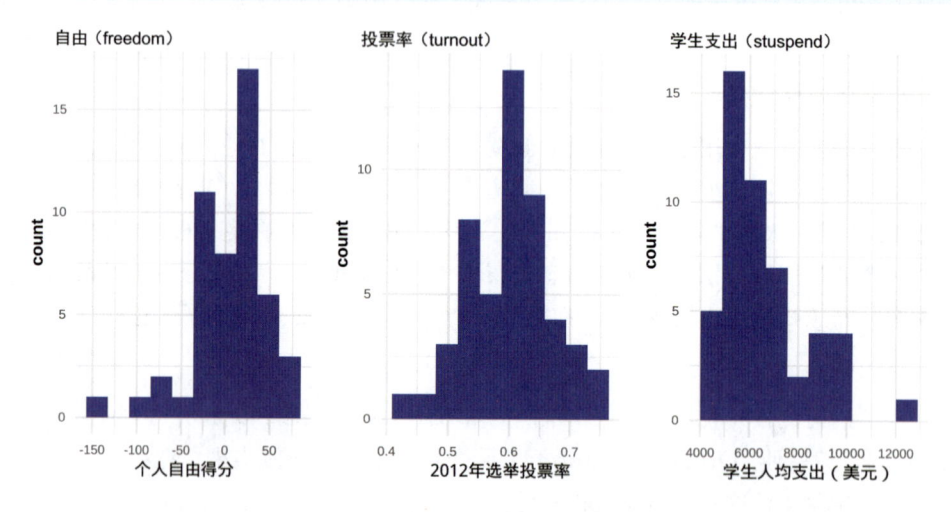

图 5-7：偏度示例

另一个例子说明了直方图如何突显偏度。请看这个夸张右偏的最常用变量：人均 GDP（见图 5-8 左侧的直方图）。请注意，大多数案例似乎都位于 50,000 美元的左侧，有些位于 50,000 美元的右侧，还有一个超过 10 万美元。该分布不是正态的，而是右偏态的。在图 5-8 右侧的直方图中，对人均 GDP 进行了对数处理，生成了更接近正态分布的值以便比较[1]。直方图展现的偏度一目了然。请注意，我使用了 options() 函数告诉 ggplot，我不想用科学记数法（见代码块 5-10）。

代码块 5-10

```
options(scipen = 999)

plot1 <- ggplot(world, aes(gdppc)) +
  geom_histogram(bins=20, fill = "#0000bf") +
  ggtitle("偏态分布") +
  xlab("人均 GDP") +
  theme_minimal() +
  theme(plot.title = element_text(size = 8, face = "bold")) +
  theme(axis.title = element_text(size = 8, face = "bold"))

plot2 <- ggplot(world, aes(log(gdppc))) +
  geom_histogram(bins=20, fill = "#0000bf") +
  ggtitle("正态分布") +
  xlab("人均 GDP（对数处理）") +
```

1　关于对数变换将在第 6 章中讨论。

```
  theme_minimal() +
  theme(plot.title = element_text(size = 8, face = "bold")) +
  theme(axis.title = element_text(size = 8, face = "bold"))
grid.arrange(plot1, plot2, nrow=1, ncol=2,
             top = textGrob("图 5-8：偏态分布和正态分布",
                    gp=gpar(fontsize=10,fontface = "bold")))
```

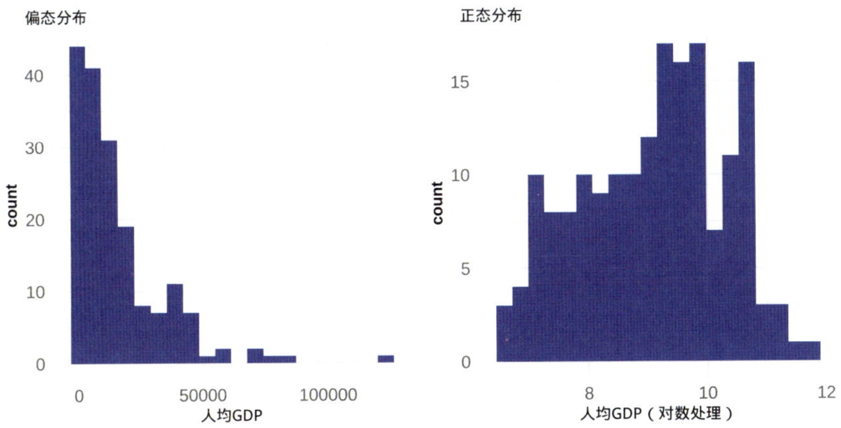

图 5-8：偏态分布和正态分布

茎叶图

茎叶图（stem-and-leaf plot）提供了一种方便的方法，可以快速简单地查看变量的分布情况，特别是当观测数量相对较少时。茎叶图与直方图类似，但它是水平方向的。在茎叶图中对数值进行排序，也是一种确定中位数的简单方法。

构建茎叶图，首先要确定如何最好地构建茎。从很多方面来看，这项工作类似于计算要在直方图中使用多少个分箱。对于茎，我们通常按小数位进行划分。每个分支应该代表多大的值——个、十、百等？然后将每个案例（叶子）放在茎的相应部分。

为了说明这一点，图 5-9 中的例子是 50 个州的女性收入占男性收入比例的茎叶图。在本例中，茎是按个位数排序的，每个分支增加 2。叶子里的数字代表第一个小数。在此图中，很容易发现存在于 68 和 70 之间的两个离群值。线右侧的两个"7"代表两个案例。由于在代码中设置了 scale = 2（见代码块 5-11），我们不知道这两个"7"代表的是 68.7 还是 69.7。在此图中，垂直线代表小数点。试着把尺度（scale）改为 3，看看会发生什么。无论如何设置，我们都可以很快地推测出中位数接近 80%。

代码块 5-11

```
stem(states$percwom, scale = 2)
```

茎	叶								
68	7	7							
70									
72	6								
74	5	7	7	5					
76	0	6	7	7	8				
78	0	5	6	8	9	0	0	4	6	9
80	0	1	5	6	7	3	4	6	
82	1	1	5	5	4	6	6	6	8	9	9
84	0	6	8	0	0				
86	0								
88	4	5	9						

图 5-9：50 个州的女性收入占男性收入比例的茎叶图

如前所述，根据数量级的不同，茎可以采用不同的值。例如，在图 5-9 所示的茎叶图中，以 2 为步长进行排序是有意义的：茎中的每一级都代表 2。在图 5-10 中，当绘制 50 个州的家庭收入的茎叶图时，茎是以 2,000 为步长排序的。每一级代表 2,000 美元。我们在第一行看到 6 个数字（6 片叶子），意味着在 32,000 和 34,000 之间有 6 个案例。本例中，我们不知道确切的数字是多少，只知道它们在 32,000 和 34,000 之间。如果想知道确切的数字是什么，我们可以将代码块 5-12 中的 scale = 1 选项改为 scale = 3。

代码块 5-12

```
stem(states$inc, scale = 1)
```

茎叶图是一种技术含量相当低的手工收集和绘制数据的方法。因此，这是在没有计算机的情况下快速查看分布的方法（不得不承认，现在这种情况已经越来越少见了）。

频率表、条形图、箱线图、直方图和茎叶图都提供了在分析之初就需要的重要信息。相较于数值摘要，箱线图和直方图提供的信息量要更大一些。

茎	叶								
32	2	3	5	7	7	8			
34	0	6	7	6	9				
36	1	2	5	5	6	3	8	9	
38	0	2	2	6	6	6			
40	1	5	5	6	6	6	8		
42	5	1							
44	0	1	1	3	5	5	7	8	9
46	3								
48									
50	5	0							
52	2	6							
54									
56	9								

图 5-10：50 个州的家庭收入茎叶图

知识检验：创建并分析数据的单变量视图。

3. 指出以下这些图的单变量版本需要的是分类变量还是连续变量。
    a. 频率表
    b. 箱线图
    c. 条形图
    d. 茎叶图

4. 为 world$regime 变量绘制一张图，并回答以下问题：
    a. 在这些数据中，哪种类型的政体是最常见的？
    b. 哪种类型的政体是最罕见的？
    c. 有多少文官独裁政权？
    d. 最常见的民主类型是什么？

5. 为代表每千名活产婴儿死亡数的 states$infant 变量绘制一张图。
    a. 该变量的取值范围是多少？
    b. 变量是否略微右偏态？
    c. 变量是否略微左偏态？
    d. 有多少个州的死亡率高于 15？

6. 为 states$turnout 变量绘制带有标签和抖动的箱线图。
    a. 哪个州的投票率最高？
    b. 哪个州的投票率最低？
    c. 列出三个接近中位数的州。
    d. 列出第二高和第二低的州。

变量间是否相关

前面我们看到，对单变量的描述提供了关于单个变量的重要信息，使我们能够回答关于集中趋势和离散程度的问题。现在我们继续来描述两个变量之间的关系。**双变量描述**用来说明两个变量之间的关系，无论它们是连续变量还是分类变量。

我们想知道两个不同的事物是否相关。气候学家想知道地球大气温度的升高是否与飓风的严重程度有关，医生想知道疾病是否与压力有关，体育迷（或大学校长）想知道教练的薪水是否与胜负有关。理解两个事物是如何联系在一起的，是我们作为学者、分析师和人类参与的最基础的事业之一。为了理解这些关系，我们将数据可视化。

双变量的可视化揭示了这种关系的确切性质（例如，它是线性的吗？）。与单变量可视化一样，我们在本节中探讨的可视化也可以发现数据收集过程中的错误。例如，如果输入数据的人不小心多输入了一个0，散点图会表现出来的。也许最重要的是，变量关系的可视化产生了新的问题，而且在许多情况下，是更有趣的问题。本节将介绍散点图、马赛克图和气泡图，所有这些图都有助于我们理解两个或多个变量之间的关系。箱线图也可以在双变量环境下使用。它们可以展示出一个变量的集中趋势和形状在另一个变量的各类别之间是如何变化的。

就像为单变量数据提供的视图一样，这并不是一个详尽的列表，它只是代表了最常见的数据可视化方式。我们的目标是认识到通过数据可视化，而不是仅仅依靠数值摘要，是如何帮助我们理解数据的。在许多方面，可视化为我们的项目带来了更高的透明度。单个数值摘要可能会掩盖数据的重要特征。就像在平静的海面下游动的鲨鱼一样，数据中最重要和最相关的特征可能潜藏在看似平静的相关系数、平均数或标准差的后面。

> **知识检验**：提出双变量视图能回答的问题。

7. 以下哪个问题需要两个变量？
    a. 在国家选举研究的调查中，民主党人是否比共和党人多？
    b. 世界上的总统制政权是否比议会制政权多？
    c. 总统制政权的人均收入是否比议会制政权的高？

8. 关于数据的双变量视图的说法，以下哪些是正确的？
    a. 有助于发现错误。
    b. 只有两个变量之间存在关系时才有用。

c. 表明一个变量是否为另一个变量的原因。
d. 表明两个变量之间是否存在关系。
9. 指出散点图、箱线图或马赛克图是否适合展示所描述的关系。
a. 对奥巴马的看法和对科学家的看法是否相关？
b. 婚姻状况是否与种族有关？
c. 美国哪个地区的婴儿死亡率最高？

散点图

散点图是数据分析领域的"老黄牛"。散点图是二维的，用于展示两个连续变量之间的关系。通过第三个变量给数据设置颜色或使用不同的符号，散点图可以展示出额外的维度信息。在图 5-11 中，纵轴为投票率，横轴为政治知识——能认出州长名字的州人口百分比。正如散点图所示，这两个变量之间没有什么关系：一个州在 x 轴上的位置并不能帮助我们预测它在 y 轴上的位置。知道一个州的政治知识水平无法帮助我们预测有多少居民要投票。

更具体地说，请看大约有 66% 或 67% 人口知道州长名字的州：马萨诸塞州（MA）和夏威夷州(HI)。这基本上没法告诉我们一个州的投票率。在这样的政治知识水平下，夏威夷州（HI）的投票率约为 45%，而马萨诸塞州（MA）的投票率略高于 65%。投票率和政治知识水平之间似乎没有关系。

代码的结构看起来应该很熟悉。与生成单变量视图的代码相比，唯一的变化是在 `aes()` 函数中指定了 x 和 y 两个变量。在当前的例子中（见代码块 5-13），x 变量是 `knowgov`，y 变量是 `turnout`。`geom_point()` 函数定义了散点图图层，在二维网格上绘制点。正如在前面的散点图中所做的那样，我们只想标记一些有意义的案例。我们使用 `ifelse()` 函数指出，如果案例是夏威夷州(HI)或马萨诸塞州(MA)，则使用变量 `st` 来标记，否则留空。我们使用中间没有任何内容的两个单引号（`''`）指定"空白"。

代码块 5-13

```
ggplot(states, aes(knowgov, turnout, label = st)) +
  geom_point(col="#bf0000") +
  ggtitle(" 图 5-11：投票率与政治知识水平无关 ") +
  ylab(" 投票率 ") +
  xlab(" 政治知识水平 ") +
  theme_minimal() +
  geom_text_repel(size = 2.8,
          aes(label=ifelse(st=="HI" |
                           st=="MA", as.character(st),""),
                           hjust = 0.7, vjust=-0.5),
```

```
                             show.legend=FALSE) +
theme(plot.title = element_text(size = 8, face = "bold")) +
theme(axis.title = element_text(size = 8, face = "bold"))
```

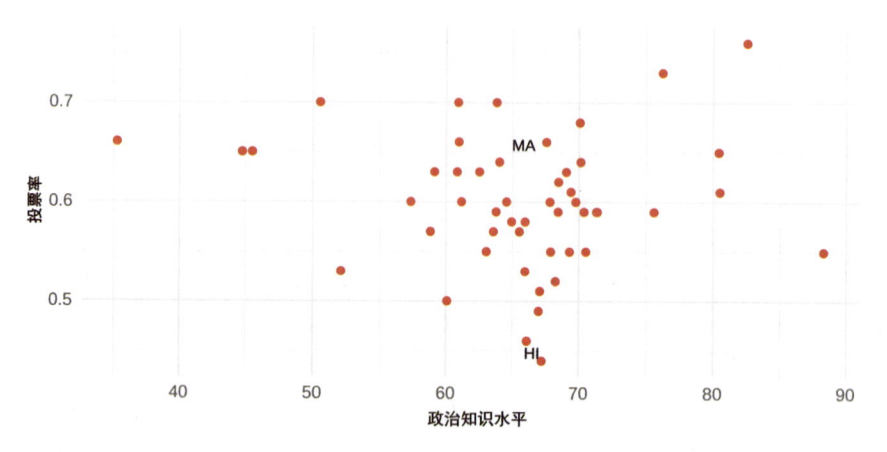

图 5-11：投票率与政治知识水平无关

数据可视化的艺术与实践
因变量和自变量

在构建数据的双变量视图时，常见的做法是将因变量放在 y 轴上，将自变量放在 x 轴上。自变量是原因，因变量是效应。我们假设自变量是因变量的诱因。在上面的例子中，通过将投票率放在 y 轴上，我们暗指政治知识水平导致了投票率的变化。虽然我们对政治知识水平是否真的能导致投票率的变化持怀疑态度，但保持一致的 x 轴和 y 轴的方向才是关键。在 x 轴和 y 轴上随意调换自变量与因变量的方向会让分析师和读者感到困惑。

令人困惑的因变量和自变量

学生们往往很难分辨清楚因变量和自变量。我猜，混乱就藏在其定义中。因变量通常被随意地定义为"你想解释的东西"。虽然这在技术上是正确的，但如果有人宣称"我对民主对经济增长的影响感兴趣"，就会让人感到困惑。当问到句子中的因变量是什么的时候，新手很容易说是"民主"，而不是正确的答案——经济增长。如果我们坚持从因果关系的角度来思考因变量和自变量，就没那么混乱了。

图 5-12（见代码块 5-14）提供了两个强相关变量的示例：婴儿死亡率和某个州

拥有高中文凭的人口比例。在这张图中，了解教育水平可以提供一些关于每千名活产婴儿死亡数的有用信息。

代码块 5-14

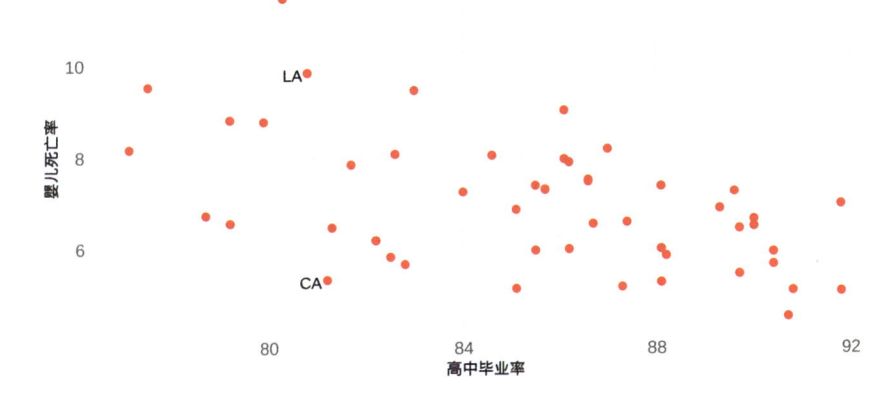

```r
ggplot(states, aes(hsdiploma, infant)) +
  geom_point(col="#bf0000") +
  ggtitle("图 5-12：教育水平降低了婴儿死亡率") +
  ylab("婴儿死亡率")+
  xlab("高中毕业率")+
  theme_minimal() +
  geom_text_repel(size = 2.8,
        aes(label=ifelse(st=="CA" |
                st=="LA", as.character(st),""),
                hjust = 0.6, vjust=-0.5),
                show.legend=FALSE) +
  theme(plot.title = element_text(size = 8, face = "bold")) +
  theme(axis.title = element_text(size = 8, face = "bold"))
```

图 5-12：教育水平降低了婴儿死亡率

请注意，在生成图 5-13 的代码中，增加了 `geom_smooth()` 函数，给数据拟合了一条直线（见代码块 5-15）。在 `geom_smooth()` 函数中，加入了 `method = "lm"` 选项来指定使用直线。

代码块 5-15

```r
ggplot(states, aes(hsdiploma, infant)) +
    geom_point(col="#bf0000") +
    geom_smooth(method = "lm", se = FALSE, col="#0000bf") +
    ggtitle("图 5-13：相同的教育水平，不同的结果") +
    ylab("婴儿死亡率")+
    xlab("高中毕业率")+
    theme_minimal() +
```

```
    geom_text_repel(size = 2.8,
        aes(label=ifelse(st=="CA" |
                st=="LA", as.character(st),""),
                hjust = 0.6, vjust=-0.5),
                show.legend=FALSE) +
theme(plot.title = element_text(size = 8, face = "bold")) +
theme(axis.title = element_text(size = 8, face = "bold"))
```

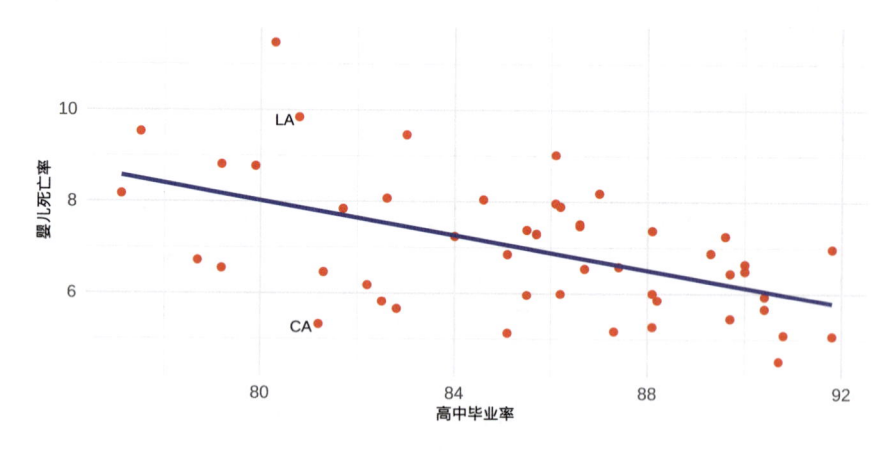

图 5-13：相同的教育水平，不同的结果

尽管教育水平和婴儿死亡率之间似乎确实存在着某种关系，但在同一教育水平下婴儿死亡率仍然存在着相当大的差异。例如，请注意在大约 81% 的高中毕业率的位置，路易斯安那州（LA）和加利福尼亚州（CA）之间的差异是相当大的——路易斯安那州（LA）的婴儿死亡率大约为 11，而加利福尼亚州（CA）的婴儿死亡率略高于 5。

在观察真实数据时，如果没有一些帮助，往往很难看出什么模式。在接受过训练的人看来，婴儿死亡率和高中教育水平之间呈负相关关系，且较为线性。对于新手来说，可能很难发现这种关系。

再加上直线，线性的负相关关系变得更加明显了。在拟合这条线后，我们看到教育水平可以很好地表明一个州在婴儿死亡率方面可能处于什么位置。我们会说教育水平和婴儿死亡率之间存在**负相关**（negative association）关系：随着一个变量的增加（教育水平），另一个变量减小（婴儿死亡率）。这也是一种较为**线性的关系**（linear relationship）。在整个教育水平的取值范围内，婴儿死亡率的下降是持续的。

> **数据可视化的艺术与实践**
> **谨慎对待直线和曲线**
>
> 虽然使用直线和各种曲线有助于识别模式，但也要注意，贸然使用它们可能会导致在没有模式的情况下看起来像是有模式（图形中的"幽灵"）。我们的眼睛处理信息的方式是可以被欺骗的。我们天然倾向于在模式并不存在的情况下发现模式。将线条拟合到数据云中，可能只会刺激眼睛发现一个并不存在的模式。

在继续之前，有一个重要的观点值得强调：要花些时间审视图，不能仅仅依赖数值摘要。虽然数值摘要在某些方面更有效率，但是它可能会掩盖数据中值得注意的潜在特征。这些隐藏的特征将来可能会产生误导性的估计。对数值摘要的过度依赖也限制了我们做出重要发现的能力。让我们通过比较散点图和简单的数值摘要：皮尔逊相关系数 R[1]（Pearson's R correlation），来更具体地权衡是选择简单的数值摘要还是数据可视化。皮尔逊相关系数 R 提供了一个表示两个连续变量之间关系的数值摘要。

请看我们在第 2 章中剖析的散点图（见图 2-1）。在研究民族语言碎片化与人均 GDP 之间的关系时，我们观察到三种不同的模式：①工业化国家的民族单一且收入相对较高；②非工业化国家的数据存在一条明显的曲线；③曲线可能是由小岛国导致的。此处重新绘制了包含所有这些特征的散点图（见图 5-14）。

在代码中有几点需要注意（见代码块 5-16）。我首先在颜色选项中使用了 `ifelse()` 函数，指定蓝色代表工业化国家，红色代表其他国家。我还使用 `ifelse()` 函数标记了 4 个国家。请注意，在 ggplot 中，可以把多个图层放到一张图里。在图 5-14 中，我使用了两个平滑函数，并且在其中一个平滑函数中使用了 `subset()` 函数，让它只拟合非（`!=`）工业化国家的数据。

代码块 5-16

```
ggplot(world, aes(ethfrac, log(gdppc))) +
  geom_point(color=ifelse(world$aclpregion=="Industrial Countries",
                          "#0000bf", "#bf0000")) +
  geom_text_repel(size = 2.8,
                  aes(label=ifelse(iso3c=="COM" |
                                   iso3c=="HTI" |
                                   iso3c=="KIR" |
                                   iso3c=="SLB",
```

---

1 译注：亦称皮尔逊积矩相关系数。

```
                          as.character(iso3c),''))) +
geom_smooth(method="lm", col="grey", se=FALSE,
            linetype = "dashed") +
ggtitle("图 5-14：关系可以是非线性的") +
ylab("人均 GDP（对数处理）") +
xlab("民族语言碎片化") +
theme_minimal() +
geom_smooth(data=subset(world,
                        aclpregion != "Industrial Countries"),
            color="black", se=FALSE) +
annotate("text", x = 0.15, y = 11.5, size = 3,
         label = "工业化国家", col="#0000bf") +
theme(plot.title = element_text(size = 8, face = "bold")) +
theme(axis.title = element_text(size = 8, face = "bold"))
```

图 5-14：关系可以是非线性的

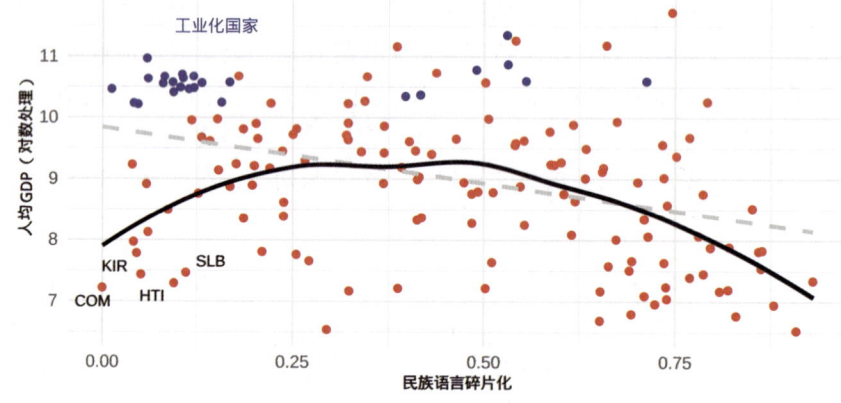

本例中散点图披露的信息量相当大，可以说是巨量的。尽管如此，仍有很多东西需要通过审视散点图来发现和思考。

现在请看描述变量关系的简单数值摘要——皮尔逊相关系数 R。皮尔逊相关系数 R 通过以下公式计算，根据是否存在强负相关关系（数字接近 -1）或正相关关系（数字接近 1）生成介于 -1 和 1 之间的数字：

$$r = \frac{\sum(x_i - \bar{x})(y_i - \bar{y})}{\sqrt{\sum_i (x_i - \bar{x})^2} \sqrt{\sum_i (y_i - \bar{y})^2}}$$

公式的大部分内容取决于观测与平均数之间的距离 $(x_i - \bar{x})$ 和 $(y_i - \bar{y})$。正如我们在第 4 章中比较平均数和中位数时学到的，基于平均数的计算非常容易受到离群值的影响。因此，高度相关的皮尔逊相关系数 R 可能源自两种非常不同的情况：一种是存在离群案例，一种是存在强线性关系。只要可视化两个连续变量之间的关系，就能迅速揭露出到底是哪种情况。

代码块 5-17 使用了 cor() 函数，生成了变量 world$ethfrac 和 world$gdppc 的相关系数。在代码块下方输出的是 [1] –0.3791241，即皮尔逊相关系数 R。

代码块 5-17
```
cor(world$ethfrac, log(world$gdppc), method = "pearson",
    use = "complete.obs")
```

```
[1] -0.3791241
```

虽然皮尔逊相关系数 R 表明两个变量呈负相关关系，但从散点图中收集到的所有特征上都无法观察到这一点。从散点图中我们了解到，在工业化国家中，民族语言碎片化和人均 GDP 之间可能存在非线性关系，以及地理面积的重要影响。根据皮尔逊相关系数 R，我们得知两个变量之间的关系呈微弱的负相关关系：–0.38。

箱线图（双变量）[1]

在研究连续变量和分类变量之间的关系时，箱线图很有用。但有一个注意事项：如果类别在 30 个以上，箱线图就没那么管用了。当类别不超过 20 个时，箱线图最有效——尽管这不是硬性规定。

马赛克图

马赛克图（mosaic plot） 生成的是交叉表（展示两个分类变量之间关联的表格）的图形表示。与交叉表相比，马赛克图的优势在于，其提供了一种视觉上直观的方式来识别关系。马赛克图不仅展示了两个分类变量之间的关系，而且其列宽也指明了在 x 轴上各类别的观测数量。

让我们从一个考察党派和对警察看法的例子开始。我们首先需要"清理"记录着党派的变量。由于不想包括某些类别（"其他"和"不确定"），所以我把这些情况设置为"NA"。代码块 5-18 中的代码创建了一个名为 pid3.new 的新变量。ifelse() 函数的内容如下：如果 pid3 变量记录的是"其他"（Other），则设置为 NA；如果 pid3 变量记录的是"不确定"（Not sure），则标记为 NA；否则保留 pid3 原始的值。

1　相关案例请从网上获取，获取路径见封底的"读者服务"。

代码块 5-18

```
nes$pid3.new <- ifelse(nes$pid3 == "Other", NA,
                ifelse(nes$pid3 == "Not sure", NA,
                       nes$pid3))
```

在删除了"其他"和"不确定"的情况之后，将变量转换为因子类型，并使用合适的名称标记新变量。然后给不同的类别命名，同时改变其排列顺序（见代码块 5-19）。

代码块 5-19

```
nes$pid3.new <- as.factor(nes$pid3.new)

levels(nes$pid3.new)=c("民主党人", "共和党人", "无党派人士")

nes$pid3.new = factor(nes$pid3.new,levels(nes$pid3.new)[c(1,3,2)])
```

整理完变量后，就可以准备绘制马赛克图了（见图 5-15）。代码块 5-20 中的内容看起来应该很熟悉。唯一的新功能就是使用了新的图层函数 geom_mosaic()。图形属性略有不同，要求使用 x = product()，在函数中要指定 x 和 y 变量。请注意，此处没有加上 x 轴和 y 轴的标签，因为其类别不言自明。

代码块 5-20

```
ggplot(data = subset(nes, pid3.new!="NA")) +
  geom_mosaic(aes(x = product(gender, pid3.new),
                  fill=gender, na.rm=TRUE)) +
  xlab("") +
  ylab("") +
  ggtitle("图 5-15：无党派人士男性更多") +
  theme_minimal() +
  scale_fill_brewer(palette="Blues") +
  theme(legend.position = "none") +
  theme(plot.title = element_text(size = 8, face = "bold")) +
  theme(axis.title = element_text(size = 8, face = "bold"))
```

如果假设女性（Female）通常比男性（Male）更保守，图 5-15 中的马赛克图检验了这一假设。马赛克图表明，与共和党或民主党相比，男性在无党派人士中的比例略高。因此，虽然性别或许与政党认同有关，但我们可以得出结论，女性并不比男性系统性地更保守。

不过，我们可以得出结论，女性在宣称其党派倾向时更加干脆。请注意图 5-15 是如何改变问题的：最初我们可能对性别和保守主义感兴趣，但现在我们的焦点转向了女性是否更有可能获得政党身份认同感。也许女性更容易与政党建立联系。或者，也许女性只是在意识形态上更加极端。现在还有其他值得探讨的问题。

```
                                                    Republican
              Democrat              Independent
```

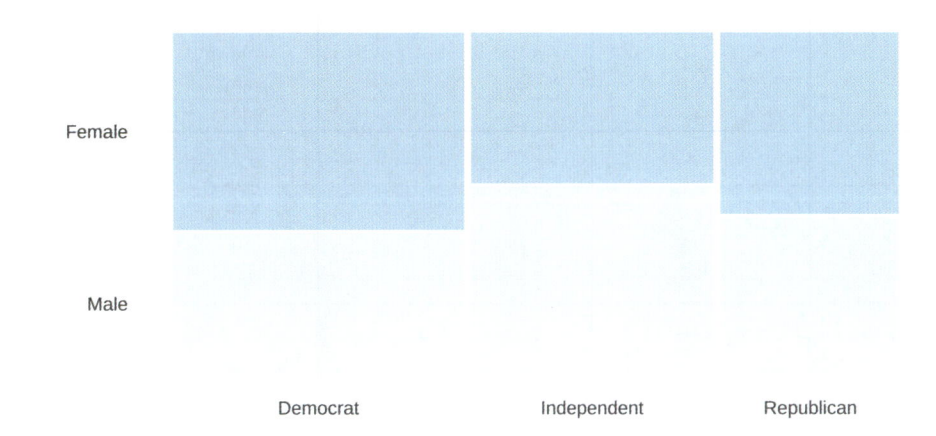

图 5-15：无党派人士男性更多

x 轴的宽度也值得注意。图 5-15 表明，认同民主党的人口比例最大，然后是无党派人士，接下来是共和党。

代码块 5-21 以表格的形式（用更常见的交叉表）生成了相同的信息。请看，与表 5-3 中的交叉表相比，马赛克图更容易传达信息。虽然交叉表提供了更精确的信息（与每个类别相关的实际数字），但两个分类变量之间的关系在马赛克图中更为明显。

代码块 5-21

```
CrossTable(nes$gender, nes$pid3.new,
           main="表 5-3：性别和政党认同交叉表",
           prop.chisq=FALSE)
```

表 5-3：性别和政党认同交叉表

```
   Cell Contents
|-------------------------|
|                       N |
|           N / Row Total |
|           N / Col Total |
|         N / Table Total |
|-------------------------|


=================================================================
             nes$pid3.new
nes$gender   Democrat    Independent   Republican    Total
-----------------------------------------------------------------
Male              187            208          128      523
                0.358          0.398        0.245    0.475
                0.416          0.555        0.464
```

```
                              0.170          0.189         0.116
-----------------------------------------------------------------------
Female                        262            167           148      577
                              0.454          0.289         0.256    0.525
                              0.584          0.445         0.536
                              0.238          0.152         0.135
-----------------------------------------------------------------------
Total                         449            375           276      1100
                              0.408          0.341         0.251
=======================================================================
```

交叉表[1]

虽然**交叉表**（cross-tab）是统计学研究分类变量时描述变量的基本要素，但要从一行行数字中分辨出模式是很难的。不少非常聪明的学生在接触过交叉表后，毫不迟疑地决定放弃社会科学，再也不上数学课了（笔者就考虑过这个问题）。直白地讲，交叉表展示的就是用于生成马赛克图的数字；它们是相同信息的两种不同表现形式。

在查看交叉表时，请注意表格同时提供了计数和列百分比。例如，在表 5-3 中，样本中有 577 名女性(计数)。下面的数字(0.525)记录了样本中女性的百分比(52.5%)。该列的百分比相加应为 100%。

与表格形式的数字相比，使用图发现模式或表达观点都更有效。如果只需要传达相对较少的信息，那么使用马赛克图可能会有点小题大做。用占了半页纸的漂亮蓝色或绿色来表示两三个数字，就有点太过分了。不要以图表为借口，整出一个花花绿绿、奇形怪状的图库来。相反，要用这些颜色和形状来有效地呈现模式和关系。

气泡图

R 提供了很多检验数据的方法，这是其最大的优势之一。**气泡图**（bubble plot）从散点图出发，依据第三个变量调整点的大小，为二维数据增加第三个维度。改变点的大小，只是为散点图增加第三个维度的众多方法之一。我们还可以使用形状或颜色来增加额外的维度。

代码块 5-22 通过设置 `geom_point()` 的图形属性 `size=evangel` 绘制了一张气泡图（见图 5-16）。还要注意的是，在 `geom_text()` 函数中使用了 `ifelse()` 函数来标注 7 个不同的州。最后，增加了 `scale_size()` 函数来设置点的大小。

---

[1] 相关案例请从网上获取，获取路径见封底的"读者服务"。

代码块 5-22

```
ggplot(states, aes(hsdiploma, femleg)) +
  geom_point(aes(size=evangel), col="#0000bf") +
  theme_minimal() +
  ggtitle("图 5-16：女议员、教育和福音主义") +
  ylab("女性在立法机构中的百分比") +
  xlab("拥有高中文凭的州人口百分比") +
  scale_size(range = c(0.1, 12), name="福音主义百分比") +
  geom_text(size = 2.5,
        aes(label=ifelse(st=="CA" |
                         st=="NM" |
                         st=="UT" |
                         st=="SC" |
                         st=="NV" |
                         st=="PA" |
                         st=="MD", as.character(st),""),
            hjust = 1.7, vjust=-0.65),
            show.legend=FALSE) +
  theme(plot.title = element_text(size = 8, face = "bold")) +
  theme(axis.title = element_text(size = 8, face = "bold"))
```

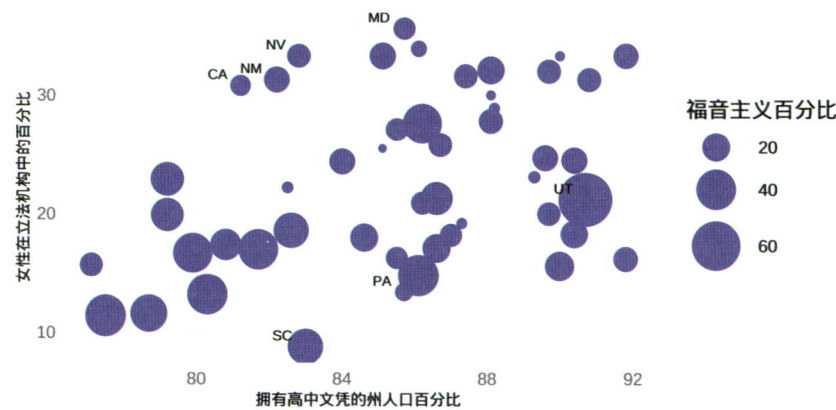

图 5-16：女议员、教育和福音主义

在图 5-16 所示的气泡图中，我绘制了州议员中女性的比例与拥有高中文凭的州人口百分比。气泡的大小是根据认为自己是福音教派的州人口百分比来确定的。我们从图表中加入的第三个维度能了解到什么？

首先，犹他州（UT）在高中毕业率相对较高的州中与众不同。犹他州的大气泡表明，该州的福音教派相对较多。（有人可能会质疑摩门教徒是否应该被归类为福音教派。）其次，教育水平低、女性在立法机构中的比例低的州也有相对较大的气泡，表明有相当多的福音教派人口。福音主义似乎与教育和对女性参政的看法都有关系。

另一个需要深入调查的可能是南卡罗来纳州（SC），该州的女性参加议会的比例相对较低。为什么西部的加利福尼亚州（CA）、新墨西哥州（NM）和内华达州（NV）的女性参加议会的比例都相对较高？马里兰州（MD）和宾夕法尼亚州（PA）的教育水平相近，福音教派比例也差不多，但在女性占议会席位的比例上却有巨大的差异。为什么？

另一个例子展示了改变点的大小是怎样揭示出有意义的模式的（见代码块 5-23）。图 5-17 是标准的婴儿死亡率（每千名活产婴儿死亡数）和民主（民主的政体指数）的散点图。

代码块 5-23

```
ggplot(world, aes(polity2, inf)) +
  geom_point(col="#bf0000") +
  geom_smooth(method="lm", se = FALSE) +
  theme_minimal() +
  ggtitle(" 图 5-17：民主对婴儿死亡率的影响微弱 ") +
  ylab(" 每千名活产婴儿死亡数 ") +
  xlab(" 政体评分 ") +
  theme(plot.title = element_text(size = 8, face = "bold")) +
  theme(axis.title = element_text(size = 8, face = "bold"))
```

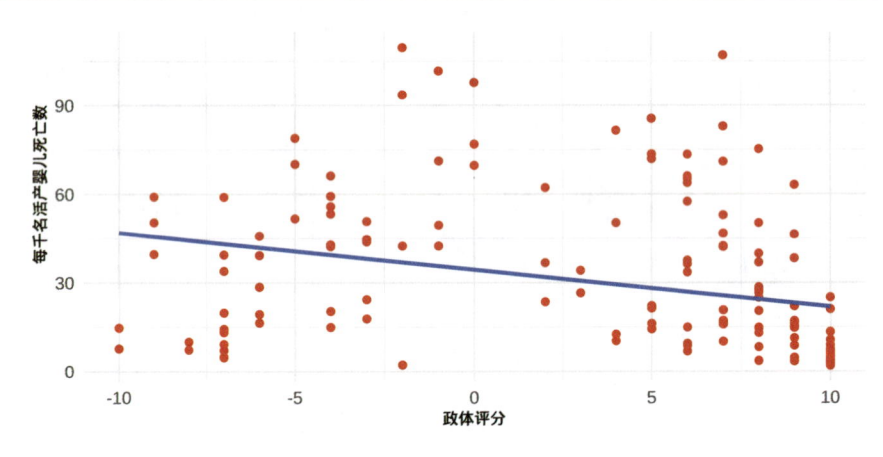

图 5-17：民主对婴儿死亡率的影响微弱

我们可以探讨的第三个维度是人均 GDP。一个国家的富裕程度肯定会对健康状况产生影响。让我们把图 5-17 中的散点图变成气泡图，按人均 GDP 来确定数据点的大小（见图 5-18）。

与之前的例子类似，所有的工作都是在 `geom_point()` 图层完成的。在图形属性中，设置 `size = gdppc`，让 R 根据 gdppc 的值来调整点的大小（见代码块 5-24）。

代码块 5-24

```
ggplot(world, aes(polity2, inf)) +
        geom_point(aes(size = gdppc), col = "#bf0000") +
        ggtitle(" 图 5-18：民主对婴儿死亡率的影响微弱 ") +
        ylab(" 每千名活产婴儿死亡数 ") +
        xlab(" 政体评分 ") +
        scale_size(name=" 人均 GDP") +
        theme_minimal() +
        theme(plot.title = element_text(size = 8, face = "bold")) +
        theme(axis.title = element_text(size = 8, face = "bold"))
```

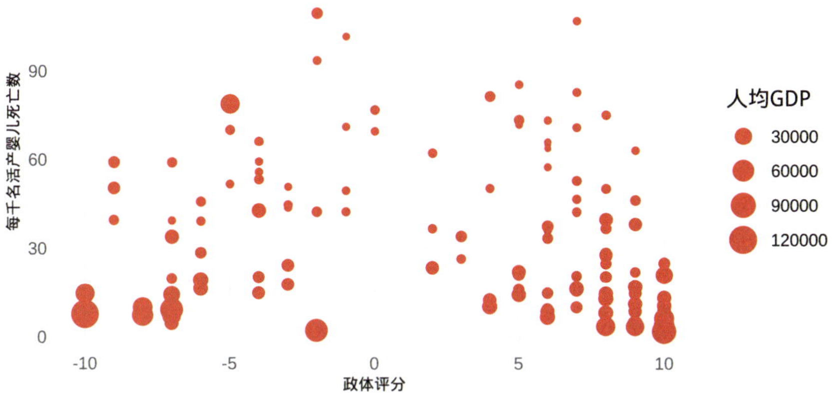

图 5-18：民主对婴儿死亡率的影响微弱

正如气泡图所表明的那样，人均 GDP 是我们考察民主和婴儿死亡率时需要考虑的一个重要因素。那么，下一个问题就是，这些婴儿死亡率相对较低的国家有哪些？图 5-19 标出了一些我们可能感兴趣的案例（见代码块 5-25）。

代码块 5-25

```
ggplot(world, aes(polity2, inf)) +
  geom_point(aes(size = gdppc), col="#bf0000") +
  theme_minimal() +
  geom_text(size = 2.8,
       aes(label=ifelse(iso3c=="QAT" |
                        iso3c=="SAU" |
                        iso3c=="SGP",
                        as.character(iso3c),""),
                        hjust = -0.4, vjust=0.2),
                        show.legend=FALSE) +
  ggtitle(" 图 5-19：婴儿死亡率低的政体 ") +
  ylab(" 每千名活产婴儿死亡数 ") +
  xlab(" 政体评分 ") +
  scale_size(name=" 人均 GDP") +
```

```
theme(plot.title = element_text(size = 8, face = "bold")) +
theme(axis.title = element_text(size = 8, face = "bold"))
```

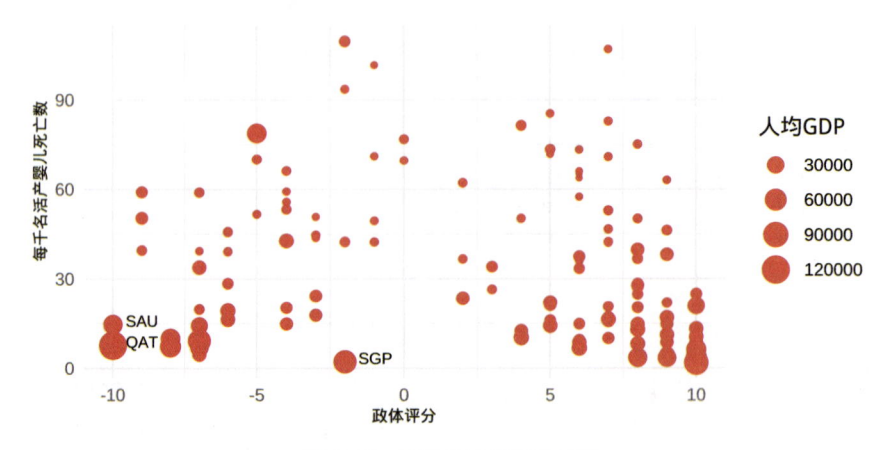

图 5-19：婴儿死亡率低的政体

沙特阿拉伯（SAU）、卡塔尔（QAT）和新加坡（SGP）就是三个这样的国家，这些国家与大多数其他国家都不同（因其石油财富或城邦地位）。

总而言之，我们有许多不同的工具来研究数据。使用哪种工具，在很大程度上取决于我们要研究的变量类型。案例或类别的数量也是一个重要的考虑因素。当要传达大量信息时，图比表更好。例如，单看交叉表中一行行的数字，很难发现什么模式。马赛克图是在相同数据中找出模式的更有效方法。我们还学习了如何在散点图中增加第三个维度，从而带来更多的信息。

> **知识检验**：创建并分析数据的双变量视图。

10. 建立并分析州学生平均支出（`stuspend`）和凶杀率（`murderrate`）之间的关系。
    a. 当支出增加时，凶杀率会发生什么变化？
    b. 图中有三个离群值，它们是哪些？
    c. 是什么让犹他州成为如此有价值/意义的案例？
    d. 该图的 x 轴和 y 轴上应该是什么变量？
11. 人均 GDP 和政权体制之间的关系是什么？
    a. 哪种政权体制中位数的值最大？
    b. 哪种政权体制的分散程度最高？
    c. 标记出有价值/意义的案例。哪些混合民主国家的收入相对较高？
    d. 哪个军事独裁国家的收入最高？

12. 画图说明婚姻状况与党派之间的关系，并指出哪些说法是真的。
    a. 大多数受访者已婚或单身。
    b. 大多数受访者已婚。
    c. 共和党人倾向于单身。
    d. 民主党人倾向于结婚。
13. 为州学生平均支出（stuspend）和凶杀率（murderrate）的散点图增加收入（income）维度。
    a. 收入与各州的教育支出是否有关?
    b. 收入与凶杀率是否有关?
    c. 是什么让马里兰州（Maryland）成为如此有价值/意义的案例?
    d. 联邦中哪个州的收入最低?

小结

描述数据是一项强有力的工作。正如米纳德（Minard）的反战海报所展示的那样（见第3章），优雅而翔实的数据图可以做出大胆而重要的表态。本章我们学习了一些可视化数据的基础知识。首先，我们学习了如何描述不同类型的单个变量（连续变量或分类变量）。然后，我们学习了如何描述连续变量和分类变量之间的关系。不同的颜色、大小和形状，为我们检验假设、做出发现、提出新的问题提供了重要的信息。

数据的可视化是一个强有力的工具，而数字和语言也可以很强大。请看诺贝尔奖获得者经济学家罗伯特·卢卡斯（Robert Lucas）的例子。在一篇题为《论经济发展的机制》（*On the Mechanics of Economic Development*）的文章中，卢卡斯描述了各国经济增长的差异（Lucas, 1988）。他特别指出，在两代人内，印度的平均收入将增长2倍，而韩国将增长32倍！仅仅通过描述（简单的一句话）国家之间存在的巨大差异，他就促使许多人思考这个问题。在揭示了印度和韩国之间的差异后，卢卡斯指出，"一旦人们开始思考这个问题，就很难再去考虑其他事情了"（Lucas, 1988）[5]。从那时起，卢卡斯的简单描述和说明就成为经济增长相关文献中的东方议题。

图提供了关于数据特征、不同变量之间的联系，以及是否有错误潜藏在暗处等重要信息。优秀的描述也会产生其他的、有望更有见地的问题。值得重申的是，对数据了解得越多（数据长什么样，以及是如何相互关联的），提出的问题就越好，也就会有越多的发现。

常见问题

- 分类变量与连续变量。理解分类度量和连续度量之间的区别，其重要性怎么强调都不为过。尽管在继续之前理解二者的差异很重要，但我发现，当遇到画不出图的数据时，大多数人都会想明白的。这是一个在实践中学习的好例子。
- 何时标注，标注什么。R 可以在散点图中标注所有的点，也可以只标注选中的点。在探索数据时，只要不掩盖重要的模式，标注所有的点或许是有用的。一旦探索完成，想要展示自己的发现，就只需要标注离群的或者那些有助于立论的案例。
- 因变量与自变量。可能是因为这两个词的相似性，有时很难分清两者。有时两者的定义方式也使它们难以分清（见本章前面关于因变量和自变量的"数据可视化的艺术与实践"部分）。理解因变量和自变量之间的差异是极其重要的，因为这是分析数据时用来沟通的重要术语。

复习题

1. 因变量和自变量有什么区别？
2. 一个变量什么时候呈现正偏态分布或负偏态分布？你能想到什么例子？
3. 当因变量是连续变量或分类变量时，哪些数据视图是有用的？
4. 为什么气泡图很有用？
5. 什么变量应该总是在 y 轴上？为什么？
6. 马赛克图在什么情况下有用？与交叉表相比，它有什么优势？
7. 箱线图提供了数据的哪些特征？
8. 与交叉表相比，马赛克图有哪些好处？
9. 与散点图相比，气泡图有什么优势？
10. （何时以及）为什么要使用交叉表，而不是马赛克图？

数据分析与可视化练习

1. 以下哪些是数据的单变量视图能回答的问题？
   a. 最多、最少或最常见的是什么？
   b. 哪些案例不一样？
   c. 数据的形状是怎样的？
   d. x 和 y 之间有什么关系？
2. 绘制 `nes$race` 变量的频率表并回答下列问题。
   a. 众数是什么？
   b. 什么类别的案例最少？

c. 在变量中记录了多少个不同的种族？
d. 有多少受访者是白人？

3. 绘制 world$womleg 变量的箱线图并回答下列问题。
    a. 中位数是多少？（大约）
    b. 下四分位数是多少？（大约）
    c. 上四分位数是多少？（大约）
    d. 变量是否近似于正态分布？

4. 绘制 world$urban 变量的直方图并回答以下问题。
    a. 变量的形状是否近似于正态分布？
    b. 最小值是多少？（大约）
    c. 最大值是多少？（大约）
    d. 平均数是多少？（大约）

5. 指出下列问题中的因变量。
    a. 民主对经济增长有什么影响？
    b. 收入是否影响了幸福感？
    c. 相较于世界其他地区，非洲国家的婴儿死亡率更高还是更低？
    d. 女政治家是否更有可能实施有利于教育的改革？

6. 指出下列陈述句中的自变量。
    a. 良好的四分卫战术是赢得比赛的关键。
    b. 周五上午的出席率总是很低。
    c. 我在早上 8:00 的课上总是表现不佳。
    d. 她在考试中的表现证明了她的投入。

7. 皮尔逊相关系数 R 告诉了我们什么？
    a. 变量是否服从正态分布？
    b. 变量是否为偏态分布？
    c. 两个变量之间的关系是什么？
    d. 变量中是否存在离群值？

8. 在研究两个变量之间的关系时，什么时候使用箱线图最好？
    a. 当两个变量都是连续变量的时候
    b. 当两个变量都是分类变量的时候
    c. 当一个变量是连续变量，另一个是分类变量的时候
    d. 当两个变量都服从正态分布的时候

9. 气泡图有助于完成以下哪项工作？
    a. 如果点聚集在一起，它能很好地将点分开。
    b. 它为直方图增加了第三个维度。
    c. 它为散点图增加了第三个维度。
    d. 它让离群值更容易识别。

R 函数注释

以下函数在本章中出现。它们按首次出现的顺序列出（括号中的是代码块编号），并在此注释以简要地说明其用途。其中有些不是独立的函数，必须结合其他指令使用。友情提示：只要按照它们出现的顺序运行，每章的代码就都可以正常工作。正确的运行还依赖作者定义的 `libraries()` 函数，用于加载所需的 R 包。

`ggplot()`：定义图的基本结构（通常是变量 x 和 y）。（5-3）

`aes()`：aes（图形属性，aesthetics）函数在 ggplot 中用于定义图的基本结构[1]，通常包含要用到的变量以及形状或颜色。（5-3）

`theme_minimal()`：为 ggplot 设置极简风格的主题。（5-3）

`xlab()`：在 ggplot 中设置 x 轴标签。（5-3）

`ylab()`：在 ggplot 中设置 y 轴标签。（5-3）

`theme()`：指定 ggplot 中的字体、大小等。（5-3）

`geom_boxplot`：在 ggplot 中绘制箱线图。（5-5）

`position_jitter()`：在 ggplot 的图形属性中设置，通过"抖动"点，可以在它们聚集时更容易分辨彼此。（5-6）

`geom_histogram()`：在 ggplot 中绘制直方图。（5-7）

`grid.arrange()`：将两个或多个不同的图放在一起展示。（5-9）

`options(scipen=999)`：用于表示不使用科学记数法。（5-10）

`stem()`：用于绘制茎叶图。（5-11）

`ifelse()`：用于构建"如果……那么……"（if-then）语句的逻辑函数。其既可用于选择特定案例进行标注，也可用于从连续变量中创建分类变量。（5-13）

`annotate()`：在图中放置文本。（5-16）

`cor()`：计算皮尔逊相关系数 R。（5-17）

`subset()`：选择特定的数据子集。（线上案例的 5-20）

`as.factor()`：将变量改为因子类型。（5-19）

`levels()`：列出分类变量的因子水平。（5-19）

`geom_mosaic()`：使用 ggplot 绘制马赛克图。（5-20）

`scale_filler_brewer()`：在使用 ggplot 时，设置填充颜色的配色方案。（5-20）

`CrossTable()`：创建一个交叉表。（5-21）

`droplevels()`：从分类变量中剔除因子水平。（线上案例的 5-26）

`scale_size()`：在"ggplot"包里用于调整散点图中对象比例尺的函数。（5-22）

---

[1] 译注：图形属性与变量的映射关系。

6 数据变换

本章大纲
- 学习目标
- 概述
- 数据变换的理论原因
- 数据变换的实际原因
- 数据变换——从连续变量到分类变量
- 数据变换——改变类别
- Box-Cox 变换
- 小结
- 常见问题
- 复习题
- 数据分析与可视化练习
- R 函数注释

学习目标
- 将假设与数据联系起来。
- 通过数据变换创建能揭示模式的视图。
- 解释为什么以及如何从连续数据中创建分类。
- 创建分类变量,将假设与数据联系起来。
- 描述 Box-Cox 变换阶梯。

概述

数据很少以我们想要的形式出现,它们几乎总是由具有不同议题、目标和假设的人创建的。由于我们的假设需要合适的度量,因此**变换数据**(transforming data)往往是必要的。本章说明了假设与用来检验它们的数据之间的关系。我们变换数据,使其更契合假设。有些数据采用了难以分析的形式,掩盖了重要的模式和关系。因此,变换数据是有实际原因的。这里介绍了数据变换的理论原因和实际原因。

假设和数据之间的关系是双向的。有时,我们会根据已掌握的数据提出假设;有时,我们会根据提出的假设来变换数据。如果其中任何一个做得不好,从这项工作得出的结论就会被质疑。例如,如果假设收入的增加会导致民主运动,那么使用分类变量将人们分为富人或穷人、将政府分为民主或专制,是不合适的。让我们建立起一种直觉,来帮助匹配假设与度量。

就如何变换数据而言，我们将专注于最常见和最有效的方法。你将学习到分类变量和连续变量的变换方法。这里将介绍对数变换，它是工具箱中最有用的一种工具。最后，为了提供数据变换的概念框架，还将讲解 Box-Cox 阶梯变换。

数据变换的理论原因

在理论和实际上，我们都有动机变换数据。当理论和数据不匹配时，要变换数据。数据的原始形态，可能只会让我们无法直接地回答或检验假设。从实际的角度来看，数据的形式可能太复杂，无法直观地查看。简单地说，变换数据是为了正确地检验假设，以及更有效地可视化数据。让我们从介绍数据变换的理论原因开始。

变换数据确保符合理论

假设我们对年龄和投票行为之间的关系感兴趣。二十几岁的选民（"千禧一代"）与退休的选民（"婴儿潮一代"）持有不同的政治看法吗？nes$birthyr 变量记录了受访者的出生年份。由于该变量是一个连续的度量，因此很难辨别"千禧一代"的行为是否与"婴儿潮一代"的行为不同。我们最好用一个分类变量来表明受访者是二十多岁、三十多岁、四十多岁、五十多岁还是六十多岁。另一个例子将有助于建立直觉。

经济学家、心理学家和哲学家提出的一个重要问题是："金钱会带来幸福吗？"也许每增加 1 美元，我们的幸福感就会增加。研究结果表明，这存在一个阈值（Binswanger, 2006）。确切地说，一旦收入达到一定的水平，每增加 1 美元并不能买到更多的幸福。就像前面关于年龄的例子一样，如果简单地将收入视为连续变量，那么可能很难发现数据中存在的模式。更好的策略或许是将人口分为收入较低的人和收入超过一定水平的人。

当假设涉及天然的分界线或阈值时，要看度量是否应该是连续的。乍一看似乎产生了模棱两可的结果，再一看（变换后）就会发现一个重要的经验模式。

有时没有天然的分界线或阈值，但关系是非线性的。假设我们想了解收入和投票概率之间的关系。虽然普通选民的收入增加 5 万美元可能会对投票产生实质性的影响，但比尔·盖茨和沃伦·巴菲特（都是亿万富翁）有类似的收入增加并不会对投票有什么影响。因此，收入和投票概率可能是相关的，但它们之间的关系不是线性的。

同样的逻辑也适用于国家。请看政治学和经济学中常问的问题：人均收入和民主之间有什么关系？原始的人均 GDP 数据范围是从 300 ～ 500 美元（非洲最贫穷的国家）到 30,000 ～ 40,000 美元（最富裕的经济合作与发展组织成员国）。大多数国家都位于低端。如果从 300 美元涨到 1,000 美元（增加 700 美元）比从 30,000 美元涨到 30,700 美元（同样增加 700 美元）更重要，那么试试对数变换，这样在低端增加 700 美元意味着更多或在分析中被赋予了更多的权重。对数变换不仅适合用在关于富国和穷国增加收入重要性的具体理论上，而且产生了信息量更大的数据视图。让我们再看一个例子。

暴力（凶杀率）程度是否会影响警察和公共安全的支出？与前面的例子类似，凶杀率的上升可能对不同层面的政策、看法或选举结果产生非常不同的影响。可以想象，一个平均每年有 1 名凶杀案受害者的小镇，与有 100 名受害者的小镇，增加 5 名受害者是非常不同的。此处，我们倾向于再次使用对数变换，因为不应该对分布低端的增加与高端的增加一视同仁。

数据和问题都要变换以相互匹配

正如前面的例子所示，有时，我们需要改变数据，以使其与假设干净利落地匹配；有时，我们需要改变假设，以使其与数据干净利落地匹配。假设我们想知道曾被逮捕过是否会影响对司法系统的看法（辩护律师通常会问潜在的陪审员，他们是否被逮捕过）。如果调查记录的是受访者被逮捕的次数，那么我们会遇到很多没有犯罪记录的人，而只有极少数人被逮捕过多次。问题和数据都要修改：假设逮捕事件（哪怕只有一次）是重要的，并将变量改为表明某人是否被逮捕过。另一个例子说明了如何修改假设和数据来获得更多的洞见。

接受更多的教育是否会提高工作满意度？虽然我们可以计算出一个人的入学年份，但获得 MBA 还是工程硕士学位（大致相同的年限）产生的结果非常不同。例如，在同一行业工作的人可能拥有其中一个学位，但经历的职业轨迹却大相径庭。与其记录员工上了多少年学，不如问什么样的学位对职场晋升有帮助。这里我们又修改了问题和数据。

总而言之，数据分析的一个重要部分是将数据与问题紧密地联系起来。我们有时变换数据，有时改变假设，有时两者都要改。对问题、数据或两者进行变换，除了理论上的原因，还可能纯粹出于实际原因。理论关注我们如何看待一个变量对另一个变量的影响，而实际关注生成信息量更大的数据视图。让我们在下一节中探讨数据变换的实际原因。

> **知识检验：将假设与数据联系起来。**

1. 我们为什么要变换数据？
   a. 让数据符合我们的假设
   b. 为了更有效地可视化数据
   c. 为了检验我们的假设
   d. 为了取得更好的结果
2. 在例子中，数据匹配理论包括以下哪些情况？
   a. 将计数或数量的变量改为分类变量。
   b. 在所考察的关系中存在可预见的阈值效应。
   c. 在所考察的关系中存在可预见的非线性。
   d. 将分类变量改为计数或数量的变量。
3. 下列哪些适合变换数据来与理论匹配？
   a. 现有数据是分类的。
   b. 现有数据是连续的。
   c. 收集不同的数据是必要的。
   d. 假设的关系是非线性的。
4. 以下哪些情况代表你可以在不收集更多数据的情况下改变假设和数据？
   a. 连续数据的分布与分类一致。
   b. 假设的关系是定性的，数据是连续的。
   c. 假设的关系是连续的，数据是分类的。
   d. 假设的关系是非线性的，数据是连续的。

数据变换的实际原因

虽然这不是一个非此即彼的命题，有时因为理论原因而变换数据，有时因为实际原因而变换数据，没有哪个比另一个好，但是如果可能，最好同时用理论原因和实际原因来证明变换的合理性。让我们继续讲解数据变换的实际原因。

假设我们关注的是一个州的人口规模和对移民的看法之间的关系。由于有许多州的人口相对较少（如北达科他州、南达科他州、蒙大拿州等），我们可能很难直观地研究人口规模和对移民的看法之间的关系。因此，变换数据可能会有所帮助。

人口、收入和凶杀率的分布特点是在低端有许多观测值，在高端有一些离群值，这就要求我们对变量进行变换。另一个具有类似特征的变量记录了一个国家、州或

城市的 CO_2 排放量（单位：千克/2,000 美元 GDP）。虽然我们的假设不会推定存在非线性关系，但变量的分布却使数据分析变得困难。散点图会因原始的 CO_2 排放量变量而失效。

请看图 6-1 中的散点图。我将 CO_2 排放量与未经对数处理的人均 GDP 绘制在一起，增加了分析的难度。两个原始的变量，其分布的特征是离群值很大。以这种形式呈现，很难确定两者是否存在关系。

在代码块 6-1 中，`ggplot()` 函数的基本结构看起来应该很熟悉了。本例要绘制散点图，于是使用了 `geom_point()` 函数。`ifelse()` 函数用于简单地标记所有人均 GDP 超过 50,000 美元和 CO_2 排放量超过 2 千克/2,000 美元 GDP 的点。与上一章相同，使用两个单引号（`''`）表示其余的点没有标签。

代码块 6-1

```
ggplot(world, aes(gdppc, co2)) +
  geom_point(col="#bf0000") +
  geom_text_repel(size = 2.8,
        aes(label=ifelse(gdppc > 50000 | co2 > 2,
                         as.character(iso3c),'')),
                         show.legend=FALSE) +
  theme_minimal() +
  theme(plot.title = element_text(size = 8, face = "bold")) +
  theme(axis.title = element_text(size = 8, face = "bold")) +
  ggtitle(" 图 6-1：难以分析的图 1") +
  ylab("CO₂ 排放量（千克/2000 美元 GDP）") +
  xlab(" 人均 GDP")
```

现在请看图 6-2（见代码块 6-2），一样的图，只不过两个变量都进行了变换：CO_2 排放量和人均 GDP 现在都以其对数形式表示（使用对数变换的完整处理将在本章后面介绍）。请注意，原来离群的国家现在更靠近其他数据了。还要注意的是，数据不再聚集在两个刻度的低端。通过变换，可以看到在数据的前半部分，人均 GDP 和 CO_2 排放量之间存在正相关关系。当人均 GDP 达到一定水平（约为 9 的对数形式；8,095 美元）时，随着国家的富裕，CO_2 排放量开始下降。CO_2 排放量在人均 GDP 的高端开始迅速下降，挪威（NOR）、瑞士（CHE）和新加坡（SGP）位居榜首。事实上，如果没有科威特（KWT）、阿拉伯联合酋长国（ARE）、文莱（BRN）和卡塔尔（QAT），随着人均 GDP 的增加，CO_2 排放量的改善（下降）将更加明显。为了说明这一点，我为没有这些案例的样本绘制了第二条曲线（绿色）。

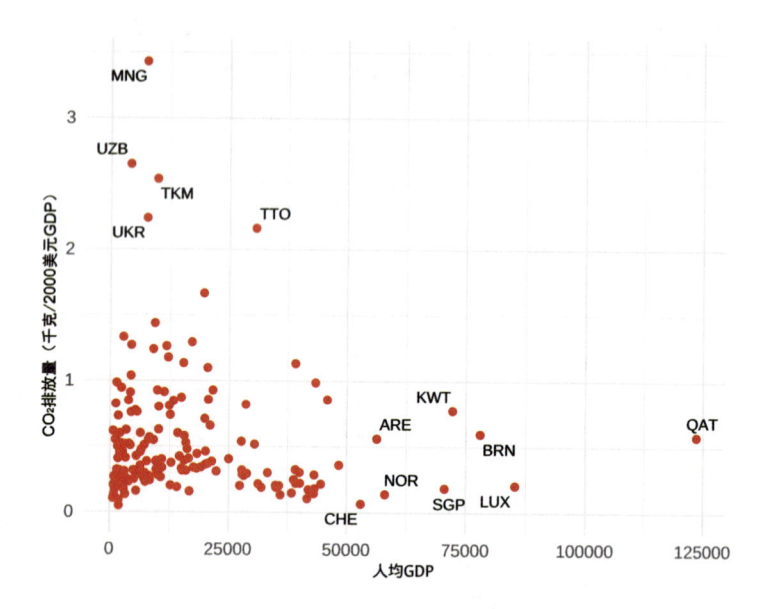

图 6-1：难以分析的图 1

代码块 6-2

```
ggplot(world, aes(log(gdppc), log(co2))) +
  geom_point(col="#bf0000") +
  geom_smooth(se=FALSE) +
  geom_text_repel(size = 2.8,
       aes(label=ifelse(gdppc > 50000 | co2 > 2,
                        as.character(iso3c),'')),
                        show.legend=FALSE) +
  theme_minimal() +
  theme(plot.title = element_text(size = 8, face = "bold")) +
  theme(axis.title = element_text(size = 8, face = "bold")) +
  geom_smooth(data=subset(world,
                          iso3c != "KWT" &
                          iso3c != "QAT" &
                          iso3c != "BRN" &
                          iso3c != "ARE"),
                          color="green", se=FALSE) +
  ggtitle(" 图 6-2：难以分析的图 2") +
  ylab("CO₂ 排放量（千克 /2000 美元 GDP)") +
  xlab(" 人均 GDP")
```

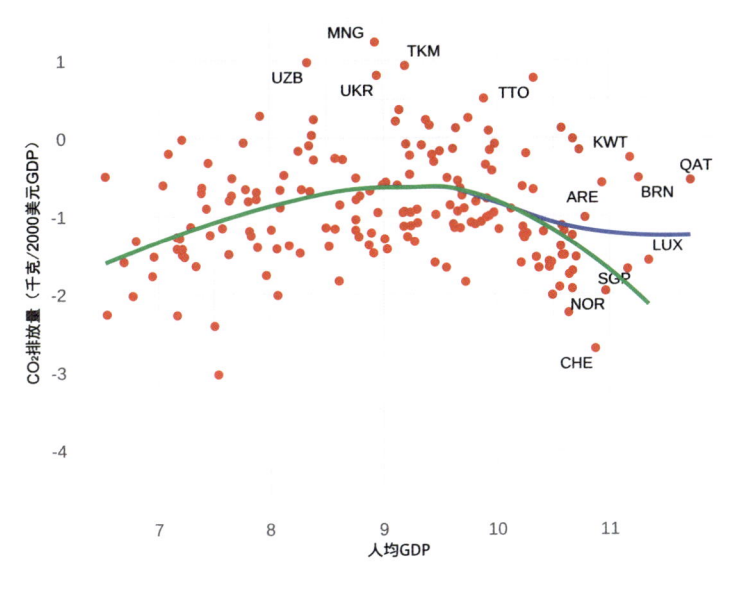

图 6-2：难以分析的图 2

为了绘制拟合人均 GDP 和 CO_2 排放量的两条曲线，只需在图形属性中指出这两个变量应该经过对数处理：`log()`。在其中一条曲线中，我指示这条曲线不应（!=）包括科威特（KWT）、卡塔尔（QAT）、文莱（BRN）或阿拉伯联合酋长国（ARE）。

总之，数据变换既有理论上的原因，也有分析上的原因。我们要养成变换数据，让假设与数据匹配的习惯。数据以对他人有用的形式出现在我们面前。正如我希望展示的那样，数据的形式改变了我们的假设、分析以及从中得出的结论。好的分析不会把数据拿来就用，而是意识到我们的问题、假设和数据，可以通过变换产生重要的信息。现在我们知道了为什么要变换数据，接下来讲讲如何变换数据。

> **知识检验**：通过数据变换创建能揭示模式的视图。

5. 以下哪些是数据变换的分析方面的原因？
    a. 两个变量之间的关系是非线性的。
    b. 数据中存在极大值。
    c. 关系中的其中一个变量是偏态的。
    d. 数据中存在极小值。
6. 以下哪些是数据变换的实际原因？
    a. 有成团的数据需要分散开来。
    b. 有离群案例，需要往其他数据上靠。

c. 数据呈高度偏态。
d. 数据呈正态分布。

数据变换——从连续变量到分类变量

在某些情况下，需要将连续变量的每个值分配到某个类别下（例如，低、高、中）。请注意，从纯粹的数据分析的角度来看，当我们对连续的度量进行分类时，就是在丢弃数据。想想年龄变量和投票行为。如果将连续的年龄变量变换为简单表明受访者是否处于"婴儿潮一代"的变量（是为1，否为0），就是在丢弃信息。通过这种变换，所有55岁以下的年龄都将是0，所有55岁以上的年龄都将是1。我们再也无法区分二十多岁、三十多岁或四十多岁的受访者。丢弃数据并不是一个好主意，但是如果我们的理论认为"千禧一代"和"婴儿潮一代"之间存在着重要的差异，就有足够的理论依据把数据作为分类变量来研究（受访者是否超过55岁）。

> **数据可视化的艺术与实践**
> **定义新变量**
>
> 需要记住的是，千万不要创建一个与连续变量同名的新分类变量。换句话说，不要用新变量覆盖旧变量。使用相同的变量名称来创建分类变量是许多人都犯过的典型错误。一旦原始的连续变量被分类变量覆盖，它就没了，数据就真的被扔掉了！

为了说明这一点，让我们看看年龄及其与对当时的候选人唐纳德·特朗普的看法之间的关系。这里用到的是在2016年竞选期间进行的调查。从特朗普情感量表和出生年份的简单散点图中可以看到，基于数据的基本特征，很难看出什么模式（见代码块6-3和图6-3）。

代码块 6-3

```
ggplot(nes, aes(birthyr, fttrump)) +
  geom_point(col="#bf0000") +
  ggtitle("图 6-3：出生年份和对特朗普的看法") +
  ylab("特朗普情感量表") +
  xlab("出生年份") +
  theme_minimal() +
  theme(plot.title = element_text(size = 8, face = "bold")) +
  theme(axis.title = element_text(size = 8, face = "bold"))
```

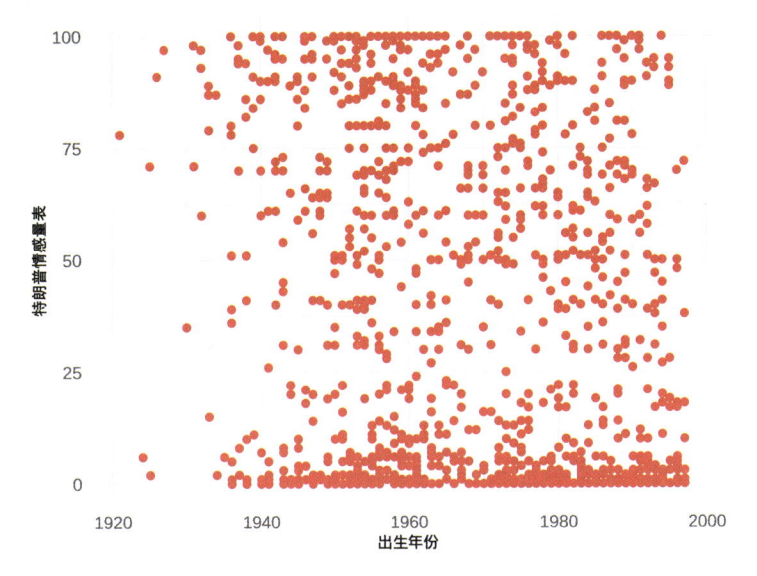

图 6-3：出生年份和对特朗普的看法

通过对年龄变量进行分类,可以产生更有用的观点。为此,先用 2016（调查年份）减去 nes$birthyr 变量,将 birthyr 变量变换为个体年龄,然后将其划分至不同的类别下（见代码块 6-4）。cut() 函数将 nes$age 变量划定为 5 个不同的类别。

代码块 6-4

```
nes$age <- 2016 - nes$birthyr
nes$age5 = cut(nes$age, c(18,31,41,51,61,99,120))
```

现在,连续变量 birthyr 已经通过 cut() 函数变换为分类变量了,让我们用箱线图来绘制两者的关系（见代码块 6-5 和图 6-4）。

代码块 6-5

```
ggplot(nes, aes(age5, fttrump)) +
  geom_boxplot(col="#0000bf") +
  theme_minimal() +
  theme(plot.title = element_text(size = 8, face = "bold")) +
  theme(axis.title = element_text(size = 8, face = "bold")) +
  ggtitle("图 6-4：按年龄划分的特朗普情感量表") +
  ylab("特朗普情感量表") +
  xlab("受访者的年龄")
```

所得到的这组箱线图的信息量更大（见图 6-4）。我们可以看到,相对于 61 ~ 99 岁的受访者（情感量表中位数约为 37）,"千禧一代"（本例中 18 ~ 31 岁的受访者）通常对特朗普持否定看法（中位数约为 12）。

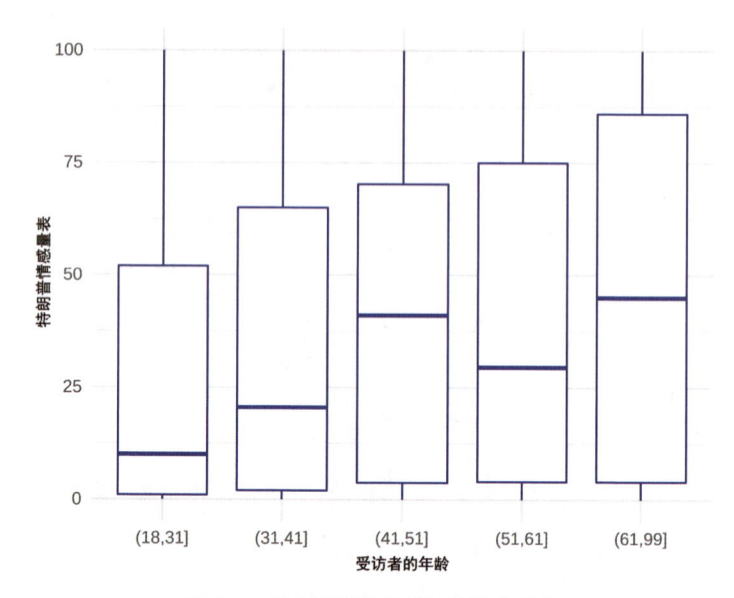

图 6-4：按年龄划分的特朗普情感量表

另一个可能更具争议性的例子是许多学者使用的民主度量。争议的根源在于，我们要如何定义民主。最好将其视为刻度上的某个点，还是视为一种独特的现象？那些主张采用连续变量的人认为，民主是一个渐变体，不同的政权类型都可以置于其上。一些学者更愿意用一套度量来描述这种微小但重要的差异。

虽然理论上的辩论极为重要，但实际结果也很重要。尽管对连续变量进行分类来适配假设很重要，但其带来的代价可能会很大。让我们来看看，如果采用连续的民主度量（polity2 变量），并按 5 分及以上为民主、其余的为专制的标准应用分类方法，在分析时会发生什么情况。请注意，在代码块 6-6 中使用的人均 GDP 是对数处理后的版本。同样，在设置图形属性时，只需要将 gdppc 放在 log() 函数内，即可求得对数。

代码块 6-6

```
ggplot(world, aes(polity2, log(gdppc))) +
  geom_point(col="#bf0000") +
  geom_smooth(se=FALSE, col="#0000bf") +
  theme_minimal() +
  theme(plot.title = element_text(size = 8, face = "bold")) +
  theme(axis.title = element_text(size = 8, face = "bold")) +
  ggtitle("图 6-5：U 形模式") +
  ylab("人均 GDP") +
  xlab("民主 (polity2)")
```

为了说明对连续度量进行分类的后果，我将 polity2 变量与人均 GDP（对数处理）绘制在一起（见图 6-5）。明显的 U 形模式表明，非常专制的国家有相对较高的收入。然后，随着国家变得更加民主，相关的收入水平就会下降。在民主分数超过 5 分之后，沿着 x 轴向前移动，财富会骤然增加。这种模式给出了一种可能的解释：也许政权的类型不如其形式的严厉程度重要。现在观察一下，当我们对连续度量进行分类时会发生什么。

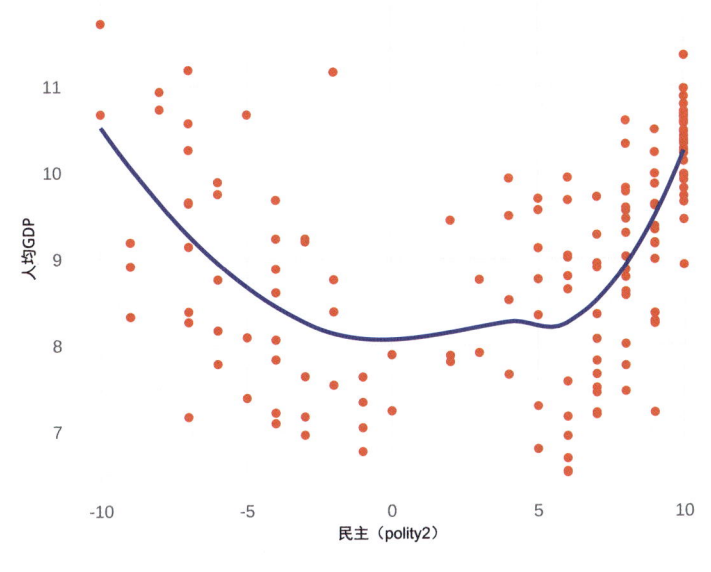

图 6-5：U 形模式

为了对民主的连续度量进行分类，我将该变量变换为：当 `polity2` 得分高于 5 分时记为 1，当其低于 5 分时记为 0（见代码块 6-7）。

代码块 6-7

```
world$regimetype <- ifelse(world$polity2 > 5, 1, 0)

world$regimetype <- factor(world$regimetype,
  levels = c(0, 1),
  labels = c("独裁", "民主"))
```

现在，有了由连续度量创建的分类变量，让我们来为每种政权绘制箱线图（见代码块 6-8 和图 6-6）。

代码块 6-8

```
ggplot(subset(world, regimetype !="NA"), aes(regimetype,
log(gdppc))) +
  geom_boxplot(col="#0000bf") +
  geom_smooth(method="lm", se=FALSE) +
```

```
theme_minimal() +
theme(plot.title = element_text(size = 8, face = "bold")) +
theme(axis.title = element_text(size = 8, face = "bold")) +
ggtitle("图 6-6：未观察到之前的模式") +
ylab("人均 GDP") +
xlab("民主（polity2）")
```

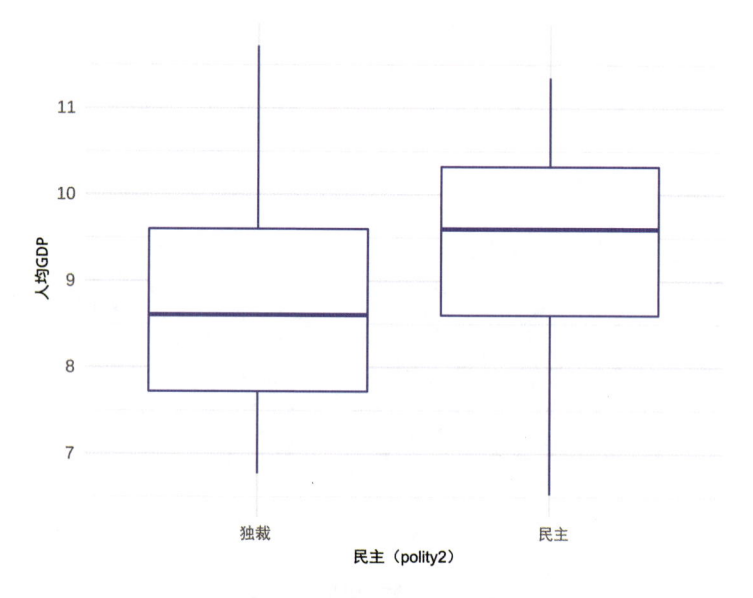

图 6-6：未观察到之前的模式

如前所述，当我们对连续变量进行分类时，信息将会丢失。此时，我们没有区分得分在 –10 和 4 之间的独裁国家，以及得分在 6 和 10 之间的民主国家。因此，从最专制的政权过渡到最不专制的政权时，没有观察到财富急剧下降的情况。出于同样的原因，当沿着 x 轴从 6 移动到 10 时，也没有观察到财富急剧增长的情况。

> 知识检验：解释为什么以及如何从连续数据中创建分类。

7. 将连续变量变换为分类变量时，有哪些注意事项？
   a. 数据会被丢弃或扔掉。
   b. 数据的模式将被掩盖。
   c. 查看变换后的数据会改变我们看到的内容。
   d. 应避免改变你所看到的东西，因为这会导致偏见。

8. 将连续数据变换为分类数据时，包括以下哪些步骤？
   a. 使用 cut() 函数
   b. 使用 geom_boxplot() 函数

c. 对数据取子集
d. 使用 `ifelse()` 函数

9. 关于将数据从连续变量变换为分类度量的说法，以下哪些是准确的？
a. 数据变换将数据与假设联系得更加紧密。
b. 数据变换提供了另一种数据视角。
c. 数据变换将我们的注意力集中在数据的特定部分。
d. 对丢弃数据的担忧总是大于收益。

数据变换——改变类别

在前面的例子中，我们将连续变量变换为分类变量。在某些情况下，减少类别的数量可能是值得的。例如，政治学家或政策制定者可能想了解公民能投票、购买酒精饮料或退休的年龄。在这种情况下，我们需要两个类别。但与此同时，其他类别可能也有用。将这么多年龄组归为两类可能会掩盖重要的模式。我们并不总能事先知道增加或减少类别会给视图带来什么样的改变。在这种情况下，理论可以提供指导，但同样重要的是，要认识到理论可能会随着对数据的探索而改变。

让我们先看一个类别过多的例子。国家选举研究（NES）中的一些数据有 20 多个类别（例如，收入变量 `nes$faminc`）。faminc 变量记录了受访者的收入是否在 0 和 10,000 美元之间、10,000 和 20,000 美元之间等。该变量有超过 15 个类别。生成的一系列箱线图如图 6-7 所示。

要正确地查看这些数据，还要做一些准备工作（见代码块 6-9）。我创建了两个不同的变量以方便比较。首先，将 faminc 变量转换为新的因子变量 `nes$faminc.f`，用于绘制原始数据的箱线图。然后，创建 `nes$faminc` 变量的副本，避免覆盖原始数据。新变量名为 `nes$nfam`。由于新的 nfam 变量有缺失值和标记为 31、97 和 98 的其他类别，我把 16 以上的所有类别都替换为 "NA"，因为不打算用它们。

代码块 6-9

```
nes$faminc.f <- as.factor(nes$faminc)

nes$nfam <- nes$faminc

nes$nfam[nes$nfam > 16] <- NA
```

下一步是使用 `cut()` 函数截断变量（见代码块 6-10）。我决定将其分成 4 个部分：低（Low）、中低（MedLow）、中高（MedHigh）和高（High）。

代码块 6-10

```
nes$faminc4=cut(nes$nfam, breaks=c(0,3,7,10,16))
levels(nes$faminc4)=c("低","中低","中高","高")
```

现在我们准备好绘图了，要比较的是类别太多的数据视图和类别数量更可控的数据视图。代码块 6-11 绘制了所有的类别。

代码块 6-11

```
ggplot(nes, aes(faminc.f, fttrump)) +
  geom_boxplot(col="#0000bf") +
  theme_minimal() +
  theme(plot.title = element_text(size = 8, face = "bold")) +
  theme(axis.title = element_text(size = 8, face = "bold")) +
  ggtitle("图 6-7：类别过多的箱线图") +
  ylab("特朗普情感量表") +
  xlab("家庭收入") +
  coord_flip()
```

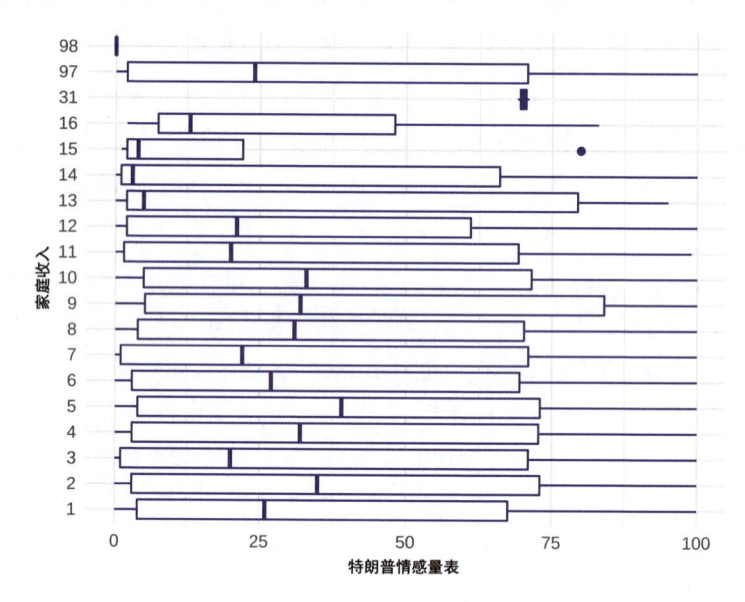

图 6-7：类别过多的箱线图

虽然只有 19 个不同的类别，但它们不直观，因此很难理解收入与支持特朗普之间的关系。当类别太多的时候，也很难分辨出有什么模式。最后，请观察箱线图中的中位数在类别之间有多么的上蹿下跳。中位数没有特定模式地上下波动，这可能是每个类别的受访者太少导致的。现在请看将 19 个类别缩减到 4 个的同类图表（见代码块 6-12 和图 6-8）。

代码块 6-12

```
ggplot(subset(nes, faminc4!="NA"), aes(faminc4, fttrump)) +
  geom_boxplot(col="#0000bf") +
  theme_minimal() +
  theme(plot.title = element_text(size = 8, face = "bold")) +
  theme(axis.title = element_text(size = 8, face = "bold")) +
  ggtitle(" 图 6-8：特朗普的中产阶级现象 ") +
  ylab("\n 特朗普情感量表 ") +
  xlab(" 家庭收入 \n") +
  coord_flip()
```

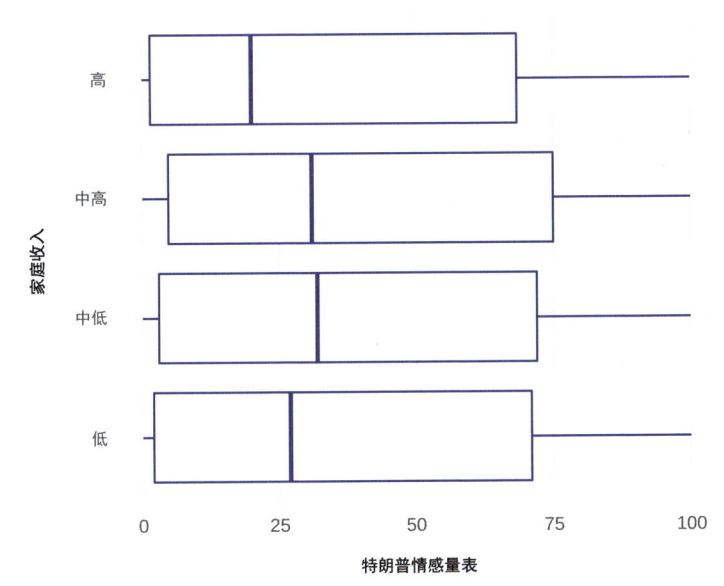

图 6-8：特朗普的中产阶级现象

尽管我们可以在图 6-7 中看到一个模式（富裕的受访者对特朗普的情感量表得分较低），但将类别减少到 4 个（见图 6-8）可能更有用。在图 6-8 中，我们可以发现一个有趣的模式，这个模式在其他情况下可能不会出现：在最低收入和中低收入类别之间似乎出现了上升。虽然观察到的模式取决于类别的构建方式，但这表明特朗普的支持者并非来自社会中最贫穷的人，而是来自收入比他们稍好一些的人。我们可以进一步调查。

减少类别是一种方法，而增加类别（如果可行的话）是另一种方法。可以考虑通过增加类别数量产生的不同问题、假设和结论。为了说明这一点，让我们来研究 nes 数据中的一个变量，该变量记录了受访者觉得自己的财务状况比 20 年前更好还是更差（见图 6-9）。使用相同的因变量（特朗普情感量表），我生成了类别数量不同的两张图（见图 6-9 和图 6-10）。

> **数据可视化的艺术与实践**
> **收集比所需更多的数据**
>
> 始终收集比预计所需更多的数据。在财务状况的例子中，我们比较了类别过少的数据视图。请注意，只有在一开始就收集了更详细的数据的情况下，才能向视图中增加类别。在收集数据或决定要收集什么时，宁可多收集一些信息，因为之后还可以缩减。例如，询问某人的年龄比询问是否到了投票年龄（是/否）获得的信息更多。

为了说明这一点，我使用nes$finwell变量创建了一个新变量nes$newfin，表明受访者觉得自己的财务状况比20年前更好还是更差（见代码块6-13）。ifelse()函数用于表明，如果nes$finwell记录着"与20年前持平"（The same as 20 years ago）、"稍差"（A little worse）、"差了一些"（Moderately worse）或"差了很多"（A great deal worse），则赋值为0，否则赋值为1。然后将类别标记为"更差"（Worse）或"更好"（Better）。

代码块 6-13

```
nes$newfin <- ifelse(nes$finwell=="The same as 20 years ago" |
                     nes$finwell=="A little worse" |
                     nes$finwell=="Moderately worse" |
                     nes$finwell=="A great deal worse", 0, 1)

nes$newfin <- factor(nes$newfin, levels = c(0,1),
                     labels = c("更差", "更好"))
```

接下来使用箱线图绘制nes$newfin变量（见代码块6-14）。在图6-9中，箱线图代表觉得自己的财务状况更差或更好的受访者。

代码块 6-14

```
ggplot(subset(nes, finwell!="Skipped"), aes(newfin, fttrump)) +
  geom_boxplot(col="#0000bf") +
  theme_minimal() +
  ylab("\n 特朗普情感量表") +
  xlab("") +
  theme(plot.title = element_text(size = 8, face = "bold")) +
  theme(axis.title = element_text(size = 8, face = "bold")) +
  ggtitle("图 6-9：你觉得自己的财务状况比 20 年前更好还是更差") +
  coord_flip()
```

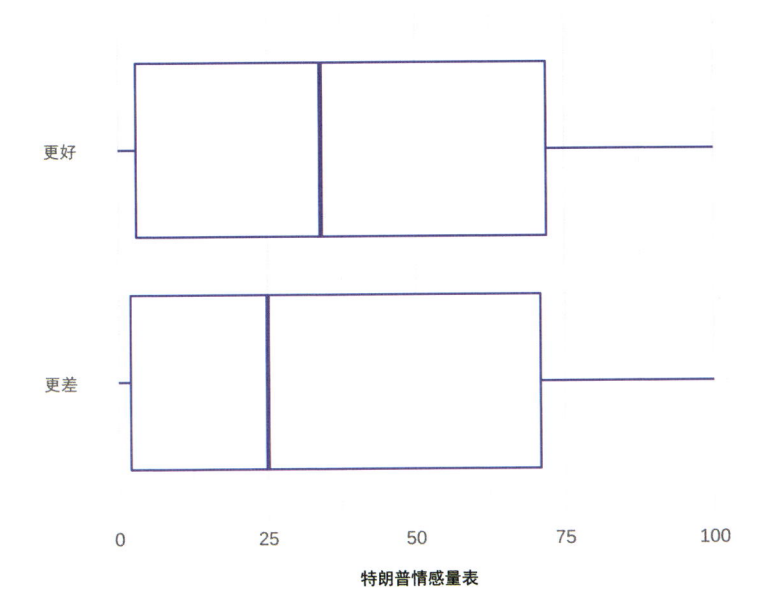

图 6-9：你觉得自己的财务状况比 20 年前更好还是更差

根据图 6-9，认为自己的财务状况比 20 年前更好的受访者支持特朗普。由于只有两个类别，所以很难弄清楚到底发生了什么。太多不同的看法被归为一类了，两个类别掩盖了可能存在的重要差异。现在请看图 6-10，它绘制了所有类别的箱线图（见代码块 6-15）。

代码块 6-15

```
ggplot(subset(nes, finwell!="Skipped"), aes(finwell, fttrump)) +
  geom_boxplot(col="blue") +
  theme_minimal() +
  theme(plot.title = element_text(size = 8, face = "bold")) +
  theme(axis.title = element_text(size = 8, face = "bold")) +
  ggtitle("图 6-10：你觉得自己的财务状况比 20 年前好吗") +
  ylab("特朗普情感量表") +
  coord_flip() +
  ylab("\n 特朗普情感量表") +
  xlab("")
```

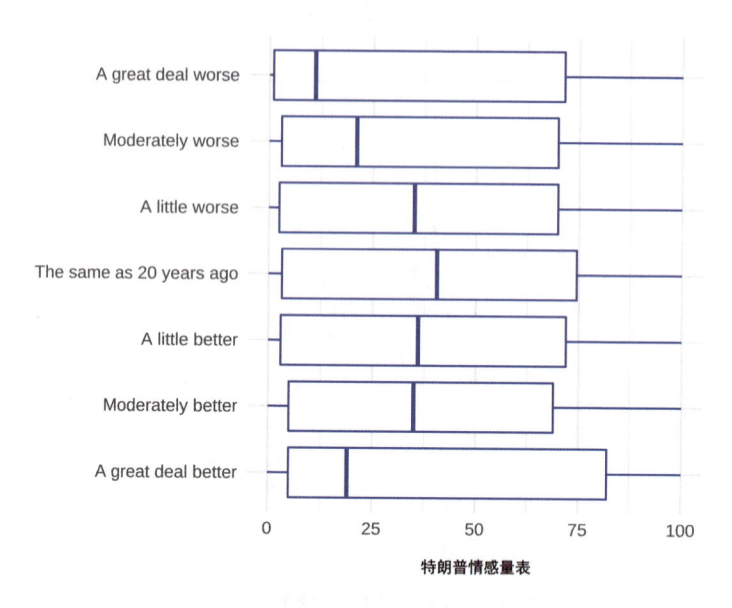

图 6-10：你觉得自己的财务状况比 20 年前好吗

如图 6-9 所示，支持程度的中位数似乎确实发生了重要变化。这表明，那些认为自己的财务状况更好的受访者对特朗普的认可度更高。相反，如果用更细化的类别查看同一度量，我们会看到不同的东西（见图 6-10）。图 6-10 显示，对自己的财务状况评价较为温和的受访者支持特朗普。换句话说，只感受到财务状况发生了中度变化的受访者更有可能投票给特朗普。那些在财务上处于顶端的人可能是最富有和受教育程度最高的人，而处于底层的人可能是受教育程度最低和最贫穷的人。

这个例子表明，我们提出的问题会影响我们使用数据的方式，这反过来又会影响我们的结论。如果不管拿到什么数据都盲目地进行分析，那么其他人的决定、目标和动机就可能会对我们的发现产生重要影响。

知识检验：创建分类变量，将假设与数据联系起来。

---

10. 以下关于修改分类以匹配假设的陈述，哪些是正确的？
    a. 类别越多越好，因为它们有助于完善假设。
    b. 类别越少越好，因为它们有助于简化复杂性。
    c. 如何对数据进行分类应该由理论驱动。
    d. 对不同分类的探索可以改变理论。
11. 为什么分类太多是一个问题？
    a. 每个类别的观测值太少。

b. 应该避免过多的信息。
  c. 类别太多表明缺乏理论。
  d. 难以可视化。

Box-Cox 变换

著名统计学家约翰·图基（John Tukey）构建了所谓的 **Box-Cox 变换阶梯**（**Box-Cox ladder of transformations**）：用于连续变量的一组按顺序实施的变换方法（Tukey，1977）。这组方法中包含许多重塑数据分布的数学表达式：

$$\frac{1}{x^2},\ \frac{1}{x},\ \frac{1}{\sqrt{x}},\ \log(x),\ \sqrt{x},\ x,\ x^2$$

让我们从目前最常见的连续数据的变换——对数变换开始。**对数变换**有不同的种类，其中最主要的是**自然对数**和**以 10 为底的对数**，让我们来研究以 10 为底的对数或者说$\log_{10}$，建立一个直观的感受。

$$\log_{10}(100)=2$$
$$\log_{10}(1{,}000)=3$$
$$\log_{10}(10{,}000)=4$$

当以 10 为底来"取对数"时，计算的是 10 的哪个指数会产生这个数字。例如，在取 1,000 的$\log_{10}$时，计算得到产生 1,000 的 10 的指数：3。取自然对数时，只是将数字 10 替换为 e 或 2.718。如果要将数据变换回其原始形式，则采用反对数（antilog）。3 的反对数为$10(\log_{10})$的 3 次方：

$$\mathrm{antilog}_{10}(3)=1{,}000$$

在变换数据后，每个值都可以变换回原始的数字。变换的另一个很好的特性是，案例的顺序保持不变。换句话说，如果在变换度量之前将案例从低到高排列，那么变换并不会改变它们的排列位置。

取对数不一定总是正确的解决方案。在某些情况下，对变量取平方根可以产生预期的结果（正态分布）。不过，在其他情况下，取倒数$\frac{1}{x}$可能是最好的选择。图基的 Box-Cox 变换阶梯将这些不同的变换逆序排列，帮助我们选择最佳的变换。

数据可视化的艺术与实践
变换变量会改变其单位

请记住，当数据被变换时，标度发生了变化。例如，当某个数字以 10 为底取对数后，每增加一个单位就是增加 10 倍。当某个数字以 2 为底取对数后，一个单位的增加意味着加倍。

数据可视化的艺术与实践
对含有 0 的变量取对数的小技巧

对含有 0 的变量取对数是有问题的，因为 `log(0)` 是未定义的，所以无法进行变换。给变量加上一个常数（通常是任意一个小数字，如 1 或更小的），然后取对数。

每次变换都对数据做了不同的处理。例如，对数变换可以把较大的离群值"拉"回来，同时把较小的值分散开来。通过对每个观测值平方来进行变量变换，可以让分布在较高的那端散开。为了形象化展示，请看 world 数据集中人均 GDP 的直方图（见图 6-11）。

代码块 6-16 中的代码看起来应该很熟悉。我首先定义了两个对象(都是直方图)，然后使用 `grid.arrange()` 函数绘制出来。请注意，如何使用 `bins=10` 选项在两个 `geom_histogram()` 函数中控制各直方图中的分箱数。

代码块 6-16

```r
options(scipen = 999)
p1 <- ggplot(world, aes(gdppc)) +
  geom_histogram(bins=10, fill = "#0000bf") +
  labs(title = paste("A")) +
  xlab("人均 GDP") +
  theme_minimal() +
  theme(plot.title = element_text(size = 8, face = "bold")) +
  theme(axis.title = element_text(size = 8, face = "bold"))

p2 <- ggplot(world, aes(log(gdppc))) +
  geom_histogram(bins=10, fill = "#0000bf") +
  labs(title = paste("B")) +
  xlab("人均 GDP（对数处理）") +
```

```
  theme_minimal() +
  theme(plot.title = element_text(size = 8, face = "bold")) +
  theme(axis.title = element_text(size = 8, face = "bold"))
grid.arrange(p1, p2, ncol=2)
```

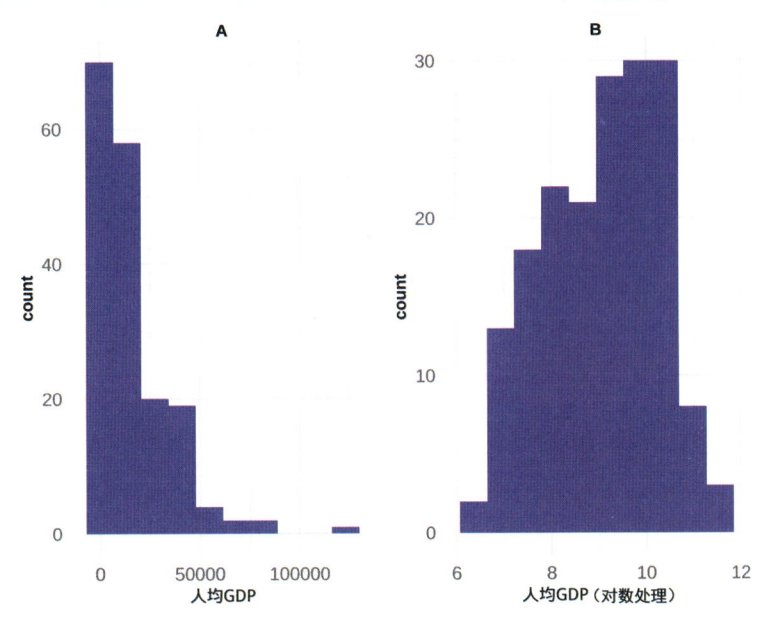

图 6-11：A 组和 B 组

在图 6-11 的 A 组中，大部分数据都集中在低收入水平，少数观测值位于相反的极端（120,000 美元）。这种分布适合取对数。取对数可以将大的离群值拉近分布的其他部分，并分离开较小的值。我们会说原始的收入变量是正偏态的（A 组）。B 组的直方图是对数形式的人均 GDP，它近似于我们希望看到的正态分布。

数据的另一种视图很有用。当我们查看散点图时，对数变换的效果尤其明显。假设我们想了解女性在立法机构下议院的比例（world$women05）和人均 GDP 收入（world$gdppc）之间的关系。当使用原始的收入数据时，很难辨认出模式。人均 GDP 变量的对数形式提供了更好的视角。请注意，在图 6-12 的 B 组中，点更加分散，我们可以更好地查看数据（见代码块 6-17）。本例中，更好的视图显示这两个变量之间没有关系。

代码块 6-17

```
p3 <- ggplot(world, aes(gdppc/1000, womleg)) + theme_minimal() +
  geom_point(col="#bf0000") +
  labs(title = paste("A")) +
```

```
  ylab("女性议员的百分比") +
  xlab("人均GDP（单位：千美元）") +
  theme(plot.title = element_text(size = 8, face = "bold")) +
  theme(axis.title = element_text(size = 8, face = "bold"))

p4 <- ggplot(world, aes(log(gdppc), womleg)) +
  geom_point(col="#bf0000") + theme_minimal() +
  labs(title = paste("B")) +
  xlab("人均GDP（对数处理）") +
  ylab("") +
  theme(plot.title = element_text(size = 8, face = "bold")) +
  theme(axis.title = element_text(size = 8, face = "bold"))
grid.arrange(p3, p4, ncol=2)
```

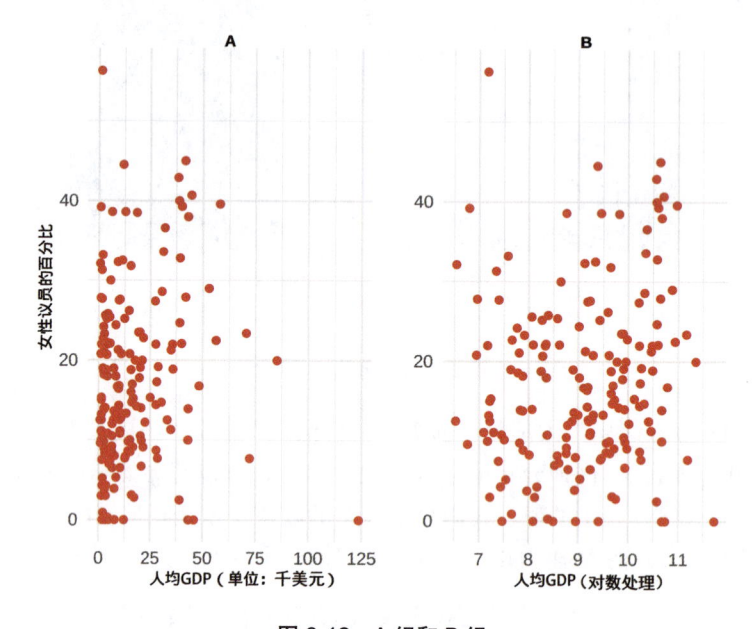

图 6-12：A 组和 B 组

要理解在变换阶梯中上下移动对数据分布的影响，请看图 6-13 中的四个直方图（见代码块 6-18）。左上方的直方图展示的是原始数据。同样，如前所述，很多国家的人均收入相对较低。右上方的直方图取人均 GDP 的平方根，开始把那些大的值（120,000 美元）拉下来，近似于正态分布。变换阶梯上的下一个阶梯是对数处理。与其他的直方图相比，经过对数变换生成的直方图更接近正态分布。最后是倒数变换（inverse transformation）的直方图，数据似乎呈正偏态，说明我们可能在变换阶梯上做得太过了。

代码块 6-18

```
p1 <- ggplot(world, aes(gdppc)) +
  geom_histogram(bins=10, fill = "#0000bf") +
  labs(title = paste("A")) +
  xlab("人均 GDP") +
  theme_minimal() +
  theme(plot.title = element_text(size = 8, face = "bold")) +
  theme(axis.title = element_text(size = 8, face = "bold"))

p2 <- ggplot(world, aes(sqrt(gdppc))) +
  geom_histogram(bins=10, fill = "#0000bf") +
  labs(title = paste("B")) +
  xlab("人均 GDP（取平方根）") +
  theme_minimal() +
  theme(plot.title = element_text(size = 8, face = "bold")) +
  theme(axis.title = element_text(size = 8, face = "bold"))

p3 <- ggplot(world, aes(log(gdppc))) +
  geom_histogram(bins=10, fill = "#0000bf") +
  labs(title = paste("C")) +
  xlab("人均 GDP（对数处理）") +
  theme_minimal() +
  theme(plot.title = element_text(size = 8, face = "bold")) +
  theme(axis.title = element_text(size = 8, face = "bold"))

p4 <- ggplot(world, aes(1/gdppc)) +
  geom_histogram(bins=10, fill = "#0000bf") +
  labs(title = paste("D")) +
  xlab("人均 GDP（取倒数）") +
  theme_minimal() +
  theme(plot.title = element_text(size = 8, face = "bold")) +
  theme(axis.title = element_text(size = 8, face = "bold"))
grid.arrange(p1, p2, p3, p4, ncol=2, nrow=2)
```

为了进一步培养直觉，请看图 6-14 中的四个散点图。散点图展示了与图 6-13 所示相同的变换。每个散点图的 x 轴上都有不同形式的人均 GDP，与人力资本指数（world$pwthc）画在一起。

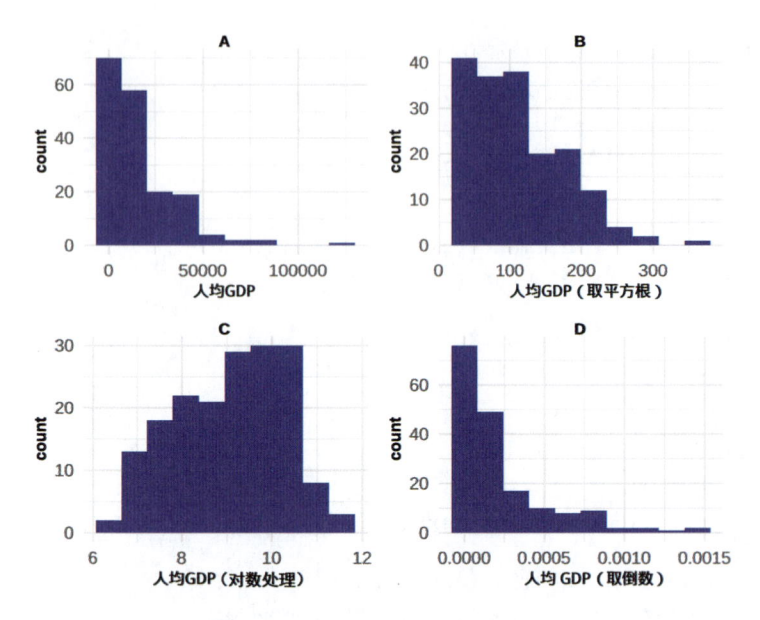

图 6-13：A 组、B 组、C 组和 D 组

因为定义了四个不同的散点图，代码块 6-19 的代码量相当大。最后，使用 grid.arrange() 函数将它们排列在网格中。

代码块 6-19

```
p1 <- ggplot(world, aes(gdppc, pwthc, label=iso3c), pos=3) +
  geom_point(col="#bf0000", size=0.5) +
  theme_minimal() +
  theme(plot.title = element_text(size = 8, face = "bold")) +
  theme(axis.title = element_text(size = 8, face = "bold")) +
  theme(axis.text = element_text(size = 6, face = "bold")) +
  ggtitle("图 6-14：四种变换") +
  ylab("") +
  xlab("\n 原始人均 GDP") +
  geom_text_repel(size=3, data=subset(world, iso3c=="QAT"),
                  aes(label=iso3c), show.legend=FALSE)

p2 <- ggplot(world, aes(sqrt(gdppc), pwthc)) +
  geom_point(col="#bf0000", size=0.5) +
  theme_minimal() +
  theme(plot.title = element_text(size = 8, face = "bold")) +
  theme(axis.title = element_text(size = 8, face = "bold")) +
  theme(axis.text = element_text(size = 6, face = "bold")) +
  ylab("") +
  xlab("\n 取平方根") +
  geom_text_repel(size=3, data=subset(world, iso3c=="QAT"),
```

```
                  aes(label=iso3c), show.legend=FALSE)

p3 <- ggplot(world, aes(log(gdppc), pwthc)) +
  geom_point(col="#bf0000", size=0.5) +
  theme_minimal() +
  theme(plot.title = element_text(size = 8, face = "bold")) +
  theme(axis.title = element_text(size = 8, face = "bold")) +
  theme(axis.text = element_text(size = 6, face = "bold")) +
  ylab("") +
  xlab("\n 取对数（以10为底）" ) +
  geom_text_repel(size=3, data=subset(world, iso3c=="QAT"),
                  aes(label=iso3c), hjust=0.3, vjust=1,
                  show.legend=FALSE)

p4 <- ggplot(world, aes(1/gdppc, pwthc)) +
  geom_point(col="#bf0000", size=0.5) +
  theme_minimal() +
  theme(plot.title = element_text(size = 8, face = "bold")) +
  theme(axis.title = element_text(size = 8, face = "bold")) +
  theme(axis.text = element_text(size = 6, face = "bold")) +
  ylab("") +
  xlab("\n 取倒数") +
  geom_text_repel(size=3, data=subset(world, iso3c=="QAT"),
                  aes(label=iso3c), hjust=1, vjust=2,
                  show.legend=FALSE)

gridExtra::grid.arrange(p1,p2,p3,p4)
```

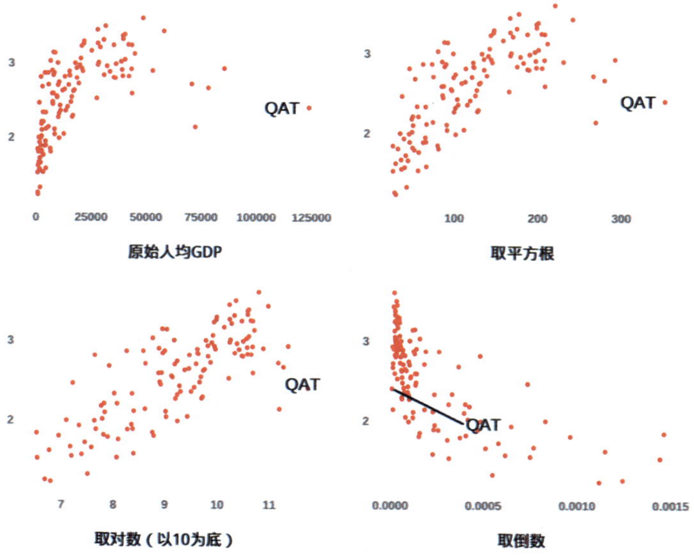

图 6-14：四种变换

请注意采用原始人均 GDP 时，卡塔尔（QAT）和其他数据之间的距离。卡塔尔的人均 GDP 收入超过 125,000 美元（美国仅超过 48,000 美元）。沿着 Box-Cox 变换阶梯往下走，取人均 GDP 的平方根，让卡塔尔离其他观测更近一些。虽然近了一些，但仍然与其他数据相去甚远。在图 6-14 的左下角，绘制的是人均 GDP 的对数与人力资本指数。卡塔尔似乎离其他数据更近了，收入和人力资本呈线性相关。因此，对数变换似乎是一种不错的解决方案。再往下走，取人均 GDP 的倒数，卡塔尔就不再引人注目了，但现在有其他的离群值，且脱离了线性关系。

> **知识检验：描述 Box-Cox 变换阶梯。**

12. 什么是 Box-Cox 变换阶梯？
    a. 用于分类数据的一组变换方法
    b. 用于连续数据的一组按顺序实施的变换方法
    c. 一组全部基于取对数的变换方法
    d. 由约翰·图基设计的变换方法
13. 以下哪些关于对数变换的陈述是准确的？
    a. 当数据呈正态分布时，它们是有用的。
    b. 当观测集中在分布的低端，而在高端存在一些离群值时，它们是有用的。
    c. 当观测集中在分布的高端，而在低端存在一些离群值时，它们是有用的。
    d. 它们将分布中低端的值分散开来，并将高端的离群值拉近其他数据。
14. 回答以下问题。
    a. 1,000 的 $\log_{10}$ 是多少？
    b. 10,000 的 $\log_{10}$ 是多少？
    c. 100 的反对数（以 10 为底）是多少？
    d. 10 的反对数（以 10 为底）是多少？

小结

变换数据的主要原因有两个。首先，扩增或缩减变量的类别数量，将连续度量改为分类度量，或对连续度量采用对数变换，是有重要理论依据的。其次，数据变换提升了可视化效果。这里的目的是展示最常用的变换方法，因为数据很少以我们想要的形式出现。一条重要的经验法则是随时记录变量是如何变换的，确保原始数据能够恢复。最后，千万不要把数据拿来就用。要始终质疑数据的内容和形式。这些数据很有可能是其他人出于不同的目的和动机而收集和汇总的。因此，这样的数据不太可能满足我们的需求。通过数据变换，可以在假设和检验它们用的数据之间建立起更紧密的联系。

常见问题

- 不要把数据拿来就用,而是要自由地、经常地变换数据。大部分数据都不是专门为我们收集的。对数据进行变换,可以更好地与假设相匹配,或者有助于获得较好的数据可视化效果。在描述数据的同时,也应该考虑数据变换相关问题。初级分析师常常把数据拿来就用,而不去考虑它们是否符合问题、假设或可视化模式的目标。
- 不要覆盖现有变量。在变换变量时,要用新名称创建一个新变量,以便将原始变量保留下来。
- 在对含有 0 的变量进行对数变换前,先给变量加上一个常数,因为 0 的对数是未定义的,并不会计算。在处理小的数字时,给变量加上 0.001 是完全没有问题的。当你想变换的变量有更大的值时(包括 0),只需在取对数前加 1。
- 在从数据中去掉离群值进行分析之前,先看能否通过变量变换(通常是取对数)将离群值拉近其他数据,以消除离群值。

复习题

1. 我们为什么要变换数据?
2. 最常见的数据变换方式有哪些?
3. 取对数对变量的分布有什么影响?
4. 为什么人均 GDP 通常需要进行变换?
5. 什么是图基的 Box-Cox 变换阶梯?
6. 什么时候将连续变量分成几类是有意义的?
7. 数据变换常用的对数表达式是哪两个?
8. 应该在数据分析的哪个环节考虑数据变换?
9. 数据变换是怎么丢弃信息的?
10. 为什么数据很少以我们想要的形式出现?

数据分析与可视化练习

1. 请提供代码,将 nes 数据中的受访者年龄切分成三部分:小于 30 岁的受访者、30 多岁的受访者、40 岁及以上的受访者。
2. 请提供代码,将 nes$race 变量变换为记录受访者是否自我认同为白人的变量,并将新类别分别标记为"白人"和"非白人"。

3. 以下假设需要什么样的自变量，是连续的还是分类的？
   a. 20多岁的人和50岁以上的人对喜剧的品味是否存在巨大的差异？
   b. 人越老，越睿智。
   c. 老年选民更保守，因为他们拥有住房。
   d. 接受过良好教育的人赚的钱更多，因为他们有文凭。
4. 以下假设需要什么样的因变量，是连续的还是分类的？
   a. 接受过更多教育的选民更有可能投票给民主党。
   b. 非裔美国人与警察会有更多的肢体接触。
   c. 种族与曾经被逮捕过有关。
   d. 种族与收入有关。
5. 比较原始版和对数版 states$infant 变量的直方图，哪个版本更接近正态分布？
6. 以下数值的 $\log_{10}$ 是多少？
   a. 10
   b. 1
   c. 1,000,000
   d. 1,000
7. 以下数值的反对数（以10为底）是多少？
   a. 3
   b. 4
   c. 1
   d. 0
8. 以下哪些变量应该取对数？
   a. 人均 GDP（world$gdppc）
   b. 民族语言异质性（world$ethfrac）
   c. 拥有高中文凭的州人口百分比（states$hsdiploma）
   d. 家庭收入（states$poptotal）
9. 以下哪些是数据变换的好处？
   a. 数据更加匹配假设。
   b. 可以更好地观察到潜在的模式。
   c. 不再存在离群值。
   d. 分析原始数据不是一个好主意。
10. 数据变换的缺点是什么？
    a. 分析师通过变换数据获得他们想要的答案。
    b. 数据变换不过是改变问题答案的一种方式。
    c. 数据变换会改变案例的顺序。
    d. 在变换之后，就无法恢复其原始形态。

> **R 函数注释**

以下函数在本章中出现。它们按首次出现的顺序列出（括号中的是代码块编号），并在此注释以简要地说明其用途。其中有些不是独立的函数，必须结合其他指令使用。友情提示：只要按照它们出现的顺序运行，每章的代码就都可以正常工作。正确的运行还依赖作者定义的 `libraries()` 函数，用于加载所需的 R 包。

`ggplot()`：定义图的基本结构（通常是变量 x 和 y）。（6-1）

`aes()`：aes（图形属性，aesthetics）函数在 ggplot 中用于定义图的基本结构[1]，通常包含要用到的变量以及形状或颜色。（6-1）

`geom_text_repel()`：在图中增加不会重叠的标签文本。（6-1）

`ifelse()`：用于构建"如果……那么……"（if-then）语句的逻辑函数。其既可用于选择特定案例进行标注，也可用于从连续变量中创建分类变量。（6-1）

`theme_minimal()`：为 ggplot 设置极简风格的主题。（6-1）

`theme()`：指定 ggplot 中的字体、大小等。（6-1）

`ylab()`：在 ggplot 中设置 y 轴标签。（6-1）

`xlab()`：在 ggplot 中设置 x 轴标签。（6-1）

`geom_smooth()`：为数据拟合一条曲线或直线。（6-2）

`subset()`：选择特定的数据子集。（6-2）

`cut()`：将连续数据切分为不同的因子水平或分类。（6-4）

`geom_boxplot()`：在 ggplot 中绘制箱线图。（6-5）

`as.factor()`：将变量改为因子类型。（6-9）

`levels()`：列出分类变量的因子水平。（6-10）

`coord_flip()`：翻转图中的坐标，使其变为垂直方向或水平方向。（6-11）

`geom_histogram()`：在 ggplot 中绘制直方图。（6-16）

`grid.arrange()`：将两个或多个不同的图放在一起展示。（6-16）

`options(scipen=999)`：用于表示不使用科学记数法。（6-16）

1　译注：图形属性与变量的映射关系。

数据展示的一些原则 7

本章大纲
- 学习目标
- 概述
- 一些风格要素
- 故事的基本要素
- 文档(树立讲述者的可信度)
- 建立直觉(设定背景)
- 展示因果关系(旅程)
- 从因果到行动(决议)
- 小结
- 常见问题
- 复习题
- 数据分析与可视化练习
- R 函数注释

学习目标
- 列出一些风格要素。
- 讲述你的故事。
- 阐述文档的要素和重要性。
- 阐明如何设定背景。
- 建立因果关系。
- 找出分析中隐含的下一步行动。

概述

用图来描述数据往往比用满是数字的表格来呈现更好。设计不良的数据表现形式可能会误导、模糊和忽视本应突出显示的重要信息。在本章中,我们将探讨呈现数据的一些基本原理。

随着统计程序的发展和对数据可视化的设计与美学的日益关注,统计越来越重视其图形表示。对于那些想深入研究的人来说,爱德华·塔夫特(Edward Tufte)关于数据展示的四本书是一个很好的起点。塔夫特的工作涉及图形的完整性、美学、分析设计的原则,以及它们所基于的智力任务。我大量借鉴了塔夫特的观点,重点关注我认为数据可视化最重要的方面:①文档;②因果关系;③整合。数据可视化的这三个方面对于我们理解问题并提出解决方案将会大有裨益。

我还借鉴了科尔·努斯鲍默·纳福利克(Knaflic, 2015)和南希·杜阿尔特

（Duarte，2010）的观点，她们都强调清晰（clarity）和结构化（structure）支撑着数据的有效呈现。对于纳福利克和杜阿尔特来说，展示数据就是讲故事。塔夫特某些方面的原则与杜阿尔特和纳福利克所强调的观点相吻合，同时得到了加强。例如，塔夫特对文档的强调有助于树立讲述者的可信度，这也是纳福利克和杜阿尔特的方法的一个关键组成部分。

呈现数据是一种伦理、道德和情感的行为。正如小威廉·斯特伦克和 E. B. 怀特（Strunk et al. 1979）在写作中提醒的那样，数据分析和数据呈现反映了其内在深藏的特质。不耐烦是敌人。不耐烦表现在很多方面：标注不清的图表、不成熟的理论，以及数据的故事还没有讲完就停下来的倾向。急躁的人没有时间追求真理和美，而是满足于任何出现在他们面前的东西。请看下面小威廉·斯特伦克和 E. B. 怀特的著名手册《风格的要素》（*The Elements of Style*）[1]中的引文：

> 风格的最终形成更多的是来自思想态度，而不是写作原则，正如一位年长的从业者所说过的，"写作是一种信仰的行为，而不是语法的技巧。"如果不是因为作者即风格，这种道德观察在一本规则手册中是没有一席之地的。因此，他是什么样的人，而不是他知道什么，最终决定了他的风格（Strunk et al. 1979）[84]。

分析数据并呈现结果是一种道德反思，就像写作一样。在这个过程中享受到的一部分乐趣不仅在于对世界的探索，还在于对自我的探寻。

一些风格要素

沿袭小威廉·斯特伦克和 E. B. 怀特著名的英文写作注意事项的精神，我提供了一个小得多、没那么雄心勃勃的清单，列出了在数据可视化时需要考虑的事项。我希望这份清单能提供一些指导，提倡清晰、透明和真实，让作者能够表达自己的观点，并让读者迅速理解。前两点有助于清晰明了：①消除杂乱；②构建焦点更突出的图；③整合文字和图，利用图或表中的可用空白，在尽可能小的空间内提供尽可能多的信息。我们经常使读者不必要地在页面上的图和正文之间转移视线。在文本和图之间来回切换会让人感到迷惑，读者往往会放弃其中一个，忽略了一半的信息。请将文本放在数据旁边。

下一项指导，一图应该胜千言，是从塔夫特要表现克制的要求衍生出来的。当需要以数字形式传达信息时，即使用一个表格或一个简单的句子就已足够，我们也

---

1 译注：又译《英文写作指南》。

往往会诉诸图形。

最后一项指导虽然技术含量较低,但同样重要。了解你的受众和你的目的是两项重要的指导方针。用卡通人物装饰的图不适合在董事会会议或学院评议会议上使用。对于回归表应该谨慎使用,我们认为它们在麋鹿旅舍(Elks Lodge)、扶轮社(Rotary Club)或社区老年人中心的演讲中毫无用处。

了解你的目的同样重要:探索、解释和告知。可视化数据对其中的每一项都有帮助,但我们应该相应地组合数据视图。在探索数据时,要客观中立地安排视觉效果,你不希望被引入歧途。一旦得出结论,说服就是你的工作,呈现有重点且易于理解的图。最后,如果目的是告知,那么每平方英寸可以着墨的地方就更多了。换言之,要在尽可能小的空间内提供尽可能多的信息。

这些是我长期以来整理的一套原则、指南或建议。在每一个例子中,这些理念都是通过其他人一系列更详细的示例表达出来的。对于每个案例,我都会指出其来源,以便你可以更充分地探索它。

消除杂乱

在许多方面,这与斯特伦克教授永无止境地追求删减字词的做法是直接对应的。不必要的字词会混淆视听,并在许多方面淡化了隐藏在其背后的信息。不必要的润色或修饰也是如此。塔夫特的书籍提供了图表和图表在这方面出错的有趣例子,在那里可以看到更多关于**图表杂乱**(chart clutter)的艺术和历史案例。在一本书中,纳福利克(Knaflic, 2015)提供了 Excel 生成的图表杂乱的极好案例。

杂乱不经意间产生的方式有很多。不幸的是,计算机图形学的早期发展远远超过了良好实践,为我们提供了大量不必要的功能和修饰。幸运的是,最新版本的数据图形包更契合良好的展示实践。

让我们从 ggplot 的一个标准图形开始,说明如何消除图表中的杂乱。在代码块 7-1 中,有我们现在已经很熟悉的用于绘制散点图的 ggplot 函数。在这里,我绘制了民族语言碎片化与人均 GDP 之间的关系(见图 7-1)。请注意,它没有使用 theme_minimal() 函数来删除灰色的背景。

代码块 7-1

```
ggplot(world, aes(ethfrac, log(gdppc), col=aclpregion)) +
  geom_point() +
  ggtitle("图 7-1:民族语言碎片化影响人均 GDP") +
  ylab("人均 GDP(对数处理)") +
  xlab("民族语言碎片化") +
```

```
theme(plot.title = element_text(size = 8, face = "bold")) +
theme(axis.title = element_text(size = 8, face = "bold"))
```

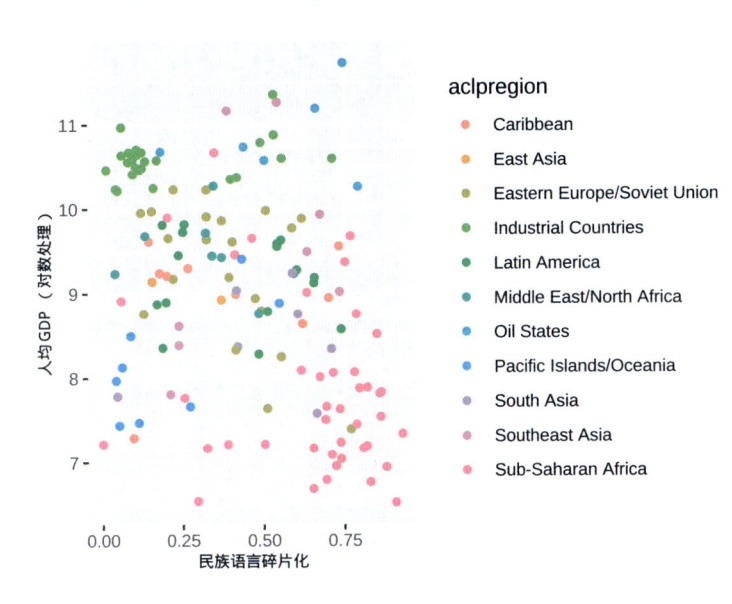

图 7-1：民族语言碎片化影响人均 GDP

虽然 R 中的"ggplot"图形包遵循众多随着大数据和数据分析的发展而逐渐形成的最佳实践，但还是有需要注意的地方[1]。请看图 7-1 中的散点图。假设我的目标是表明"工业化国家"是如何聚集在高收入和民族语言异质性水平相对较低的位置的。

大多数人会按地区给数据点着色，在右边生成一个图例。虽然这比大多数图形的杂乱程度要低，但是还有待改进（见代码块 7-2 和图 7-2）。

代码块 7-2

```
ggplot(world, aes(ethfrac, log(gdppc))) +
  geom_point(color=ifelse(world$aclpregion=="Industrial Countries",
                          "#0000bf", "grey")) +
  ggtitle("图 7-2：洁净版的图 7-1") +
  ylab("人均 GDP（对数处理）") +
  xlab("民族语言碎片化") +
  annotate("text", x=0.15, y = 11.5, label = "工业化国家",
           col="#0000bf") +
  theme_minimal() +
  theme(plot.title = element_text(size = 8, face = "bold")) +
  theme(axis.title = element_text(size = 8, face = "bold"))
```

---

[1] 关于展示数据的书籍层出不穷，我就不再赘述消除杂乱的无数方法了。我认为在这方面最优雅和最有用的书籍之一是纳福利克的《用数据讲故事》(*Storytelling With Data*)（Knaflic, 2015）。

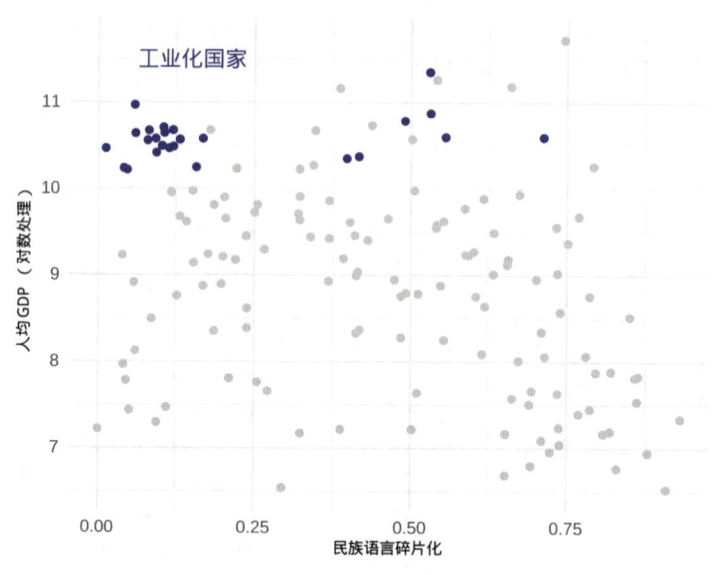

图 7-2：洁净版的图 7-1

请看图 7-2，它是洁净版的图 7-1。首先要注意的是，通过加上 `theme_minimal()` 函数，删除了灰色的背景。删除灰色的背景，就可以把想淡化的图形的特征做成灰色。`theme_minimal()` 函数也会将传统的 x 轴和 y 轴展示方法替换为更轻量的网格。我还删除了图例，它在图 7-1 中占了三分之一的可用空间。如前所述，我在整本书中都使用了这个主题，因为它去掉了标准 ggplot 图形中不必要的特征。

由于目标是确定一组案例，因此将这些案例设置成深蓝色并标注出来，就能突出重点。

聚焦

当我们清理杂乱（clutter）时，自然会更加聚焦；图 7-2 就是一个很好的例子。现在请看图 7-3（见代码块 7-3）。首先，如果图中是可以改变方向的曲线或直线，那么当它们相互交叉时就难以跟踪。其次，地区的数量和颜色深浅的不同使得难以区分它们。例如，东南亚（Southeast Asia）和撒哈拉以南非洲（Sub-Saharan Africa）地区、拉丁美洲（Latin America）和中东（Middle East）地区都难以区分。

代码块 7-3

```
ggplot(world, aes(ethfrac, log(gdppc), color = aclpregion)) +
  geom_point() +
  theme_minimal() +
  theme(plot.title = element_text(size = 8, face = "bold")) +
  theme(axis.title = element_text(size = 8, face = "bold")) +
  geom_smooth(method="lm", se=FALSE) +
```

```
ggtitle("图 7-3：色彩混乱") +
ylab("人均 GDP（对数处理）") +
xlab("民族语言碎片化")
```

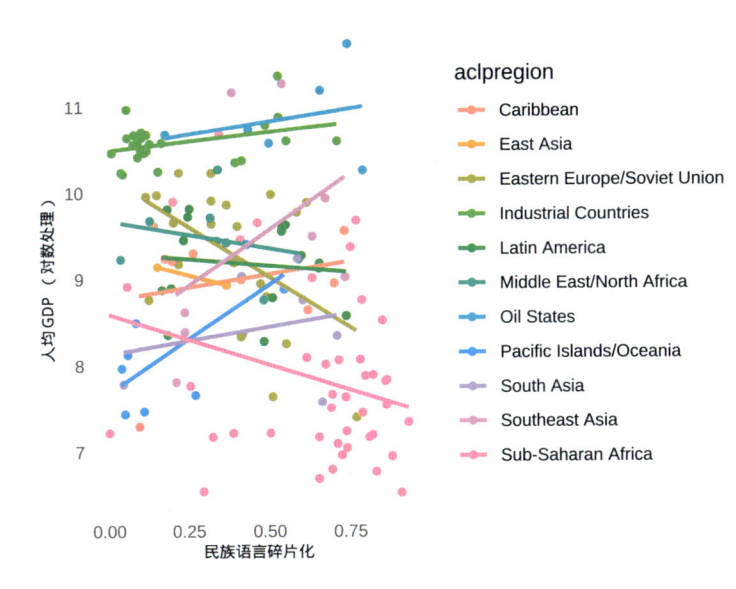

图 7-3：色彩混乱

由于图 7-3 万花筒似的性质，人们很难注意到其中两个地区与其他地区有很大的不同：东南亚（Southeast Asia）和太平洋岛屿/大洋洲（Pacific Islands/Oceania）。代码块 7-4 中的代码通过将颜色限制为三种：蓝色、黑色和灰色，将我们的注意力集中在这两个地区。请注意代码中使用了三个 geom_smooth() 函数。在 geom_point() 图层中，使用了 ifelse() 函数来给不同的地区着色。此外，还使用 annotate() 函数添加了注释（见图 7-4）。

代码块 7-4

```
ggplot(world, aes(ethfrac, log(gdppc), by=aclpregion)) +
  geom_point(color=ifelse(world$aclpregion=="Southeast Asia", "black",
                   ifelse(world$aclpregion=="Pacific Islands/Oceania",
                          "#0000bf", "grey"))) +
  theme_minimal() +
  theme(plot.title = element_text(size = 8, face = "bold")) +
  theme(axis.title = element_text(size = 8, face = "bold")) +
  geom_smooth(data=subset(world,
                   aclpregion == "Southeast Asia"),
              color="black", method="lm", se=FALSE) +
  geom_smooth(data=subset(world,
                   aclpregion == "Pacific Islands/Oceania"),
              color="blue", method="lm", se=FALSE) +
```

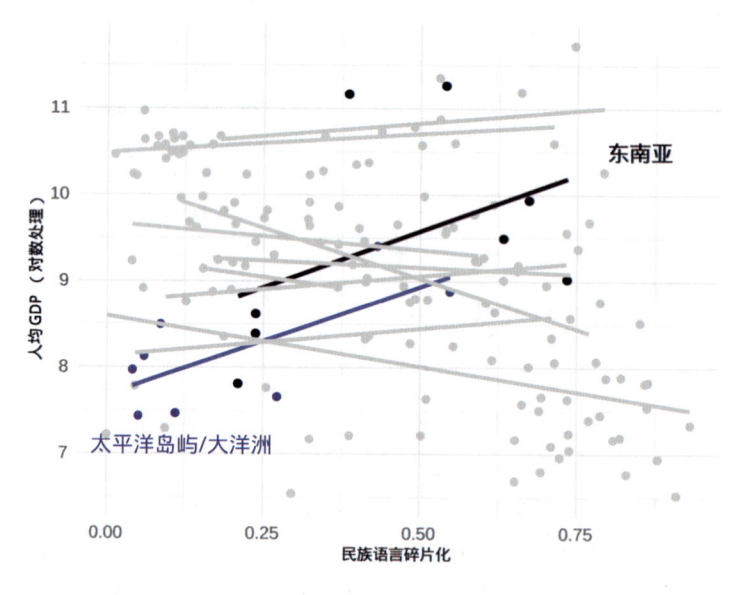

```
geom_smooth(data=subset(world,
                        aclpregion != "Southeast Asia" &
                        aclpregion != "Pacific Islands/Oceania"),
            color="grey", method="lm", se=FALSE) +
ggtitle(" 图 7-4：这两个地区与其他地区不一样 ") +
ylab(" 人均 GDP（对数处理）") +
xlab(" 民族语言碎片化 ") +
annotate("text", x = 0.85, y = 10.5,
         label = " 东南亚 ", col="black") +
annotate("text", x = 0.12, y = 7.1,
         label = " 太平洋岛屿 / 大洋洲 ", col="#0000bf")
```

图 7-4：这两个地区与其他地区不一样

当处理多条线时，特别是如果它们不是直的，请突出显示想要强调的一两条线并将其余的线变灰。此时，注意力被吸引到了东南亚和大洋洲这两个逆势而上的地区：随着民族异质性的增加，收入也在增加。虽然结果没有那么丰富多彩，但形成的鲜明对比强调了要点。同时，去掉图例并将标签放在靠近点的地方，能使图表的实际尺寸增加约三分之一，而不占用任何额外的空间。

整合图文

文字与图相结合是一种有效的沟通方式。更重要的是，将文字放在了需要它们的地方——在数据中。虽然数据可视化软件有了长足的进步，但是我们仍然经常陷入有限的媒介中，很难将两者结合起来。虽然标记点和提供注释可能很难，但是某些软件包比其他软件包更容易实现。Adobe Illustrator 在组合文字和图时特别有用。请看下面图的几个不同版本。

我们注意到，虽然人均 GDP 和民族语言碎片化之间似乎确实存在负相关关系，但这种关系更类似于倒 U 形，而非直线。为了说明在图中和图周围放置文字的威力，让我们先从简化版的散点图开始（见图 7-5）。代码块 7-5 中的代码生成了一张非常基础的散点图，没有标签，不会引起对某个或某组案例的注意。唯一改进的是 `theme_minimal()` 函数和用来设置图中字型样式和大小的 `theme()` 函数。虽然我们可以看出收入与民族语言碎片化之间存在负相关关系，但由于缺少标签，图中的许多重要特征仍未被发现。

代码块 7-5

```
ggplot(world, aes(ethfrac, log(gdppc))) +
  geom_point(color="red") +
  ggtitle("图 7-5：人均 GDP 与民族语言碎片化") +
  ylab("人均 GDP（对数处理）") +
  xlab("民族语言碎片化") +
  theme_minimal() +
  theme(plot.title = element_text(size = 8, face = "bold")) +
  theme(axis.title = element_text(size = 8, face = "bold"))
```

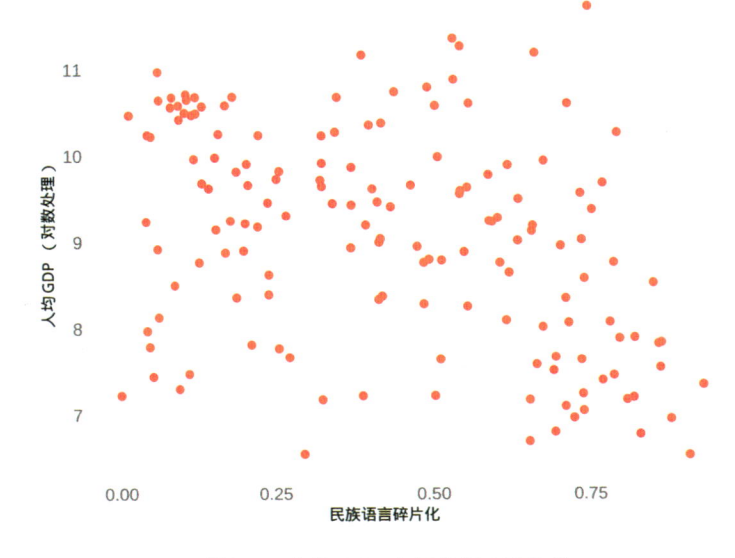

图 7-5：人均 GDP 与民族语言碎片化

现在请看一张信息量更大的散点图，其中包含标签和线。要画出在图 7-6 中看到的内容，首先使用代码块 7-6 中的代码绘制出散点图的基本元素，然后将图导入 Adobe Illustrator 中，将注释和线准确地放置在我想要的位置。生成该图的大部分工作是通过使用 `geom_smooth()` 叠加三条不同的线，标记出几个小岛国，并添加文本以突出工业化国家和撒哈拉以南非洲国家来完成的。

代码块 7-6

```r
ggplot(world, aes(ethfrac, log(gdppc), label = iso3c)) +
  geom_point(color=ifelse(world$aclpregion=="Industrial Countries",
                          "blue",
                   ifelse(world$aclpregion=="Sub-Saharan Africa",
                          "black", "grey"))) +
  geom_smooth(method="lm", se=FALSE, col="grey", linetype = "dashed") +
  geom_smooth(data=subset(world,
                          aclpregion != "Industrial Countries"),
              color="black", se=FALSE) +
  ggtitle(" 图 7-6：民族语言碎片化降低了收入 ") +
  ylab(" 人均 GDP（对数处理）") +
  xlab(" 民族语言碎片化 ") +
  annotate("text", x = 0.12, y = 11.2,
           label = " 工业化国家 ", col="blue") +
  annotate("text", x = 0.75, y = 6.5,
           label = " 撒哈拉以南非洲国家 ", col="black") +
  theme_minimal() +
  geom_text_repel(size = 3, col="blue",
      aes(label=ifelse(iso3c=="COM" |
                       iso3c=="HTI" |
                       iso3c=="SLB" |
                       iso3c=="KIR",
                       as.character(iso3c),"")
          ), show.legend=FALSE)
```

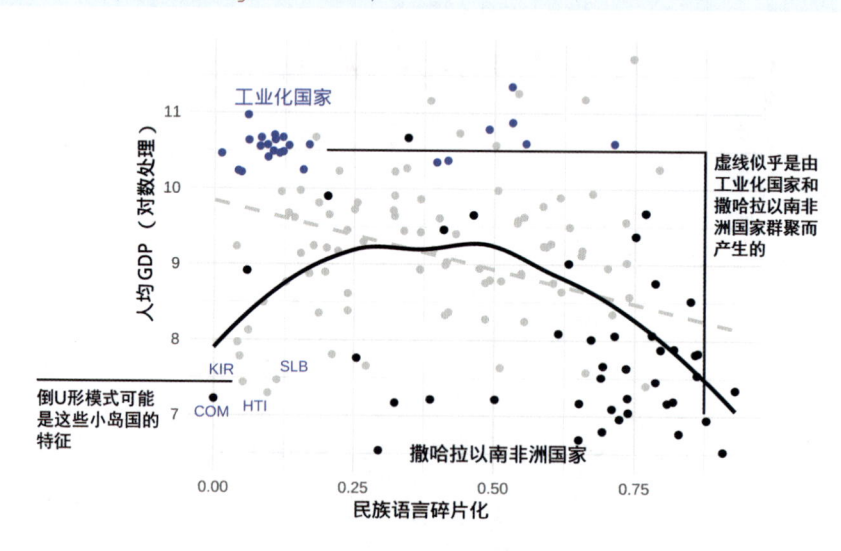

图 7-6：民族语言碎片化降低了收入

虽然乍一看，图 7-6 违反了信息过多的原则，但每一条额外的信息都有助于解释关系的非线性形式及其原因案例。这种关系有几个方面值得注意。例如，如果去掉欧洲民主国家群体，曲线就会变得更加明显。话虽如此，但曲线的一个重要部分涉及人均 GDP 低且民族异质性水平低的国家。仔细观察，这些国家都是非常小的岛屿国家：基里巴斯（KIR）、科摩罗（COM）、海地（HTI）和所罗门群岛（SLB）。

标准做法是在散点图中展示不同的点标签。在通常情况下，正规的描述出现在图的上方或下方，或者在相邻页的段落中。更有效的方法是在图中加入文字和额外的特征（箭头、线等）来进行论证。图 7-6 举例说明了应该如何添加额外信息。

有了更翔实的标题、有意义的案例采用不同颜色、视觉辅助（曲线）以及图中放置的一些额外文字，论证就更有说服力了。与位于图的上方、下方或其他页面上的信息相比，我们的眼睛更容易注意到相邻对象的信息。虽然 R 也能在图中进行注释，但专门设计用来组合各种图形设备和效果的软件是首选。图 7-6 是在 Adobe Illustrator 的帮助下由 R 生成的。

> **数据可视化的艺术与实践**
> **文字与图的邻近程度**
>
> 虽然在图中整合文字可能非常有效，但将图放在尽量靠近其描述文字的位置是至关重要的。只要可能，就把图放在其描述文字的附近。如今，文字处理软件已经足够成熟，可以将大多数文字及其所描述的图放在同一页上，而不会导致大片的空白。

一图应该胜千言

将文字和图整合起来能增加传递的信息量。根据塔夫特的说法，要最大化每平方英寸的信息量（Tufte, 2006）。一张有信息量的图与清晰、直接、简洁的文字之间有异曲同工之妙。与松散的段落一样，一系列空洞的图会削弱信息的传达。如果用简单的一句话就能做到，就要避免用图代替表或用表代替文字。

请看一张关于政党认同的条形图（见图 7-7）。注意我是怎样使用代码块 7-7 中的 subset() 函数，从图中删除"其他"（Other）和"不确定"（Not sure）两个类别的。

代码块 7-7

```
ggplot(subset(nes, pid7!="Other" & pid7!="Not sure"), aes(pid7)) +
   geom_bar(fill="#0000bf") +
   theme_minimal() +
   theme(plot.title = element_text(size = 8, face = "bold")) +
   theme(axis.title = element_text(size = 8, face = "bold"))  +
```

```
coord_flip() +
ggtitle(" 图 7-7：政党认同条形图 ") +
ylab(" 受访者人数 ")
```

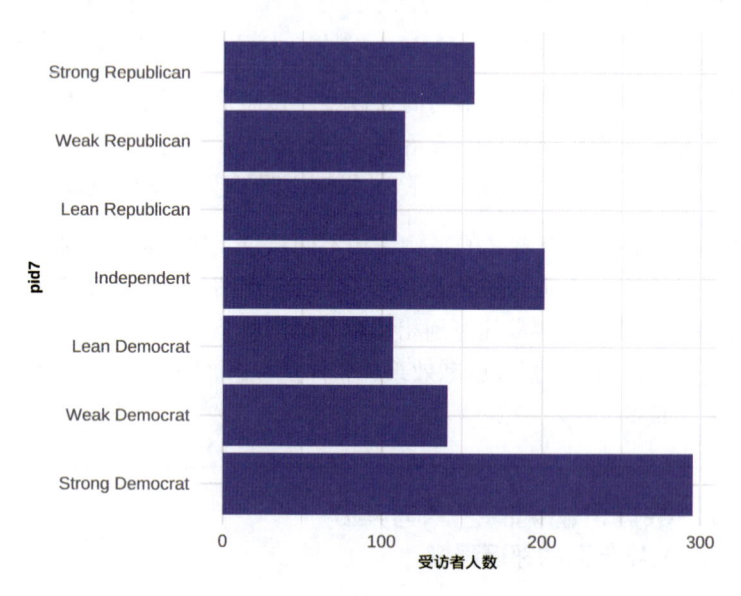

图 7-7：政党认同条形图

图 7-7 中的条形图虽然美观（如果你喜欢蓝色的话），但只提供了 7 点信息。基于图的大小，每平方英寸所传达的信息量是相当小的。在这种情况下，请使用表格（见代码块 7-8）。

代码块 7-8
```
count(nes, pid7)

# A tibble: 9 x 2
  pid7                  n
  <fct>             <int>
1 Strong Democrat     295
2 Weak Democrat       141
3 Lean Democrat       107
4 Independent         201
5 Lean Republican     109
6 Weak Republican     114
7 Strong Republican   157
8 Not sure             40
9 <NA>                 14
```

在代码块 7-8 原始的 R 输出中（一个 tibble 对象），受访者的确切人数以紧凑的方式呈现在相当小的区域内。更进一步，如果你的观点是民主党人比共和党人多，则不妨考虑改用一句话。

> 在国家选举研究（NES）的调查中，认为自己是坚定的民主党人的受访者人数大大超过认为自己是坚定的共和党人的受访者人数，比例达到 2∶1。

我们会被图冲昏头脑，有时简单的一句话足矣。只有一图胜千言时，才有必要使用图。

数据可视化的艺术与实践
目迷五色

使用 R 来生成图打开了整个字体、形状、符号和颜色的世界。当学生们第一次面对这么多的选择时，我发现他们选择的颜色是为了表现其个性，而不是为了有效地传达信息。许多人倾向用明亮的粉色、蓝色、黄色和荧光绿。虽然其色彩鲜艳、引人注目，但会令人眼花缭乱。我们会感觉到颜色和花纹在颤动，难以看清。使用较浅的色调，尽管有可能阻碍个人表达，但却使图更容易观看和理解。在查看含有不同颜色的数据时，改变相同颜色的色调深浅能让结果看起来更专业。

作为最后一组示例，接下来的四张散点图说明了标签、形状和颜色如何优雅地提供额外的信息。图 7-8 中的散点图虽然强调了人均 GDP（对数处理）和民族语言碎片化之间的关系，但并没有讲清楚。此外，还有许多软件程序采用的灰色背景带来的杂乱。

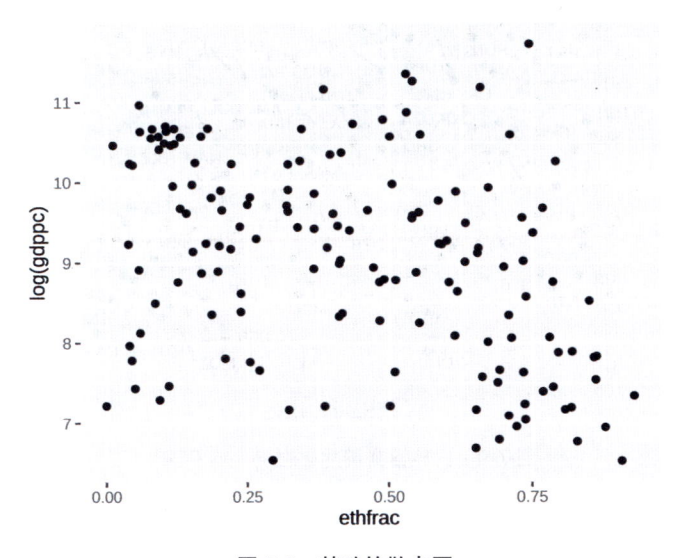

图 7-8：基础的散点图

注意，在代码块 7-9 中，代码量很少。生成基础的散点图、直方图或条形图不需要太多的代码。而要添加标题、指定字体、标注案例和拟合线条，就需要更多的代码了。在不关注细节的情况下，探索数据不需要太多的代码。

代码块 7-9

```
ggplot(world, aes(ethfrac, log(gdppc))) +
  geom_point()
```

在整洁程度和信息量之间存在重要的权衡。当有超过 100 个不同的类别（或个案）时，这种权衡会被放大。当面临整洁程度和信息量之间的选择时，一些从业者选择整洁。例如，一张"干净"的图可能没有标签。另一个极端，想想当标注上每个观测时会发生什么。为了避免国家缩写重叠，我使用了 geom_text_repel() 函数，将缩写与点连接起来（见代码块 7-10 和图 7-9）。

代码块 7-10

```
ggplot(world, aes(ethfrac, log(gdppc))) + geom_point() +
  theme_minimal() +
  theme(plot.title = element_text(size = 8, face = "bold")) +
  theme(axis.title = element_text(size = 8, face = "bold")) +
  ggtitle("图 7-9：民族语言碎片化影响人均 GDP") +
  ylab("人均 GDP（对数处理）") +
  xlab("民族语言碎片化") +
  geom_text_repel(size=3, aes(label = iso3c, size = 1))
```

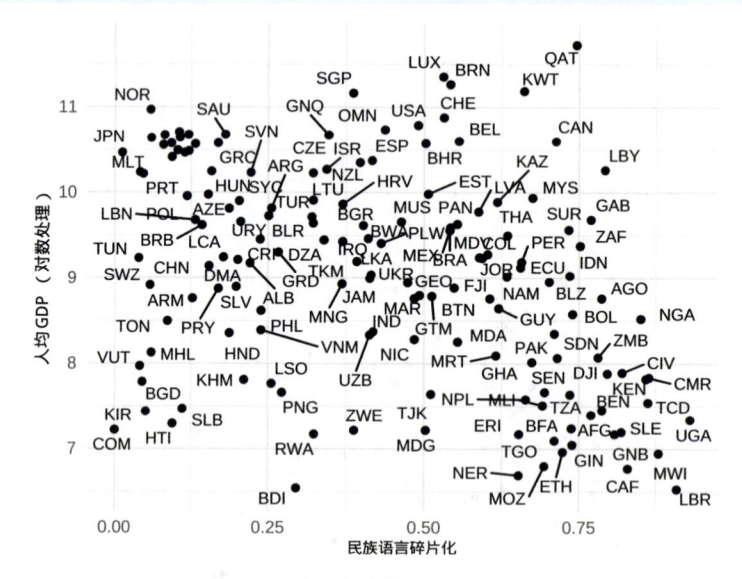

图 7-9：民族语言碎片化影响人均 GDP

尽管图 7-9 避免了灰色背景，但标签及其指示线扰乱了对关系的理解。幸运的是，我们可以引入颜色来减少杂乱。请注意，通过将数据点涂成红色并将其余信息涂成灰色，注意力被重新吸引回关系上，同时保留了标签所提供的信息（见图 7-10）。请注意，我还缩小了标签的大小（见代码块 7-11）。

代码块 7-11

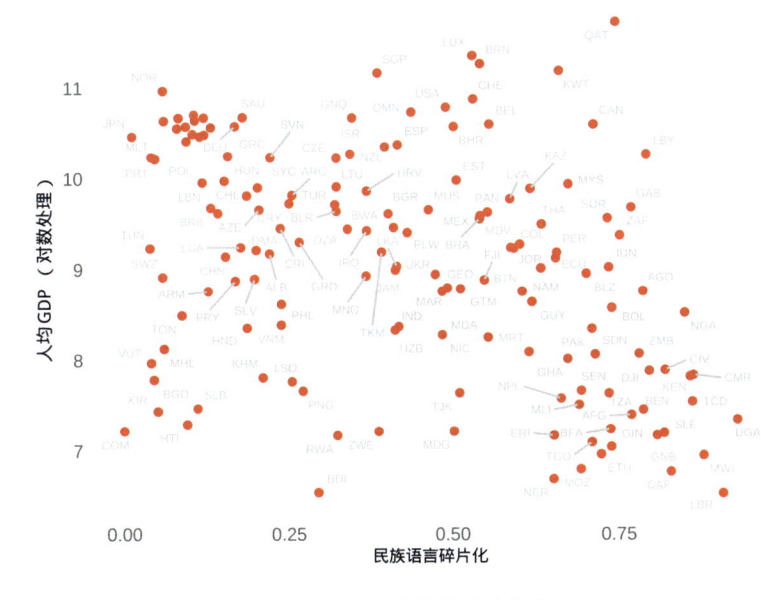

```
ggplot(world, aes(ethfrac, log(gdppc))) +
  geom_point(col="#bf0000") +
  theme_minimal() +
  ggtitle("图 7-10：民族语言碎片化影响人均 GDP") +
  ylab("人均 GDP（对数处理）") +
  xlab("民族语言碎片化") +
  theme_minimal() +
  theme(plot.title = element_text(size = 8, face = "bold")) +
  theme(axis.title = element_text(size = 8, face = "bold")) +
  geom_text_repel(size=2,
          aes(label = iso3c, size = 1),
              col="grey", show.legend=FALSE)
```

图 7-10：民族语言碎片化影响人均 GDP

幸运的是，通过改变点和标签的颜色与大小，我们可以提供更多的信息，而不会掩盖两个变量之间的关系。在图 7-10 中，现在有了更多的信息，我们仍然聚焦在两个变量上，同时还知道了每个国家所处的位置。请注意，大多数西欧国家都位于左上角的象限内（前面确定的工业化国家）。负相关关系似乎是由西欧国家和撒哈拉以南非洲国家驱动的。

如果想在图 7-10 中添加更多的信息，则可以根据区域为点着色。颜色证实了西欧和非洲之间存在巨大的差异。我们可以更进一步，看看民主政体有没有什么故事可讲。当各民族享受法治和人权（与民主相关的两个政权特征）提供的保护时，民族语言碎片化与人均 GDP 之间的关系也许会发生变化。

通过 `ifelse()` 函数（见代码块 7-12），根据 `world` 数据集中的 `regime` 变量将议会制和总统制的民主国家定为 1，将其他国家定为 0。在图 7-11 中，民主国家为三角形。在 `ggplot()` 函数的图形属性中采用了 `shape=reg` 选项。

代码块 7-12

```
world$reg <- ifelse(world$regime=="Parliamentary Democracy", 1,
             ifelse(world$regime=="Presidential Democracy", 1, 0))

world$reg <- as.factor(world$reg)

ggplot(world, aes(ethfrac, log(gdppc), col=region, shape=reg)) +
  geom_point() +
  ggtitle("图 7-11：民族语言碎片化影响人均 GDP") +
  ylab("人均 GDP（对数处理）") +
  xlab("民族语言碎片化") +
  theme_minimal() +
  theme(plot.title = element_text(size = 8, face = "bold")) +
  theme(axis.title = element_text(size = 8, face = "bold"),
        legend.title = element_text(size = 5, face = "bold"),
        legend.text = element_text(size = 5),
        legend.position="bottom") +
  labs(color = "区域", shape = "政体") +
  geom_text_repel(size=2,
         aes(label = iso3c, size = 1),
         col=ifelse(world$iso3c=="MDG", "#0000bf",
             ifelse(world$iso3c=="LUX", "#0000bf", "grey")))
```

虽然西欧和撒哈拉以南非洲之间似乎确实存在一些重要的地区差异，但将民主国家设置为三角形并没有展现出任何明显的模式。诚然，图 7-11 提供的信息可能太多了。如果我们想特别关注政权体制，那么放弃将颜色作为区分特征或许会有所帮助。虽然图 7-11 可能会使眼睛疲劳（并使大脑负担过重），但是我们可以通过不同的方式对民主国家进行着色，来看看会不会出现某种模式。

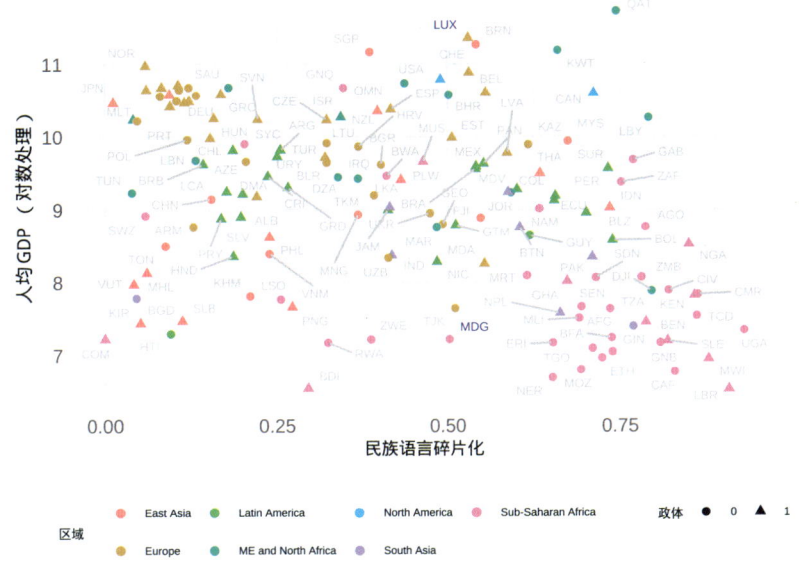

图 7-11：民族语言碎片化影响人均 GDP

让我们回顾一下。图应该胜过千言万语，但如果不止如此，则可能会适得其反。在图精简的外观和其传达的信息量之间需要权衡取舍。然而，这种残酷的权衡可以通过优雅的方式得到缓和。谨慎而合理地使用颜色和形状（以及在图中插入文本），有助于在保持图美观的同时阐明重要的观点。这里没有硬性规定，你的选择取决于你到底想论证、展示或说明什么。

了解你的受众

你的受众不仅决定着你应该介绍什么，而且决定着该如何介绍。有两个维度可以用来判断你的受众：他们对数据的经验和他们的时间。让我们先来谈谈他们对数据的经验。

这里有一条简单的规则要牢记：如果你不得不花更多的时间来解释图是如何运作的，或者它代表着什么，而不是它实际讲了什么，那么你就得重新审视该图。我们需要交流的大部分内容都可以通过条形图、折线图、直方图或散点图来完成。当然，高亮、文本和颜色会有所不同。如果受众必须解析你提出的佐证，那么你就是在打一场硬仗。

就大公司的总裁和首席执行官而言，他们几乎或根本没有时间来应付错综复杂的图。对于这类群体，不仅最好坚持用传统形式，而且要特别注意简化视觉效果，把注意力集中在要点上。除了你的主要观点，这群人几乎没有时间或精力对其他东西留下印象。

最后,你要意识到在想让其对使用 R 感到兴奋的学生面前,与正在考虑削减其部门或者学院预算的系主任或院长面前演示的区别。对于前者,多色猫图(见图 7-12)可能会改变一些爱猫人士对学习统计和数据分析的态度。对于后者,可能很容易因为你没有认识到事情的严重性而感到被冒犯,特别是当涉及学费和可能的裁员人数时。

这里绘制的猫图是让爱猫人士兴奋的。在绘制猫图(见代码块 7-13)时,有几件事情需要注意。首先,你可以看到如何使用 install_github() 和 library() 函数安装并加载包,这个包是从 GitHub 获取的(平时用的是 install.packages() 函数)。我还使用了编造出来的数据。我将 x 的范围定义为 0 ~ 20,同时创建一个 x 的表达式 y。在创建了这些变量后,就可以接着使用 multicat() 函数了。

代码块 7-13

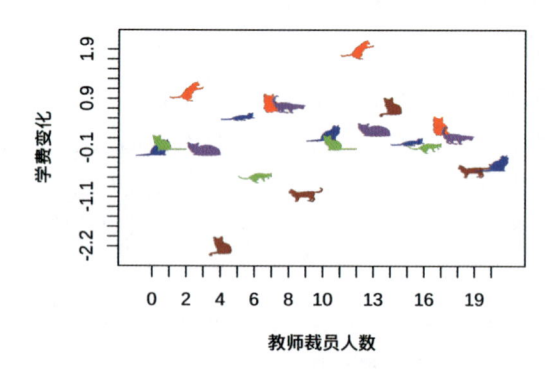

```
install_github("Gibbsdavidl/CatterPlots")

library(CatterPlots)

x <- 0:20
y <- -x^2 + 10
set.seed(33)

multicat(xs=x, ys=rnorm(21),
         cat=c(1,2,3,4,5,6,7,8,9,10),
         catcolor=c("blue", "green", "red", "purple", "brown"),
         canvas=c(-0.1,1.1, -0.1, 1.1),
         xlab="教师裁员人数",
         ylab="学费变化",
         main="图 7-12:学费和教师裁员")
```

图 7-12:学费和教师裁员

了解你的目的：解释性、探索性或信息性

与了解你的受众密不可分的是了解你的目的。这里我借鉴了南希·杜阿尔特（Duarte, 2010）的工作。杜阿尔特区分了两个目的，我再补充第三个。杜阿尔特认为，数据的可视化分为**解释性的**和**探索性的**。当处于解释模式时，主要目标是像激光一样聚焦主要观点，用最有吸引力的视觉效果抓住读者的眼球。规则就是简单明了。

代码块 7-14 中的代码让数据变灰，同时拟合出一条线，突出说明美国 50 个州的收入和堕胎之间存在正的线性关系。实际的代码已经是最朴实无华的干货了。结果得到了图 7-13 所示的效果，这个可视化示例可以用来解释某事或提出一个非常具体的观点。

代码块 7-14

```
ggplot(states, aes(inc, abort)) +
  geom_point(col="grey") +
  geom_smooth(method="lm", se=FALSE, col="#0000bf") +
  theme_minimal() +
  theme(plot.title = element_text(size = 8, face = "bold")) +
  theme(axis.title = element_text(size = 8, face = "bold")) +
  ggtitle(" 图 7-13：富裕阶层的人堕胎更容易 ") +
  ylab(" 每千名女性的堕胎数 ") +
  xlab(" 人均收入（美元）")
```

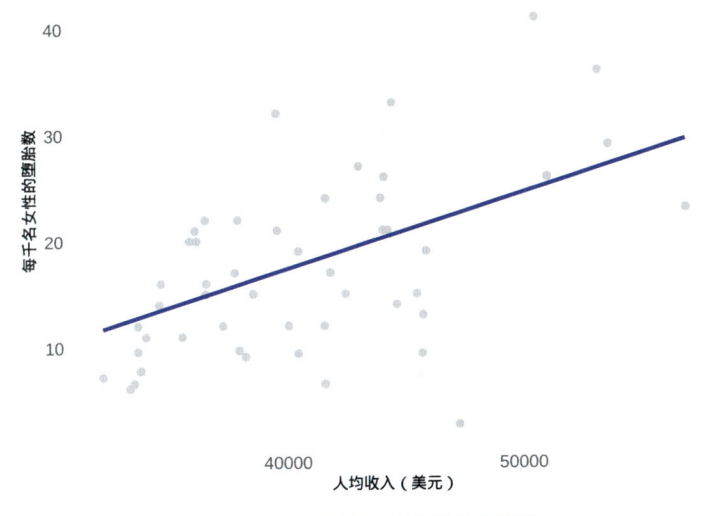

图 7-13：富裕阶层的人堕胎更容易

当处于探索模式时，目标是中立性。不要为了支持或反对任何某种特定的解释而耍花招。相反，要构建一个实验，给备择假设平等的机会。在探索之前，应该避免突出某些特征（见代码块 7-15 和图 7-14）。

代码块 7-15

```
ggplot(states, aes(inc, abort, col = region)) +
  scale_color_manual(values=c("#bf0000", "#00bf00",
                              "#00ffff", "#263333")) +
  geom_point(size=2) +
  theme_minimal() +
  theme(plot.title = element_text(size = 8, face = "bold")) +
  theme(axis.title = element_text(size = 8, face = "bold")) +
  ggtitle(" 图 7-14：按地区探索堕胎和收入 ") +
  ylab(" 每千名女性的堕胎数 ") +
  xlab(" 人均收入（美元）") +
  annotate("text", x = 45000, y = 30,
           label = " 西部 ", col="#00bf00") +
  annotate("text", x = 32000, y = 12,
           label=" 南部 ", col="#bf0000") +
  annotate("text", x = 50000, y = 35,
           label = " 东北部 ", col="#263333") +
  annotate("text", x = 39000, y = 5,
           label = " 中西部 ", col="#00ffff") +
  guides(col=FALSE, shape=FALSE)
```

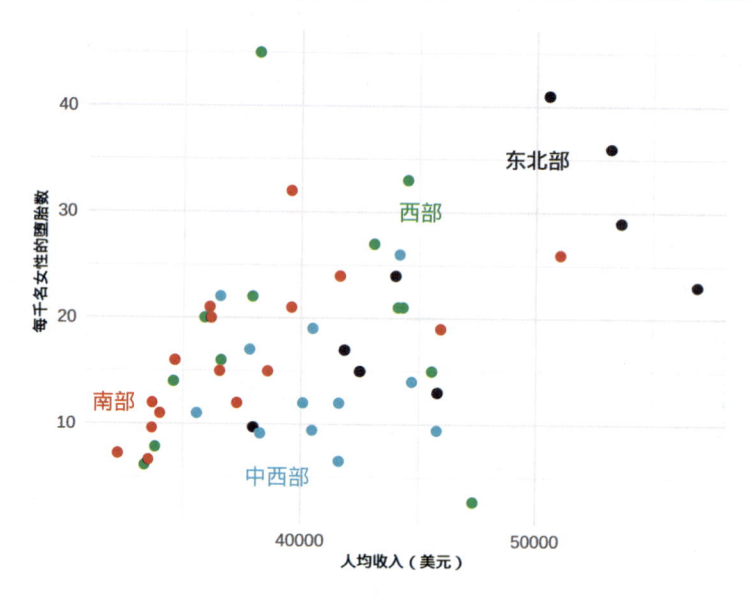

图 7-14：按地区探索堕胎和收入

图 7-14 展示了一种视觉设计，旨在探索地理区域是否影响美国堕胎率与收入之间的关系。在这张散点图中，我们并没有把一个地区涂得比另一个地区更暗来进行论证。这里只是试图确定是否存在模式，而非试图说服或游说任何人。

不可否认的是，为解释而设计的图和为探索而设计的图之间的区别可能是微妙的。如果目的是解释，我们展示的图可能会用不同的颜色表示南部和东北部，其他地区都是灰色的，以突出区域差异。我们也可以每次突出一个地区（见图7-15）。

在代码块7-16中，注意，在 geom_point() 函数中使用了 size = 2.5 选项，让所有的点都稍微大了一些。还要注意的是，这里使用 ifelse() 函数将南部各州涂成了蓝色，而其他地区都是灰色的。

代码块 7-16

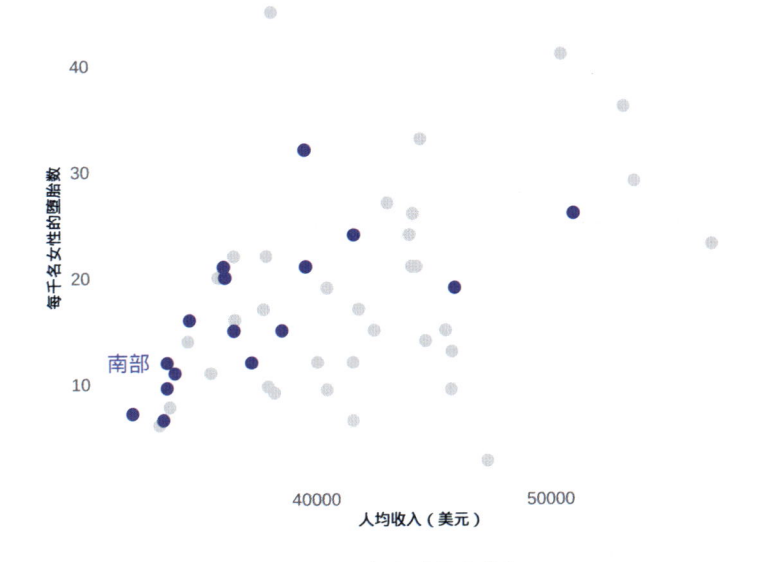

```
ggplot(states, aes(inc, abort, label = "state")) +
  geom_point(size = 2.5, col=ifelse(states$region=="South", "#0000bf",
                                    "grey")) +
  theme_minimal() +
  theme(plot.title = element_text(size = 8, face = "bold")) +
  theme(axis.title = element_text(size = 8, face = "bold")) +
  ggtitle("图7-15：解释堕胎和收入") +
  ylab("每千名女性的堕胎数") +
  xlab("人均收入（美元）") +
  annotate("text", x = 32000, y = 12,
           label = "南部", col="blue") +
  guides(col=FALSE, shape=FALSE)
```

图7-15：解释堕胎和收入

在解释性和探索性的基础上，我加上了**信息性**。有时，目的不仅是解释或探索，也是为了提供信息或提供参考。在这种模式下，应尽可能多地传达信息。用塔夫特的话来说，每平方英寸着墨更多。在避免杂乱的同时，假设读者可以根据需要回到相应的视觉画面上。可以被反复推敲的视觉效果非常有用。数据可视化提供的信息作用常常被忽视，取而代之的是有助于解释和探索但不传达信息的视觉效果。

图 7-16 描绘了与前两张图相同的关系，但这次它提供了尽可能多的信息（见代码块 7-17）。因为展示了大量的信息，所以很难找出任何一个特定的关系或主题。但这不是重点，目的不是解释或探索关系，而是提供尽可能多的信息。从图 7-16 中，我们可以了解到堕胎和收入之间的关系、每个州的数值，以及堕胎人数和收入的平均数，还加上了第三个变量（人口密度的对数）。虽然展示的信息很多，很难有一个简单的解释或者一下子发现什么，但这种图是有用的。

代码块 7-17

```
ggplot(states, aes(inc, abort, col = region)) +
  geom_point(size=log(states$density)) +
  scale_color_manual(values=c("#bf0000", "#00bf00",
                              "#00ffff", "#263333")) +
  theme_minimal() +
  theme(plot.title = element_text(size = 8, face = "bold")) +
  theme(axis.title = element_text(size = 8, face = "bold")) +
  geom_text_repel(size=2.5,label=states$st, col="grey") +
  ggtitle(" 图 7-16：美国的堕胎情况 ") +
  ylab(" 每千名女性的堕胎数 ") +
  xlab(" 人均收入（美元）") +
  annotate("text", x = 45000, y = 30,
           label = " 西部 ", col="#00bf00") +
  annotate("text", x = 32000, y = 12,
           label=" 南部 ", col="#bf0000") +
  annotate("text", x = 50000, y = 35,
           label = " 东北部 ", col="#263333") +
  annotate("text", x = 39000, y = 5,
           label = " 中西部 ", col="#00ffff") +
  guides(col=FALSE, shape=FALSE) +
  annotate("text", x = 52000, y = 17,
           label="Y 的平均数 ", col="grey")+
  annotate("text", x = 42200, y = 41,
           label="X 的平均数 ", col="grey")+
  annotate("text", x = 52000, y = 10,
           label=" 点大小 = 人口密度的对数 ", col="grey")+
  guides(col=FALSE, shape=FALSE) +
  geom_hline(aes(yintercept = mean(states$abort)), col="grey",
             linetype = "dashed") +
  geom_vline(aes(xintercept = mean(states$inc)), col="grey",
             linetype = "dashed")
```

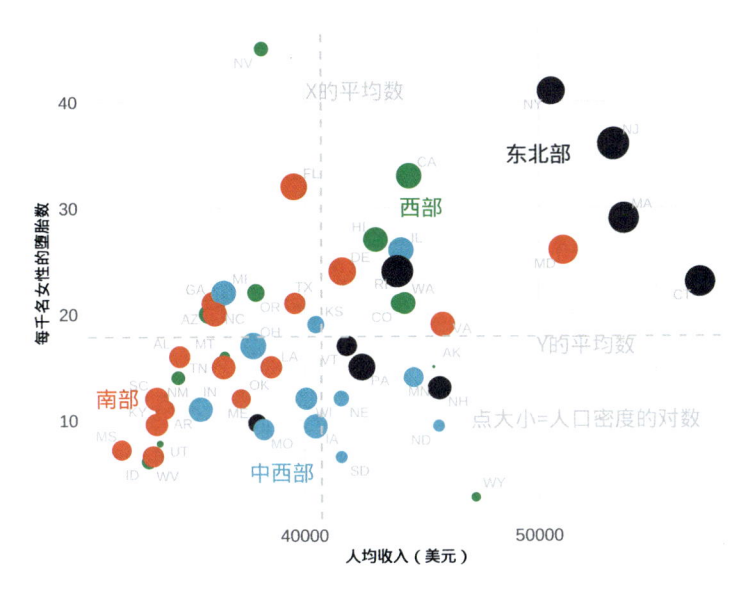

图 7-16：美国的堕胎情况

> **知识检验：列出一些风格要素。**

1. 以下哪些代表图表垃圾或图表杂乱？
   a. 不必要的图例或轴线
   b. 灰色背景
   c. 在散点图中标记点
   d. 图中的颜色过多
2. 以下哪些方法可以有效地将注意力集中在图形的某些特征上？
   a. 标记点。
   b. 按组别给点着色。
   c. 用独特的颜色突出特征。
   d. 通过改变大小来突出特征。
3. 以下哪些是集中注意力的有效方法？
   a. 颜色
   b. 形状
   c. 尺寸
   d. 文字与图相结合
4. 什么时候应该使用图？
   a. 当你真的想强调什么时

  b. 当你有三条以上的信息时
  c. 当页面可以用一点颜色时
  d. 当你面对满是数字的表格时
5. 什么时候应该使用信息性的方法？
  a. 当你想提供参考时
  b. 当你想提供大量的信息时
  c. 当你想了解关系并提供信息时
  d. 当你想提出某一个观点时

故事的基本要素

  虽然我们或许不会参与编写下一部伟大的美国小说、最新的 HBO 犯罪剧本，或下一稿的漫威漫画故事线，但还是要谨慎地呈现数据分析。目前的心理学研究表明，讲故事是最有效的信息传达方式[1]。为了达到这个目标，下面介绍一些基础知识。

  每个故事都有一个英雄，每个英雄都有一个导师：一个可信赖的人，作为顾问、知己或向导。在最流行的故事中，著名的导师比比皆是，例如《星球大战》电影中的尤达、《哈利·波特》一书中的邓布利多、《回到未来》三部曲中的"布朗博士"。你就是导师，引导并建议英雄完成这段旅程。

  听众（audience）就是英雄。作者往往却承担了这一角色，失去了听众的信任。当听众被当作英雄时，为其提供完成旅程所需的建议和工具，演讲就会受到尊重并满足其需求。

  我们要使用的框架是一种被称为"英雄之旅"的设计，这种结构在许多故事中都可以找到。约瑟夫·坎贝尔于 1949 年首次清楚地将其叙述为一个简单的三部曲故事，编剧克里斯托弗·沃格勒（Vogler, 2007）对其进行了扩展，确定了 12 个不同的组成部分。我们专注于"英雄之旅"的三幕来保持简单。在第一幕中，介绍了英雄，建立了背景，并且有一个事件或进展鼓励英雄踏上旅程。在第二幕中，英雄开始了旅程，进入了另一个世界，并遇到了一系列的障碍和挑战，需要英雄成长、发展或成熟。在第三幕中，冲突得到解决或障碍被克服，英雄胜利归来。虽然我们不是为大型工作室写剧本，但重视讲故事的基本构成能说服听众采取行动。

  有了这些不同的角色和故事的基本结构（背景、旅程、决议），你就可以开始构建有效的演讲了。值得再次提起的是，越是注重传达我们的结果，观点切中要害的概率就越高。

---

1 关于为什么讲故事是一种有效的交流方法的完整论述，请参阅南希·杜阿尔特的书——《视觉沟通的法则》（*Resonate*）（Duarte, 2010）。她的书也很好地构建了故事中的反差和矛盾，从而使演讲更有效。

> **知识检验：讲述你的故事。**

6. 以下哪一个是在故事中设置背景的代名词？
   a. 模型估计
   b. 诊断
   c. 描述数据
   d. 提出假设

7. 旅程相当于以下哪一个？
   a. 提出论点
   b. 找出困惑
   c. 解决困惑
   d. 提出新问题

8. 第三幕，冲突的解决，相当于以下哪种情况？
   a. 提供支持假设的证据
   b. 确定假设
   c. 你的结论
   d. 提出下一个问题

文档（树立讲述者的可信度）

现在，我们已经设立了一些展示数据的原则和讲述故事的基本框架，接下来的三节将展示它们之间的联系。让我们从文档（documentation）和树立作为导师的可信度开始。对于那些有幸亲眼见到塔夫特演讲的人来说，都会被他对文档的关注所震惊。优秀的导师会记录一切。简单地说，正确地记录数据会使你成为一个可信的讲述者。以下是关于树立可信度的文档方面内容。

数据从何而来？科学有赖于重现（reproduce）结果的能力。除非其他人知道数据的来源，否则分析是无法重现的。在最基本的层次上，文档指明数据来自何处。当数据来源确定且公开可用时，科学的进程就会加速。

文档化数据分析的第一条规则就是确定数据来源。阅读文档或听演讲，都应该直接将读者或听众与数据联系起来。大多数学者会在正文的某处提供引证（citation），但在表或图的注释中包括这些信息也是有帮助的。公开数据是无可替代的。

数据说明了什么？对数据要非常清楚，要有准确的标签。不耐烦是敌人。由于着急继续，分析师很少关注数据的单位。例如，不知道数字代表的是数量还是比率，会导致混乱。在我们的数据中，造成混乱最多的三个例子是凶杀率（world 数据集）、婴儿死亡率（states 数据集）和堕胎率（states 数据集）：凶杀率代表每 10 万人口中凶杀案受害者的数量；婴儿死亡率代表每千名活产婴儿死亡数；堕胎率记录了每千名女性的堕胎数。

数据是如何产生的？继续以凶杀率为例，这些数字是如何收集到的？哪些机构整理了这些数据，又是如何构建的？是什么组织将它们输入计算机中并提供给公众使用的？就凶杀率而言，由国家卫生部、国家警察机构或参与监狱建设的私人公司资助的游说团体收集的数字，可能会非常的不同。

我们这个时代某些最重要的争论在于数据的来源和构建方式。例如，《经济学人》中的一篇封面故事报道了目前关于衡量收入不平等的讨论（Economists Are Rethinking the Numbers on Inequality, 2019）。在过去的几年里，很多书籍和文章都讨论了关于西欧和美国日益严重的收入不平等问题（Piketty, 2014；Piketty & Saez, 2003；Piketty & Zucman, 2014；Piketty et al. 2018）。有些人认为，我们现在生活在一个新的镀金时代，少部分人控制着越来越多的国家财富。这些数据大多基于纳税申报表。虽然比以前的工作有所改进，但基于纳税申报表的数据并不完美。在没有深入细节的情况下，经济学家们对以前基于纳税申报表的数据是否准确地描绘了当前的趋势进行了激烈的辩论。选举活动和政策取决于收入不平等是在增加还是在减少。确定数据的来源和构建方式至关重要。

数据是如何改变的？除记录数据的来源之外，数据分析几乎总会包括分析数据的子集。例如，在考察人均 GDP 时，海湾地区的石油国家因其巨大的石油财富和稀少的人口而与众不同。将这些国家纳入分析中是否有意义？要始终为如何构建子集提供非常清晰的处理方式。哪些案例被遗漏了，为什么？将讨论放在报告的前面和中间。如果你觉得有必要把它们藏在一个不起眼的地方，不引起读者的注意，那大概是有原因的。

> **知识检验**：阐述文档的要素和重要性。

9. 为什么文档这么重要？
   a. 它树立了你的可信度。
   b. 英雄更有可能接受你作为导师。
   c. 科学有赖于重复。
   d. 它树立了数据的可信度。
10. 以下哪些是文档的关键要素？
    a. 准确地描述单位。
    b. 指出谁产生了这些数据。

c. 概述数据的覆盖范围或边界。
d. 证明度量是有效的。

建立直觉（设定背景）

任何故事的第一部分都涉及设定**背景**。让听众（audience）熟悉数据。让他们牢牢把握问题，准确了解因变量和主要的自变量。度量越新颖，就应该花费越多的时间来解释其结构和主要特点。

有时展示所有的数据会很有帮助，在散点图或条形图中清楚地标注出所有的案例。有了大数据——大量的观测——往往有助于选出几个能引起听众共鸣的案例。

把注意力集中在问题、差距、斗争或反常现象上，是为听众设定背景的另一种方式。如果所有的 PowerPoint 演示文稿开始时都有文字向上滚动，飘向银河系，解释帝国和叛军之间的现状，我们都会更满意[1]。试着用对数据有帮助的观点来达到相同的目的，为英雄之旅程搭建舞台。

> 知识检验：阐明如何设定背景。

11. 以下哪些用来设定背景？
    a. 描述数据
    b. 建立直觉
    c. 展示数据
    d. 将受众与数据联系起来

展示因果关系（旅程）

一旦设定了背景，就可以解释为什么存在问题、差距、斗争或反常现象。在这种尝试中，传达探索感和信息的画面并不如给读者（audience）留下深刻印象的那些东西有用。以下是一些有助于讲述因果故事的提示。

相关性不是因果关系，但你的文字应该反映其中之一。图表应该与手头上的问题直接相关且能得出明确的结论。不相干的词句使我们的写作变得混乱；不相干的图表使我们的分析和论证变得混乱。避免无关材料的最好方法是讲述一个非常清晰和明确的因果故事。

---

1 译注：借鉴了《星球大战》，是这部电影开头交代背景的方式。

细心的分析师知道，他们的描述和比较并不能证明**因果关系**。因此，他们的用词要么严谨地留在相关（correlation）范围内，要么是明确的因果（causal）关系。当语言在相关性和因果关系之间来来回回，试图突破数据实际所能说明的界限时，我们就会遇到麻烦。最好是坚持使用其中一种方法。也许最好的方法是承认数据的局限性，然后讲述你的因果故事。

打破因果链。由于事件是一连串的，有些变量是相关的，当我们关注这条链的两个端点时，就是因果关系的**简化形式**。以罗伯特·普特南关于社会资本和善治（good governance）的工作为例（Putnam, 1993）。普特南发现，人口的社会资本水平（参与公民生活）与政府的效率之间存在很强的经验关系（empirical relationship）。将公民活动与政策结果联系起来涉及一条相当广的事件因果链。例如，参加社交和体育俱乐部的个人培养了有效参与政治的必要技能。面对以高水平有效参与政治为特征的人口，政府将不得不提供有效的政策。

普特南论证的简化形式是社会组织的数量与机构有效性的度量之间的相关性：家庭诊所的数量、托儿所的数量、内阁的稳定性等。将这些变量联系起来涉及一条相当长的事件链：参与社会组织→更高水平的社会资本→有效参与政治→良好的治理。确定过程的两个端点是否相关是很重要的，要始终努力展示它们之间的联系。虽然并不一定会有揭示中间步骤的图表，但分析师应千方百计地证实它们存在。

能通过标题来评判图表。图表要用强烈的、陈述性的标题来明确因果关系。虽然有过于谨慎的传统，但空洞的标题没什么用。虽然避免提出因果断言的方法值得称道，但更实诚地明确说明图表展示内容的标题似乎更有效。散点图的标题通常为"Y 与 X 的散点图"。相反，可以试试"X 导致了 Y"。分析师对此有不同的意见。这里的建议是坚守其中一种方法。当读者最不怀疑因果关系时，你要避免在语言上钻空子假装因果相关。

> **知识检验：建立因果关系。**

12. 第二幕，旅程，与以下哪些是同义词？
    a. 准确的数据描述
    b. 做出声明式陈述的图表标题
    c. 强有力的因果论证
    d. 描述连接因果链的所有环节

从因果到行动（决议）

你的发现意味着什么？你希望你的听众在看到证据（故事）后会做什么？我们进行分析，得出结论，然后呈现出来，而往往不去思考它们意味着什么。在没有最终目标的情况下呈现数据，就相当于一本书、一部电影或一首歌曲戛然而止。这也给听众留下了一个问题：那又怎样？

逆向工作法。你讲的故事和收集的证据应该是一个行动号召，无论是组织抗议、说服董事会投票支持你的提案，还是说服决策者采纳政策。专注于你想要支持的行动有助于剔除无关信息。这一点特别有用，因为技术让我们生成丰富多彩、异乎寻常甚至可爱（如"猫图，catterplots"）的数据表示变得越来越容易，分享太多信息的诱惑特别强烈。

> **知识检验：找出分析中隐含的下一步行动。**

13. 号召采取行动对故事有什么帮助？
    a. 可以找出无关的材料。
    b. 提供了一种目的感。
    c. 使讲述者具有可信度。
    d. 为故事提供了一个合乎逻辑的结局。

小结

生成定量数据的图是一门艺术。虽然没有硬性规定，但存在有效展示数据的最佳实践。良好的文档记录起着至关重要的作用，使得论证更具说服力。明确因果关系提高了透明度和清晰度。最后，利用所有可用的信息模式——文本和图——丰富、完善和强化我们的论点。我们的动机、意图和耐心程度变得很明显，并最终影响着我们的说服力。

当作者的言语既来自头脑又发自内心时，就更容易树立可信度了。很明显，还有当听众（audience）得到了尊重的时候。讲故事的这些方面很重要，因为它们在作者（导师）和听众（英雄）之间建立了信任的纽带。

讲故事日益被认为是展示数据的一种必要的交流方式。讲故事的许多最重要的元素非常符合与可视化数据相关的最佳实践。正如本章的开头所述，呈现数据的许多更实用的规则——尊重听众、清晰和果断——也是我们通过写作表达自我的基础。在这个意义上，我们呈现数据的方式很像写作；它提供了一个了解自我的窗口。

常见问题

- 片言足矣，何须图表。一旦你学会了如何生成不同类型的可视化，在简单的一句话足矣的情况下，还会想要"可视化"一切。确定是否真的需要图表的最简单方法是，快速盘点图中传递了多少实际信息。如果少于 10 个，则使用表格；如果少于 5 个，就用一句话。
- 了解你的目的。在构建可视化之前，确定你是想要解释、说服还是告知。最重要的是，这三个目的中的每一个都对视觉效果有最大的影响。如果搞混了这些目的（你的意图与实际的可视化不匹配），读者就会感到困惑。
- 了解你的受众。这个房间里满是这方面的专家、渴望学习的学生，还是在寻求行动号召的社区成员？如果没有考虑到受众，你作为可信的信息来源出现的能力就会被削弱。没有哪个演讲适合所有的受众。
- 不要将杂乱（clutter）与信息混为一谈。太多的信息显示不好是不优雅的，但不是杂乱。杂乱指的是出现在图表中，却没有传达任何信息的东西。含有大量信息的图看起来可能让人眼花缭乱，但它们却没有任何杂乱。在某些情况下，密集的、信息量大的图是合适的。如果目的是信息性的，那么大量密集的信息可能正好符合要求。
- 花费必要的时间学习技能。引用著名的爵士音乐家迈尔斯·戴维斯（Miles Davis）的话来讲："有时你必须演奏很长时间才能像自己一样演奏。"由于目的是表达，而最有效的交流形式源自内心，所以能够有效地在图形中操纵颜色、形状和文字是至关重要的。熟悉 R 的功能就像熟悉小号。
- 为项目投入足够的时间。介绍性的统计书籍很少花时间考量数据呈现方式。这很遗憾。如果数据质量差、信息不足或没有意义，那么就无能为力了。话虽如此，但真正有用和有意义的数据往往呈现得很糟糕，掩盖了重要的真相。

复习题

1. 文档的组成部分有哪些？
2. 如何使用图表进行因果论证？
3. 为什么将文字和图整合在一起很重要？
4. 在交流数据分析时，不耐烦有什么表现？
5. 写作与呈现数据图有何相似之处？
6. 以定量数据为基础提出论点，是一种怎样的道德反思？
7. 在展示数据时，应该使用什么颜色？
8. 什么时候应该使用条形图、表格或句子？
9. 图表的标题应该如何设置？
10. 什么是论证的简化形式？

数据分析与可视化练习

1. 编写 `ifelse()` 函数，找出堪萨斯州和内布拉斯加州，并将它们的点涂成蓝色，将其他的点涂成灰色。

2. 编写 `ifelse()` 函数，找出巴西和俄罗斯，并将它们的点涂成红色，将其他的点涂成灰色。

3. 下面哪些是探索性可视化的决定性特征？
   a. 强调最大限度地提高每平方英寸的数据量
   b. 突出图中要点
   c. 对可视化的所有方面给予同等重视
   d. 声明式的标题

4. 下面哪些是解释性可视化的决定性特征？
   a. 强调最大限度地提高每平方英寸的数据量
   b. 突出图中要点
   c. 对可视化的所有方面给予同等重视
   d. 声明式的标题

5. 下面哪些是信息性可视化的决定性特征？
   a. 强调最大限度地提高每平方英寸的数据量
   b. 突出图中要点
   c. 对可视化的所有方面给予同等重视
   d. 声明式的标题

6. 以下哪些是故事的三幕之一？
   a. 旅程
   b. 结束
   c. 设定背景
   d. 导师

7. 以下哪些是好的图表标题？
   a. `murderrate` 和 `inc` 的散点图
   b. 每 10 万人口中凶杀案受害者数量与平均家庭收入的散点图
   c. 收入和凶杀案受害者数量是相关的
   d. 贫穷助长了凶杀案的发生

8. 在呈现数据时，以下谁是故事的主角？
   a. 作者
   b. 读者
   c. 听众
   d. 数据

9. 在图形中绘制两条独立的曲线时，使用到哪些函数？

    a. `ifelse()` 函数
    b. `subset()` 函数
    c. `aes()` 函数
    d. `theme_minimal()` 函数

10. 以下哪些是呈现数据时应该遵循的重要原则？

    a. 集中受众的注意力。
    b. 了解你的受众。
    c. 消除杂乱。
    d. 整合文字和图。

R 函数注释

以下函数在本章中出现。它们按首次出现的顺序列出（括号中的是代码块编号），并在此注释以简要地说明其用途。其中有些不是独立的函数，必须结合其他指令使用。友情提示：只要按照它们出现的顺序运行，每章的代码就都可以正常工作。正确的运行还依赖作者定义的 `libraries()` 函数，用于加载所需的 R 包。

`ggplot()`：定义图的基本结构（通常是变量 *x* 和 *y*）。（7-1）

`aes()`：aes（图形属性，aesthetics）函数在 ggplot 中用于定义图的基本结构[1]，通常包含要用到的变量以及形状或颜色。（7-1）

`ggtitle()`：设置 ggplot 的主标题。（7-1）

`ylab()`：在 ggplot 中设置 *y* 轴标签。（7-1）

`xlab()`：在 ggplot 中设置 *x* 轴标签。（7-1）

`theme()`：指定 ggplot 中的字体、大小等。（7-1）

`ifelse()`：用于构建"如果……那么……"（if-then）语句的逻辑函数。其既可用于选择特定案例进行标注，也可用于从连续变量中创建分类变量。（7-2）

`annotate()`：在图中放置文本。（7-2）

`theme_minimal()`：为 ggplot 设置极简风格的主题。（7-2）

`geom_smooth()`：在散点图中绘制曲线或直线。（7-3）

`subset()`：选择特定的数据子集。（7-4）

`geom_text_repel()`：标注点并绘制出来，确保标签不重叠。（7-6）

`geom_bar()`：在 ggplot 中绘制条形图。（7-7）

`count()`：返回类别或变量中的案例或观测数量。（7-8）

`labs()`：设置 ggplot 中的图例标题。（7-12）

---

[1] 译注：图形属性与变量的映射关系。

`geom_hline()`：绘制水平线。（7-17）

`geom_vline()`：绘制垂直线。（7-17）

`set.seed()`：告诉 R 用什么数字启动随机数生成器。如果与例子中的数字一致，设置种子可以让你重现基于随机数的结果。（7-13）

`multicat()`：可以绘制"猫图"的有趣函数。（7-13）

`guides()`：可以让你修改 ggplot 中自动生成的图例和参考。（7-15）

`scale_colour_manual()`：可以让你指定要在图中具体使用什么颜色。（7-17）

概率论精要 8

本章大纲
- 学习目标
- 概述
- 总体和样本
- 样本偏差与随机样本
- 大数定律
- 中心极限定理
- 标准正态分布
- 小结
- 常见问题
- 复习题
- 数据分析与可视化练习
- R 函数注释

学习目标
- 理解总体和样本之间的区别。
- 了解偏差的潜在来源,以及为什么随机抽样能补救。
- 理解大数定律的用途。
- 理解为什么中心极限定理如此重要。
- 将抽样分布与标准正态分布联系起来。

概述

我们常常想了解有关总体的信息,却没有时间或金钱来采访每个人、测量每个对象或观察每个事件。政客想知道他们的选民是否支持某项拟议的立法;卫生官员想知道有多大比例的人口接种了疫苗;政治家质疑来自不同种族背景和政治意识形态的学生是否可以在校园里自由表达自己的观点。社会的运转依赖此类信息,而其获取过程极为费时费钱。因此,数据分析的一个重要方面涉及从总体中抽取随机样本,从抽样中计算统计量,然后确定这些统计量与实际情况的吻合程度。

本章为本书的其他部分奠定了理论基础。由于无法计算和观察所有的事物,因此我们只能靠调查总体的一部分:样本,来了解总体。概率论中一些重要的基本概念让我们能够确定这些样本能否较好地代表整个总体。例如,在政治民意调查中,我们想知道从随机抽取的 1,500 名潜在的选民那里收集来的信息能否较好地代表整个国家。招生负责人想知道即将入学的一年级大学新生(样本)是否如实地代表了合格学生群体(总体)。疾病控制和预防中心(CDC)的流行病学家想知道社区中麻疹病例的数量相对较大,是否表明可能爆发疫情。所有这些情况,包括那些会带来生死攸关后果的,都取决于是否知道样本统计量(平均数、中位数、标准差等)与总体的匹配程度。本章将介绍支持统计推断的概率论的基本概念。

我们从下面的方法开始。首先,问题在于:我们需要了解关于总体的信息,但没有能力(无论是时间还是金钱)来计算或观察所有的事物或人。解决方案是随机抽取样本,从样本中计算一个统计量(可能是平均数、中位数或标准差),然后利用概率论精确计算出样本统计量与真实平均数、中位数或标准差的接近程度。支撑这个工作的是概率论的两个基本概念:大数定律和中心极限定理。这两个概念都依赖重复。这不比理解抛硬币更复杂:抛硬币 10 次(算一次实验)可能得到八个正面和两个反面,但是如果重复实验 100 次,所有实验的平均数会收敛至五个正面和五个反面。这就是我们从大数定律了解到的。

如果增加每次实验抛硬币的次数(例如,从 10 次到 50 次),这些平均数的最终分布将开始类似于正态曲线的形状。这就是我们从中心极限定理了解到的。这对于通过样本来了解总体具有重要意义。正态曲线用来计算样本估计值与总体情况的接近程度。为什么这很重要?在很多情况下,粗略地猜测就可以了。例如,与百事可乐相比,更喜欢可口可乐的美国人比例是多少?在生死攸关的情境下(例如,已产生 COVID-19 抗体的人口百分比),我们需要更多的确定性。

总体和样本

总体(population) 是一组定义好的个体、事件或对象。例如,我们可以将居住在美国的个体集合定义为总体。无论是美国人口还是大学的学生,总体都是我们想要了解的一组定义好的个体、事件或对象。美国政府每 10 年进行一次人口普查,统计居住在美国的每一个人,这是一个既昂贵又繁复的过程。由于人口普查每 10 年才进行一次,如果这期间我们想了解美国人口的一些情况,就只能调查一部分人口。

样本(sample) 是总体的一部分(subset),用于确定总体的特征,而不需要调查总体的每个成员。当人口数量达到数百万时,抽样是唯一的方法。当人口少得多的时候,我们也会抽样。当大学想要了解其学生群体时(例如,大约 30,000 名大型公立学院的学生),从总体中随机抽样,再从样本中计算出统计量,对学生群体进行推断,这样做性价比更高。为了确定总体的特征,我们抽取**随机样本(random sample)**:总体的一小部分,其中每个对象或个体被选中的机会相同。随机选择是整个过程的基础。

在谈及总体时,我们会使用特定的词汇和符号:用大写字母 N 表示总体中的个体、事件或对象的数量,用术语总体参数(population parameter)描述总体的特征(平均数、标准差等）。按照惯例，我们使用希腊字母表示总体参数，例如平均数 μ 和方差 σ。在谈及样本时，我们用一个小写字母 n 来表示个体、事件或对象的数量，用术语样本统计量（sample statistic）描述样本的特征。根据惯例，我们使用英文字母表示样本统计量，例如样本平均数 $\bar{x}$ 和样本方差 s。

> **数据可视化的艺术与实践**
> **用词要准确**
>
> 统计学，像任何语言一样，总有些用户或使用者的用词没那么准确。当我们谈及计算样本的特征时，使用的是术语"统计量（statistics）"。当说的是总体时，使用的是术语"参数（parameter）"。虽然这些差别看似过于精细，但使用术语不当会造成混乱。区分统计量和参数看似没有必要，但我的经验表明这是必要的。如果不牢记二者的差别，你对样本和总体之间的明显区别将永远是糊涂的，在接下来的章节中会影响你的理解。

知识检验：理解总体和样本之间的区别。

1. 指出每个实例所描述的统计类型是样本还是总体。
   a. 对班级进行调查，以了解教授是否表现良好。
   b. 对班级进行调查，以了解更倾向于自由派的学生在班级中是否得到了公平对待。
   c. 对班级进行调查，以了解大学生们是否计划在下一次选举中投票。
   d. 学生会对班级进行调查，来决定是否扩建娱乐中心。
2. 下面哪些是样本的决定性特征？
   a. 它是总体的一部分。
   b. 它包括总体中所有的人、地方或事物。
   c. 我们使用参数来定义样本的特征。
   d. 我们使用统计量来定义样本的特征。

样本偏差与随机样本

让我们用大学的例子来介绍**样本偏差（sample bias）** 的概念，并解释为什么随机抽样对这个过程如此重要。当样本不是从整个总体中随机抽取时，就会出现样本偏差，总体中的每个成员被抽中的机会并不均等。

假设一所大学的董事会想要了解校园氛围，让校园里的每个人都填写一份调查表，这不仅费钱费时，而且实施起来也非常困难。相反，行政部门决定必须从总体中抽样调查，例如，政治光谱两端的学生是否可以在课堂上自由表达自己的意见，或者不同的少数民族群体在校园里是否感到宾至如归。行政部门能否就让上这堂统计课的学生参加调查，并从这个样本中得出推论？这个班的学生能代表整个总体吗？

为了获得无偏估计，我们从总体中抽取的样本必须是随机的。使用正在上统计课的学生作为样本可能会在多个不同的方面引入偏差：①相对于他们的同学，正在上统计课的学生可能更保守或更自由；②只有没有勤工俭学的学生才有时间来上这堂课；③也许上该课的学生主要是一年级的学生，他们对大学氛围的看法可能会随着时间的推移而改变。这个清单还可以列下去。

当我们随机抽样时，总体中的每个个体都必须有相等的概率被抽中。从实用的角度来看，我们想把每个学生的名字都放在一顶帽子里，随机抽取样本。由于30,000个名字放不进一顶帽子里，我们可以给每个学生分配一个数字，并使用随机数生成器从总体中选出一部分。随机抽样消除了样本偏差的可能性。由于所有可能使结果产生偏差的混杂因素（例如，党派、勤工俭学情况或在校年数）在随机样本中存在的可能性相同，我们从样本中计算出的统计量将是无偏的[1]。

随机抽样并非小事。1969年，美国发生了一起著名的随机抽样错误事件。美国在开始实行全志愿兵役制之前，依靠征召个人来服役。一开始，美国政府计划随机选择个人（年轻男性）在越南服役。一年中的每一天都被印在一张小纸片上，然后放进一个小塑料胶囊里。在电视直播中，这些胶囊被放在一个大箱里混合。义务兵役登记机构的一个蒙着眼睛的负责人把手伸进箱子里，选出一个胶囊。选出的第一个胶囊即为第一个征兵日。由于包含闰日，这个过程重复了366次。分配给一年中每一天的数字决定着年轻人被招募的顺序。那些被征召的人最后注意到，接近年底的日期在征召顺序中更靠前。显然，胶囊没有被充分混合，因此它们没有完全随机化。因此，在征兵初期，年底出生的美国年轻男性更有可能参加越南战争。

随机数字拨号是进行调查的一种常用技术，是与随机化相关的另一个具有挑战性的例子。随着有效屏蔽手机号码的技术问世，而且由于许多低收入的美国人没有固定电话或手机，在全国范围内随机拨打电话号码的做法越来越提供不了生活在美国的所有人的代表性样本。来电显示和屏蔽来电者的能力给调查行业带来了特别艰巨的挑战。

---

1 有些学者坚持用随机抽样的一个变种：**有放回抽样（sampling with replacement）**。在这个例子中，当学生被选中后，他或她的名字会被放回到潜在的候选者池中，以便再次被抽选。这被称为有放回抽样，确保每个人都有同样的机会被抽中，并且每一次抽选都是独立的：无论谁先被抽中，都不会影响其他人被抽中的概率。虽然有放回抽样确实保证了独立性（被选中的对象不会影响后续其他人被选中的概率），但不放回的随机选择通常已经足以实现准确的估计，特别是如果被多次选中会影响对象或个体（如果被选中一次以上，他们的回答可能会改变）。

上面的两个例子说明了随机抽样的严谨性。没有考虑到小细节(如完全混合胶囊)可能会产生重大影响,给研究带来偏差。在对样本、总体和随机抽样有了充分的理解后,我们就可以讨论两个作为统计推断基础的概念了。

知识检验:了解偏差的潜在来源,以及为什么随机抽样能补救。

---

3. 统计课可能是有偏差的大学生样本的原因有哪些?
    a. 这是一门入门课程,大多数学生是一年级或二年级的学生。
    b. 大多数学生来自社会科学领域。
    c. 这不是随机抽取的样本。
    d. 也许社会科学的学生比其他群体更自由。
4. 下面哪些是随机抽样的特征?
    a. 总体中的每个人或每样东西都有平等的机会被抽中。
    b. 每次抽样都与之前的独立。
    c. 所有的混杂因素在样本中出现的机会相等。
    d. 样本中不会出现任何混杂因素。
5. 为什么在美国征兵的例子中存在偏差?
    a. 胶囊没有被完全混合。
    b. 每个胶囊被选中的机会不均等。
    c. 随机抽样没有考虑到闰年。
    d. 这是无放回抽样。

大数定律

在几个世纪前就已经被证实了的**大数定律(law of large numbers)**,是所有概率理论的核心。瑞士数学家雅各布·伯努利(Jakob Bernoulli)在1713年出版的遗著中首次记录了与大数定律相关的见解(Tijms, 2004)[21]。大数定律指出:

> 如果某个偶然性实验在完全相同的条件下重复无限次,而且这些重复是相互独立的,那么某个事件A发生的次数将以概率1收敛到一个数字,这个数字等于A在一次实验重复中发生的概率。(Tijms, 2004)[20]

让我们把这个叙述放在政治民意调查的语境中。在这个例子中,偶然性实验指的是对美国参议员A所在州的n名合格选民进行随机抽样。如果这些随机样本是重复且相互独立的，大数定律意味着支持参议员 A 的受访者的比例将以概率 1 收敛到一个数字，这个数字等于在单次重复实验中出现 A 的概率。如果 30% 的人支持参议员 A，那么在一次实验重复中，支持参议员 A 的概率将是 30%。更具体地说，当我们不断地重复实验，并依据每个样本计算出支持参议员 A 的百分比时，支持参议员 A 的选民百分比将会收敛至 30%。

为了进一步展开这个概念，我们需要引入一个极其重要的构想：**抽样分布**（sampling distribution）。抽样分布是指从每个样本中获得的统计量的分布。我们在抽样时会计算出一个统计量，重新再抽样时又会计算出一个统计量。在重复多次后，记录下每个样本的统计量。然后，将所有这些记录下的统计量绘制成直方图或密度图，由此产生的分布被称为抽样分布。为了说明清楚，请看下面的例子。

大数定律的可视化

可视化大数定律包括四个步骤。第一，需要生成一些数字来创建总体。第二，需要从总体中随机抽取样本。第三，从每个样本中计算统计量。第四，使用直方图或密度图绘制这些统计量。

生成随机数据、抽取样本、计算样本平均数并绘制出来的代码要比平时的多一点。幸运的是，R 提供了必要的工具来指定这些步骤并重复它们。

首先使用 `set.seed()` 函数将 R 中的随机数生成器设置为一个固定的数字，这样在你的计算机上重复这个过程时，就可以得到与我在这里生成的完全相同的随机数（见代码块 8-1）。该数字可以任意设置，我将其设置为 3376。在将随机数生成器设置为 3376 之后，我们随意地定义总体平均数为 100，标准差为 10，即定义平均数 `mu` 和标准差 `sigma`。

代码块 8-1

```
set.seed(3376)
mu=100; sigma=10; n=10
```

在定义了将要抽取的总体的基本特征和每个样本中的观测数量（10）之后，让 R 知道要创建一个变量，用来存放每个样本的平均数（见代码块 8-2)。我们告诉 R，要用一个变量来存放 5 个观测值：`xbar1=rep(0,5)`。然后指示 R 要进行五次操作，`for (i in 1:5)`，同时计算样本的平均数，样本抽取自平均数为 `mu`，标准差为 `sigma` 的总体，即在代码块 8-1 中定义的 100 和 10。

代码块 8-2

```
xbar1=rep(0,5)
for (i in 1:5) {xbar1[i]= mean(rnorm(n, mean=mu, sd=sigma))}
```

当抽取 10 个和 100 个样本时，代码块 8-3 只是简单地重复了创建样本分布的步骤。这时，计算出的每一个平均数都被存在一个向量（变量）中，被称为 xbar2 和 xbar3。

代码块 8-3

```
mu=100; sigma = 10; n=10
xbar2=rep(0,10)
for (i in 1:10) {xbar2[i]=mean(rnorm(n, mean=mu, sd=sigma))}

mu=100; sigma = 10; n=10
xbar3=rep(0,100)
for (i in 1:100) {xbar3[i]=mean(rnorm(n, mean=mu, sd=sigma))}
```

现在我们已经计算了 5 个、10 个和 100 个样本的平均数，并将结果放入三个向量（xbar1、xbar2 和 xbar3）中。我们要将数据放在一个列表中，堆叠在一起以便绘制。代码块 8-4 中的两个函数对数据的结构进行了重新排序，这样我们就可以把密度图重叠在一起展示了。图 8-1 展示了我们对数据进行的操作。在图中，V1、V2、V3 分别代表抽样 5 次、10 次、100 次时收集的数字。把它们放在一个列表中之后，使用 melt() 函数"重塑（reshape）"这个列表。这里我们涉足了数据结构的深水区。然而，了解创建这些图的必要步骤是很重要的。这项工作是有用的，因为其他类型的可视化也需要同类操作。

代码块 8-4

```
x <- list(v1=xbar1,v2=xbar2,v3=xbar3)
data <- melt(x)
```

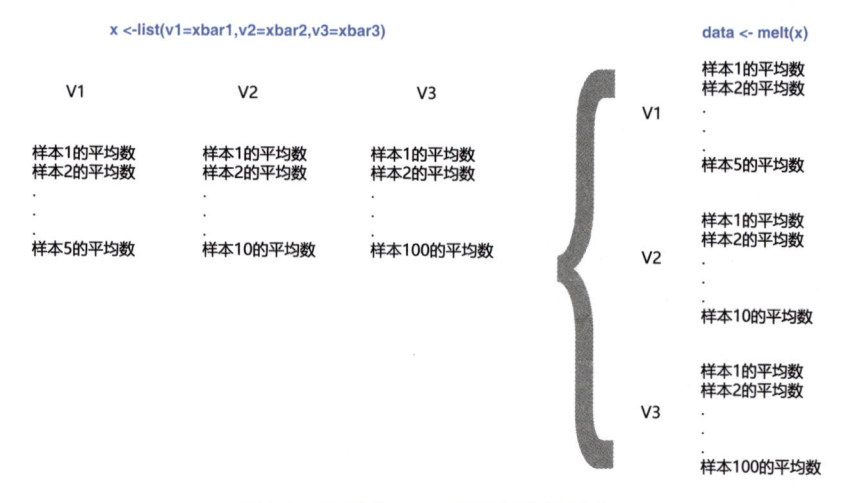

图 8-1：R 函数 melt 将数据堆叠起来

最后，在计算了所有的平均数，并且所有的平均数都以正确的方式排列（堆叠成一个变量）后，我们可以画出三张相互重叠的密度图，来说明随着实验重复次数的增加，每个抽样分布的平均数是如何接近总体参数的。这就是大数定律的基本概念。随着实验重复次数的增加——抛出 10 枚硬币或抽取 10 个观测——所产生的抽样分布的平均数将接近总体参数。

正如三张抽样分布的密度图所示（见图 8-2），我们增加实验次数——从 5 次到 10 次，然后到 100 次——抽样分布的平均数越来越接近 100。彩色的垂直线显示了各密度图的平均数位置。重复实验 5 次，绘制平均数，并计算该抽样分布的平均数，我们得到 98.895。当把实验次数增加到 10 次时，对应的抽样分布的平均数为 100.481。最后，将实验次数增加到 100 次，得到的平均数为 100.071。

关于绘制图 8-2 的代码（见代码块 8-5），有几个地方需要注意。首先，计算每个抽样分布 xb1、xb2 和 xb3 的平均数。然后，我们就准备好绘制分布图了。我们使用之前用过的密度图。与直方图类似，密度图也展示了变量的分布。另外请注意，在 geom_density() 函数中，使用了选项 alpha=0.50。这个选项能改变颜色的不透明度，这样当密度图重叠时，第一张图不会被完全遮盖。

代码块 8-5

```
xb1 <- mean(xbar1)
xb2 <- mean(xbar2)
xb3 <- mean(xbar3)

ggplot(data,aes(x=value, fill=L1)) +
  geom_density(alpha=0.50) +
  ggtitle("图 8-2：抽样次数越多越准确") +
  theme_minimal() +
  theme(plot.title = element_text(size = 8, face = "bold")) +
  theme(axis.title = element_text(size = 8, face = "bold")) +
  geom_vline(xintercept=xb1, col="#bf0000") +
  geom_vline(xintercept=xb2, col="#008b00") +
  geom_vline(xintercept=xb3, col="#0000ff") +
  annotate("text", x = 95.5, y = 0.15, label =
          "5 次抽样的平均数 =98.895", col="#bf0000") +
  annotate("text", x = 95.5, y = 0.175, label =
          " 10 次抽样的平均数 =100.481", col="#008b00")+
  annotate("text", x = 95.5, y = 0.20, label =
          "100 次抽样的平均数 =100.071", col="#0000ff") +
  theme(legend.position = "none")
```

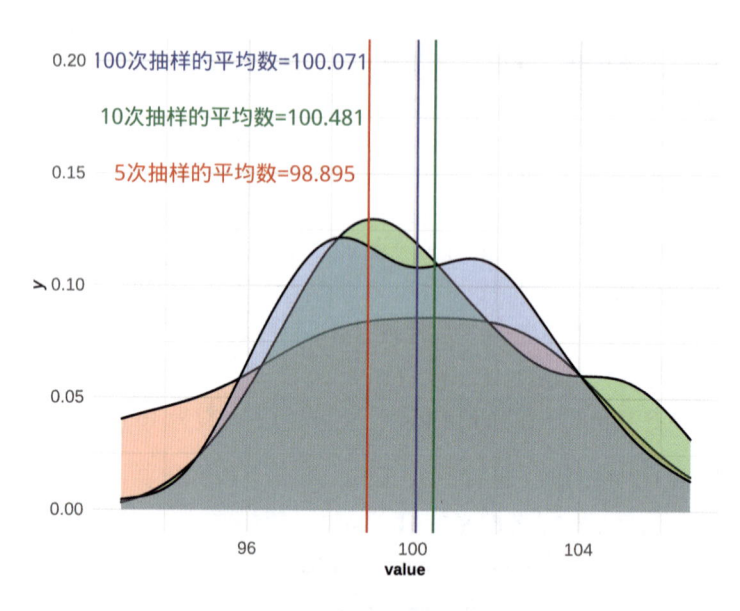

图 8-2：抽样次数越多越准确

大数定律指出，重复实验次数越多，得到的抽样分布的平均数越将以概率 1 收敛到总体平均数。请注意，取 5 个样本时，抽样分布的平均数是 98.895，取 10 个样本时是 100.481，而取 100 个样本时是 100.071。随着样本数量的增加，抽样分布的平均数越来越接近我们设置的真实的总体平均数：100。

只要进行足够多次的实验（即，取足够多的样本），我们就能通过大数定律确定总体的某些特征。随着实验次数的增加，我们知道离总体参数越来越近了。努力的方向是正确的。

遗憾的是，由于时间和资源有限，我们很少有时间获取一个以上的样本。我们如何知道离总体参数还有多远，以及对仅有一个样本的估计能有多大信心？中心极限定理提供了答案。

> 知识检验：理解大数定律的用途。

6. 下列关于大数定律的陈述哪些是正确的？
    a. 随着可能的结果数量的增加，结果 A 发生的概率降低。
    b. 特定事件 A 发生的次数将以概率 1 收敛到一个数字，该数字等于 A 在一次重复实验中发生的概率。
    c. 每个实验都必须与以前的实验独立。
    d. 只适用于 30 个观测以上的随机抽取。

7. 为什么大数定律有用？
   a. 我们很少有时间重复实验。
   b. 让我们能够确定总体的某些特征。
   c. 我们可以使用抽样分布，而不用调查整个总体。
   d. 解释了现代赌场商业模式背后的逻辑。
8. 大数定律的可视化体现了下列哪一项。
   a. 重复的实验或抽样让我们更接近总体参数。
   b. 随着实验次数的增加，我们估计的准确度也在增加。
   c. 每多一个抽样分布，我们的准确度就随之增加。
   d. 抽样分布被看作"实验"。

中心极限定理

如前所述，大数定律意味着随机选择调查对象或掷硬币的长期（long-run）行为可以被 100% 准确地预测。换句话说，重复——调查越来越多的人或反复掷硬币——可以让我们获得更好的准确度。如果在上面的实验中不断随机抽样，抽样分布的平均数会越来越接近 100。假设我们从人群中随机抽取选民样本，询问他们是否支持某位美国参议员。该过程的长期行为（询问受访者的政治偏好）可以被 100% 准确地预测。但时间和金钱不是无限的（我们没有时间和金钱来不断地重复实验），所以我们依靠**中心极限定理**（central limit theorem）来计算准确度。

想想民意调查员的工作。他们从州或国会选区随机抽取样本，计算政治家 A 的支持量，确立误差范围，声明他们有 95% 的信心认为政治家 A 相对于其竞争对手的实际百分点的优势就在这个范围内。中心极限定理为这种声明提供了概率和数学基础。中心极限定理是怎么产生的，它说的是什么？

中心极限定理在伯努利工作后不久开始形成。1730 年，法国出生的数学家亚伯拉罕·棣莫弗（Abraham de Moivre）发现，增加试验次数（本例为掷硬币）产生的结果分布接近现在所谓的正态曲线（Stigler, 2016）。在棣莫弗的发现中，令人信服的部分后来被比利时天文学家阿道夫·凯特勒（Adolphe Quetlet, 1796—1894 年）所认可，凯特勒发现正态曲线近似于许多自然发生和人为现象的分布（Tijms, 2004）[145]。如果我们将结果的直方图或密度图绘制出来——女性的身高、蝴蝶的翼展、考试成绩——其分布是围绕平均数对称的，近似于具有某些特征的曲线。中心极限定理的重要性怎么强调都不为过。该定理与大数定律一起构成了概率论的基础。

中心极限定理说了三件事：

1. 随着每个样本的观测数量的增加，平均数的抽样分布接近正态分布。

2. 和 $\sum X_i$ 的抽样分布也近似于平均数为 $n\mu$、标准差为 $\sqrt{n}\sigma$ 的正态分布。

3. 如果总体（每个 X_i）是正态分布的，那么平均数（$\bar{X}$）以及和（$\sum X_i$）的抽样分布也是正态分布的，与样本大小无关。

中心极限定理有一个重要的好处：这里列出的三个关键结论让我们能够在收集更多信息的同时计算出估计的准确度。我们知道，如果反复从总体中抽样或掷硬币（抽样或掷硬币的次数趋近于无穷大），估计值将收敛于总体参数。由于我们没有时间或金钱重复实验那么多次，因此了解以有限的时间和金钱得到的估计值能有多准确非常有用。在某些情况下，我们只需要精确到几英里，例如，用最后一加仑汽油能到达下一个城市吗？在其他情况下，准确度必须非常高，例如，计算用于制造飞机的关键材料的允差（tolerance）。让我们逐一阐述上面列出的三点。

平均数的抽样分布随着 n 的增加而接近正态分布

第一点指出，如果增加每个样本中的观测数量（例如，从 50 个增加到 500 个），平均数的抽样分布将接近**正态分布**（**normal distribution**）。请记住，大数定律说，如果增加样本数量，那么抽样分布的平均数将接近总体参数（真实的总体平均数）。而中心极限定理在此说的是，如果增加每个样本中的观测数量，那么抽样分布的形状将收敛于正态分布。回想一下，正态分布就是一个类似于钟形曲线的分布，它是对称的，并且以样本或总体的平均数为中心。让我们使用 R 看看这是不是真的。

为了说明这一点，我们用到了之前论证大数定律的代码。然而，在这个例子中，增加的是观测数量，而不是样本数量（见代码块 8-6）。我们从与之前相同的总体（平均数为 100，标准差为 10）中抽取。为了构建每个抽样分布，我们通过抽取 10 个样本进行 10 次实验。为了构建第一个抽样分布，我们在每个样本中抽取 5 个观测。在第二个抽样分布中，将在每个样本中抽取 10 个观测。在最后一个抽样分布中，将抽取 100 个观测。

代码块 8-6

```
set.seed(3376)
mu=100; sigma=10; n=5
xbar1=rep(0,10)
for (i in 1:10) {xbar1[i]=mean(rnorm(n, mean=mu, sd=sigma))}

mu=100; sigma = 10; n=10
xbar2=rep(0,10)
for (i in 1:10) {xbar2[i]=mean(rnorm(n, mean=mu, sd=sigma))}

mu=100; sigma = 10; n=100
```

```
xbar3=rep(0,10)
for (i in 1:10) {xbar3[i]=mean(rnorm(n, mean=mu, sd=sigma))}
```

现在有了创建好的数据，还需要对其进行处理，以便将密度图重叠起来，就像在图 8-2 中所做的那样（见图 8-3）。我们再次使用 melt() 函数将数据堆叠在一起来画图。计算每个抽样分布的平均数，并执行绘制密度曲线的 ggplot 代码（见代码块 8-7）。

代码块 8-7

```
x <- list(v1=xbar1,v2=xbar2,v3=xbar3)
data <- melt(x)

ggplot(data,aes(x=value, fill=L1)) +
  geom_density(alpha=0.70) +
  theme_minimal() +
  theme(plot.title = element_text(size = 8, face = "bold")) +
  theme(axis.title = element_text(size = 8, face = "bold")) +
  ggtitle("图 8-3：增加观测数量会增加正态性") +
  annotate("text", x = 95, y = 0.15, label =
           "每次抽取 5 个观测", col="#bf0000")+
  annotate("text", x = 95, y = 0.175, label =
           "每次抽取 10 个观测", col="#008b00")+
  annotate("text", x = 95, y = 0.20, label =
           "每次抽取 100 个观测", col="#0000ff") +
  theme(legend.position = "none") +
  xlab("样本平均数的平均数")
```

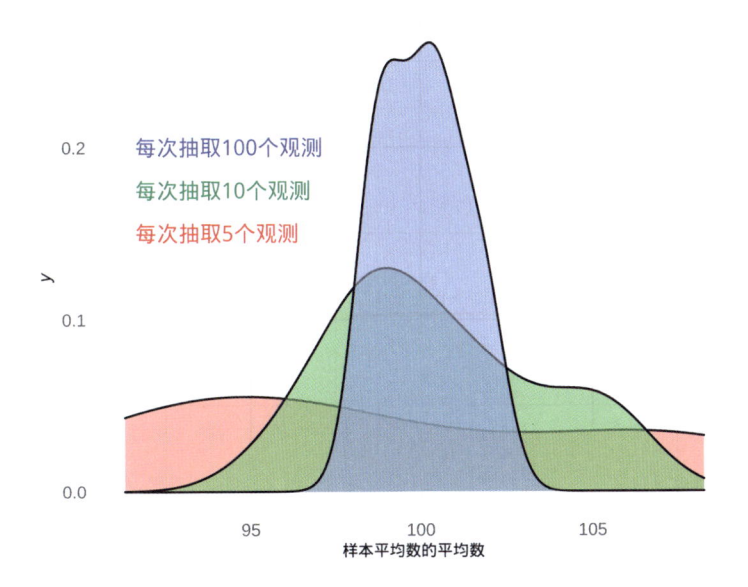

图 8-3：增加观测数量会增加正态性

从图 8-3 中可以看出，随着每次抽样中观测数量的增加，抽样分布逐渐呈现正态形状：蓝色的抽样分布呈现出钟形曲线，在平均数 100 的位置上其对称性得到了增强。请注意观察，当每个样本中的观测数量增加时，准确度是如何提高的。例如，当每次抽取 5 个观测时（红色的抽样分布），最终的样本平均数小于 95、大于 105。当观测数量为 10（绿色的抽样分布）时，准确度会更高一些。当每个样本中的观测数量增加到 100（蓝色的抽样分布）时，准确度就会大大增加：所有的样本平均数都在 95 和 105 的范围内。增加每个样本中的观测数量可以提高估计的准确度。

> **数据可视化的艺术与实践**
> **统计学的黄金法则**
>
> 就像随机抽取多次的样本一样，这一点值得反复强调：增加每个样本中的观测数量可以提高我们估计的准确度。增加观测数量就是获取更多的信息。我们掌握的信息越多，预测就越准确。任何假设或理论都是如此（即获得更多的信息能产生更好的假设和理论），在随机抽样中也是如此（即增加观测数量能提高估计的准确度）。

和的抽样分布是正态的

理解了中心极限定理的第一点，第二点就相当容易理解了。假设我们从 1000 个观测中取出 50 个样本来计算每个样本的和，而不是平均数。这 50 个和的分布也会呈正态分布。为了证明这一点，这里需要做的就是在代码中把计算平均数改为求和（见代码块 8-8）。

代码块 8-8

```r
set.seed(3376)
mu=100; sigma=10; n=1000
xbar1=rep(0,50)
for (i in 1:50) {xbar1[i]=sum(rnorm(n, mean=mu, sd=sigma))}

x <- data.frame(v1=xbar1)

ggplot(x,aes(x=v1)) +
  geom_density(fill="#0000ff", alpha=0.7) +
  theme_minimal() +
  theme(plot.title = element_text(size = 8, face = "bold")) +
  theme(axis.title = element_text(size = 8, face = "bold")) +
  ggtitle("图 8-4：和的抽样分布是正态的") +
  xlab("样本之和")+
  theme(legend.position = "none")
```

如图 8-4 中的密度图所示，和的抽样分布的形状接近正态。它并不完美，因为它代表的数据是随机生成的。然而，它确实表明，当我们构建抽样分布时，其他样本统计量（除平均数之外）也表现出了相同的特性。

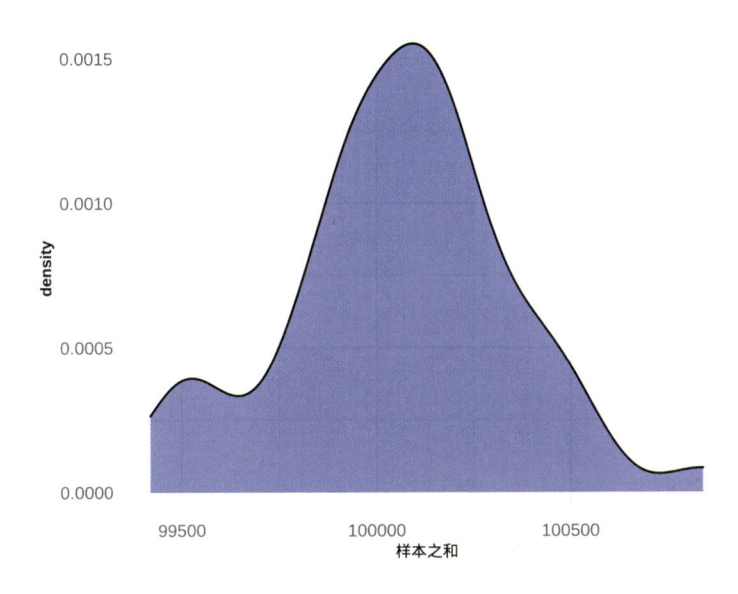

图 8-4：和的抽样分布是正态的

从正态分布中抽取时的观测数量

中心极限定理的第三点指出，如果我们所抽取样本的总体是正态分布的（事先并不能总是知道），那么即使样本中的观测数量很少，抽样分布也会接近正态。这意味着，如果事先知道是从正态分布抽样的，那么了解总体的时间和成本就会更少，因为不需要那么多的观测。

为了证明这一点，我们从总体中随机抽样 100 次，但是每次随机抽样只取 5 个观测（见代码块 8-9）。

代码块 8-9

```
set.seed(3376)
mu=100; sigma=10; n=5
xbar1=rep(0,100)
for (i in 1:100) {xbar1[i]=mean(rnorm(n, mean=mu, sd=sigma))}

x <- data.frame(v1=xbar1)

xb1 <- mean(x$v1)
```

```
ggplot(x,aes(x=v1)) +
  geom_density(fill="#0000bf", alpha=0.7) +
  theme_minimal() +
  theme(plot.title = element_text(size = 8, face = "bold")) +
  theme(axis.title = element_text(size = 8, face = "bold")) +
  ggtitle(" 图 8-5：来自正态总体的抽样分布 ") +
  xlab(" 样本平均数 ") +
  theme(legend.position = "none")
```

正如图 8-5 中的密度图所示，不需要每个样本中都有大量的观测，抽样分布就能接近正态。虽然不是完全对称的（这里同样用的是随机生成的数据），但是我们可以看到每个样本的观测都非常少，得到了以总体参数为中心相当对称的抽样分布：本例中，总体平均数为 100。

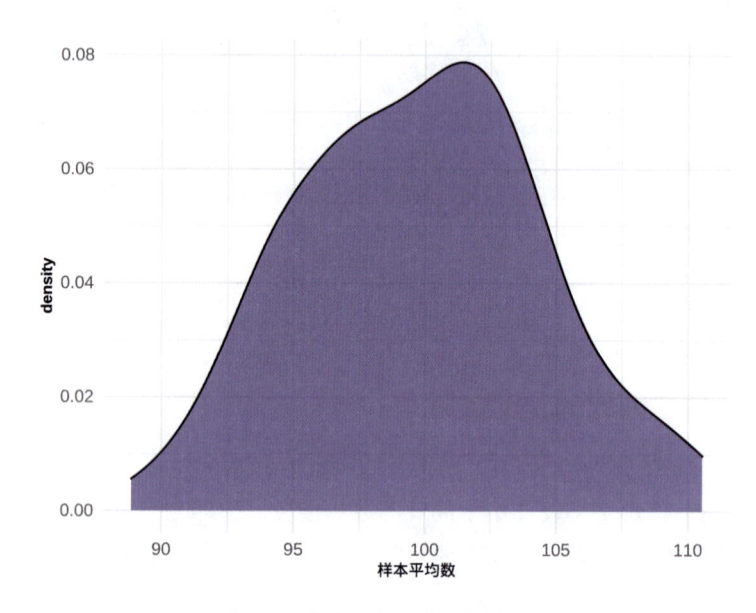

图 8-5：来自正态总体的抽样分布

我们来总结一下中心极限定理的要点。首先，随着每个样本中观测数量的增加，抽样分布的形状将接近正态曲线。其次，和的抽样分布也将接近正态曲线。最后，当从正态分布中抽取样本时，无论在每个样本中抽取多少个观测，所得到的平均数或和的抽样分布都将接近正态分布。这些就是中心极限定理的要点。但等等：中心极限定理还有一个极其有用的性质值得探讨。

中心极限定理的一个有用性质

大数定律规定，当我们重复一次实验（即抽取样本）并开始构建抽样分布时，抽样分布的平均数将收敛于总体参数。通过增加试验次数，我们能越来越接近真相。中心极限定理透露了一些不太一样的东西：当每个样本中的观测数量增加时，抽样分布的形状将接近正态。

这很有用，因为如果知道抽样分布开始看起来像标准正态曲线，那么就可以准确地计算出我们离总体参数（例如，真正的总体平均数）有多远。如果我们的时间和金钱都不够，那么和真相在同一个邻域（neighborhood）就足够了。如果知道总体参数是生死攸关的考虑因素，那么我们希望比"在邻域的某个地方"更接近真相。由于抽样分布的形状接近标准正态曲线，我们可以精确地计算出样本统计量与总体参数之间可能差了多远。我们还可以了解到应该对这个估计有多大的信心。

也许中心极限定理最神奇的地方在于，即使在总体分布非正态的情况下，它也仍然成立。换句话说，我们可以认为无论总体如何分布，抽样分布都将趋于正态。正如图 8-5 所展示的那样，从具有正态分布的总体中抽样可以为我们节省时间和金钱，因为在每个样本中只需要几个观测（相对便宜），就可以生成一个服从正态分布的抽样分布。幸运的是，不管总体是什么分布，只要有足够的观测，就可以使用同样的机制来确定估计的准确度。下一节将说明这个非常有用的现象。

从不同的分布中抽样

当随机抽取样本并从中计算出统计量时，我们想知道距离真实情况有多近。我们的样本统计量与总体参数有多吻合？抽样分布是连接随机样本与对估计所做的概率性陈述的纽带。例如，我们在政治民意调查中报告的误差范围基于对抽样分布的了解及其多么接近标准正态分布。

如上一节所述，事实证明，无论总体分布的形状如何，其构建的抽样分布都接近对称的、看起来正态的分布。抽样分布倾向于接近正态分布，这将从样本中生成的统计量与对其所做的概率性陈述联系起来。

为了说明这一点，让我们先从均匀分布开始。**均匀分布**（uniform distribution）看起来像方块，因为案例的频率在可能的数值范围内不会变化。值域低端、中端、高端的案例数量是相等的。图 8-6a 中的密度图就是一个均匀分布。由于它是由 R 中的随机数函数 `runif()` 生成的，所以上面有一些凸起。

为了生成这张图，我创建了一个包含 100,000 个观测的总体，均匀分布在 50 和 150 之间。在代码块 8-10 中，我使用 `runif()` 函数创建了一个服从均匀分布的变量，名为 `xunif`，其总体有 100,000 个观测，最小值为 50，最大值为 150。

代码块 8-10

```
xunif <- runif(100000, min = 50, max = 150)

x <- data.frame(xunif)

p <- ggplot(x, aes(xunif)) +
  geom_density(alpha=0.7, fill="#0000ff") +
  theme_minimal() +
  theme(plot.title = element_text(size = 8, face = "bold")) +
  theme(axis.title = element_text(size = 8, face = "bold")) +
  annotate("text", x = 100, y = 0.012, label =
        "平均数 = 100", col="#bf0000") +
  geom_vline(xintercept=100, col="#bf0000") +
  ggtitle("图 8-6a：均匀分布") +
  xlab("均匀分布")
```

如果从均匀分布的总体中随机抽取样本，并生成其平均数的抽样分布（见图 8-6b），那么随着 *n* 的增加，抽样分布会逐渐接近正态。在本例（见代码块 8-11）中，从均匀分布中抽取了 500 个样本，每个样本的大小为 50。然后计算每个样本的平均数，构建抽样分布，使用密度图绘制出来。为了在页面上准确对齐，我使用了 grid.arrange() 函数。

代码块 8-11

```
set.seed(3376)
min=50; max=150; n=50
xbar1=rep(0,500)
for (i in 1:500) {xbar1[i]=mean(runif(n, min, max))}

x <- data.frame(v1=xbar1)

xb1 <- mean(x$v1)

p1 <- ggplot(x,aes(x=v1)) +
  geom_density(fill="#0000ff", alpha=0.7) +
  geom_vline(xintercept=xb1, col="#bf0000") +
  theme_minimal() +
  theme(plot.title = element_text(size = 8, face = "bold")) +
  theme(axis.title = element_text(size = 8, face = "bold")) +
  annotate("text", x = 99, y = 0.10, label =
        "平均数 = 99.689", col="#bf0000") +
  ggtitle("图 8-6b：来自均匀分布的抽样分布") +
  xlab("样本平均数") +
  theme(legend.position = "none")

grid.arrange(p, p1, ncol=2)
```

正如图 8-6a 和图 8-6b 中的密度图表明的那样，在 $n=50$ 的样本中，抽样分布就已经接近正态分布了。因此，尽管每次观测都有可能抽取到接近 50 的数字，也有可能抽取到接近 150 的数字，但是取每个样本的平均数并绘制它（抽样分布）时，得到的形状还是接近标准正态曲线的。

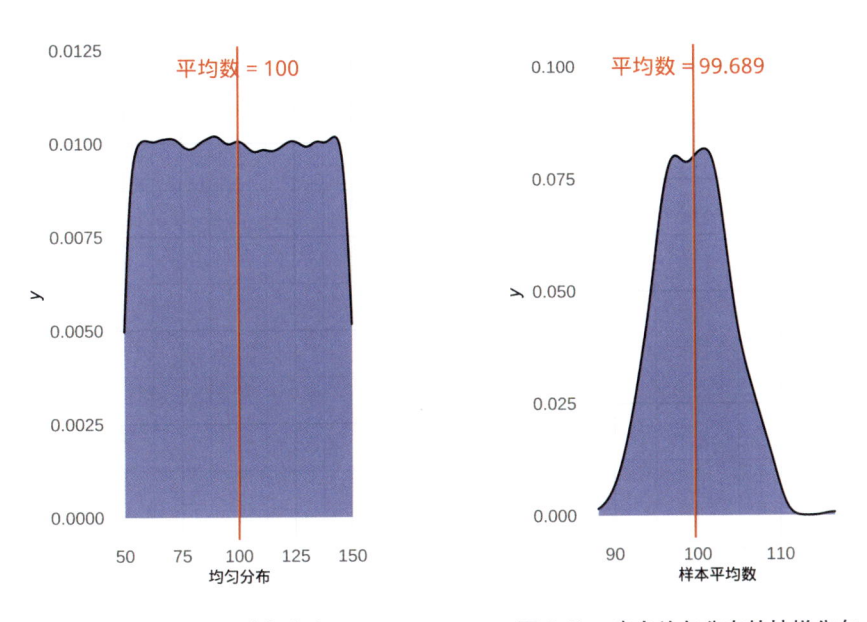

图 8-6a：均匀分布

图 8-6b：来自均匀分布的抽样分布

让我们更进一步，看看**指数分布**（exponential distribution）——严重正偏态的分布（见图 8-7a）又如何。在指数分布中，大部分案例都聚集在低端，在指数级高于低端的位置，频率逐渐下降。首先，在代码块 8-12 中，我使用 `rexp()` 函数构建了指数分布，并定义了一个名为 p 的密度图。

代码块 8-12

```
expd <- rexp(100000, rate = 0.01)

xexp <- data.frame(expd)

p <- ggplot(xexp, aes(expd)) +
  geom_density(alpha=0.7, fill="#0000ff") +
  theme_minimal() +
  theme(plot.title = element_text(size = 8, face = "bold")) +
  theme(axis.title = element_text(size = 8, face = "bold")) +
  annotate("text", x = 300, y = 0.008, label =
           "平均数 = 100", col="#bf0000") +
  geom_vline(xintercept=100, col="#bf0000") +
  ggtitle("图 8-7a：指数分布") +
  xlab("指数分布")
```

然后，像之前的分布一样，随机抽取（见代码块 8-13），再定义一个平均数的密度图（名为 p1）（见图 8-7b）。

代码块 8-13

```
set.seed(3376)
n=50
xbar1=rep(0,500)
for (i in 1:500) {xbar1[i]=mean(rexp(n, rate = 0.01))}

x <- data.frame(xbar1)

xb1 <- mean(x$xbar1)

p1 <- ggplot(x,aes(xbar1)) +
  geom_density(fill="#0000bf", alpha=0.7) +
  geom_vline(xintercept=xb1, col="red") +
  theme_minimal() +
  theme(plot.title = element_text(size = 8, face = "bold")) +
  theme(axis.title = element_text(size = 8, face = "bold")) +
  annotate("text", x = 125, y = 0.027, label =
       " 平均数 = 100.774", col="#bf0000") +
  ggtitle(" 图 8-7b：来自指数分布的抽样分布 ") +
  xlab(" 样本平均数 ") +
  theme(legend.position = "none")

grid.arrange(p, p1, ncol=2)
```

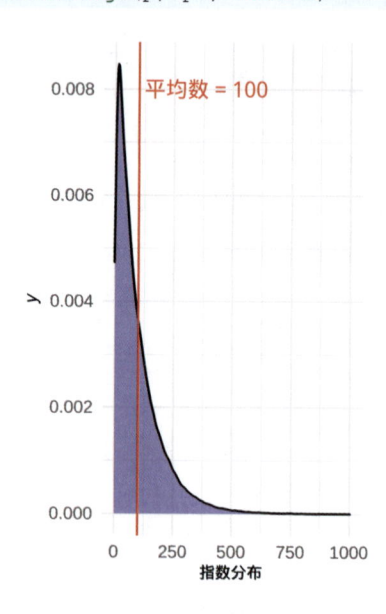

图 8-7a：指数分布

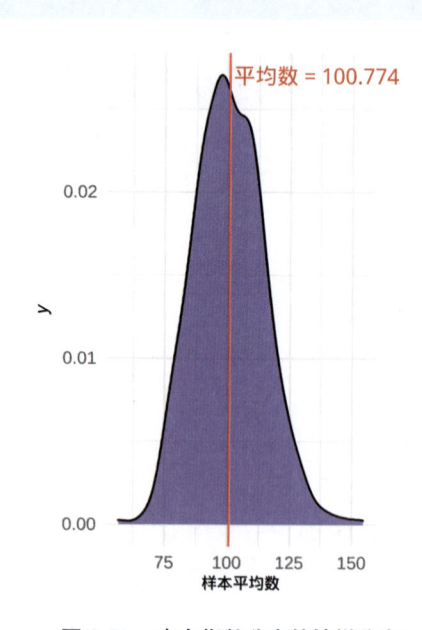

图 8-7b：来自指数分布的抽样分布

图 8-7b 所示的抽样分布有 500 个样本,每个样本有 50 个观测值。同样,与图 8-6 中以均匀分布为特征的情况一样,从指数分布中抽样得到的抽样分布也产生了看起来正态的钟形曲线。

同样的情况也适用于双峰分布(见图 8-8a 和图 8-8b)。**双峰分布(bimodal distribution)** 的特点是其形状具有两个峰:不止一个众数(mode),有两个。生成以双峰分布为特征的总体需要一些额外的工作(见代码块 8-14)。为了在 R 中生成双峰分布,我们要把两个正态分布组合或"混合"起来,完成后就可以绘制密度图了。对于这两个正态分布,指定其中一个平均数为 75,另一个平均数为 125。两者的分散程度(spread)相同(标准差为 10)。然后将这两个分布组合并绘制出来(见图 8-8a)。

代码块 8-14
```
set.seed(3376)
n=500

y1 = rnorm(n, 75, 10); y2 = rnorm(n, 125, 10)
w = rbinom(n, 1, 0.5)

x2 = w*y1 + (1-w)*y2

bm <- data.frame(x2)
p <- ggplot(bm, aes(x2)) +
  geom_density(alpha=0.7, fill="#0000ff") +
  theme_minimal() +
  theme(plot.title = element_text(size = 8, face = "bold")) +
  theme(axis.title = element_text(size = 8, face = "bold")) +
  annotate("text", x = 80, y = 0.017, label =
           "平均数 = 100", col="#bf0000") +
  geom_vline(xintercept=100, col="#bf0000") +
  ggtitle("图 8-8a:双峰分布") +
  xlab("双峰分布")
```

现在有了双峰分布,是时候抽取样本并绘制出来了(见代码块 8-15)。

代码块 8-15
```
set.seed(3376)
n=50
xbar1=rep(0,500)
for (i in 1:500) {xbar1[i]= mean(sample(bm$x2, n, replace = TRUE))}

x <- data.frame(xbar1)

xb1 <- mean(x$xbar1)

p1 <- ggplot(x,aes(xbar1)) +
```

```
geom_density(fill="#0000bf", alpha=0.7) +
geom_vline(xintercept=xb1, col="#bf0000") +
theme_minimal() +
theme(plot.title = element_text(size = 8, face = "bold")) +
theme(axis.title = element_text(size = 8, face = "bold")) +
annotate("text", x = 105, y = 0.105, label =
        "平均数 = 101.811", col="#bf0000") +
ggtitle(" 图 8-8b：来自双峰分布的抽样分布 ") +
xlab(" 每个样本的平均数 ")+
theme(legend.position = "none")
grid.arrange(p, p1, ncol=2)
```

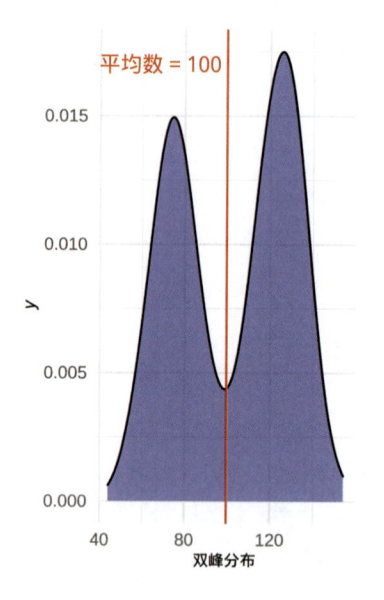

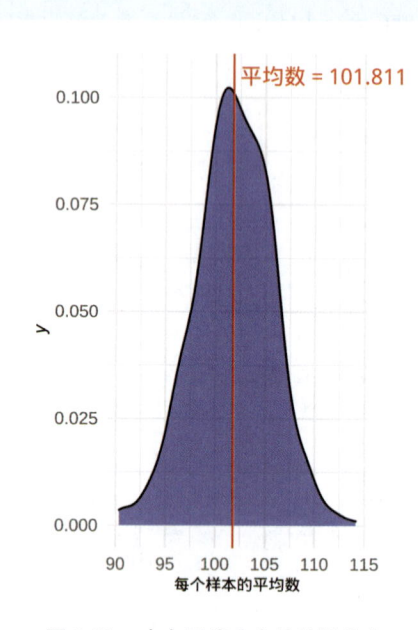

图 8-8a：双峰分布　　　　　　　图 8-8b：来自双峰分布的抽样分布

抽取 500 个 $n=50$ 的样本，生成的样本平均数的抽样分布接近正态曲线。图 8-8b 中的密度图是来自双峰分布的抽样分布。即使样本是从一个奇形怪状的双峰分布中抽取的，其抽样分布也接近正态曲线。

由于图 8-6 到图 8-8 中的抽样分布近似于正态分布，已经满足了使用正态曲线（又称标准正态分布）的必要条件，这是评估从每个样本抽取得到的统计量的准确度的策略。我们不仅知道对估计可以有多大的把握，正如在下一章中会看到的，而且可以计算出达到特定的准确度所需的样本量。在了解了抽样分布与正态曲线的关系后，我们可以在接下来的章节中讨论正态曲线为何如此重要，以及它是如何帮助构建置信区间、假设检验和回归系数的。

> 知识检验：理解为什么中心极限定理如此重要。

9. 中心极限定理是怎样被发现的？
    a. 是亚伯拉罕·棣莫弗（Abraham de Moivre）发现的。
    b. 是朗西斯·高尔顿（Francis Galton）爵士发现的
    c. 阿道夫·凯特勒（Adolphe Quetlet）借鉴了亚伯拉罕·棣莫弗的工作。
    d. 一位天文学家观察到，棣莫弗注意到的模式在许多天文现象中都存在。

10. 中心极限定理说了什么？
    a. 特定事件 A 发生的次数将以概率 1 收敛到一个数字，该数字等于 A 在一次重复实验中发生的概率。
    b. 随着每个样本的观测数量的增加，平均数的抽样分布接近正态分布。
    c. 和 $\sum X_i$ 的抽样分布也接近平均数为 $n\mu$，标准差为 $\sqrt{n}\sigma$ 的正态分布。
    d. 如果总体（每个 X_i）是正态分布的，那么平均数（$\bar{X}$）以及和（$\sum X_i$）的抽样分布也是正态分布的，与样本大小无关。

11. 以下哪些解释了为什么中心极限定理如此重要？
    a. 我们可以根据样本的大小，计算出与总体参数的距离。
    b. 有那么多的自然现象都服从正态分布。
    c. 随着观测数量的增加，样本统计量将接近总体参数。
    d. 要利用其机制，不必假设我们研究的总体服从正态分布。

12. 下列哪些陈述是正确的？
    a. 从均匀分布中重复抽取产生的抽样分布是正态分布。
    b. 从指数分布中重复抽取产生的抽样分布是正态分布。
    c. 从双峰分布中重复抽取产生的抽样分布是正态分布。
    d. 如果从正态分布中抽取，样本量不需要很大，就能产生服从正态分布的抽样分布。

标准正态分布

标准正态分布（standard normal distribution）是一种构想，为估计的准确度做出精确的统计陈述提供了脚手架。这之所以能够实现，是因为标准正态曲线具有一些非常特殊的性质。

例如，我们规定标准正态分布的平均数为 0，标准差为 1。这让我们能很轻松地对单位进行"标准化"。比如，我们想知道总体的平均家庭收入，以美元计算。为了使用标准正态曲线，我们将美元转换为平均数的标准差。使用标准差表示之后，就可以借助标准分布做出一些有用的陈述了。例如，如果样本的标准差为 10,000 美元，平均数为 50,000 美元，那么可以推断大约 68% 的家庭收入在 40,000 美元至 60,000

美元之间。接下来的两个可视化有助于阐明它。

让我们构建一个可视化,来说明应该如何使用正态分布。虽然代码有些复杂,但是回报丰厚。为完整起见,在代码块 8-16 中使用了 R 的基础绘图命令。在代码块 8-17 中,使用 ggplot 生成了类似的可视化结果。这两者说明,在 R 中有许多不同的方法可以生成一样的图。

首先为曲线定义平均数(mean=0)和标准差(sd=1)。为了指定着色区域的边界,我定义了下边界(lb=-1)和上边界(ub=1)。然后创建了两个要绘制的变量,其中一个为 x,值为 -4 ~ 4;另一个通过 dnorm() 函数将 x 的每个值转换为密度(曲线的高度)。有了这两个变量,就有了与 x 轴相关的数字(x)和与 y 轴相关的相应数字(hx)。

定义了 x 和 hx 之后(我们的 x 和 y),用 plot() 函数将它们画出来。只有在 plot() 函数后面,才能定义曲线下方要填充阴影的区域。为了给曲线下的区域填充阴影,我创建了变量 i 来辅助定义多边形区域。接下来的 lines() 和 polygon(),才是实际在曲线下方绘制蓝色区域的函数。顺便一提,在下一个例子中会看到(见代码块 8-17),使用 ggplot 时,这部分是通过 geom_ribbon() 函数完成的。

最后的函数用于计算位于平均数上下 1 个标准差之间的曲线下面积。我通过创建一个名为 area 的变量来定义曲线下面积。在这个表达式中,pnorm() 函数用来计算指定值左侧的曲线下面积。为了计算两个值之间的曲线下面积,需要用上边界左侧的曲线下面积减去下边界左侧的曲线下面积。如此便得到了下边界和上边界之间的面积。在计算完成后,使用 paste() 和 mtext() 函数,将该值放在图标题的下面。代码的最后一行绘制了图的 x 轴。

代码块 8-16 生成了标准正态分布,其平均数上下 1 个标准差的区域填充了颜色,同时计算了面积。代码块 8-16 中的所有指令都必须按顺序执行,才能绘制出图并计算曲线下面积。操控代码中的参数(曲线的上、下边界;-1,1),观察有什么变化(只需要修改代码第二行中的上、下边界)。这是培养对标准差和标准正态曲线下面积的直觉的好方法。在本节末尾的知识检验中,也用得上。

代码块 8-16

```
mean=0; sd=1
lb= -1; ub=1

x <- seq(-4,4,length=10000)*sd + mean
hx <- dnorm(x,mean,sd)

plot(x, hx, type="n", xlab="", ylab="",
```

```
    main="", axes=FALSE)
i <- x >= lb & x <= ub
lines(x, hx)
polygon(c(lb,x[i],ub), c(0,hx[i],0), col="#0000bf")

area <- pnorm(ub, mean, sd) - pnorm(lb, mean, sd)
result <- paste("P(",lb,"< 0 <",ub,") =", signif(area, digits=3))
mtext(result, 3)
axis(1, at=seq(-5, 5, 1), pos=0)
```

之所以使用标准正态分布，是因为它表明了距平均数特定距离范围内的曲线下面积。曲线下的总面积加起来为100%。如图8-9所示，曲线下68%的面积位于平均数上下1个标准差范围内，大约95%的曲线下面积位于平均数上下2个标准差范围内。最后，平均数上下3个标准差范围内的曲线下面积为99.7%[1]。将代码块8-16中的下边界和上边界分别从 –1 和 1 改为 –2 和 2，观察计算出的曲线下面积发生了什么变化（应该看到 0.954）。要做出这种改变，只需要修改代码块8-16第二行中的下边界和上边界的定义即可。

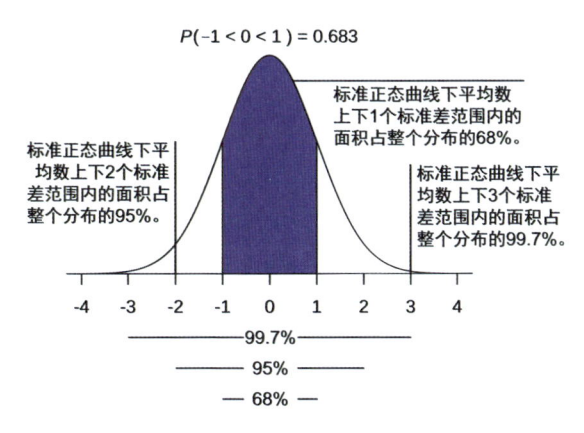

图 8-9：标准正态曲线

由于抽样分布近似于正态分布，我们可以利用这个信息来确定样本统计量与真实的总体参数的接近程度。我们要做的是把估计值转换（标准化）为所谓的 z 分数（z-score）[2]，然后利用已知的标准正态曲线下的面积来计算我们离真实的总体参数可能有多远（置信区间），以及对该计算有多少信心（置信度）。在下一章中，我们要构建置信区间（confidence interval）并进行假设检验（hypothesis testing），这两者都用到了正态分布。现在，让我们了解如何将正态曲线下的面积与 z 分数的值联系起来，

---

1 图8-9实际是先执行代码块8-16绘制出来，然后再导入 Adobe Illustrator 中添加标注完成的。
2 译注：又称标准分数（standard score）。

这是了解估计的准确度的重要过程。

标准正态分布与临界 z 分数

在过去，学生们会花费数小时处理一张庞大的数字表（标准正态表），以计算在距平均数给定距离处，有多少分布位于正态曲线之下。当面对这张通常印在统计教科书内封面上的表格时，不少学生会毫不迟疑地径直走到教务处，退了他们的统计课。现在，简单的 R 指令就可以轻松地告诉我们需要了解的标准正态分布信息。标准正态分布指出了样本统计量在分布中的位置，让我们可以对其准确度做出一些概率性陈述。

在上一节中，我们了解到，68% 的分布位于平均数两侧 1 个标准差之内。我们使用标准正态表（或 R）来计算其他各种值在曲线下的分布百分比。

让我演示一个与标准正态曲线相关的具体例子。为了说明，我计算了学生的智商分数的平均数和标准差（这些数据可以在"MASS"数据包中找到，名为 `nlschools`）。假设从分布中选出了一名智商测试得 15 分的学生。由于我们知道总体的平均数（11.88）和标准差（2.06），所以可以计算出相应的 z 分数。相应的 z 分数用下面的公式计算：

$$Z = \frac{X - \mu}{\sigma}$$

其中，Z 是 z 分数，μ 是平均数，X 是想要转换的数字（在本例中为 15），σ 是标准差（在本例中为 2.06）。在这个例子中，得到

$$Z = \frac{15 - 11.88}{2.06} = 1.51$$

相应的 z 分数为 1.51。许多统计书籍的封底或封面都有标准正态分布表，该表指出了位于 z 分数之上或之下相应的曲线下面积。至于 R，只需要在 `pnorm()` 函数中插入 1.51，就会得到该数字左侧的曲线下面积。

输入 `pnorm(1.51)` 得到 0.935，这表明大约 94% 的分布位于智商分数 15 的左侧，剩下大约 6% 的分布在蓝色阴影区域（见图 8-10）。计算分布中任何数值的曲线下面积，可以告诉我们它相对于总体其他数值的位置。是不是很特别？在下一章中，我们将看到如何利用这些信息对总体以及估计的准确度进行推断。

为了可视化我们做了什么，这里的代码用的是"ggplot"包（看看你是否能找出

代码块 8-16 和代码块 8-17 中哪些命令是相互对应的）。我画出了相应的标准正态分布，并将智商测试的单位放在上面，以便展示这些分数与 x 轴上的标准化分数是如何对应起来的。尽管代码同样有些复杂，但摆弄它是深入了解如何利用标准正态曲线来做概率性陈述的一种方式。

与前面的例子一样，我首先定义了两个变量。其中，变量 v1 的值域是 -4 ~ 4，有 10,000 个观测（见代码块 8-17）；变量 v2 只是将 v1 的每个值转换为密度（曲线的高度）。然后使用 data.fram() 函数将这两个变量合并成一个数据框。

geom_ribbon() 函数用来给所需的曲线下区域填充阴影，subset() 函数告诉 R 只需要在 v1 的 1.51 和 4 之间填充。在图形属性函数 aes() 中，y 的最大值由之前创建的变量（v2）指定。这两个函数，指定了阴影区域的尺寸。最后，请注意我是如何使用 scale_x_continuous() 函数创建第二条 x 轴的，它是底轴的线性函数（*2.06+11.88）。

正如图 8-10 所示，在智商测试中获得 15 分的学生是相当出色的。曲线下的蓝色区域部分对应的是有 6.5% 的人得分高于 15 分。同样，就像前面的例子一样，我鼓励你摆弄摆弄代码，看看画出来的东西有什么变化。这是一种获得更深理解的好方法。

代码块 8-17
```
v1 <- seq(-4, 4, length = 10000)
v2<- dnorm(v1, 0, 1)

df <- data.frame(v1, v2)

ggplot(df, aes(v1, v2)) +
  geom_line() +
  theme_minimal() +
  theme(plot.title = element_text(size = 8, face = "bold")) +
  theme(axis.title = element_text(size = 8, face = "bold")) +
  geom_ribbon(data=subset(df ,v1>1.51 & v1<4),aes(ymax=v2),ymin=0,
              fill="#0000bf",colour=NA) +
  scale_fill_brewer(guide="none") +
  xlab("距平均数多少标准差") +
  ylab("密度") +
  geom_vline(xintercept = 1.51, linetype=2) +
  scale_x_continuous(sec.axis=sec_axis(~.*2.06+11.88))
```

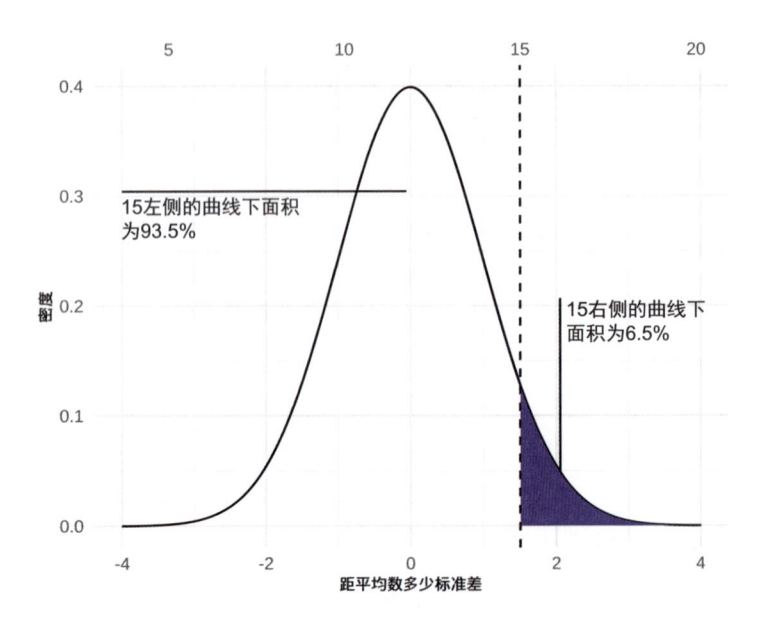

图 8-10：智商分数的原始单位

知识检验：将抽样分布与标准正态分布联系起来。

---

13. 以下哪些描述了标准正态曲线的特征？
    a. 它的标准差为 1。
    b. 它的平均数为 0。
    c. 它是均匀分布。
    d. 它代表了许多不同现象的分布。

14. 标准正态曲线下距平均数上下 1 个标准差的面积百分比是多少？
    a. 95%
    b. 68%
    c. 90%
    d. 99%

15. 标准正态曲线下距平均数上下 2 个标准差的面积百分比是多少？
    a. 95%
    b. 68%
    c. 90%
    d. 99%

16. 什么是 z 分数？
    a. 标准正态曲线下面积。

b. 以标准差表示的变量（身高、年龄、体重等）单位。
c. 通过用一个观测值减去平均数，再除以变量的标准差计算得到的。
d. 通过用一个观测值减去平均数，再除以标准正态分布的标准差计算得到的。

17. z 分数有什么用？

    a. 计算变量的标准差
    b. 了解变量的分散程度
    c. 了解样本统计量与真实的总体参数的差距
    d. 了解样本的分散程度

18. 使用代码块 8-16，进行以下计算：

    a. 在 –1.5 和 1.5 个标准差之间的标准正态曲线下面积是多少？
    b. 在 –1 和 2 个标准差之间的标准正态曲线下面积是多少？
    c. 在 1 和 2 个标准差之间的标准正态曲线下面积是多少？
    d. 在 2 和 1.3 个标准差之间的标准正态曲线下面积是多少？

小结

在这一章中，我们定义了总体和样本，解释了当没有足够的时间或金钱来调查或者记录总体中每个个体的数据时，样本是如何帮助我们对总体进行推断的。幸运的是，大数定律和中心极限定理拯救了我们。通过大数定律和中心极限定理，我们可以获得总体参数的无偏估计，并且对样本生成的估计值与现实的吻合程度做出一些陈述。在抽样时援引标准正态分布，才使得这成为可能。由于无论总体是什么分布，从总体中生成的抽样分布都近似于正态分布，因此我们可以使用标准正态分布的架构来确定估计值在分布中所处的位置。这是抽样的一个非常强大的功能，因为我们可以衡量估计值与现实的差距。

常见问题

- 确定总体。在某些情况下，很容易找不到总体。例如，如果想知道一所大学的大多数学生是否上过公立高中，我们可能会从一个 200 人的大型统计课中抽取样本并计算样本统计量。此时，尽管我们抽取的是班上的一部分，但班级并不是总体。此时，班级本身就是总体的一个样本，而且不是随机样本。总体是由就读于这所大学的所有学生定义的。
- 注意样本统计量和总体参数之间的区别。虽然样本统计量和总体参数的概念明确且明显不同，但有时我们对这两个术语的使用太随意了（当指的是一个术语时，却使用了另一个）。记住，我们从样本中计算统计量（平均数、中位数或标准差），是为了了解总体参数（平均数、中位数或标准差）。如果要调查总体中的每个人，就不需要随机抽样，直接计算总体参数就行了（犯不着猜）。无论是从样本中计算出某些东西，还是调查或计算总体中所有的个体或对象，分清楚两者有助于保持头脑清醒。当两者混淆时，样本和总体之间的区别也会被搞混。这时，最佳估测也会与现实混淆。

- 对抽样分布没有清晰的认识。抽样分布让人困惑，是因为它们代表着重复抽样的统计摘要。例如，抽样分布并不直接代表从总体中抽取的个体或对象。抽样分布的每个观测值本身就是一个统计摘要。我们抽取样本，计算样本统计量，记录下来，然后重复这个过程。抽样分布代表着从每个样本中计算得到的统计摘要集合。从这个意义上说，它经过了删减。如果抽取 100 个样本，每个样本有 500 个观测值，那么抽样分布就由 100 个观测值组成：100 个样本中的每一个都有一个摘要统计量。

- 增加观测数量与增加样本数量。观测与样本之间的区别同样是很明显的，但如果在语言上混淆了两者，就很难把事情搞清楚。这里的区别很重要，因为大数定律（增加样本数量）和中心极限定理（增加观测数量）聚焦于其中一个。当增加观测数量时，就是在增加样本的规模。当增加样本数量时，就是在一次又一次地重复抽样工作。

- 在随机抽样时要注意细节。为总体中的每个个体或对象分配一个数字，然后使用计算机上的随机数生成器来选择样本，是获取随机样本的最佳方式。选中后，将个体或对象放回总体中，以便可能再次被选中是最佳实践，除非这样做会影响到结果。涉及不同过程的任何东西都应该仔细检查，确保是真正的随机：每个个体或对象都有同等的机会被抽中。

复习题

1. 什么是总体？
2. 什么是随机样本？
3. 什么是抽样分布？
4. 什么是标准正态分布？
5. 为什么要关注标准正态分布？
6. 标准正态分布的单位是什么？
7. 平均数两侧 1 个标准差范围内的标准正态曲线下面积是多少？
8. 如何将度量单位转换为 z 分数？
9. 什么是 z 分数？
10. 为什么 z 分数如此有用？

数据分析与可视化练习

1. 下列关于总体的说法哪些是正确的？
    a. 统计量描述了总体的特征。
    b. 参数描述了总体的特征。

c. 在描述总体时，我们使用希腊符号和记号。
d. 在描述总体时，我们使用小写记号。

2. 下面哪个是总体，哪个是样本？
   a. 调查整个内布拉斯加州，以确定该州自由主义者的百分比。
   b. 调查整个内布拉斯加州，以确定该国自由主义者的百分比。
   c. 选项 a 中的内布拉斯加州。
   d. 选项 b 中的美国。

3. 为什么要通过随机抽样来确定总体参数？
   a. 我们没有足够的时间或金钱来统计所有的事情或每个人。
   b. 我们想要消除样本中的偏差。
   c. 我们想要消除总体中的偏差。
   d. 我们希望所有可能的混杂因素在样本中都有平等的机会体现出来。

4. 为什么有些人使用有放回抽样？
   a. 它构建了真正的随机样本。
   b. 对新案例进行抽样调查的成本太高。
   c. 每次抽取都独立于其他所有的抽取。
   d. 避免把观测抽取完。

5. 关于大数定律，下列哪些是正确的？
   a. 每次实验都必须独立于其他实验。
   b. 随着实验次数的增加，抽样分布的平均数将以 100% 的确定性接近总体参数。
   c. 它基于重复实验的次数。
   d. 只有当抽样分布为正态分布时，它才有效。

6. 关于中心极限定理，下列哪些是正确的？
   a. 特定事件 A 发生的次数将以概率 1 收敛到一个数字，该数字等于 A 在一次重复实验中发生的概率。
   b. 随着每个样本的观测数量的增加，平均数的抽样分布接近正态分布。
   c. 随着样本数量的增加，平均数的抽样分布接近正态分布，即使抽样的总体不是正态分布的。
   d. 让我们能够计算出样本估计值与真实的总体参数的差距有多大。

7. 关于标准正态分布，下列哪些是正确的？
   a. 它的平均数为 0，标准差为 1。
   b. 曲线下面积大约 68% 位于平均数上下 1 个标准差之间。
   c. 曲线下面积大约 99% 位于平均数上下 1 个标准差之间。
   d. 它代表当前研究的变量单位。

8. 什么是 z 分数？
   a. 它们是通过从观测值中减去平均数，再除以平均数计算得到的。
   b. 它们是通过从观测值中减去标准差，再除以平均数计算得到的。

c. 它们是通过减去样本平均数，再除以样本标准差计算得到的。
d. 它们是通过减去总体参数，再除以总体标准差计算得到的。

9. z 分数是用来做什么的？
   a. 它们帮助我们将样本单位转换为符合标准正态分布的单位。
   b. 它们让我们使用标准正态分布来推断样本统计量的准确度。
   c. 它们让我们能够确定样本是否是正态分布的。
   d. 它们让我们能够确定样本是否充分地随机化了。

10. 中心极限定理的重要结论有哪些？
    a. 总体呈正态分布，则所抽取的样本中的观测数量没有那么重要。
    b. 无论总体的形状或分布如何，样本统计量的抽样分布都会接近正态分布。
    c. 随着实验次数的增加，样本的抽样分布的平均数将接近总体平均数。
    d. 大多数自然现象的总体都接近正态分布。

R 函数注释

以下函数在本章中出现。它们按首次出现的顺序列出（括号中的是代码块编号），并在此注释以简要地说明其用途。其中有些不是独立的函数，必须配合其他指令使用。友情提示：只要按照它们出现的顺序运行，每章的代码就都可以正常工作。正确的运行还依赖作者定义的 `libraries()` 函数，用于加载所需的 R 包。

`set.seed()`：告诉 R 用什么数字启动随机数生成器。如果与例子中的数字一致，则可以设置种子让你重现基于随机数的结果。（8-1）

`rep()`：在 for-loop 循环中重复某个命令，设置重复次数的地方。（8-2）

`for()`：设置循环应该进行几次。同一行后面紧跟着要重复的命令[1]。（8-2）

`mean()`：计算变量的平均数。（8-2）

`rnorm()`：随机生成数字，创建服从正态分布的总体。（8-2）

`list()`：将指定的对象合并为列表。（8-4）

`melt()`：将相对应的多列变量一列叠一列地"堆叠"到同一列中。（8-4）

`ggplot()`：定义图的基本结构（通常是变量 x 和 y）。（8-5）

`aes()`：aes（图形属性，aesthetics）函数在 ggplot 中用于定义图的基本结构[2]，通常包含要用到的变量以及形状或颜色。（8-5）

`ggtitle()`：设置 ggplot 的主标题。（8-5）

`theme_minimal()`：为 ggplot 设置极简风格的主题。（8-5）

`theme()`：指定 ggplot 中的字体、大小等。（8-5）

`geom_vline()`：绘制垂直线。（8-5）

---

1 译注：不一定非要在同一行，只要在花括号中即可。
2 译注：图形属性与变量的映射关系。

`geom_density()`：在 ggplot 绘图框架中绘制密度图。（8-5）
`annotate()`：在图中放置文本。（8-5）
`xlab()`：在 ggplot 中设置 x 轴标签。（8-7）
`data.frame()`：将列组合起来形成一个数据集。（8-8）
`runif()`：随机生成数字，创建服从均匀分布的总体。（8-10）
`grid.arrange()`：根据指定的行列模式将图排列在页面上。（8-11）
`rexp()`：随机生成数字，创建服从指数分布的总体。（8-12）
`sample()`：从指定的总体中随机抽取样本。（8-15）
`dnorm()`：计算概率密度函数。（8-16）
`plot()`：R 的基础绘图函数。（8-16）
`ylab()`：在 ggplot 中设置 y 轴标签。（8-16）
`lines()`：R 的基础绘图函数，用于绘制线条。（8-16）
`polygon()`：R 的基础绘图函数，用于生成形状（多边形）。（8-16）
`paste()`：R 的基础函数，用于将文本粘贴在一起。（8-16）
`signif()`：表示要四舍五入到哪个小数位。（8-16）
`mtext()`：用于在图的边上写入文本。（8-16）
`axis()`：在 R 基础绘图中设置轴的特征。（8-16）
`geom_line()`：在 ggplot 中绘制线条。（8-17）
`geom_ribbon()`：在 ggplot 中绘制具有最大值和最小值的区域。（8-17）
`scale_fill_brewer()`：让用户指定在图中使用什么配色风格。（8-17）
`scale_x_continuous()`：根据输入的参数绘制 x 轴。（8-17）

置信区间与假设检验 9

本章大纲

- 学习目标
- 概述
- 大样本的置信区间
- 小样本与 t-分布
- 比较两个样本的平均数
- 置信水平
- 关于统计推断和因果关系的简要说明
- 小结
- 常见问题
- 复习题
- 数据分析与可视化练习
- R 函数注释

学习目标

- 计算比例和平均数的置信区间。
- 使用 t-分布计算置信区间。
- 判断两个总体的平均数是否不同。
- 理解置信在统计学中的含义。
- 将置信区间与统计估计联系起来。

概述

本章展示了对第 8 章中介绍的理论概念的应用。我们常常想了解更大的总体，但资源是有限的：统计或测量每个个体要么不切实际，要么成本太高。统计推断通过数学和概率机制帮助我们尽力做出重要的声明。

中心极限定理指出，我们可以通过抽取一个小样本，计算样本统计量，然后构建一个置信区间来表明样本统计量与总体参数的接近程度，从而了解总体。接下来的几个例子介绍如何通过计算置信区间来检验假设。我们会学到如何在几种不同的情境下构建置信区间。最后，使用模拟的方式来解释我们所说的置信水平是什么意思。本章结束时，你将有基础来理解在调查、假设检验和回归分析的结果中一同出现的概率性陈述。

本章内容如下：

第一，在不同的情境下构建置信区间。通过几个例子，我们会学到如何在样本量大于 100 时围绕比例和平均数建立置信区间。

第二，介绍 t- 分布，该理论分布用于计算观测数量少于 100 个的样本的置信区间。

第三，探讨双样本 t 检验，这是一个用来比较两组平均数的有用工具。

第四，通过模拟，加深对置信水平的理解。这触及了我们所说的统计显著性（statistical significance）的核心。

第五，讨论前几章内容与接下来几章内容的关系：适用于平均数和比例的统计显著性陈述，同样适用于进行回归时生成的估计值。

大样本的置信区间

有关歧视、工业制造质量控制、民意调查和选举结果本身的重要法庭案件都基于置信区间的构建。有了大数定律和中心极限定理，我们现在有办法随机抽取样本，从中计算出样本统计量及其与总体参数的接近程度，还可以确定我们对估计有多少信心。这可不是你第一次遇到置信区间，大多数选举民意调查都会提到它们。在报告民意调查结果时，通常附有"在 ±3 个百分点以内"或"在 3 个百分点的误差范围内"的短语。**置信区间（confidence interval）** 确定了总体参数在样本统计量两侧可能的数值范围。在选举调查中，±3 个百分点的误差范围确定了我们认为候选人的真实支持率的范围。

当我们抽取样本对总体进行推断时，有三种不同的情况。第一，我们可能想知道打算投票给某个政治家的总体比例。这个问题通常采用"有多少（How many）？"的形式。第二，我们可能想知道我国普通公民的可支配收入。这个问题通常采用"是多少（How much）？"的形式。第三，当样本量相对较小时（也许负担不起大型调查），我们也希望得到这些问题的答案。

换句话说，计算置信区间的原因是：①我们想知道占总体的比例（例如，支持某位候选人的选民百分比）；②我们想知道总体的平均数（例如，某国的平均收入水平）；③我们想知道小样本量的时候比例或平均数是多少。

求总体比例

流行病学家想知道接种了某种疾病疫苗的人口比例；在政治竞选活动中，我们想知道支持某位候选人或某项政策的人口比例。民主制度依赖对社会大多数人（51%）

的需求进行计算。选民是否支持枪支管制或水力压裂法[1]？这些都是重要的问题，即便其答案不影响政治家的政策，也应该告知他们。由于没有财力调查每个个体或测量每个对象，我们需要对**总体比例**（population proportion）做出最佳估测，并了解对这个估测有多少信心。

例子：赢得选举

让我们举一个政治上的简单例子。距离选举还有几周时间,为了说服捐赠者捐款,候选人需要了解自己的获胜概率。在抽样并计算之前,我们需要先建立一个置信水平。换句话说，我们需要确定希望估计值与总体参数的接近程度。

如果正在做的是生死攸关的决定，我们可能需要在 99.99% 的置信水平下计算置信区间。如果风险没有那么高，或许在 90% 的置信水平下计算置信区间我们就满意了。置信水平表明了一些非常具体的东西。例如，如果进行 100 次实验（抽取样本），则置信水平表示从样本构建置信区间 100 次，期望其中包含总体参数的次数。为了能更充分地说明这一概念，在本章的末尾会进行几次模拟。

大多数政治民意调查都是在 95% 的置信水平下进行的。首先要确定水平，因为这也要作为计算的一部分。也就是说，我们希望有 95% 的信心计算出的区间包含真实的总体平均数。在本章稍后，对于置信水平我们会培养出更好的直觉。但是现在，让我们专注于置信区间的计算。下面按照公式一步步来进行。

1. 我们用以下公式表示置信区间：

$$0.95 \approx \Pr(\hat{p} - 1.96 \text{SE}(\hat{p}) \leq p \leq \hat{p} + 1.96 \text{SE}(\hat{p}))$$

公式化的置信区间让人望而生畏，让我们把它分解一下。等式开头的 0.95 代表我们选择的置信水平（95%）。$\hat{p}$ 代表我们计算的样本统计量，本例为样本中支持某位候选人的比例。p 代表真实的总体比例：支持候选人的实际人口比例。公式中的 SE 代表样本的标准误差（standard error）。1.96 是与置信水平 95% 相关的**临界 z-值**（critical z-value）。

通常我们能从统计学教科书附录中常见的标准正态分布表中找到 1.96。或者，在 R 中输入 `qnorm(0.025)` 也可以。0.025 表示分布两端尾部的面积，加起来是 0.05%。在标准正态分布中，曲线下 95% 的面积位于平均数上下 1.96 个标准差的区域内。即该公式仅表明我们有 95% 的信心认为真实的总体比例（p）位于 ±1.96 乘以样本标准误差的范围内。

---

[1] 译注：一种储层改造技术，主要用于页岩油、页岩气的开采。因其对地下水的污染而饱受诟病。

> ## 数据可视化的艺术与实践
> **小数和百分比**
>
> 在处理百分比时，要记住小数位数。以小数表示的百分比始终介于 0 和 1 之间。例如，0.025 为 2.5%，0.05 为 5%。

2. 计算 $\hat{p}=\dfrac{x}{n}=0.55$。当 $\hat{p}$ 为比例时，计算很容易。$\hat{p}$ 只是表示样本中支持候选人的受访者数量除以 n。

3. 计算样本的标准差：$s=\sqrt{\hat{p}*(1-p)}=0.497$。

4. 计算样本的标准误差：$\hat{p}$ 的标准误差 $=\dfrac{s}{\sqrt{n}}=\dfrac{0.497}{\sqrt{1,000}}=0.0157$。

5. 将值代入 95%CI 的表达式中：95%CI $= 0.550\pm(1.96)(0.0157)=0.550\pm0.031$。然后，我们需要将 0.031 转换为百分比，即 3.1%。这就是民意调查所说的误差范围（通常为 3 个百分点，如本例所示）。

调查的成本很高。在 95% 的置信水平下，得到误差范围为 ±3 个百分点的估计值需要多少钱（需要多少个观测）？我们用以下公式确定所需的观测数量：

$$n=\dfrac{z_{a/2}^2 p*(1-p*)}{E^2}=\dfrac{(1.96^2)(0.50(1-0.50))}{0.03^2}=1,068$$

在上面的公式中，$z_{a/2}^2$ 是所选置信水平的相应临界 z-值。由于我们并不偏向于某个选择（候选人），将 $p*$ 设为 0.50 代表对总体参数最保守的猜测。E^2 代表我们首选的误差范围。在做出所有这些选择后进行计算，结果是 1,067.11。标准的做法是将观测数量向上取整，这样就得到了 1,068。这意味着在 95% 的置信水平和 ±3 个百分点的误差范围内，我们需要调查 1,068 人。

假设有一位亿万富翁候选人参加竞选，他们希望对结果有 99% 的信心。此外，他们还不满意 3 个百分点的误差，希望能更准确一些。假设他们希望有 99% 的信心，误差范围只有 ±1 个百分点。在这种情况下，代入数字并计算出需要调查的人数。此时，不能用 1.96（95% 置信水平的临界 z-值），而要用 2.576（99% 置信水平的临界 z-值）。其他的唯一区别是，用 0.01 代替了 0.03，因为想建立的是 ±1 个百分点的置信区间，而不是 3。于是得到如下等式：

$$n = \frac{z_{a/2}^2 p^*(1-p^*)}{E^2} = \frac{(2.576^2)(0.50(1-0.50))}{0.01^2} = 16{,}590$$

如你所见，我们焦虑的候选人需要成为亿万富翁才能负担得起民意调查。仅仅将置信水平从 95% 提高到 99%，误差范围从 3 个百分点降低到 1 个百分点，需要调查的人数就增加了 16 倍！当下次看到媒体报道的民意调查数字时，你会对 ±3 个百分点的精确度有更好的理解。

例子：卡尔·罗夫崩溃

让我们把时间拨回到 2012 年 11 月美国总统大选前夜，那个凉爽的晚上。随着俄亥俄州选举结果的公布，一些主要的广播网络开始称奥巴马总统为胜利者。

在福克斯新闻选举之夜演播室的现场，著名的共和党战略家卡尔·罗夫则不那么肯定。由于俄亥俄州仍有许多县尚未公布选举结果，罗夫认为宣布获胜为时过早。据报道，在 77% 的选票中，奥巴马与共和党的挑战者米特·罗姆尼（Mitt Romney）的差距最小。还剩下 23% 的选票未公开时，奥巴马获得了 50.3% 的选票，罗姆尼获得了 49.7% 的选票。在原始票数方面，奥巴马有 2,151,158 票，罗姆尼有 2,122,402 票。两位候选人之间只有 28,756 人的差距，而大约还有 1,276,518 人要计票。当然，剩下的县还有足够的共和党选票，可以将俄亥俄州推入罗姆尼获胜的行列。

就像在全国电视新闻直播中的那样，随后引发了大混乱。罗夫不愿接受奥巴马的胜利显然不在剧本中。从梅根·凯利和克里斯·华莱士的脸上可以看出明显的不安。在远离凯利、华莱士和罗夫辩论结果的华丽场景的地方，福克斯新闻将其统计学家（它的"决策台"）放逐到了福克斯工作室深处，一个小小的荧光灯照亮的房间。

决策台的观点与罗夫的并不一致。显然，由于太过枯燥，房间里没有必要设置直播摄像头，也没有办法与决策台对话。由于决心得到答案，凯利展开了行动。她从工作人员身边走过，沿着走廊，经过李将军的照片，摄像机尴尬地跟了几分钟之后，凯利来到决策台，提出了问题："你对奥巴马赢得俄亥俄州有多少把握？"不太上镜的决策台专家回答："99.95%"。有了前面的公式，让我们看看为什么罗夫是错的。

选举已经接近尾声，所以让我们把误差范围降低到 0.1 个百分点，而不是 3 个百分点。让我们使用与 99.99% 的置信水平相关的 z-值 3.89（毕竟这是全国电视广播）。将这些值代入公式中，得到以下结果：

$$n = \frac{z_{a/2}^2 p^*(1-p^*)}{E^2} = \frac{(3.89^2)(0.50(1-0.50))}{0.001^2} = 3{,}783{,}025$$

换言之，我们需要 3,783,025 票才能获得 0.1 个百分点的误差范围，并且对结果有 99.99% 的信心。请注意，到这个时候，已经统计了 4,273,560 票（占总票数的 77%），超过了决定比赛的票数。其余尚未报告投票结果的选区都不在共和党的大本营。

凯利最终回到了现场，又有几位专家试图说服罗夫相信比赛已经结束。过了至少又一轮广告的时间，罗夫才放弃。要查看该事件，只需在谷歌上搜索"Karl Rove meltdown（卡尔·罗夫崩溃）"。

在监控和估计选举方面，现在这些广播网络比 2012 年更加复杂。诚然，估计选举的大部分困难集中在投票结果的报告方式上：它们不是从总体中随机抽取报告的。选举结果传来的方式存在偏差。说句公道话，这正是让罗夫有些犹豫的地方。最早收到的结果可能代表城市地区，这些地区通常有利于民主党候选人。无论如何，我们都可以在罗夫愿意接受之前做一些计算来猜测胜利者。

例子：联邦政府是否存在偏见

让我们来看另一个实际的例子。在国家选举研究调查中，从美国 18 岁以上的人口中随机抽取了 1,178 名受访者作为样本，其中有一个问题是，受访者认为联邦政府偏袒黑人还是白人。

在开始之前，让我们使用频率表来看看这个变量（见代码块 9-1 和表 9-1）。由于我们只对频率表感兴趣，而不是附带的条形图，因此在 `freq()` 函数中加上了 `plot=options(descr.plot=FALSE)` 选项。

代码块 9-1

```
freq(nes$disc_fed, plot = options(descr.plot = FALSE),
     main=" 表 9-1：大多数美国人认为没有偏见 ")
```

表 9-1：大多数美国人认为没有偏见

	Frequency	Percent
Treats whites much better	199	16.89304
Treats whites moderately better	138	11.71477
Treats whites a little better	162	13.75212
Treats both the same	353	29.96604
Treats blacks a little better	152	12.90323
Treats blacks moderately better	87	7.38540
Treats Blacks much better	86	7.30051
Skipped	1	0.08489
Total	1178	100.00000

表 9-1 展示了按类别划分的答复情况。假设我们想知道有多大比例的人认为联邦政府是种族中立的，或者是偏袒黑人的。为了将这个问题与数据相匹配，我们需要变换数据。具体而言，就是要合并某些类别。代码块 9-2 中的代码包括了一系列 ifelse() 语句。也就是说，代码指示 R：如果变量值为 "Treats whites much better"（对白人好得多）、"Treats whites moderately better"（对白人一般程度的好）或者 "Treats whites a little better"（对白人好一点），那么就赋值为 0；否则，将变量赋值为 1。这就对变量进行了相应的重新编码，让我们能找出认为不存在偏袒或认为联邦政府偏袒黑人的受访者的百分比。

$$0.95 \approx \Pr(\hat{p} - 1.96\text{SE}(\hat{p}) \leq p \leq \hat{p} + 1.96\text{SE}(\hat{p}))$$

现在可以用新的变量 nes$fed 来进行计算了。对于标准误差，首先要通过计算变量的标准差才能得到，标准差是 0.495，由此得出的标准误差是 0.014。将 0.576（$\hat{p}$）、0.014（SE）和临界值（1.96）代入公式中。我们发现，在回答这个问题的人群中，有 57% 的人认为不存在偏袒或黑人受到偏袒，误差范围为 ±2.7 个百分点。

$$0.95 \approx \Pr(\hat{p} - 1.96 \times 0.014 \leq p \leq \hat{p} + 1.96 \times 0.014)$$

代码块 9-2

```
nes$fed <-
    ifelse(nes$disc_fed=="Treats whites much better", 0,
        ifelse(nes$disc_fed=="Treats whites moderately better", 0,
            ifelse(nes$disc_fed=="Treats whites a little better", 0, 1)))
```

计算后，得到以下结果：

$$0.95 \approx \Pr(57 - 2.7 \leq p \leq 57 + 2.7)$$

也就是说，我们有 95% 的信心，认为不存在偏袒或联邦政府偏袒黑人的真实比例是 57% ± 2.7 个百分点。

求总体平均数

除总体比例（即有多少，how many）之外，我们还想知道总体平均数（即是多少，how much）。我们不想问有多少人吸烟、上大学、接种疫苗或支持总统，而是想知道平均收入、平均上班距离或平均消耗的卡路里是多少。当结果是连续的而不是分类的时候，基本机制是相同的——随机抽样并计算样本统计量——但公式略有不同。

这样的例子比比皆是。在提议增税时，政治家需要知道他们选区的平均收入。在决定开设新的托儿所时，潜在的业主想知道有多少孩子住在周边地区。在企业搬迁时，管理者想知道员工的平均通勤时间。流行病学家、医院和警方希望了解平均饮酒量，以评估控制酗酒所需的努力，评估对内科医生的需求量，并确定在新年前夕需要部署多少个酒精检查站。当对平均数而不是比例感兴趣时，我们要使用略有不同的公式来计算置信区间。

例子：每周学习时长

假设我们想知道你所在的学院或大学的学生每周平均学习时长。我们没有能力调查所有的学生，所以随机抽取 100 名学生进行调查。假设从一开始，校长就希望能有 90% 的信心，保证估计值在真实总体平均数的一定范围内。首先，查阅临界 z-值表，找出 90% 对应的临界值。临界值告诉我们，距离标准正态分布的平均数多少个标准差对应着曲线下 90% 的面积。我们看到 90% 是 1.65，95% 是 1.96，99% 是 2.58。用以下公式计算总体平均数 90% 的置信区间：

$$\bar{X} \pm 1.65\left(\frac{s}{\sqrt{n}}\right)$$

要代入数字计算，首先需要抽取 100 名学生获得样本平均数。为简单起见，假设样本平均数是 50，即样本中的学生平均每周学习 50 小时。假设样本标准差为 10。样本标准差由以下公式计算得到：

$$s = \sqrt{\frac{1}{n-1}\sum_{i=1}^{100}(x_i - \bar{x})^2}$$

有了样本平均数和样本标准差，就准备好了。计算如下：

$$CI_{90\%} = 50 \pm 1.65\left(\frac{10}{\sqrt{100}}\right)$$

$$CI_{90\%} = 50 \pm 1.65$$

$$CI_{90\%} = (48.35, 51.65)$$

通过这些计算，可以说我们有 90% 的信心，即总体平均数（实际的学生学习时长）介于 48.35 小时和 51.65 小时之间。我们在这里学到的是：当不知道总体参数时，可以使用样本的平均数和标准差计算出估计的置信区间。在本例中，估计的是学生一周的平均学习时长。

例子：对科学家的看法

假设联邦政府正在考虑对 NASA 或昂贵的大型强子对撞机进行一项重大投资。为了判断国民对此类投资的兴趣，政府想了解国民对科学家的平均看法。我们感兴趣的是总体平均数。在本例中，平均数代表着连续变量（即对科学家的情感量表）的中心。量表的范围是从 0 到 100，100 为最高（对科学家的尊重程度最高）。此外，我们还处于大样本量的背景下。我们想谈谈美国公民对科学家的平均看法。为此，我们抽取了 1,178 名公民作为样本（国家选举研究调查中的受访者人数），该样本的平均情感量表分值是 72.9。让我们来计算这个样本的 95% 置信区间。

1. 形式上，我们用以下公式表示置信区间：

$$0.95 \approx \Pr(\bar{x} - 1.96 \mathrm{SE}(\bar{x}) \leqslant \mu \leqslant \bar{x} + 1.96 \mathrm{SE}(\bar{x}))$$

2. 计算 $\bar{x} = \frac{1}{n} \sum x_i = 72.9$。

3. 计算样本标准差：$s = \sqrt{\frac{1}{n-1} \sum_{i=1}^{1178}(x_i - \bar{x})^2} = 23.96$（从例子中得到）。

4. 计算样本标准误差：$\mathrm{SE}(\bar{x}) = \frac{s}{\sqrt{n}} = \frac{23.96}{\sqrt{1178}} = 0.70$。

5. 量表中 95%CI 为 $72.9 \pm (1.96)(0.69) = 72.9 \pm 1.35$ 点。

在这个具体的例子中，量表中样本平均数为 72.9 点，置信区间为 72.9±1.35 点。这意味着我们有 95% 的信心，真实的平均数介于 71.55 点和 74.25 点之间。

例子：人口年龄

政府官员需要监测人口趋势的原因有很多。无论关注的是社会保障体系的可行性、教育孩子所需的小学数量，还是老龄化人口所需的医院数量，政策制定者都需要对人口趋势有一个准确的认识。

尽管了解一段时间内的人口趋势会很有帮助，但有时只需要知道某一特定时间内人口的平均年龄就足够了。在国家选举研究的调查中，有受访者出生年份的数据。在这个例子中，人口的平均年龄是不知道的，但我们可以从样本中计算出平均年龄——至少是 18 岁以上人群的平均年龄，并以此来估计人口的平均年龄。

利用国家选举研究调查中 1,178 名受访者的样本，我们来计算 95% 置信水平下的平均数和置信区间。记住，我们不知道真实的总体平均数是多少，但是想搞清楚国家选举研究的调查提供了 1,178 人的随机样本，从中可以计算出置信区间。通过对 nes$birthyr 变量的简单计算，得到了样本的平均数和标准差（见代码块 9-3）。

代码块 9-3

```
mean(nes$birthyr)
[1] 1967.978
sd(nes$birthyr)
[1] 16.98526
```

样本有 1,178 名受访者，计算出的平均数大约是 1968 年。调查中的受访者平均出生于 1968 年，这意味着在 2016 年调查时，受访者的平均年龄为 48 岁。要计算置信区间，还需要样本标准差（16.985）。

有了这两个数字，就像前一个例子那样，要经过 5 个步骤。

1. 形式上，声明区间：

$$0.95 \approx \Pr(\bar{x} - 1.96\,\mathrm{SE}(\bar{x}) \leqslant \mu \leqslant \bar{x} + 1.96\,\mathrm{SE}(\bar{x}))$$

2. 计算样本平均数：$\bar{X} = \dfrac{1}{n}\sum x_i = 48$。

3. 计算样本标准差：$s = \sqrt{\dfrac{1}{n-1}\sum_{i=1}^{1178}(x_i - \bar{x})^2} = 16.985$（从例子中得到）。

4. 计算样本标准误差：$\mathrm{SE}(\bar{x}) = \dfrac{s}{\sqrt{n}} = \dfrac{16.985}{\sqrt{1178}} = 0.46$。

5. $95\%\mathrm{CI} = 48 \pm (1.96)(0.46) = 48 \pm 0.9$ 年。

正如计算结果所示，在处理大量的受访者时，可以做到相当准确。我们有 95% 的信心认为成年人口的真实平均年龄为 48±1 岁。遗憾的是，数据并不总是那么充足。在很多时候，超过 1,000 的样本都是不可能的。我们将在下一节中看到，在观测数量较少的情况下，仍然可以计算出置信区间，但有一个小小的调整。

知识检验：计算比例和平均数的置信区间。

---

1. 以 NES 变量 nes$amer_ident 为样本，计算有百分之多少的美国人认为他们作为美国人的身份是"极其重要的（extremely important）"。给出你的最佳估测和 95% 置信水平下的置信区间。

2. 以 NES 变量 nes$healthspend 为样本，计算有百分之多少的美国人赞成"大量增加（increasing a great deal）"政府支出来支付医疗费用。给出你的最佳估测和 99% 置信水平下的置信区间。一定要考虑到那些没有回答问题的人。

3. 假设你从 world 数据集中随机抽取了 100 个国家，发现军费占国内生产总值的样本平均数为 1.96%，标准差为 0.5 个百分点。构建 95% 置信水平下的置信区间。使用 world 数据集中的国家作为总体，真实的总体平均数是否在置信区间内？构建 90% 置信水平下的置信区间，现在真实的总体平均数是否还在置信区间内？

4. 在上一个问题中，当置信水平从 95% 降到 90% 时，置信区间的大小发生了什么变化？
    a. 置信区间增大。
    b. 置信区间减小。
    c. 置信区间保持不变。

5. 假设你从 world 数据集中随机抽取了 100 个国家，发现凶杀案发生的样本平均数为每 10 万人口 6.5 起，标准差为 5。构建 99% 置信水平下的置信区间。使用 world 数据集中的国家作为总体，真实的总体平均数是否在置信区间内？

小样本与 t- 分布

在大多数情况下，我们不知道抽样的总体标准差：不能假设它形似标准正态分布，即曲线下 95% 的区域位于平均数两侧 1.96 个标准差的范围内。我们知道许多分布具有正态形状，但事先无法知道总体是否形似标准正态分布。我们不会一直有幸拥有那么多时间或金钱来抽取超过 100 个个体或对象的样本。当样本观测数量相对较少（比如少于 100）并且事先不知道总体标准差时，就要依赖不同的理论分布，即 t- 分布（t-distribution），而非 z- 分布（标准正态分布）。

考虑到相对的不确定性，t- 分布的分散程度（spread）更大，更加离散（dispersion）。换句话说，t- 分布的高度更矮，尾部更宽。由于集中在平均数附近的分布较少，而分布大部分位于尾部，因此 t- 分布的估计值更有可能远离平均数。

为了比较两种不同的分布，让我们将它们叠放在同一个 ggplot 中。首先创建所需的三个变量：x 轴变量（x1）和两个包含 t- 分布（x2）与正态分布（x3）相应密度值的变量。对于 x1，简而言之，我们想要一个含有 10,000 个观测、值域在 –4 和 4 之间的变量。对于 x2，将 x1 输入 dt() 函数中，得到 t- 分布相应的密度（曲线的高度），其自由度为 1（df = 1）。第三个变量用 x1 得到正态分布相应的密度。然后，代码块 9-4 将这三个变量组合成一个名为 mydata 的数据框。

9 置信区间与假设检验

代码块 9-4

```
x1 <- seq(-4, 4, length = 10000)
x2 <- dt(x1, df = 1)
x3 <- dnorm(x1)

mydata <- data.frame(x1,x2,x3)
```

现在有了所有的数据，只需要使用 ggplot 绘制包含两个 geom_line() 函数的图即可，其中一条曲线为红色（正态分布），另一条曲线为蓝色（t-分布）（见图 9-1）。请注意，图中的标签是在 Adobe Illustrator 中添加的。

代码块 9-5

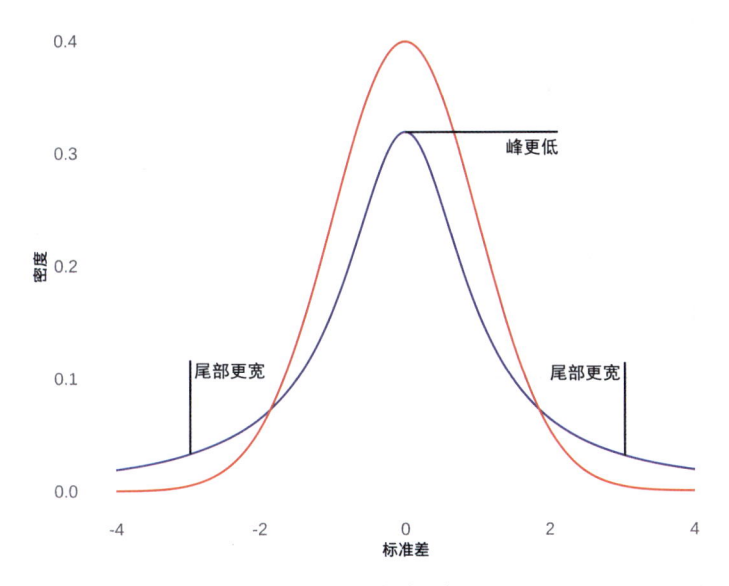

```
ggplot(mydata, aes(x1)) +
   geom_line(aes(y = x2), col="#0000bf") +
   geom_line(aes(y = x3), col="#bf0000") +
   theme_minimal() +
   theme(plot.title = element_text(size = 8, face = "bold"),
         axis.title = element_text(size = 8, face = "bold")) +
   xlab("标准差") +
   ylab("密度") +
   ggtitle("图 9-1：t-分布的尾部更宽")
```

图 9-1：t-分布的尾部更宽

如你所见，t-分布（蓝色曲线）具有更低的峰和更宽的尾部，这是分布方差较大的结果。虽然两种分布之间的差异似乎并不显著，但随着距离平均数越来越远，尾部的微小差异就会导致两者之间的巨大差异。

然而，标准正态分布和 t-分布之间最重要的区别在于，存在多种 t-分布，每种 t-分布都基于样本的观测数量。观测数量用来决定使用哪种 t-分布，并稍做调整：将观测数量减 1，或者说 n–1。我们使用一个不同的术语来代替观测数量——称为**自由度**（degrees of freedom）。

为了说明多种 t-分布是什么意思，让我们来绘制几条拥有不同自由度的曲线。使用 ggplot，这个工作相当容易（见代码块 9-6）。请注意，这里使用 geom_line() 函数创建了三条不同的曲线，并且为每条 t-分布曲线都设置了不同的自由度（1、2 和 6）。另外，还要注意 scale_color_discrete() 函数，它用来修改图例上的标题和标签。

图 9-2 展示了不同的 t-分布。请注意，随着自由度的增大，曲线的形状也发生了变化：峰变高，尾部变窄。由于处理的是非常小的样本，自由度 2 和自由度 6 之间的差异会很重要。图 9-2 说明随着自由度的增大，t-分布开始形似正态分布。

代码块 9-6

```
ggplot(mydata, aes(x1)) +
   geom_line(aes(y = dt(x1, df = 1), col = "#bf0000")) +
   geom_line(aes(y = dt(x1, df = 2), col = "#008b00")) +
   geom_line(aes(y = dt(x1, df = 6), col = "#0000bf")) +
   xlab("标准差") +
   ylab("密度") +
   ggtitle("图 9-2：t-分布趋近正态") +
   scale_color_discrete(name = "自由度",
                        labels = c("df=6", "df=2", "df=1")) +
   theme_minimal() +
   theme(plot.title = element_text(size = 8, face = "bold"),
         axis.title = element_text(size = 8, face = "bold"),
         legend.title = element_text(size = 8),
         legend.position = c(0.75, 0.7))
```

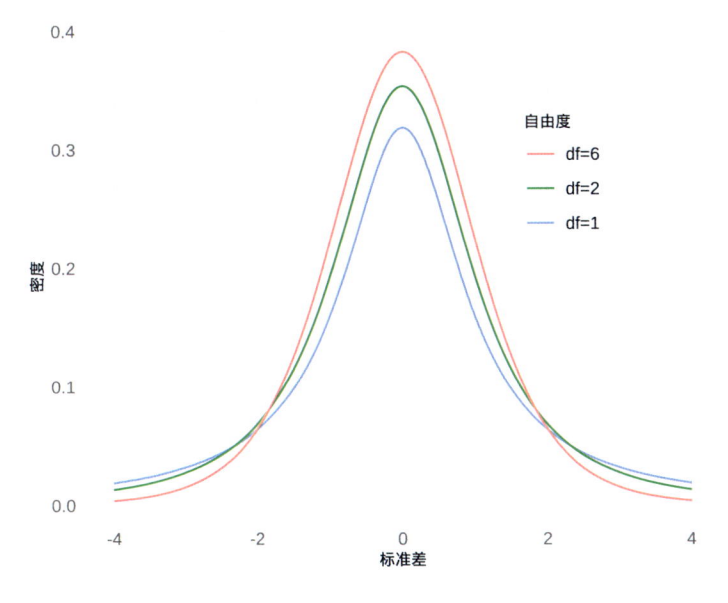

图 9-2：t-分布趋近正态

自由度

虽然有时在没有完全理解深层理论的情况下学习如何进行一些初步计算是必要的，但在继续之前理解自由度能在将来派上用场。因此，在继续之前，让我们先绕一个小弯，了解一些关于自由度的事情。

值得注意的是，自由度在许多不同的背景下都会出现。我们没有必要全都介绍了。考虑到我们的目的，让我们专注于其中之一。我们绕弯的根本在于自由度的定义：自由度是进行计算所需的独立（independent）观测数量。如果不用独立这个词，也可以将自由度定义为进行计算所需的关键（critical）观测数量。

由于不知道总体标准差（不能假设它是标准正态分布的），我们需要通过抽样来估计它。并且，在计算样本标准差时，首先必须计算样本平均数。由于先要用样本平均数来计算标准差，这相当于用掉了其中一个关键观测值，因此，只剩下（$n-1$）个关键输入来进行计算。请看一个简单的例子。

假设我们从更大的总体中抽样，随机抽取这些数字（1, 2, 3, 4, 5）。样本平均数为3。现在请思考计算样本标准差的一个重要组成部分：每个点与平均数的距离。我们知道，在数学上，每个点与平均数的距离之和必须为0：

$$(x_1 - \overline{x}) + (x_2 - \overline{x}) + (x_3 - \overline{x}) + (x_4 - \overline{x}) + (x_5 - \overline{x}) = 0$$

$$(1-3)+(2-3)+(3-3)+(4-3)+(5-3)=0$$

因此，如果有 5 个数字中的 4 个，就可以计算出第 5 个。例如，很明显，如果知道前 4 个数字，并且知道它们的总和必须是 0，那么第 5 个数字（用问号表示的）必然是 5。

$$(1-3)+(2-3)+(3-3)+(4-3)+(?-3)=0$$

在这个例子中，有 5 个观测值，自由度是 5-1，因为只需要 4 个独立的观测值就可以计算标准差。这就是为什么当我们使用 t-分布时，自由度发挥了作用。因为我们事先不知道总体标准差，必须依靠样本来计算它。因此，在选择使用哪种 t-分布时，要用观测数量（n）减 1（$n-1$）。例如，当有 10 个观测值时，要使用与 10-1 或者说 9 个自由度对应的 t-分布。

小样本的样本标准差

在计算置信区间时，数量（$n-1$）起着另一个重要作用。确切地说，你可能已经注意到了，在计算样本标准差时，用的是（$n-1$），而不是 n。为什么要用（$n-1$）？

事实证明，当样本量越来越小时，通过样本标准差的计算来估计总体标准差，表现会越来越差。用统计学语言来说，我们对标准差的估计是有偏差的。具体来说，除非通过在分母中使用（$n-1$）来校正，而不是直接用 n，否则估计值会向下产生偏差。让我们做一个实验来说明这种偏差。

为了准备实验，让我们来生成几个标准差的抽样分布。5 个不同的抽样分布，其中 $n=100$、$n=50$、$n=10$、$n=5$ 和 $n=3$，应该可以说明问题。首先使用 set.seed() 函数并将其设置为 34，以便你可以重现这个实验。将平均数设置为 50，将标准差设置为 10。接下来的一系列指令创建了一个新变量（xbar1），其空间能够容纳 50 次重复：rep(0,50)[1]。然后使用 for 循环来重复指令。这个例子中的 for-loop 告诉 R 从平均数为 50、标准差为 10 的正态分布中抽取 50 个（i in 1:50）观测数量为 100 的样本，并使用 sd() 函数计算样本标准差。由于 R 在计算样本标准差时已经通过除以（$n-1$）的平方根校正了偏差，将表达式乘以 $\dfrac{n}{n-1}$ 的平方根，看看除以 n 而不是自由度（$n-1$）时会发生什么。我们在代码块 9-7 中要计算的标准差如下：

$$s = \sqrt{\frac{1}{n}\sum_{i=1}^{n}(x_i - \bar{x})^2}$$

---

[1] 译注：即一个长度为 50 的向量。

代码块 9-7 中的最后两个指令将各变量放到一个列表中，然后使用 melt() 函数将它们堆叠起来，以便后面绘图。

代码块 9-7

```r
set.seed(34)
mu=50; sigma=10

xbar1=rep(0,50)
for (i in 1:50) {
xbar1[i]=sd(rnorm(100, mean=mu, sd=sigma))*sqrt((100-1)/100)}

xbar2=rep(0,50)
for (i in 1:50) {
xbar2[i]=sd(rnorm(50, mean=mu, sd=sigma))*sqrt((50-1)/50)}

xbar3=rep(0,50)
for (i in 1:50) {
xbar3[i]=sd(rnorm(10, mean=mu, sd=sigma))*sqrt((10-1)/10)}

xbar4=rep(0,50)
for (i in 1:50) {
xbar4[i]=sd(rnorm(5, mean=mu, sd=sigma))*sqrt((5-1)/5)}

xbar5=rep(0,50)
for (i in 1:50) {
xbar5[i]=sd(rnorm(3, mean=mu, sd=sigma))*sqrt((3-1)/3)}

x <- list(v1=xbar1,v2=xbar2,v3=xbar3,v4=xbar4,v5=xbar5)
data <- melt(x)
```

现在创建好了数据（5 个不同的变量，每个变量代表从 50 次抽样中计算出的 50 个标准差），就准备好绘图了。首先使用 factor() 函数对变量进行变换和标记。然后使用标准的 ggplot() 指令生成散点图，其中带有一条褶线：使用 stat_summary() 函数计算每个变量的平均数并用红色线连起来（见代码块 9-8 和图 9-3）。

代码块 9-8

```r
data$L1 <- factor(data$L1,
levels = c("v1","v2","v3","v4","v5"),
labels = c("n=100", "n=50", "n=10", "n=5", "n=3"))

ggplot(data,aes(y=value, x=L1)) +
   geom_point(col="#0000bf") +
   stat_summary(aes(y=value, group=1), fun.y="mean", colour="#bf0000",
                geom="line", group=1) +
   ggtitle("图 9-3：样本标准差随着 n 的变小而减小 ") +
   xlab(" 每个样本的观测数量 ") +
```

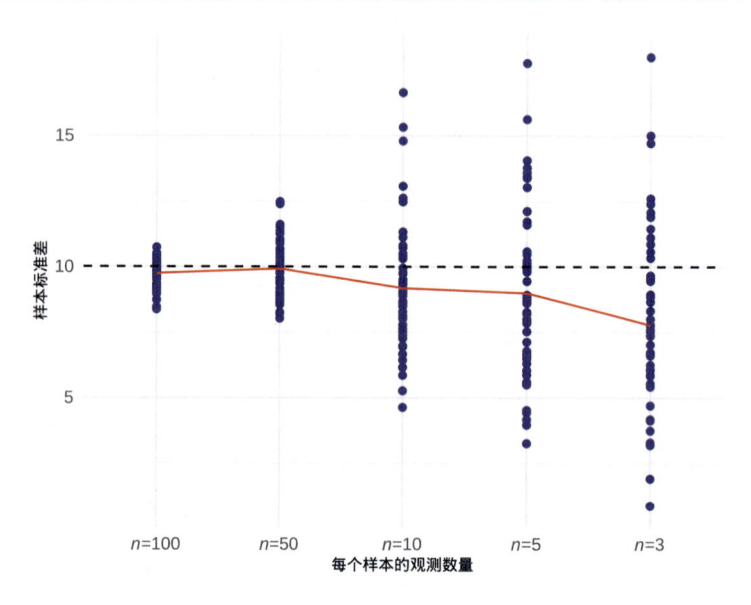

```
ylab("样本标准差") +
theme_minimal() +
theme(plot.title = element_text(size = 8, face = "bold"),
      axis.title = element_text(size = 8, face = "bold")) +
geom_hline(yintercept = 10, linetype = "dashed")
```

图 9-3：样本标准差随着 n 的变小而减小

随着每个样本中使用的观测数量的减少，样本标准差的平均数也在减小。这是因为随着样本量越来越小，以 n 为分母计算得到的样本标准差越来越被低估。同样地，我们说样本标准差估计量是**有偏差的**，因为它在估计总体参数方面表现很差。为什么我们对样本标准差的估计会随着 n 的减小而变差呢？

估计没有达到目标，是因为估计量的偏差与 n 有关。为了证明这种现象，让我们设想在分母中使用 n 来估计样本标准差会发生什么：

$$\sqrt{\frac{1}{n}\sum_{i=1}^{n}(x_i - \overline{x})^2}$$

以下等式展示了样本标准差（等式左侧）的有偏估计量与真实总体标准差 σ 之间的关系：

$$\sqrt{\frac{1}{n}\sum_{i=1}^{n}(x_i - \overline{x})^2} \approx \frac{n-1}{n}\sigma$$

这意味着我们对标准差的估计会随着 n 的减小而变差，因为数字 $\sqrt{\frac{n-1}{n}}$ 会随着 n 的减小而变得越来越小。随着 n 的减小，使用 n 计算得到的样本标准差在真实的总体标准差中的比例越来越小。

让我们通过具体的例子来说明。当 n=100 时，估计标准差的偏差等于 $\frac{(100-1)}{100}$。换言之，就是将 σ 乘以 0.99。如果 n 小得多，比如 2，则偏差等于 $\frac{(2-1)}{2}$，这就相当于将 σ 乘以 0.5。因此，为了获得没有偏差的样本估计（从等式右侧移除 $\frac{n-1}{n}$），只需要在等式两边同时乘以 $\frac{n-1}{n}$。于是有：

$$\sqrt{\frac{1}{n-1}\sum_{n=1}^{n}\left(x_i-\overline{x}\right)^2}=\sigma$$

由此得到的就是用来计算样本标准差的公式，其分母包含了（$n-1$）。当依据偏差调整估计量的时候，要用（$n-1$）而不是 n。

现在我们用（$n-1$）计算每个样本的标准差，重复之前的实验。在代码块 9-9 中，生成了相同的数据，只是表达式没有乘以 $\frac{n-1}{n}$ 的平方根。保持 R 常规的标准差计算形式，即除以（$n-1$）。

代码块 9-9
```
set.seed(34)
mu=50; sigma=10

xbar1=rep(0,50)
for (i in 1:50) {xbar1[i]=sd(rnorm(100, mean=mu, sd=sigma))}

xbar2=rep(0,50)
for (i in 1:50) {xbar2[i]=sd(rnorm(50, mean=mu, sd=sigma))}

xbar3=rep(0,50)
for (i in 1:50) {xbar3[i]=sd(rnorm(10, mean=mu, sd=sigma))}

xbar4=rep(0,50)
for (i in 1:50) {xbar4[i]=sd(rnorm(5, mean=mu, sd=sigma))}

xbar5=rep(0,50)
for (i in 1:50) {xbar5[i]=sd(rnorm(3, mean=mu, sd=sigma))}
```

```
x <- list(v1=xbar1,v2=xbar2,v3=xbar3,v4=xbar4,v5=xbar5)
data <- melt(x)

data$L1 <- factor(data$L1,
levels = c("v1","v2","v3","v4","v5"),
labels = c("n=100", "n=50", "n=10", "n=5", "n=3"))

ggplot(data,aes(y=value, x=L1)) +
    stat_summary(aes(y = value,group=1), fun.y="mean",
                 colour="#bf0000", geom="line",group=1) +
    geom_point(col="#0000bf") +
    ggtitle("图 9-4：用 n-1 消除偏差") +
    xlab("每个样本的观测数量") +
    ylab("样本标准差") +
    theme_minimal() +
    theme(plot.title = element_text(size = 8, face = "bold"),
          axis.title = element_text(size = 8, face = "bold")) +
    geom_hline(yintercept = 10, linetype = "dashed")
```

在分母中使用（$n-1$）被称为贝塞尔校正（Bessel's correction）。在校正向下偏差的时候（见图 9-4），你会发现，即使样本量减小到 $n=3$，计算得到的标准差的平均数也依然接近总体标准差，即 10[1]。

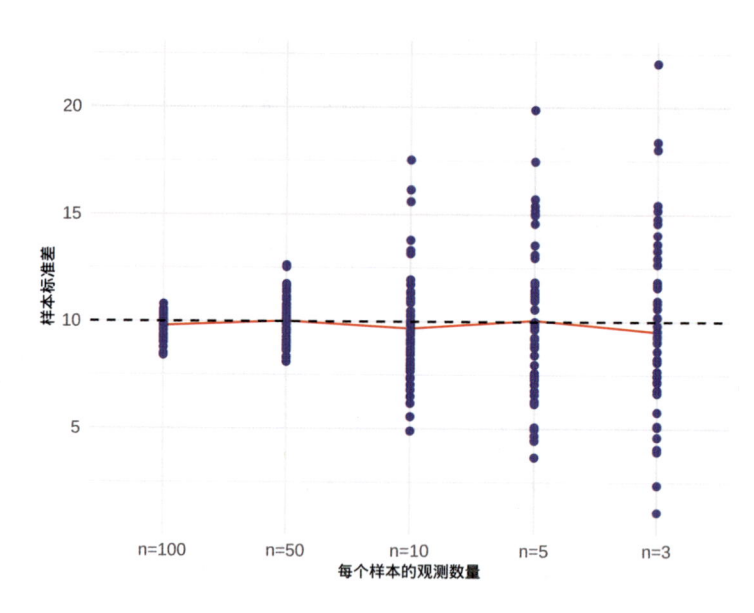

图 9-4：用 $n-1$ 消除偏差

---

[1] 从技术上讲，使用（$n-1$）来计算样本标准差还是有偏差的。虽然（$n-1$）校正有所帮助，但仍是有偏差的估计量。

在继续之前，让我们总结一下学到了什么。当不知道总体标准差（通常都是这种情况）并且处理的样本量小于 100 时，要使用 t-分布进行推断。t-分布有很多种，我们要选择与样本自由度($n-1$)对应的那一种。我定义了自由度及其与 t-分布的关联。($n-1$)在另一种情境中也占据着重要的地位：用于计算样本标准差的公式。当使用 n 时，样本标准差的公式在估计总体标准差方面表现很差：存在偏差。为了消除部分偏差，我们使用（$n-1$）而非 n 进行了小幅校正。

用小样本构建置信区间

现在我们已经做好了在样本量小于 100 的情况下构建置信区间的准备。当样本量 $n=100$ 或更少的时候，如何推断出总体平均数 μ 呢？幸运的是，和之前对较大样本采取的步骤是相同的。唯一的区别是，在计算中使用的是**临界 t-值**，而不是临界 z-值。让我们使用前面的例子来说明，当样本量为 $n=20$ 而不是 $n=1,178$ 时，会遇到什么问题。让我们再来讨论一下之前提出的关于人们对科学家的看法的问题。假设从国家选举研究的调查中随机抽取 20 人，再次发现样本平均数 $\bar{x}$ 为 72.9。

> **数据可视化的艺术与实践**
> **魔法数字**
>
> 尽管五分之四的统计学家建议使用 30 作为阈值来确定是使用正态分布（临界 z-分数）还是 t-分布（临界 t-分数），但还是建议分析师采取更保守的做法，使用 50 甚至 100。

1. 形式上，我们用以下公式计算置信区间：

$$0.95 \approx \Pr\left(\bar{x} - 2.093 \mathrm{SE}(\bar{x}) \leqslant \mu \leqslant \bar{x} + 2.093 \mathrm{SE}(\bar{x})\right)$$

2. 计算 $\bar{X} = \dfrac{1}{n}\sum x_i = 72.9$。

3. 计算样本标准差：$s = \sqrt{\dfrac{1}{20-1}\sum_{i=1}^{20}(x_i - \bar{x})^2}$

4. 计算样本标准误差：$\mathrm{SE}(\bar{X}) = \dfrac{s}{\sqrt{n}}$。

5. $95\% \mathrm{CI} = 72.69 \pm 2.23\left(\mathrm{SE}(\bar{X})\right)$。

请注意，这个例子与前一个例子的唯一区别在于两个数字。首先，为了确定要使用哪种 t-分布，将观测数量（20）减 1（20-1），这就得到了自由度。其次，在确定了正确的 t-分布后，本例中使用了不一样的临界值（2.23，临界 t-值），带来了 95% 的置信水平。

例子：女性薪酬与男性薪酬

我们试着再举一个例子说明观测数量相对较少时，计算置信区间存在的问题。假设我们卷入了涉及薪酬不平等的法庭案件，想了解全国范围内女性相对于男性的收入比是多少。遗憾的是，我们在律师身上花的钱太多了，只有有限的资金来确定全国的平均水平；钱只够联系美国 50 个州的劳工部中的 30 个进行数据收集工作。从 states 数据集中随机抽取 30 个观测创建一个新的包含 30 个州的数据集（在代码块 9-10 中称为 rstates）。

在代码块 9-10 中有几个地方需要注意。首先，为了能重复结果，将种子设置为 567。然后，将 states 数据集从数据框转换为"tbl_df"类的 tibble 对象，以便可以正常使用 sample_n() 函数，并用该函数从新的 tbl_df 对象 nstates 中随机抽取（有放回）30 个。在随机抽取 30 个州创建了 tibble 对象 rstates 之后，就可以计算 rstates$percwom 变量的平均数和标准差了。请注意，最后使用 qt() 函数找到 n 等于 30 时 t 在 90% 置信水平下的临界值（1.697）。

代码块 9-10
```
set.seed(567)

nstates <- tbl_df(states)

rstates <- sample_n(nstates, 30, replace = TRUE)
mean(rstates$percwom)
sd(rstates$percwom)
sd(rstates$percwom)/sqrt(30)
qt(0.05, 30)

mean(states$percwom)
sd(states$percwom)
```

如果想要有 90% 的信心，就在 qt() 函数中使用参数 0.05，这是左右两个尾部的分布百分比。

1. 形式上，我们用以下公式计算置信区间：

$$0.90 \approx \Pr(\bar{x} - 1.7\,\text{SE}(\bar{x}) \leqslant \mu \leqslant \bar{x} + 1.7\,\text{SE}(\bar{x}))$$

2. 计算 $\bar{x} = \dfrac{1}{n}\sum x_i = 79.93$。

3. 计算样本标准差：$s = \sqrt{\dfrac{1}{20-1}\sum_{i=1}^{20}(x_i - \bar{x})^2} = 5.11$

4. 计算样本标准误差：$\mathrm{SE}(\bar{x}) = \dfrac{s}{\sqrt{n}} = 0.93$。

5. $0.90\mathrm{CI} = 79.93 \pm 1.7\mathrm{SE}(\bar{x}) = 79.93 \pm 1.58$。

这些计算表明，我们可以有 90% 的信心认为真实的总体平均数位于 78.35 和 81.51 的区间内。由于所有 50 个州的数据我们都有，所以可以检查看看平均数是否在这个区间内。事实上，在所有 50 个州中，相对于男性，女性的平均工资为 80.44。

在时间和资源有限（因而数据有限）的情况下，围绕我们的估计构建置信区间非常有用。这种机制还有另一个重要的用途：比较两组之间的平均数。

知识检验：使用 $t-$ 分布计算置信区间。

---

6. $t-$ 分布与标准正态分布有何不同？
    a. 它有更宽的尾部和更高的峰。
    b. 它有更窄的尾部和更高的峰。
    c. 它有更宽的尾部和更低的峰。
    d. 它有更窄的尾部和更低的峰。

7. 为什么 $t-$ 分布的形状与标准正态分布的不同？
    a. 当使用 $t-$ 分布时，我们处理的观测更少。
    b. 当使用标准正态分布时，我们处理的观测更多。
    c. 当使用 $t-$ 分布时，我们处理的信息更少。
    d. 当使用标准正态分布时，我们处理的信息更多。

8. 什么是自由度？
    a. 样本中的观测数量。
    b. 样本中的关键观测（critical observation）数量。
    c. 样本中的独立观测（independent observation）数量。
    d. 随机样本所需的观测数量。

9. 我们从贝塞尔校正的例子中学到了什么？
    a. 随着 n 的增大，对平均数的估计偏差越来越大。
    b. 随着 n 的增大，对未校正的标准差的估计偏差越来越大。
    c. 随着 n 的减小，对平均数的估计偏差越来越大。

d. 随着 n 的减小，对未校正的标准差的估计偏差越来越大。

10. 将种子设置为 38，从 states 数据集中随机抽取 25 个州并进行以下计算：
    a. murderrate 变量的样本平均数是多少？
    b. murderrate 变量的样本标准差是多少？
    c. 在 95% 的置信水平下，估计的置信区间是多少？
    d. 总体平均数是否在置信区间中？

11. 将种子设置为 38，从 states 数据集中随机抽取 25 个州并进行以下计算：
    a. inc 变量的样本平均数是多少？
    b. inc 变量的样本标准差是多少？
    c. 在 99% 的置信水平下，估计的置信区间是多少？
    d. 总体平均数是否在置信区间中？

12. 将种子设置为 38，从 states 数据集中随机抽取 25 个州并进行以下计算：
    a. turnout 变量的样本平均数是多少？
    b. turnout 变量的样本标准差是多少？
    c. 在 90% 的置信水平下，估计的置信区间是多少？
    d. 在 99% 的置信水平下，估计的置信区间是多少？

比较两个样本的平均数

在社会科学领域中进行的比较常见的检验还包括比较两个不同群体之间的平均数。我们常常想了解不同的民族或种族群体是否取得了同样的成功，以此评估社会分配公共产品和服务或提供机会的情况。幸运的是，只需要拓展我们已经做过的事情就行。

在比较平均数时，我们想知道它们之间的差异是否显著。在计算两个不同组的平均数时，所观察到的差异是真实存在的，还是仅仅由于所抽取的样本导致的。请记住，随机样本会因为抽取的运气而产生不同的平均数，我们称之为**抽样方差**（sampling variance）。例如，如果国家选举研究的调查从美国人口中抽取了不同的样本，那么对于所有的变量，我们会得到不同的平均数。既然如此，那么从该样本中计算出的不同组的平均数，其差异是由抽样方差或两组之间的重要差异造成的可能性分别有多大？如果再抽取另一个样本，还会得到类似的结果吗？对两个样本的平均数进行推断是一种简单的方法，用于确定在两组之间看到的差异是实质性的结果，还是偶然（抽样方差）的结果。确切地说，我们想知道两个样本的平均数之差是否不为零。

对于我们的假设，要非常谨慎和明确。在比较平均数时，假设平均数之间存在差异。所谓的**零假设**[1]（**null hypothesis**），指的是平均数之间没有差异。如果平均数之差不为零，我们就说零假设被拒绝了。

对两个样本的平均数进行推断，要使用**双样本 t 检验**（**two-sample t-test**），它基于前面介绍的 t- 分布。在进行双样本 t 检验时会产生一个 t- **比率**（**t-ratio**）（对于双样本 t 检验），它告诉我们计算出的差值离 0 有多远。t- 比率用下列公式计算：

$$双样本\ t\ 检验的\ t\text{-}比率 = \frac{\overline{x}_1 - \overline{x}_2}{\sqrt{\frac{s_1^2}{n} + \frac{s_2^2}{n}}}$$

例子：两个群体和两种收入

假设我们想知道要不要在你的家乡开设一家 Krispy Kreme[2] 连锁店，而且通过仔细的市场调查我们了解到，顾客手头的现金量是决定购买甜甜圈的重要因素。我们可以选择在当地两所学校之一的附近开店，即家乡中学（Hometown High）或里奇维尤学院（Ridgeview Academy）。两个学生群体手头的现金量有差别吗？假设我们调查发现家乡中学和里奇维尤学院的学生之间有 10 美元的差异。如果生成的 t- 比率大于 2.042 的绝对值，我们就知道，随机计算出 10 美元差异的概率相当小：在随机抽样的情况下，只有 5% 的可能性会发生这种情况。t- 比率越大，平均数的差异就越不可能仅归因于偶然。

为了说明事情的机理，请看图 9-5，它展示了 10 美元的差异在 t- 分布中的位置。要绘制这张图，首先需要创建两个变量。我们先创建 v1，范围在 −4 和 4 之间，包含 10,000 个观测值（见代码块 9-11）。与前面的正态曲线或 t- 分布的图示一样，重新将 v1 表示为 n 等于 30 的 t- 分布密度。在组合成数据框之后，就可以开始绘制了。我使用 geom_ribbon() 函数在曲线下填充阴影。

代码块 9-11

```
v1 <- seq(-4, 4, length = 10000)
v2<- dt(v1, 30)

df <- data.frame(v1, v2)
ggplot(df, aes(v1, v2)) +
    geom_line() +
    theme_minimal() +
    theme(plot.title = element_text(size = 8, face = "bold"),
          axis.title = element_text(size = 8, face = "bold")) +
```

---

1 译注：亦称原假设。
2 译注：美国大型甜甜圈连锁店。

```
geom_ribbon(data=subset(df,v1>2.042 & v1<4),aes(ymax=v2),ymin=0,
            fill="#0000bf",colour=NA) +
geom_ribbon(data=subset(df,v1< -2.042 & v1> -4),aes(ymax=v2),ymin=0,
            fill="#0000bf",colour=NA) +
scale_fill_brewer(guide="none") +
ggtitle("图 9-5：10 美元的差异是显著的") +
xlab("标准差") +
ylab("密度") +
geom_vline(xintercept = 2.5, linetype=2) +
geom_vline(xintercept = -2.5, linetype=2) +
scale_x_continuous(sec.axis=sec_axis(~.*4.00+0,
                   name="差异（美元）"))
```

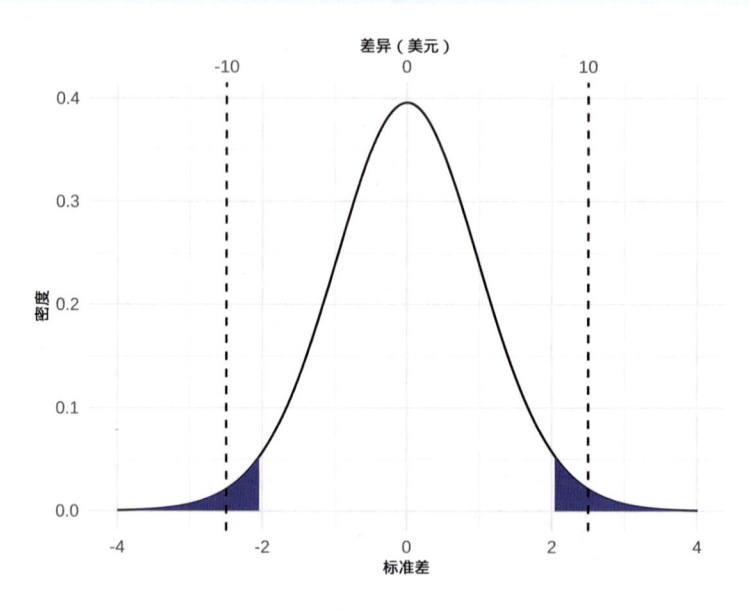

图 9-5：10 美元的差异是显著的

蓝色阴影区域代表曲线下面积的 5%。需要注意的是，有两个阴影区域：一个大于 2.042，另一个小于 −2.042。由于一个群体的平均收入可能比另一个群体低，所以分布的下半部分有负值。图 9-5 中的图显示，如果一个组比另一个组少 10 美元或多 10 美元，我们很肯定这不是由简单的抽样方差造成的，而是因为两个样本平均数（两组之间的样本平均数）的差异很大。

由于现在比较的是平均数，所以要使用不同的方式来表达置信区间。大样本量的置信区间如下：

$$\mu_1 - \mu_2 = \bar{x}_1 - \bar{x}_2 \pm z_{\frac{a}{2}} \text{SE}(\bar{x}_1 - \bar{x}_2)$$

例子：种族和对警察的看法

幸运的是，R 提供了一种简单的方法来对两个样本的平均数进行推断。有时我们想知道因变量的平均数是否会根据（或者说取决于）自变量而不同，这种检验很常见。例如，我们想知道白人和黑人对警察的平均看法是否有差别。为了便于阐述，我们使用国家选举研究提供的种族变量区分了白人和非白人。

为此，我们使用 `ifelse()` 函数创建了一个名为 `nes$white` 的新变量（见代码块 9-12）。如果 `nes$race` 变量为"白人（White）"，则赋值为 1；否则赋值为 0。有了这个变量，就可以使用 R 中的 `t.test()` 函数了。而 `pander()` 函数会将检验结果生成一张实用的表格。

如表 9-2 所示，白人对警察有更多的好感（在情感量表上有 11.3 分的差异，t-比率为 6.253）。根据双样本 t 检验，在 99.99% 的置信水平下，该差异具有统计学意义。拒绝零假设（即白人和黑人之间没有区别）。

代码块 9-12

```
nes$white <- ifelse(nes$race=="White", 1, 0)

p <- t.test(ftpolice ~ white, data=nes)

pander(p)
```

表 9-2：种族之间差异很大

Welch Two Sample t-test: ftpolice by white (continued below)

Test statistic	df	P-value	Alternative hypothesis
–6.253	523.6	8.366e-10 * * *	two.sided

mean in group 0	mean in group 1
57.89	69.26

如前所述，当检验两组的平均数是否不同时，是在检验零假设（即平均数之间没有差异）是否成立。如果 t- 值表明应该拒绝零假设，我们就有一定的信心说，所观察到的平均数差异不是偶然的，而是由其他因素造成的。

例子：收入和对特朗普的支持

让我们看看另一个例子，建立起比较两个平均数的直觉。政党在每次选举后——尤其是失利后——都要进行一项重要的工作，即搞清楚到底怎么回事。在这方面，2016 年的总统选举与其他任何选举没有什么不同。选举前许多民意调查的结果都是错的，预测希拉里·克林顿会相当轻松地获胜。事后，分析人士想了解是哪些团体青睐特朗普。

人均收入是一个很好的开始，特别是一个州的家庭收入中位数。特朗普赢得的州平均来说是更富、更穷，还是相同？按照惯例，对共和党人的支持来自较富裕的选民。因此，我们可能会预计特朗普赢得的州的平均收入更高。然而，我们有理由预计出现相反的情况。2016年，更多的城市和接受过教育的选民更有可能支持克林顿。因此，我们有充分的理由预计，两组不同的州的收入可能会更高或更低。零假设是特朗普赢下的州和克林顿赢下的州之间的收入中位数没有差异。本例的计算过程很容易（见代码块 9-13），因为通过现成的变量 states$trumpwin 就可以清楚地区分特朗普赢得的和失去的州。

代码块 9-13

```
p <- t.test(medinc ~ trumpwin, data = states)
pander(p)
```

通过双样本 t 检验，我们发现特朗普赢得的州的收入为 46,951 美元，而希拉里·克林顿赢得的州的收入为 56,061 美元，相差 9,110 美元（见表 9-3）。通过 t 检验，我们发现 t- 比率为 4.875，远高于 99.99% 置信水平下的临界 t- 值。因此，该检验表明，如果这两组州之间的真实差异为零，那么发现有这么大差异的可能性非常小（小于 0.001）。因此，我们说零假设（即平均数之间没有差异）被拒绝。

表 9-3：贫穷的州青睐特朗普

Welch Two Sample t-test: medinc by trumpwin (continued below)

Test statistic	df	P-value	Alternative hypothesis
4.875	32.28	2.8e-05 * * *	two.sided
mean in group 0	mean in group 1		
56061	46951		

无论是抽取样本来确定总体比例、平均数，还是比较两个不同样本的平均数，确立对结果的置信水平都是这些工作的重要环节。但 95% 或 99% 的置信水平是什么意思呢？当我们说有 99% 的信心认为两个平均数之间的差异不为零时，实际上是什么意思？下一节给出了答案。

知识检验：判断两个总体的平均数是否不同。

---

13. 在州学生人均教育支出方面，特朗普赢得的和失去的州之间有什么差别？请进行双样本 t 检验，并说明是否拒绝零假设。

14. 就每 10 万人口中凶杀案受害者数量而言，东北各州与全国其他地区有什么差别？请进行双样本 *t* 检验，并说明是否拒绝零假设。

15. 在人均 GDP 方面，曾是英国殖民地的国家与其他国家有什么差别？请进行双样本 *t* 检验，并说明是否拒绝零假设。

置信水平

要理解置信水平，请看前面的研究大学学生学习时长的例子。在那个例子中，我们事先知道真正的总体平均数是每周学习 50 小时。如果在 90% 的置信水平下构建置信区间，那么就有 10% 的时候是错误的。这是什么意思呢？这意味着，如果从总体中抽取 10 个随机样本并计算其平均数，那么从各样本计算得来的 10 个区间里，大约有 1 个不包含真实的总体平均数。让我们用一个平均数为 50、标准差为 1 的正态分布变量来说明这一点。我们从分布中抽取 20 个随机样本（每个样本都有 $n=100$），并从每个样本中计算出平均数、标准差和对应的 90% 置信区间。我们应该会看到在 90% 的置信水平下，20 个样本中的 2 个（10%），其置信区间不包含真实的总体平均数 50。这意味着我们有 10% 的时候都是错误的。

为了运行这个模拟，我使用了一个由兰德尔·E. 舒马克尔（Schumacker, 2015）编写的函数，只做了一些修饰性的改动（见代码块 9-14）。我把这个函数定义为 `conf()`，其参数有：每个样本的观测数量（100）、总体的平均数（50）、总体的标准差（1）、重复次数（20），以及临界 *z* 分数（1.65）。为了重复同样的输出，务必要使用 `set.seed()` 并设置为 556。

代码块 9-14

```
set.seed(556)

conf(100, 50, 1, 20, 1.65)
```

如表 9-4 所示，确实有两次样本估计的置信区间中没有 50。这就是我们所说的置信水平。如果实验（抽样程序）重复 100 次，那么预计置信区间包含真实的总体参数的情况有 90 次。

表 9-4：有两次模拟的平均数不在置信区间中

Sample mean	(low - high) CI	Pop mean	Within CI
50.02	49.85–50.18	50	Yes
49.9	49.73–50.06	50	Yes
49.97	49.8–50.13	50	Yes
49.94	49.78–50.11	50	Yes
50.07	49.91–50.24	50	Yes
50.08	49.91–50.24	50	Yes
50	49.84–50.17	50	Yes
49.81	49.64–49.97	50	No
50	49.83–50.16	50	Yes
49.82	49.66–49.99	50	No
49.94	49.78–50.11	50	Yes
49.9	49.73–50.06	50	Yes
50.06	49.89–50.22	50	Yes
49.94	49.78–50.11	50	Yes
50.08	49.91–50.24	50	Yes
49.9	49.74–50.07	50	Yes
49.95	49.79–50.12	50	Yes
49.98	49.82–50.15	50	Yes
49.94	49.78–50.11	50	Yes
50.07	49.91–50.24	50	Yes

为了进一步培养直觉，我们进行同样的操作，如果规定要 99.95% 的置信水平，那么预计在 20 次抽样中，20 个样本中至少有 19 个的置信区间包含真实的总体平均数——有 1 个样本不包含真实的总体平均数的概率很小。实际上，与前一个例子相比，只要将临界 z 分数从 1.65 改为 2.576，就可以把置信水平从 90% 提高到 99%（见代码块 9-15）。

代码块 9-15

```
set.seed(556)

conf(100, 50, 1, 20, 2.576)
```

如表 9-5 所示，由于置信水平很高，在每个样本中得到的置信区间都包含真实的总体平均数（50）。然而，需要注意的是，提高置信水平是有代价的。随着置信水平的提高，置信区间也在增大：估计就没有那么精确了。在政治民意调查中，随着置信水平的提高，误差范围也会增大。

表 9-5：所有模拟的平均数都在置信区间中

Sample mean	(low - high) CI	Pop mean	Within CI
50.02	49.76–50.28	50	Yes
49.9	49.64–50.15	50	Yes
49.97	49.71–50.23	50	Yes
49.94	49.68–50.2	50	Yes
50.07	49.82–50.33	50	Yes
50.08	49.82–50.34	50	Yes
50	49.74–50.26	50	Yes
49.81	49.55–50.06	50	Yes
50	49.74–50.26	50	Yes
49.82	49.56–50.08	50	Yes
49.94	49.68–50.2	50	Yes
49.9	49.64–50.15	50	Yes
50.06	49.8–50.32	50	Yes
49.94	49.69–50.2	50	Yes
50.08	49.82–50.33	50	Yes
49.9	49.64–50.16	50	Yes
49.95	49.69–50.21	50	Yes
49.98	49.72–50.24	50	Yes
49.94	49.69–50.2	50	Yes
50.07	49.82–50.33	50	Yes

现在我们已经确定了标准正态分布和 t- 分布在表明估计值与总体参数接近程度方面的有效性，让我们把在第 8 章和第 9 章中学到的东西放在接下来要探讨的背景下。

知识检验：理解置信在统计学中的含义。

---

16. 以下哪项准确描述了统计显著性？
    a. 统计的显著性水平反映了在 100 个随机样本中，预计总体参数落在每个样本计算得到的置信区间内的次数。
    b. 统计的显著性水平反映了在 100 个随机样本中，预计总体参数落在每个样本计算得到的置信区间外的次数。
    c. 它反映了对于样本平均数落在总体参数的 1 个标准差内的置信水平。
    d. 统计的显著性水平表明我们对总体参数准确地描述了样本统计量的信心。

17. 以下哪些描述了置信水平与置信区间大小之间的关系。
    a. 随着显著性水平的提高，置信区间缩小了。
    b. 随着显著性水平的提高，置信区间增大了。
    c. 随着显著性水平的降低，在固定数量的随机抽样中，总体参数位于置信区间内的次数减少了。

d. 随着显著性水平的提高，在固定数量的随机抽样中，总体参数位于置信区间内的次数增加了。

关于统计推断和因果关系的简要说明

借助中心极限定理，我们就可以问有多少比例的人口支持某个政治家或某项政策，就可以确定典型案例是什么样的，就可以比较两个总体之间的总体参数。我们也理解了 95% 的置信水平到底是什么意思。现在再来理解回归估计的统计显著性，概念、分析和概率框架都有了。这就是统计推断的机制。

回归估计就是用于描述总体的样本统计量——直线的斜率和截距，这是我们要学习如何估计的统计量。正如我们会看到的，回归表中附带的 t- 比率提供了衡量离目标有多远所需的信息。在回归分析中，t- 比率表明的是，如果真实的总体参数（斜率或截距）实际上为零，那么得出该估计值的可能性有多大。

这一章有一个重要的注意事项。在大多数数据分析中，特别是探索性分析，会从总体中剔除案例，在模型中增减新的变量。于是，就会经常违背所有观测在随机样本中被选中的机会均等这一理念。构建大数定律和中心极限定理的基石——随机样本——不再成立。因此，要对从估计中得出的推论保持恰到好处的怀疑态度。幸运的是，我们可以采取一些措施来减轻这么做带来的坏处。本书后续介绍的诊断，是这些尝试的重要辅助手段。

> **知识检验：将置信区间与统计估计联系起来。**

18. 以下哪些准确地描述了样本统计量和回归估计之间的关系？
    a. 回归估计（斜率和截距）类似于样本统计量。
    b. 回归估计往往与样本统计量不同，因为回归估计并不总是基于随机抽样的。
    c. 由于 a，在估计与回归分析有关的截距和斜率时，可以使用统计推断机制。
    d. 由于 b，我们必须谨慎地对待回归估计的统计显著性。

小结

由于我们所做的大部分工作都涉及分析数据样本对总体进行推断，统计学提供了一些有用的工具，让我们能够了解推断的准确度。本章介绍的机制在假设检验、抽样和回归分析方面很有用。理解样本和总体的基本统计学性质，是工业界、媒体和学术界提出主张的基础。

许多人使用这些概念存在的困难，源自随机化是整个过程的核心，而事实上却并不随机导致的脱节。虽然本章描述的原则确实直接适用于那些随机化是整个过程的核心特征的调查或现场实验，但大多数数据分析都基于非随机收集的数据或非随机分配的处理。个人加入团体（如工会）的自主选择，或国家选择民主政体还是威权政体的政治自决，都限制了我们能从分析中了解的东西。简而言之，这就是为什么我们不得不说相关性不等于因果关系。因此，我们在做推断的时候必须保持谨慎，因为处理是随机分配的假设事实上并非如此。虽然可以采取一些措施最大程度地减少不确定性，但我建议案例要构建在尽可能多的线索的基础上，而不是构建在尽可能多的假设的基础上。

> ### 常见问题

- 总体比例和总体平均数之间的区别。当我们计算选举投票的置信区间时，想的是总体比例；当计算某人、某地或某物的平均特征的置信区间时，想的是总体平均数。就像区分样本统计量和总体参数一样，在总体比例和总体平均数之间要区分清楚，因为这两者构建置信区间的计算方法是不同的。一旦明确了到底是总体比例还是总体平均数，置信区间的计算就相当简单了。
- 小样本和大样本的区别。这决定了要使用临界 z-值还是临界 t-值。区别实际上是关于不确定的程度。当样本较小（信息较少）时，我们的估测就会不太准确。因此，要根据 t-分布来计算置信区间，其方差比标准正态分布的大。还要记住，较大的方差会依据自由度而减小或降低。观测数量越多，自由度越高，结果就越接近使用标准正态分布得到的结果。当处理观测数量少于 100（有些人说是 30）的样本时，使用 t-分布是一条很好的经验法则。
- 数不清的 t-分布。当使用标准正态分布进行计算时，不必担心观测数量，因为进行相同的计算足矣。当使用 t-分布进行计算时，有 3 个自由度还是 30 个自由度，所使用的临界 t-值有很大的差别。例如，有 30 个自由度，90% 置信水平的临界 t-值为 1.697；有 3 个自由度，90% 置信水平的临界 t-值则为 2.35。
- 确定自由度。自由度是指用于计算统计量的独立数据点的数量。例如，在计算一个样本的平均数时，需要所有 (n) 的观测值。要计算样本的标准差，首先要计算样本的平均数，这实际上使用掉了一个观测值，独立观测数量也就减少到了 ($n–1$)。如果我们知道样本的平均数和 n 个观测值中的 ($n–1$) 个，那么在已知样本平均数的情况下，就可以计算出最后一个观测值。一个更直观的例子是足球教练在选择守门员时做出的选择。想象一下，球队 11 个球员排成一排，教练顺着队伍，审视每个球员。如果教练审视了前 10 个球员，但没有选择守门员，那么第 11 个就肯定是守门员了。本例中，如果我们知道哪 10 个球员不是守门员（10 个自由度），那么就肯定知道谁要去守球门了（第 11 个）。

- 单尾和双尾的 t 检验之间的区别。有时候，我们对大于某个临界 z-值的曲线下面积感兴趣。在这种情况下，可以使用单尾检验。在其他情况下，我们不知道样本统计量是高于还是低于感兴趣的值。例如，在研究样本平均数的差异时，一个样本与另一个样本之间的差异可能是正数，也可能是负数。在这种情况下，使用双尾检验是有道理的。一般而言，或者在实践中，大多数人使用与双尾检验相关的临界 t-值或临界 z-值，因为它们提供了更强的显著性检验。它们代表的，对样本统计量与零的差异程度的估计更保守。
- 理解统计显著性。准确地理解不同的置信水平代表着什么是很有用的，因为它们随处可见，在许多不同的语境下都能看到。置信水平的基础是构建置信区间 100 次中有多少次包含真实的总体参数。例如，当在 90% 的置信水平下构建置信区间时，我们说的是在 100 个不同的样本中，真实的总体参数位于构建的置信区间中 90 次。

复习题

1. 什么样的问题与总体比例有关？
2. 什么样的问题与总体平均数有关？
3. 什么时候应该使用 t-分布？
4. 什么是偏差？
5. 为什么要使用贝塞尔校正？
6. 什么是自由度？
7. 95% 的置信水平是什么意思？
8. 总体比例与总体平均数在计算方式上有何不同？
9. 在处理小样本时，需要采取什么步骤？
10. 回归分析的最大挑战是什么？

数据分析与可视化练习

1. 使用国家选举研究变量 nes$follow 作为美国人口的样本，计算出"大部分时候(most of the time)"关心政治的美国人百分比。给出最佳估测和 95% 水平的置信区间。

2. 使用国家选举研究变量 nes$pid3 作为美国人口的样本，计算有百分之多少的美国人认为自己是无党派人士（Independent）。给出最佳估测和 99% 水平的置信区间。

3. 将种子设置为 40，从 states 数据集中随机抽取 25 个案例，然后进行以下计算：
    a. abort 变量的样本平均数是多少？
    b. abort 变量的样本标准差是多少？
    c. 在 90% 的水平下，估计的置信区间是多少？
    d. 在 99% 的水平下，估计的置信区间是多少？

4. 将种子设置为 40，从 `states` 数据集中随机抽取 25 个案例，然后进行以下计算：
   a. `infant` 变量的样本平均数是多少？
   b. `infant` 变量的样本标准差是多少？
   c. 在 90% 的水平下，估计的置信区间是多少？
   d. 在 99% 的水平下，估计的置信区间是多少？

5. 将种子设置为 40，从 `world` 数据集中随机抽取 70 个案例，然后进行以下计算：
   a. `womleg` 变量的样本平均数是多少？
   b. `womleg` 变量的样本标准差是多少？
   c. 在 90% 的水平下，估计的置信区间是多少？
   d. 在 99% 的水平下，估计的置信区间是多少？

6. 在州福音教派人口方面，特朗普赢得的和失去的州之间有什么差别？请进行双样本 t 检验，并说明是否拒绝零假设。

7. 就女性收入占男性收入的比例（`states$percwom`）而言，南方各州与全国其他地区有什么差别？请进行双样本 t 检验，并说明是否拒绝零假设。

8. 在对待希拉里·克林顿（Hillary Clinton）的看法（`nes$fthrc`）上，在美国离婚人士和其他人群有什么区别？请进行双样本 t 检验，并说明是否拒绝零假设。

9. 以下关于置信水平的陈述哪些是准确的？
   a. 随着置信水平的增加，置信区间变小了。
   b. 随着置信水平的增加，置信区间变大了。
   c. 统计显著性在很大程度上依赖基于随机抽样的声明。
   d. 由于回归分析通常基于非随机的样本，所以在回归语境下对统计显著性的陈述应该非常谨慎。

R 函数注释

以下函数在本章中出现。它们按首次出现的顺序列出（括号中的是代码块编号），并在此注释以简要地说明其用途。其中有些不是独立的函数，必须结合其他指令使用。友情提示：只要按照它们出现的顺序运行，每章的代码就都可以正常工作。正确的运行还依赖作者定义的 `libraries()` 函数，用于加载所需的 R 包。

`freq()`：为指定变量生成频率表。（9-1）

`ifelse()`：用于构建"如果……那么……"（if-then）语句的逻辑函数。其既可用于选择特定案例进行标注，也可用于从连续变量中创建分类变量。（9-2）

`mean()`：计算变量的平均数。如果变量含有缺失值，要记得加上 `na.rm=TRUE` 参数。（9-3）

`sd()`：计算变量的标准差。如果含有缺失值，要记得使用 `na.rm=TRUE` 参数。（9-3）

`seq()`：以指定的增量生成介于指定值之间的数值向量。（9-4）

`dt()`：以显著性水平和自由度为参数，返回临界 t-值。（9-4）

dnorm()：将变量中的数字转换为其密度。换句话说，它给出了正态曲线在 x 值处的高度。（9-4）

data.frame()：将列的集合转换为数据框。（9-4）

ggplot()：定义图的基本结构（通常是变量 x 和 y）。（9-5）

aes()：aes（图形属性，aesthetics）函数在 ggplot 中用于定义图的基本结构[1]，通常包含要用到的变量以及形状或颜色。（9-5）

geom_line()：用于绘制线条的 ggplot 命令。（9-5）

theme_minimal()：为 ggplot 设置极简风格的主题。（9-5）

theme()：指定 ggplot 中的字体、大小等。（9-5）

xlab()：在 ggplot 中设置 x 轴标签。（9-5）

ylab()：在 ggplot 中设置 y 轴标签。（9-5）

ggtitle()：设置 ggplot 的标题。（9-5）

scale_color_discrete()：让用户指定要在图中具体使用什么颜色。（9-6）

set.seed()：设置随机数生成器的初始种子。这对于复现涉及随机元素的结果很有用。（9-7）

sqrt()：计算平方根。（9-7）

rep()：指定某动作应该重复多少次的命令。在这里，它指定要创建一个含有 50 个零的变量。所生成的变量用于保存后续 for() 循环得到的值。（9-7）

melt()：将数据框中的多列堆叠在一起。（9-7）

factor()：用于操作变量中的水平（类别）。（9-8）

levels()：用于列出变量中的类别（水平）。（9-8）

geom_point()：在 ggplot 的网格中绘制点。（9-8）

stat_summary()：计算要在 ggplot 中显示的各种数据框统计值。（9-8）

geom_hline()：在 ggplot 中绘制水平线。（9-8）

tbl_df()：生成一个 tibble 对象，可以轻松操作"tidyr"包中的表格。（9-10）

geom_ribbon()：在 ggplot 中设置多边形的边界。（9-11）

scale_fill_brewer()：在需要多种颜色的情况下，用指定的调色板在 ggplot 中着色。（9-11）

geom_vline()：在 ggplot 中绘制垂直线。（9-11）

scale_x_continuous()：为 ggplot 绘制 x 轴。（9-11）

t.test()：计算双样本 t 检验。（9-12）

conf()：该函数（由 Randall Schumacker 编写并经作者修改）从正态分布中抽样，计算样本平均数和标准差，指定置信区间，并指出设置的总体参数是否在置信区间内。（9-14）

---

1 译注：图形属性与变量的映射关系。

10 进行比较

本章大纲
- 学习目标
- 概述
- 为什么要进行比较
- 需要比较的问题
- 比较两个分类变量
- 比较连续变量和分类变量
- 比较两个连续变量
- 探索性数据分析：调查美国的堕胎率
- 好的分析引出新的问题
- 小结
- 常见问题
- 复习题
- 数据分析与可视化练习
- R 函数注释

学习目标
- 讨论为什么要比较事物。
- 找出暗含比较的问题。
- 当两个变量都是分类变量时，构建与解读图表。
- 用连续变量和分类变量构建与解读图表。
- 用连续变量构建与解读图表。
- 将探索数据与生成假设联系起来，做出发现。
- 分析后构思下一个问题。

概述

  无论是对政府、社会还是对市场感兴趣，进行比较都是整个环节的核心。对解释政治分歧感兴趣的政治学家想知道，共和党人的看法与民主党人的看法相比如何。社会学家想知道，一个群体（按种族、性别、阶级等定义）的自杀率与另一个群体相比如何。经济学家比较了有和没有最低工资法的各州失业率。本章聚焦在比较上。具体而言，我们将专注于数据的双变量视图，了解两个变量之间的关系。比较也提供了背景（context）；这回答了"与什么相比"的问题。因此，比较揭示了我们所观察到的东西的重要性。

  我们已经研究了如何描述数据的双变量视图过程（见第 5 章），现在的重点转为为什么。本章将我们提出的问题与数据可视化直接联系起来。构建能回答具体问题的散点图是一项重要技能。

本章还将正式介绍**探索性数据分析（Exploratory Data Analysis，EDA）**：由已故的统计学家约翰·图基（John Tukey）倡导的数据分析方向。图基主张要有一个从探索开始的迭代过程（Tukey, 1977）。通过对数据的探索和熟悉，可以形成更好的假设。这个过程不会到此为止：一旦最初的假设得到了检验，就能产生更多的假设并回到数据中。探索性数据分析类似于进行讨论。图基主张在数据和理论之间要进行交流。

探索带来发现。尽管探索和发现意味着开放式的过程，但仍有要遵循的原则，仍要采纳恰当的方法。在介绍了比较的机制后，本章将以美国堕胎率的真实案例，说明从描述，到假设产生、检验和推断的过程是如何进行的。这项工作的关键点在于，说明探索性数据分析是如何在解开一些谜团的同时发现其他谜团的。

为什么要进行比较

我们进行比较的原因主要有两个。首先，比较是为了了解两个变量之间的关系；其次，要完全理解一个描述、特征或统计量，将其置于背景（context）中（比较）极其重要。要理解某个事实或某张图表，我们要问"与什么相比"。如果不把数据放在合适的背景下，其传递的信息相对就少。如果没有比较，数据可能就会有误导性。例如，州长可以吹嘘在小学教育阶段为每个学生开支了 500 美元，但这可能是整个国家的最低水平。

在第 3 ~ 6 章中，我们描述了数据。变量是什么样子的？数据中是否存在明显的错误？某些变量是否需要变换？在描述了数据并理解了其基本特征后，开始提出需要进行比较的问题。在描述数据时，我们想知道"有多少"。现在下一个问题是，"这算很多吗？"

如果不在某种背景下，这个问题将无法回答。你的宿舍棒不棒？今天热不热？利率高不高？准备好迎接下一次飓风了吗？所有这些问题都需要背景，这意味着要进行比较。请注意，每个问题都包含一个形容词：棒、热、高、准备好。如果不进行比较，我们就无法回答这些问题。如果我们的宿舍是最大的，并且有空调，而其他人的宿舍没有，那么这个宿舍看起来很棒。如果过去 5 天的气温都超过了 100 华氏度（约 38 摄氏度），那么 20 世纪 90 年代的某天似乎很凉爽。除非了解背景（进行比较），否则我们就不知所谓。不在背景中的数据视图会让人感到如坠云雾，言之无物，最糟的是还有很大的误导性。对任何数据或统计量都要问"与什么相比"。

> ### 数据可视化的艺术与实践
> **这算很多吗？为什么？**
>
> 无论你是分析的生产者还是消费者，都要坚持比较。这有助于衡量困惑（puzzle）或问题的规模。通过比较还能找出潜在的原因。如果我们观察到有大学学历的美国人比没有的人更健康，就应该注意去研究这两个群体的不同之处和原因。收入、饮食、运动、压力和就诊次数可能都是区分有大学学历者和无大学学历者的因素。我们可能会发现两个群体之间最大的差异是压力水平。进行比较可以提供更多的线索。

知识检验：讨论为什么要比较事物。

---

1. 我们为什么要进行比较？
   a. 没有比较，传递的信息就很少。
   b. 没有比较，描述可能会产生误导。
   c. 没有比较，很难判断统计量的重要性。
   d. 比较是为了了解两个变量之间的关系。

需要比较的问题

在了解了数据集变量的集中趋势、离散程度和形状之后，我们往往想要了解两个变量之间的关系。当它们都是分类变量（例如，性别和政党认同）时，我们想知道一个类别（作为男性）是否与另一个类别（作为共和党人）有关[1]。当一个变量是分类变量，另一个变量是连续变量时，我们想知道连续变量（例如，拥有高中文凭的人口比例）的集中趋势或离散程度是否与分类变量（例如，美国的不同地区）有关。当两个变量都是连续变量的时候，我们要研究的是其中一个变量（如人均 GDP）的变化是否与另一个变量（如凶杀率）的变化有关。虽然上述三个例子都是为了了解两个变量之间的关系，但提出的问题有时略有不同，这可以提示我们使用的是哪种变量。

两个分类变量的关系如何？男性更有可能自我认同为共和党人吗？第一代大学

---

1 有些调查问题会随着时间的推移而失去相关性。鉴于关于性别规范的社会趋势，性别成为连续变量可能只是时间问题。

生[1]在学习期间更有可能住在家里吗？女性更有可能主修心理学吗？处于压力之下的人更有可能患上糖尿病吗？请注意，这些问题中都出现了"更有可能"这个词。这是一个很好的提示，比较涉及两个分类变量。本质上，我们想知道的是处于一种状态（如男性）下是否与另一种状态（如共和党人）有关。回答这些问题的最佳方法是检视交叉表、马赛克图和频率表。

连续变量与分类变量是如何联系起来的？男性是否比女性更保守？第一代大学生是否住得比其他学生离校园更远？女性主修的专业薪酬更低吗？那些工作压力大的人预期寿命是否更低？此时，我们想知道的是一个类别与其他类别相比是更多（more）还是更少（less）。我们还可以问，在这些问题中，不同种类的人在政治意识形态、与校园的距离、工资或预期寿命方面是否有更多的变化。当我们对分类变量和连续变量之间的关系感兴趣时，可以使用箱线图和抖动图。

两个连续变量的关系如何？年龄与保守主义相关吗？收入与校园的距离相关吗？SAT成绩与大学毕业后的起薪相关吗？一个人的压力水平与预期寿命相关吗？注意，问题从"更有可能（more likely）"和"更多或更少（more or less）"变成了"相关（related）"。一个变量的数量是否能帮助我们确定另一个变量的数量？如果能，它们就是相关的。类似地，一个变量是否与另一个变量的变化（分散程度）相关？对于这两种情况，散点图都是回答问题的最佳方式。

虽然可以直接记住哪些图与连续变量和分类变量匹配，但理解了各类问题是如何与每种图相关联的，我们就能够改变问题或变换数据，使其更清晰地相互映射。现在我们明白了为什么比较很重要，以及哪些问题与之相关，接下来让我们通过例子来探讨每类比较。

知识检验：找出暗含比较的问题。

---

2. 下列哪些问题通常涉及两个分类变量？
   a. 在 y 的条件下，x 更有可能吗？
   b. x 的数量是否取决于 y 的存在？
   c. x 与 y 相关吗？
   d. x 的数量变化与 y 的数量变化有关吗？
3. 以下哪些问题涉及连续的因变量和分类的自变量？
   a. 在 y 的条件下，x 更有可能吗？
   b. x 的数量是否取决于 y 的存在？

---

[1] 译注：父母都没有接受过大学教育。

c. x 与 y 相关吗？
   d. x 的数量变化与 y 的数量变化有关吗？
4. 以下哪些问题涉及两个连续变量？
   a. 在 y 的条件下，x 更有可能吗？
   b. x 的数量是否取决于 y 的存在？
   c. x 与 y 相关吗？
   d. x 的数量变化与 y 的数量变化有关吗？

比较两个分类变量

如第 1 章所述，分析的核心变量主要有两类：连续变量和分类变量。在比较分类变量（如政党认同、地理位置等）时，马赛克图和交叉表非常有用。

例子：对警察的看法

竞选团队通常想知道不同的选民对公共政策的看法。在本例中，我们想知道政党认同和对警察的看法之间是否存在关系。

警察和黑人群体之间日益紧张的关系导致了暴力和日益增长的不信任。公民对警察的看法，决定了警察在工作中面临的合作或抵抗程度。政党认同会影响人们对警察是否歧视黑人的看法吗？

为了获得简单而直观的关系视图，我们使用了马赛克图。马赛克图的单元格大小是根据落在两个类别中的个体案例数量联合确定的。在本例中，它表明了相对于共和党人和无党派人士，民主党人认为警察偏袒白人的相对数量。图 10-1 中的马赛克图展现出了清晰的模式。在那些认为存在歧视的人中，民主党人占多数。在那些认为警察平等对待白人和黑人的人中，民主党人占少数。马赛克图说明了政党认同与对警察的看法之间的关联。民主党人更有可能认为警察有偏见。

要绘制图 10-1 中的马赛克图，需要以下几步。我们先"清理"了 NES 数据中的 `pid3` 变量。对于那些不感兴趣的类别，可以将其设置为缺失数据（NA）以便删除。我使用 `ifelse()` 函数执行了此操作，代码的意思是，如果 `pid3` 变量等于"其他（Other）"或"不确定（Not sure）"，则赋值为"NA"；否则，仍等于 `pid3` 原来的值。这个操作完成后，使用 `as.factor()` 函数将变量转换为因子类型，然后将类别重新标记和排列（见代码块 10-1）。

代码块 10-1

```
nes$pid3.new <- ifelse(nes$pid3 == "Other", NA,
                ifelse(nes$pid3 == "Not sure", NA,
                       nes$pid3))

nes$pid3.new <- as.factor(nes$pid3.new)

levels(nes$pid3.new)=c("Democrat", "Rep.", "Indep.")

nes$pid3.new = factor(nes$pid3.new,levels(nes$pid3.new)[c(1,3,2)])
```

有了所需形式的变量，就可以制作马赛克图了。请注意，这里使用了相同的 ggplot 设置，但 aes() 函数位于 geom_mosaic() 函数之中，而非 ggplot() 函数中。还要注意的是，在 ggplot() 函数中指定了数据集，并规定不应有缺失值（na.omit() 函数）。最后，在图形属性函数 aes() 中，指定 pid3.new 为 x，dpolice.new 为 y（见代码块 10-2）。

代码块 10-2

```
ggplot(data = na.omit(nes)) +
  geom_mosaic(aes(x = product(pid3.new, dpolice.new),
                  fill=pid3.new,na.rm=TRUE)) +
  theme_minimal() +
  theme(plot.title = element_text(size = 8, face = "bold"),
        axis.title = element_text(size = 8, face = "bold")) +
  xlab("") +
  ylab("") +
  coord_flip() +
  ggtitle("图 10-1：警察如何对待白人和黑人") +
  scale_fill_brewer(palette="Blues") +
  theme(legend.position="none")
```

由于民主党人（Democrat）、无党派人士（Indep.）和共和党人（Rep.）的比例在不同的类别间都有明显的变化，我们可以说对警察的看法和政党认同这两个变量是相关的。虽然马赛克图提供了良好的数据视图和快速识别模式的能力，但是我们很难辨别出具体的百分比。为了获得更高的精确度，我们可以参阅交叉表，它展示了认为"对白人好得多（Treats whites much better）"、"对白人一般程度的好（Treats whites moderately better）"等的民主党人、无党派人士或共和党人的百分比（见代码块 10-3）。

```
                    Treats both the same



                 Treats whites a little better



              Treats whites moderately better



                 Treats whites much better


                                    Democrat        Indep.  Rep.
```

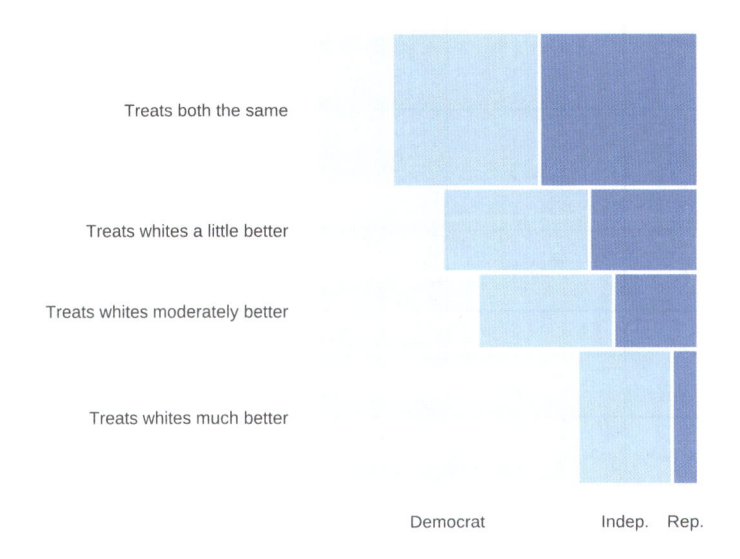

图 10-1：警察如何对待白人和黑人

代码块 10-3

```
CrossTable(nes$dpolice.new, nes$pid3.new,
          prop.chisq=FALSE)
```

从交叉表中（见表 10-1），我们看到 51.4% 的民主党人认为警察对白人好得多（Treats whites much better），而只有 16.6% 认为警察对白人和黑人一视同仁（Treats both the sane）。对于共和党人，数字就反过来了：7.1% 的共和党人认为警察对白人更好，而 57.6% 认为警察对白人和黑人一视同仁。交叉表中的每一列都代表某个群体的 100%。从交叉表中还能了解到，在这个样本的 1,073 名受访者中，440 人是民主党人，364 人是无党派人士，269 人是共和党人。政党认同显然与人们对警察行为的看法有关。

表 10-1：查看类别比较不太直观的方式

```
   Cell Contents
|-----------------------|
|                     N |
|         N / Row Total |
|         N / Col Total |
|       N / Table Total |
|-----------------------|


===============================================================
                                nes$pid3.new
nes$dpolice.new            Democrat       Indep.      Rep.      Total
```

```
-----------------------------------------------------------------
Treats whites much better              226      79      19    324
                                     0.698   0.244   0.059  0.302
                                     0.514   0.217   0.071
                                     0.211   0.074   0.018
-----------------------------------------------------------------
Treats whites moderately better         75      63      38    176
                                     0.426   0.358   0.216  0.164
                                     0.170   0.173   0.141
                                     0.070   0.059   0.035
-----------------------------------------------------------------
Treats whites a little better           66      76      57    199
                                     0.332   0.382   0.286  0.185
                                     0.150   0.209   0.212
                                     0.062   0.071   0.053
-----------------------------------------------------------------
Treats both the same                    73     146     155    374
                                     0.195   0.390   0.414  0.349
                                     0.166   0.401   0.576
                                     0.068   0.136   0.144
-----------------------------------------------------------------
Total                                  440     364     269   1073
                                     0.410   0.339   0.251
=================================================================
```

例子：哪些人去教堂

要回答这个问题，我们要先从记录教堂礼拜参加情况的变量 nes$pew_churatd 中去掉"跳过（Skipped）"和"不知道（Don't know）"类别。我使用了和上一个例子不同的另一种方法来去掉这两个类别（水平）。首先，创建一个新的数据集，使用 na.omit(nes) 指令去掉所有的缺失数据（NA）。然后，使用 subset() 函数去掉值为"跳过（Skipped）"或"不知道（Don't know）"的案例。最后，使用 droplevels() 函数去掉那些现在空了的类别（见代码块 10-4）。

代码块 10-4

```
nanes <- na.omit(nes)
nanes <- subset(nanes, pew_churatd!="Skipped"
                & pew_churatd!="Don't know" )
nanes$pew_churatd <- droplevels(nanes$pew_churatd)
```

有了所需形式的数据，就可以创建马赛克图了（见代码块 10-5 和图 10-2）。

代码块 10-5

```
ggplot(nanes) +
  geom_mosaic(aes(x = product(pid3.new, pew_churatd),
```

```
                         fill=pid3.new,na.rm=TRUE)) +
theme_minimal() +
theme(plot.title = element_text(size = 8, face = "bold"),
      axis.title = element_text(size = 8, face = "bold")) +
xlab("") +
ylab("") +
ggtitle("图 10-2：哪些人去教堂") +
scale_fill_brewer(palette="Blues") +
theme(legend.position="none") +
coord_flip()
```

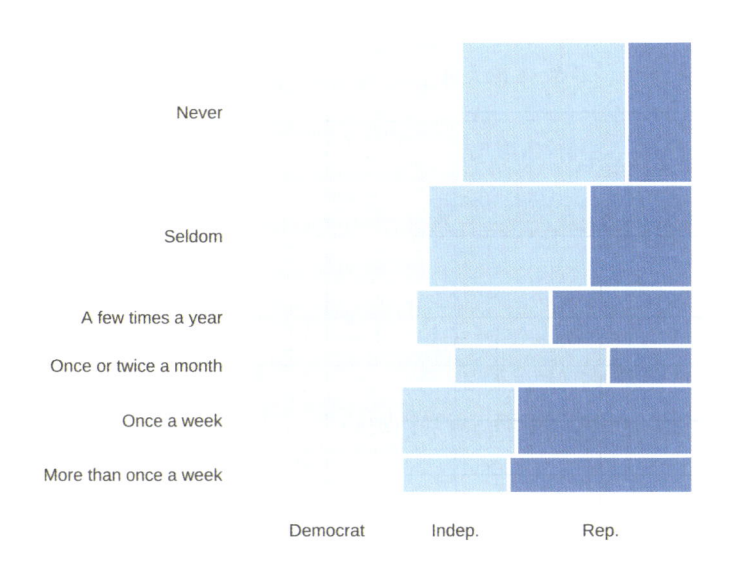

图 10-2：哪些人去教堂

图 10-2 中横条的粗细表明，在教堂礼拜参加的类别中，最多的是"从不（Never）"。幸运的是，这些类别是按参加频率从不参加（在顶部）到经常参加（在底部）这样的连续体上排列的。这种模式基本上不出所料：在经常去教堂的受访者中，共和党人的比例似乎大于民主党人或无党派人士的比例。从上到下，自认为是民主党人的受访者越来越少。

> 知识检验：当两个变量都是分类变量时，构建和解读图表。

5. 用 nes$pid3 和 nes$finwell 变量比较不同政党认同下的财务状况。这两个变量之间是否存在关系？

6. 在过去的 20 年里，女性是否更有可能觉得自己的财务状况得到了改善？

7. 女性是否更有可能认为自己是共和党人、无党派人士或民主党人？

> **数据可视化的艺术与实践**
> **坐标轴标签**
>
> 请注意，在图 10-2 中没有把因变量放在 y 轴上。虽然将因变量放在 y 轴上是一个应该遵循的好惯例，但标签的长度也是马赛克图要考虑的重要因素。将标签倾斜 45 度也是一种选择。但是，如果某个轴的标签相对于另一个轴长太多，将较长的标签放在 y 轴上可能更好。这可以通过 ggplot 表达式中的 `coord_flip()` 函数轻松实现。请注意，在绘制条形图时，需要关注同样的美学问题：当标签变长时，可以考虑翻转坐标轴以得到更干净、更简洁的外观（Knaflic, 2015）。如果可能，尽量保持文字和标签呈合适的角度。

比较连续变量和分类变量

有时我们想比较连续变量和分类变量。箱线图和抖动图是了解连续变量与分类变量之间关系的有效方法。每种方法都各有优缺点。是否需要辨识具体案例是选择用什么方法的重要考量因素。例如，如果想研究预期寿命在世界各地区的变化情况，可以使用抖动图来辨识某些国家；当辨识观测没有那么重要时，可以考虑使用箱线图。

例子：奥巴马情感量表

为了说明这一点，我们来看看对奥巴马总统的看法和政党认同之间的关系。在调查中一种常用的方法是**情感量表**（feeling thermometer）。情感量表要求受访者给出一个数字（通常在 0 和 100 之间）来表达其对某项政策、某个人或某个事物（政党、工会等）的看法。数字越大，受访者感觉越"温暖"。图 10-3 中的箱线图展现出了非常明显的模式。

生成箱线图的代码很简单（见代码块 10-6）。请注意，为了避免生成 NA 的箱线图，这里通过 `!is.na(pid7)` 获得了去掉缺失值（NA）的数据子集。

代码块 10-6

```
ggplot(subset(nes, !is.na(pid7)), aes(pid7, ftobama)) +
  geom_boxplot(col="#0000bf") + theme_minimal() +
  theme(plot.title = element_text(size = 8, face = "bold"),
        axis.title = element_text(size = 8, face = "bold")) +
  ggtitle(" 图 10-3：党派决定着奥巴马的支持度 ") +
  ylab(" 奥巴马情感量表 ") +
```

```
xlab("政党认同") +
coord_flip()
```

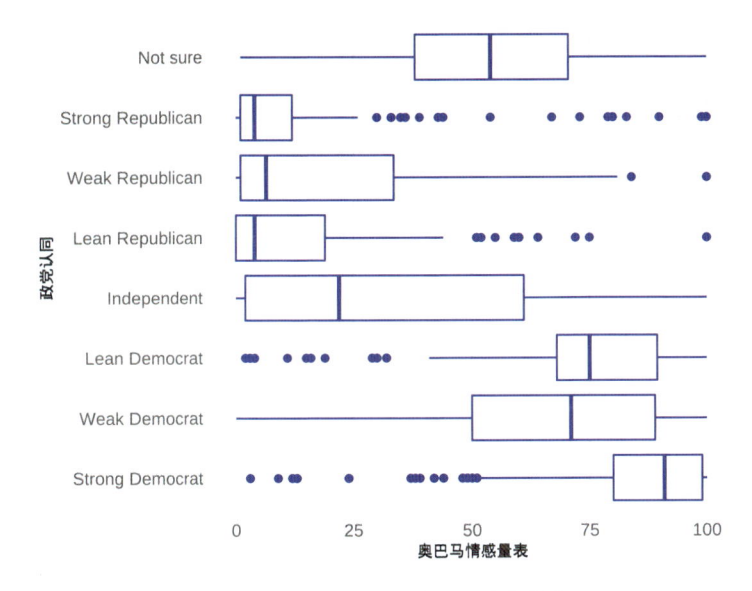

图 10-3：党派决定着奥巴马的支持度

箱线图表明奥巴马情感量表与政党认同之间存在很强的关联。我们发现，自我认同为民主党人的受访者中位数更高。箱线图不仅提供了数据的集中趋势，还表明了其离散程度。虽然有些类别的方差相对较小，也有一些水平（level）的方差相当大。不出所料，政治光谱两极的方框都相对较小，表明对奥巴马的看法在这些子集群体中没有太大的差异。然而，无党派人士这里就的确存在差异了。比起直接比较各个群体之间的中位数，箱形图提供了更多的信息。

在调查连续变量和分类变量时，使用**抖动图（jitter plot）**（第 5 章中首次介绍）也是一个不错的选择。回忆一下，抖动图会抖动观测的位置，以便更容易看清每一个观测。想想世界各地区与民主之间的关系。如果想快速并翔实地展现各地区的民主状况，我们可以使用 polity2 度量来构建民主得分抖动图。更专制的国家对应的分数较低。

之前介绍抖动图时，我们是在 geom_point() 函数中加上了一个选项实现抖动的。此处则是使用 geom_jitter() 函数来生成抖动图（见代码块 10-7 和图 10-4）。

代码块 10-7

```
ggplot(world, aes(region, polity2, col=region)) +
  geom_jitter() +
  theme_minimal() +
```

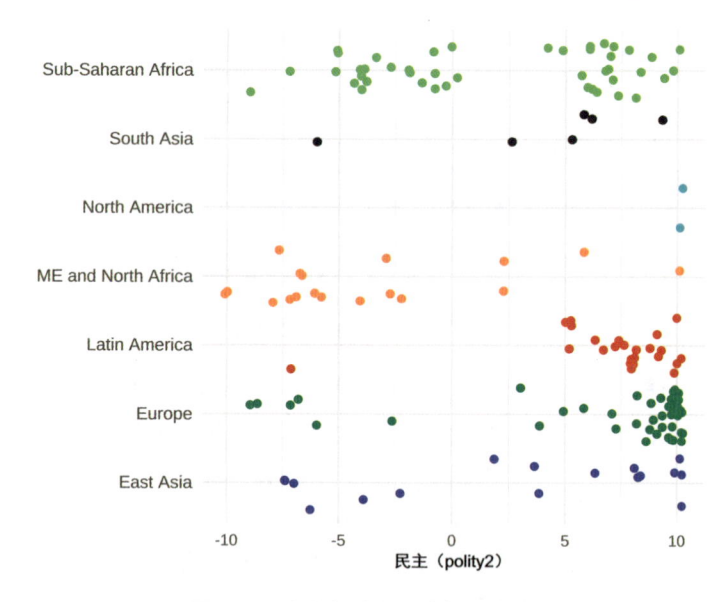

```
theme(plot.title = element_text(size = 8, face = "bold"),
      axis.title = element_text(size = 8, face = "bold")) +
theme(axis.text.x = element_text(size=8, vjust=0.7),
      legend.position="none") +
ggtitle("图 10-4：大多数威权政体都在非洲") +
ylab("民主（polity2）") +
xlab("") +
scale_color_manual(values=c("#0000ff", "#008b00", "#bf0000",
                            "#ff7300", "#00e6e6", "#263333",
                            "#73e600")) +
coord_flip()
```

图 10-4：大多数威权政体都在非洲

知识检验：用连续变量和分类变量构建与解读图表。

---

8. 绘图说明地区和州立法机构中女性占比之间的关系。平均而言，美国哪个地区的州立法机构中女性占比最高和最低？

9. 绘图说明地区和民族语言碎片化之间的关系。平均而言，世界上哪个地区的民族语言异质性最高和最低？

10. 绘制一张抖动图来展示殖民地遗产和投票率之间的关系。平均而言，哪个殖民地遗产看起来对投票率最无益？

比较两个连续变量

散点图在数据分析中随处可见，因为我们使用的众多变量不是计数的就是计量的。要确定两个连续变量之间是否存在关系，散点图是理想的选择，因为其不但可以表明两个变量是否相关，还可以在 x 轴与 y 轴上辨识和定位具体案例的位置。

例子：性别与教育

在与世界发展中国家收入和健康相关的研究中，女性人口的教育问题尤为突出。教育成果中的女孩与男孩比例和婴儿死亡率之间有什么关系？由于想要解释公共卫生成果——婴儿死亡率（每千名活产婴儿死亡数）——我们把婴儿死亡率放在 y 轴，把女孩与男孩的受教育程度之比放在 x 轴（见图 10-5）。

请注意，我已经确定了几个要在散点图中突出显示的国家（见代码块 10-8）。为了标记这几个国家，我在 geom_text_repel() 函数的图形属性中使用了 ifelse() 函数。

代码块 10-8

```
ggplot(world, aes(gtbeduc, inf)) +
  geom_point(col="#bf0000") +
  geom_text_repel(size=3, vjust=0.6, col="black",
                  aes(label= ifelse(iso3c=="PAK" |
                                    iso3c=="YEM" |
                                    iso3c=="AFG" |
                                    iso3c=="SDN" |
                                    iso3c=="SWZ" |
                                    iso3c=="ETH",
                                    as.character(iso3c), ""))) +
  ggtitle(" 图 10-5：婴儿死亡率和女性教育 ") +
  ylab(" 婴儿死亡率：每千名活产婴儿死亡数 ") +
  xlab(" 女孩与男孩的受教育程度之比 ") +
  theme_minimal() +
  theme(plot.title = element_text(size = 8, face = "bold"),
        axis.title = element_text(size = 8, face = "bold"))
```

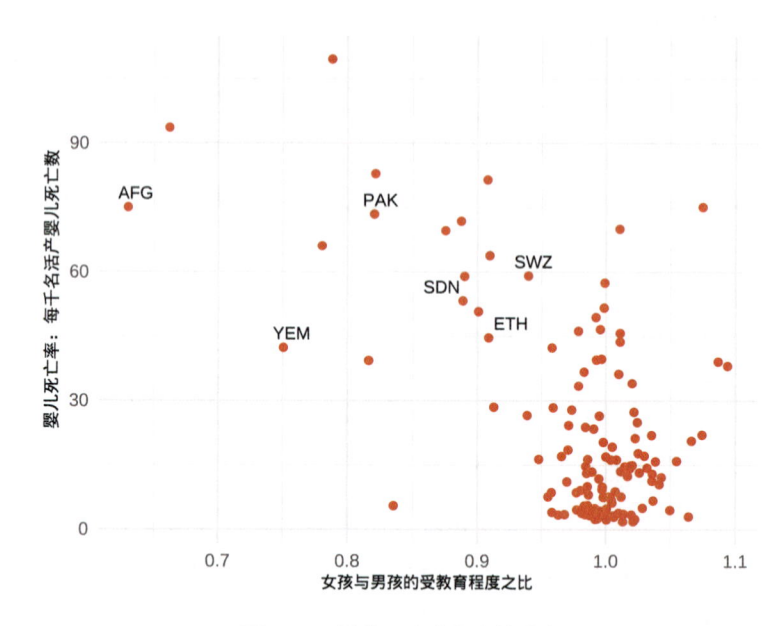

图 10-5：婴儿死亡率和女性教育

所生成的散点图表明，大多数国家的这个比率接近 1。而且，在这种情况下，婴儿死亡率较低。有几个国家的教育比率低于 0.9，这表明女孩获得教育的机会比男孩少。在这种情况下，婴儿死亡率相对较高，一般为每千名活产婴儿死亡 30 人，甚至更多。

散点图表明，这两个变量之间存在着某种关系。如果女孩与男孩受教育程度的比率大致为 1，则婴儿死亡率相对较低。虽然婴儿死亡率确实随着受教育程度比率的提高而降低，但很难说这种关系是严格线性的。

除了了解两个变量之间是否存在关系，给点做标记也能提供一些信息，表明还要考虑其他因素。女孩与男孩受教育程度比率低的是巴基斯坦（PAK）、阿富汗（AFG）、也门（YEM）这些国家。大多数国家非常贫穷：苏丹（SDN）、埃塞俄比亚（ETH）、斯威士兰（SWZ）。因此，除了女孩的教育，我们可能还要研究宗教和收入的关系，才能解释婴儿死亡率的变化。

例子：性别与政策制定

性别是否会影响政策的制定？州立法机构中女性的增加，是否会影响立法？女性议员是否更有可能支持健康、教育和福利方面的政策？让我们来看看各州立法机构中女性所占席位的比例，以及各州的学生/教师比例。虽然用实际政策来检验这个问题更直接，但这里我们用学生/教师比例作为教育政策的替代（见图 10-6）。

生成该图的代码很简单（见代码块 10-9）。这里唯一的新花样是将 `geom_text_repel()` 函数中的 `alpha` 设置为 0.3，使灰色标签的颜色变浅了一点。

代码块 10-9

```
ggplot(states, aes(femleg, ptratio)) +
  geom_point(col="#bf0000") +
  geom_text_repel(size=3, vjust=0.5, col="#263333", alpha = 0.3,
                  aes(label= st)) +
  ggtitle(" 图 10-6：女议员和主要教育措施 ") +
  ylab(" 学生 / 教师比例 ") +
  xlab(" 立法机构中女性所占席位的比例 ") +
  theme_minimal() +
  theme(plot.title = element_text(size = 8, face = "bold"),
        axis.title = element_text(size = 8, face = "bold"))
```

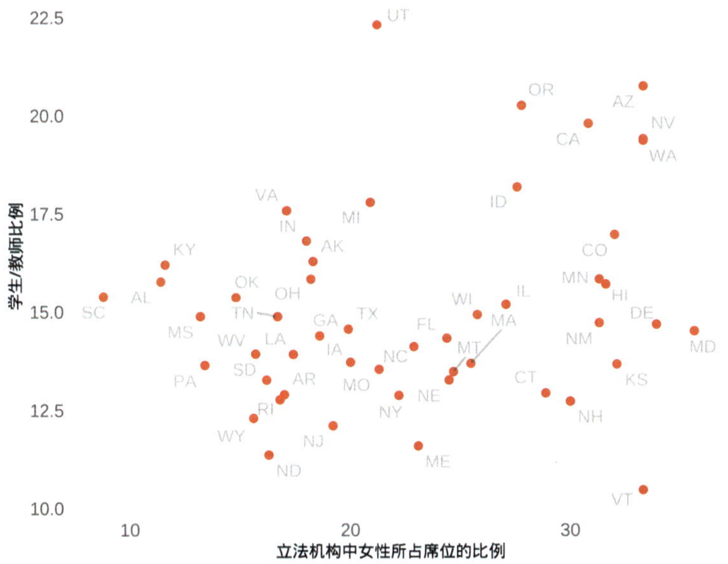

图 10-6：女议员和主要教育措施

基本上，两个变量之间似乎没有明确的关系（显然不是线性关系）。不管女性在立法机构中所占席位的比例如何，似乎大多数州都在每位教师 12.5 ~ 15 名学生的比例之间徘徊。换句话说，知道一个变量的水平并不能帮助我们预测另一个变量的水平。如果说有什么信息，该图揭示了一些重要的离群值：犹他州（UT）、亚利桑那州（AZ）、俄勒冈州（OR）、加利福尼亚州（CA）、内华达州（NV）、华盛顿州（WA）处于学生 / 教师比例的高端，佛蒙特州（VT）处于学生 / 教师比例的低端。

值得关注的是，比例最高的州（意味着班级规模更大）都在科罗拉多州（CO）以西。在解释学生/教师比例时，人口或人口密度可能也是一个需要考虑的重要因素。

请注意，在这张散点图中标记所有的点，对于理解立法机构和学生/教师比例之间的关系是非常有帮助的。对于数量相对较少且相对分散的观测，标记每个点是可以接受的。

> **数据可视化的艺术与实践**
> **选择有代表性的点**
>
> 当数据点众多且群聚时，最好挑出几个重要的、有代表性的点，避免标签重叠。geom_text_repel()函数提供了不错的功能，可以避免标签重叠；然而，在处理大量的或群聚的观测的时候，那种每个数据点都有标签的散点图会变得像豪猪或者《权力的游戏》中的铁王座。

凭借用于比较的工具和它们回答的问题，让我们看看问题（question）和比较（comparison）如何相互作用，形成良好的分析。接下来的例子结合了我们到目前为止所学的知识，说明描述如何带来问题，然后问题如何带来比较。只要进行了比较，总会产生新的问题。接下来介绍的例子强调理论和证据之间来回往复迭代的过程：探索性数据分析。

知识检验：用连续变量构建与解读图表。

---

11. 绘制女性选举权和婴儿死亡率的散点图。
    a. 两个变量之间是否存在关系？
    b. 看起来是否是线性的？
    c. 是否有离群值？
    d. 如果你对c的回答是肯定的，它们是哪些国家（指出三个）？
12. 绘制美国的平均收入（income）和学生平均支出（stuspend）的散点图。
    a. 两个变量之间是否存在关系？
    b. 看起来是否是线性的？
    c. 是否有离群值？
    d. 如果你对c的回答是肯定的，指出是哪个州？

13. 绘制美国的最低工资和男女收入之比的散点图。
    a. 两个变量之间是否存在关系？
    b. 看起来是否是线性的？
    c. 是否有离群值？
    d. 如果你对 c 的回答是肯定的，指出是哪些州？

探索性数据分析：调查美国的堕胎率

让我们继续分析美国的堕胎情况，来说明可视化探索是如何带来有意义的发现的。堕胎率是一个公共卫生问题，制定良好的公共政策要求我们了解它们与文化、经济和地域之间的关系。鉴于这个问题的政治化性质，我们可能也会想，党派与堕胎率之间是否有密切的联系。政策建议取决于堕胎率在多大程度上是由社会经济因素（部分我们能改变）和意识形态因素（大部分我们无法改变）驱动的。首先来看看堕胎率和政党认同的散点图（见图 10-7）。

和前面的例子一样，在代码块 10-10 中，我们标出了一些案例，即哪些州具有最高值、最低值和最有意义的值（图中偏离了常规模式的值），以便培养我们的直觉。

代码块 10-10
```
ggplot(states, aes(democrat, abort)) + geom_point(col="#bf0000") +
  theme_minimal() +
  theme(plot.title = element_text(size = 8, face = "bold"),
        axis.title = element_text(size = 8, face = "bold")) +
  ggtitle(" 图 10-7：堕胎率与政党认同 ") +
  ylab(" 每千名女性的堕胎数 ") +
  xlab(" 自我认同为民主党人的百分比 ") +
  geom_text_repel(size=3, col="#04183d",
                  aes(label= ifelse(st=="NY" |
                                    st=="CA" |
                                    st=="NJ" |
                                    st=="WY" |
                                    st=="UT" |
                                    st=="DE" |
                                    st=="ID",
                                    as.character(st), "")))
```

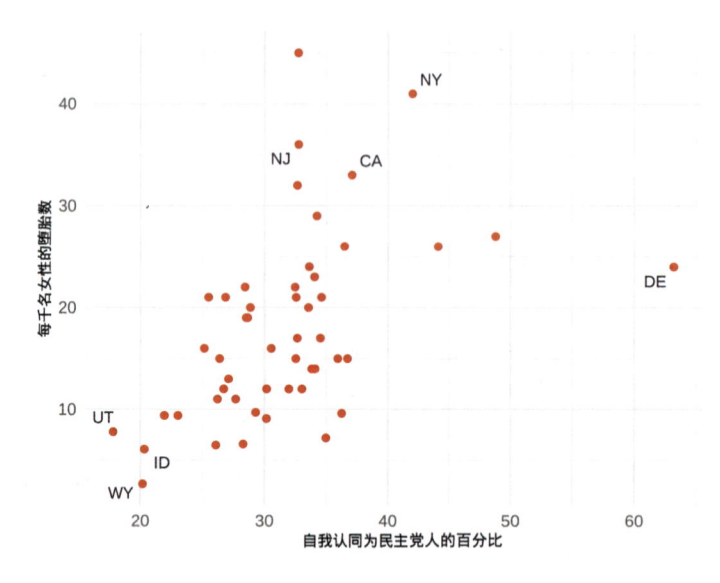

图 10-7：堕胎率与政党认同

有几种情况跳了出来。首先，堕胎率与政党认同呈正相关关系。沿着 x 轴向右移动（自我认同为民主党人的百分比增加），堕胎率增加。其次，最自由的一些州，纽约州（NY）、加利福尼亚州（CA）和新泽西州（NJ）的堕胎率最高，而怀俄明州（WY）、犹他州（UT）和爱达荷州（ID）的堕胎率最低。最后，人口最多的州的堕胎率最高。仅这个观察就引发了不少问题。堕胎率高是否只发生在城市面积大的州？堕不堕胎是否取决于有没有愿意进行手术的医生？大城市的文化是否与农村地区有很大的不同？为了得到答案，让我们更系统一点，在图中增加另一个维度：基于人口密度设置点的大小权重（见图 10-8）。用不同的变量调整点的大小很容易，只需要在 geom_point() 层加上 aes() 函数，指明用 density 变量设置点的尺寸（size）（见代码块 10-11）。

代码块 10-11

```
ggplot(states, aes(democrat, abort)) +
  geom_point(aes(size=density), col="#0000bf") +
  theme_minimal() +
  theme(plot.title = element_text(size = 8, face = "bold"),
        axis.title = element_text(size = 8, face = "bold")) +
  theme(legend.position = c(0.8, 0.2)) +
  ggtitle("图 10-8：人口密度很重要") +
  ylab("每千名女性的堕胎数") +
  xlab("民主党人在各州的比例") +
  geom_text(size=3, vjust=-1.05, col="#04183d",
            aes(label= ifelse(st=="NY" |
```

```
                      st=="CA" |
                      st=="NJ" |
                      st=="WY" |
                      st=="UT" |
                      st=="DE" |
                      st=="ID",
                      as.character(st), ''))) +
  guides(size=guide_legend("人口密度"))
```

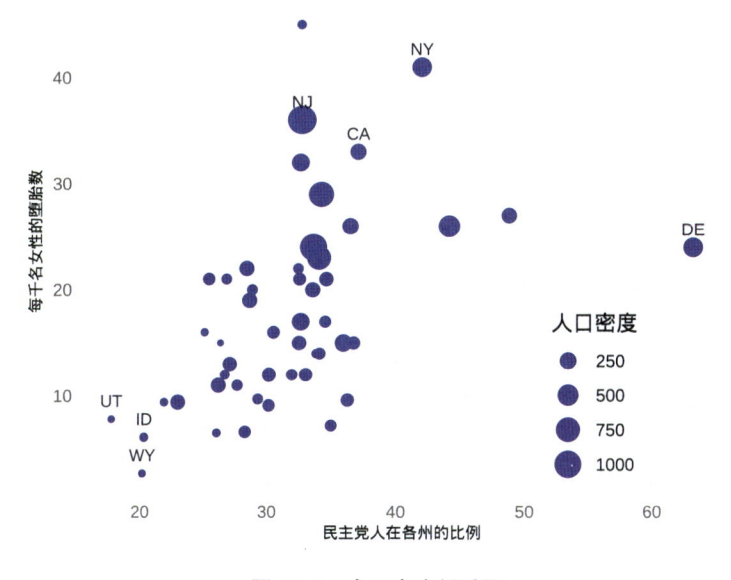

图 10-8：人口密度很重要

气泡图（见图 10-8）表明人口密度、政党认同和堕胎率都是相关的。这挑战了某些州的堕胎率更高是因为文化更自由这个朴素的观念。也许在自由的州堕胎率更高，是因为供应量，即诊所的数量。显然，我们还有更多的工作要做。

重述要点

是时候以退为进，梳理一番了。我们首先看了一张关于堕胎率和政党认同的简朴的图。我们注意到存在正相关关系。仔细观察后发现，堕胎率最高的州也是人口最稠密的州，这促使我们为该图添加了第三个维度——人口密度。不同的视图表明，堕胎率与人口形态有关。由此我们推断，堕胎率可能不单单受政治意识形态的影响，还受邻近堕胎诊所的影响。让我们继续。

根据新的人口统计学假设，要对数据进行相应的划分。首先，检视相同的堕胎率和政党认同的图，只不过这次将数据按人口密度分为三组（低、中、高）。其次，对于这些组分别拟合一条线，了解在这些情况下，政党认同与堕胎率的关系（见图 10-8）。这是一种常用的、对各种数据都有用的方法。堕胎率和政党认同之间的经验关系是否会因州的人口密度发生变化？在继续之前，如果你认为人口统计学或地域比政治意识形态更重要，你预期会看到什么？

绘制得当的可视化需要两个常规步骤。由于需要低、中和高三类，我们先使用 states$density 变量并将其分成三部分。在代码块 10-12 中使用了 cut() 函数，指明要将其分成三部分。

代码块 10-12

```
states$density3 <- cut(states$density, breaks=c(0,50,150,1200))

levels(states$density3)=c("低", "中", "高")

states$density3=as.ordered(states$density3)
```

现在有了新变量 states$density3，我们就准备好用三条独立的线来绘图了（见代码块 10-13 和图 10-9）。

代码块 10-13

```
ggplot(states, aes(democrat, abort, col = density3)) +
  geom_point() + geom_smooth(method="lm", se=FALSE) +
  ggtitle("图 10-9：在农业州党派很重要") +
  ylab("每千名女性的堕胎数") +
  xlab("民主党人在各州的比例") +
  geom_text_repel(size=3, aes(label= ifelse(st=="ND" |
                               st=="SD" |
                               st=="UT" |
                               st=="DE" |
                               st=="NV" |
                               st=="WY",
                               as.character(st),""))) +
  theme_minimal() +
  theme(plot.title = element_text(size = 8, face = "bold"),
        axis.title = element_text(size = 8, face = "bold")) +
  theme(legend.position = c(0.7, 0.3)) +
  scale_color_manual(breaks = c("低", "中", "高"),
                     values=c("#bf0000", "#0000bf", "#008b00")) +
  guides(col=guide_legend("人口密度"))
```

在图 10-9 中，人口稠密的州为绿色，中等的州为蓝色，人口稀少的州为红色。绿线的斜率可能被一个重要离群值过度影响了：特拉华州（DE）。可以想象，如果特拉华州（DE）不在这个样本中，绿线的斜率会有很大的不同。我们暂且记下来，先把它放在一边，然后继续。

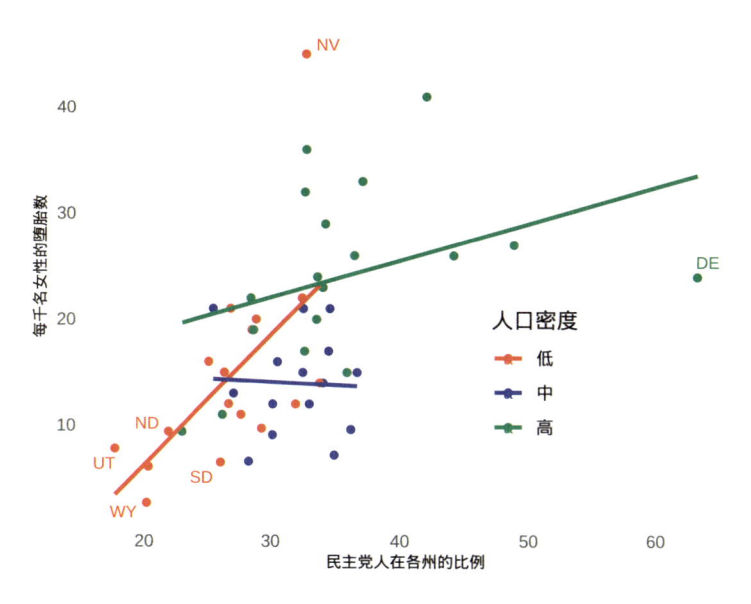

图 10-9：在农业州党派很重要

在人口密度低的地方，政党认同和堕胎率之间的关系相对较强（当然，这一结果可能是由犹他州 UT、怀俄明州 WY、北达科他州 ND 和南达科他州 SD 驱动的）。这对我们的人口统计学假设意味着什么？如果人口密度是重要的因素，而非政治意识形态，我们预期在各个密度水平上，政党认同和堕胎率之间都没有关系，即线会是平坦的。然而，并非所有的线都是平坦的，因此政治意识形态很重要，但主要是在人口较少的地区。为什么？

也许政治意识形态对于农业州很重要，因为这类州既包括人口稀少的传统保守派州，如犹他州（UT）、北达科他州（ND）等，也包括拥有自由派大都市的州，如科罗拉多州（CO）和俄勒冈州（OR）。这就引出了一个问题：堕胎率和人口密度之间有什么关系？[1] 请注意，我们对数据有了新的认识之后，提出了不一样的问题。

要回答这个问题，需要绘制出堕胎率与对数人口密度（见图 10-10）。这里没有硬给数据套上线性，而是用了 loess 平滑[2]，这种方法只要给 geom_smooth() 函数加上 method="loess" 参数即可轻松实现（见代码块 10-14）。

代码块 10-14

```
ggplot(states, aes(log(density), abort)) +
  geom_point(col="#bf0000") +
  theme_minimal() +
```

---

1 因为 density 变量呈偏态分布，所以对其进行了对数处理。
2 译注：即局部加权回归散点平滑法（locally weighted scatterplot smoothing）。

```
theme(plot.title = element_text(size = 8, face = "bold"),
      axis.title = element_text(size = 8, face = "bold")) +
geom_smooth(method="loess", se=FALSE, col="#0000ff") +
geom_text_repel(size=3, col="#04183d",
                aes(label= ifelse(st=="NY" |
                                  st=="CA" |
                                  st=="NJ" |
                                  st=="WY" |
                                  st=="UT" |
                                  st=="ID" |
                                  st=="CO" |
                                  st=="OR" |
                                  st=="WI" |
                                  st=="MO" |
                                  st=="IN" |
                                  st=="NV",
                                  as.character(st), ""))) +
ggtitle(" 图 10-10：堕胎率与政党认同 ") +
ylab(" 每千名女性的堕胎数 ") +
xlab(" 民主党人在各州的比例（对数处理）")
```

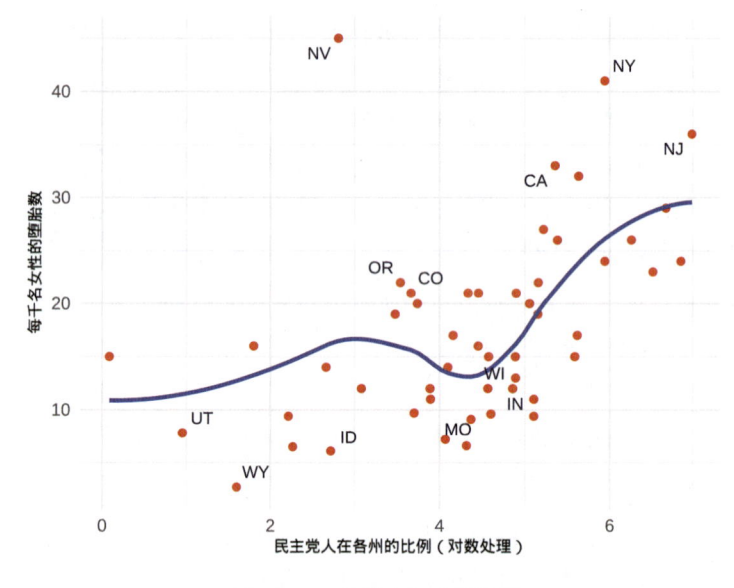

图 10-10：堕胎率与政党认同

在人口稀少的州——样本下三分之二的部分——没有关联（平滑曲线相对平坦）。而越过人口更密集的州时，平滑曲线迅速升高。不一样的视图提出了新的问题。供给量是否存在阈值或最低水平？也许诊所数量少决定了结果：在诊所有限的地方，堕胎相对较少。政治意识形态、宗教、文化都无关紧要，除非有足够多可以进行手术的医生。堕胎率低的州都是非常农业化的州，如犹他州（UT）、北达科他州（ND）、南达科他州（SD）、爱达荷州（ID）和怀俄明州（WY）。即使在人口更多一点的州，堕胎率也仍然相对偏低：艾奥瓦州（IA）、密苏里州（MO）、缅因州（ME）、威斯康星州（WI）和印第安纳州（IN）。然而，正如 loess 平滑曲线所示，随着人口密度的增加，堕胎率在某个点发生了暴涨。

离群值也可以帮助我们发现重要的信息。请注意，内华达州（NV）是一个极端的异类。这不是一个人口很稠密的州，其高堕胎率有两种可能的解释。首先，这是一个非常城市化的州：大部分人口居住在拉斯维加斯。因此，人口密度可能不是衡量诊所可用性的好方法。用更专业的术语来说，人口密度可能不是衡量诊所供应量的有效指标。虽然内华达州的人口密度处于平均水平，但它可能更接近纽约州或新泽西州等城市人口非常多的州。由于内华达州位于西部，地理面积比纽约州或新泽西州大得多，因此其人口密度要低得多。然而，大多数内华达州人感觉该州像一个大城市。其次，洛杉矶离得相对较近，可能会影响到医生或要做手术的女性人数。

图 10-10 提出了两个重要的疑虑。首先，人口密度并不能完全反映我们想要衡量的东西：与堕胎诊所的距离。收集州诊所数量的数据或生活在城市地区人口百分比的数据，才能更直接地检验我们的假设。其次，邻近主要人口中心似乎很重要。我们需要考虑到邻居或邻里的影响。

通过构建不同的数据视图，我们了解到，政治意识形态可能很重要，同时人口密度也很重要。我们发现不单人口密度与堕胎率有关，像诊所供应量这样的物理限制或许才是决定性的。我们还发现，即使在不同的州，邻近大都市区也会产生重要影响。虽然还有更多的工作要做，但最后这些内容已经表明，通过比较将数据和理论结合起来可以增进我们的理解。

> **知识检验**：将探索数据与生成假设联系起来，做出发现。

14. 本例中，使用了哪些不同的方法对数据进行进一步的探索？
    a. 数据被变换了。
    b. 数据被分组了。
    c. 找出了具体的（有意义的）案例。
    d. 使用了不同的数学函数拟合数据。
15. 以下哪些陈述准确地描述了探索性数据分析？
    a. 了解课题是有帮助的。
    b. 必须提前提出所有假设。
    c. 愿意尝试不确定会成功的事情。
    d. 这是一个在数据和理论之间来回往复迭代的过程。

好的分析引出新的问题

请注意，在前面的例子中，我们通过探索性数据分析这个过程发现了一些不同的问题。为什么城市堕胎比农村地区相对更多？为什么政治意识形态在农村地区似乎很重要，而在城市却不重要？为什么特拉华州（DE）是一个异类？为什么在人口密度方面有一个阈值？内华达州（NV）的农村/城市人口揭露了什么？最后，我们还应该收集哪些新数据？

好的分析引出更好的问题，更好的问题带来更深的理解。正如我想表达的那样，这个过程永无止境：总会有下一个问题。在本书后续部分，我希望你认识到，提出新的更好的问题与回答最初提出的问题同样重要。

> 知识检验：分析后构思下一个问题。

16. 哪个可视化（前面的图）带来了下面的"下一个"问题？
    a. 为什么城市堕胎比农村地区相对更多？
    b. 为什么政治意识形态在农村地区似乎很重要，而在城市却不重要？
    c. 为什么在人口密度方面有一个阈值？
    d. 内华达州的农村/城市人口揭露了什么？

小结

进行有意义的比较是熟悉数据和做科学调查的一种方式。进行比较不仅可以让我们了解两个变量之间的关系，还可以将我们所观察到的东西放在合适的背景下。回答"与什么相比"的问题有助于我们认识到观察的重要性。如果没有将分析置于合适的背景下，我们就更有可能夸大发现的重要性或者相反，无法意识到什么时候已经有了重要的发现。

重要的发现来自本章中学习的简单方法。进行比较、得出结论和提出新问题的次数越多，数据分析就越好。构建有意义的比较可以提供新的洞见并产生新的问题。

既然我们已经学习了比较的基础知识，那么是时候扩展一下，引入其他变量了。社会科学中很少有事情是由一个因素引发的。因此，在解释大多数事情时，要考虑许多不同的因素。下一章将正式介绍和说明如何在保持第三个变量不变的情况下考察两个变量之间的关系。在前面的探索性数据分析的例子中，我们已经做过了。例如，在研究政治意识形态和堕胎率之间的关系时，人口密度保持不变。这是一个受控的比较，这个基础概念帮助厘清我们所研究的复杂的社会现象。

常见问题

- 花点时间。数据可视化有两个目的：①加深我们对问题的理解；②熟悉数据。虽然有些可视化（直方图）并不是为深入分析而设计的，但其他可视化（散点图）可以用于挖掘各种真知灼见。而我们往往急于从数据可视化转向生成统计模型及其估计。仔细分析和推敲精心设计的可视化可以揭示重要的信息，如若不然，这些信息会被回归表或简单的统计摘要所掩盖。急躁、匆忙的做法表现为缺乏重要细节的空洞分析，充满了不准确，失去了分析的意义。
- 积累经验。在见识过大千世界之后，你会对很多事情有不同的看法。随着经验的积累，从数据中识别模式并理解其重要性的能力也会提高。如果你迫不及待想拥有这样的能力，那么就多练习吧！
- 用图表提出更多的问题，并回答问题。通常，我们能从散点图中推断出的信息比卫生部长建议的更多。有些可视化提出的问题比回答的问题更多。人们会忍不住从散点图中推断出太多的东西，但更好的方法是将这些推断变成新的问题。
- 认识到分类变量和连续变量之间的区别。我们在进行比较时，必须知道分类变量和连续变量之间的区别。有时不断试错也有帮助，为了理解分类变量和连续变量之间的重要区别，不妨试着创建一个包含两个分类变量的散点图。

复习题

1. 什么是探索性数据分析？
2. 比较两个分类变量有什么好方法？
3. 应该如何比较一个连续变量和一个分类变量？
4. 如何为散点图增加第三个维度？
5. 度量"有效"是什么意思？
6. 为什么要使用抖动图？
7. 如何在散点图中保持一个变量不变？
8. 为什么内华达州总人口很少，但其堕胎率却如此之高？
9. 为什么探索性数据分析是有用的？它能做到什么？
10. 如何度量人口密度变量（单位是什么）？

数据分析与可视化练习

1. 比较性别变量（nes$gender）和移民人数变量（nes$immig_numb）。这两个变量之间是否存在关系？

2. 比较对气候变化的看法（nes$warmcause）和政党认同（nes$pid3）。这两个变量之间是否存在关系？

3. 比较对政治家是否应该妥协的看法（nes$compromise）和政党认同（nes$pid3.new）。这两个变量之间是否存在关系？

4. 绘图说明政权类型与一个国家生活在城市地区的人口比例之间的关系。平均而言，哪种政权类型的城市人口最多，哪种最少？

5. 绘图说明地区与人口年龄之间的关系（使用 world$young 变量）。平均而言，哪个地区的人口最年轻，哪个最年老？

6. 绘图说明地区与政治知识之间的关系（使用 states$knowgov 变量）。平均而言，哪个地区的政治知识最多，哪个最少？

7. 绘制境外直接投资（FDI）和人均人力资本指数（world$pwthc）的散点图。
   a. 两个变量之间是否存在关系？
   b. 看起来是否是线性的？
   c. 是否有离群值？
   d. 如果你对 c 的回答是肯定的，指出是哪些案例？

8. 绘制美国持枪权和凶杀率的散点图。
   a. 两个变量之间是否存在关系？
   b. 看起来是否是线性的？
   c. 是否有离群值？
   d. 如果你对 c 的回答是肯定的，指出是哪些案例？

9. 绘制美国收入和投票率的散点图。
   a. 两个变量之间是否存在关系？
   b. 看起来是否是线性的？
   c. 是否有离群值？
   d. 如果你对 c 的回答是肯定的，指出是哪些案例？

10. 以下哪些是探索数据的有用方法？
    a. 在图中标记观测
    b. 为图中不同的组着色
    c. 修改所提出的问题
    d. 提出新的问题

R 函数注释

以下函数在本章中出现。它们按首次出现的顺序列出（括号中的是代码块编号），并在此注释以简要地说明其用途。其中有些不是独立的函数，必须结合其他指令使用。友情提示：只要按照它们出现的顺序运行，每章的代码就都可以正常工作。正确的运行还依赖作者定义的

`libraries()` 函数，用于加载所需的 R 包。

　　`ifelse()`：用于构建"如果……那么……"（if-then）语句的逻辑函数。其既可用于选择特定案例进行标注，也可用于从连续变量中创建分类变量。（10-1）

　　`levels()`：用于列出变量中的类别（水平）。（10-1）

　　`factor()`：用于操作变量中的水平（类别）。（10-1）

　　`ggplot()`：定义图的基本结构（通常是变量 x 和 y）。（10-2）

　　`aes()`：aes（图形属性，aesthetics）函数在 ggplot 中用于定义图的基本结构[1]，通常包含要用到的变量以及形状或颜色。（10-2）

　　`theme_minimal()`：为 ggplot 设置极简风格的主题。（10-2）

　　`theme()`：指定 ggplot 中的字体、大小等。（10-2）

　　`xlab()`：在 ggplot 中设置 x 轴标签。（10-2）

　　`ylab()`：在 ggplot 中设置 y 轴标签。（10-2）

　　`coord_flip()`：调换图中的 x、y 坐标。（10-2）

　　`ggtitle()`：设置 ggplot 的标题。（10-2）

　　`scale_fill_brewer()`：在你需要多种颜色的情况下，用指定的调色板在 ggplot 中上色。（10-2）

　　`CrossTable()`：创建一个交叉表。（10-3）

　　`subset()`：从数据中选择参数指定的案例。（10-4）

　　`droplevels()`：剔除分类变量中未使用的类别。（10-4）

　　`geom_boxplot()`：在 ggplot 框架中绘制箱线图。（10-6）

　　`geom_jitter()`：在 ggplot 框架中绘制抖动图。（10-7）

　　`scale_colour_manual()`：让用户指定要在图中具体使用什么颜色。（10-7）

　　`geom_point()`：在 ggplot 中为散点图绘制点。（10-8）

　　`geom_text_repel()`：在 ggplot 框架的散点图中标记点。（10-8）

　　`guides()`：控制图例的细节。（10-11）

　　`cut()`：将连续变量作为参数，并将其"切割"成指定数量的部分。（10-12）

1　译注：图形属性与变量的映射关系。

受控比较 11

本章大纲
- 学习目标
- 概述
- 什么是受控比较
- 比较两个分类变量，同时控制第三个变量
- 比较两个连续变量，同时控制第三个变量
- 论点与受控比较
- 小结
- 常见问题
- 复习题
- 数据分析与可视化练习
- R 函数注释

学习目标
- 理解比较和受控比较之间的区别。
- 为分类变量创建受控比较。
- 为连续变量创建受控比较。
- 讨论论点和受控比较之间的联系。

概述

在第 10 章中，我们专注于理解两个变量之间的关系。现在加上了第三个变量。社会科学中的问题几乎都会牵涉到不止一种解释。因此，我们的分析常常涉及两个以上的变量。为此，保持某个变量（第三个变量）不变，将其他两个变量之间的关系可视化出来，对于理解第三个变量的影响是很有用的。在这项工作与因果论证之间找出相似之处很有意义。受控比较只是认识到不只存在一种原因，让我们能够考虑多种解释。例如，政党认同可以解释对黑人的歧视，但这并不是全部的原因。显然，个体的种族也应该要考虑到。

本章展示了受控比较是如何进行的。目标是培养一种直觉，即在保持第三个变量不变的情况下比较剩下的两个变量。在接下来的几章里这极其重要，因为我们要学习建立模型并使用多元回归分析对其进行估计。

你可能没有注意到,但我们已经使用过受控比较了。在第 10 章的堕胎率的例子中,我们在保持人口密度不变的情况下,探讨了美国的政治意识形态和堕胎率之间的关系(见图 10-8)。在本章中,我们会探讨在连续变量和分类变量这两种不同情境下的受控比较。在分类变量的情境下,有两个不同的例子——对警察的看法和对移民的看法。关于警察的例子,我们将在控制性别和种族的情况下,研究政党认同与对警察歧视行为的看法之间的关系。我们还将在控制就业、教育和宗教的情况下,研究政党认同与支持移民之间的关系。

通过练习,我们会学到如何在连续变量和分类变量的情境下给分析增加第三个维度。这些例子提供了一种系统化的方法,即如何思考或组织具有多种解释的问题,以及如何在散点图和马赛克图中表现出来。本章以连续变量情境下的两个例子作为结束。

什么是受控比较

受控比较(controlled comparison)让我们可以在第三个变量的不同水平上对两个变量进行比较。无论是审视马赛克图(两个分类变量)还是散点图(两个连续变量),都可以引入第三个变量。将第三个变量考虑进去能做不少事情。当将第三个变量考虑在内时,两个变量之间看似强大的关系可能会消失。相反的情况也可能发生:当引入第三个变量时,可能会发现两个变量之间存在着强烈的关系,而起初似乎却没有关系。最后,新增的变量也可能对我们所关注的两个变量之间的关系没有任何影响。

对于马赛克图,我们研究的是两个分类变量之间的关系是否取决于第三个分类变量的引入。例如,我们可能想看看性别和政党认同(x 和 y 变量)之间的关系会不会根个人是否居住在城市(受控制或保持不变的变量)而变化。此时会有两个马赛克图,两个图都展示了性别和政党认同之间的关系,只不过一个图对应着居住在城市的受访者,另一个图则对应着居住在乡下的受访者。

对于连续变量,则可以将 x 和 y 变量绘制出来,并根据第三个变量为观测上色。第 10 章的例子探讨了州民主党人的百分比和堕胎率(x 和 y 变量)之间的关系。记得在图 10-8 中,我们在组合中加入了第三个变量,这个分类变量用来表示人口密度是低、中还是高。通过根据人口密度给观测上色的方式保持人口密度不变,观察党派和堕胎率之间的关系。

对于分类变量和连续变量,我们想了解 x 和 y 变量之间的关系,同时控制第三个变量。控制第三个变量让我们能够开始理解那些具有两个或更多原因的复杂现象,这是社会科学的常态。

> **知识检验**：理解比较和受控比较之间的区别。

1. 以下哪些描述了受控比较？
   a. 考察一个变量与另一个变量的关系如何变化。
   b. 在控制第三个变量的情况下，考察两个变量之间的关系。
   c. 考察两个变量之间的关系是否取决于第三个变量。
   d. 在保持第三个变量不变的情况下，考察两个变量之间的关系。
2. 指出以下描述中哪个变量保持不变。
   a. 我们想了解收入和教育之间的关系是否因地区而异。
   b. 我们考察了特朗普在 2016 年赢得的州其教堂礼拜参加情况和收入之间的关系。
   c. 在自由派的州和保守派的州，人口密度对犯罪的影响是否有所不同？
   d. 在人口较多的州，教育与收入之间的关系是否更密切？
3. 指出增加第三个变量对两个变量之间的关系有什么影响。
   a. 可能会揭露出它们确实没有任何关系。
   b. 可能会揭露出它们存在着某种最初似乎不存在的关系。
   c. 没有影响。
   d. 可能会揭露出它们只在某些特定情况下存在的关系。

比较两个分类变量，同时控制第三个变量

在下面的两个例子中（对警察的看法和对移民的看法），我们控制第三个变量，观察两个分类变量之间的关系。在每个例子中，看看考虑第三个变量是否会影响两个主要变量之间的关系。这项工作类似于确定在考虑到其他因素后某个论点是否会发生变化。

例子：对警察的看法

在社会、政治和经济世界中，结果很少是单个因素造成的。在第 10 章中我们发现，在试图解释美国的堕胎问题时，党派和人口密度都很重要。通过受控比较，只是将可能的因果解释数量从一个增加到两个。我们先来看看对警察的看法与党派认同之间的关系。

在美国政治中，共和党人和民主党人之间的分歧在过去几年里变得越来越大。他们之间的分歧，在对警察的看法上表现得再明显不过了。最初在纽约市街头使用的拦截搜身法，现在导致警察与美国许多城市的黑人社区产生了对立。随着警察枪击事件一次次地发生，民主党人和共和党人之间的分歧也在扩大。在 2016 年的国家

选举研究试点调查中，超过 1,000 名美国人被问及警察是偏袒白人还是黑人。一些受访者认为警察歧视黑人，一些受访者认为每个人都被平等对待，而另一些受访者则认为警察被鼓动矫枉过正，歧视白人。是什么原因导致了意见上的分歧？政党认同是否能够解释这些分歧？

为了直接回答这些问题，我们需要变换数据，使其与我们的关注点结合得更紧密。如果要在没有任何不必要干扰的情况下分析和可视化数据，必须从政党认同数据中删除所有多余的类别。在代码块 11-1 中，使用 `ifelse()` 函数将 pid3 变量中的"其他（Other）"和"不确定（Not sure）"类别都替换为"NA"。然后创建新的因子变量 pid3.new，标注并重新排列这些类别。

代码块 11-1

```r
nes$pid3.new <- ifelse(nes$pid3 == "Other", NA,
                ifelse(nes$pid3 == "Not sure", NA,
                       nes$pid3))
nes$pid3.new <- as.factor(nes$pid3.new)

levels(nes$pid3.new)=c("民主党人","共和党人","无党派人士")

nes$pid3.new = factor(nes$pid3.new,
                      levels(nes$pid3.new)[c(1,3,2)])
```

现在，有了规整且排序好的变量 pid3.new，我们就准备好绘制马赛克图了。请注意，在 `ggplot()` 函数中，我使用了 na.omit，用来从图中移除 NA。由于对那些类别不感兴趣，因此可以安全地移除它们，生成一种更加干净利落的数据可视化（见图 11-1）。代码块 11-2 中的其他命令，我们现在应该都很熟悉了。

代码块 11-2

```r
ggplot(data = na.omit(nes[,c("pid3.new","dpolice.new")])) +
  geom_mosaic(aes(x = product(pid3.new, dpolice.new),
                  fill=pid3.new,
                  na.rm=TRUE)) +
  guides(fill=guide_legend(title=NULL)) +
  ggtitle("图11-1：警察对待白人和黑人是否一视同仁") +
  theme_minimal() +
  theme(plot.title = element_text(size = 8, face = "bold"),
        axis.title = element_text(size = 8, face = "bold"),
        axis.text.x=element_text(size = 8),
        axis.text.y=element_text(size = 8)) +
  scale_fill_brewer(palette="Blues") +
  xlab("") +
  ylab("") +
  theme(axis.text.x = element_text(size=8, vjust=0.5),
```

```
            legend.position = "none") +
coord_flip()
```

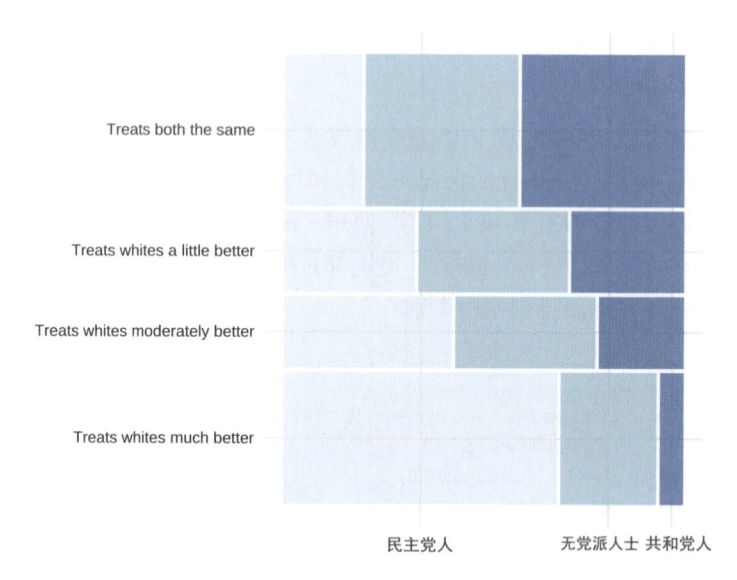

图中的马赛克图纵轴从上到下依次为：Treats both the same、Treats whites a little better、Treats whites moderately better、Treats whites much better；横轴从左到右依次为：民主党人、无党派人士、共和党人。

图 11-1：警察对待白人和黑人是否一视同仁

请看这个马赛克图，它说明了政党认同和对警察的看法之间的关系。从图中可以看出，两者明显是相关的，民主党人更倾向于认为警察歧视黑人（见图 11-1）。

然而，我们可能会想，性别是否会改变政党认同和对警察的看法之间的关系。很多时候性别问题尤为突出：女性如何看待权威（如警察）当然也是其中之一。考虑了性别因素，政党认同和对警察的看法之间的关系还和之前一样吗？为了查明这一点，我们制作了两个不同的马赛克图，其中一个针对男性受访者，另一个针对女性受访者。在控制性别变量的情况下，对警察歧视行为的看法与政党认同之间有什么关系？

为了回答这个问题，我从国家选举研究调查中创建了两个独立的数据集，其中一个是关于男性的，另一个是关于女性的（见代码块 11-3）。这是在 R 中创建两个对象的另一种方法。有了这两个数据集，在 ggplot() 函数中使用 na.omit() 来避免在所绘制的两个马赛克图（p1 和 p2）中出现 NA 类别。最后，使用现在我们已经很熟悉的 grid.arrange() 函数将其排列在页面上（见图 11-2）。

代码块 11-3

```
nesmale <- subset(nes, nes$gender=="Male")
nesfemale <- subset(nes, nes$gender!="Male")
```

```r
p1 <- ggplot(data =na.omit(nesmale[,
                    c("pid3.new","dpolice.new")])) +
  geom_mosaic(aes(x = product(pid3.new, dpolice.new),
                  fill=pid3.new,na.rm=TRUE)) +
  guides(fill=guide_legend(title=NULL)) +
  ggtitle("男性")+
  xlab(label=NULL) +
  theme_minimal() +
  theme(plot.title = element_text(size = 8, face = "bold"),
        axis.title = element_text(size = 8, face = "bold")) +
  scale_fill_brewer(palette="Blues") +
  theme(axis.text.x = element_text(size=8, vjust=0.5),
        axis.text.y = element_text(size=8, vjust=0.5),
        legend.position="none") +
  xlab("") +
  ylab("") +
  coord_flip()

p2 <- ggplot(data =na.omit(nesfemale[,
                    c("pid3.new","dpolice.new")])) +
  geom_mosaic(aes(x = product(pid3.new, dpolice.new),
                  fill=pid3.new,na.rm=TRUE)) +
  guides(fill=guide_legend(title=NULL)) +
  ggtitle("女性") +
  xlab(label=NULL) +
  theme_minimal() +
  theme(plot.title = element_text(size = 8, face = "bold"),
        axis.title = element_text(size = 8, face = "bold")) +
  scale_fill_brewer(palette="Blues") +
  theme(axis.text.x = element_text(size=8, vjust=0.5),
        axis.text.y = element_text(size=8, vjust=0.5),
        legend.position="none") +
  xlab("") +
  ylab("") +
  coord_flip()
grid.arrange(p1, p2, nrow=2, top=textGrob("图11-2:男性和女性持有相似的看法",
gp=gpar(fontsize=8)))
```

两个马赛克图（见图11-2）表明，男性和女性之间的看法差异相对较小。除了在"对白人一般程度的好（Treats whites moderately better）"这一类别中存在巨大差异，考虑性别似乎不会影响政党认同和对警察的看法之间的相关性。

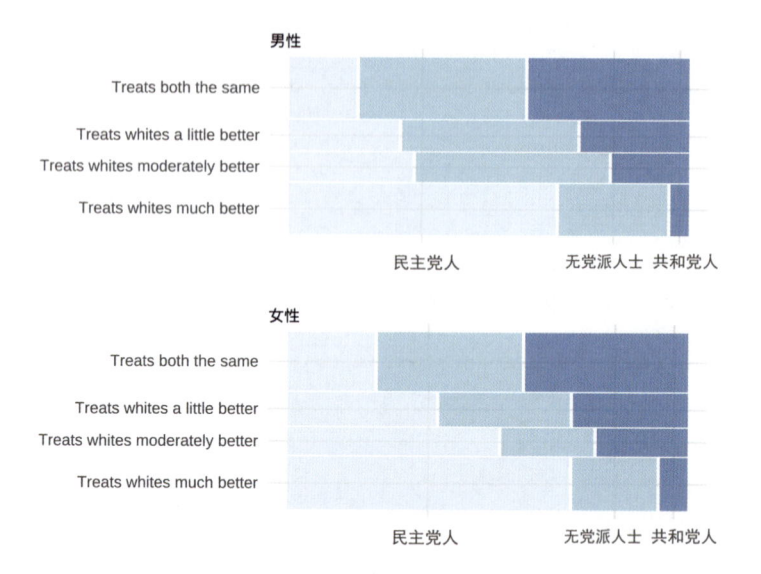

图 11-2：男性和女性持有相似的看法

控制种族变量则可能会产生不一样的结果。如果考虑种族因素，政党认同和对警察的看法之间的关系有可能发生巨大变化。对于是民主党人还是共和党人，种族是否有压倒性的影响？和代码块 11-3 中的步骤一样，我又为两个独立的群体（白人受访者和非白人受访者）绘制了两个关于对警察的看法和政党认同的马赛克图（见代码块 11-4）。在图 11-3 中，我们观察到一个重要的区别。

代码块 11-4

```
neswhite <- subset(nes, nes$race=="White")
nesnonwhite <- subset(nes, nes$gender!="White")

p1 <- ggplot(data=na.omit(neswhite[,
             c("pid3.new","dpolice.new")])) +
  geom_mosaic(aes(x = product(pid3.new, dpolice.new),
                  fill=pid3.new,na.rm=TRUE)) +
  guides(fill=guide_legend(title=NULL)) +
  ggtitle("白人") +
  xlab(label=NULL) +
  theme_minimal() +
  theme(plot.title = element_text(size = 8, face = "bold"),
        axis.title = element_text(size = 8, face = "bold")) +
  scale_fill_brewer(palette="Blues") +
  theme(axis.text.x = element_text(size=8, vjust=0.5),
        axis.text.y = element_text(size=8, vjust=0.5),
        legend.position = "none") +
```

```
  xlab("") +
  ylab("") +
  coord_flip()

p2 <- ggplot(data=na.omit(nesnonwhite[,
             c("pid3.new","dpolice.new")])) +
  geom_mosaic(aes(x = product(pid3.new, dpolice.new),
              fill=pid3.new,na.rm=TRUE)) +
  guides(fill=guide_legend(title=NULL)) +
  ggtitle("黑人、拉丁裔、亚裔") +
  xlab(label=NULL) +
  theme_minimal() +
  theme(plot.title = element_text(size = 8, face = "bold"),
        axis.title = element_text(size = 8, face = "bold")) +
  scale_fill_brewer(palette="Blues") +
  theme(axis.text.x = element_text(size=8, vjust=0.5),
        axis.text.y = element_text(size=8, vjust=0.5),
        legend.position = "none") +
  xlab("") +
  ylab("") +
  coord_flip()
grid.arrange(p1, p2, nrow=2, top=textGrob("图 11-3：警察是否偏袒白人",
             gp=gpar(fontsize=8)))
```

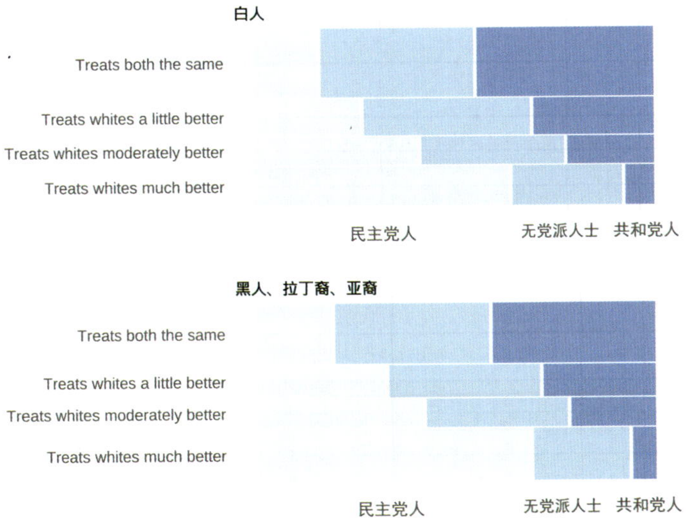

图 11-3：警察是否偏袒白人

一方面，请注意行的粗细。在黑人、拉丁裔和亚裔美国人中，认为警察偏袒白人的受访者比例更大，即黑人、拉丁裔和亚裔受访者的"对白人好得多（Treats whites much better）"那一行更粗。反观白人这边，"一视同仁（Treats both the same）"这一行略粗一些。另一方面，种族似乎并没有改变政党认同与对警察的看法之间的关系。不管是什么种族，民主党人都认为警察有偏见。由于行的粗细发生了变化，而模式却保持不变，我们可以认为种族很重要，但它似乎不会影响党派和对警察的看法之间的关系。

例子：对移民的看法

2016年大选暴露了移民问题在美国政治中的重要性，揭露了又一个重要的党派分歧。候选人特朗普强调要在南部边境修建隔离墙，这是划分两个阵营的重要象征。政党认同与对移民的看法之间有什么关系？在2016年的国家选举研究调查中，受访者被问及他们是支持增加移民还是减少移民。在图11-4中，将对移民的看法与政党认同进行了比较。模式很清晰：民主党人比无党派人士和共和党人更有可能支持增加移民。从上到下（减少移民限制），民主党人的相对比例逐渐增加，而共和党人则相应减少。

在绘制图11-4中的两个马赛克图之前，我缩短了每个类别的标签，以免其占用太多的空间（见代码块11-5）。

代码块 11-5
```
levels(nes$immig_numb)=c("大幅增加","稳健增加",
                          "小幅增加","保持不变","小幅减少",
                          "稳健减少","大幅减少")
ggplot(data = subset(nes, nes$pid3.new!="NA")) +
        geom_mosaic(aes(x = product(pid3.new, immig_numb),
                        fill = pid3.new, na.rm=TRUE)) +
    guides(fill=guide_legend(title=NULL)) +
    ggtitle("图11-4：民主党人支持增加移民") +
    xlab("") +
    ylab("") +
    theme_minimal() +
    theme(plot.title = element_text(size = 8, face = "bold"),
          axis.title = element_text(size = 8, face = "bold")) +
    scale_fill_brewer(palette="Blues") +
    theme(axis.text.x = element_text(size=8, vjust=0.5),
          axis.text.y = element_text(size=8, vjust=0.5),
          legend.position = "none") +
coord_flip()
```

```
                                                              11  受控比较   321
```

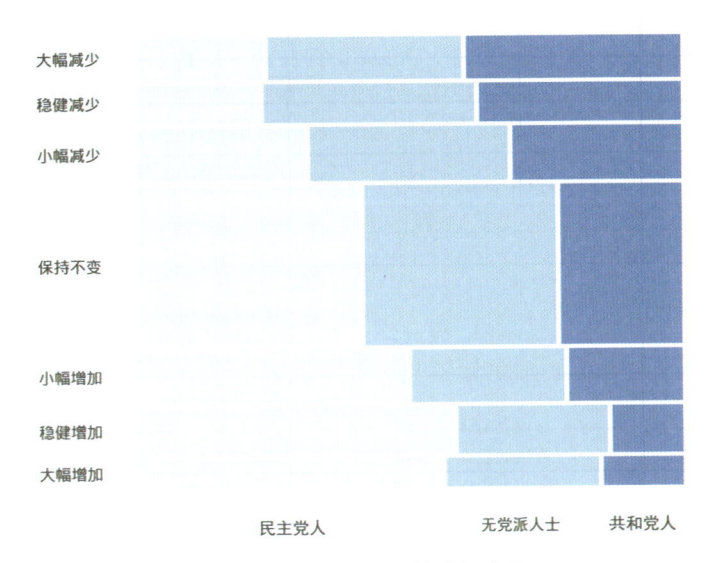

图 11-4：民主党人支持增加移民

正如在警察的例子中发现的那样，两个变量之间的关系可能会因第三个变量而改变。我们可能想知道，教育是否会影响对移民的看法和政党认同之间的关系。接受过大学教育、拥有高技能的人认为，没有接受过大学教育的低技能移民对他们的工作机会威胁不大。除了就业问题，教育可以改变一个人的世界观：教育能拓宽眼界。随着对世界了解的增加，人们会对国界之外的人更加感同身受。图 11-5 中的两个马赛克图展示了在控制教育变量的情况下，对移民的看法与政党认同之间的关系。这两个图将拥有大学学位的受访者和没有的区分开来。

要绘制这两个图，首先使用 `ifelse()` 函数创建一个变量，用来表示受访者是否大学毕业。这里 `ifelse()` 的意思是，如果受访者拥有 4 年制院校的学位，就赋值为 1；如果他们读过研究生，则也赋值为 1；否则统统赋值为 0（见代码块 11-6）。

代码块 11-6

```
nes$college <- ifelse(nes$educ=="4-year", 1,
                      ifelse(nes$educ=="Post-graduate", 1, 0))
```

在将大学毕业的受访者与其他人区分开并创建了两个单独的数据集之后，我定义了两个马赛克图（p1 和 p2）并将其绘制出来（见代码块 11-7）。

代码块 11-7[1]

```r
p1 <- ggplot(data = subset(nes, nes$pid3.new!="NA" & nes$college==1)) +
  geom_mosaic(aes(x = product(pid3.new, immig_numb),
                  fill=pid3.new,
                  na.rm=TRUE)) +
  guides(fill=guide_legend(title=NULL)) +
  ggtitle("接受过大学教育") +
  xlab("") +
  ylab("") +
  theme_minimal() +
  theme(plot.title = element_text(size = 8, face="bold"),
        axis.title = element_text(size = 8, face="bold")) +
  scale_fill_brewer(palette="Blues") +
  theme(axis.text.x = element_text(size=8, vjust=0.5),
        axis.text.y = element_text(size=8, vjust=0.5),
        legend.position = "none") +
  coord_flip()

p2 <- ggplot(data = subset(nes, nes$pid3.new!="NA" & nes$college!=1)) +
  geom_mosaic(aes(x = product(pid3.new, immig_numb),
                  fill=pid3.new,na.rm=TRUE)) +
  guides(fill=guide_legend(title=NULL)) +
  ggtitle("没有接受过大学教育") +
  xlab("") +
  ylab("") +
  theme_minimal() +
  theme(plot.title = element_text(size = 8, face="bold"),
        axis.title = element_text(size = 8, face="bold")) +
  scale_fill_brewer(palette="Blues") +
  theme(axis.text.x = element_text(size=8, vjust=0.5),
        axis.text.y = element_text(size=8, vjust=0.5),
        legend.position="none") +
  coord_flip()
grid.arrange(p1, p2, nrow=2, top=textGrob("图 11-5：是否应该增加移民",
             gp=gpar(fontsize=8)))
```

对于政党认同和对移民的看法之间的关系，教育水平带来的改变很小。接受过大学教育同时主张增加移民的受访者所在的行更粗一些。我们还注意到，在没有接受过大学教育的人群中，在主张最大程度地增加移民的类别中共和党人所占的比例要大得多（与接受过大学教育的人群相比）。看来，在有无接受过大学教育的人之间，最大的区别就在于这个最极端的分类。在没有接受过大学教育的人群中，无党派人士在主张大量减少移民的人中也占了较大的比例。在有无接受过大学教育的人之间，其他所有差异看起来都微不足道，党派与对移民的看法之间确实存在着普遍模式。

---

[1] 译注：对于这种类型的图，译者建议使用 ggplot 的分面函数 `facet_grid()` 来绘制，不建议使用 `grid.arrange()` 的方式将两个图拼在一起。分面可以避免出现坐标轴长度不统一之类的问题。

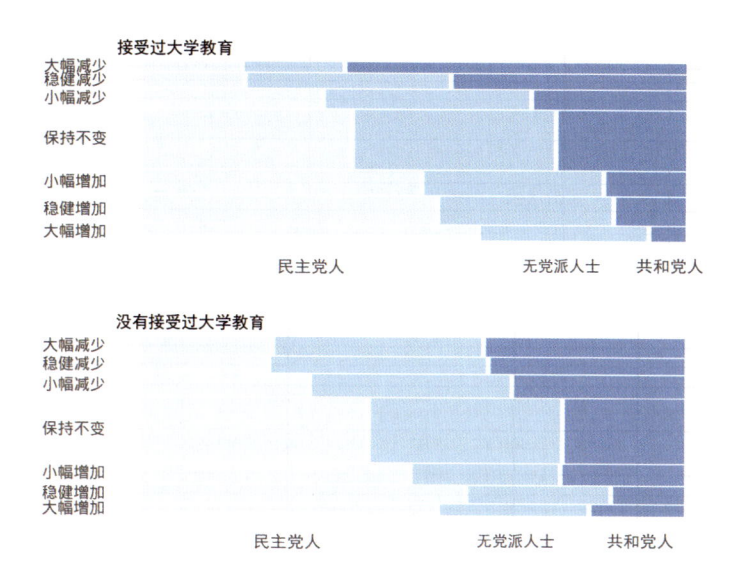

图 11-5：是否应该增加移民

到目前为止，我们已经考虑了两种可能的机制：技能水平和世界观。让我们更深入地探究技能方面的因素。对移民的看法往往与对低工资、低技能的工人入境，进而导致工资降低、失业率增加的担忧相吻合。如果教育影响对移民的看法是因为技能水平，那么一个人的就业状况可能也很重要。事实上，就业状况可能比政党认同或教育更重要。

要绘制图 11-6 中的两个图，只需要在每个 ggplot() 函数的 subset() 函数中进行区分即可（见代码块 11-8）。确切地说，p1 通过设置 nes$employ=="Full-time" 来获得包含全职工作（Full-time）的数据子集。其他的与前面的例子相同。对于 p2，则设置为 nes$employ!="Full-time"。

代码块 11-8

```
p1 <- ggplot(data = subset(nes, nes$pid3.new!="NA" &
                          nes$employ=="Full-time")) +
  geom_mosaic(aes(x = product(pid3.new, immig_numb),
                  fill=pid3.new,na.rm=TRUE)) +
  guides(fill=guide_legend(title=NULL)) +
  ggtitle(" 全职就业 ") +
  xlab(label=NULL) +
  theme_minimal() +
  theme(plot.title = element_text(size = 8, face="bold"),
        axis.title = element_text(size = 8, face="bold")) +
  scale_fill_brewer(palette="Blues") +
  theme(axis.text.x = element_text(size=8, vjust=0.5),
        axis.text.y = element_text(size=8, vjust=0.5),
```

```
                  legend.position = "none") +
    xlab("") +
    ylab("") +
    coord_flip()

p2 <- ggplot(data = subset(nes, nes$pid3.new!="NA" &
                           nes$employ!="Full-time")) +
    geom_mosaic(aes(x = product(pid3.new, immig_numb),
                    fill=pid3.new,na.rm=TRUE)) +
    guides(fill=guide_legend(title=NULL)) +
    ggtitle(" 未全职就业 ") +
    xlab(label=NULL) +
    theme_minimal() +
    theme(plot.title = element_text(size = 8, face="bold"),
          axis.title = element_text(size = 8, face="bold")) +
    scale_fill_brewer(palette="Blues") +
    theme(axis.text.x = element_text(size=8, vjust=0.5),
          axis.text.y = element_text(size=8, vjust=0.5),
          legend.position = "none") +
    xlab("") +
    ylab("") +
    coord_flip()
grid.arrange(p1, p2, nrow=2, top=textGrob(" 图 11-6：就业与否不会改变两者之
间的关系 ", gp=gpar(fontsize=8)))
```

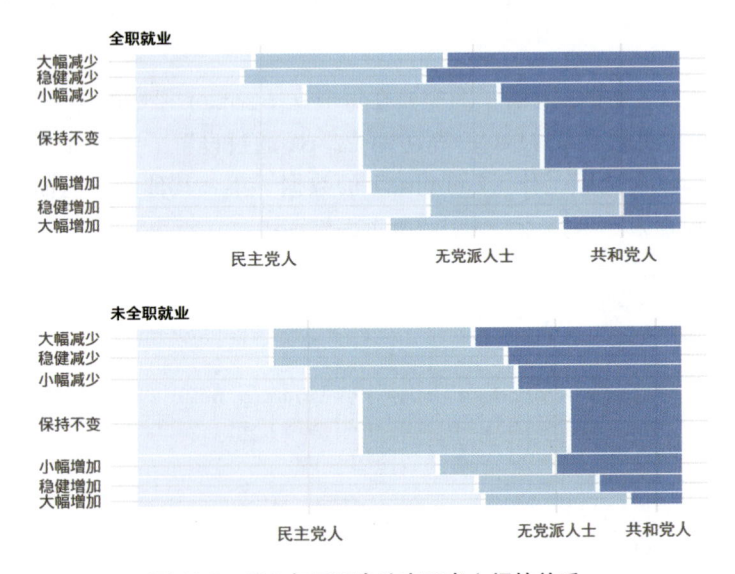

图 11-6：就业与否不会改变两者之间的关系

为了研究这个问题，请看两个不同群体的政党认同和对移民的看法的马赛克图，其中一个群体是全职就业的受访者，另一个群体是非全职就业的受访者（见图 11-6）。用

更准确的语言来讲，我们研究的是在控制就业状况的情况下，对移民的看法和政党认同之间的关系。值得关注的是，无党派人士似乎受工作状态变化的影响最大。比较两个马赛克图底部的三行就会发现，与未就业的相比，那些全职就业的无党派人士支持增加移民的比例更大。控制就业状况似乎确实对无党派人士有些许影响。也许因为没那么多偏见，无党派人士对实际问题相对更加敏感，比如有没有就业。这引发了一系列关于无党派人士及其看法的不同问题。这里能探索的东西远远不止这些。

在研究了经济因素——教育和就业——如何影响政党认同和对移民的看法之间的关系之后，我们或许会对文化方面的因素感兴趣。那些常与宗教联系在一起的特征——慈善、关心穷人——可能更重要。国家选举研究调查询问了受访者参加教堂礼拜的频率。在这个例子中，我们想研究在控制宗教变量的情况下，对移民的看法与政党认同之间的关系。

> **数据可视化的艺术与实践**
> **可靠性（reliability）和有效性（validity）**
>
> 教堂礼拜参加度量提供了一个回顾有效性和可靠性的好机会（在第 3 章中首次讨论）。如果一个度量能准确地代表我们试图衡量的概念，我们就说它是有效的。一个人参加教堂礼拜的次数能否代表他的虔诚程度？很少有人会认为仅凭教堂礼拜参加情况就能完全反映出受访者的宗教热情，它可能不是衡量虔诚程度的最佳（或最有效）标准。度量的可靠性涉及其以一致和准确的方式记录我们想衡量的东西的能力。在教堂礼拜参加情况的例子中，如果我们不停地询问同一个受访者，还能一直得到相同的回答，那么这个度量就可以认为是可靠的。如果受访者准确地讲出了其参加教堂礼拜的次数，那么也可以认为这是可靠的。可以想象，（这个度量在）可靠性的两个方面都存在不准确之处。

我们将受访者样本分为每周去教堂一次以上的（More than once a week）和每周去一次或更少的（Once a week or less）。如果信仰凌驾于政治之上，我们就会看到对于狂热的教徒，政党认同和对移民的看法之间是没有关系的。而政治的重要性则会在不常去教堂的人中间得到重新体现。

由于分界线不过是将教堂礼拜参加变量中的一个类型与其他类型区分开，除了 `subset()` 函数，绘制这两个图几乎不需要什么准备，我规定其中一个图包含回答"每周一次以上（More than once a week）"的人，另一个图则包含其他所有人（见代码块 11-9 和图 11-7）。

代码块 11-9

```r
p1 <- ggplot(data = subset(nes, nes$pid3.new!="NA" &
                    nes$pew_churatd=="More than once a week")) +
  geom_mosaic(aes(x = product(pid3.new, immig_numb),
                  fill=pid3.new,na.rm=TRUE)) +
  guides(fill=guide_legend(title=NULL)) +
  ggtitle("每周一次以上") +
  xlab("") +
  ylab("") +
  theme_minimal() +
  theme(plot.title = element_text(size = 8, face="bold"),
      axis.title = element_text(size = 8, face="bold")) +
  scale_fill_brewer(palette="Blues") +
  theme(axis.text.x = element_text(size=8, vjust=0.5),
      axis.text.y = element_text(size=8, vjust=0.5),
      legend.position = "none") +
  coord_flip()

p2 <- ggplot(data = subset(nes, nes$pid3.new!="NA" &
                    nes$pew_churatd!="More than once a week")) +
  geom_mosaic(aes(x = product(pid3.new, immig_numb),
                  fill=pid3.new,na.rm=TRUE)) +
  guides(fill=guide_legend(title=NULL)) +
  ggtitle("每周一次或更少") +
  xlab("") +
  ylab("") +
  theme_minimal() +
  theme(plot.title = element_text(size = 8, face="bold"),
      axis.title = element_text(size = 8, face="bold")) +
  scale_fill_brewer(palette="Blues") +
  theme(axis.text.x = element_text(size=8, vjust=0.5),
      axis.text.y = element_text(size=8, vjust=0.5),
      legend.position = "none") +
  coord_flip()
grid.arrange(p1, p2, nrow=2, top=textGrob("图 11-7：教堂礼拜参加情况会改变
党派和对移民的看法之间的关系", gp=gpar(fontsize=8)))
```

在那些每周去教堂一次以上的人中间，之前在图中观察到的党派模式发生了变化。最大的区别在两个极端。经常去教堂的共和党人与其更世俗的共和党朋友相比，更有可能支持大幅减少移民或大幅增加移民。虽然这样的模式意味着教堂礼拜参加情况改变了党派和对移民的看法之间的关系，但是要确定我们是不是真的发现了什么还有很多工作要做。请注意，无论这一发现能否经得起进一步检验，我们的探索都带来了新的问题：为什么宗教会影响共和党人对移民的看法？

每周一次以上

大幅减少
稳健减少
小幅减少
保持不变
小幅增加
稳健增加
大幅增加

民主党人　　　无党派人士　　　共和党人

每周一次或更少

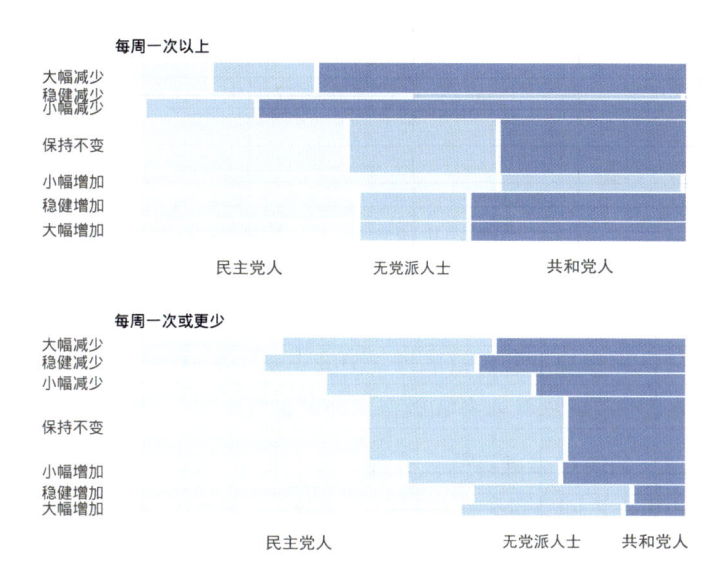

大幅减少
稳健减少
小幅减少
保持不变
小幅增加
稳健增加
大幅增加

民主党人　　　无党派人士　　　共和党人

图 11-7：教堂礼拜参加情况会改变党派和对移民的看法之间的关系

> **知识检验：为分类变量创建受控比较。**

4. 在控制教堂礼拜参加变量（nes$pew_churatd）的情况下，绘制党派变量（nes$pid3.new）和 nes$compromise 变量之间的关系。

   a. 党派和妥协之间是否有关系？
   b. 教堂礼拜参加变量对二者的关系是否有影响？
   c. 教堂礼拜参加变量对民主党人、共和党人或两者都有影响吗？
   d. 教堂礼拜参加变量是因变量还是自变量？

5. 在控制受访者种族变量是否为白人的情况下，绘制婚姻状况——是否已婚（nes$marstat）和拥有大学学位（nes$educ）之间的关系。

   a. 婚姻状况和大学学位之间是否有关系？
   b. 种族变量对二者的关系是否有影响？
   c. 种族变量是否会影响接受过大学教育的人，以及没有接受过大学教育的人，对两者都有影响，还是都没有影响？
   d. 大学教育是因变量还是自变量？

比较两个连续变量，同时控制第三个变量

在接下来的例子中，由于两个变量是连续的，我们从散点图开始。首先，我们在控制人均 GDP 的情况下，探讨婴儿死亡率和民族语言碎片化之间的关系。然后，

我们在控制民主因素的情况下，探讨凶杀率和人均 GDP 之间的关系。最后，我们把到目前为止所学的知识全都结合起来：怎样描述数据引出比较和受控比较。

例子：婴儿死亡率

婴儿死亡率——每千名活产婴儿死亡数——通常被用作衡量人口整体健康状况的粗略指标。例如，在婴儿死亡率相对较低的国家，分娩时有专业医务人员在场，分娩在医院进行，母亲在整个孕期都能获得重要的教育和相关健康服务。所有这些都有助于提高成功怀孕和分娩的可能性。因此，每千名活产婴儿死亡数可以粗略地说明广大民众能否享受到医疗服务和教育基础设施服务。

除了一个国家的医疗基础设施，分娩习俗也有着很深的文化渊源。女性和男性与孩子的孕育和出生之间有着怎样的联系，部分是由他们的文化传统决定的。因此，有多少女性和男性接受了有关怀孕和分娩的教育，有多少分娩是由专业医护人员接生的，以及民众获得医疗保健服务的总体情况，可能会受到国家民族异质性的影响。婴儿死亡率和民族语言异质性的散点图表明，这两个变量之间存在着强烈的关系（见图 11-8）。

请注意，我在 `geom_text_repel()` 函数中使用了 `ifelse()` 函数，以便突出少数几个案例。还要注意的是，这里用 `subtitle` 选项生成了实用的副标题，它提供了国家代码及相应的国名（见代码块 11-10）。

代码块 11-10

```r
ggplot(world, aes(ethfrac, inf)) +
    geom_point(col="#bf0000") +
    geom_smooth(method="loess", se=FALSE, col="#0000ff") +
    theme_minimal() +
    theme(plot.title = element_text(size = 8, face = "bold"),
          plot.subtitle = element_text(size = 7),
          axis.title = element_text(size = 8, face="bold")) +
    xlab("民族语言碎片化") +
    ylab("女婴死亡率") +
    ggtitle(label = "图 11-8：婴儿死亡率随着民族异质性的增加而增加",
            subtitle = "标注的国家有海地(HTI)、日本(JPN)、莱索托(LSO)、肯尼亚(KEN)、
\n赤道几内亚(GNQ)、卢森堡(LUX) 和索马里(SOM)") +
    geom_text_repel(size=3, col="#04183d",
                    aes(label=ifelse(iso3c=="HTI" |
                                     iso3c=="JPN" |
                                     iso3c=="KEN" |
                                     iso3c=="LSO" |
                                     iso3c=="GNQ" |
                                     iso3c=="LUX" |
```

```
         iso3c=="SOM",
         as.character(iso3c),"")))
```

标注的国家有海地（HTI）、日本（JPN）、莱索托（LSO）、肯尼亚（KEN）
赤道几内亚（GNQ）、卢森堡（LUX）和索马里（SOM）

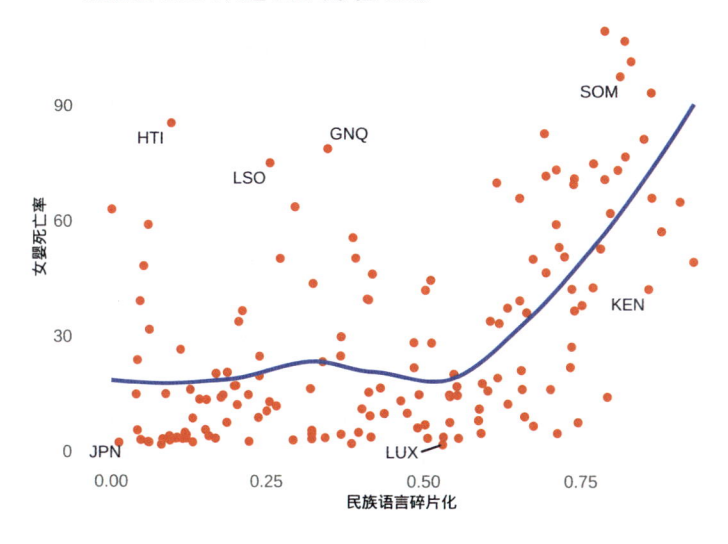

图 11-8：婴儿死亡率随着民族异质性的增加而增加

虽然民族语言异质性（ELF）在低水平时没有表现出关联，但是一旦 ELF 分值达到 0.50，婴儿死亡率就开始急剧上升。民族异质性会增加婴儿死亡率这个简单的论点有一定的道理，或者说至少背后有证据支持。

当然，还有诸多不同的因素决定着婴儿死亡率。部分因素也可能与民族语言碎片化有关。到目前为止，我们还没有论证过收入（即人均 GDP）。除非对其进行说明或者控制，否则我们的论证是不完整的。

为了说明在考虑第三个变量的情况下，两个变量之间的关系如何变化，我们将人均 GDP 引入论证中。为了便于说明，我创建了一个分类变量来记录收入是高还是低（是高于还是低于中位数 9,863 美元）。首先在 world 数据集中创建一个名为 gp 的变量，并规定当 gdppc 变量中的值高于 9,863 时，赋值为 1。如果 world$gdppc 的值低于 9,863，则赋值为 0。这两个水平分别被标注为"高"和"低"（见代码块 11-11）。

在创建了分类变量之后，将控制人均 GDP 变量的散点图绘制出来。通过图形属性中的 color 选项（col=gd.f），分别为"高"和"低"的案例绘制两条独立的直线（见图 11-9）。

代码块 11-11

```r
world$gp <- ifelse(world$gdppc > 9863, 1, 0)
world$gp.f <- as.factor(world$gp)
levels(world$gp.f)=c("低", "高")
ggplot(subset(world, gp!="NA"), aes(ethfrac, infemale, col=gp.f)) +
    geom_point() +
    geom_smooth(method="lm", se=FALSE) +
    theme_minimal() +
    theme(plot.title = element_text(size = 8, face = "bold"),
          axis.title = element_text(size = 8, face = "bold")) +
    theme(legend.position = c(0.2, 0.8)) +
    scale_color_manual(breaks = c("高", "低"),
                       values=c("#bf0000", "#0000bf")) +
    guides(col=guide_legend("人均GDP")) +
    xlab("民族语言碎片化") +
    ylab("女婴死亡率") +
    ggtitle("图 11-9：这是经济问题")
```

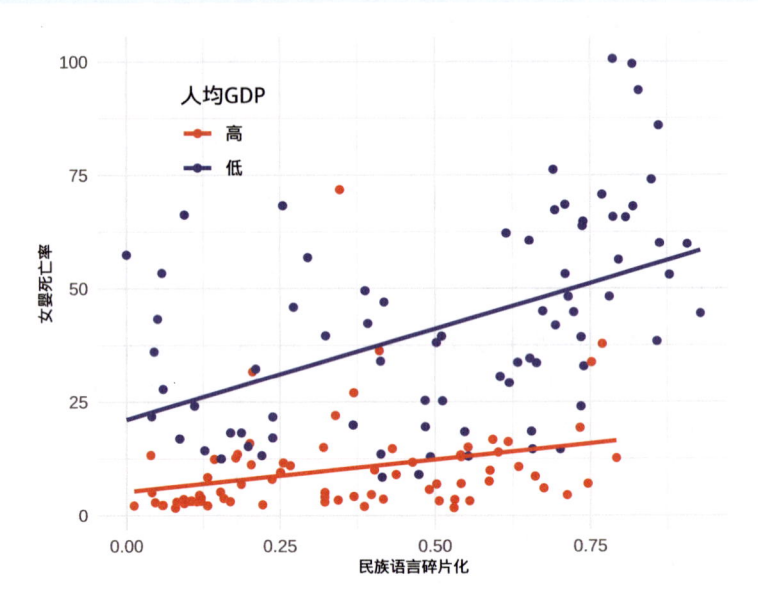

图 11-9：这是经济问题

如图 11-9 所示，民族语言碎片化和婴儿死亡率之间的关系可能是收入带来的结果：婴儿死亡率高的多民族国家也相对贫穷。事实上，在较富裕的那一半国家中，民族异质性和婴儿死亡率之间似乎没有任何关系（蓝线相对平缓）。在建立模型或者提出假设和论证时，必须考虑人均 GDP。

例子：凶杀率

社会学家和政治学家都在研究世界各地的凶杀率。收入水平在很大程度上能解释凶杀率——每10万人口中凶杀案受害者数量。贫困、缺乏教育和失业都与低收入相关，这些只是解释凶杀率的部分原因。当然，也有其他解释。民主就是一个常见的猜想。法治、专业的警察队伍和有效的司法系统都是可以影响凶杀率的体制，它们也是与民主治理相关的体制。一个复杂且严重的问题是——收入与民主有关。由于民主政体往往比威权政体更富裕，因此，厘清民主对收入水平的影响也是需要考虑的问题。

考虑到这一点，我们从描绘凶杀率（对数处理）和人均GDP（对数处理）的简单图开始，该图展露出一个引人注目的高峰样模式（见代码块11-12和图11-10）。当沿着 x 轴从左向右移动时，凶杀率缓慢增加，直至达到阈值——高峰（hump）。在到达顶点（人均GDP对数值为9，约为人均8,000美元）后，凶杀率开始下降。怎样解释这个模式？

代码块 11-12

```
ggplot(world, aes(log(gdppc), log(homicide))) +
    geom_point(col="#bf0000") +
    geom_smooth(se=FALSE, col="#0000bf") +
    ggtitle(label = " 图 11-10：随着收入的增加，凶杀案受害者数量上升后又下降 ",
            subtitle = " 标注的国家有洪都拉斯（HND）、萨尔瓦多（SLV）、美国（USA）、
\n 汤加（TON）、捷克共和国（CZE）和瑞典（SWE）") +
    ylab(" 凶杀率 ") +
    xlab(" 人均 GDP（对数处理）") +
    geom_text_repel(size=3, aes(label= ifelse(iso3c=="TON" |
                                              iso3c=="USA" |
                                              iso3c=="HND" |
                                              iso3c=="SLV" |
                                              iso3c=="CZE" |
                                              iso3c=="SWE",
                                              as.character(iso3c), ""))) +
    theme_minimal() +
    theme(plot.title = element_text(size = 8, face = "bold"),
          axis.title = element_text(size = 8, face = "bold"),
          plot.subtitle = element_text(size = 7))
```

关于这个问题，以前的学术研究指出了政治体制的重要性（Karstedt, 2013; 2006）（LaFree et al. 2006）。确切地说，民主可能会对凶杀率产生影响，因为民主政权遵守法治，遵循正当程序，并雇佣更专业的警察和法官。因此，关于凶杀率，任何全面的理论都应该考虑到民主。为此，我构造了民主的二分变量（**dichotomous variable**）。该度量将 polity2 标度在7分以上的国家指定为民主国家，将7分及以下的国家视

为独裁国家（见代码块 11-13）。

标注的国家有洪都拉斯（HND）、萨尔瓦多（SLV）、美国（USA）、
汤加（TON）、捷克共和国（CZE）和瑞典（SWE）

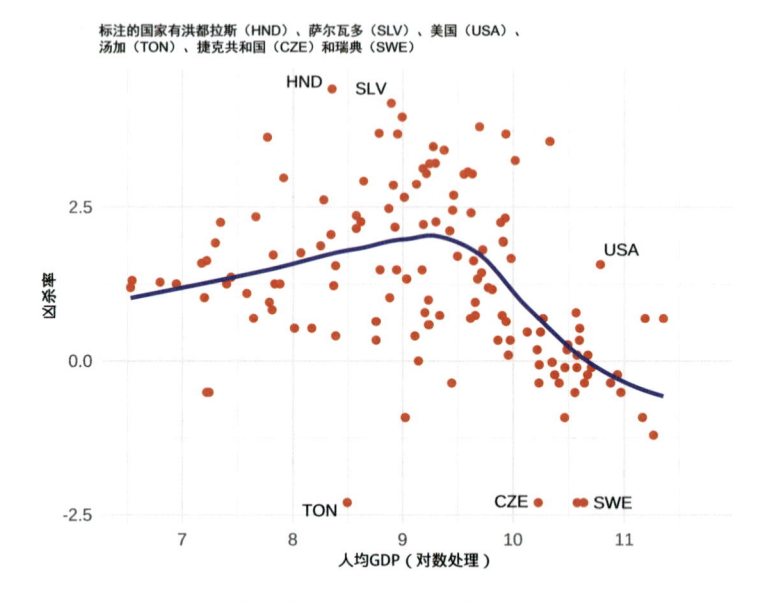

图 11-10：随着收入的增加，凶杀案受害者数量上升后又下降

> **数据可视化的艺术与实践**
> **二分变量**
>
> 有许多术语用于描述那些区分两个类别的变量，其中包括二分（dichotomous）变量、二元（binary）变量和虚拟（dummy）变量[1]。它们都是指只包含 1 和 0 或两个类别的名称（R 最终将其解释为 1 和 0）的变量。

代码块 11-13

```
world$democ <- ifelse(world$polity2 > 7, 1, 0)
world$democ <- as.factor(world$democ)
levels(world$democ)=c("独裁", "民主")
```

这里使用二分变量给案例涂上相应的颜色。在代码块 11-14 中，我在图形属性中加入 col= 实现了这一点，它告诉 R 按照所创建的新的民主变量（world$democ）中的类别给图着色。在 ggplot() 主函数中设置颜色图形属性后，调用 geom_smooth() 函数时会自动为每种颜色（即政权体制）分别生成一条直线（见图 11-11）。通过根据新的民主变量为图着色，我们在调查凶杀率和人均 GDP 之间的关系时，民主变量保持不变。

---

[1] 译注：虚拟变量又称哑变量。

代码块 11-14

```
ggplot(subset(world, democ!="NA"),
       aes(log(gdppc), log(homicide), col=democ)) +
  geom_point() +
  ggtitle("图 11-11：民主对凶杀率和收入之间的关系有重大影响") +
  ylab("凶杀率（对数处理）") +
  xlab("人均 GDP（对数处理）") +
  geom_smooth(method="lm", se=FALSE) +
  theme_minimal() +
  theme(plot.title = element_text(size = 8, face = "bold"),
        axis.title = element_text(size = 8, face = "bold")) +
  theme(legend.position = c(0.3, 0.2)) +
  guides(col=guide_legend("政权体制")) +
  scale_color_manual(breaks = c("民主", "独裁"),
                     values = c("#bf0000", "#0000bf"))
```

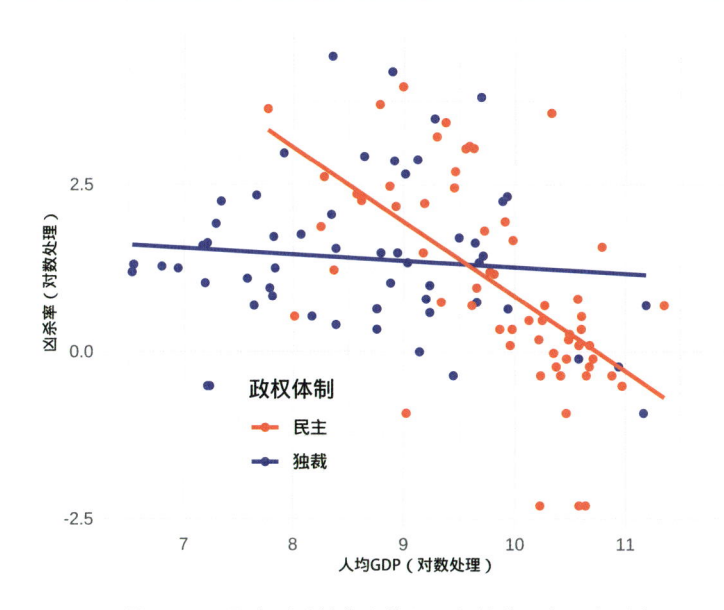

图 11-11：民主对凶杀率和收入之间的关系有重大影响

知识检验：为连续变量创建受控比较。

---

6. 将特朗普是否赢得某州作为控制变量，绘制散点图，考察收入（states$inc）和女性与男性的收入之比（states$percwom）之间的关系。

   a. 州的财富（收入）和女性与男性的收入之比之间是否存在某种联系？
   b. 特朗普赢得的州和失去的州之间的差异对这种关系是否有影响？
   c. 在特朗普赢得的州，女性与男性的收入之比是否更高？

d. 支持特朗普的州看起来通常是富裕的还是贫穷的？
7. 在控制本章前面定义的民主变量（见代码块 11-13）的情况下绘制散点图，考察人均 GDP 和投票率（turnout）之间的关系。
   a. 收入和投票率之间是否有关系？
   b. 专制和民主之间的差异对这种关系是否有影响？
   c. 民主国家的投票率是否普遍更高？
   d. 什么样的国家收入水平和投票率最低？

论点与受控比较

只关注一个因素而排斥其他因素的论点往往是错误的。虽然这有助于把握问题，但可能会产生误导。请注意，本章中几乎所有的例子，在加入另一个变量后，我们对两个原始变量之间关系的理解就发生了变化。这就类似于在考虑了其他证据之后重新阐述你的论点。虽然在论证时考虑其他因素不会影响主要假设，但上面的例子表明，它们可以彻底改变我们对两个原始变量之间关系的看法。

关于对警察的看法，我们发现，将性别考虑在内并不会改变政党认同和受访者是否认为警察偏袒白人而非黑人之间的关系。当将受访者的种族也考虑在内时，我们发现不同种族对偏见的感知存在显著差异。然而，考虑种族因素似乎并不会影响政党认同和对警察的看法之间的关系。关于移民问题，我们发现就业状况、教育和宗教信仰都对政党认同和对移民的看法之间的关系有明显的影响。在连续变量方面，将民主因素考虑进去后，我们对凶杀率和收入之间的关系的理解发生了巨大变化。将人均 GDP 考虑进去后，我们还观察到婴儿死亡率和民族语言碎片化之间的关系出现了显著变化。

正如在接下来的几章中会看到的，将第三个、第四个或第五个变量考虑进去会改变我们对两个变量之间的关系的估计。论点和模型只是表达同一个想法的不同方式，我们提出的论点和考虑的因素可以与构建的模型和生成的估计直接绑定。这将是贯穿本书剩余部分的共同主题。信息不足的论点会导致错误的结论，信息不足的模型会导致有偏差的估计。在论点和模型之间建立联系，让你可以在一种情境下使用一套工具（提出论点）为另一种情境（建立模型）提供信息和改进工作。

> **知识检验**：讨论论点和受控比较之间的联系。

8. 下面哪些是暗含受控比较的论点示例？
   a. 历史上饥荒从未发生在民主国家。

b. 在紧张的局势下，个人很少以善意回应威胁。
c. 当犯罪的受害者是白人时，嫌犯更有可能被判处死刑。
9. 以下哪些描述了论点和模型？
a. 当考虑新信息时，模型和论点都可能发生变化。
b. 对数据了解得越多，论点和模型就越好。
c. 模型与论点是一样的。
d. 模型是对论点的简化。

小结

受控比较让我们能同时考虑一个以上的变量。本章的例子最初都只有一个原因：在警察的例子和移民的例子中，我们关注的是政党认同。由于怀疑性别、种族、教育、就业状况和宗教信仰可能会影响人们的看法，我们像优秀的侦探一样拓宽了调查范围，以便纳入更多的猜想。如果简单的散点图表示一个原因的论点，那么受控比较表示的是考虑了第二个原因的论点。这些例子表明，只要考虑了其他变量，结论就可能会发生变化。

请注意，结论也并不一定总会改变：性别并没有显著改变对警察的看法和党派认同之间的关系，种族也没有。因此，在这些例子中，我们从别处寻找其他可能的解释。

在控制某个变量的同时考察其他变量的关系是需要了解的重要概念。实际上，就像有力的论证那样，受控比较让我们能够在考虑不止一个合理的解释的同时，考察另一个解释。

常见问题

- 学习行话。在受控比较、论点和模型之间建立联系，对许多人来说是新鲜事物。第一步是了解如何条理分明地表述问题，以及如何通过数据可视化、口头论证或数学表示（方程）的形式表述出来。我们想在控制第三个变量的情况下，了解两个变量之间的关系。在数据可视化中，将前两个变量按部就班地放在 x 轴和 y 轴上，再根据第三个变量给数据点上色（如果用的是散点图）是很方便的。在论证过程中，我们说在控制或考虑第三个变量的情况下，考察两个变量之间的关系。在数学方程（$y = x$）中，我们可以直接添加一项（$y = x + z$）。
- 将受控比较视作一种实用的架构。通过受控比较，根据正要检验的主要假设（x 和 y 之间的关系）和可能想要控制的因素（z）对变量进行排序，有助于保持清晰明了，让论点的交流更有效。将这种架构清楚地牢记于心，有助于我们评估其他人的论点。当你听到有人在论证或陈述时，就把他们所说的内容按照"根据 x 和 y，同时控制 z"的形式排序。

- 将假设与图联系起来。在控制 z 的情况下，比较 x 和 y，在图中看起来是什么样的？在构建有效的、有洞察力的数据视图时，目标是理解假设的内容是什么，以及如何在图中体现出来。在生成散点图、马赛克图或任何图之前，请用纸和笔列出：如果你的假设或论点是正确的，你期望看到什么；如果是错误的，又期望看到什么。对这种直觉的培养是双向的：既能使我们更好地进行数据分析，又能帮助我们评估他人以任何形式提出的论点。

复习题

1. 当我们在散点图上添加颜色时，是在做什么？
2. 什么是受控比较？
3. 在关于移民的例子中，我们控制了哪些变量，保持不变或考虑了哪些变量？
4. 如果图 11-9 中直线的斜率和截距相似，你能得出什么结论？
5. 度量什么时候是有效的？
6. 度量什么时候是可靠的？
7. 什么是二分变量、二元变量或虚拟变量？
8. 构建一个马赛克图，说明在控制教育（受访者是否有大学学位）变量的情况下，性别和对警察的看法（对警察的情感量表）之间的关系。你观察到了什么？
9. 上一个问题暗示了什么因果关系？
10. 控制第三个变量是否一定会改变前两个变量之间的关系？通过本章的例子提供证据。

数据分析与可视化练习

1. 为什么我们要进行"受控"比较？
    a. 很少只有一种原因。
    b. 控制一个变量可能会改变另外两个变量之间的关系。
    c. 两个变量之间的关系可能由第三个变量决定。
    d. 第三个变量可能会掩盖两个变量之间的关系。
2. 以下哪些陈述意味着正在进行受控比较？
    a. 优秀的球员就能赢得比赛，教练并不重要。
    b. 没有好的教练，球员再优秀也无济于事。
    c. 如果你很聪明，不管你去哪里上学，都可以赚到很多钱。
    d. 其他的都不重要，优秀的球员就能赢得比赛。
3. 在"问题 2"的各选项中，自变量和因变量是什么？
    a. 优秀的球员就能赢得比赛，教练并不重要。
    b. 没有好的教练，球员再优秀也无济于事。

c. 如果你很聪明，不管你去哪里上学，都可以赚到很多钱。
d. 其他的都不重要，优秀的球员就能赢得比赛。

4. 绘制马赛克图，考察接触警察与觉察到的警察偏见之间的关系是否会受到受访者种族（白人或非白人）的影响。你要创建一个变量记录受访者是否被警察拦截过。你还需要创建一个变量记录受访者是否回答"对白人好得多（Treats whites much better）"（`nes$stop_ever`）。
   a. 白人身份是否会影响被拦截过和对警察偏见的看法之间的关系？
   b. 本例中你"控制"的是什么变量？
   c. 因变量是什么？
   d. 被拦截过和对警察偏见的看法之间是否存在关系？

5. 绘制马赛克图，在控制教堂礼拜参加（受访者是否每周去教堂一次以上）变量的情况下，考察接受过大学教育和受访者认为气候变化主要是由人类活动造成的信念之间的关系。
   a. 教堂礼拜参加情况是否会影响接受过大学教育和将气候变化归因于人类活动之间的关系？
   b. 本例中你"控制"的是什么变量？
   c. 因变量是什么？
   d. 教育和对气候变化的看法之间是否存在关系？

6. 在控制收入（根据 `states$inc` 变量将各州分为富裕的和贫穷的）的情况下，考察教育支出与凶杀率之间的关系。
   a. 富裕是否会影响教育支出与凶杀率之间的关系？
   b. 本例中你"控制"的是什么变量？
   c. 因变量是什么？
   d. 教育支出与凶杀率之间是否存在关系？

7. 在控制政权体制（使用先前为民主和独裁创建的变量）的情况下，考察人均 GDP（对数处理）是否会影响境外直接投资（FDI）的对数。
   a. 民主是否会影响收入和境外直接投资之间的关系？
   b. 本例中你"控制"的是什么变量？
   c. 因变量是什么？
   d. 人均 GDP 和境外直接投资之间是否存在关系？

8. 在考虑政权体制（使用先前为民主和独裁创建的变量）的情况下，考察民族语言异质性是否会影响人均 GDP（对数处理）。
   a. 民主是否会影响种族和收入之间的关系？
   b. 本例中你"控制"的是什么变量？
   c. 因变量是什么？
   d. 民族语言碎片化和收入之间是否存在关系？

9. 探讨更多的女性参政是否会影响人均 GDP（对数处理）与女婴死亡率（`infemale`）之间的关系。将 `womleg` 变量分成三部分（低、中、高）来回答此问题。

   a. 更多的女议员是否会影响收入和婴儿死亡率之间的关系？
   b. 本例中你"控制"的是什么变量？
   c. 因变量是什么？
   d. 女婴死亡率与收入之间是否存在关系？

10. 在美国，地区是否会影响教育和为民主党投票之间的关系？

    a. 地区是否会影响教育和投票之间的关系？
    b. 本例中你"控制"的是什么变量？
    c. 因变量是什么？
    d. 哪个地区比较与众不同？

R 函数注释

以下函数在本章中出现。它们按首次出现的顺序列出（括号中的是代码块编号），并在此注释以简要地说明其用途。其中有些不是独立的函数，必须结合其他指令使用。友情提示：只要按照它们出现的顺序运行，每章的代码就都可以正常工作。正确的运行还依赖作者定义的 `libraries()` 函数，用于加载所需的 R 包。

`ifelse()`：用于构建"如果……那么……"（if-then）语句的逻辑函数。其既可用于选择特定案例进行标注，也可用于从连续变量中创建分类变量。（11-1）

`factor()`：用于操作变量中的水平（类别）。（11-1）

`levels()`：用于列出变量中的类别（水平）。（11-1）

`ggplot()`：定义图的基本结构（通常是变量 x 和 y）。（11-2）

`na.omit()`：删除数据集中所有包含缺失值的个案。（11-2）

`geom_mosaic()`：在 ggplot 中绘制马赛克图。（11-2）

`aes()`：aes（图形属性，aesthetics）函数在 ggplot 中用于定义图的基本结构[1]，通常包含要用到的变量以及形状或颜色。（11-2）

`guides()`：用于控制图例的特征。（11-2）

`ggtitle()`：设置 ggplot 的标题。（11-2）

`theme_minimal()`：为 ggplot 设置极简风格的主题。（11-2）

`theme()`：指定 ggplot 中的字体、大小等。（11-2）

`scale_fill_brewer()`：在需要多种颜色的情况下，使用指定的调色板在 ggplot 中上色。（11-2）

`xlab()`：在 ggplot 中设置 x 轴标签。（11-2）

---

[1] 译注：图形属性与变量的映射关系。

`ylab()`：在 ggplot 中设置 y 轴标签。（11-2）

`coord_flip()`：调换图中的 x、y 坐标。（11-2）

`subset()`：从数据中选择参数指定的案例。（11-3）

`grid.arrange()`：在页面上排列多张图。（11-3）

`geom_point()`：在 ggplot 中为散点图绘制点。（11-10）

`geom_smooth()`：在散点图中绘制曲线或直线。（11-10）

`geom_text_repel()`：在 ggplot 框架的散点图中标记点。（11-10）

`scale_colour_manual()`：让用户指定要在图中具体使用什么颜色。（11-11）

线性回归 12

本章大纲
- 学习目标
- 概述
- 线性回归的优点
- 线性回归中的斜率和截距
- 拟合优度（R^2 统计量）
- 统计显著性
- 二元回归的例子
- 小结
- 常见问题
- 复习题
- 数据分析与可视化练习
- R 函数注释

学习目标
- 总结用回归线拟合数据的优点。
- 理解线性回归的主要特征。
- 描述模型拟合。
- 描述统计显著性。
- 在各种情境下解读系数。

概述

在描述并探索了数据中的模式之后，下一步便是回归分析。我们从二元回归开始，计算描述两个变量之间关系的直线的斜率和截距。本章提出的概念构成了理解下一个主题（多元回归分析）的基础。二元回归（两个变量）和多元回归（三个变量或更多）之间的区别类似于比较和受控比较之间的区别。受控比较引入了有待考虑的新变量，多元回归也是如此。

线性回归（linear regression）用一条线概括了两个变量之间的关系。本章开头指出了用回归线拟合数据的优点，同时解释了线性回归的数学和几何特性。重点在于如何计算简单的二元回归模型，同时将其主要特征可视化。在理解了线的组成部分之后，重点是解读回归线斜率的实质显著性（substantive significance），尤其要注意在不同情境下对它的解读。

在学会如何计算回归线的斜率和截距之后，我们还要学会评估它与数据拟合（fit）得有多好。想评估模型拟合的情况，可以计算 R^2 统计量。该统计量是一个实用的统计摘要,用来说明我们的回归模型能解释多少因变量的变化。就像我们在第 9 章中使用正态曲线来确定样本统计量与总体参数的接近程度那样,线性回归也提供了对估计进行概率性陈述的方法。使用第 9 章中介绍的相同机制,可以对回归估计的统计显著性做出类似的声明。为此,我们要学习计算回归系数的 t-比率。

线性回归的优点

让我们从定义**线性回归**开始。简而言之,线性回归用一条线概括了两个变量之间的关系。回归分析与描述数据有几个不同之处。第一,回归分析使得因果陈述更加明确:正式确定了因变量(y)和自变量(x)。第二,进行预测,生成给定的 x 值的预测值 y。第三,计算这些预测的不确定性。第四,回归分析暴露了我们的无知——拟合线说明模型偏离了现实多少,这可能是整个科学事业中最重要且不受重视的方面了。总之,回归分析的作用如下:

1. 区分原因和结果。
2. 生成预测。
3. 指出预测的不确定性。
4. 暴露出我们的无知。

构建线性模型强制我们明确原因和结果。虽然在构建散点图时实施了这个约束(例如,总是把因变量放在 y 轴上),但是用线来概括数据,在分析师方面需要更多的约定。虽然我们对因果关系有了更清晰的认识,但是保持谦卑感很重要:回归分析证明不了任何事情。与所有的数据分析技术一样,线性回归只不过提供了帮助解决问题的额外间接证据。

做出预测则阐明了我们的理论和假设。线性回归实行严格的约束:每个 x 值都要有相应的预测值(表示为 $\hat{Y}$)。这些预测值连成一条线,线的斜率明确说明了自变量与因变量的变化是如何对应的,斜率的大小说明了关系的**实质显著性**。做出预测也能够让我们比较预测结果与现实,这是对假设的直接检验。

除了生成预测,线性回归还提供了统计量来总结预测结果与现实的匹配程度:结果的**统计显著性**。如你所见,这项工作类似于第 9 章中计算样本统计量和总体参数之间的距离。统计显著性表明了我们可以对结果抱有多少信心。预测的准确性如何?

最后,通过明确预测并了解预测结果与现实的匹配程度,我们意识到了自己的无知。了解到预测的偏差有多严重,可以激励我们去搜寻更多的数据或更好的解释。紧紧抓住未知的东西能给我们带来极大的启迪。

> **知识检验：总结用回归线拟合数据的优点。**

1. 以下哪些是用回归线拟合数据的优点？
   a. 强制我们明确因果关系。
   b. 确定了原因。
   c. 揭示了假设的缺陷。
   d. 让我们意识到能对预测有多少信心。
2. 下面哪些说法涉及实质显著性？
   a. 在新院系上每多花 1 美元，学生的留校率就会提高 3 个百分点。
   b. 每天多抽 1 包烟，预期寿命就会缩短 2 年。
   c. 每多花 1 美元，留校率上升 3 个百分点，可能低至 1 个百分点或高达 5 个百分点。
   d. 吸烟导致的预期寿命减少，可能少则 1 年，多则 3 年。
3. 下面哪些陈述涉及统计显著性？
   a. x 每增加一个单位，y 就会发生相应的变化。
   b. 我们确信，x 每增加一个单位，对 y 变化的估计就不是随机的。
   c. 选项 a 的结果具有重要的含义。
   d. 选项 a 的结果是相当确定的。

线性回归中的斜率和截距

我们从直线方程开始：

$$Y = a + B_1 X$$

其中，Y 是我们想要解释的变量，a 是截距，B_1 是直线的斜率。X 项是我们假设的导致 Y 的原因。

> **数据可视化的艺术与实践**
> **y 被回归到 x 上的措辞**
>
> 在描述线性回归时，准确始终非常重要。保持清晰明了的方法之一是，始终说明正在将因变量回归到自变量上。这有点违反直觉，因为我们要说明的是自变量对 y 有影响，但重要的是要和线性模型的描述保持一致：y 始终被回归到 x 上。

直线的**斜率**（slope）B_1 告诉我们，X 变化一个单位，预测的 Y 的变化。**截距**（intercept）a 表示当 X 等于 0 时，直线与 y 轴的交点。

对斜率和截距的解读

我们知道斜率是什么（y 的变化与 x 的变化之比），也知道截距是什么（直线与 y 轴的交点），但实际上解读它们的意义就有点复杂了。对于斜率而言，关键在于理解自变量和因变量的单位。对于截距而言，我们需要判定知晓 x 为 0 时的 y 值是否有意义。

例子：选民投票率和教育

教育被认为是选民投票率的强力预测指标：接受过教育的公民更有可能投票。图 12-1 描绘了投票率和教育之间的关系。由于图中的蓝线（回归线）是向上倾斜的，因此教育和投票率之间存在正相关关系。这条线代表着对各教育水平下投票率的预测。图中有一些明显的离群值：明尼苏达州（MN）和夏威夷州（HI）离这条线很远。明尼苏达州（MN）的投票率远高于预期，夏威夷州（HI）的投票率远低于预期。

在 R 中生成回归线非常容易，每次对散点图进行直线拟合时我们都这么做。具体而言，就是使用 ggplot 中的 `geom_smooth()` 函数，指定 method 为 lm，表示用线性模型。为了让图 12-1 中的散点图更加直观，我定义了一个新的变量 `states$turnperc`，将 `states$turnout` 变量中的每个值乘以 100，将选民投票率中的小数转换成整数（见代码块 12-1）。投票率变换完成后，我们就可以构建散点图了。

代码块 12-1

```r
states$turnperc <- states$turnout * 100

ggplot(states, aes(hsdiploma, turnperc)) +
geom_text_repel(size = 3, aes(label = st,
                size = 1, hjust = 0, vjust = 1.5),
                col = ifelse(states$st == "MN", "#0000bf",
                      ifelse(states$st == "HI", "#0000bf",
                                                "white"))) +
geom_smooth(method = "lm", se = FALSE, size = 0.25) +
xlab("高中毕业比例") + ylab("选民投票率") +
ggtitle("图 12-1：投票率和教育") +
geom_point(col = "#bf0000", size = 0.8) +
theme_minimal() +
theme(plot.title = element_text(size = 8, face = "bold"),
      axis.title = element_text(size = 8, face = "bold"))
```

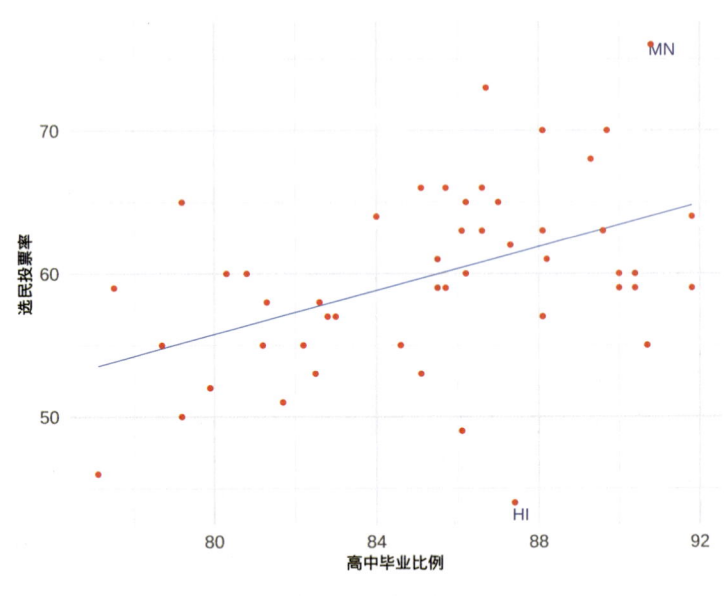

图 12-1：投票率和教育

代码块 12-1 中的代码现在看起来应该非常熟悉了。我们从 ggplot() 函数开始，添加绘图图层。为此，我们为部分点添加了标签，同时对主题和字体的风格做了一点改进。

虽然图 12-1 中的信息量很大，但我们想知道的是直线的斜率和截距。表 12-1 中的回归输出提供了这些信息。要获得这些输出，我们需要使用线性模型函数 lm() 定义一个对象。线性模型函数的关键部分是波浪号（~），它将因变量与其余变量分开。本例中，turnperc 是因变量，hsdiploma 是自变量。为方便起见，我们可以使用 data= 选项来指定数据集，以避免输入完整的变量名 states\$turnperc 和 states\$hsdiploma（见代码块 12-2）。在定义好线性模型对象并命名（例如，ed.lm）后，我们就可以使用 stargazer() 函数为该对象生成回归表了[1]。

代码块 12-2
```
ed.lm <- lm(turnperc ~ hsdiploma, data = states)

stargazer(ed.lm, title = "表 12-1：投票率和教育",
          type = "text", header = FALSE)
```

---

[1] stargazer() 函数来自名为 "stargazer" 的软件包，它可以为各种各样的对象生成专业级的表格。尽管 stargazer 可以生成 ASCII 文本表格，但没有 HTML 或 LaTeX 的那么好。你可以通过 type= 选项指定 "text"、"latex" 或 "html"。（译注：译者建议读者去了解更先进的支持 RTF 格式的 gt 和 gtsummary 包。）

表 12-1：投票率和教育

```
=========================================
                    Dependent variable:
                    ---------------------
                         turnperc
-----------------------------------------
hsdiploma                0.764***
                         (0.213)

Constant                 -5.390
                         (18.258)

-----------------------------------------
Observations             50
R2                       0.211
Adjusted R2              0.195
Residual Std. Error      5.914 (df = 48)
F Statistic              12.838*** (df = 1; 48)
=========================================
Note:            *p<0.1; **p<0.05; ***p<0.01
```

回归中的**系数（coefficient）**就是直线的斜率。对于 hsdiploma 变量，斜率为 0.76。拥有高中文凭的人口每增加 1 个百分点，我们预测选民投票率就会增加 0.76 个百分点。截距（或常量）为 –5.4（对 –5.39 四舍五入）。在这个例子中，当一个州拥有高中文凭的人口百分比为 0 时，我们预计 –5.4% 的投票适龄人口会投票。当然，没有哪个州拥有高中文凭的人口百分比为 0，选民投票率也不可能为负数。因此，本例中的截距是没有信息量的。有时截距代表着有意义的数字，而本例中的没有意义。

图 12-2 展示了对回归线的剖析，图中的回归线概括了选民投票率与拥有高中文凭的人口百分比之间的关系。准确地说，选民投票率被回归到一个州完成高中教育的人口百分比上[1]。这条线有助于确定关系的几个有意义的组成部分：①**预测值**（predicted value）（$\hat{Y}_i$）；②**残差**（residual）（$Y_i - \hat{Y}_i$）[2]。残差表示对于结果 Y_i，模型预测的效果如何。大的、正的残差表明模型低估了结果（$Y_i > \hat{Y}_i$）。本例中，请注意明尼苏达州（MN）的值高于该线多么显著，这表明我们低估了它的值。大的、负的残差表明模型高估了结果（$Y_i < \hat{Y}_i$）。正如在下一节中会看到的，模型拟合的统计摘要是从所有的残差平方和开始的（$\sum \left(Y_i - \hat{Y}_i\right)^2$）。

---

[1] 在数据分析中用词准确很重要。请记住，在描述模型时，是从因变量开始的。本例中，选民投票率（因变量）被回归到教育（自变量）上。然而，对自变量系数的解读是从自变量开始的——自变量每个单位的变化对应着因变量 x 的变化。

[2] 这些表达式涉及对每个观测 N 执行的操作。下标 i 泛指个案。在 states 数据集中，N 是 50。在这种情境下，下标 i 指的是 50 个州中的任意一个。

为了可视化这个简单的二元回归，我大量使用了 annotate() 函数，以便在 ggplot 中放置文本和线段(见代码块 12-3 和图 12-2)。annotate() 函数之前使用过，只不过没有达到这种程度。

代码块 12-3
```
ggplot(states, aes(hsdiploma, turnperc)) +
    geom_point(col = "grey") +
    geom_text_repel(size = 3,
                    aes(label = st),
                    col = ifelse(states$st == "MN", "black", "white")) +
    geom_smooth(method = "lm", se = FALSE) +
    labs(x = "高中毕业比例", y = "选民投票率",
         title = "图 12-2：对回归线的剖析") +
    theme_minimal() +
    theme(plot.title = element_text(size = 8, face = "bold"),
          axis.title = element_text(size = 8, face = "bold")) +
    annotate("text", x = 85, y = 70, parse = T,
             label = "残差或误差 e==Y[i]~-~hat(Y[i])",
             size = 3) +
    annotate("text", x = 82, y = 67, parse = T,
             label = "'回归线方程 '~hat(Y[i])==a~+~beta[i]~x[i]", size = 3) +
    annotate("text", x = 89, y = 76, parse = T,
             label = "Y[i]") +
    annotate("text", x = 89, y = 64.5, parse = T,
             label = "~hat(Y[i])") +
    annotate("segment", x = 89.5, xend = 90.76, y = 64.3,
             yend = 64.3, size = 0.2) +
    annotate("segment", x = 87.3, xend = 90.76, y = 69.7,
             yend = 69.7, size = 0.2) +
    annotate("segment", x = 89.4, xend = 90.76, y = 76,
             yend = 76, size = 0.2) +
    annotate("segment", x = 82, xend = 82, y = 65.5,
             yend = 58, size = 0.2) +
    annotate("segment", x = 90.76, xend = 90.76, y = 76,
             yend = 64.5, col = "#bf0000", linetype = "dashed")
```

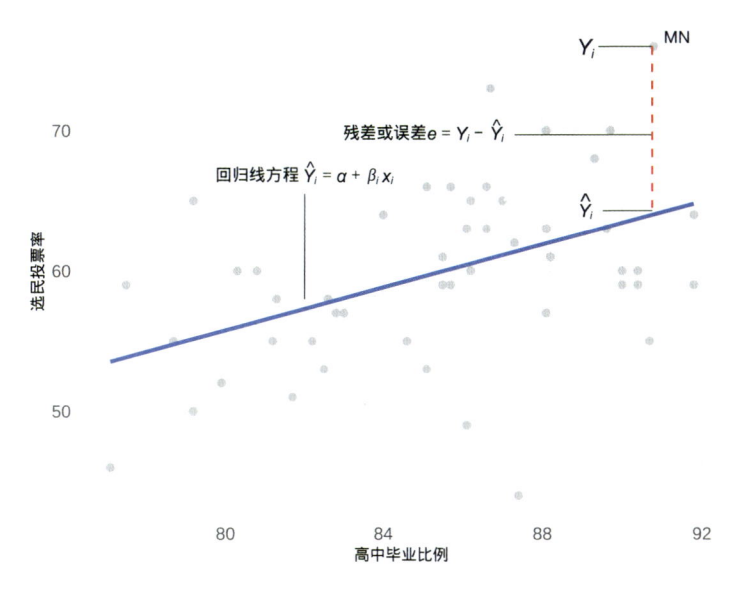

图 12-2：对回归线的剖析

这条回归线代表着最佳拟合[1]，或者说是使残差平方和最小的线 $\min \sum (Y_i - \hat{Y}_i)^2$。首先，斜率的计算方法如下：

$$\hat{\beta}_1 = \frac{\sum (X_i - \bar{X})(Y_i - \bar{Y})}{\sum (X_i - \bar{X})^2}$$

其中，X_i 是第 i 个观测值，$\bar{X}$ 是 X 的平均值，$\bar{Y}$ 是 Y 的平均值。

其次，截距的计算方法如下：

$$\hat{\beta}_0 = \bar{Y} - \hat{\beta}_1 \bar{X}$$

其中，$\hat{\beta}_1$ 是上一个等式的结果。

虽然手动计算二元回归线是一个很好的练习，但请注意，当观测数量超过 20 或 30 时，这项工作就会变得非常乏味和耗时。对于 states 数据集，我们要重复所有的计算 50 次，才能算出斜率和截距。对于 NES 的数据，则必须重复操作 1,000 多次！

---

[1] 我们可以用不同的标准来计算最佳拟合线。最常见的框架或标准被称为普通最小二乘法（OLS）。接下来的计算构成了 OLS 的组成部分。本章介绍了 OLS 的基本框架，以便建立起对回归分析的直觉，又不至于深陷其基于的数学、几何和概率基础架构中而停滞不前。

> **知识检验：理解线性回归的主要特征。**

4. 请看下列方程式，指出式子中各项对应的选项。

$$\hat{Y}_i = \alpha_i + \beta x_i$$

   a. 预测值
   b. 截距
   c. 斜率
   d. 案例 i 的 x 值

5. 当直线的斜率为负时，下列哪项成立？

   a. α 为负。
   b. 预测值为负。
   c. x 的值肯定为负。
   d. β 的值肯定为负。

6. 以下哪些陈述描述了回归线？

   a. α 代表当 x 为 0 时直线与 y 轴相交的位置。
   b. β 代表 x 一个单位变化时，相应的 y 的变化。
   c. 这条线代表不同的 x 值对应的 y 预测值。
   d. 这条线代表不同的 y 值对应的 x 预测值。

拟合优度（ R^2 统计量）

除了数据摘要，回归分析的 R^2 统计量还表明了模型拟合效果的优劣。R^2 统计量就是因变量的可解释方差（explained variance）除以总方差（total variance）。为了说明这一点，图 12-3 展示了在简单的双变量情况下，一个观测值的**总偏差**（total deviation）$(Y_i - \bar{Y})$、**可解释偏差**（explained deviation）$(\hat{Y}_i - \bar{Y})$，以及**无法解释的偏差**（unexplained deviation）$(Y_i - \hat{Y}_i)$。在图 12-3 中，我使用了偏差（deviation）这个术语，而不是方差（variance），因为这里指的是具体的观测值，而非它们的总和。R^2 统计量对所有观测值的可解释偏差求和，然后除以所有观测值的总偏差之和。在双变量情况下，R^2 的计算公式如下：

$$R^2 = \frac{\sum\left(\hat{Y}_i - \bar{Y}\right)^2}{\sum\left(Y_i - \bar{Y}\right)^2} = \frac{\text{可解释偏差}}{\text{总偏差}}$$

其中，$\hat{Y}$ 是 Y 的预测值，$\bar{Y}$ 是 Y 的平均值。

根据不同的统计软件包，R^2 统计量以百分比，或 0 和 1 之间的数字表示。如果该模型正确地预测了所有的观测值(所有的观测值都停留在直线上)，那么 R^2 将等于 1。如果 X 对于预测 Y 没有帮助，则 R^2 将接近于 0（见代码块 12-4 和图 12-3）。

代码块 12-4

```
ggplot(states, aes(hsdiploma, turnperc)) +
    geom_text(size = 3, aes(label = st, size = 1, vjust = 0.8,
              hjust = 1.2), col = ifelse(states$st == "MN", "black",
                      ifelse(states$st == "ME", "black", "white"))) +
    geom_smooth(method = "lm", se = FALSE) +
    labs(x = "高中毕业比例", y = "选民投票率",
         title = "图12-3：拟合优度") +
    theme_minimal() +
    theme(plot.title = element_text(size = 8, face = "bold"),
          axis.title = element_text(size = 8, face = "bold")) +
    geom_hline(yintercept = 59, linetype = 3) +
    geom_point(col = "lightgrey") +
    annotate("segment", x = 88.6, xend = 90.76, y = 69, yend = 69,
             size = 0.2, col = "#bf0000") +
    annotate("text", x = 87.4, y = 69, parse = T,
             label = "'无法解释的偏差'",
             size = 3, col = "#bf0000") +
    annotate("text", x = 88, y = 61, col = "#0000bf", parse = T,
             label = "'可解释偏差'", size = 3) +
    annotate("text", x = 92.5, y = 67, parse = T,
             label = "'总偏差'", size = 3) +
    annotate("text", x = 94, y = 60, parse = T,
             label = "~bar(Y)==59") +
    xlim(85, 95) +
    annotate("segment", x = 90.76, xend = 90.76, y = 76,
             yend = 63, col = "#bf0000", size = 0.2,
             linetype = "dashed") +
    annotate("segment", x = 90.76, xend = 90.76, y = 63,
             yend = 59, col = "#0000bf", size = 0.2,
             linetype = "dashed") +
    annotate("segment", x = 91, xend = 91, y = 76, yend = 59,
             size = 0.5, linetype = "dashed") +
    annotate("segment", x = 88.85, xend = 90.76, y = 61, yend = 61,
             size = 0.2, col = "#0000bf") +
    annotate("segment", x = 91, xend = 91.8, y = 67,
             yend = 67, size = 0.2)
```

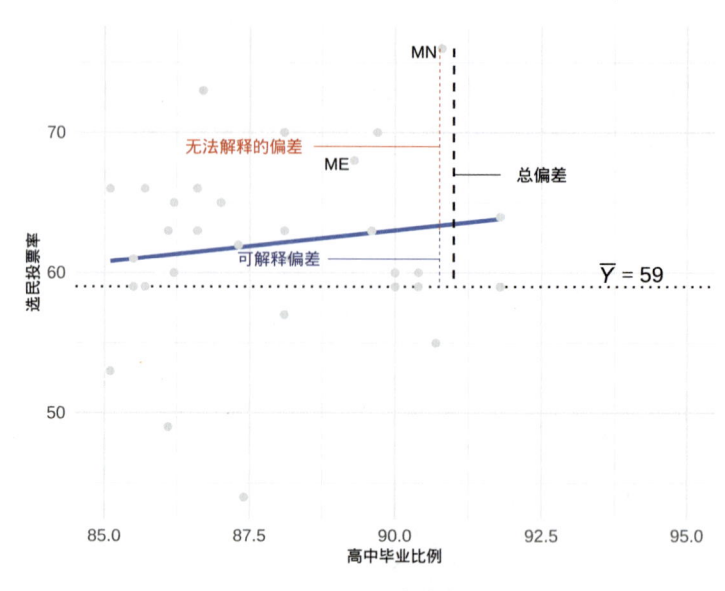

图 12-3：拟合优度

图 12-3 说明了 R^2 统计量的机制 [1]。观测离线越远，可解释偏差相对于总偏差就越小。明尼苏达州（MN）的可解释偏差相对于总偏差就很小。如果大多数案例都远离回归线，那么 R^2 会相对较小——接近于 0。当观测更接近回归线时（缅因州 ME），可解释偏差在总偏差中占的比例相对更大。如果大多数观测都接近回归线，那么 R^2 会相对较大——接近于 1。

换一个角度看 R^2 统计量是有帮助的。当观测接近这条线时，拟合的效果更好，R^2 统计量更接近于 1。为了将差异可视化出来，我在代码块 12-5 中创建了三个变量。请注意 sd30 变量的标准差是 30，sd5 变量的标准差是 5。这意味着使用 sd30 绘制的散点图分散程度更大，观测距离回归线更远。然后，我创建了一个以 1 为步长，值从 1 到 100 的简单变量。在定义好这些变量后，再定义 Y1 和 Y2 作为 x 的线性组合。请注意，Y1 的分散程度会远远大于 Y2 的。

代码块 12-5

```
sd30 <- rnorm(100, mean = 50, sd = 30)
sd5 <- rnorm(100, mean = 50, sd = 5)

xvar <- 1:100

Y1 <- 5 + 0.78 * xvar + sd30
Y2 <- 5 + 0.78 * xvar + sd5
```

---

[1] 图 12-2 和图 12-3 的灵感来自塔夫特的数据分析文本精要（Tufte, 1974）里类似的图。

```
df1 <- data.frame(xvar=xvar, Y1=Y1)
df2 <- data.frame(xvar=xvar, Y2=Y2)
```

现在我们准备好绘图了。我创建了两个散点图（一个代表 Y1，一个代表 Y2），然后使用 grid.arrange() 函数将它们并排放置（见代码块 12-6）。在代码块 12-6 中，使用到的唯一新函数是 ylim()，用于限定 y 轴的尺寸。

代码块 12-6

```
p1 <- ggplot(df1, aes(xvar, Y1)) +
    geom_point(col = "red", size = 0.5) +
    geom_smooth(method = "lm", se = FALSE, size = 0.5) +
    theme_minimal() +
    theme(plot.title = element_text(size = 8, face = "bold"),
          axis.title = element_text(size = 8, face = "bold"),
          plot.subtitle = element_text(size = 8, face = "bold")) +
    labs(subtitle = expression(R^2 == 0.43), y = NULL, x = NULL) +
    ylim(0, 200)

p2 <- ggplot(df2, aes(xvar, Y2)) +
    geom_point(col = "red", size = 0.5) +
    geom_smooth(method = "lm", se = FALSE, size = 0.5) +
    theme_minimal() +
    theme(plot.title = element_text(size = 8, face = "bold"),
          axis.title = element_text(size = 8, face = "bold"),
          plot.subtitle = element_text(size = 8, face = "bold")) +
    labs(subtitle = expression(R^2 == 0.95), y = NULL, x = NULL) +
    ylim(0, 200)
grid.arrange(p1, p2, ncol = 2, top = textGrob("图 12-4：比较 R² 统计量 ",
             gp = gpar(fontsize = 8)))
```

在图 12-4 左侧，观测距离回归线相对较远；R^2 为 0.43。在右侧，观测距离回归线相对更近；R^2 为 0.95。请注意，根据定义（代码块 12-5 中 Y1 和 Y2 的数学表达式），两个图中的回归线具有相同的斜率。两者的区别仅在于残差的大小。观测越接近回归线（残差越小），R^2 统计量的值越大。

图 12-4：比较 R^2 统计量

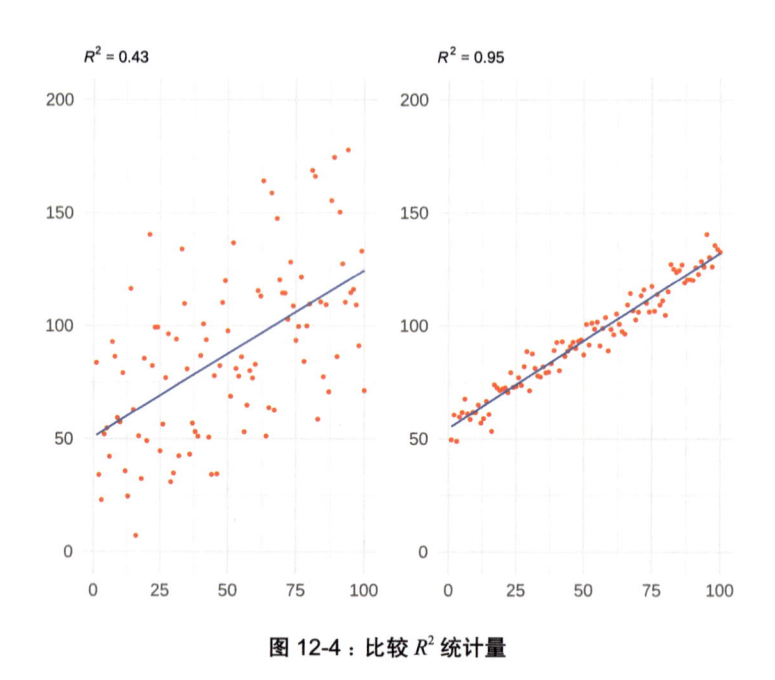

> 知识检验：描述模型拟合。

7. 当以下情况发生时，R^2 统计量会发生什么变化？
    a. 变量 y 的分散程度增加。
    b. 变量 x 的分散程度增加。
    c. y 的方差中无法解释的部分减少。
    d. y 的方差中可解释的部分增加。
8. 当以下哪种情况发生时，回归线拟合数据的效果更好？
    a. R^2 统计量的值接近于 1。
    b. 方差无法解释的部分和可解释的部分同时增加。
    c. 观测远离回归线。
    d. 回归线的斜率更陡。

统计显著性

回归分析还提供了证明估计质量的方法。我们能确信我们的估计不是随机的结果吗？对斜率和截距的估计都是基于从现实世界收集的数据样本的。由于存在可能影响样本的随机因素，我们要考虑到不确定性（也许关于某位政治家的调查反馈是从诽谤的新闻报道中获得的，或者是在重大犯罪事件发生后立即收集的关于个人安全的看法）。在选民投票率和教育的例子中，也许候选人之一是著名的、德高望重的高中校长——虽然不太可能，但我们谈论的是随机现象。

我们的估计受到这类事件影响的概率是多少？我们希望避免结果表明存在关系，而实际上并不存在。另一种错误是结果表明不存在关系，而实际上却存在。根据具体情况，这两种错误都可能很严重。在第一种情况下，我们可能会采纳非常昂贵的而又非必要的公共政策。在第二种情况下，我们将无法落实有助于避免灾难性后果的政策。估计的质量和对估计的信心可以帮助我们避免这两种结果。

我们使用 t- 比率来粗略地表明能对估计抱有多少信心。虽然使用 t- 比率可以非常精确地估算出能对估计抱有多少信心，但建议分析师将该度量视为粗略指标。t- 比率低表明我们不应该有过高的期望，而应该只把无限的热情留给 t- 比率最高的那些。即使如此，如果它们太高了，我们也应该怀疑。

计算 t- 比率

在选民投票率和教育的例子中，拥有高中文凭的人口每增加 1%，投票率就会增加 0.76 个百分点。就目前对样本方差、标准正态分布和置信区间的了解，如果关系实际为 0，那么生成 0.76 估计值的可能性有多大？如果概率很低，我们就可以更加确信投票率和教育之间存在关系。如果概率很高，我们就应该谨慎一些。

我们需要使用 $\hat{\beta}_1$ 系数及其标准误差来进行计算。由于 $\hat{\beta}_1$ 已经有了，我们只需要计算其标准误差。

1. 计算残差（residual），即真实值 Y_i 与预测值 $\hat{Y}_i$ 之间的距离。有 N 个观测，对每个观测的残差平方求和：

$$\sum \left(Y_i - \hat{Y}_i \right)^2$$

2. 取残差平方之和，除以 $N-2$（自由度）[1]，得到残差变异（residual variation）。

$$S^2_{Y|X} = \frac{\sum \left(Y_i - \hat{Y}_i \right)^2}{N-2}$$

---

[1] 自由度就是观测数量减去模型中变量的数量。请回顾第 9 章中关于自由度的讨论。

3. 通过 $S_{Y|X}^2$，计算估计的标准误差：

$$S_{\hat{\beta}_1} = \frac{S_{Y|X}}{\sqrt{\sum(X_i - \bar{X})^2}}$$

有了估计的标准误差，我们进行最后的计算。**t-比率（对于回归系数）**提供了明确的检验，即根据我们的估计，实际关系为 0 的可能性有多大。t-比率是通过估计值除以其标准误差得到的。

$$t\text{-比率} = \frac{\hat{\beta}_1}{S_{\hat{\beta}_1}}$$

在了解了如何计算 t-比率之后，现在让我们来探讨它的性质（property）。与斜率估计相关的 t-比率越大，我们就越有信心认为回归线的真实斜率不为 0。将这里的讨论与随机样本和置信区间联系起来（见第 9 章），这里"真实"的斜率等同于总体参数，对斜率的估计等同于样本统计量。绝对值大于 2（可正、可负）超过了常规的置信水平[1]。

t-比率是大于还是小于 2 的绝对值，取决于分子和分母中的内容。估计的标准误差在分母中，这意味着数据差异（variation）更大（残差更大），导致分母比分子更大。因此，较大的数据差异将产生较小的 t-比率。

如果残差 $\sum(Y_i - \hat{Y}_i)$ 很大，那么残差的方差（$S_{Y|X}^2$）也会很大。残差 $S_{\hat{\beta}_1}$ 的方差越大，估计值的标准误差就越大。估计值的标准误差 $S_{\hat{\beta}_1}$ 越大，得到的 t-比率就越小。一步一步计算来看，某步的变化会对其他步骤的计算造成什么影响。

请注意，当观测数量（N）增加的时候会发生什么。随着 N 的变大（观测数量增加），标准误差减小，反过来增大了 t-比率。换句话说，随着获得的信息的增多（N 增大），我们对估计的信心增加（t-比率增大）了。

数据可视化的艺术与实践
信息越多，越有信心

值得强调的是，关于观测数量的那段话蕴含的意义。它在数学上表明，随着获得的信息的增多（更多的数据），对结果的信心也会增加。

---

[1] 标准水平（虽然有点随意）是 95% 的置信水平。有关置信水平，请回顾第 9 章中的讨论。

> 知识检验：描述统计显著性。

9. 回归估计（斜率和截距）与第 9 章中的概念有何相似之处？
   a. 回归估计就类似于样本统计量。
   b. 回归估计就类似于置信区间。
   c. 回归估计表明显著性水平。
   d. 回归估计受到 N 的影响。
10. 以下哪些说法是正确的。
    a. 随着 N 的增加，t-比率的绝对值会减小。
    b. 随着估计的标准误差的增加，t-比率也会增大。
    c. 随着系数大小的增加，t-比率也会增大。
    d. 随着 N 的增加，t-比率的绝对值也会增大。
11. 在回归情境下，什么与随机抽样情境下的样本方差是等同的？
    a. 影响回归估计的随机事件
    b. 收集数据时犯的错误
    c. x 的变化对 y 的变化有何影响
    d. 残差的方差

二元回归的例子

在接下来的例子中，我们要学习如何在不同的情境下使用不同的度量单位来解读回归系数。就情境而言，因变量或自变量有没有变换过？就度量而言，我们要如何解读以百分比、指标或其他单位度量的变量？我们关注的是关系的实质显著性——回归线的斜率。除非知道度量单位和变量是否变换过，否则我们无法了解关系的实质显著性。

变量的度量不同。许多变量（如 hsdiploma 和 democrat）是以百分比来衡量的。其他度量用的是指标，即人工设计的用来表达诸如民主（world 数据集中的 polity2）或政治意识形态（NES 数据集中的 pid）之类的基本概念。虽然指标和百分比很常见，但还有很多其他形式的单位：每 10 万人口中凶杀案受害者数量、每平方英里的人口，或每千名活产婴儿死亡数。要理解回归结果的实质显著性，我们必须知道度量的单位。

下面的一系列二元回归案例展示了如何正确地解读回归系数、t-比率和 R^2 统计量。

一个州的宗教信仰水平是否会影响堕胎率

因变量和自变量均为原始形式

在这个例子中,因变量和自变量都是原始形式的。在这种情况下,要解读系数很简单:福音教派的人口每增加 1 个百分点,相应的每千名女性的堕胎数就减少 0.3(见表 12-2)。

在代码块 12-7 中,我定义了一个回归模型对象 abort.lm,然后将其放入 stargazer 表中。图 12-5 展示了相应的散点图和回归线。

代码块 12-7

```r
abort.lm <- lm(abort ~ evangel, data = states)
stargazer(abort.lm, type = "text", title = "表 12-2:福音主义限制了堕胎",
          header = FALSE)

ggplot(states, aes(evangel, abort)) +
    geom_point(col = "#bf0000") +
    geom_text_repel(size = 3, aes(label = st, size = 1),
                    col = "grey",show.legend = FALSE) +
    ggtitle("图 12-5:宗教信仰减少堕胎") +
    geom_smooth(method = "lm", se = F, fullrange = F,
                col = "#0000bf") +
    theme_minimal() +
    theme(plot.title = element_text(size = 8, face = "bold"),
          axis.title = element_text(size = 8, face = "bold")) +
    ylab("每千名女性的堕胎数") +
    xlab("福音教派人口比例")
```

表 12-2:福音主义限制了堕胎

```
=================================================
                          Dependent variable:
                      ---------------------------
                                 abort
-------------------------------------------------
evangel                         -0.301***
                                 (0.089)

Constant                        23.745***
                                 (2.105)

-------------------------------------------------
Observations                       50
R2                               0.191
Adjusted R2                      0.174
Residual Std. Error         8.290 (df = 48)
F Statistic             11.324*** (df = 1; 48)
=================================================
Note:                *p<0.1; **p<0.05; ***p<0.01
```

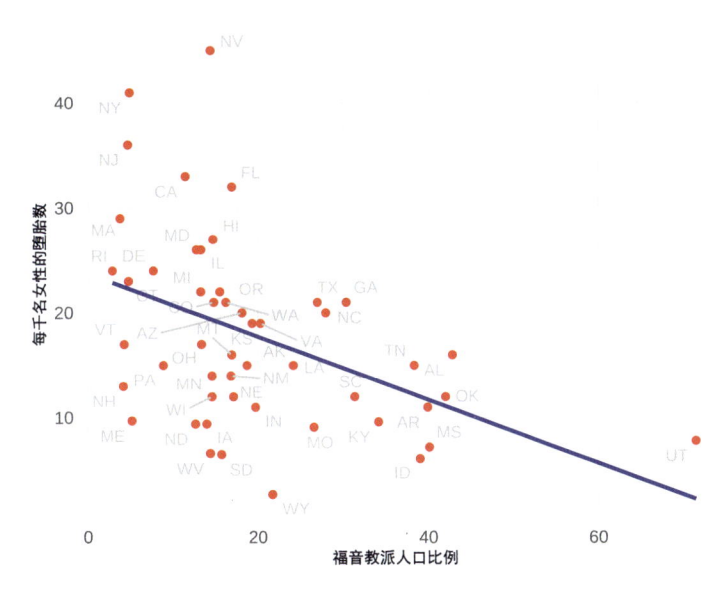

图 12-5：宗教信仰减少堕胎

为了计算 t- 比率，我们用估计的系数（-0.301）除以估计的标准误差（0.089）。得到估计的 t- 比率为 -3.37。由于 t- 比率大于 2 的绝对值，因此估计具有统计显著性。

> **数据可视化的艺术与实践**
> **估计的标准误差**
>
> 很多软件程序都会在估计的下方或旁边的括号中提供估计的标准误差。还有一些直接就把 t- 比率本身放在括号内。这里遵循的惯例是将估计的标准误差放在括号里。包括我自己在内的许多分析师都会在估计的旁边放上星号，以表明统计显著性的水平。通常，一个星号表示 0.10，两个星号表示 0.05，三个星号表示 0.01（90%、95% 和 99% 的置信水平）。有人将星号（asterisk）称为星星（star），因此生成回归表的 R 包 "stargazer" 的名字里就带有 "star"。

我们可以确信，直线的斜率不为 0。换句话说，如果真实值为 0，即使考虑到可能的随机事件，福音主义的系数也不可能是 -0.301。R^2 统计量为 0.19，表明我们已经成功地用一个变量（福音主义）解释了堕胎率总方差的 19%。

宗教信仰是否会影响枪支法案

因变量是一个指标（index）

我们这里要将衡量拥有、销售和携带枪支自由（states 数据集中的 gunfree）的指标回归到州福音教派人口比例上。表 12-3 表明，福音教派人口每增加 1 个百分点，相应的持枪自由指标会增加 0.032 点。

代码块 12-8

```
gun.lm <- lm(gunfree ~ evangel, data = states)
stargazer(gun.lm, type = "text", title = " 表 12-3：宗教信仰与枪支法案有关 ",
          header = FALSE)
ggplot(states, aes(evangel, gunfree)) +
   geom_point(col = "red") +
   geom_text_repel(size = 3, aes(label = st, size = 1),
                   col = "grey",show.legend = FALSE) +
   ggtitle(" 图 12-6：宗教信仰支持持枪自由 ") +
   geom_smooth(method = "lm", se = F, fullrange = F) +
   theme_minimal() +
   theme(plot.title = element_text(size = 8, face = "bold"),
         axis.title = element_text(size = 8, face = "bold")) +
   ylab(" 持枪自由指标 ") +
   xlab(" 福音教派人口比例 ")
```

表 12-3：宗教信仰与枪支法案有关

```
===============================================
                       Dependent variable:
                    ---------------------------
                              gunfree
-----------------------------------------------
evangel                      0.032***
                              (0.010)

Constant                     -0.606**
                              (0.239)

-----------------------------------------------
Observations                    50
R2                             0.171
Adjusted R2                    0.154
Residual Std. Error       0.942 (df = 48)
F Statistic             9.909*** (df = 1; 48)
===============================================
Note:              *p<0.1; **p<0.05; ***p<0.01
```

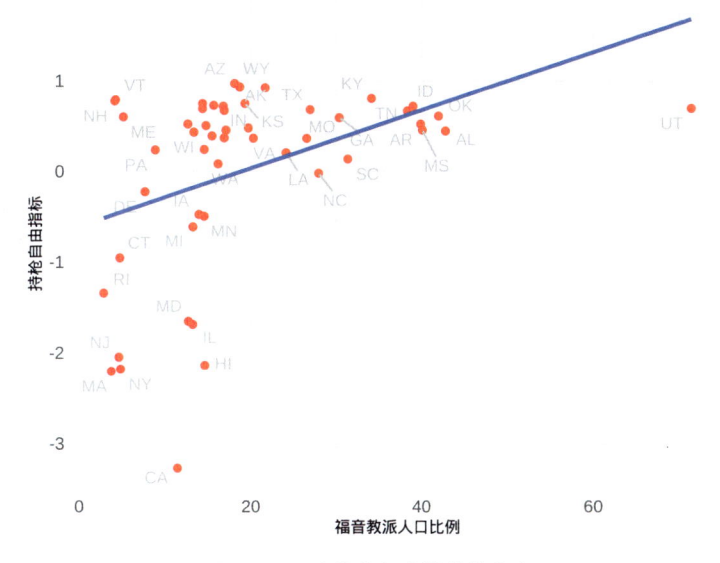

图 12-6：宗教信仰支持持枪自由

本例中，估计得到的系数（0.032）具有统计显著性：t-比率为 3.15。与之前一样，如果宗教信仰与持枪自由之间没有关系，就算考虑了随机事件，回归也不太可能产生 0.032 的系数。R^2 统计量为 0.17，表明我们的单变量模型解释了持枪自由 17% 的变化。

> **数据可视化的艺术与实践**
> **以 .lm 作为线性模型的后缀**
>
> 请注意，在最后几个代码块中创建的每个回归对象的名称都带有".lm"后缀。将".lm"放在线性模型定义的每个对象的名称末尾，可以保持变量清晰明了。随着在会话中创建的对象越来越多，有意义的后缀会很有用。

暴力会导致政治不稳定吗

因变量和自变量都经过了对数变换

本例中的因变量和自变量都呈正偏态。衡量政治不稳定的标准是一个国家的政治评分变化不超过 3 分的年数（`world` 数据集中的 `durable` 变量）。当因变量和自变量都经过了对数变换时，自变量每 1% 的变化，相应的因变量变化 X 个百分点。在我们的例子中，凶杀率每 1% 的变化，相应的稳定年数变化 beta 个百分点。经济学家将此称为弹性（elasticity，与一个百分比变化相对应的百分比变化）。本例中，凶杀率每增加 1%，自重大政权更迭以来的年数就会增加 0.17%（见代码块 12-9、表 12-4 和图 12-7）。

代码块 12-9

```
violence.lm <- lm(log(durable + 1) ~ log(homicide + 1), data = world)

stargazer(violence.lm, type = "text",
          title = "表 12-4：政治稳定与凶杀案受害者数量", header = FALSE)

ggplot(world, aes(log(homicide + 1), log(durable + 1))) +
   geom_point(col = "#bf0000") +
   geom_text_repel(size = 3, aes(label =
       ifelse(world$iso3c %in% c("USA", "HND", "AFG", "SWE"),
           as.character(world$country), ""), size = 1),
       col = "grey", show.legend = FALSE) +
   ggtitle("图 12-7：凶杀案的影响甚微") +
   geom_smooth(method = "lm",se = F, fullrange = F,col= "#0000bf") +
   theme_minimal() +
   theme(plot.title = element_text(size = 8, face = "bold"),
         axis.title = element_text(size = 8, face = "bold")) +
   ylab("自重大政权更迭以来的年数（对数）") +
   xlab("凶杀率（对数）")
```

表 12-4：政治稳定与凶杀案受害者数量

```
===============================================
                        Dependent variable:
                    ---------------------------
                          log(durable + 1)
-----------------------------------------------
log(homicide + 1)              -0.173
                               (0.112)

Constant                       3.153***
                               (0.211)

-----------------------------------------------
Observations                     121
R2                              0.020
Adjusted R2                     0.012
Residual Std. Error       1.207 (df = 119)
F Statistic              2.405 (df = 1; 119)
===============================================
Note:                *p<0.1; **p<0.05; ***p<0.01
```

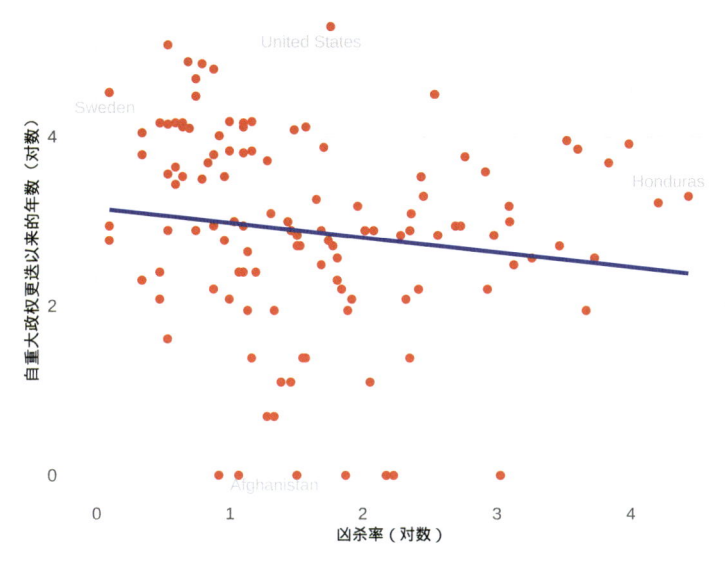

图 12-7：凶杀案的影响甚微

t-比率为 –1.5，表明处于常规的显著性水平（低于 2 的绝对值），我们无法确信估计值不为零。换句话说，相对于前面 t-比率大于 2 的绝对值的情况，即使这里实际关系为零，得到系数 0.17 的概率也更高。R^2 统计量也很小——我们只解释了政治稳定性总方差的 2%。

收入（人均 GDP）与投票率有关吗

自变量经过了对数变换

在这个例子中，我们将投票率回归到人均 GDP 上，以便了解收入水平与政治参与度之间的关系（见代码块 12-10 和图 12-8）。由于人均 GDP 是正偏态的，我们对其取对数进行变换。在这里，可以选择是取以 10 为底还是以 2 为底的对数。如果取以 10 为底的对数，则可以解读为自变量增加 10 倍，相应的投票率就增加 beta 个百分点。当自变量取以 2 为底的对数时，自变量的大小翻倍，相应的投票率增加 beta 个百分点。在我们的例子中，使用以 2 为底的对数。人均 GDP 翻倍，相应的投票率才增加 1 个百分点（0.99），相对于收入如此巨大的变化而言，对投票率的影响着实不大（见表 12-5）。

与上一个例子一样，估计对应的 t-比率为 1.34，小于 2 的绝对值。该估计在统计上不显著，因此真实的斜率可能为 0。与上一个例子一样，即使实际关系为 0，也可能得到 0.99 的估计值。R^2 统计量为 0.01：人均 GDP 仅解释了投票率变化的 1%。

代码块 12-10

```
wealth.lm <- lm(turnout ~ log2(gdppc), data = world)

stargazer(wealth.lm, type = "text", title = "表12-5:收入对投票率的影响微弱",
header = FALSE)

ggplot(world, aes(log2(gdppc), turnout)) +
    geom_point(col = "#bf0000") +
    geom_text_repel(size = 3, aes(label =
        ifelse(world$iso3c %in% c("USA", "LUX", "RWA", "HTI"),
            as.character(world$country), ""), size = 1,
        hjust = 1, vjust = 0.5), col = "grey", show.legend = FALSE) +
    ggtitle(" 图 12-8：收入改变不了投票率 ") +
    geom_smooth(method = "lm", se = F, fullrange = F) +
    theme_minimal() +
    theme(plot.title = element_text(size = 8, face = "bold"),
        axis.title = element_text(size = 8, face = "bold")) +
    ylab(" 选民投票率 ") +
    xlab(" 人均 GDP（对数处理）")
```

表 12-5：收入对投票率的影响微弱

```
===============================================
                        Dependent variable:
                    ---------------------------
                              turnout
-----------------------------------------------
log2(gdppc)                    0.943
                              (0.745)

Constant                     53.911***
                              (9.804)

-----------------------------------------------
Observations                    150
R2                             0.011
Adjusted R2                    0.004
Residual Std. Error      15.912 (df = 148)
F Statistic              1.599 (df = 1; 148)
===============================================
Note:              *p<0.1; **p<0.05; ***p<0.01
```

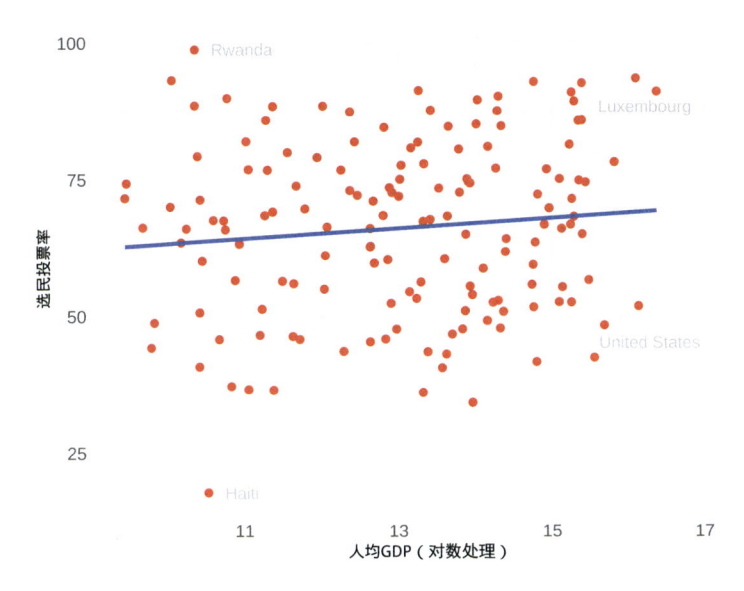

100
Rwanda
Luxembourg
75
选民投票率
50
United States
25
Haiti
11   13   15   17
人均GDP（对数处理）

图 12-8：收入改变不了投票率

> **知识检验：在各种情境下解读系数。**

12. 当因变量为对数时，请找出正确的解读。

    a. x 每个单位的变化对应着 y 的 $(e^{(\text{beta})}-1) \times 100$ 个百分点的变化。
    b. x 每个百分点的变化对应着 y 的 z 个百分点的变化。
    c. x 每个百分点的变化对应着 y 的 x 点的变化。
    d. x 每一点的变化对应着 y 的一个单位的变化。

13. 当因变量和自变量都是对数时，请找出正确的解读。

    a. x 每个单位的变化对应着 y 的 $(e^{(\text{beta})}-1) \times 100$ 个百分点的变化。
    b. x 每个百分点的变化对应着 y 的 z 个百分点的变化。
    c. x 每个百分点的变化对应着 y 的 x 点的变化。
    d. x 每一点的变化对应着 y 的一个单位的变化。

14. 当自变量为对数时，请找出正确的解读。

    a. x 每个单位的变化对应着 y 的 $(e^{(\text{beta})}-1) \times 100$ 个百分点的变化。
    b. x 每个百分点的变化对应着 y 的 z 个百分点的变化。
    c. x 每个百分点的变化对应着 y 的 x 点的变化。
    d. 以上都不对。

15. 当自变量为指标（index）时，请找出正确的解读。

a. x 每个单位的变化对应着 y 的 $(e^{(\text{beta})}-1) \times 100$ 个百分点的变化。
b. x 每个百分点的变化对应着 y 的 z 个百分点的变化。
c. x 每个百分点的变化对应着 y 的 x 点的变化。
d. x 每一点的变化对应着 y 的 z 个单位的变化。

> **数据可视化的艺术与实践**
> **二元回归和多元回归**
>
> 有了简单二元回归的机制和概念作为支撑，迁移到多元回归是相当简单的。类似于比较和受控比较之间的区别，从二元回归到多元回归让我们在解释或理论中引入更多可能的因素。就对多元回归分析结果的解读而言，唯一的区别是，在说明 x 每个单位的变化如何对应着 y 的一个单位的变化之后，要说明"在控制模型中包含的其他变量的情况下"。

小结

回归分析是我们所掌握的最强大的分析工具之一。熟悉本章中所介绍的回归分析构成要素是很有帮助的。然而，需要注意的是，虽然回归分析是一种强大的工具，但必须谨慎使用。随着本书内容的深入，我们会了解到它的局限性，以及它是怎样被滥用的。

避免不当使用回归分析的一种简单方法是用准确的术语描述回归结果。例如，如果估计的系数具有实质显著性——意味着 x 的单位变化对应着 y 的真正变化——就可以说因变量 Y 和自变量 X 之间存在线性关系。我们不知道 x 是否会导致 y，但我们有一些间接证据表明 x 的变化会导致 y 的变化。接下来的章节解释了为什么谨慎很重要。这些章节还展示了回归分析是如何成为重要的诊断和探索工具的，不再用来解决问题，而是引出新的更明智的问题。

常见问题

- 理解实质显著性（substantive significance）和统计显著性（statistical significance）之间的区别。虽然不难理解这两种显著性指的是什么，但很容易只关注一种而忽视了另一种。特别是，分析师会被估计的 t-比率是否显著所吸引。他们铁了心如激光般专注于统计显著性，却在完成研究并写好报告后才发现，实质显著性其实相当小。

- 使用回归的措辞（将 y 回归到 x 上）。这种措辞是反直觉的，因为我们通常认为自变量 x 对 y 有影响。因此，将回归描述为将 y 回归到 x 上是不直观的。然而，就像统计学中的许多事情一样，措辞准确且遵循公认的惯例是很重要的。因此，我们说将 y 回归到 x 上。
- 注意度量单位。由于作者百思不得其解的原因，许多初学者将系数解读为好像所有变量都是用百分比衡量的。即使自变量是以人均美元来计算的，新手仍会将该变量的单位变化视为百分比变化。关注度量单位的重要性怎么强调都不为过。纠结于此的初级分析师会表现出一定程度的不耐烦，这种情绪在许多不同的情境下都会表现出来（不单是统计学）。

复习题

1. 回归分析有哪些好处？
2. 在回归分析中，回归线的斜率表示什么？
3. 在回归分析中，截距是什么意思？
4. R^2 表明了什么？
5. t-比率是什么？
6. 回归中的观测数量对 t-比率有什么影响？
7. 当残差增加时，估计的标准误差会发生什么变化？这对 t-比率有什么影响？
8. 当因变量和自变量都是对数时，要如何解读系数？
9. 为什么通常在取对数之前要给变量加上一个常数？
10. 要了解因变量和自变量之间关系的实质显著性，我们需要知道什么？

数据分析与可视化练习

1. 以下哪些准确描述了比较和线性回归？
    a. 一个涉及拟合回归线，另一个不涉及。
    b. 一个涉及指明因果关系，另一个不涉及。
    c. 一个涉及预测，另一个不涉及。
    d. 只有一个涉及分析两个变量之间的关系。
2. 以下哪些描述了线性回归？
    a. y 的变化对应着 x 的一个单位的变化。
    b. x 的平均值和 y 的平均值是回归计算不可或缺的部分。
    c. 拟合优度受残差大小的影响。

d. 拟合优度受 x 变化的影响。

3. 以下哪些准确描述了 R^2 统计量?
   a. 它表明回归结果是否不为零。
   b. 它代表可解释方差与总方差之比。
   c. 任何大于 0.50 的 R^2 统计量都是显著的。
   d. 它会受到因变量分散程度的影响。

4. 拟合优度告诉了我们什么?
   a. 它告诉我们可以对结果抱有多少信心。
   b. 它告诉我们模型能在多大程度上解释因变量。
   c. 它给出了估计的统计显著性。
   d. 它告诉我们因变量能在多大程度上解释自变量。

5. 以下哪些说法准确描述了 t-比率?
   a. 它指出相关变量解释了多少变化。
   b. 它提供了实用的统计显著性度量。
   c. 大的 t-比率证实了 x 导致 y。
   d. 大的 t-比率表明生成的系数不为零并不是随机因素导致的。

6. 以下哪种说法是准确的?
   a. 统计显著性意味着会有实质显著性。
   b. 实质显著性往往意味着会有统计显著性。
   c. 实质显著性和统计显著性之间没有联系。
   d. 分析师往往过于注重统计显著性。

7. 将美国的收入回归到教育上。
   a. 解读自变量的斜率系数。
   b. 绘制散点图和回归线,概括二者的关系。
   c. R^2 统计量是多少?
   d. 自变量的 t-比率是多少?

8. 政治稳定对人均 GDP 有什么影响? 要回答这个问题,请使用对数版本的变量。
   a. 解读自变量的斜率系数。
   b. 绘制散点图和回归线,概括二者的关系。
   c. R^2 统计量是多少?
   d. 自变量的 t-比率是多少?

9. 在美国,教育支出对犯罪(凶杀案受害者数量)的影响有多大?
   a. 解读自变量的斜率系数。
   b. 绘制散点图和回归线,概括二者的关系。
   c. R^2 统计量是多少?
   d. 自变量的 t-比率是多少?

10. 年轻化的人口会导致凶杀率增加吗？要回答这个问题，请使用对数版本的凶杀案受害者数量变量 homicide。

   a. 解读自变量的斜率系数。
   b. 绘制散点图和回归线，概括二者的关系。
   c. R^2 统计量是多少？
   d. 自变量的 t-比率是多少？

R 函数注释

以下函数在本章中出现。它们按首次出现的顺序列出（括号中的是代码块编号），并在此注释以简要说明其用途。其中有些不是独立的函数，必须结合其他指令使用。友情提示：只要按照它们出现的顺序运行，每章的代码就都可以正常工作。正确的运行还依赖作者定义的 libraries() 函数，用于加载所需的 R 包。

ggplot()：定义图的基本结构（通常是变量 x 和 y）。（12-1）

aes()：aes（图形属性，aesthetics）函数在 ggplot 中用于定义图的基本结构[1]，通常包含要用到的变量以及形状或颜色。（12-1）

geom_text_repel()：在 ggplot 框架的散点图中标记点。（12-1）

ifelse()：用于构建"如果……那么……"（if-then）语句的逻辑函数。其既可用于选择特定案例进行标注，也可用于从连续变量中创建分类变量。（12-1）

geom_smooth()：在散点图中绘制曲线或直线。（12-1）

xlab()：在 ggplot 中设置 x 轴标签。（12-1）

ylab()：在 ggplot 中设置 y 轴标签。（12-1）

ggtitle()：设置 ggplot 的标题。（12-1）

geom_point()：在 ggplot 的网格中绘制点。（12-1）

theme_minimal()：为 ggplot 设置极简风格的主题。（12-1）

theme()：指定 ggplot 中的字体、大小等。（12-1）

stargazer()：生成指定模型的回归表。（12-2）

annotate()：在图中放置直线或文字。（12-3）

grid.arrange()：在页面上排列多张图。（12-6）

xlim()：指定 x 轴的范围。（12-4）

rnorm()：从正态分布中随机抽取。（12-5）

---

1 译注：图形属性与变量的映射关系。

多元回归 13

本章大纲
- 学习目标
- 概述
- 什么是多元回归
- 回归模型和论点
- 回归模型、理论和证据
- 解读多元回归中的估计值
- 例子：凶杀率与教育
- 小结
- 常见问题
- 复习题
- 数据分析与可视化练习
- R 函数注释

学习目标
- 定义多元回归。
- 找出模型和论点之间的相似之处。
- 讨论理论和证据之间的关系。
- 解读系数、t-比率和拟合度量。
- 运用多元回归分析来研究问题。

概述

多元回归让我们能在解释中纳入新的变量。正如第 11 章（受控比较）中展示的那样，当考虑第三个变量时，我们在两个变量之间观察到的关系可能会发生巨大的变化。在多元回归中，有我们想要获得准确估计的目标自变量。为此，在控制了其他重要变量的情况下，我们构想出具有说服力的模型。当面对更多的证据（evidence）时，论点（argument）和看法（opinion）都会发生变化。当回归模型遇到新的变量时，论点和看法就会发生变化。

多元回归分析的这种呈现方式与我们提出论点及其数学和代码的呈现方式是类似的。多元回归模型不过是对多变量论点的形式化。也就是说，目标是把用语言表述的论点翻译成数学表达式和代码。

回归模型可以采取许多不同的复杂和奇特的形式。本章聚焦的是简单的线性回归模型。我们假设自变量和因变量之间存在线性关系。我们还假设自变量之间存在独立性：自变量影响因变量，但不会相互影响。例如，如果在简单的多元回归模型中纳入教育和收入来解释犯罪，我们假设教育不会通过收入对犯罪产生影响。而我们知道，事实上教育对收入确实有重要影响，所以假设自变量之间相互独立是相当冒险的。幸运的是，简单回归模型的变种提供了一些灵活性。下一章介绍的虚拟变量和交互作用可以让我们放宽对自变量独立性的假设。

构建并估计模型是探索性数据分析（EDA）中的一个迭代过程。因此，理论和证据之间也是来回往复迭代的。由于如何看待事物（使用的模型）会影响观察到的结果（对结果的解读），我们需要以诚实和谦逊的态度对待这个过程。本章的例子表明，理解问题的最佳方式是坦然面对棘手的结果，并在有错误的时候谦逊地承认。

理解多元回归分析的基础，包括了解其局限性、如何从数据中提取信息，以及交流结果。多元回归分析自带重要的警告：就像驾驶汽车一样，如果你不知道自己在干什么，事情会变得很糟。在驾驶汽车前，先检查油灯，看一眼油表，检查所有的后视镜——这些重要的例行程序都要在驶离私人车道之前进行。本章和本书的其余部分提供了回归分析的检查清单。

从某种程度上讲，我们已经通过图形技术进行了多元回归，即在保持其他变量不变的情况下分析一种关系。通过多元回归，我们可以扩大自变量的数量，从而解释更广泛的现象。本章提供了一个例子，来说明如何用公式表示回归模型、解读估计，并交流结果。

什么是多元回归

在第 12 章中，我们估计了自变量和因变量之间的线性关系。通过二元回归估计得到了直线方程：斜率和截距。它还提供了一个统计摘要，说明线与数据拟合得怎样，以及我们能对结果抱有多少信心。

多元回归分析是二元回归的直接延伸。与受控比较类似，这让我们在归纳两个变量之间的关系时能够考虑到其他变量。例如，要解释一个国家的财富水平，有许多因素需要考虑（如制度、文化、历史、地理等）。多元回归分析让我们能够在估计两个变量之间关系的同时，考虑到众多其他变量。考虑的相关变量越多，估计就越准确。例如，如果考虑到文化、历史和地理因素——仅举几例，我们对民主与人均 GDP 之间关系的估计就将更加准确。

通过多元回归，我们可以计算出模型所解释的因变量的变化（variation）（与二元回归计算的 R^2 相同），还可以计算出估计的统计显著性，确定对结果的置信水平。

因为在多元回归中控制了其他变量，我们说"在保持其他变量平均数不变的情况下，x 的单位变化对应着 y 的变化"。

为什么要使用多元回归

多元回归是社会科学家所掌握的最有价值的工具之一，因为它可以同时估计因变量和多个自变量之间的关系。这特别有用，因为大多数社会现象的出现都有许多原因。

首先来看一个有争议的公共卫生领域的例子。不管对堕胎的立场如何，公民和政策制定者都想要有效的政策。在上一章中，我们观察到堕胎率、人口密度、宗教和政治意识形态之间存在着关系。因为只有有限的资源，我们需要了解人口密度、宗教和政治意识形态到底是如何影响堕胎率的。如果人口密度的影响很大，我们就知道要把精力集中在获得相关服务途径的问题上，也许既要关注实施手术的医生，又要关注城市地区的避孕措施。如果政治意识形态或宗教的影响最大，那么策略就要改变。为了更全面地了解为什么某些州的堕胎率很高，我们需要在考虑到其他因素的情况下考察每一种可能的解释。

另一个例子来自体育界。比尔·詹姆斯在堪萨斯州劳伦斯的车库里，通过收集比赛各方面的数据，并使用这些信息来评估球员，掀起了一场棒球革命：赛伯计量学（Cukier et al. 2013）。许多球队已经发现，根据回归分析来评估球员，比那些依靠直觉的球探，获得的胜负记录更好。在橄榄球世界里，关于如何赢得超级碗的理论可能和球迷的数量一样多。应该强调防守吗？教练应该选最快的还是最聪明的球员？是否应该把重点放在发掘下一个伟大的四分卫上？当然，所有这些都很重要，这时回归分析就可以派上用场了。

可能最常见但也同样重要的例子来自商业：如何增加利润？重要的考虑因素可能包括简化生产、购买更有效的广告或生产更好的产品。同样，所有这些肯定都在决定成败方面发挥着重要的作用。遗憾的是，公司的运营是受限的：没有无限的现金。考虑到首席执行官愿意花的钱，最好的策略是什么？多元回归同样可以给出一些答案。

> **知识检验**：定义多元回归。

1. 什么是多元回归？
    a. 它类似于受控比较。
    b. 它让我们可以考虑许多不同的因素。
    c. 它是政策分析的实用工具。
    d. 它是可以帮助确定优先事项的工具。

2. 下面哪些说法对多元回归进行了准确的描述?
    a. 通过考虑其他因素,我们可以获得准确的估计。
    b. 在多元回归分析中,我们保持多个变量不变。
    c. 我们可以使用拟合优度衡量多元回归。
    d. 了解其局限性是有效运用它的关键。

回归模型和论点

在大致了解了什么是多元回归,以及为什么要使用多元回归之后,让我们进一步深入探究回归模型如何映射到论点上。我们来绘制一张关于论点的示意图,将其与回归模型联系起来。

在堕胎率的例子中,我们假设人口密度、宗教、教育和收入都会影响美国的堕胎率。简单的加性多元回归模型假设自变量对堕胎率的影响都是独立的。图 13-1A 展示了加性多元回归模型的示意图。下面的方程给出了该模型的数学表示:

$$Y_1 = a_1 + \beta_1 X_1 \text{PopulationDensity} + \beta_2 X_2 \text{Religion} + \beta_3 X_3 \text{Education} + \beta_4 X_4 \text{Income} + e$$

其中,Y_1 是因变量,a_1 是常数,β 代表每个变量的权重,X_1 代表自变量,e 代表误差项。误差项代表着影响结果的随机事件,模型中的变量不可能系统地识别出这些事件。例如,预定的手术那天突然有暴风雪,或者手术前遇到亲戚或朋友后犹豫了。

在这个模型中,宗教不影响其他任何自变量,反之亦然。模型的函数形式是严格加性的。我们还假设是自变量影响堕胎率,而不是反过来(不存在反向因果关系)。虽然在某些情况下,这是很容易辩护的命题,但有时却很难:我们可以想象到堕胎对自变量的影响。例如,终止妊娠可能会影响女性的宗教信仰、收入,以及是否还继续上学。图 13-1B 展示的现实模型更完整且可能更准确。目前,我们的重点还是较简单的、公认更具限制性的模型(见图 13-1A)。在下一章中,我将会介绍交互作用来解释自变量之间的关系,至于解释反向因果关系的模型设计就留给其他人了[1]。

将论点绘制成示意图并将其转换为回归模型是很实用的做法,原因如下。首先,在数学表示和语言文字之间来回转换有助于厘清论点。据此,可以更加清楚我们到底在争论什么。其次,将论点以示意图或回归模型的形式展现出来,是厘清思路的有效方法。一旦将其写在纸上(或计算机屏幕上),在保持整体逻辑和结构的前提下摆弄和改变论点就很容易了。最后,在掌握了这项技能之后,理解和评估其他人的

---

[1] 只对因果关系的单个方向建模意味着使用单方程模型,这是本书的重点。社会科学中有相当多的问题涉及反向因果关系和选择效应,这些情况需要对方程组进行估计。然而,在深入研究之前,通过单方程模型建立直觉是有益的。

论点就容易多了。图解论点是产生、改进和交流你的想法,以及评估其他人的论点的有效方法。

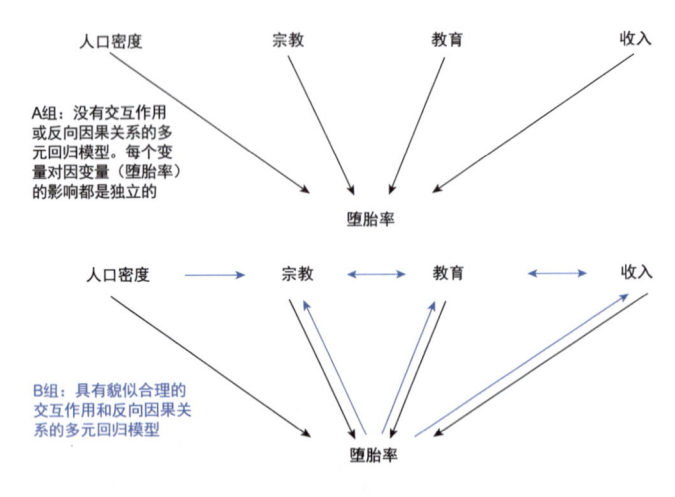

图 13-1:多元回归模型

知识检验:找出模型和论点之间的相似之处。

---

3. 以下哪些说法描述了建模的好处?
   a. 模型可以解释关系中的重要因素。
   b. 将数学表达式转换成语言文字有助于厘清理论。
   c. 它是组织想法的有效方法。
   d. 它有助于评估其他人提出的论点。
4. 下面哪些说法描述了回归模型和论点之间的关系?
   a. 两者都明确地指出了因和果。
   b. 多元回归总是假设自变量之间相互独立。
   c. 回归模型不过是论点的数学表示。
   d. 多元回归分析无法解释反向因果关系。

回归模型、理论和证据

如果想要准确估计两个变量之间的关系,我们需要构建一个准确的模型。多元回归模型仅仅体现了定义明确、阐述清晰,能解释多种原因的论点。因此,我们必须思考并理论化,找出最相关的自变量。无论我们聚焦的是确定棒球的胜负记录、降低堕胎率,还是增加利润,最好的模型都会产生最好的估计。

让我们从理论入手。例如，如果想降低堕胎率，那么最好的模型由什么组成？此处，我们不需要解释美国发生的每一次堕胎；有一份决定终止妊娠最常见因素的简短清单足矣。换言之，模型就是简化现实的明确尝试。我们希望用最少的原因解释最多的结果。

我们已经开始盘查常见的猜测了。我们认为人口密度很重要，收入、教育和宗教可能也很重要。看一看 states 数据集，就会发现一些应该包含在回归模型中的其他变量。让我们从下面的理论模型开始：

$$\text{Abortio} = f(\text{education}, \text{religion}, \text{density}, \text{income})$$

可能还有其他想要添加的变量，但这个模型提供了良好的开端。尽管我们认为这些变量可以解释堕胎率，但还是应该保持怀疑的态度。这是考验诚实和谦逊（以及聪明才智）的地方。关乎诚实，是因为模型生成的估计在很大程度上取决于我们纳入了哪些变量。我们可能会倾向于从那些能推进议题的模型中获得估计，而不是最能反映现实的模型。

为了说明这一点，我为四个不同的模型生成了回归表（见表 13-1）。在代码块 13-1 中，我定义了四个不同的回归模型。与上一章介绍的二元回归模型相比，唯一的区别是这里的多元回归模型包含了多个自变量。使用加号和要纳入的变量名称，就可以轻松完成。为了展示结果，我随后将这四个模型放入了 stargazer() 函数中。另外，需要注意的是，omit.stat 选项用于告诉 stargazer 不要输出目前可以忽略的两个统计量：残差标准误差和 F 统计量，以便呈现简化版本的表格。

代码块 13-1

```
abort1 <-lm(abort~hsdiploma + evangel  + density + inc, data=states)
abort2 <-lm(abort~hsdiploma + evangel  + density, data=states)
abort3 <-lm(abort~hsdiploma + evangel, data=states)
abort4 <-lm(abort~hsdiploma, data=states)
stargazer(abort1, abort2, abort3, abort4, type = "text",
          title = "表13-1：不同的堕胎率模型设定",
          header=FALSE, omit.stat = c("ser", "f"))
```

第一个模型（模型 1）估计了我们理论所规定的模型，然后每次删除一个变量，说明当模型设定发生变化时，hsdiploma 变量的系数会发生什么变化。我们观察到的变化表明，当排除或纳入收入（inc）的时候，教育的系数不太稳定。当排除收入的时候，教育的系数（-0.663）减少了大约三分之一。取决于采用的模型，我们对高中教育的估计可能会显著增加或减少。

表 13-1：不同的堕胎率模型设定

```
===============================================
                      Dependent variable:
                  -----------------------------
                              abort
                   (1)      (2)      (3)      (4)
-----------------------------------------------
hsdiploma        -0.663** -0.430  -0.610** -0.323
                 (0.327)  (0.290) (0.299)  (0.329)

evangel                   -0.159  -0.222** -0.346***
                          (0.105) (0.096)  (0.089)

density           0.008    0.014**
                 (0.006)  (0.005)

inc               0.0005
                 (0.0003)

Constant         57.621** 56.570** 76.799*** 45.510
                 (25.422) (25.737) (26.073) (28.171)
-----------------------------------------------
Observations       50       50       50       50
R2                0.384    0.354    0.257    0.020
Adjusted R2       0.329    0.312    0.225   -0.001
===============================================
Note:                        *p<0.1; **p<0.05; ***p<0.01
```

> ### 数据可视化的艺术与实践
> **诚实**
>
> 假设你在华盛顿特区的全国教育协会工作，定期游说国会增加教育开支。表 13-1 中的哪些模型更有可能出现在你的叙述中？即使把所有的模型展示出来让立法者认识到结果的脆弱性，你可能还是会多花点时间宣讲那些让教育光彩夺目的模型。我们的规范性先验塑造了（即便不是决定了）我们对世界的理解。将客观事实与主观观点分开是很困难的（几乎是不可能的）。作为数据分析师，我们几乎每次都会在做出看似平凡的选择或假设的时候直面它。这是一场无法取得决定性胜利的战役，但应该持续战斗下去。

尽管各种各样的统计检验很有用（R^2 统计量或 t- 比率），但我们不应该依赖它们选择模型。在统计检验中常常存在重要的盲点，而它们只出现在某些模型中，对于分析人员而言，其原因并不显而易见。到头来，还是要依靠理论和证据。

本例有证据表明，在解释堕胎率时，教育可能不是那么重要（模型 2 和模型 4）。我们如何确定哪个模型能提供对教育影响的最佳估计？在对这些回归模型进行诊断时，我们可能了解不到什么东西（诊断将在第 15 章和第 16 章中介绍），还是要依靠理论。收入和人口密度是否应该被纳入其中？如果有充分的理论依据认为人口密度和收入会影响堕胎率，那么就应该将其纳入其中。

虽然没有神奇的公式，但尽可能多地了解数据可以建立起直觉，有助于为理论提供信息。换句话说，你对这个议题了解得越多，理论就越有依据。好的理论又会反过来影响我们对数据的研究。两者之间的交互不仅提供了更好的答案（估计），而且引出了更好的问题（假设）。

> **知识检验**：讨论理论和证据之间的关系。

5. 以下哪些说法最能说明理论和证据之间的关系？
   a. 哪个在首位，是许多争论的核心。
   b. 总是从理论开始。
   c. 总是从证据开始。
   d. 在决定强调哪个的时候，分析师的诚实和谦逊就很重要了。
6. 从表 13-1 中我们可以学到什么？
   a. 有时获得的证据取决于理论。
   b. 有时候证据会迫使我们改变理论。
   c. 证据并不总能提供明确的指导。
   d. 在发展理论时，证据提供了最好的指导。
7. 请指出经济学家、社会学家、教师工会的说客或政策制定者是否会展示表 13-1 中的以下内容。
   a. 模型 1 和模型 3
   b. 模型 1
   c. 模型 2 和模型 3
   d. 模型 1、模型 2、模型 3 和模型 4
8. 如何确定哪种模型最好？
   a. 根据理论（你的先验）选择模型。
   b. 根据证据（结果）选择模型。
   c. 选择能解释因变量最大方差的模型。
   d. 如果选择很重要，就都展示出来。

解读多元回归中的估计值

幸运的是，对于多元回归中系数的理解，可以直接沿用二元回归语境下的系数。与二元回归的情况一样，我们想了解的依然是系数的大小及其实质显著性。系数统计显著性的含义也与二元回归语境下的保持相同。以下各节着眼于多元回归分析结果的实质显著性和统计显著性，练习解读这些结果。

实质显著性

让我们来解读表 13-1 中的回归系数，说明它们的实质重要性的不同。与二元回归的情况类似，我们必须知道单位才能解释其实质显著性。abort 变量是每千名女性的堕胎数，hsdiploma 变量是拥有高中文凭的州人口百分比，而 density 记录的是每平方英里的人口。在二元回归和多元回归的语境下，对系数的解读是相同的，除了加入一句话——"保持模型中其他变量的平均数不变"。接下来，你会看到我去掉了"的平均数"几个字。大多数分析师只说，保持模型中的其他变量不变。

为了说明这一点，在完整的模型（表 13-1 中的模型 1）中，我们发现，在模型中其他变量不变的情况下，该州拥有高中文凭的人口每增加 1 个百分点，每千名女性的堕胎数就会减少 0.66。请注意，在最简单的模型（模型 4）中，拥有高中文凭的人口每变化 1 个百分点，相应的每千名女性的堕胎数就会减少 0.32。在模型 1 中我们观察到，在保持模型中其他变量不变的情况下，每平方英里的人口每增加一个人，预测的每千名女性的堕胎数增加 0.008。

回想一下，在保持其他所有变量不变的情况下，对系数的解读给出了各自变量的实质显著性。变量是否具有实质重要性，取决于如何衡量它。比较不同变量的系数（实际数字）就像比较苹果和橙子一样，风马牛不相及。文凭变量 diploma 的系数对应着拥有高中文凭的人口 1 个百分点的变化。人口密度变量 density 的系数对应着每平方英里 1 个人数的变化。这都是些毫不相干的东西。确定变量的实质显著性是一种主观判断；必须提出充分的理由证实系数是否代表着显著的变化[1]。

更进一步地讲，每个变量和系数的政策内涵可能非常不同。以文凭变量为例。拥有高中文凭的人口增加 1 个百分点，可能很难实现。要提高 1% 的水平，可能要耗费州政府数百万美元的税收。同样，怀俄明州、蒙大拿州或内布拉斯加州等州的人口密度，每平方英里可能很难再增加一个人了。就通过政策操纵这些变量的难度而言，它们可能是，也可能不是降低堕胎率的有效方案。

---

[1] 为了能够对系数进行比较，有些分析师依据标准化系数将回归中的所有系数放在相同的尺度上。虽然这种做法可能有用，但很少用。为了保持对结果的理解和交流的清晰，我更情愿着眼于各系数相应的不同分析单位。常见的做法表明，大多数分析师倾向于以原始形式解读系数。

统计显著性

多元回归分析具有一个重要的附加功能：能够表明估计准确性的统计机制。通过多元回归，我们可以围绕估计构建置信区间，以确定其准确性。这与抽取随机样本、计算样本统计量并使用标准正态曲线来确定样本统计量与总体参数的接近程度类似。

然而，从随机抽取的样本中计算样本统计量与多元回归分析之间存在一个重要的区别。请记住，标准正态曲线的优良性质以及基于其做出的推论都源自随机样本，其中所抽取的每个观测都与下一个独立：样本中每个观测被抽取的机会相同。遗憾的是，这一点对于多元回归分析中的观测而言很少成立。很少有真正基于随机样本数据的多元回归模型。相反，数据是从非随机选择的对象或个体那里收集的。例如，国家级的统计数据可能只能从官僚机构财政收入充足的国家收集到。因此，回归的观测只能来自高效运转的国家，即有偏差的样本。

在回归分析中，我们用各种不同的方式限制样本——要么将样本限制在发展中国家，要么去掉离群案例，以便更好地比较。无论哪种情况，所计算的样本统计量（在本例中为回归系数）都不是基于随机样本的。根据偏离随机选择的程度，我们以正常合理的怀疑态度看待所有回归结果。虽然可以做出推断和概率性陈述，但其准确性取决于我们偏离理想的程度：随机样本。

有了这个免责声明，我们仍然可以使用第 8 章和第 9 章中介绍的统计机制来提供信息，但不一定是证实我们的分析。回归表中系数旁的星号确实提供了一些信息，表明我们有多少信心认为估计不是某些随机事件的结果。这些星号是根据上一章中介绍的 t- 比率计算的。它们表明，如果实际关系为 0，我们从样本中获得该估计值的可能性有多大。t- 比率的绝对值越大，回归线实际斜率（想想总体参数）为 0 的可能性就越小。

本书采用以下约定：一个星号表示 90% 的置信水平，两个星号表示 95% 的置信水平，三个星号表示 99% 的置信水平。尽管在许多方面这是一个武断的标准（更多的是习惯而非统计原理的产物），但是大多数学术期刊认为 95% 的置信水平是具有统计显著性的。在 95% 的置信水平下，不显著的结果很少被认真对待（即，很少发表出来）。令人遗憾的是，在某些情况下，我们或多或少就满足于此。例如，如果科学家发现了一种治疗药物，可以将死于 COVID-19 的概率降低 40%，但由于估计值只在 90% 的置信水平下显著，所以结果从未发表，这带来的损失是巨大的。

在 `stargazer` 生成的表格中，除星号之外，估计值下方括号里的数字代表其标准误差。估计值除以其标准误差即可得到 t- 比率。在回归的输出结果中，可以只输出 t- 比率本身，也可以在输出标准误差的基础上加上 t- 比率。

> **数据可视化的艺术与实践**
> **显著性水平**
>
> 不同的软件包输出的显著性水平也不同。有些包会给处在 0.1 水平的系数一个星号，有些包却不会。当显著性水平为 0.10 时，R 会给一个点号（.）。不管包有多少差别，在回归表的某处总会标明显著性水平，通常在底部的注释中。

拟合优度：R^2

就像在第 12 章中二元回归生成的 R^2 统计量，多元回归分析也会生成相同的统计量。在多元回归中，R^2 统计量代表模型所解释的总方差的百分比。在表 13-1 中，模型 1 的 R^2 为 0.384（33%），该模型解释了因变量 38.4% 的方差。也就是说，还有大约 62% 的方差无法解释。请注意不同模型的 R^2 有什么变化。在使用模型 4 解释堕胎率时，只有 2% 的变化是由教育（hsdiploma）解释的。当加入宗教（模型 3）时，这个数字大幅跃升。

我们可以通过添加新的变量来控制 R^2 统计量，而无须考虑将变量纳入模型中是否有充分的理论依据。增加 R^2 统计量并不难：从数学上讲，每个添加到模型中的变量都会增加 R^2 统计量[1]。R^2 统计量的这种数学特性常常诱使分析师采用"厨房水槽法（kitchen sink method）"[2]，把所有可用的变量都丢到模型里——这也被称为"过拟合（overfitting）"模型。自变量太多的模型本身就是病态的，请离"厨房"远一点！你应该根据自己的专业知识和对问题的了解，而不是 R^2 统计量来构建模型。

幸运的是，有一剂良药。请注意回归表中的**校正后的** R^2 **统计量**。当把因变量回归到多个自变量上时，要用校正后的 R^2 统计量，因为它"校正"了模型的变量数量。模型变量增加了，校正后的 R^2 统计量不会跟着自动增加。

> **知识检验**：解读系数、$t-$ 比率和拟合度量。

9. 当意识到比较系数的大小就像比较苹果和橙子一样风马牛不相及的时候，有什么经验教训？

   a. 始终看 $t-$ 比率来判断变量的重要性。
   b. 始终比较系数的相对大小。

---

1 关于在回归模型中增加新变量是怎样自动增加 R^2 的，以及它们是否真的有助于解释 Y 的数学论述，参见 Greene（2000）[238]。

2 译注：指无所不包，一应俱全。二战时，原指敌人的轰炸，除了厨房的水槽，其他的都是攻击目标。

c. 了解分析的单位是关键。
d. 比较模型变量的实质重要性是一种主观判断。

10. 解读多元回归中的系数，需要：
    a. 增加"保持模型中其他所有变量不变"这句话
    b. 了解分析的单位
    c. 了解变量有没有经过变换
    d. t-比率

11. 多元回归中的 t-比率表明：
    a. 即使实际斜率为 0，我们得到这个估计值的可能性有多大。
    b. 是否可以拒绝零假设：自变量和因变量之间没有相关性。
    c. x 和 y 之间是否存在实质上显著的关系。
    d. x 和 y 之间是否存在统计上显著的关系。

12. 以下哪些准确描述了多元回归中的拟合优度？
    a. 它回答了模型中的因变量有多少无法解释的方差这个问题。
    b. 它回答了模型中的因变量有多少总方差这个问题。
    c. 校正后的 R^2 统计量更准确，是因为它考虑了观测数量。
    d. 校正后的 R^2 统计量更准确，是因为它考虑了变量数量。

例子：凶杀率与教育

下面的例子包含了我们目前所学的多元回归分析的主要内容：①描述数据以构建模型；②估计和解读。此外，再加上第三个，产生新的问题和假设。由于大部分技术问题和分析方法在上一章的线性回归中都有涉及，本例的重点是如何将描述数据、构建模型、估计和产生下一个问题结合起来。

理论

尽管探索性数据分析主张在理论和证据之间进行交流，但总要从某个地方开始。一般来说，即使在最开放的情况下，我们对世界上的事物如何运作还是有一些概念的，否则也不会一开始就收集数据。我们从凶杀案疑似的主要诱因开始。我认为有三个主要的因果因素有助于解释 50 个州之间的凶杀率差异。我假设教育对凶杀案受害者数量有强烈的负面影响，但为了获得对关系的准确估计，还要将收入和人口密度考虑进去。收入显然是解释常规犯罪，特别是凶杀案的重要因素。失业、缺乏教育和对司法系统的不信任主要出现在穷人身上。贫困限制了选择，驱迫个人用暴力解决问题。人口密度是模型中要考虑的另一个重要变量。住得近的人，人际交往更多。与他人接触的增加，更有可能导致暴力状况的发生。

为了理解教育所扮演的角色，我将重点放在人力资本存量的数量上。我假设，在控制收入和人口密度的情况下，受教育程度高的群体（拥有高中文凭的人口比例较高）目睹的犯罪更少。接受过高中教育的人更有可能被雇用。稳定的收入提供了机会，压力降低了，药物滥用也减少了，这些都可以减少犯罪。我们使用 states 数据集中的 hsdiploma 变量（拥有高中文凭的人口比例）来衡量受教育程度。基础模型如下：

$$\text{Murderrate} = f(\text{income}, \text{education}, \text{populationdensity})$$

描述数据

为了引导读者，我生成了凶杀率变量的直方图展示其分布（见代码块 13-2 和图 13-2）。从直方图可以看出，50 个州每 10 万人口中凶杀案受害者数量从 0 到 12 不等。平均数似乎徘徊在每 10 万人口中有 4 至 5 名受害者。该变量似乎是正态分布的：平均数和中位数大致相同。看一眼凶杀案受害者数量和教育的散点图（见代码块 13-2 和图 13-3），就会发现路易斯安那州（LA）的凶杀率最高，每 10 万人口中约有 12 名受害者。其他凶杀率相对较高的州是新墨西哥州（NM）和马里兰州（MD）。新罕布什尔州（NH）的凶杀率最低，与佛蒙特州（VT）、犹他州（UT）、明尼苏达州（MN）等州的水平差不多低。散点图还揭示出教育和凶杀率之间存在着强烈的负相关关系，证实了我们的假设是正确的。

代码块 13-2
```
ggplot(states, aes(murderrate)) +
  geom_histogram(bins=6, colour = "#0000bf", fill = "white") +
  ggtitle(" 图 13-2：凶杀案受害者数量直方图 ") +
  xlab(" 每 10 万人口中凶杀案受害者数量 ") +
  theme_minimal() +
  theme(plot.title = element_text(size = 8, face = "bold"),
        axis.title = element_text(size = 8, face = "bold"))

ggplot(states, aes(hsdiploma, murderrate)) +
  geom_point(col="#bf0000") +
  geom_text_repel(size=3, aes(label = st, size = 1),
                  col="grey", show.legend=FALSE) +
  ggtitle(" 图 13-3：教育能防止凶杀案的发生 ") +
  geom_smooth(method="lm", se=F, fullrange=F, col="#0000bf") +
  theme_minimal() +
  theme(plot.title = element_text(size = 8, face = "bold"),
        axis.title = element_text(size = 8, face = "bold")) +
  ylab(" 每 10 万人口中凶杀案受害者数量 ") +
  xlab(" 拥有高中文凭的人口比例 ")
```

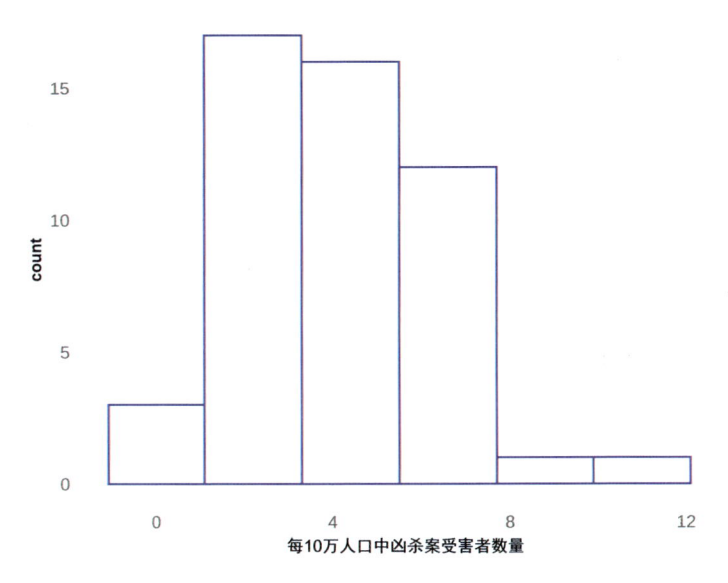

图 13-2：凶杀案受害者数量直方图

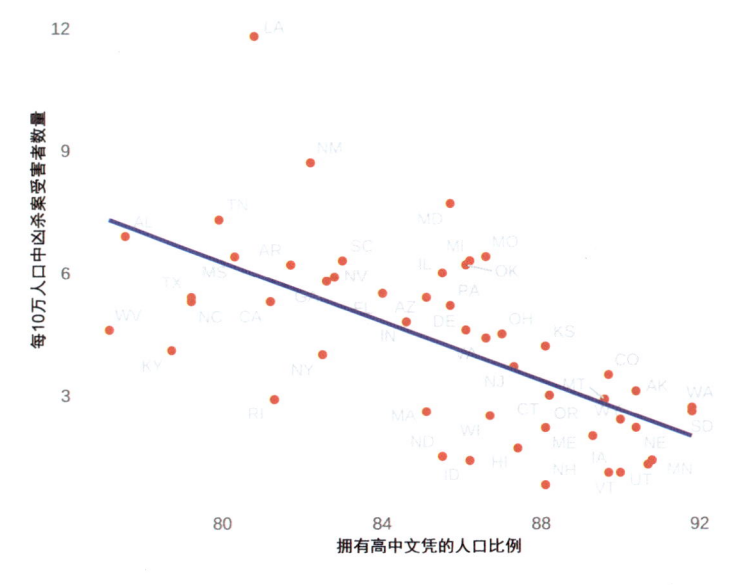

图 13-3：教育能防止凶杀案的发生

除了教育（我们的主要假设），我们怀疑收入和人口密度可能也会影响凶杀案受害者数量。在代码块 13-3 中，我生成了凶杀案受害者数量与收入以及凶杀案受害者数量与人口密度的散点图（见图 13-4 和图 13-5）。

代码块 13-3

```
ggplot(states, aes(medinc, murderrate)) + geom_point(col="#bf0000") +
  geom_text_repel(size=3, aes(label = st, size = 1),
                  col="grey", show.legend=FALSE) +
  ggtitle("图 13-4：财富和暴力不相容") +
  geom_smooth(method="lm", se=F, fullrange=F, col="#0000bf") +
  expand_limits(x=70000) +
  theme_minimal() +
  theme(plot.title = element_text(size = 8, face = "bold"),
        axis.title = element_text(size = 8, face = "bold")) +
  ylab("每10万人口中凶杀案受害者数量") +
  xlab("家庭收入中位数")

ggplot(states, aes(density, murderrate)) + geom_point(col="#bf0000") +
  geom_text_repel(size=3, aes(label = st, size = 1, hjust=0.4),
                  col="grey", show.legend=FALSE) +
  ggtitle("图 13-5：凶杀案发生在人多的地方") +
  geom_smooth(method="lm", se=F, fullrange=F, col="#0000bf") +
  theme_minimal() +
  theme(plot.title = element_text(size = 8, face = "bold"),
        axis.title = element_text(size = 8, face = "bold")) +
  ylab("每10万人口中凶杀案受害者数量") +
  xlab("每平方英里人数")
```

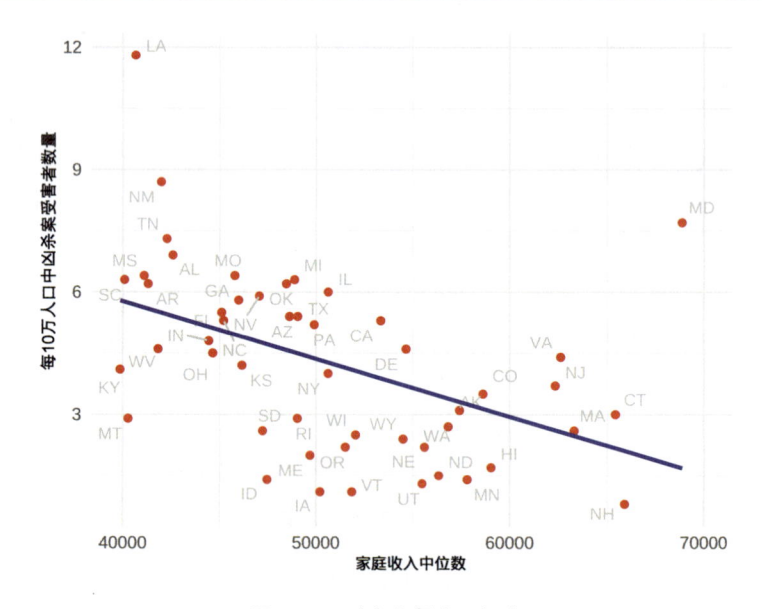

图 13-4：财富和暴力不相容

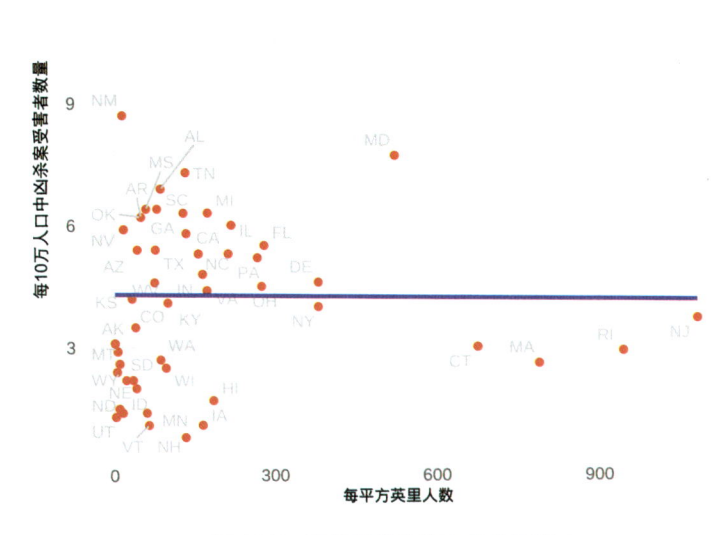

图 13-5：凶杀案发生在人多的地方

图 13-4 中的散点图表明，收入与凶杀案受害者数量之间存在着某种关系。随着州家庭收入中位数的增加，每 10 万人口中凶杀案受害者数量线性下降。图 13-5 中散点图的情况不太一样。乍一看，凶杀率和人口密度的散点图表明两个变量之间没有关系。然而，散点图表明人口密度变量需要变换：存在几个相对较大的值（康涅狄格州 CT、马萨诸塞州 MA、罗得岛州 RI 和新泽西州 NJ），而大部分地区的人口密度远低于每平方英里 300 人。

采用代码块 13-4 中的代码，绘制原始形式和对数形式的人口密度直方图，如图 13-6 所示。

代码块 13-4

```
h1 <- ggplot(states, aes(density)) +
  geom_histogram(bins=6, colour = "#0000bf", fill = "white") +
  ggtitle("原始形式") +
  xlab("每平方英里人数")+
  theme_minimal() +
  theme(plot.title = element_text(size = 8, face = "bold"),
        axis.title = element_text(size = 8, face = "bold"))

h2 <- ggplot(states, aes(log2(density))) +
  geom_histogram(bins=6, colour = "#0000bf", fill = "white") +
  ggtitle("对数形式") +
  xlab("每平方英里人数（对数）")+
  theme_minimal() +
```

```
    theme(plot.title = element_text(size = 8, face = "bold"),
          axis.title = element_text(size = 8, face = "bold"))

grid.arrange(h1, h2, ncol=2,
             top=textGrob("图 13-6：原始形式和对数形式的人口密度",
             gp=gpar(fontsize=8)))
```

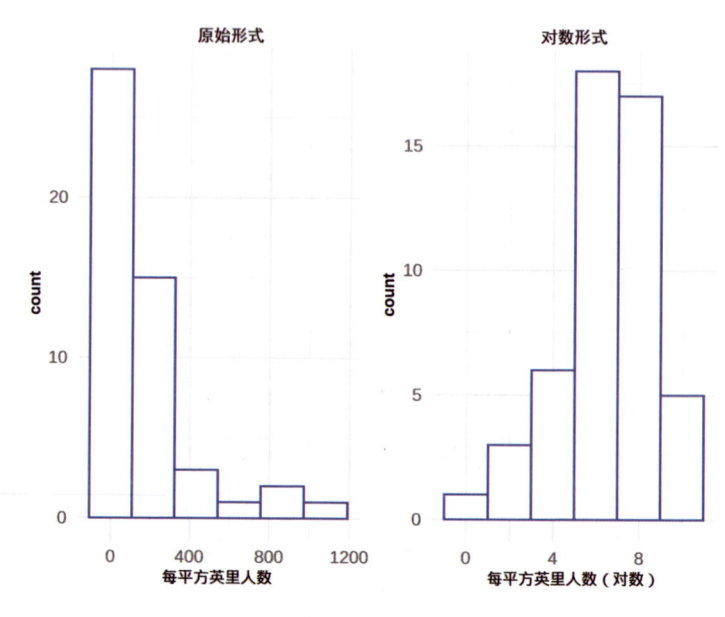

图 13-6：原始形式和对数形式的人口密度

看一眼人口密度的直方图就可以确定变量需要变换。在进行回归分析时，我们应该检查看看采用对数形式的人口密度变量会不会以什么方式改变结果。

估计

让我们在控制收入和人口密度的情况下，继续估计教育和凶杀案受害者数量之间的关系。

为了估计回归并以表格形式展现出来，我们首先创建 `murder.lm` 和 `murder1.lm` 两个对象，然后在 `stargazer()` 函数中插入这两个模型的名字。请注意，代码块 13-5 中的两个回归，唯一的区别在于其中一个人口密度变量用的是对数形式（结果见表 13-2）。

代码块 13-5

```
murder.lm <- lm(murderrate ~ medinc + hsdiploma + density, data=states)
```

```
murder1.lm <- lm(murderrate ~ medinc + hsdiploma + log2(density),
                 data=states)

stargazer(murder.lm, murder1.lm,
          title = "表 13-2：人口密度取对数及其对回归结果的影响",
          type = "text", header=FALSE)
```

表 13-2：人口密度取对数及其对回归结果的影响

```
===============================================================
                              Dependent variable:
                          -------------------------------
                                   murderrate
                              (1)              (2)
---------------------------------------------------------------
medinc                     -0.0001          -0.0001
                          (0.00005)        (0.00004)

hsdiploma                  -0.300***        -0.271***
                           (0.083)          (0.088)

density                     0.0002
                           (0.001)

log2(density)                                0.104
                                            (0.139)

Constant                   32.915***        30.374***
                           (5.943)          (6.751)

---------------------------------------------------------------
Observations                  50               50
R2                           0.423            0.429
Adjusted R2                  0.385            0.392
Residual Std. Error (df = 46)  1.780          1.770
F Statistic (df = 3; 46)    11.220***        11.533***
===============================================================
Note:                      *p<0.1; **p<0.05; ***p<0.01
```

回归结果表明，在控制了收入和人口密度后，教育（hsdiploma）存量似乎产生了最强的估计。在其他变量保持不变的情况下，拥有高中文凭的人口每增加 1 个百分点，每 10 万人口中凶杀案受害者数量就会减少 0.30。在其他变量不变的情况下，州每平方英里的人口每增加 1 个人，每 10 万人口中凶杀案受害者数量就会增加 0.0002。

回归中的变量，只有教育（hsdiploma）具有统计显著性。我们可以确信，如果重复实验（用不同的样本进行回归）100 次，其中 99 次估计的置信区间内不会有 0。估计结果还表明，虽然拟合得不错，但需要解释的东西还有很多：校正后的 R^2 统计量为 0.38，这意味着模型只能解释 50 个州凶杀案受害者数量 38% 的差异。所以，虽然我们首战告捷，凶杀案受害者数量仍然有超过 60% 的差异有待解释。表 13-2 表明，对数形式的人口密度对教育系数的影响相对较小。

经验蕴涵

教育与暴力犯罪事件（凶杀案受害者数量）之间存在着密切的关系。使用这个结果产生**经验蕴涵**（empirical implication）是获得新证据的有效手段。经验蕴涵只是假设的经验关系，逻辑上源自另一种关系的存在。例如，如果教育水平是遏止凶杀案发生的重要因素，那么教育对另一种暴力犯罪事件（每 10 万人口中强奸案受害者数量）可能也有类似的影响（选择这个变量，只是因为它是数据中唯一衡量犯罪的变量）。换句话说，如果我们认为教育是对暴力犯罪的重要阻遏，那么教育与性暴力事件之间应该也有类似的联系。经验蕴涵带来了新的假设，我们可以通过检验来确定是否真的发现了什么。这里使用被设计为估计教育和凶杀案受害者数量之间的关系的同一个模型来估计教育和性暴力事件之间的关系。

首先，我们可以简单地看一下性暴力事件（每 10 万人口中强奸案受害者数量）和教育的散点图（见代码块 13-6 和图 13-7）。图中，我们观察到了出乎意料的模式：两者之间略微存在正相关关系。我们看到性暴力事件发生最多的州是阿拉斯加州（AK）、南达科他州（SD）和新墨西哥州（NM），这些都是人口稀少的州。人口密度可能与犯罪有关吗？我将对数形式的人口密度与性暴力事件的散点图绘制出来（见代码块 13-6 和图 13-8），发现两者之间存在明显的负相关关系：人口越密集的州，犯罪率越低。

代码块 13-6
```
ggplot(states, aes(hsdiploma, raperate)) +
  geom_point(col="#bf0000") +
  geom_text_repel(size=3, aes(label = st, size = 1),
                  col="grey", show.legend=FALSE) +

labs(title = paste("图 13-7：教育提高了强奸案发生率")) +
  geom_smooth(method="lm", se=F, fullrange=F, col="#0000bf") +
  theme_minimal() +
  theme(plot.title = element_text(size = 8, face = "bold"),
        axis.title = element_text(size = 8, face = "bold")) +
  ylab("每 10 万人口中强奸案受害者数量") +
  xlab("拥有高中文凭的人口比例")

ggplot(states, aes(log2(density), raperate)) +
  geom_point(col="#bf0000") +
  geom_text_repel(size=3, aes(label = st, size = 1),
                  col="grey", show.legend=FALSE) +
  labs(title =paste("图 13-8：人口密度与强奸案发生率")) +
```

```
geom_smooth(method="lm", se=F, fullrange=F, col="#0000bf") +
theme_minimal() +
theme(plot.title = element_text(size = 8, face = "bold"),
      axis.title = element_text(size = 8, face = "bold")) +
ylab("每10万人口中强奸案受害者数量")+
xlab("每平方英里人数")
```

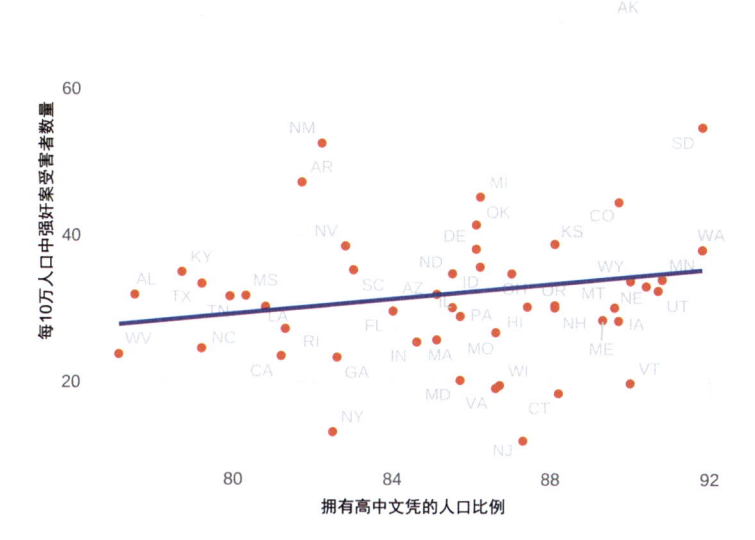

图 13-7：教育提高了强奸案发生率

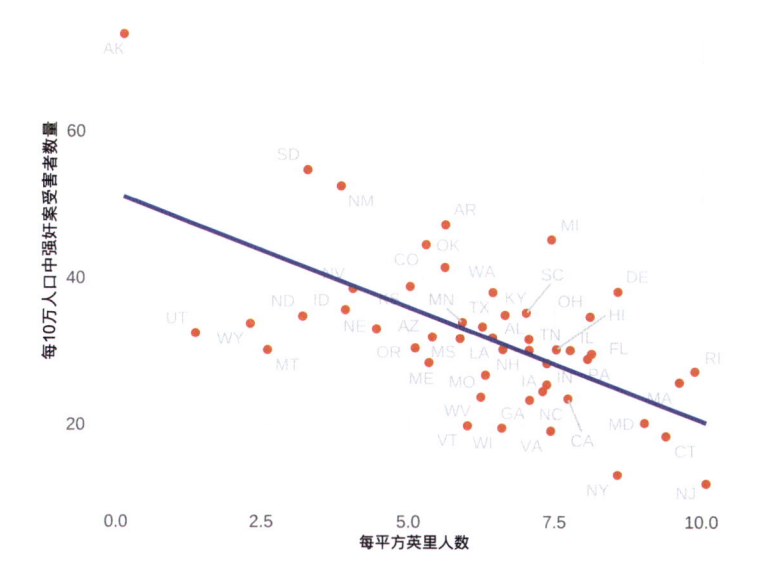

图 13-8：人口密度与强奸案发生率

在控制人口密度和收入的情况下，为检验教育和性暴力事件之间的关系进行回归时，我发现二者之间并没有关系。然而，人口密度与性暴力事件之间存在着强烈的负相关关系（见代码块 13-7 和表 13-3）。

代码块 13-7

```
rape.lm <- lm(raperate ~ medinc + hsdiploma + log2(density),
            data=states)

stargazer(rape.lm, title = "表 13-3：将强奸案发生率回归到教育上",
          type = "text", header=FALSE)
```

表 13-3：将强奸案发生率回归到教育上

```
===============================================
                        Dependent variable:
                      -------------------------
                              raperate
-----------------------------------------------
medinc                        -0.0002
                              (0.0002)

hsdiploma                      0.181
                              (0.420)

log2(density)                 -2.866***
                              (0.666)

Constant                      43.811
                              (32.272)

-----------------------------------------------
Observations                    50
R2                             0.404
Adjusted R2                    0.366
Residual Std. Error      8.459 (df = 46)
F Statistic            10.410*** (df = 3; 46)
===============================================
Note:               *p<0.1; **p<0.05; ***p<0.01
```

回归分析告诉了我们以下情况。首先，在其他变量不变的情况下，拥有高中文凭的人口每增加 1 个百分点，相应的每 10 万人口中性暴力事件的数量就会增加 0.18。请注意，该系数在统计上不显著，所以我们对这个结果没有什么信心[1]。然而，人口密度变量在实质上和统计上都很显著。人口密度每次翻倍，每 10 万人口中暴力事件的数量就会减少 2.9。该系数在 99% 的置信水平下具有统计显著性。我们对这个估计相

---

1 如果使用不同的样本重复实验 100 次，0 被包含在估计的置信区间中的次数超过了可接受的次数。本例中大概是 33 次。

当有信心。最后，这个模型拟合的效果与凶杀率模型的接近：模型解释了 50 个州报告的性暴力事件 37% 的方差。

讨论

回归分析的一个重要部分是将估计和发现转化为政策内涵。这里的内涵是多方面的。首先，我们不应该把所有的暴力犯罪事件混为一谈，因为它们是不同的，起因也大相径庭。其次，虽然教育似乎有助于遏止凶杀案的发生，但在遏制强奸等其他暴力犯罪方面似乎没那么有效。值得关注的是，人口密度给一种暴力犯罪事件带来了意料之外的变化，而对另一种没有。值得关注的是，在较偏僻的地区，女性可能比预期更容易受到犯罪侵害。结果表明，在城市地区，可能有更多的救助网络或对该问题有更多的认知，降低了事件发生的相对数量。我们可以检验人口密度和性暴力事件之间的关系在不同的地区是否也成立，以便发现其他可能的原因。当控制地区的影响时，这种关系还成立吗？

在这个例子中，我发现教育对凶杀率有非常重要的遏制作用。然而，并非所有暴力犯罪事件都会被教育所影响。回归结果显示，在控制收入和人口密度的情况下，虽然教育与凶杀率有很强的关联，但教育与性暴力事件却没有很强的关联。

> 知识检验：运用多元回归分析来研究问题。

13. 凶杀率和教育的例子中包含了数据分析的哪些组成部分？
    a. 描述数据
    b. 诊断
    c. 模型估计
    d. 提出下一个问题
14. 从表 13-2 中的回归结果中能得到什么经验蕴涵？
    a. 收入会影响性暴力事件。
    b. 州的教育水平会影响性暴力事件。
    c. 人口密度与性暴力事件相关。
    d. 教育与性暴力事件之间应该没有关系。
15. 在进行回归分析时，以下哪些展现了理论与证据之间的互动性质？
    a. 凶杀案受害者数量和人口密度的散点图表明人口密度需要取对数。
    b. 我们的理论认为，收入对凶杀案受害者数量有影响，因此将其纳入回归模型。
    c. 表 13-2 中的结果导致了表 13-3 中报告的回归。
    d. 收入和凶杀案受害者数量的散点图（见图 13-4）证实了应该将其纳入回归中。

小结

多元回归让我们能够以更精确的术语同时评估两个以上变量之间的关系。因此，保持一些变量不变，我们就可以厘清社会现象的许多原因。尽管多元回归分析非常强大，但它也可能会被滥用：模型设定（纳入哪些变量）及其函数形式会对实际结果产生巨大的影响。此外，我们不能依靠统计检验来选择模型。深入了解手头上的实质议题，同时理解与回归分析相关的限制，可以防止我们犯重要的，有时甚至是代价高昂的错误。从更积极的角度来看，回归分析可以帮助我们发现重要的经验模式，理解之后便可以助我们更进一步。

本章中介绍了多元回归最简单的形式。我们假设自变量对因变量的影响是独立的。在下一章中，我们将放宽这个假设，允许自变量之间相互影响。从数学上讲，就是在本章介绍的加性模型中引入变量相乘（交互作用）的项。

常见问题

- 回归表中的系数是风马牛不相及的。多元回归的结果，特别是估计的系数，会让新手想要比较它们的相对大小，而不去考虑各变量所代表的单位。例如，人口密度变量的系数 0.008 所代表的含义与对数版本的人均收入变量的系数 0.008 是非常不一样的。前者，每平方英里增加一个人对应着 y 变化 0.008；后者，收入增长 10 倍对应着 y 变化 0.008。虽然系数相同，但其相对重要性可能非常不同。在解读每个系数时，我们要考虑到其对应的度量单位。
- 应该以理论还是证据为指导？当我们首次着手模型构建的工作时，会非常难以抉择要纳入哪个变量，因为引入的变量可能会对回归的整体结果产生极大的影响。当没有明确的答案时，最好的办法是保持透明和谦逊。如果各个模型的结果差异很大，而且没有明显的理由选择哪一个，这时就要保持透明，与读者分享这一发现。由于不确定性是许多学术工作的基础，承认这一点（保持谦逊）是最好的方法。
- 二元回归结果具有误导性。回归分析新手往往喜欢展示一系列二元回归，希望以此得到每个变量的无偏估计（听起来是一个不错的开始）。遗憾的是，这些二元估计的偏差可能极大，因为应该纳入的重要变量没有纳入。请记住，对于一个现象而言，出色的模型只有把应该纳入的变量都考虑到了，才能得到最佳估计值。
- 什么是好的 R^2 统计量？遗憾的是，并没有这样的指导原则。经验表明，在某些情况下，你可以期望这个统计量徘徊在 0.90 左右。在对调查结果进行回归分析时，这个统计量通常要小得多（通常不会比 0.20 高太多）。总而言之，R^2 的大小千差万别，取决于要解释的因变量。幸运的是，通过比较以前和现在得到的估计值，以及比较自己研究中的模型，R^2 成为具有指导意义的统计量。

复习题

1. 使用多元回归分析的优点是什么?
2. 诚实和正直如何成为数据分析的考虑因素?
3. 如何构建模型?
4. 模型的哪些方面关乎函数形式?
5. 什么是实质显著性?
6. 什么是统计显著性?
7. 校正后的 R^2 与 R^2 有何不同?
8. 为什么阐明可能的经验蕴涵是一项有用的工作?
9. 什么是模型选择的"厨房水槽法"?
10. 为什么不能只依赖理论或证据二者之一呢?

数据分析与可视化练习

1. 相较于二元回归,多元回归分析有以下哪些优点?
    a. 多元回归分析能解释更多的方差。
    b. 让我们能够考虑到其他变量。
    c. 提供了模型拟合的度量。
    d. 可以为因变量生成具体的预测。
2. 在控制宗教和党派认同的情况下,以下哪个表达式代表着教育被回归到收入上?
    a. Income = f(education, religion, party ID)
    b. Education = f(party ID, religion, income)
    c. Education = f(party ID, religion)
    d. Religion = f(party ID, income, education)
3. 利用 world 数据集,将婴儿死亡率回归到人均 GDP(对数)和投票率上。
    a. 解读投票率的系数。
    b. 解读人均 GDP 的系数。
    c. 投票率的 t-比率是多少?
    d. 投票率的系数是否具有统计显著性?
4. 利用 states 数据集,在控制 infant 和 democrat 变量的情况下,将 hsdiploma 变量回归到收入上。
    a. 解读 democrat 变量的系数。
    b. 解读 inc 变量的系数。
    c. inc 的 t-比率是多少?

d. inc 变量的系数是否具有统计显著性？

5. 利用 world 数据集，在控制人均 GDP（对数）的情况下，确认女性获得选举权的年份（womyear）是否影响女孩与男孩的受教育程度比例（gtbeduc）。

   a. 解读目标自变量的系数。
   b. 对应的 t- 比率是多少？
   c. 关系是否具有统计显著性？
   d. 模型解释了 y 方差的多少？

6. 在控制人均 GDP（对数）的情况下，使用回归来评估女性获得选举权的年份（womyear）是否影响女婴与男婴的死亡率之比。

   a. 解读目标自变量的系数。
   b. 对应的 t- 比率是多少？
   c. 关系是否具有统计显著性？
   d. 模型解释了 y 方差的多少？

7. 将 states 数据集中的人均收入回归到教育、人口和学生教育支出上。将该回归与加上了 democrat 的回归进行比较，并回答以下问题。

   a. 解读第一个回归中教育与收入的关系。
   b. 解读第二个回归中教育与收入的关系。
   c. 对教育的估计是否具有统计显著性？

8. 纳入党派因素是否会显著改变对教育的估计？国家的青年人口是否会影响碳排放量？在控制人均 GDP（对数）和人口的情况下，回答这些问题。

   a. 解读青年人口的系数。
   b. 系数是否具有统计显著性？
   c. 解读人均 GDP 与 CO_2 排放量的关系。
   d. 人均 GDP 是否具有统计显著性？

9. 删除"问题 4"回归中的纽约州（NY）、加利福尼亚州（CA）和新泽西州（NJ），再次进行回归分析，并回答以下问题。

   a. 解读 democrat 变量的系数。
   b. 解读 inc 变量的系数。
   c. inc 的 t- 比率是多少？
   d. 关于收入对教育影响的总体结论，是否取决于是否包括这些案例？

10. 去掉中东地区的个案，重新进行"问题 5"中的回归分析。

    a. 解读目标自变量的系数。
    b. 对应的 t- 比率是多少？
    c. 关系是否具有统计显著性？
    d. 你的答案是否取决于是否包括中东地区的个案？

R 函数注释

以下函数在本章中出现。它们按首次出现的顺序列出（括号中的是代码块编号），并在此注释以简要地说明其用途。其中有些不是独立的函数，必须配合其他指令使用。友情提示：只要按照它们出现的顺序运行，每章的代码就都可以正常工作。正确的运行还依赖作者定义的 `libraries()` 函数，用于加载所需的 R 包。

`stargazer()`：生成指定模型的回归表。（13-1）

`ggplot()`：定义图的基本结构（通常是变量 x 和 y）。（13-2）

`aes()`：aes（图形属性，aesthetics）函数在 ggplot 中用于定义图的基本结构[1]，通常包含要用到的变量以及形状或颜色。（13-2）

`geom_histogram()`：生成变量的直方图。（13-2）

`ggtitle()`：设置 ggplot 的标题。（13-2）

`xlab()`：在 ggplot 中设置 x 轴标签。（13-2）

`theme_minimal()`：为 ggplot 设置极简风格的主题。（13-2）

`theme()`：指定 ggplot 中的字体、大小等。（13-2）

`geom_point()`：在 ggplot 的网格中绘制点。（13-2）

`geom_text_repel()`：在 ggplot 框架的散点图中标记点。（13-2）

`geom_smooth()`：在散点图中绘制直线或曲线。（13-2）

`ylab()`：在 ggplot 中设置 y 轴标签。（13-2）

`grid.arrange()`：在页面上排列多张图。（13-4）

---

[1] 译注：图形属性与变量的映射关系。

虚拟变量和交互作用 14

本章大纲

- 学习目标
- 概述
- 什么是虚拟变量
- 加性模型与交互作用模型
- 二元虚拟变量回归
- 多元回归与虚拟变量
- 多元回归中的交互作用
- 小结
- 常见问题
- 复习题
- 数据分析与可视化练习
- R 函数注释

学习目标

- 描述虚拟变量。
- 讨论加性模型和交互作用模型之间的区别。
- 理解虚拟变量有助于回答哪些问题。
- 在多元回归中解读虚拟变量。
- 解读带交互项的多元回归结果。

概述

本章将介绍多元回归的两种延伸：虚拟变量的使用和交互作用。虚拟变量是二元的，如果条件为真，则记为 1；如果条件为假，则记为 0。例如，在关于警察和种族的调查中，表明受访者是否是黑人的变量。虚拟变量有助于回答涉及特征泾渭分明的问题。例如，对警察的看法是否受种族的影响？交互作用即两个自变量相乘，以便确定一个变量的影响是否依赖另一个。交互作用提出了不一样的问题：两个变量之间的关系是否会受第三个变量的影响？例如，对警察的看法和种族之间的关系是否会受收入的影响？

贯穿本书的目标一直是理解我们使用的变量与我们提出的问题之间的联系。虚拟变量让我们能够提出涉及人、地点或事物特征泾渭分明的问题。调查对象要么有孩子，要么没有；要么有房产，要么没有；要么居住在内布拉斯加州，要么居住在其他地方。有孩子、有房产或居住在内布拉斯加州会提高政治参与程度吗？交互作用模型处理的则是另一种问题。交互作用让我们能够确定，有孩子、有房产或来自内布拉斯加州是否会改变诸如收入、年龄、政党认同和政治参与程度之间的关系。

本章我们将会学到在多元回归的语境下，如何解读虚拟变量的系数。接着，本章解释了如何使用虚拟变量形成交互作用，检验回归线的斜率在两个类别之间是否有明显的变化。请注意，解读交互作用模型中的系数不但要谨慎，还要对前几章介绍的更初级的模型有扎实的理解。

什么是虚拟变量

我们常常想知道种族、性别、党派、教育或移民身份是否会影响看法或结果。我们使用**虚拟变量**（dummy variable）表明选民是否为共和党人，药物试验的测试对象是男性还是女性，或者食品券计划的受益者是公民还是移民。在大麻合法化之后，各州是否出现了更多的犯罪事件？男性或女性更有可能投票、加入工会或参与抗议活动吗？父母的政治倾向对你的政治倾向有影响吗？这些都是需要对人、地点或事物进行重要区分的问题。还请注意，这些问题的答案大都涉及"是"或"否"。

对于答案为"是"或"否"之外的问题也会使用虚拟变量。与女性相比，男性通常能挣多少钱？在有或没有死刑的州，通常会发生多少起凶杀案？有多少例感染与在疫情大流行期间允许餐馆继续营业的决定有关？这些问题都涉及虚拟变量。

虚拟变量通过将每个个案赋值为 1 或 0 来记录条件是否为真（最佳实践是在条件为真时赋值为 1）。在 R 中，虚拟变量要么是一系列的 1 和 0，要么是给每个条件或类别分配了标签（例如，研究生或本科生、共和党人或民主党人、男性或女性，等等）。如果变量有两个以上的类别，它就不算是虚拟变量。具有两个以上类别的变量是分类变量。在多元回归的背景下使用的虚拟变量，让我们能够在控制模型中包含的其他变量的情况下，估计在特定的状态下是否会影响因变量。

> **知识检验：描述虚拟变量。**
>
> 1. 下面哪些问题使用了虚拟变量？
>   a. 我应该留下还是离开
>   b. 酋长队今年会赢得多少场比赛？
>   c. 爱国者队会打入季后赛吗？
>   d. 你会在下一次选举中投票吗？
> 2. 以下哪些描述了虚拟变量？
>   a. 表明某人是否有棕色头发的变量

b. 表明某人头发颜色的变量
c. 受访者有房还是租房？
d. 受访者是否拥有房产？

加性模型与交互作用模型

虚拟变量在加性模型和交互作用模型中都有使用。在**加性模型**（additive model）中，我们想知道某类人、地点或事物是否与因变量有关。在**交互作用模型**（interactive model）中，我们想知道因变量和自变量之间的关系是否取决于某类人、地点或事物。例如，加性模型检验的是在 2012 年的选举中，奥巴马总统得到的支持平均更多的是来自女性还是男性（见图 14-1 的 A 组）。交互作用模型提出的问题是，对奥巴马的支持与另一个变量（教育）之间的关系是否取决于性别（见图 14-1 的 B 组）。

A组：在加性模型中，性别不会影响教育与对奥巴马的支持之间的关系

B组：在交互作用模型中，性别会影响教育与对奥巴马的支持之间的关系

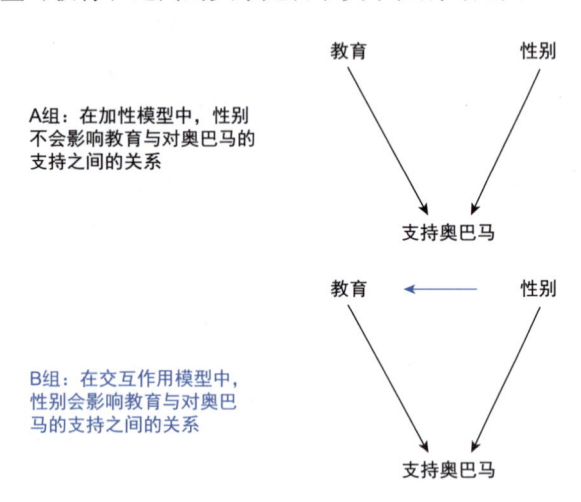

图 14-1：加性模型与交互作用模型

加性模型和交互作用模型很容易区分。加性模型是一系列由加法符号连接的项；交互作用模型至少包含两个相乘的项。虚拟变量可以与其他虚拟变量相乘；连续变量可以与其他连续变量相乘。为了帮助我们建立直觉，本章主要关注虚拟变量及其与连续变量的交互作用。当概括两个连续变量之间关系的斜率是否会因分类变量的水平不同而变化这个问题被提出时，其实我们已经看到了虚拟变量和连续变量之间的交互作用（见第 11 章中的受控比较）。包含虚拟变量的模型让我们可以衡量两条线截距之间的差异，包含交互项的模型则让我们能够估计其斜率之间的差异。

> 知识检验：讨论加性模型和交互作用模型之间的区别。

3. 下列哪些说法描述了交互作用模型？
    a. 包含一个乘法项。
    b. 包含一个虚拟变量。
    c. 允许自变量相互影响。
    d. 放宽了与加性模型相关的重要假设。

二元虚拟变量回归[1]

虚拟变量（有时也叫二分变量）仅记录两个值：0 或 1。有了记录着受访者自我认同为男性或女性的变量，就可以提出性别是否会塑造对移民、穷人或环境的看法的问题。使用表示国家是民主的还是独裁的虚拟变量，可以确定民主是否促进了经济增长。接受过大学教育的成年人更有可能投票吗？前殖民地国家会经历相对更多的政治不稳定吗？一旦某国出现了埃博拉病例，政府的卫生支出会不会增加？这些问题都可以通过在多元回归模型中采用虚拟变量来回答。在多元回归中使用虚拟变量的好处是，可以控制其他一些变量。

> 知识检验：理解虚拟变量有助于回答哪些问题。

4. 没有自变量（只是一个常数）的模型能回答什么问题？
    a. 0 代表类别的平均数是多少？
    b. 整个样本的 y 的平均数是多少？
    c. 参考类别的平均数是多少？
    d. 平均数和中位数之间的差异是多少？

5. 在单虚拟变量模型的背景下，以下哪些是正确的？
    a. 虚拟变量的系数给出了所代表类别的平均数。
    b. 虚拟变量的系数给出了参考类别的平均数。
    c. 虚拟变量的系数给出了两个类别平均数之间的差异。
    d. 常数的系数给出了参考类别的平均分数。

6. 在双变量背景下，纳入虚拟变量的相关好处有哪些？
    a. 它计算了两个类别之间的差异。
    b. 它计算了差异是否具有统计显著性。
    c. 在控制其他变量的情况下，我们可以计算出选项 a 和选项 b。
    d. 与虚拟变量相关的系数给出了两条线斜率的差异。

---
1 相关案例请从网上获取，获取路径见封底的"读者服务"。

多元回归与虚拟变量[1]

在回归分析中使用虚拟变量，让我们能够在考虑其他变量的同时，提出与前面相同的问题。在多元回归分析中使用虚拟变量，还可以在保持其他众多变量不变的情况下，在统计上检验一组的平均数是否与另一组的平均数不同。因此，它对组间差异的估计更准确，同时还展现了其统计显著性。虚拟变量系数的 t- 比率可以用来检验估计的差异是否具有统计显著性。

> 知识检验：在多元回归中解读虚拟变量。

7. 在多元回归模型中使用虚拟变量有什么好处？
   a. 所得到的好处和从二元回归切换到多元回归一样。
   b. 通过虚拟变量，可以检验每个类别平均数的差异是否具有实质显著性。
   c. 通过虚拟变量，可以检验每个类别平均数的差异是否具有统计显著性。
   d. 通过多元回归分析，可以在保持若干不同变量不变的情况下，考察虚拟变量中定义的区别。

8. 在以下包含虚拟变量的回归中找出参考类别。
   a. 男性 =0，女性 =1；天主教徒 =0，其他 =1
   b. 共和党人 = 0，其他 = 1；接受过大学教育 = 0，其他 = 1
   c. 共和党人 = 1，其他 = 0；接受过大学教育 = 1，其他 = 0
   d. 接受过大学教育 =1，其他 =0；美国公民 =0，非公民 =1；受雇 =1，失业 =0

多元回归中的交互作用

有时两个变量之间的关系会受到第三个变量的影响。在多元回归中纳入虚拟变量，我们就能够看出一个类别相对于另一个类别（如男性或女性）是否会导致预测发生巨大的或统计上显著的转变。确切地说，这是在衡量截距是否存在差异。而对于交互作用，我们感兴趣的是斜率是否存在差异。在保持模型中其他所有变量不变的情况下，在多元回归中纳入交互项，就能够估计两条线斜率之间的差异，并确定该差异是否具有统计显著性。

例如，收入和教育之间的关系可能会受到性别的影响：我们知道性别歧视的存在，降低了女性相对于男性的收入。问题是，收入和教育之间的关系对于男性和女性而言是否是不同的。换言之，如果将收入与受教育程度绘制成图，并用两条线拟合数据（一条女性，一条男性），这两条线的斜率是否相同？如果男性的受教育时间每增

---

1 相关案例请从网上获取，获取路径见封底的"读者服务"。

加 1 年所获得的收入增长比女性的多,则说明存在交互作用。如果两条线的斜率相同,但男性的线的截距更大,我们就会说不存在交互作用——只是在所有的教育水平上,男性的平均收入总是比女性多相同金额的钱。请看图 14-2。

在图 14-2 中,我绘制了收入(nes$faminc)和教育(nes$educ)之间的关系,同时根据性别分别对数据进行了两次拟合。与前面的例子一样,在绘制之前要进行一些整理。

请记住,该调查没有记录确切的收入金额,而是将受访者分配到 16 个类别之一,16 代表最高的收入水平。在代码块 14-1 中,为了保留原始变量,我创建了 `nes$faminc` 的副本,并命名为 `nfam`,然后把所有大于 16 的值重新编码为 "NA"(16 以上的类别要么代表没有答复,要么代表不可用)。教育变量也从因子类型变换为数值类型。

代码块 14-1

```
nes$nfam <- nes$faminc
  nes$nfam[nes$nfam > 16] <- NA

nes$educ.n <- as.numeric(nes$educ)
```

在"清理"完 nes$faminc 变量,并将 nes$educ 变量变换为数值向量后,就准备好绘图了(见代码块 14-2)。虽然之前见过了,但还是要注意此图额外增加的内容:①通过 `scale_color_manual()` 手动指定了图形的颜色;②通过 `legend.position` 选项将图例放置在图表内部。

代码块 14-2

```
ggplot(nes, aes(educ.n, nfam, col=gender)) +
  geom_smooth(method="lm", se=FALSE) +
  theme_minimal() +
  theme(plot.title = element_text(size = 8, face = "bold"),
        axis.title = element_text(size = 8, face = "bold"),
        legend.title = element_text(size = 10),
        legend.position = c(0.8,0.3)) +
  scale_color_manual(values = c("#0000bf", "#bf0000"), "性别") +
  ggtitle("图 14-2:教育与性别之间的交互作用") +
  ylab("收入(序数标度)") +
  xlab("受教育程度(序数标度)")
```

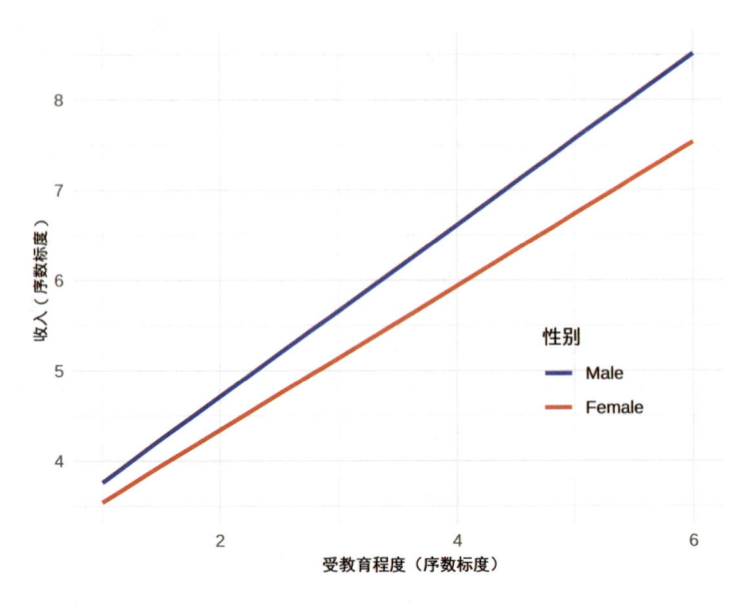

图 14-2：教育与性别之间的交互作用

该图说明二者存在交互作用：随着受教育程度的提高，男性和女性之间的收入差异也在增加。斜率不同，表明在解释收入时，教育和性别之间存在着交互作用。在多元回归的框架下估计交互作用，让我们能够准确地计算出斜率的差异，并确定这种差异是否具有统计显著性。最后，请注意 x 轴和 y 轴表示我们比较的是教育和收入，但单位有些不明确。由于所用变量在调查中要求受访者指明其教育和收入水平，而非确切的数值（年数或金额），所以我们只能模糊地感受到，y 轴向上收入增加，而 x 轴往右教育水平增加。

例子：伯尼·桑德斯，教育和收入

要建立起对虚拟变量和交互作用的直觉，重要的是注意到我们已经这么做过了。在前面的图 11-11 的例子中，我们绘制了凶杀率与人均 GDP（对数处理）之间的关系。让我们再看看另一个例子。

来自佛蒙特州的参议员伯尼·桑德斯（Bernie Sanders）在 2016 年的选举周期中为民主党提名而努力奋斗，挑战希拉里·克林顿看似必然的入主白宫之路。对桑德斯参议员的支持似乎来自最年轻的选民，主要是接受过大学教育的男性和女性。他竞选的一个重点主要集中在 2008 年的金融危机带来的痛苦和苦难上，人们的存款一夜之间减半，而银行高管和对冲基金经理却能够从容脱身。

理解收入和教育到底是如何交互作用的，以便增强对佛蒙特州参议员的支持，不仅能为克林顿阵营的竞选官员提供信息，而且还为考虑在 2018 年及以后竞选的战略家提供了信息。收入和对桑德斯的支持之间的关系会受到选民教育水平怎样的影响？若要回答这个问题，请看以下模型：

$$Y = \alpha_1 + \beta_1 \text{ Income} + \beta_2 \text{ CollegeDummy} + \beta_3 \text{ CollegeDummy} \times \text{Income} + \epsilon$$

在这个回归模型中，Y 是伯尼·桑德斯的情感量表；β_1 是连续变量收入的系数；β_2 是虚拟变量的系数，如果受访者有大学学位，则将变量记为 1；β_3 是教育与收入之间交互作用的系数；ϵ 表示误差项。

与本章前面的例子类似，需要先进行一些清理（见代码块 14-3）。根据我们的问题，需要对 nes$educ 变量进行重新表示，当受访者有大学学位时，将其记为 1，否则记为 0。而 nes$faminc 变量则要变换为连续变量，范围是 1 到 16。

代码块 14-3

```
nes$college <- nes$educ
nes$college <- ifelse(nes$college=="4-year", 1,
                      ifelse(nes$college=="Post-grad", 1, 0))
nes$inc <- nes$faminc
nes$inc <- ifelse(nes$inc > 16, NA, nes$inc)
nes$inc.n <- as.numeric(nes$inc)
```

在创建了表示受访者是否接受过大学教育的虚拟变量，以及衡量受访者的收入水平的连续变量之后，就准备好估计包含交互作用的多元回归模型了。该模型检验了收入和对桑德斯的支持之间的关系是否会受到大学教育的影响（见代码块 14-4 和表 14-1）。

代码块 14-4

```
sanders <- lm(ftsanders ~ inc.n + college + inc.n:college, data=nes)

stargazer(sanders, title = "表 14-1：收入、教育和桑德斯",
          header = FALSE, type = "text")
```

表 14-1：收入、教育和桑德斯

```
===============================================
                        Dependent variable:
                    ---------------------------
                             ftsanders
-----------------------------------------------
inc.n                          0.594
                              (0.417)

college                        3.244
                              (5.286)
```

```
inc.n:college                        -0.719
                                    (0.712)

Constant                            47.961***
                                    (2.390)
-----------------------------------------------------------
Observations                         1,033
R2                                   0.002
Adjusted R2                         -0.001
Residual Std. Error                 33.408 (df = 1029)
F Statistic                          0.716 (df = 3; 1029)
===========================================================
Note:                           *p<0.1; **p<0.05; ***p<0.01
```

估计结果出人意料（见表 14-1）。首先，模型中的系数都没有实质显著性或统计显著性。收入、教育和对参议员桑德斯的支持之间似乎没有任何强烈的关联。大学虚拟变量（college）的系数为 3.24，表明接受过大学教育的受访者对桑德斯的支持只是略高。收入变量（inc.n）的系数为正，但没有统计显著性。inc.n 变量每增加 1 点, 桑德斯情感量表仅增加 0.5 分多。其次，交互项（inc.n:college）表明，虽然大学生受访者的斜率比没有学位的受访者的斜率小（-0.719），但这个差异没有统计显著性。交互作用模型所解释的方差（R^2）也并不起眼（0.002）。根据这个模型，收入和教育似乎与桑德斯的吸引力没有什么关系。

尽管回归表给出了精确的估计值，但要充分理解交互作用的实质显著性和统计显著性，可视化是有效的方法。幸运的是，ggplot 中有一个名为"interactions"的包，使用它可以生成高品质的交互作用图形表示。在代码块 14-5 中，我使用从代码块 14-4 得到的回归模型，通过"interactions"包生成了可视化。由于 interact_plot() 函数采用 ggplot 作为其后端，本书中用到的那些 ggplot 功能也可以为此图增加图层。图 14-3 中展示的斜率和截距的差异，与回归表（见表 14-1）完全对应。

代码块 14-5

```
interact_plot(sanders, pred = inc.n, modx = college,
              legend.main = "大学毕业",
              modx.labels = c("否", "是")) +
  ylim(20,80) +
  theme_minimal() +
  theme(plot.title = element_text(size = 8, face = "bold"),
        axis.title = element_text(size = 8, face = "bold"),
        legend.title = element_text(size = 10),
        legend.position = c(0.3,0.3)) +
  annotate("segment", x = 12, xend = 12, y = 65, yend = 55,size = 0.2) +
  annotate("text", x = 12, y = 67, parse = F,
```

```
              label = "斜率 = 0.59", size = 2) +
    annotate("segment", x = 14, xend = 14, y = 49, yend = 40, size = 0.2) +
    annotate("text", x = 14, y = 37, parse = F,
              label = "斜率 = 0.59 - 0.719", size = 2) +
    annotate("segment", x = 1, xend = 1, y = 48, yend = 58, size = 0.2) +
    annotate("text", x = 2.5, y = 60, parse = F,
              label="当x=0时，截距之间的差异为3.24", size=2)+
    ggtitle(" 图 14-3：教育与收入之间的交互作用 ") +
    ylab(" 伯尼·桑德斯的情感量表 ") +
    xlab(" 收入（序数标度）")
```

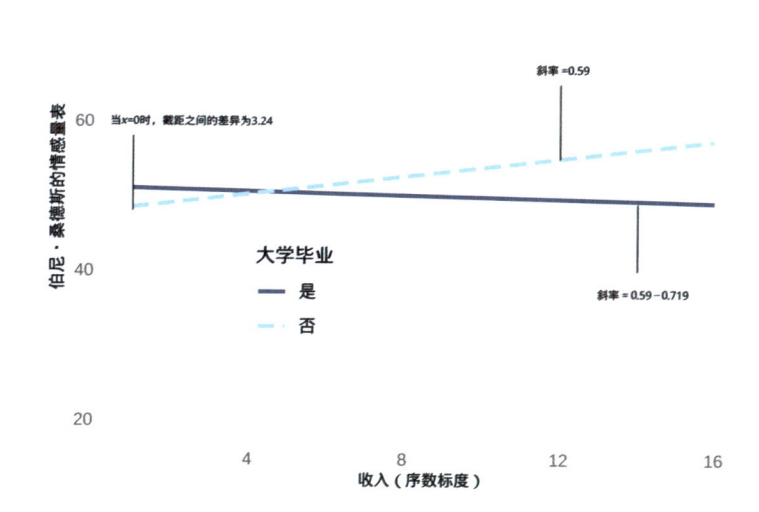

图 14-3：教育与收入之间的交互作用

图 14-3 中描绘的两条线表明存在交互作用。我们观察到，在收入水平为 4 的情况下，不管有没有接受过大学教育，模型预测的情感量表分值都非常相近（大约为 50 分）。当沿着 x 轴前进时（随着收入的增加），差异接近 8 个点。就情感量表分值而言，这可能算多，也可能不算多。两条线之间的斜率差异是否具有统计显著性？根据回归表，对交互作用的估计没有统计显著性。为了将这个结果可视化出来，代码块 14-6 为估计值增加了 95% 的置信带。

对于没有接受过大学教育的人，回归线的斜率为 0.59。对于接受过大学教育的人，回归线的斜率为 0.59 减去 0.719。请记住，交互项的系数给出的是两个斜率之间的差异，而不是所指类别（本例中为接受过大学教育的人）的实际斜率。

代码块 14-6

```
interact_plot(sanders, pred = inc.n, modx = college,
              interval = TRUE, int.width = 0.95,
```

```
              legend.main = "大学毕业",
              modx.labels = c("否", "是")) +
  ylim(20,80) +
  theme_minimal() +
  theme(plot.title = element_text(size = 8, face = "bold"),
        axis.title = element_text(size = 8, face = "bold"),
        legend.title = element_text(size = 10),
        legend.position = c(0.3, 0.3)) +
  ggtitle("图 14-4：置信带相互重叠") +
  ylab("伯尼·桑德斯的情感量表") +
  xlab("收入（序数标度）")
```

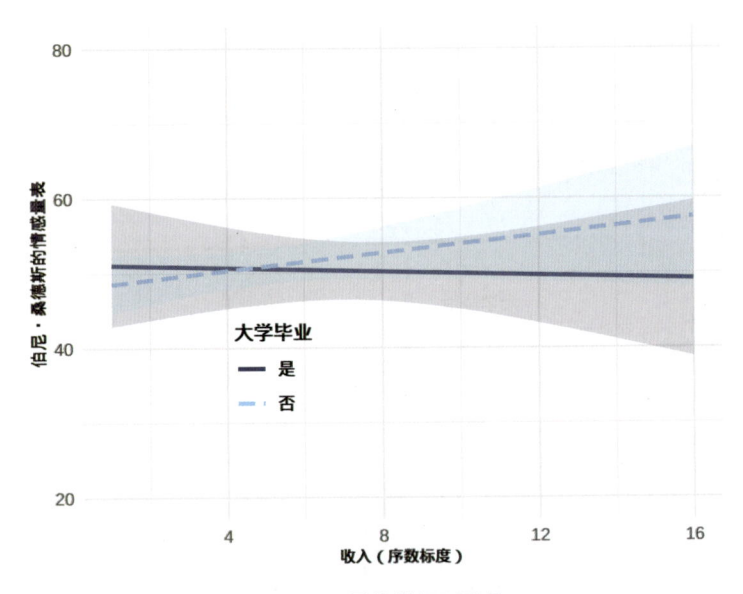

图 14-4：置信带相互重叠

请注意这两个置信带重叠得多么明显。这表明，不管有没有接受过大学教育，对选民的预测都没有太大的差别。这与回归表中的交互项没有统计显著性相吻合。虽然两条线的斜率有差异，但实质上并不那么显著，我们无法拒绝两个斜率差异为零的零假设。

当然，可能还有其他变量可以纳入这个模型。缺少的，也许是年龄，还有地域信息。如果在回归中加入年龄和地域因素，表 14-1 中报告的系数完全有可能发生变化[1]。

---

[1] 图 14-2 和图 14-3 中绘制的线与回归系数是对应的，因为这是一个协方差分析（ANCOVA）模型，每个连续变量都与相同的虚拟变量交互作用。除收入、教育及其交互作用之外，模型里就没有其他变量了。因此，回归中的估计值（系数）就直接对应着从图中观察到的斜率和截距。当其他变量被加入有交互作用的回归时，交互作用的呈现就不那么直观了。幸运的是，R 有诸如 "interactions" 这样的包，展现模型的边际效应变得非常容易。

例子：外援，人均 GDP 和民主

经济学和政治学的学者热衷于解释外援水平。有些人认为，国家的财富决定了它所能得到的援助金额。还有人认为，政权体制是一个重要因素。也许政权体制和收入之间存在交互作用。政权体制是否会影响国家的收入与获得的外援之间的关系？我们先来看看方程式。

$$Y = \alpha_1 + \beta_1 \text{ GDP per capita}(\text{logged}) + \beta_2 \text{ Democracy} + \beta_3 \text{ GDP} \times \text{Democracy} + \beta_4 \text{ Durable}(\text{logged}) + \beta_5 \text{ ELF} + \epsilon$$

此方程式中，α_1 代表独裁国家的截距，β_1 给出了独裁国家的直线斜率，β_2 记录的是独裁国家和民主国家的截距之差，β_3 表示的是独裁国家和民主国家的直线斜率之差。最后的 ϵ 代表误差项。

要进行回归，有些变量需要变换（见代码块 14-7）。首先创建对数版本的外援。由于有些国家没有得到任何援助，因此在取对数前要给变量加上常数 1（请记住，0 的对数是未定义的）。还有人均 GDP 也要取对数。

代码块 14-7

```
world$lnaid <- log(world$aid +1)
world$lngdppc <- log(world$gdppc)

world$dem <- ifelse(world$regime=="Parliamentary Democracy", 1,
            ifelse(world$regime=="Presidential Democracy", 1, 0))

world$dem <- as.factor(world$dem)

levels(world$dem)=c("Dictatorship", "Democracy")
```

当必要的变换完成后，就可以开始估计回归了。在 R 中，有许多不同的方式来设置交互作用。在代码块 14-8 中，采用的方式是用对数版本的人均 GDP 乘以民主变量，即在两个变量之间放一个 "*"（见表 14-2）。

代码块 14-8

```
aid.lm <- lm(lnaid ~ lngdppc * dem + log(durable + 1) + ethfrac,
            data=world)

stargazer(aid.lm, title = "表14-2：民主与收入的交互作用", header = FALSE,
            type = "text")
```

表 14-2：民主与收入的交互作用

	Dependent variable:
	lnaid
lngdppc	-0.780***
	(0.075)
demDemocracy	2.765**
	(1.055)
log(durable + 1)	-0.088
	(0.059)
ethfrac	-0.239
	(0.257)
lngdppc:demDemocracy	-0.330***
	(0.123)
Constant	8.361***
	(0.675)
Observations	99
R2	0.736
Adjusted R2	0.722
Residual Std. Error	0.587 (df = 93)
F Statistic	51.823*** (df = 5; 93)
Note:	*p<0.1; **p<0.05; ***p<0.01

独裁政体（参考类别）的截距为 8.36。由于援助和人均 GDP 都取了对数，人均 GDP 每变化 1%，相应的援助减少 0.78%。因为虚拟项的系数为正，当其他所有变量都为 0 时，民主国家比独裁国家得到的援助更多。由于因变量取了对数，因此计算截距的差异有些复杂。为了将该系数转换成合适的单位，我们对 2.765 求幂，得到 15.88[1]。当其他所有自变量都为 0 时，民主国家和独裁国家之间的援助差别为 15.88 个百分点。虽然人均 GDP 的百分比是显著的，但请记住，没有其他变量为 0 的情况。

图 14-5 将这种关系可视化出来了。看看你能否将图的特征与回归输出结果联系起来。由于模型中并非所有的变量都存在交互作用，因此截距的系数不会与图中的直线完全吻合，但也应该相当接近了。我们的结果表明，与独裁国家相比，民主国

---

[1] 要在 R 中进行幂运算，只需在控制台的命令提示符后输入"exp()"，并将数字放在括号中。本例中 exp(2.765)=15.88。

家的援助资金对人均 GDP 更为敏感：非常贫穷的民主国家得到的援助相对较多，而富裕一些的民主国家得到的援助与独裁国家相比要少。

在本例的代码中，唯一不同的是对颜色的运用。请注意，我在 interact_plot() 函数中准确地指定了要使用的颜色（见代码块 14-9）。其他的都与上一个例子相同。

代码块 14-9

```
interact_plot(aid.lm, pred = lngdppc, modx = dem, data = world,
              legend.main = "政权体制",
              modx.labels = c("独裁", "民主"),
              plot.points = TRUE,
              colors = c("#bf0000", "#0000bf")) +
  xlab("人均 GDP（对数处理）") +
  ylab("援助占 GDP 的百分比（对数）") +
  ggtitle("图 14-5：民主与人均 GDP 之间的交互作用") +
  theme_minimal() +
  theme(plot.title = element_text(size = 8, face = "bold"),
        axis.title = element_text(size = 8, face = "bold"),
        legend.title = element_text(size = 10),
        legend.position = c(0.8,0.8))
```

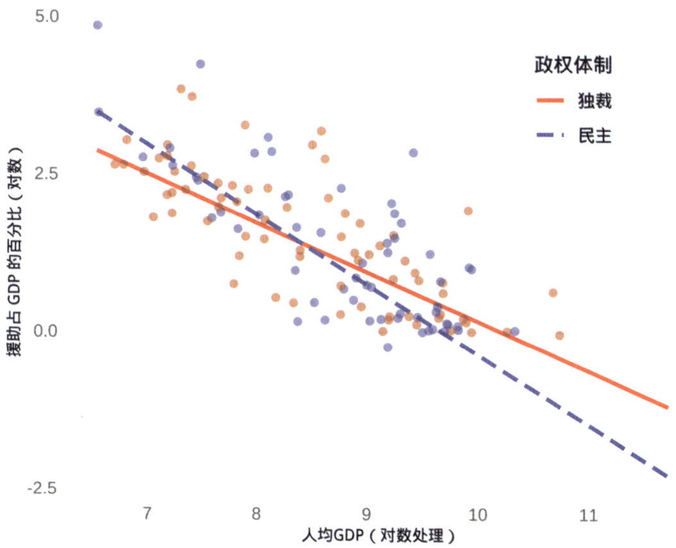

图 14-5：民主与人均 GDP 之间的交互作用

> **知识检验：解读带交互项的多元回归结果。**

9. 以下关于多元回归分析中交互作用的陈述，哪项是准确的？
   a. 交互项的系数表示非参考类别的斜率。
   b. 交互项的系数表示参考类别的斜率。
   c. 交互项的系数表示两条线的斜率之差。
   d. 交互项的系数表示两条线的截距之差。

10. 以下关于多元回归分析中交互作用的陈述，哪项是准确的？
    a. 虚拟项的系数表示非参考类别的斜率。
    b. 虚拟项的系数表示参考类别的斜率。
    c. 虚拟项的系数表示两条线的斜率之差。
    d. 虚拟项的系数表示两条线的截距之差。

11. 以下关于多元回归分析中交互作用的陈述，哪些是准确的？
    a. （无交互作用的）连续变量的系数表示非参考类别的斜率。
    b. （无交互作用的）连续变量的系数表示参考类别的斜率。
    c. （无交互作用的）连续变量的系数表示两条线的斜率之差。
    d. 常数的系数表示参考类别的截距。

小结

在本章中，我们研究了虚拟变量和交互作用。在探索数据时，虚拟变量和交互作用有助于回答一些重要的问题。虚拟变量帮助我们理解人、地点或事物之间的简单区别是否重要。当我们想看看关系是否取决于这些简单的区别时，这里研究的交互作用就特别有用。除了计算出区别的实质差异，回归分析还估计了其统计显著性。将虚拟变量及其交互作用和其他控制因素放在一个有说服力的模型中，就可以相对准确地估计其影响。

虚拟变量和交互作用并不直观：需要实践才能熟练掌握。诀窍是将不同种类的交互作用与提出的问题、所需的回归及其结果联系起来。你获得的直觉越多，就越会发现还有很多有意义的问题没有想到或探索过。

> **常见问题**

● 将虚拟项或交互作用的系数解读为两个截距之间和两个斜率之间的差异。毫无疑问，最常见的问题是将虚拟项或交互作用的系数错误地解读为实际的截距或斜率，而不是两个截距之间和两个斜率之间的差异。虚拟项和交互作用的系数始终代表着截距之间的差异或斜率之间的差异。常数项的系数代表参考类别的截距（虚拟变量中赋值为 0 的类别）。连续变量本身（没有交互作用）的系数代表参考类别的直线斜率。
- 总是将交互作用绘制出来。截距与斜率在实质上和统计上的差异可能都很显著，而两条线相交的地方则具有重要的实质信息。两条线相交的点，代表着所考察的两个类别在此处的预测完全相同。通过了解是否大部分个案都存在于该交汇点的左侧或右侧，可以更好地了解实质上到底发生了什么。
- 当回归中存在一个或多个虚拟变量时，如何解读常数？当回归中存在一个虚拟变量时，常数代表赋值为 0 的虚拟变量类别的 y 截距。每增加一个虚拟变量，只需添加参考类别作为新的描述。例如，有一个用来解释受访者的卧推次数的回归模型，其中包含以下虚拟变量：没有博士学位 =1，年龄在 60 岁以下 =1，高中体育明星 =1。在此回归中，常数代表年龄在 60 岁以上、不是高中体育明星的教授。

复习题

1. 什么是虚拟变量？
2. 加性模型和交互作用模型有什么区别？
3. 使用虚拟变量可以回答什么问题？
4. 使用交互作用可以回答什么问题？
5. 什么是参考类别？
6. 如果分类变量有 6 个类别，回归会产生多少个虚拟变量？
7. 与简单的平均数检验相比，在多元回归中使用虚拟变量有什么优势？
8. 在多元回归中，交互项的系数告诉了我们什么？
9. 如果回归中有虚拟变量，截距代表什么？
10. 虚拟变量对应的系数代表什么？

数据分析与可视化练习

1. 以下哪些是虚拟变量？
    a. world$regime
    b. nes$gender
    c. states$trumpwin
    d. nes$pid3
2. 指出下面描述的是加性模型还是交互作用模型。
    a. $y = a + b$
    b. $y = a \times b$
    c. $y = a + b + c + a \times b$

d. $y = a + b + c$

3. 关于多元回归模型中的虚拟变量，解读正确的是哪些？

    a. 在保持所有其他变量不变时，所指类别的平均数
    b. 所指类别的平均数
    c. 当其他变量为 0 时，参考类别与所指类别之间的差异
    d. 参考类别与所指类别之间的平均差异

4. 以下哪个模型代表着问题——"在研究教育和收入之间的关系时，性别是否重要？"

    a. Income = gender + education
    b. Income = gender × education
    c. Income = gender + education + gender × education
    d. Income = gender + education × gender

5. 以下哪个模型代表着问题——"性别是否影响教育和收入之间的关系？"

    a. Income = gender + education
    b. Income = gender × education
    c. Income = gender + education + gender × education
    d. Income = gender + education × gender

6. 以下哪个模型代表着问题——"性别和教育是否对收入有影响？"

    a. Income = gender + education
    b. Income = gender × education
    c. Income = gender + education + gender × education
    d. Income = gender + education × gender

7. 确定民主（使用代码块 14-7 中定义的虚拟变量）是否会影响收入和民族语言异质性之间的关系（收入是因变量），并回答以下问题。

    a. 独裁，截距是多少？
    b. 民主，截距是多少？
    c. 独裁，斜率是多少？
    d. 民主，斜率是多少？

8. 确定大麻合法化的法律法规（weed）是否改变了美国各州收入（inc）与凶杀率之间的关系，并回答以下问题：

    a. 大麻没有合法化的州，截距是多少？
    b. 大麻合法化的州，截距是多少？
    c. 大麻没有合法化的州，斜率是多少？
    d. 大麻合法化的州，斜率是多少？

9. 绘制"问题 7"描述的交互作用。

10. 绘制"问题 8"描述的交互作用。

R 函数注释

以下函数在本章中出现。它们按首次出现的顺序列出（括号中的是代码块编号），并在此注释以简要地说明其用途。其中有些不是独立的函数，必须结合其他指令使用。友情提示：只要按照它们出现的顺序运行，每章的代码就都可以正常工作。正确的运行还依赖作者定义的 libraries() 函数，用于加载所需的 R 包。

stargazer()：生成指定模型的回归表。（14-1）

ifelse()：用于构建"如果……那么……"（if-then）语句的逻辑函数。其既可用于选择要标记的特定案例，也可用于从连续变量创建分类变量。（14-3）

levels()：设置分类变量的水平标签。（14-3）

ggplot()：定义图的基本结构（通常是变量 x 和 y）。（14-6）

aes()：aes（图形属性，aesthetics）函数在 ggplot 中用于定义图的基本结构[1]，通常包含要用到的变量以及形状或颜色。（14-6）

geom_smooth()：在散点图中绘制直线或曲线。（14-6）

theme_minimal()：为 ggplot 设置极简风格的主题。（14-6）

theme()：指定 ggplot 中的字体、大小等。（14-6）

scale_color_manual()：让用户指定在 ggplot 中要使用的颜色。（14-6）

ggtitle()：设置 ggplot 的标题。（14-6）

ylab()：在 ggplot 中设置 y 轴标签。（14-6）

xlab()：在 ggplot 中设置 x 轴标签。（14-6）

interact_plot()：可视化回归模型中交互作用的有效工具。（14-9）

ylim()：指定 y 轴的范围。（14-9）

annotate()：在图中放置直线或文字。（14-9）

---

[1] 译注：图形属性与变量的映射关系。

15 诊断1：普通最小二乘法是否适用

本章大纲
- 学习目标
- 概述
- 回归分析中的诊断
- 统计量与估计量的性质
- 高斯-马尔可夫假设
- 残差图
- 小结
- 常见问题
- 复习题
- 数据分析与可视化练习
- R 函数注释

学习目标
- 说明为什么诊断如此重要。
- 理解估计量的性质。
- 讨论高斯-马尔可夫假设。
- 创建残差图来评估高斯-马尔可夫假设。

概述

在回归表整洁的外表背后，潜藏着许多潜在的问题，诊断能帮助我们找出这些问题。诊断也会带来重要的发现。在本章中，我们将会了解有哪些诊断工具可供使用、怎么用，以及使用它们能够发现哪些问题。有些诊断检验评估我们在多大程度上满足了与普通最小二乘（Ordinary Least Squares，OLS）回归相关的假设，有些则能帮助我们找出案例中的重要观测对象。诊断终归是帮助我们更多地了解了数据。生成回归表，解读其系数并非我们的终点。最优秀的工作会认真对待回归诊断。诊断检验强制我们质疑结果，助力构建更好的模型，且在大多数情况下有助于我们提出更好的问题。

如果结果违反了支持线性回归的假设，诊断能快速地暴露出来。为了理解这些假设，我们需要熟悉估计量的性质。在简要介绍了这些性质之后，接着列出了支撑OLS的假设：高斯-马尔可夫假设。

在诊断的第一部分内容中，我们着眼于OLS的使用是否恰当。具体来说，我会正式介绍残差图，一个实用的模型预测视图。在本章中，我们会看到如何使用残差图来评估 OLS 的使用。我们是否在 OLS 是最佳选择的情况下使用了它？对估计量的性质和高斯－马尔可夫假设了然于胸之后，就可以使用残差图来发现潜在的问题了。

回归分析中的诊断

回归诊断就类似于年度体检进行的血液检查。病人的外表无异于健康人，但体内却可能出了问题。回归表可能看起来不错，外表没有什么明显的问题。但回归表不一定能说明数据中是否存在打字错误，不一定能找出那组操纵结果的奇怪案例，也不一定能说明假设被违反了。诊断可以防止我们被这些问题所困扰。诊断在一定程度上保证了 OLS 的使用是恰当的，同时回归分析产生的估计是可靠的、稳定的、没有误导性的。

描述数据、理论化、构建模型并将其应用在数据上，这些都是数据分析的重要组成部分，而进行诊断也同样重要。在本章和下一章介绍的规程上花的时间越多，你的分析就越经得起时间的考验。诊断是用来确认结果的，不过也能帮助我们做出突破性的发现。在继续之前，让我先解释一下诊断背后的动机。

诊断是检验与线性回归相关的假设是否有效的最佳方法。我们使用的所有估计量，无论是回归系数、平均数、中位数还是标准差等，都可以依据其性质进行评估。OLS 回归系数有许多不错的性质，但它们取决于某些假设是否得到了满足。我们进行诊断的一个重要原因是要检查这些假设是否适用。

诊断有助于找出是什么在操纵着结果。例如，虽然我们可能会发现人均 GDP 与民主之间存在很强的统计关系，但回归表无法告诉我们是哪些案例造成了这一结果。是工业化的西方国家和撒哈拉以南非洲的国家之间巨大的差异吗？石油国家是否掩盖了这种关系？这种线性关系是真实的，还是由巨大的区域差异导致的？诊断能够让我们看到并更好地理解结果是如何产生的。上述问题的答案提供了重要的信息，这些信息能够影响到我们的解释和结论。

在本章和下一章中学习的技术是为了识别错误。数据是由各种各样的人以五花八门的方式产生的。在数据产生的过程中，人为错误比比皆是。不管是简单的打字错误还是编程错误，数据中的错误都可能是灾难性的，产生具有高度误导性的回归估计。良好的诊断工作也许是在数据中发现问题的最有效方式，没有诊断，就发现不了这些问题。

最后，最好的数据分析会让人认识到，分析师最初提出的问题不会是最后一个。

事实上，以开放的心态面对数据，往往会带来比最初提出的问题更好的问题。在这方面，利用诊断技术是非常有益的尝试。残差中隐约的模式会带来各种新的问题和发现。

本章着眼于使用诊断来确定 OLS 的使用是否恰当。OLS 估计因其优秀的性质随处可见。如果满足某些假设，OLS 就是最佳线性无偏估计量（Best Linear Unbiased Estimator，BLUE）。本章描述了使其成为优秀估计量的性质，以及使这些性质成立所需的假设。我们首先讨论了一般估计的性质，然后讨论了支撑 OLS 回归的高斯－马尔可夫假设。

> **知识检验**：说明为什么诊断如此重要。

1. 以下哪些陈述准确地描述了为什么诊断很重要？
    a. 有助于发现下一个问题。
    b. 发现了数据中的错误。
    c. 表明作为模型根基的假设是否得到了满足。
    d. 有助于做出重要的发现。

统计量与估计量的性质

样本平均数是从随机样本中计算出来的统计量，用于了解总体的情况。当然，还有其他描述总体的统计量。无论使用的是哪种统计量——平均数、标准差或直线的斜率——我们都希望统计量或估计量能提供足够的近似。在统计学中，对估计量的评估有一些非常具体的标准：**偏差**（Bias）、**效率**（Efficiency）和**一致性**（Consistency）。在理想状态下，我们希望估计是无偏、有效且一致的。拥有这些性质最多的估计量／统计量被认为是充分的。让我们对每个标准进行描述和说明。

- 无偏：如果抽样分布的平均数等于总体参数，则样本统计量是无偏的。
- 有效：如果两个不同的统计量是无偏的，请选择抽样分布方差较小的那个。
- 一致：如果随着样本量 n 的增加，样本统计量逐渐趋近总体参数，那么统计量是一致的。
- 充分：充分的统计量具有最理想的性质，而其他统计量是不充分的。

为了说明这些性质，请看图 15-1 中的密度图，每个图代表不同的性质。假设要抽取的总体服从平均数为 0、标准差为 1 的正态分布。为了说明无偏、有偏和有效的估计量，我打造了这些曲线的样子。无偏估计量的抽样分布平均数为 0，标准差为 1。有偏估计量的抽样分布平均数会是不正确的。有效估计量的抽样分布标准差则会更小一些。

要生成图 15-1，首先创建一个数据框，其含有三个变量，分别为 unbiased、biased 和 efficient。如代码块 15-1 所示，unbiased 变量由 100 万个观测组成，这些观测抽取自平均数为 0、标准差为 1 的正态分布。biased 变量也由 100 万个观测组成，但其平均数为 1，标准差为 1。最后，efficient 变量由 100 万个观测生成，其平均数为 0，标准差为 0.5。在生成这三个变量后，使用 melt() 函数将其堆叠起来，用于绘图。

代码块 15-1

```
x <- data.frame(unbiased=rnorm(1000000,0,1),
                biased=rnorm(1000000,1,1),
                efficient=rnorm(1000000,0,0.5))
data<- melt(x)
```

现在由两个变量组成的数据框 data 已经创建好，可以准备绘制三个相互重叠的密度图了。请注意，geom_density() 函数中的 alpha=0.5 选项，为各密度图的颜色增加了透明度（见代码块 15-2）。scale_fill_discrete() 函数用于指定颜色，创建图例标题，并指定各密度曲线的标签。

代码块 15-2

```
ggplot(data,aes(x=value, fill=variable)) +
  geom_density(alpha=0.50) +
  ggtitle("图 15-1：估计量的性质") +
  theme_minimal() +
  theme(plot.title = element_text(size = 8, face = "bold"),
        axis.title = element_text(size = 8, face = "bold"),
        legend.position = c(0.8,0.6)) +
  scale_fill_discrete(name = "估计量",
                      labels=c("无偏", "有偏", "有效"))
```

红色的曲线描绘的是无偏（unbiased）估计量平均数的抽样分布，绿色的曲线描绘的是有偏（biased）估计量，蓝色的曲线则说明了有效（efficiency）估计量。回想一下，生成该图的数据是从 $n = 1,000,000$ 个观测中随机抽取的。红色密度图的平均数为 0，标准差为 1，代表着无偏估计量的抽样分布看起来应该是怎样的，而总体参数也就是这么定义的。我们用它来表示真实的总体参数。绿色密度图描绘的是有偏估计量，表明抽样分布的平均数（即总体参数）偏离了 0。蓝色密度图代表着效率（efficiency），因为它没有偏差且差异比其他抽样分布更小。因此，蓝色密度图代表着有效估计量的抽样分布。

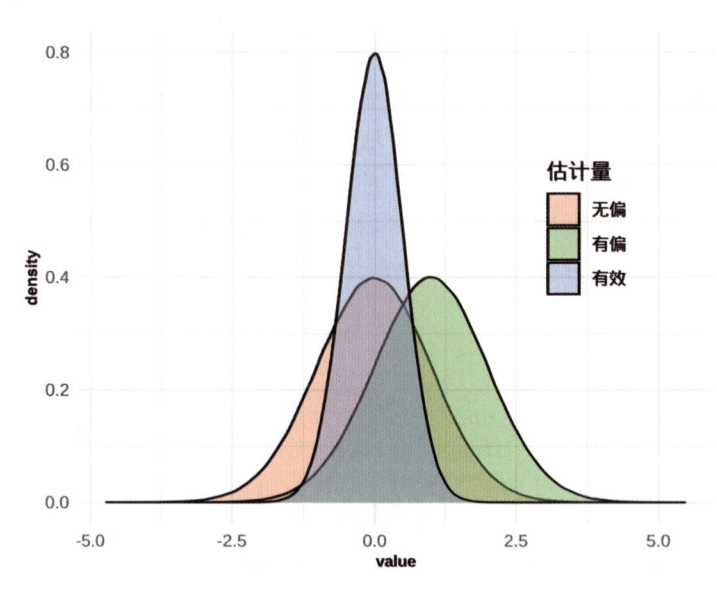

图 15-1：估计量的性质

你会反反复复地遇到这些性质，因此值得花点时间熟悉它们。理解什么是有效或有偏的估计量，可以厘清在进阶统计学教材中遇到的许多问题。

现在我们见过有偏和有效的估计量了，再来看看一致性。一致性就意味着总体参数的估计应该随着 n 的增加而改善。一致性意味着，随着样本规模的增加，从中生成的样本统计量的准确性（本例中为平均数）也会提高。

为了说明一致性，我生成了三个密度图，而其观测是从均匀分布中抽取的。第一个密度图，每次抽取 5 个观测；第二个密度图，每次抽取 25 个观测；第三个密度图，每次抽取 100 个观测。

为了生成这些观测，我使用了 `runif()` 函数通过 for 循环从均匀分布中反复抽取样本（见代码块 15-3）。我指示循环进行 100 万次抽取。第一个 for 循环要求 R 抽取 100 万次，每次抽取 5 个观测，第二个抽取 25 个观测 100 万次，第三个抽取 100 个观测 100 万次。在生成了这三个变量以及独立的数据框之后，使用 `melt()` 函数将其堆叠起来。

代码块 15-3

```
set.seed(3376)
min=-40; max=40; n=5
xbar1=rep(0,1000000)
for (i in 1:1000000) {xbar1[i]= mean(runif(n, min, max))}

x1 <- data.frame(v1=xbar1)
```

```
set.seed(3376)
min=-40; max=40; n=25
xbar2=rep(0,1000000)
for (i in 1:1000000) {xbar2[i]= mean(runif(n, min, max))}

x2 <- data.frame(v1=xbar2)

set.seed(3376)
min=-40; max=40; n=100
xbar3=rep(0,1000000)
for (i in 1:1000000) {xbar3[i]= mean(runif(n, min, max))}

x3 <- data.frame(v1=xbar3)

x <- list(v1=x1,v2=x2,v3=x3)
data <- melt(x)
```

现在我们准备好绘图了。要理解 melt() 函数做了什么，请看数据框 data 中的数据。你会看到数据框由三个变量组成：data$variable、data$value 和 data$L1。代码块 15-4 中的 ggplot 函数只不过是绘制了三个独立的密度图，data$L1 变量的每个类别对应一个图：v1、v2 和 v3。

代码块 15-4

```
ggplot(data,aes(x=value, fill=L1)) +
  geom_density(alpha=0.50) +
  ggtitle(" 图 15-2：抽样次数越多，准确性越高 ") +
  theme_minimal() +
  theme(plot.title = element_text(size = 8, face = "bold"),
        axis.title = element_text(size = 8, face = "bold"),
        legend.position = c(0.8,0.6)) +
  scale_fill_discrete(name = " 观测数量 ",
                      labels = c("5", "25", "100"))
```

图 15-2 中的密度图表明，随着观测数量的增加，估计的准确性也在提高。请注意，各分布的尾部是如何随着观测数量的增加越变越小的。这个性质就是一致性。

最后，需要重申的是，具有最多性质（偏差、效率和一致性）的估计量（本例中为平均数）被认为是充分的，其他所有估计量都被认为是不充分的。

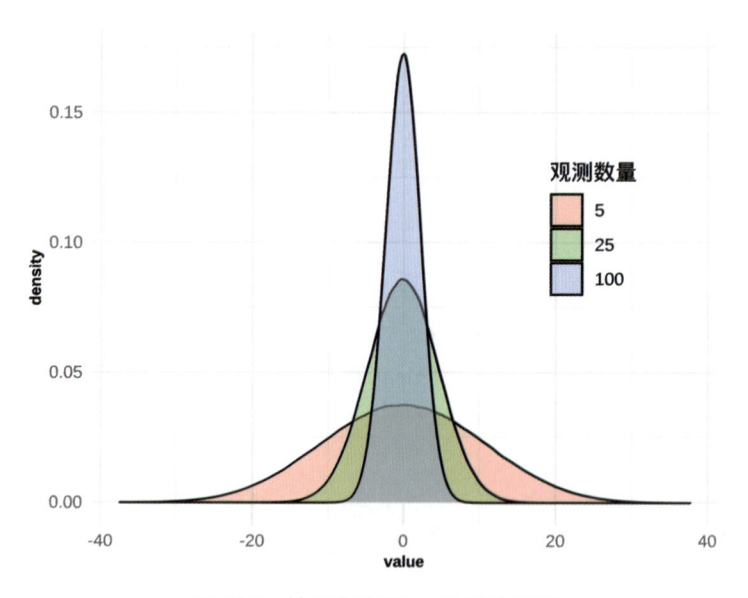

图 15-2：抽样次数越多，准确性越高

总结一下，我们了解了估计量的主要性质：偏差、效率和一致性。无偏、有效且一致的估计量被认为是充分的。OLS 在回归分析中如此普遍，是因为它符合这些标准。然而，只有在某些假设成立的情况下，OLS 估计才符合这些标准。在下一节中，我们会讨论每一个假设，并提供工具来确定假设是否符合实际。

> 知识检验：理解估计量的性质。

2. 假设总体平均数为 30。指出下图中的曲线代表的是无偏、有偏还是有效的估计量的抽样分布。

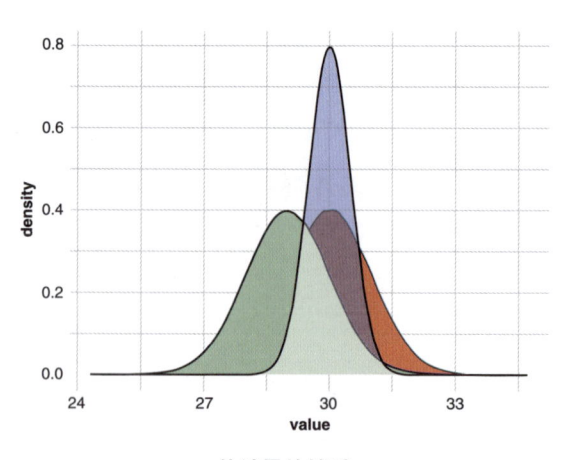

估计量的性质

a. 红色的
b. 绿色的
c. 蓝色的

高斯-马尔可夫假设

总体平均数的性质（偏差、效率和一致性）同样适用于回归中的估计。在生成回归估计时，我们希望估计是无偏、有效且一致的。

如前所述，OLS 回归在实证分析中随处可见。它的使用很广泛，因为它提供了最佳线性无偏估计量（BLUE）。然而，其超绝的地位依赖一系列假设，这些假设本身源自所谓的**高斯-马尔可夫定理**。高斯-马尔可夫定理指出，只要满足三个重要的假设，OLS 回归就可以提供最佳线性无偏估计。如果满足以下假设，"OLS 就是最佳选择"。

在阐明三个主要假设之前，我们要分清误差和残差。它们常常互换使用，实际上，两者非常相似。然而，对它们加以区别是非常重要的。**误差（error）**是 y 的观测值与真实模型（真实线）之间的差异。你可以把真实线看作总体参数的同义词。OLS 估计得到的线与样本统计量则是同义的。要想知道真实线，我们需要知道真实模型。而我们永远不可能知道真实模型，只有最佳估测。因此，我们永远也不会知道误差（有多大）。然而，残差是能知道的。**残差（residual）**是 y 的实际值与 OLS 模型预测值之间的距离。关于高斯-马尔可夫假设的陈述，基于的是误差而非残差。我会阐明在各种情况下误差和残差之间的区别。

将 OLS 中做的假设可视化也有助于理解。让我们从创建两个变量开始，其关系可以被设置为线性函数。由于数据是自己创建的，所以真实线怎样实际上是知道的。此时，回归线与观测之间的差异就是误差。

在代码块 15-5 中，生成了两个随机变量，然后将其中一个（y）定义为另一个（x）与误差项（e）的线性组合。最后绘制出 x 和 y 之间的关系（见图 15-3）。

代码块 15-5

```r
happydf <- data.frame(id = 1:1000, x = rnorm(1000, 0, 1),
                      e = rnorm(1000, 0, 3))
happydf$y <- 4.5*happydf$x + happydf$e

ggplot(happydf, aes(x, y)) +
  geom_smooth(method="lm", se=FALSE) +
  geom_point(col = "#bf0000", alpha = 0.4) +
  theme_minimal() +
  theme(plot.title = element_text(size = 8, face = "bold"),
```

```
        axis.title = element_text(size = 8, face = "bold"),
        legend.title = element_text(size = 10)) +
ggtitle(" 图 15-3：真实模型 ") +
ylab("y") +
xlab("x")
```

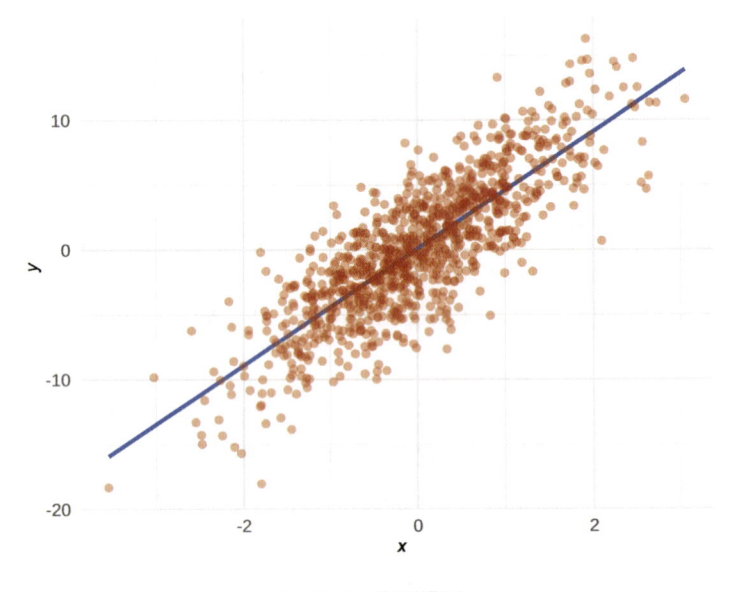

图 15-3：真实模型

图 15-3 代表着理想的 OLS 回归。在构建了变量 x 和 e 后，使 y 成为两者的线性组合。由于我们知道数据到底是如何产生的，这些点（红色的）代表观测值，我们可以认为这条线是真实线。

以下是与高斯 - 马尔可夫定理相关的主要假设。首先让我们用数学方式表达 OLS 回归模型。请注意，我们是怎样用希腊字母 β 和 ϵ 来表示模型的斜率和误差的。这类似于用希腊字母来表示第 8 章和第 9 章中讨论的真实总体参数。

$$y_i = x_i \beta_i + \epsilon_i$$

在数学模型中，y_1 是 x 变量和 ϵ（误差）的线性组合。下面的假设指的都是这个理论模型。

高斯 - 马尔可夫假设 1：理论模型中的误差之和为零。这个假设很简单：真实线之上与之下的误差大小应该相互抵消。真实模型不应该系统性地高估或低估。如果误差之和不为零，意味着我们对截距的估计会有偏差。请记住，误差项是用来体现那些无法在模型中解释的随机事件的。如果真的是随机的，其平均数应该为零。如果平均数不为零,那么该误差项中还有某些东西需要纳入模型。

遗憾的是,我们不能用诊断来检查这个假设。因为根据定义,OLS的估计最小化了残差之和,所以,当估计回归线时,残差之和总是为零。这里必须依靠理论来解决。我们的模型有说服力吗?我们构建的模型是否考虑了重要的变量,只将随机因素留给了误差项?构建模型就像构建论点。如果论点不正确,其结论会受到严重质疑。如果模型不正确,其估计会受到严重质疑。

高斯-马尔可夫假设2:误差是独立分布的。这意味着一个误差的大小不受相邻案例误差大小的影响。当一个案例的误差影响到相邻案例误差的大小时,这些误差是相关的,而非随机产生的。如果一个误差的大小可以帮助我们预测相邻案例误差的大小,那么就意味着误差不是随机产生的,误差项中还有一些因素应该考虑到。更具体地说,我们不应该系统性地高估或低估。

幸运的是,我们可以通过检查回归模型的残差,来确定理论模型中隐含的误差是否满足这个条件。如果误差不是相互独立的,我们的估计可能就会系统性地低估或高估。这种情况发生在季节性数据中,相互邻近的数据点可能系统性地高于平均水平(7月的气温),或者系统性地低于平均水平(1月的气温)。问题可能出在用直线拟合了更适合用曲线概括的数据上。

为了说明这个问题,可基于公式生成随机数据来创建曲线(见代码块15-6)。然后绘制散点图,说明在回归的语境下,用直线拟合曲线数据看起来会是怎样的。非线性函数 exp() 用于生成非线性数据(对每个 x 取幂)。请记住,method="lm" 选项让 geom_smooth() 函数将 OLS 回归线拟合到散点图中(见图15-4)。

代码块 15-6

```
curveddf <- data.frame(id = 1:1000, x = rnorm(1000, 0, 1),
                       e = rnorm(1000, 0, 1))

curveddf$y <- exp(curveddf$x) + curveddf$e

curvedmodel.lm <- lm(y ~ x, data = curveddf)

ggplot(curveddf, aes(x, y)) +
  geom_smooth(method="lm", se=FALSE, col="#0000bf") +
  geom_point(col = "#bf0000", alpha = 0.2) +
  theme_minimal() +
  theme(plot.title = element_text(size = 8, face = "bold"),
        axis.title = element_text(size = 8, face = "bold"),
        legend.title = element_text(size = 10)) +
  ggtitle("图15-4:将直线拟合到曲线数据") +
  ylab("y") +
  xlab("x")
```

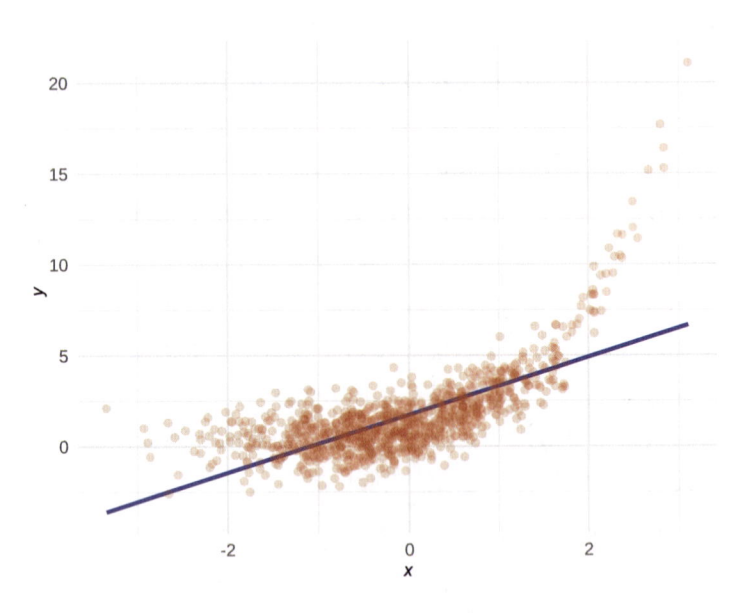

图 15-4：将直线拟合到曲线数据

注意图中的曲率：在 x 值较低的位置，回归线在观测值的下方；在 x 值的中间位置，回归线在观测值的上方；在 x 值较高的位置，回归线在下方。因此，我们的预测（沿线的点）系统性地低估和高估了不同 x 值对应的 y 值。正如图 15-5 所表明的那样，拟合这些数据的直线并不能很好地概括 y 和 x 之间的关系；这个模型不合适。更好的模型是用曲线拟合数据。

高斯－马尔可夫假设 3：误差的方差恒定。真实模型的预测在预测范围内应该同样准确。例如，如果我们试图预测各国的收入水平（人均 GDP），无论是对贫穷国家、中等收入国家还是对富裕国家，预测效果应该一样好。我们偏离目标的程度在预测范围内不应该改变。

幸运的是，我们可以通过检查残差来看这个条件是否成立。为了说明误差中的非恒定方差，我修改了数据，让数据的方差随着 x 的增加而增加。在代码块 15-7 中，我改变了 y 的定义，使误差项乘以（1 + df$x/2），这样随着 x 的增加，会产生更大的误差。然后将其绘制出来，并拟合一条回归线，用来说明拟合数据的回归看起来会是怎样的。

图 15-5 说明随着 x 的增加，y 的方差也会增加。虽然这条线在 x 的值低于 0 的时候可以很好地预测 y，然而当 x 移动至 0 和 2 之间时，预测效果大打折扣。

请注意图中的扇形，这是表明在这种情况下使用 OLS 并不正确的又一迹象。很显然，这违反了我们的假设，即误差的方差恒定。残差中的非恒定方差则是另一个迹象，表明误差不是随机分布的，可能还有重要的变量没有在模型中考虑到。

代码块 15-7

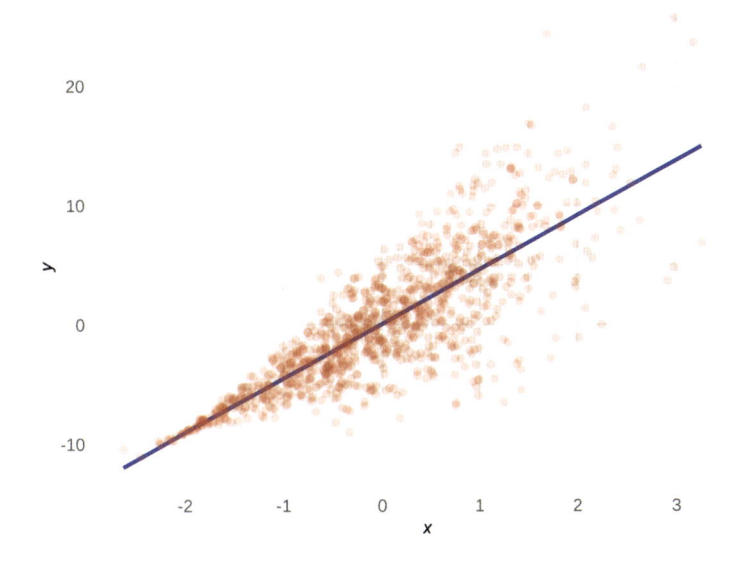

```r
vardf <- data.frame(id = 1:1000, x = rnorm(1000, 0, 1),
                    e = rnorm(1000, 0, 3))

vardf$y <- 4.5*vardf$x + (1 + vardf$x / 2)*vardf$e

varmodel.lm <- lm(y ~ x, data = vardf)

ggplot(vardf, aes(x, y)) +
  geom_smooth(method="lm", se=FALSE, col="#0000bf") +
  geom_point(col = "#bf0000", alpha = 0.2) +
  theme_minimal() +
  theme(plot.title = element_text(size = 8, face = "bold"),
        axis.title = element_text(size = 8, face = "bold"),
        legend.title = element_text(size = 10)) +
  ggtitle(" 图 15-5：方差非恒定的回归 ") +
  ylab("y") +
  xlab("x")
```

图 15-5：方差非恒定的回归

　　幸运的是，对于违反高斯－马尔可夫假设时出现的问题，是有一些解决方法的。一种方法是重新思考要将哪些变量纳入模型中。违反高斯－马尔可夫假设往往是由于模型中遗漏了一个重要的变量，其影响被误差项所吸收，在残差中产生了引人注目的模式。另一种方法是考虑变换因变量或自变量。在很多情况下，数据变换或在模型中引入其他变量会有所帮助。最后，在某些情况下，在模型中增加交互项也是一种解决方法。然而，有时候这些解决方法还不够。在很多情况下，OLS 可能不是合适的估计量，可能有必要使用完全不同的估计方法。遗憾的是，在违反高斯－马尔可夫假设的情况下采用合适的估计量，得等到下一门数据分析课程学习了。幸运的是，在不满足高斯－马尔可夫假设的情况下，改变模型设定、变换数据（我们已经具备的技能）或增加交互项将大有裨益。

让我们简要回顾一下在本节中学到的内容。如果高斯－马尔可夫定理的三个假设成立，那么使用 OLS 模型是合适的。简而言之，如果违反了三个假设中的任何一个，那么使用 OLS 就有问题。这三个假设关注的是理论模型中的误差项：①误差之和必须为零；②误差之间必须相互独立；③误差的方差必须恒定。我们只能用理论来验证误差之和为零的假设。然而，假设 2 和假设 3 可以通过查看预测值（回归线），并检查其对实际值的预测效果来验证。在考虑回归线与数据的拟合程度时，只要看一眼问题，我们就知道下一步准备怎么做了。这就是诊断的用武之地：我们可以通过分析回归估计的残差来评估第二个假设和第三个假设是否成立。

本节中例子所基于的数据是我们自己生成的。这很有用，因为这样一来，我们就知道底层的真实模型是怎样的：我们知道数据到底是如何生成的。在下一节中，我们将人工生成的数据和真实数据结合起来，展示如何用诊断来检查高斯－马尔可夫假设，并找出离群的或有影响力的案例，为我们的问题提供更多的信息和线索。

> **知识检验：讨论高斯－马尔可夫假设。**

3. 以下哪些陈述最能描述为何高斯－马尔可夫假设如此重要？
    a. 当这些假设满足时，就知道 OLS 是最佳线性无偏估计量。
    b. 这些假设保证了 OLS 估计值是准确的。
    c. 当假设不满足时，就应该降低模型生成的推论统计的信心。
    d. 这些都有助于描述应该在模型的残差中看到什么模式。

4. 以下关于误差和残差的陈述哪些是正确的？
    a. 我们永远无法得知真正的残差有多大。
    b. 我们永远无法得知真正的误差有多大。
    c. 误差之于回归分析来说就像参数之于抽样。
    d. 误差和残差是一回事。

5. 我们怎么知道误差之和为零？
    a. 当残差图看起来像一朵无形的云时
    b. 当残差图看起来像扇形时

c. 当误差纯粹是随机的结果时
d. 当理论模型是正确的时候

残差图

将残差检查作为诊断工具有两个关注点：寻找残差的模式和有影响力的案例（能影响结果的案例）。寻找模式是为了确认有没有违反高斯－马尔可夫假设。残差 e_i 的大小不应对邻近案例的残差有任何影响。我们对残差的分析表明，如果存在某种模式，那么这些误差要么不是相互独立的，要么有非恒定的方差。如果是这两种情况，就违反了使用 OLS 回归的假设之一。

为了确认有没有违反哪个假设，我们要检查残差图。**残差图（residual plot）**就是一个散点图，y 轴为回归的残差，x 轴为预测值。通常还带有一条水平虚线，表示残差为零的地方，即预测值完美预测了实际值的点。如果误差是独立的且具有恒定的方差，在查看残差图时应能观察到无形的点云。残差图中的模式则表明，使用 OLS 估计量可能不合适。

图 15-6 展示了一个简单的二元回归以及得到的残差图。采用并排展示方式，可以对残差图所表现的内容建立起直觉。该回归以 50 个州的婴儿死亡率为因变量，以家庭收入中位数为自变量。在回归（左图）中，我们看到密西西比州（MS）、新墨西哥州（NM）、特拉华州（DE）和马里兰州（MD）都是与预测值（蓝线）距离较远的州。因此，在右图中它们的残差相对较大。

为了构建联系起回归线和残差图的图，我生成了两个散点图。要生成二元回归图，只需在生成散点图时加上 `geom_smooth(method="lm")` 函数，将 OLS 回归线放在散点图上（见代码块 15-8）。`annotate()` 函数则用来突出显示特拉华州（DE）的残差。

代码块 15-8

```
p1 <- ggplot(states, aes(medinc, infant)) +
  geom_point(col="#bf0000") +
  theme_minimal() +
  geom_smooth(method="lm", se=FALSE, col="#0000bf") +
  geom_text_repel(size=2, data=states, aes(label=
                  ifelse(states$st %in% c("DE", "MS", "MD", "NM"),
                         as.character(states$st), "")),
                  show.legend=FALSE) +
  ylab("每千名活产婴儿死亡数") +
  xlab("家庭收入中位数") +
  theme_minimal() +
```

```
theme(plot.title = element_text(size = 8, face = "bold"),
      axis.title = element_text(size = 8, face = "bold")) +
annotate("segment", x = 54570, xend = 54570, y = 9,
         yend = 6.5, size = 0.2, col="#bf0000", linetype = "dashed") +
annotate("text", x = 58000, y = 8, parse = F,
         label = "特拉华州的残差 = 2.5", size = 2)
```

为了生成残差图，可使用 lm() 函数来估计二元回归模型，然后从模型中创建包含预测值和残差的两个变量（见代码块 15-9）。最后将残差与预测值绘制出来。

代码块 15-9

```
model <- lm(infant ~ medinc, data=states)

states$infant.p <- predict(model)
states$infant.r <- resid(model)

p2 <- ggplot(states, aes(infant.p, infant.r)) +
  geom_point(col="#bf0000") +
  geom_smooth(method="lm", se=FALSE, col="#0000bf") +
  geom_smooth(col="grey", se=FALSE, linetype = "dashed") +
  geom_text_repel(size=2, data=states, aes(label=
                  ifelse(states$st %in% c("DE", "MS", "MD", "NM"),
                         as.character(states$st), "")),
                  show.legend=FALSE) +
  ylab("残差") +
  xlab("拟合值") +
  theme_minimal() +
  theme(plot.title = element_text(size = 8, face = "bold"),
        axis.title = element_text(size = 8, face = "bold")) +
  annotate("segment", x = 6.52, xend = 6.52, y = 0,
           yend = 2.5, size = 0.2, col="#bf0000", linetype = "dashed") +
  annotate("text", x = 6.1, y = 1.2, parse = F,
           label = "特拉华州的残差 = 2.5", size = 2)
grid.arrange(p1, p2, ncol=2, top=textGrob("图 15-6：残差图剖析",
             gp=gpar(fontsize=8)))
```

图 15-6 左图展示的是二元回归的图形表示，右图则显示了该回归的残差图。请注意这两个图的坐标轴有什么不同。右图中 y 轴记录的是残差，x 轴记录的是拟合值。为了更好地理解这两个图是如何对应的，请看特拉华州（DE）。回归图表明，特拉华州的预测值为 6.5，而实际值为 9（两者差 2.5）。在残差图中，我们看到特拉华州的残差为 2.5，拟合值约为 6.5。如果两个图展示的信息基本相同，为什么要使用残差图？

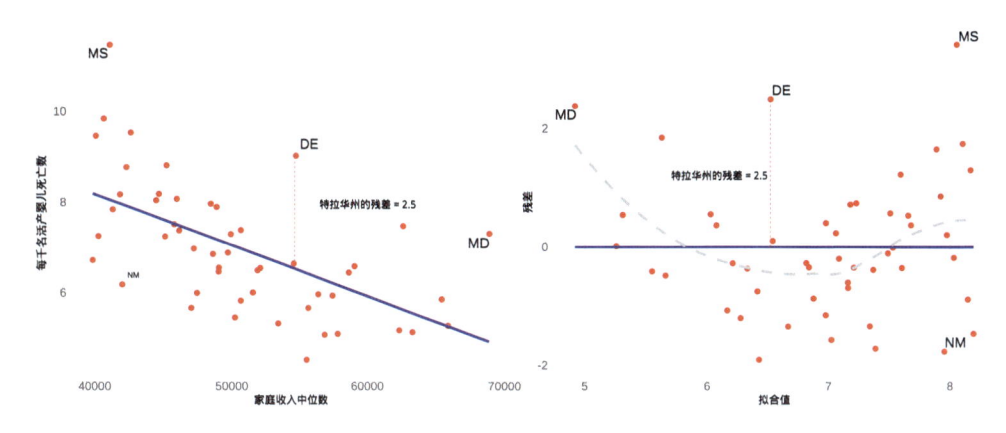

图 15-6：残差图剖析

为了回答这个问题，我在图 15-6 中的残差图里绘制了一条灰色的曲线。如曲线所示，视线沿着 x 轴移动时，新的水平方向让我们更容易看出模式。残差图展示的不是预测值而是残差：蓝线代表残差为零的地方。残差图中靠近蓝线的案例是那些预测得更准确的案例。

让我们在检查残差的层面继续讨论：找出那些提醒我们可能违反了高斯－马尔可夫假设的模式。首先看看理想状态：y 是 x 的线性组合，并且误差的变化恒定。在这种令人愉快的情况下，我绘制出了得到的残差图（见代码块 15-10、代码块 15-11 和图 15-7）。

代码块 15-10

```
happymodel.lm <- lm(y ~ x, data=happydf)

p1 <- ggplot(happydf, aes(x, y)) +
  geom_smooth(method="lm", se=FALSE) +
  geom_point(col = "#bf0000", alpha = 0.2) +
  theme_minimal() +
  theme(plot.title = element_text(size = 8, face = "bold"),
        axis.title = element_text(size = 8, face = "bold"),
        legend.title = element_text(size = 10)) +
  ggtitle(" 回归线 ")+
  ylab("y") +
  xlab("x")
```

要生成这个图，只需复制代码块 15-5 中的代码，并将 ggplot 对象命名为 p1。

代码块 15-11

```
happydf$res <- resid(happymodel.lm)
happydf$pred <- predict(happymodel.lm)
```

```
p2 <- ggplot(happydf, aes(pred, res)) +
  geom_smooth(method="lm", se=FALSE, col="black", linetype = "dashed") +
  geom_point(col = "#bf0000", alpha = 0.2) +
  theme_minimal() +
  theme(plot.title = element_text(size = 8, face = "bold"),
        axis.title = element_text(size = 8, face = "bold"),
        legend.title = element_text(size = 10)) +
  ggtitle("残差图") +
  ylab("y") +
  xlab("x")

grid.arrange(p1, p2, ncol=2, top=textGrob("图 15-7：满足高斯-马尔可夫假设 ",
             gp=gpar(fontsize=8)))
```

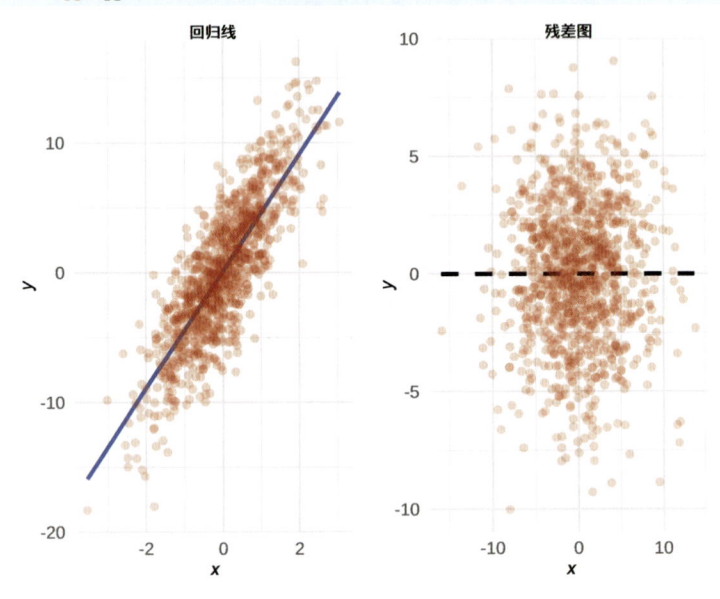

图 15-7：满足高斯-马尔可夫假设

然后利用从散点图中获得的回归提取残差 `resid(happymodel.lm)` 和预测值 `predict(happymodel.lm)`，来获得残差图的组成部分——残差图不过是模型的残差及其预测值的散点图罢了。最后使用 `grid.arrange()` 函数并排放置两个散点图进行比较。

请注意残差呈现出的无形的云是什么样的（残差图）。这是 OLS 回归的理想状态。

让我们继续讨论有问题的回归及其相关的残差图。这里同样使用散点图来找出讨嫌的模式，这些模式表明高斯-马尔可夫假设是否得到了满足：误差相互独立，且具有恒定的方差（见代码块 15-12）。

代码块 15-12

```r
p1 <- ggplot(curveddf, aes(x, y)) +
  geom_smooth(method="lm", se=FALSE, col="#0000bf") +
  geom_point(col = "#bf0000", alpha = 0.1) +
  theme_minimal() +
  theme(plot.title = element_text(size = 8, face = "bold"),
        axis.title = element_text(size = 8, face = "bold"),
        legend.title = element_text(size = 10)) +
  ggtitle("OLS 回归 ") +
  ylab("y") +
  xlab("x")
```

想想我在试图用直线拟合类似曲线的数据时绘制的散点图。这个例子凸显了系统性地高估和低估时，残差图会是什么样的。遵照完美情况的例子（满足高斯－马尔可夫假设），复用代码块 15-7 中的代码：用直线拟合曲线数据的散点图。

将新模型定义为 curvedmodel.lm，从中提取残差和预测值，并将其与描述回归的图并排绘制出来（见代码块 15-13 和图 15-8）。

> **数据可视化的艺术与实践**
> **颜色的透明度**
>
> 当有大量观测要处理时，alpha 选项可以用来改变颜色的透明度。这样一来，大多数个案的实际位置就变得更加清晰了。注意，在代码块 15-12 中，设置了 alpha=0.1，这样能更好地了解到潜藏的模式。

代码块 15-13

```r
curveddf$res <- resid(curvedmodel.lm)
curveddf$pred <- predict(curvedmodel.lm)

p2 <- ggplot(curveddf, aes(pred, res)) +
  geom_smooth(method="lm", se=FALSE, col="black", linetype = "dashed") +
  geom_point(col = "#bf0000", alpha = 0.1) +
  theme_minimal() +
  theme(plot.title = element_text(size = 8, face = "bold"),
        axis.title = element_text(size = 8, face = "bold"),
        legend.title = element_text(size = 10)) +
  ggtitle(" 残差图 ") +
  ylab("y") +
  xlab("x")

grid.arrange(p1, p2, ncol=2, top=textGrob(" 图 15-8：系统性地高估和低估 ",
             gp=gpar(fontsize=8)))
```

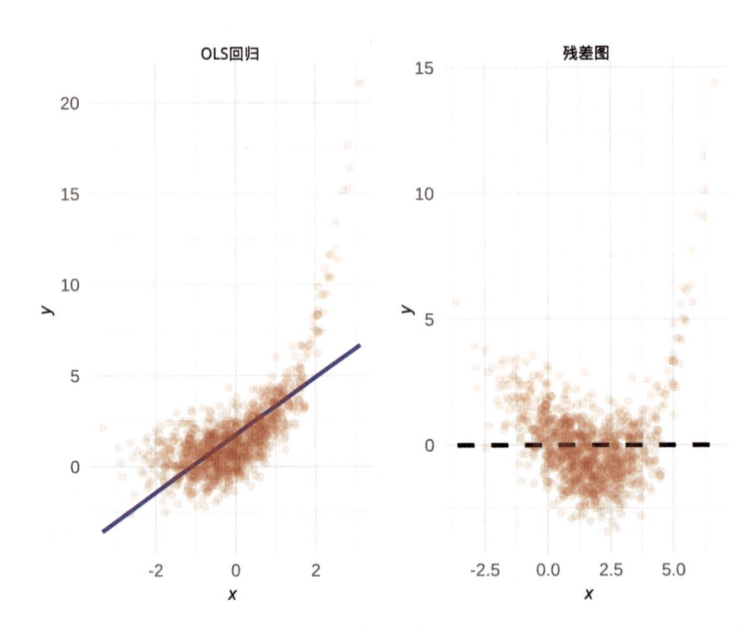

图 15-8：系统性地高估和低估

请记住，残差图中位于 0 的虚线表明这是完美预测的位置：预测值和实际值之间没有差异（零）。在残差图中更容易看到，沿着 x 轴从 -2.5 移动到 0 时，大部分预测都低估了真实值（大部分点位于虚线的上方）。在 0 和 2.5 之间，大多数观测值都低于预测值（高估了真实值）。继续从 2.5 移动到 5，又变回低估了。由于低估和高估系统性地出现在图中的某些区域，看来残差可能不是相互独立的：如果低估了一个案例，邻近案例很可能也是同样的命运。由此看来，我们应该担心误差也不是相互独立的。

最后，让我们看看当违反误差在预测值范围内具有恒定方差的假设时，残差图的模式是怎样的。为了生成这个视图，我们回到代码块 15-7 中并复用相关的散点图代码。只有这个例子，在 x 的值范围之内，构建了 y 更大的方差。我将代码放在代码块 15-14 中。请再次注意定义 df$y 的数学表达式：用 e 乘以一个随着 x 增长的表达式。这会产生一个随着 x 增长的误差项。

代码块 15-14

```
df <- data.frame(id = 1:1000, x = rnorm(1000, 0, 1),
                 e = rnorm(1000, 0, 3))

df$y <- 4.5*df$x + (1 + df$x / 2)*df$e

model.lm <- lm(y ~ x, data = df)
```

```
p1 <- ggplot(df, aes(x, y)) +
  geom_smooth(method="lm", se=FALSE, col="#0000bf") +
  geom_point(col = "#bf0000", alpha = 0.2) +
  theme_minimal() +
  theme(plot.title = element_text(size = 8, face = "bold"),
        axis.title = element_text(size = 8, face = "bold"),
        legend.title = element_text(size = 10)) +
  ggtitle("方差非恒定的回归") +
  ylab("y") +
  xlab("x")
```

在定义了 *y* 和 *x* 之间误差项方差会增长的关系之后，让我们将代表回归的图和得到的残差图并排绘制出来（见代码块 15-15 和图 15-9）。

代码块 15-15

```
df$res <- resid(model.lm)
df$pred <- predict(model.lm)

p2 <- ggplot(df, aes(pred, res)) +
  geom_smooth(method="lm", se=FALSE, col="black", linetype = "dashed") +
  geom_point(col = "#bf0000", alpha = 0.2) +
  theme_minimal() +
  theme(plot.title = element_text(size = 8, face = "bold"),
        axis.title = element_text(size = 8, face = "bold"),
        legend.title = element_text(size = 10)) +
  ggtitle("残差图表明方差非恒定") +
  ylab("y") +
  xlab("x")

grid.arrange(p1, p2, ncol=2, top=textGrob("图 15-9：残差中的非恒定方差",
             gp=gpar(fontsize=8)))
```

当问题出在非恒定方差上时，残差图会类似于扇形。警告：扇形很少看起来像这个编造的例子那样对称和清晰。尽管如此，图 15-9 还是展示了当误差具有非恒定方差时的典型情况。

正如我希望在最后几个例子中展示的那样，通过将回归曲线呈现为水平方向，我们可以更好地评估在 *x* 轴范围内，残差是否存在系统性的变化。残差图让我们能直接检查预测（拟合）值的残差是否存在恒定方差。

当模式出现的时候，说明有潜在的问题存在。首先，如果误差不是随机分布在所有预测值上的，则表明可能还有一个应该纳入模型的变量。其次，我们可能搞错了模型的函数形式。我们可能需要变换几个变量来产生更线性的形式。最后，引入交互项可以提供更好的模型设定。如果增加可能遗漏的变量、变换数据或增加交互项都不能解决问题，那么还有很多专门用于解决各类问题的不同模型可用。在第17章中，我们将探讨一个这样的模型——逻辑回归。幸运的是，我们有很多工具可供使用，也可以期待下一门数据分析课程，其中涵盖了更多的估计方法，这些方法用于在各种不同情况下产生最佳估计。

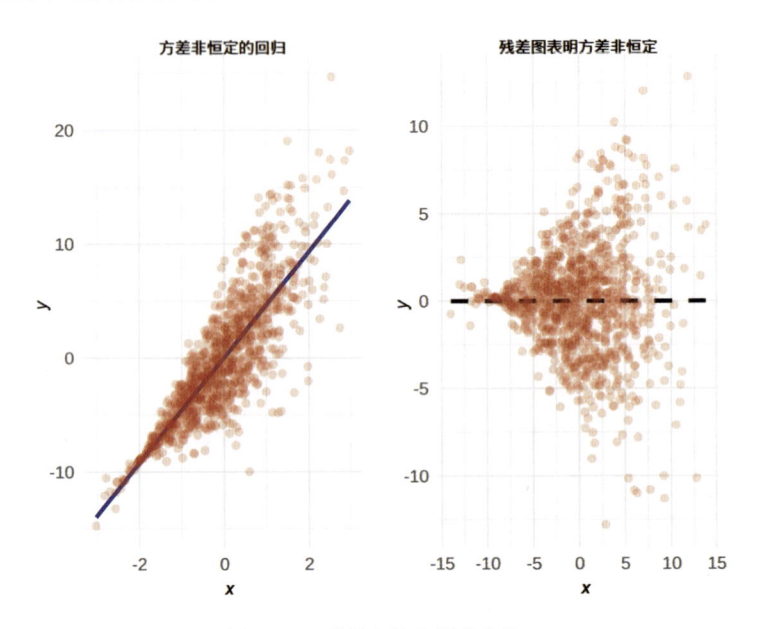

图 15-9：残差中的非恒定方差

> **知识检验**：将残差图与高斯－马尔可夫假设联系起来。

6. 如何知道我们违反了误差具有恒定方差的假设？
    a. 误差图呈扇形。
    b. 残差图呈扇形。
    c. 残差图中存在系统性的低估和高估。
    d. 残差图类似于无形的云。
7. 如何知道我们违反了误差相互独立的假设？
    a. 误差图呈扇形。
    b. 残差图呈扇形。
    c. 残差图中存在系统性的低估和高估。
    d. 残差图类似于无形的云。
8. 如果违反了高斯－马尔可夫假设之一，有哪些补救措施？
    a. 纳入一个可能被遗漏的变量。
    b. 变换数据。

c. 在模型中纳入（变量）交互作用。
d. 参加下一门数据分析课程。

小结

偏差、效率和一致性是用来评估估计量的标准。高斯-马尔可夫定理指出，只要满足三个重要假设，OLS 回归就能给出一条线的最佳线性无偏估计。诊断有助于评估某些高斯-马尔可夫假设是否成立，因此其对于数据分析来说至关重要。正如在下一章中会看到的，通过检查残差图、库克距离、杠杆图和增加变量图，诊断还能帮助找出重要的个案。诊断不仅可以找出回归结果中潜在的问题，还带来了额外的线索，帮助我们加深对手头问题的理解。

在回归中寻找陌生的事物需要保持警惕。诊断常常被忽视，很多统计学图书中甚至没有关于诊断的章节。诊断可以防止分析师做出严重错误的预测。在诊断上花的时间至少要和其他分析环节加起来的时间一样多。诊断不仅可以防止你犯愚蠢的错误，而且在此过程中还会有重要的发现，并产生更有说服力、经得起考验的结果。

常见问题

- **残差与误差**。对误差和残差加以区分是很重要的，这和我们需要区分样本统计量和总体参数的道理相同（见第 8 章和第 9 章）。难就难在术语的使用上：这两个术语经常互换使用。然而，如果有了明确的区分，指出误差项之和为零的第一个高斯-马尔可夫假设就没那么令人费解了。如果误差和残差被混淆、混合与混杂，就会造成混乱。例如，所有残差之和为零是不言而喻的，因为 OLS 回归基于的是最小化残差平方和的计算，这确保了残差之和为零。OLS 估计的残差之和肯定为零。但是，如果我们遗漏了一个重要的变量，理论模型的误差可能就不会为零。
- **估计量的偏差、效率和一致性**。尽管无须对这些概念有直观而深入的理解就可以进行复杂的分析，但几乎所有中级和高级的统计教材都广泛引述了这些特征。搞清楚它们，凭直觉了解其含义，有助于理解你将遇到的情况。掌握这里的基础知识能解开很多进阶统计教材中的谜团。回顾一下，如果抽样分布的平均数接近总体参数，则估计量是无偏的。如果抽样分布的方差相对较小，则估计量是有效的。最后，如果随着样本量 n 的增加，估计量变得更准确，那么估计量是一致的。

复习题

1. 为什么诊断如此重要？
2. 支持 OLS 的高斯-马尔可夫条件是什么？

3. 什么是残差图？
4. 残差能告诉我们什么？
5. 如何描述那些意味着误差存在非恒定方差的残差图？
6. 如何描述那些意味着误差不相互独立的残差图？
7. 如何描述那些意味着高斯－马尔可夫定理的假设得到了满足的残差图？
8. 如何描述那些意味着误差之和为零的残差图？
9. 残差和误差之间的区别是什么？
10. 如果违反了高斯－马尔可夫假设之一，还可以怎样补救？

数据分析与可视化练习

1. 在比较两个估计量的抽样分布时，如果其中一个估计量的分布尾部更宽，我们就说这个估计量是
   a. 有偏的
   b. 有效的
   c. 一致的
   d. 最佳线性无偏估计量（BLUE）

2. 在检查估计量的抽样分布时，发现抽样分布的方差随着 n 的增加而减小，我们就说这个估计量是
   a. 无偏的
   b. 一致的
   c. 有效的
   d. 有偏的

3. 如果平均数的总体参数为 50，生成的密度图（抽样分布）如下，请指出各密度图说明了估计量具有什么性质。

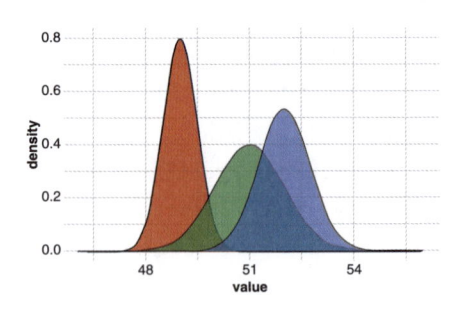

   估计量的性质

   a. 红色的
   b. 蓝色的
   c. 绿色的

4. 如果平均数的总体参数为100，生成的密度图（抽样分布）如下，请指出各密度图说明了估计量具有什么性质。

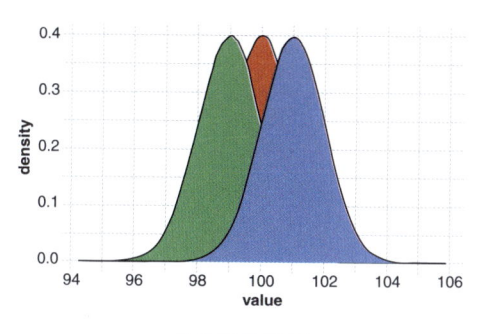

估计量的性质

a. 红色的
b. 蓝色的
c. 绿色的

5. 如果平均数的总体参数为100，生成的密度图（抽样分布）如下，请指出各密度图说明了估计量具有什么性质。

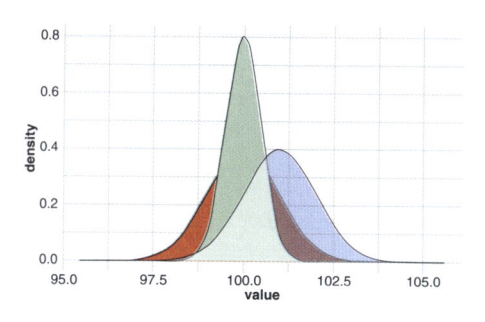

估计量的性质

a. 红色的
b. 蓝色的
c. 绿色的

6. 以下假设哪些与高斯 – 马尔可夫定理有关？

a. 误差具有恒定的方差。
b. 误差之和为零。
c. 残差之和为零。
d. 残差之间相互独立。

7. 以下哪项描述的是表明误差不相互独立的残差图？

a. 残差图呈扇形
b. 无形的云
c. 没有明显的模式

d. 图中某些区域系统性地低估和高估

8. 以下哪项描述的是表明误差具有非恒定方差的残差图?

    a. 残差图呈扇形
    b. 无形的云
    c. 没有明显的模式
    d. 图中某些区域系统性地低估和高估

9. 下面的残差图看起来违反了什么假设?

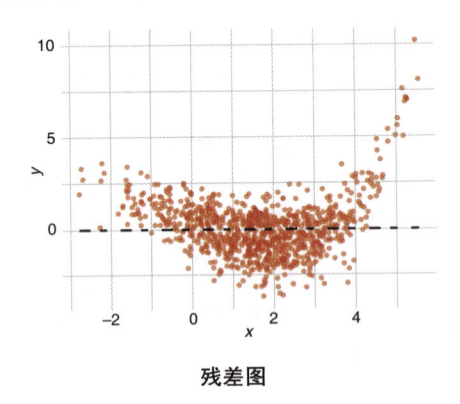

残差图

    a. 误差具有非恒定方差。
    b. 残差具有非恒定方差。
    c. 误差之间相互独立。
    d. 残差之间相互独立。

10. 下面的残差图看起来违反了什么假设?

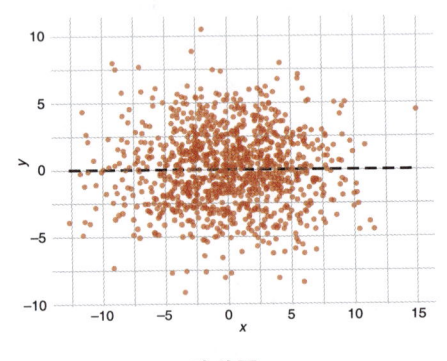

残差图

    a. 误差具有非恒定方差。
    b. 残差具有非恒定方差。
    c. 误差之间相互独立。
    d. 无。

R 函数注释

以下函数在本章中出现。它们按首次出现的顺序列出（括号中的是代码块编号），并在此注释以简要地说明其用途。其中有些不是独立的函数，必须结合其他指令使用。友情提示：只要按照它们出现的顺序运行，每章的代码就都可以正常工作。正确的运行还依赖作者定义的 libraries() 函数，用于加载所需的 R 包。

data.frame()：接受一个对象或对象列表生成数据框，随后可在需要数据框结构的诸多指令中使用。（15-1）

rnorm()：从正态分布中随机抽取。（15-1）

melt()：将数据框中的多列堆叠在一起。通常用于在一张图中绘制特定对象。（15-1）

ggplot()：定义图的基本结构（通常是变量 x 和 y）。（15-2）

aes()：aes（图形属性，aesthetics）函数在 ggplot 中用于定义图的基本结构[1]，通常包含要用到的变量以及形状或颜色。（15-2）

ggtitle()：设置 ggplot 的标题。（15-2）

theme_minimal()：为 ggplot 设置极简风格的主题。（15-2）

theme()：指定 ggplot 中的字体、大小等。（15-2）

scale_fill_discrete()：为图中的离散对象上色。（15-2）

set.seed()：设定随机数生成器。通常用于生成可重现的随机结果。（15-3）

rep()：让 R 重复向量值的指令。用于创建可被 for 循环生成数据填充的空变量。（15-3）

for(i in x)：for 循环，指明一系列指令要重复多少次。（15-3）

runif()：从均匀分布中随机抽取。（15-3）

list()：将对象合并为列表。（15-3）

geom_smooth()：在散点图中绘制曲线或直线。（15-5）

geom_point()：在 ggplot 的网格中绘制点。（15-5）

ylab()：在 ggplot 中设置 y 轴标签。（15-5）

xlab()：在 ggplot 中设置 x 轴标签。（15-5）

lm()：线性模型或回归函数。（15-6）

geom_text_repel()：在 ggplot 框架的散点图中标记点。（15-8）

ifelse()：用于构建"如果……那么……"（if-then）语句的逻辑函数。既可用于选择特定案例进行标注，也可用于从连续变量中创建分类变量。（15-8）

annotate()：在图中放置直线或文字。（15-8）

predict()：当应用于线性模型描述的对象时，将生成预测值。（15-9）

resid()：当应用于线性模型描述的对象时，将生成残差。（15-9）

grid.arrange()：在页面上排列多张图。（15-11）

---

1 译注：图形属性与变量的映射关系。

诊断2：残差、杠杆值与影响力的度量 16

本章大纲

- 学习目标
- 概述
- 离群值
- 杠杆值
- 影响力的度量
- 增加变量图
- 小结
- 常见问题
- 复习题
- 数据分析与可视化练习
- R 函数注释

学习目标

- 概述我们可以从残差中了解到什么。
- 解释残差和杠杆值之间的区别。
- 运用影响力的度量来探索发现。
- 使用增加变量图来探讨结果。

概述

上一章以残差图为重点介绍了诊断。残差图有助于找出那些表明高斯－马尔可夫定理的假设是否得到了满足的模式。如果满足了这些假设，OLS 就是最佳线性无偏估计量。在本章中，我们的注意力转向对离群案例的识别。离群值是那些与其他数据与众不同的观测。由于离群值会影响回归结果，因此我们想了解如何找出它们。离群值也可能是由收集或输入数据时的失误造成的。最后，离群值可以提供有助于解决难题的重要信息。

我们有很多不同的工具可以用来识别离群值。每个分析师都有自己喜欢的方法，没有公认的视图或方法能适用于所有的情况。然而，分析师都认可这个原则：多多益善。换言之，不要只依赖一种诊断工具，多重视图可以提供宝贵的信息。

在诊断的第二部分内容中，我们要学习如何找出离群值，计算杠杆值，并了解它们与影响力的度量有什么区别。我们不仅会学习到如何有效地可视化离群值、杠杆值和影响力的度量，还会领悟到它们都是怎样影响回归结果的。我们还会学习增加变量图，有效地可视化回归表中报告的系数背后潜藏着什么。

正如第 15 章所讨论的那样，诊断用于检查我们使用的估计量（OLS）是否恰当。在本章中，诊断用于确定结果是否是由少数独特的案例产生的。诊断也有助于解释我们的估计。回归表中报告的结果可能会支持我们的假设。然而，诊断则可能会暴露出，得到这样的系数、t-比率和 R^2 统计量，其原因与之前猜测的完全不同。

离群值

本节以一些重要的定义开始。一般在谈论数据时，分析师用术语离群值表示那些在任意维数都与众不同的观测或案例。在区分残差、杠杆值和影响力的度量时，特指那些预测值与众不同的观测。**离群值（outlier）**是大的残差，表明我们对第 i 个观测的预测特别糟糕。

理解离群值、杠杆值和影响力的度量之间的区别很重要，因为它们提供的信息略有不同。离群值能帮助我们了解预测的准确度，坦诚地评估模型对目标结果预测得怎么样。离群值是指相对于 y 轴，与其他观测与众不同的独特案例。杠杆值则可以找出那些在 x 轴上别具一格的观测。最后，影响力的度量表明回归中每个观测的存在对回归估计有什么影响。因为各自度量的东西不同，所以它们都能提供重要的线索，帮助我们解开谜团。

理解这三者之间的区别也很重要，因为：虽然它们都是相关的，但其中一个值很大并不一定意味着另一个值也会很大。例如，我们可能有一个观测极端异常（离群），或者杠杆值高，但对结果却没有太大的影响。为了厘清思路，我们可以把离群值看作变量 y 中的极值，杠杆值表示某个观测值与自变量中大多数值的距离，而影响力的度量表示的是某个观测值对结果有多大的"影响"。

无论我们想了解的是离群值、杠杆值还是影响力的度量，都得从残差开始。回想一下，误差是真实模型（或真实线）与 y 的观测值之间的差异。类似地，残差是回归模型生成的预测值 $\hat{Y}_i$ 和观测值 Y_i 之间的差异。更正式地讲，我们使用以下方程式描述：

$$e_i = y_i - \hat{y}_i$$

离群值、杠杆值和影响力的度量基于的都是回归模型估计所产生的残差。让我们先从找出被称为离群值的大的残差开始。

让我们来看一个模型的例子，该模型预测了州立法机构中女性所占的席位比例。

回归模型中的变量如下：

$$femleg = f(density, evangel, democrat, hsdiploma)$$

在代码块 16-1 中，用代码呈现了模型的函数形式。和之前的例子一样，首先使用 `lm()` 函数定义线性回归模型，然后创建所需的残差和预测值。请注意，前两行创建了一个新数据框，指示 R 使用 `states$st` 变量作为行名变量 `rowname`。当我们想要使用与其他包相关的命令时，这个函数就会派上用场，因为它们会返回行名作为识别变量。比起观测编号（32），用州代码（NY）标记纽约州这个观测更具信息量。

代码块 16-1

```
nstate <- states
row.names(nstate) <- nstate$st

model.lm <- lm(femleg ~ density + evangel + democrat + hsdiploma,
               data = nstate)

states$res <- resid(model.lm)
states$pred <- predict(model.lm)

ggplot(states, aes(pred, res)) +
  geom_point(col="#bf0000") +
  geom_text_repel(size=3.5, col = "black", aes(label=
                    ifelse(states$st %in% c("AZ", "PA", "ID", "SD"),
                    as.character(states$st), "")),
                    hjust=-0.5, vjust=0, show.legend=FALSE) +
  geom_hline(yintercept = 0, linetype = 2) +
  theme_minimal() +
  theme(plot.title = element_text(size = 8, face = "bold"),
        axis.title = element_text(size = 8, face = "bold")) +
  xlab("预测值或"拟合"值") +
  ylab("残差") +
  ggtitle("图 16-1：无形的云")
```

残差图凸显了残差和拟合值之间的关系，以便我们判断分析是否满足了高斯－马尔可夫假设的条件。回想一下，虚线上方的观测代表那些模型低估了的案例，虚线下方的观测代表那些模型高估了的案例。x 轴记录着预测的水平，使我们能够迅速看到预测的准确性——观测与虚线的距离——是否与预测值相关（见图 16-1）。残差图提供了一种便捷的方法来查看残差是否独立分布和/或具有恒定方差，而这是两个重要的高斯－马尔可夫假设的条件。

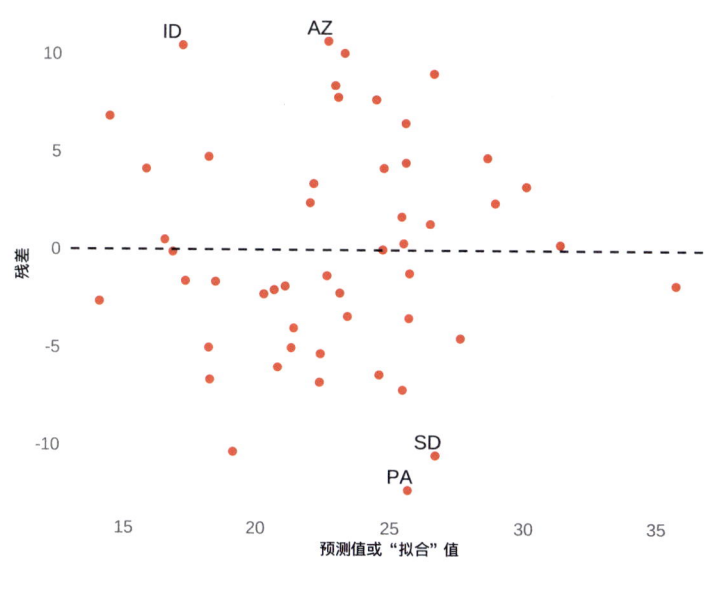

16 诊断2：残差、杠杆值与影响力的度量

图 16-1：无形的云

图 16-1 中有几个要注意的地方。首先，请注意残差似乎没有随着拟合值变化，即没有系统性地高估或低估。此外，在预测值的范围内，残差的大小似乎也没有系统性变化。有几个案例值得一提：爱达荷州（ID）、亚利桑那州（AZ）、南达科他州（SD）和宾夕法尼亚州（PA）。请注意，这四个州中有三个位于数据中部（在 x 轴上），并且与其他的案例相对较近。因此，它们在回归分析中纳入与否对结果不太可能有多大改变。因此，离群值的大小并不能完全决定观测对结果的影响或作用。然而，爱达荷州在拟合值的低位，它本身无论是对于 y 轴还是 x 轴而言都有些偏离。考虑到爱达荷州离群值的大小，看看纳入或排除爱达荷州的结果是否稳定或许是有道理的。现在，先让我们记下模型对这个案例预测得有多差。

关于爱达荷州的观测值，要进一步讨论。我们知道对爱达荷州的预测很差，导致其成为离群值。我们还看到对于 x 轴而言，它在某种程度上偏离了数据的中心，这使它具有一定的影响力。因此，如果能知道它对结果有什么影响就好了。杠杆值让我们朝着这个方向前进。

> **知识检验**：概述我们可以从残差中了解到什么。

1. 以下哪些准确描述了我们能从残差中了解到什么？
    a. 是否满足高斯－马尔可夫假设？
    b. 哪些个案对回归结果影响最大？

c. 哪些个案代表最佳的和最糟的预测？
d. 数据收集或数据录入是否存在错误？

2. 以下哪项最能描述残差？
   a. 真实线与观测值之间的差异
   b. 真实线与预测值之间的差异
   c. 回归线与观测值之间的差异
   d. 回归线与预测值之间的差异

3. 以下哪些准确描述了离群值、杠杆值和影响力的度量之间的差异？
   a. 离群值是那些影响回归结果的案例。
   b. 离群值是那些可能影响回归结果的案例。
   c. 杠杆值高的案例有助于发现那些在 x 轴上远离其他数据的案例。
   d. 杠杆值高的案例有助于发现那些远离回归线的案例。

杠杆值

考虑到回归量（regressor）之间的相关模式，杠杆值高的点被认为距离回归量空间的中心相对较远（Fox et al. 2011）。换句话说，**杠杆值**表示某个案例相对于其他自变量的平均数距离有多远。将高杠杆值视作 x 轴上的离群值有助于理解。由于杠杆值是用标准化版本的自变量计算的（假设其平均数为 0，标准差为 1），我们计算得到的杠杆值被限制在 0 和 1 之间。大多数关于如何计算杠杆值的详细阐述都涉及矩阵代数，这里会避免这么做。计算杠杆值最简单的表示方法如下：

$$h_i = 1 - \frac{y_i - \hat{y}_i}{(y_i - \hat{y}_i)_{(i)}}$$

其中，第 i 个观测的杠杆值 h_i 等于 1 减去以下商数：第 i 个案例纳入模型时计算得到的残差 $y_i - \hat{y}_i$，除以移除该观测案例时计算得到的残差 $(y_i - \hat{y}_i)_{(i)}$。明确地说，分子部分计算了所有观测的残差，分母部分计算的是从模型中移除第 i 个案例时 y_i 和 $\hat{y}_i$ 之间的残差，用带下标的括号 (i) 表示。因此，杠杆值提供了一个指标，用于衡量在计算中移除第 i 个观测时，对应的预测值会发生多大的变化。

R 可以轻松生成图形，让我们能够发现杠杆值高的观测（见图 16-2）。使用生成残差图的方法，我们可以从回归模型中提取杠杆值，与收集残差和预测值的方式相同。在代码块 16-2 中，使用 `hatvalues()` 函数定义了一个名为 `states$hat` 的新变量，用于收集模型中各观测的杠杆值。从模型中提取了这些值后，就可以准备绘图了。

代码块 16-2

```
states$hat <- hatvalues(model.lm)

ggplot(states, aes(hat, res)) + geom_point(col="#bf0000") +
  geom_text_repel(size=3.5, col = "black", data=states, aes(label=
                    ifelse(states$st %in% c("UT", "DE", "NJ", "RI"),
                           as.character(states$st), "")),
                  hjust=-0.5, vjust=0, show.legend=FALSE) +
  geom_hline(yintercept = 0, linetype = 2) +
  theme_minimal() +
  theme(plot.title = element_text(size = 8, face = "bold"),
        axis.title = element_text(size = 8, face = "bold")) +
  xlab("杠杆值或"帽子"值") +
  ylab("残差") +
  ggtitle("图 16-2：残差与杠杆值")
```

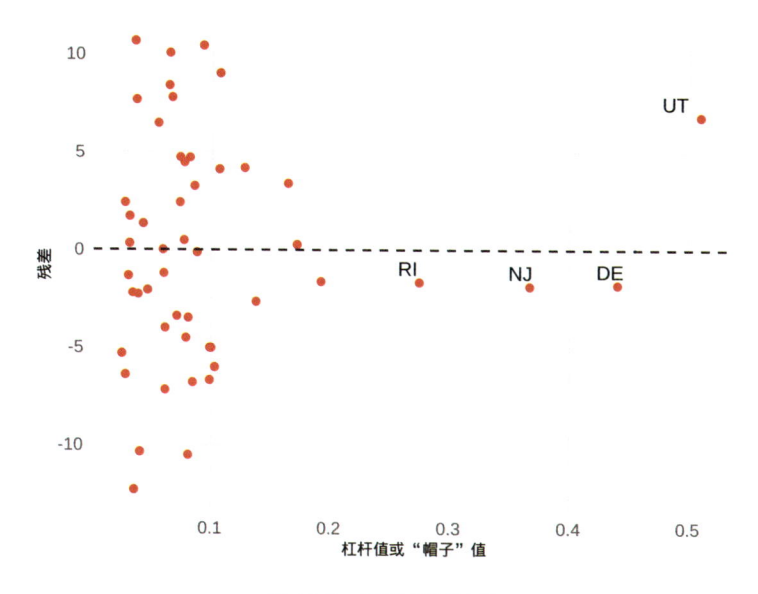

图 16-2：残差与杠杆值

如图 16-2 所示，有许多具有潜在影响力的案例：犹他州（UT）、特拉华州（DE）、罗得岛州（RI）和新泽西州（NJ）。我们看到，在所有的离群值中，犹他州似乎是最重要的：它具有最高的杠杆值和相当大的残差。

或许这四个州与其他观测相距甚远并不意外。首先，正如我们之前提到的，犹他州是一个奇怪的案例：明明是一个西部州，福音教派却很多。其余三个州（罗得岛州、新泽西州和特拉华州）都在东海岸，其人口稠密且多认同民主党。杠杆图表明，这些案例可能会影响我们的估计。特别是，我们从回归估计中得出的结论可能取决于这些州。

让我们继续培养直觉。杠杆值提供的指标表明了观测在 x 轴上与其他点的距离有多远。请看高中毕业的人口比例（states$hsdiploma）和家庭收入中位数（states$medinc）之间的二元回归。请注意，在该回归中，马里兰州（MD）的 x 值最大。它在 x 轴上似乎距离数据的"中间"最远。因此，它的杠杆值相对较高，为 0.14。而纽约州（NY）的杠杆值为 0.02，更接近 x 的平均数。

要生成图 16-3，首先定义二元回归对象（leverage.lm；见代码块 16-3），然后使用 hatvalues() 函数从模型中提取杠杆值。最后构建 ggplot，使用 ifelse() 函数标记点的州代码和相应的杠杆值。

代码块 16-3

```r
leverage.lm <- lm(hsdiploma ~ medinc, data = states)
states$lev <- hatvalues(leverage.lm)

ggplot(states, aes(medinc, hsdiploma)) +
  geom_point(col="#bf0000") +
  geom_smooth(method="lm", col="#0000bf", size = 0.5, se=FALSE ) +
  geom_text_repel(size=3.5, col = "black", data=states, aes(label=
                  ifelse(states$st %in% c("MD", "NY"),
                         as.character(states$st), "")),
                  hjust=1.5, vjust=1, show.legend=FALSE) +
  geom_text(size=3.5, col = "#0000bf", data=states, aes(label=
            ifelse(states$st %in% c("MD", "NY"),
                   round(states$lev, digits = 2), "")),
            hjust=1, vjust=-1, show.legend=FALSE) +
  xlab("家庭收入中位数") +
  ylab("高中毕业的人口比例") +
  ggtitle("图 16-3：马里兰州在 x 轴上的值最大") +
  theme_minimal() +
  theme(plot.title = element_text(size = 8, face = "bold"),
        axis.title = element_text(size = 8, face = "bold"))
```

现在让我们来看看，如果将马里兰州的收入水平（家庭收入中位数）提高 20,000 美元，该州的杠杆值会发生什么变化。旁边再画一个散点图，展示：如果同时增加马里兰州的 x 和 y 会发生什么。绘制在马里兰州旁边的杠杆值（蓝色）表明，增加 y 的值对杠杆值没有影响。

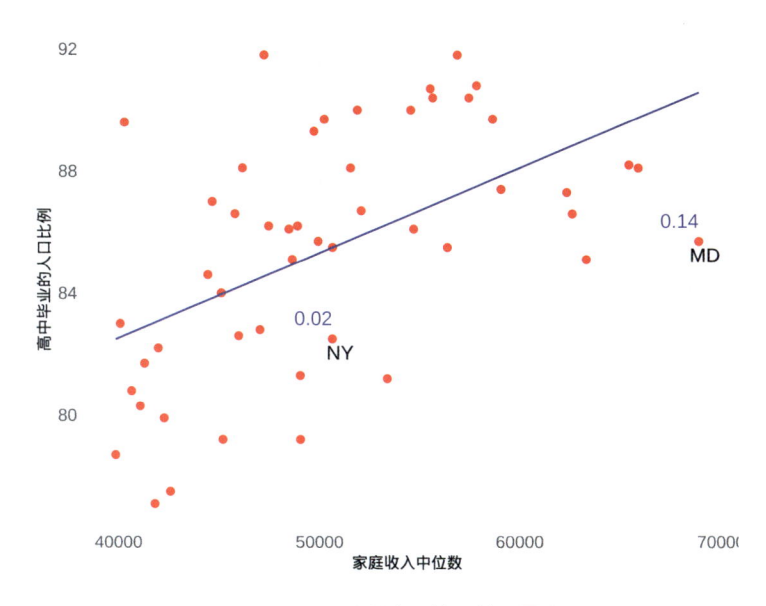

图 16-3：马里兰州在 x 轴上的值最大

为了生成这张图（见图 16-4），我创建了新变量 states$nmedinc 和 states$nhsdiploma，其中马里兰州的值经过了修改（见代码块 16-4）。有了这些新变量，就可以定义两个不同的回归对象，即马里兰州仅 x 变化（xlev.lm）以及 x 和 y 都变化（xylev.lm）的回归对象。在创建了回归对象后，再定义两个新变量收集其杠杆值（xlev 和 xylev）。

代码块 16-4

```
states$nmedinc <- ifelse(states$st=="MD", 20000 + states$medinc,
                         states$medinc)
states$nhsdiploma <- ifelse(states$st=="MD", 7 + states$hsdiploma,
                            states$hsdiploma)
xlev.lm <- lm(hsdiploma ~ nmedinc, data = states)
xylev.lm <- lm(nhsdiploma ~ nmedinc, data = states)
states$xlev <- hatvalues(xlev.lm)
states$xylev <- hatvalues(xylev.lm)
```

这些对象和变量创建好后，就准备绘图了。虽然代码量较大，但现在我们对这些代码应该都很熟悉了。这里定义两个散点图（p1 和 p2），然后使用 grid.arrange() 函数（见代码块 16-5）将其并排绘制出来。

代码块 16-5

```
p1 <- ggplot(states, aes(nmedinc, hsdiploma)) +
  geom_point(col="#bf0000") +
  geom_smooth(method="lm", col="#0000bf", size = 0.5, se=FALSE ) +
```

```
    geom_text(size=3.5, col = "black", data=states, aes(label=
              ifelse(states$st == "MD",
                    as.character(states$st), "")),
            hjust=1.5, vjust=1.5, show.legend=FALSE) +
    geom_text_repel(size=3.5, col = "#0000bf", data=states, aes(label=
                   ifelse(states$st == "MD",
                         round(states$xlev, digits = 2), "")),
                  show.legend=FALSE) +
    xlab(" 家庭收入中位数 ") +
    ylab(" 高中毕业的人口比例 ") +
    ggtitle("A 组：改变了马里兰州的收入 ")+
    theme_minimal() +
    theme(plot.title = element_text(size = 8, face = "bold"),
          axis.title = element_text(size = 8, face = "bold"))

p2 <- ggplot(states, aes(nmedinc, nhsdiploma)) +
    geom_point(col="#bf0000") +
    geom_smooth(method="lm", col="#0000bf", size = 0.5, se=FALSE ) +
    geom_text(size=3.5, col = "black", data=states, aes(label=
              ifelse(states$st == "MD",
                    as.character(states$st), "")),
            hjust=1.5, vjust=1.5, show.legend=FALSE) +
    geom_text_repel(size=3.5, col = "#0000bf", data=states, aes(label=
                   ifelse(states$st == "MD",
                         round(states$xylev, digits = 2), "")),
                  show.legend=FALSE) +
    xlab(" 家庭收入中位数 ") +
    ylab(" 高中毕业的人口比例 ") +
    ggtitle("B 组：改变了马里兰州的教育和收入 ")+
    theme_minimal() +
    theme(plot.title = element_text(size = 8, face = "bold"),
          axis.title = element_text(size = 8, face = "bold"))

grid.arrange(p1, p2, ncol=2, top=textGrob(" 图 16-4：改变 x、y 值对杠杆值的影响 ",
            gp=gpar(fontsize=8)))
```

如图 16-4A 所示，增加马里兰州的收入（变量 x），会使马里兰州的杠杆值从 0.14 增长到 0.39。在图 16-4B 中，我们增加了马里兰州的收入（20,000 美元）和接受教育的情况（7 个百分点）。请注意，无论马里兰州在 y 轴上处于什么位置，两个回归计算得到的杠杆值都是相同的（0.39）。

图 16-4 说明，杠杆值并不直接表明影响力。诚然，在两个回归中，马里兰州可能都是有影响的。事实上，马里兰州对图 16-4A 中回归线的影响比图 16-4B 中的更大，因为后者离回归线更近。由于杠杆值记录的是马里兰州在 x 轴上与平均 x 值的距离，因此两组的杠杆值完全相同（0.39）。因此，我们可以说杠杆值发现了具有潜在影响力的点，但还不能确定。这就是为什么下一节我们要讲讲影响力的度量。

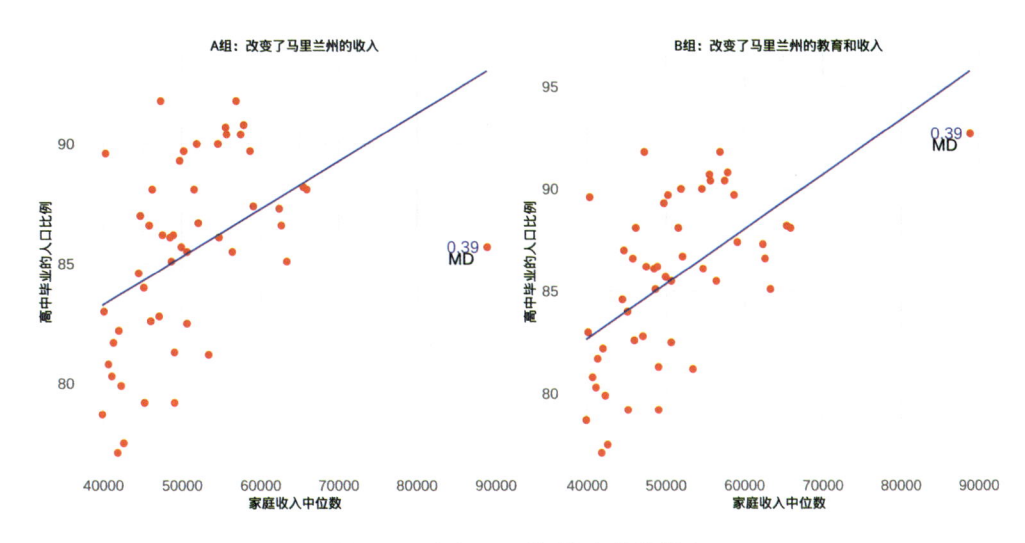

图 16-4：改变 x、y 值对杠杆值的影响

回顾一下，我们找到了离群值（远离预测值）或具有杠杆作用（远离 x 轴上大多数案例）的案例。有些案例可能是相对较大的离群值，并且具有较高的杠杆值。然而，残差较大的观测不一定会对回归结果产生很大的影响。类似地，杠杆值高的观测也不一定会影响估计。然而，那些既是离群值，又有高杠杆值的案例很可能会影响结果。

影响力的度量是下一节的议题。接下来要介绍两种常见的**影响力**的度量：库克距离和 dfbeta。库克距离，也被称为 Cook's D，是基于残差和杠杆值的。它表示第 i 个观测对所有回归模型估计的影响。dfbeta 是一种影响力的度量，它表示当我们从回归中移除第 i 个观测时，每一个模型估计（系数）的变化程度。我们先来看看库克距离。

> **知识检验：解释残差和杠杆值之间的区别。**

4. 以下哪些说法准确描述了残差和杠杆值？
   a. 杠杆值是更好的影响力指标。
   b. 残差是更好的影响力指标。
   c. 杠杆值表明观测在 x 轴上是否与众不同。
   d. 残差表明观测在 x 轴和 y 轴上是否与众不同。

5. 下列哪些陈述是正确的？
   a. 杠杆值表示第 i 个观测对第 i 个模型预测值的影响程度。
   b. 杠杆值表示观测距离 x 轴自变量的中心点有多远。
   c. 观测可能有很高的杠杆值，却对回归线的斜率影响很小。
   d. 高杠杆值的观测，对回归线的斜率影响始终相当大。

影响力的度量

库克距离

库克距离（Cook's distance）是一种常用的影响力度量。库克距离表明第 i 个观测对所有回归模型估计的相对影响。其计算包括两部分。库克距离的其中一部分记录了观测与自变量的距离（杠杆值），杠杆值越大，库克距离就越大；另一部分基于的则是观测的残差大小，残差越大，库克距离就越大。库克距离是这样度量的：

$$D_i = \frac{(y_i - \hat{y}_i)^2}{p \times \text{MSE}} \left(\frac{h_i}{(1-h_i)} \right)$$

其中，y_i 是 y 的观测值，$\hat{y}_i$ 是预测值，p 是模型中包括截距在内的参数数量，MSE（Mean Squared Error）是回归的均方误差，h_i 是第 i 个观测的杠杆值。为了熟悉库克距离的概念，我们在图 16-2 中根据库克距离来设置观测点的大小。

为了生成该图（见图 16-5），我们遵照相同的步骤收集残差和杠杆值。从模型中提取到库克距离后，就可以准备绘图了。请注意在 `geom_point()` 函数中使用的 `size` 选项，用于根据库克距离（见代码块 16-6）调整观测点的大小。还需要注意的是，我使用了 `ifelse()` 函数来标记库克距离排名靠前的观测。

> **数据可视化的艺术与实践**
> **一条指令，绘制多图**
>
> 作为代码块 16-6 中绘图的替代方案，我修改了"olsrr"包中一些现成的代码，以便在残差图、简单条形图和残差与杠杆值的散点图中找出库克距离最大的三个案例。函数是 `db_diag()`，要求输入模型名称和标题。记得声明要用哪个变量作为行名标签，否则点将由行号标识（用处不大）。还要注意的是，有时需要调整展示库克距离的窗口大小才能看清图。

代码块 16-6

```
states$cook <- cooks.distance(model.lm)

ggplot(states, aes(hat, res)) +
  geom_point(aes(size = cook), col="#bf0000") +
  geom_text_repel(size=3.5, col = "black", data=states, aes(label=
                  ifelse(rank(-cook) < 5, st, NA)),
```

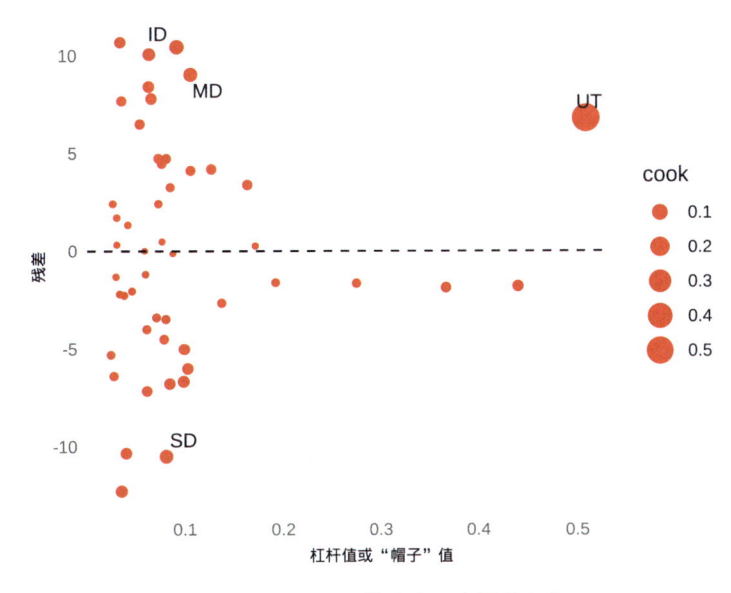

```
                       show.legend=FALSE) +
geom_hline(yintercept = 0, linetype = 2) +
theme_minimal() +
theme(plot.title = element_text(size = 8, face = "bold"),
      axis.title = element_text(size = 8, face = "bold")) +
xlab("杠杆值或"帽子"值") +
ylab("残差") +
ggtitle("图 16-5：图 16-2 按库克距离调整大小")
```

图 16-5：图 16-2 按库克距离调整大小

这里有几个地方要留意。首先，就库克距离而言，图 16-5 中标注的排名靠前的观测与（图 16-2 中标注的）最高杠杆值略有不同——不是犹他州（UT）、新泽西州（NJ）、罗得岛州（RI）和特拉华州（DE），库克距离最大的地区是犹他州（UT）、爱达荷州（ID）、马里兰州（MD）和南达科他州（SD）。如图 16-5 所示，回归中有一个观测与众不同：犹他州。犹他州的值高，毫无疑问是其宗教信仰的结果。虽然大部分福音教派人口较多的州都在南部，但犹他州位于西部，因此格外引人注目。我们可能还需要考虑的是，将犹他州大量的摩门教人口归类为福音教派，能否准确地代表其人口。

dfbeta

通过结合杠杆值与残差，库克距离提供的实用指标可以表明观测对估计的影响。虽然用库克距离结合残差的大小来衡量观测对预测值的影响，但每个观测对各回归系数的实际影响有多大仍然是不知道的。幸运的是，我们有影响力的度量——

dfbeta，它基于移除第 i 个观测时模型中各系数变化的程度。

dfbeta 是通过记录有和没有各观测的系数差异来计算的，然后通过除以移除个案时回归的均方误差与协方差矩阵的第 k 个对角元素的乘积来标准化该差异。到目前为止，本书一直避免使用矩阵代数，所以这里也不会介绍它。简而言之，dfbeta 记录了移除第 i 个观测时产生的回归系数的差异。该差异通过变换（标准化）有了共同的基准，以便我们衡量各观测对模型中所有系数（包括截距）的影响。dfbeta 公式如下：

$$\text{dfbeta}_{ik} = \frac{\beta_k - \beta_{k(i)}}{\sqrt{\text{MSE}_{(i)} c_{kk}}}$$

其中，β_k 是包含了所有观测的变量 k 的系数，$\beta_{k(i)}$ 是移除第 i 个观测时变量 k 的系数。分子除以回归移除第 i 个观测时的均方误差乘以非标度协方差矩阵（unscaled covariance matrix）对角元素的平方根。关于非标度协方差矩阵对角元素的解释得留到下一门统计课或矩阵代数课了。现在，重要的是要理解我们衡量的是各观测改变了各回归系数多少。该值经过了标准化，这样就可以了解它对所有模型系数的相对影响。

残差、杠杆值和库克距离的数量等于回归中观测的数量，而 dfbeta 的数量就大了，因为每个观测的 dfbeta 都有乘以模型中参数的数量那么多个。换句话说，要为每个观测和系数计算一个 dfbeta，才能知道每个观测对每个系数的影响。

标准做法是绘制出每个参数的 dfbeta 来考察。另外，标准做法还包括提供一个阈值，用于表明 dfbeta 是否对参数有重大影响。一般来说，当涉及残差、杠杆值或库克距离时，我更喜欢通过查验实际的数据可视化来发现那些与众不同的观测，而不是靠一个随意的阈值。不管怎样，通用的 dfbeta 阈值是 2 除以回归观测数量的平方根：

$$\frac{2}{\sqrt{n}}$$

要考察回归的 dfbeta，有几种选择。"car" 包可以使用 `dfbetaPlots()` 函数快速绘制 dfbeta 图。`dfbetaPlots()` 函数的一个重要功能是，可以指定一个变量为离群值提供标签，这对于离群值的识别非常重要。我发现，虽然许多诊断工具都能绘制各种影响力的度量，但并非所有工具都可以轻松地用变量来标记点。例如，用行号（即观测编号）标记的离群案例就没什么用处。

为了在熟悉的 ggplot 框架中绘图，我创建了一个绘制 dfbeta 的函数，用户可以标记大于阈值的点，而且还提供了图题选项（见代码块 16-7）。这个函数名为 `db_` dfb()，被定义在本书的数据环境中。我使用它来生成 model.lm 对象的 dfbeta 图。

在使用与 db_dfb() 相关的函数之前，一个重要的步骤是在绘图前构建用于标记点的变量。在代码块 16-7 中，我使用 row.names() 函数将 st 作为标记变量。这个指令告诉 R 使用州代码而不是行号作为标签（见图 16-6）。

代码块 16-7

```
nstate <- states
row.names(nstate) <- nstate$st

db_dfb(model.lm, "图 16-6：每个系数的 dfbeta")
```

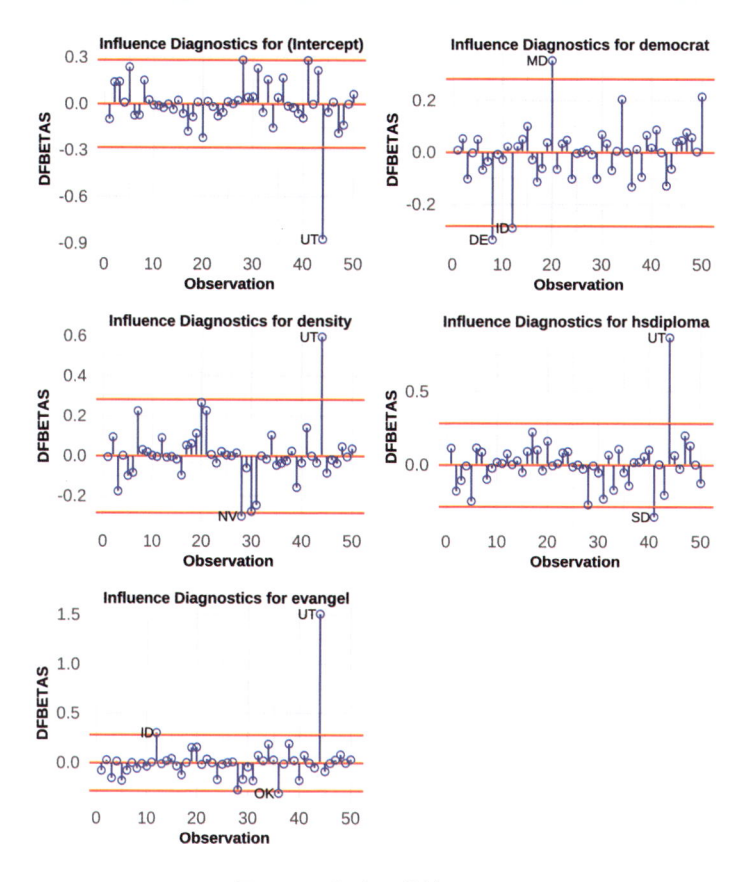

图 16-6：每个系数的 dfbeta

在图 16-6 中，我们用来解释女性占立法席位百分比的模型中，每个参数（包括截距）都有一个 dfbeta 图。要了解 dfbeta 图怎么用，请看 evangel 变量的图。犹他州（UT）远高于阈值（红线），其巨大的影响可能源自大量的公民被归类为福音教派。图中还显示出犹他州对密度变量（density）有相当大的影响，其 hsdiploma 变量的 dfbeta 也高于阈值。由 dfbeta 图可知，当从回归中移除犹他州时，evangel、density 和 hsdiploma 变量都会发生很大的变化。截距的系数也会发生显著变化。

在代码块 16-8 中，我重新生成了有和没有犹他州数据的回归，以便查看其对回归系数的影响。为了便于比较，只需使用 update() 函数指明要移除犹他州更新模型。然后将两个模型放在 stargazer() 函数中，展示回归模型的回归结果（见代码块 16-8 和表 16-1）。

代码块 16-8

```
without.lm <- update(model.lm, data = subset(nstate, st!="UT"))

stargazer(model.lm, without.lm, header = FALSE, type = "text",
          title = "表 16-1：犹他州对回归有重大影响")
```

表 16-1：犹他州对回归有重大影响

	Dependent variable:	
	femleg	
	(1)	(2)
density	−0.006	−0.009*
	(0.004)	(0.004)
evangel	−0.152*	−0.268**
	(0.079)	(0.104)
democrat	0.377***	0.385***
	(0.132)	(0.129)
hsdiploma	0.680***	0.479*
	(0.237)	(0.262)
Constant	−43.152*	−23.770
	(22.615)	(25.030)
Observations	50	49
R2	0.376	0.412
Adjusted R2	0.320	0.359
Residual Std. Error	5.933 (df = 45)	5.819 (df = 44)
F Statistic	6.777*** (df = 4; 45)	7.723*** (df = 4; 44)
Note:	*p<0.1; **p<0.05; ***p<0.01	

如回归表所示,移除犹他州显著地影响了三个变量的系数(及其统计显著性):evangel、density 和 hsdiploma(见表 16-1)。另外,需要注意的是,犹他州对 democrat 的影响相对较小。现在,我们找到了一个有影响力的案例,接下来怎么办?

正确的做法是进一步调查。我们已经提到了福音教派变量(evangel)的奇怪性质,即一定是把摩门教徒登记成了福音教派。或许需要一个更好的宗教度量。在移除了犹他州后,密度和宗教似乎就成为模型中更重要的变量(其系数的大小随着统计显著性的增长而增加)。虽然很想舍弃这个案例,只报告没有犹他州的结果(在没有犹他州的模型中,R^2 更高),但更好的做法是提醒读者犹他州带来了不同,展示其对结果有何影响,并找出这个发现隐含的可能的调查方向。

> **数据可视化的艺术与实践**
> **三个维度**
>
> 为什么不直接关注影响力的度量?毕竟这是能表明哪些观测对估计最重要的度量。虽然将精力集中于影响力的度量在某种程度上可以加快我们的分析,但如果不把三个维度都考虑到,则相当于抛弃了重要的信息。我们可能会发现,某个观测会对结果产生重大影响,而了解这种影响是来自离群值还是高杠杆值,可以提供重要的信息。

知识检验:运用影响力的度量来探索发现。

6. 指出下列指标代表的是离群点在 x 轴或 y 轴上的距离,还是对回归系数的影响。
   a. dfbeta
   b. 杠杆值
   c. 库克距离
   d. 残差

7. 以下哪项是正确的?
   a. 杠杆值衡量的是观测对回归线斜率的影响。
   b. dfbeta 衡量的是观测在 x 轴上与数据中心的距离。
   c. 库克距离相对较远的观测总是比库克距离相对较近的观测更有影响力。
   d. 残差相对较高的观测总是比残差相对较低的观测更有影响力。

增加变量图

增加变量图（added variable plot），有时也被称为偏回归图（partial regression plot），在保持回归中其他所有变量的平均数不变的情况下，绘制了自变量与因变量之间的关系。增加变量图很有用，其不仅揭示了自变量和因变量之间的关系是否是线性的，还表明了回归系数可能是如何被单个案例或一组案例过度影响的。

增加变量图的构建方法是这样的：将因变量回归到目标自变量之外的所有自变量上，再将回归得到的残差保存下来。然后，将目标自变量回归到其他自变量上，并保存其残差。接下来，将第一组残差和第二组残差画在一起。在图中拟合一条回归线，其斜率与自变量的回归系数相匹配。

请看图 16-7 中的增加变量图，该图展示了前面用过的回归模型中每个自变量的偏效应（partial effects）：

$$femleg = f(hsdiploma, democrat, density, evangel)$$

为了生成回归的增加变量图，我修改了"olsrr"包中的代码，以便在图中生成有意义的标签（见代码块 16-9）。

代码块 16-9

```
db_avp(model.lm, "图 16-7：模型"model.lm"的增加变量图")
```

在图 16-7 中，标记了 x 轴（杠杆值）和 y 轴（残差）上最大的两个（绝对）值，可以快速全面地看到每个自变量及其与女性在立法机构中所占席位百分比的关系。还要注意这些图中的 x 轴和 y 轴，它们代表的不再是各变量的单位。取而代之的是，y 轴表示 y 对所有 x 值（目标自变量除外）回归的残差，x 轴代表目标自变量对其他自变量的回归的残差。我们在增加变量图中要留意两件事：①关系是线性的吗？②有过度影响回归线的案例吗？我们在增加变量图（见图 16-7）中观察到了几种情况。

首先，我们注意到 `hsdiploma` 和 `femleg` 之间的关系是线性的（相对于其他图）。其次，犹他州（UT）对几个系数的影响很明显，因为它与其他 x 值距离甚远，且偏离回归线。再次，密度的增加变量图表明，密度变量是偏态的。我们应该早点发现这一点，很明显大多数案例都位于分布的低端，只有少数案例的杠杆值较高：罗得岛州（RI）和新泽西州（NJ）的杠杆值似乎很高。最后，宗教的增加变量图（由 `evangel` 体现）表明，犹他州（UT）可能对回归线产生了过度影响。由于这些图中的蓝线与多元回归中的系数直接对应，我们可以看到各式各样的个案和模式对估计有什么影响。

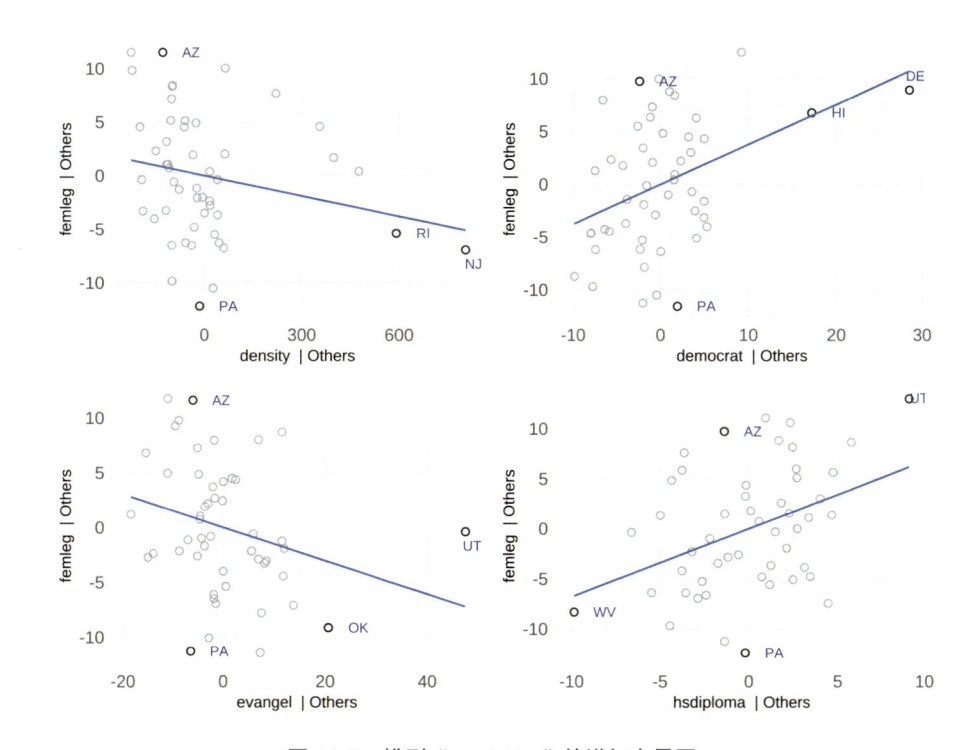

图 16-7：模型"model.lm"的增加变量图

增加变量图在诊断中没有得到充分利用。然而，它们非常有用，通过它们可以非常快速和直观地查看数据，并且在相对较小的空间中提供了更多的信息。

> **知识检验：找出潜在影响回归结果的案例。**

8. 哪些描述增加变量图的说法最贴切？
   a. 增加变量图是偏回归图。
   b. 增加变量图基于的是影响力的度量。
   c. 增加变量图展示的是回归中自变量和因变量之间的二元关系。
   d. 增加变量图展示的是在考虑了其他自变量的情况下，自变量和因变量之间的关系。

9. 使用 world 数据集，将婴儿死亡率（inf）回归到人均 GDP（gdppc）和人口（pwtpop）上，并回答以下问题。
   a. 哪个国家的残差最大？
   b. 哪个国家看起来对人口与婴儿死亡率之间的关系影响最大？
   c. 哪个国家对人均 GDP 与婴儿死亡率之间的关系影响最大？
   d. 是否满足了高斯－马尔可夫假设的条件？（是/否）

10. 使用 world 数据集，将投票率（turnout）回归到民族语言碎片化（ethfrac）和人力资本（pwthc）上，并回答以下问题。

    a. 哪个国家的残差最大？
    b. 哪个国家对民族语言碎片化与投票率之间的关系影响最大？
    c. 哪两个国家对人力资本与投票率之间的关系影响最大？
    d. 是否满足了高斯－马尔可夫假设的条件？（是/否）

小结

在诊断的这一部分内容中，我们了解了残差（离群值）、杠杆值和影响力的度量之间的重要区别。残差表示观测值与预测值之间的距离，可以帮助我们找到 y 轴上的离群值。杠杆值表示从回归中移除第 i 个观测时，对应的预测值会发生多大的变化。它表明一个观测在 x 轴上相对于其他观测多么与众不同。库克距离是一种影响力的度量，它结合了残差和杠杆值，用于衡量在回归中移除特定的观测时模型的估计值会发生多大的变化。我们讨论的另一种影响力的度量是 dfbeta，它表明移除第 i 个观测时，回归中的各系数会发生多大的变化。最后，我们介绍了增加变量图，这是一种用来检查自变量和因变量之间的关系是否是线性的高效方法，还能找出那些可能对模型中各系数产生过度影响的个案。

虽然每种诊断方法都提供了重要的信息，但不要将自己局限在一种度量或视图上。并非所有有影响力的观测都能在残差图中披露出来。库克距离可以提供总体的影响力指标，而了解每个观测对每个系数的影响（dfbeta）可以获得洞见。这里重申在第 15 章的结尾提出的建议，给予诊断与描述数据、模型的构建与估计同样多的时间。把诊断当作探索的延续。诊断不仅可以发现回归结果中潜在的问题，而且还可以带来能够帮助解决困惑或回答问题的其他线索。诊断还带来了新的议题。

常见问题

- 理解离群值、杠杆值和影响力的度量之间的区别。问题大部分出现在区分离群值、杠杆值和影响力的度量的时候，因为很多人互换使用这些术语。离群值（我将其与杠杆值区分开来）表示观测值与预测值（回归线）之间在 y 轴上的距离。杠杆值给出的是观测与所有自变量中心点之间在 x 轴上的距离。最后，影响力的度量表明的是每个观测对回归估计的影响。库克距离表示观测对所有估计值整体的影响。dfbeta 记录的则是观测对单独每个回归系数的影响。
- 坠入无底洞。描述数据、形成假设、估计模型、进行诊断和提出新问题或许是一个永无止境的过程。总会有新的发现、更多的洞见，以及新的事物需要探索。我们要培养的一项重要技能是知道何时该停下来。回到最初的问题，有助于确定它是否已得到充

16 诊断2：残差、杠杆值与影响力的度量 | 457

分的回答，或者分析师是否偏离得太远了。另一个有用的标志是，确定分析是否为解决问题产生了什么具体的、可操作的建议。

复习题

---

1. 我们研究残差可以了解到什么？
2. 为什么要考察影响力的度量？
3. 既然有影响力的度量，为什么还要考察残差或杠杆值？
4. 有哪些影响力的度量，与残差有何不同？
5. 为什么残差大也可能没有影响？
6. 什么是库克距离？
7. 什么是杠杆值或帽子值？
8. 如何构建增加变量图？
9. 应该在增加变量图中留意什么？
10. 为什么要考察多种诊断图？

数据分析与可视化练习

---

1. 指出下列陈述哪个是正确的。

    a. 杠杆值大表示观测有影响。
    b. 残差大表示观测有影响。
    c. 库克距离大表示观测有影响。
    d. 杠杆值大也可能影响相对较小。

2. 查看下面的二元回归图并回答问题。

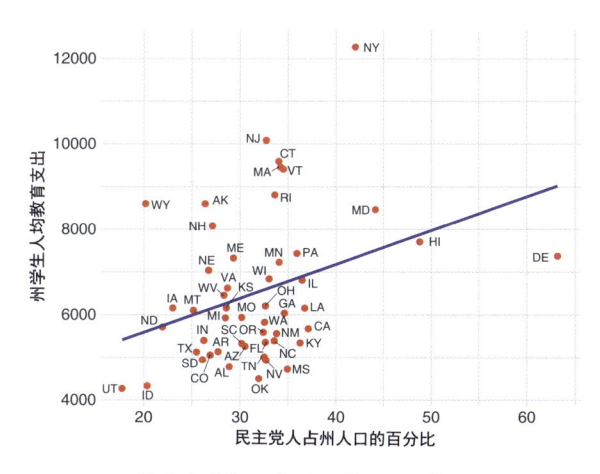

教育支出与政党认同的二元回归图

a. 哪个州的杠杆值最大？
b. 哪个州的残差最大？
c. 哪个州可能有最大的影响？
d. 夏威夷州（HI）是杠杆值还是影响力会更大？

3. 考察下面的增加变量图并回答问题。

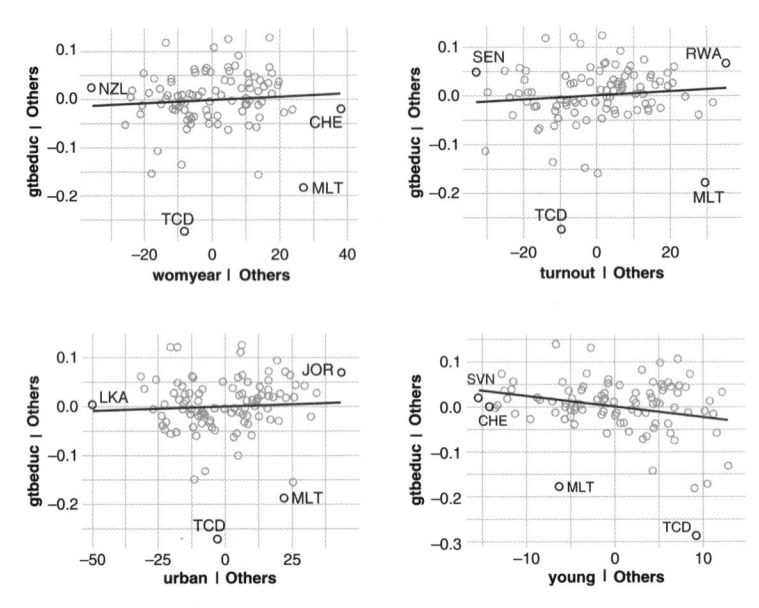

增加变量图

a. 什么变量表明存在负相关关系？
b. 在考察 `gtbeduc` 与 `urban` 之间的关系时，哪些国家的杠杆值最高？
c. 在考察 `gtbeduc` 与 `young` 之间的关系时，哪些国家的残差最大？
d. 在考察 `gtbeduc` 与 `turnout` 之间的关系时，哪个国家的影响最大？

4. 使用 `world` 数据集，将 `gtbeduc` 回归到 `womyear`、`turnout`、`urban` 和 `young` 上并回答以下问题。

a. 哪个国家对 `urban` 的系数影响最大？
b. 哪个国家对 `young` 的系数影响最大？
c. 哪个国家似乎影响了大部分系数？
d. 约旦（JOR）对什么系数的影响最大？

5. 考察由上一个问题的回归生成的库克距离并回答以下问题（提示：使用 `db_diag()` 来生成正确的诊断视图）。

a. 哪个国家的库克距离最大？
b. 为什么马耳他（MLT）的库克距离比乍得（TCD）的大？
c. 库克距离是否大致反映了你在第 4 个问题的选项 c 中给出的答案？
d. 为什么乍得（TCD）的库克距离比安哥拉（AGO）的大？

6. 以下哪项最能描述杠杆值？

    a. 它们表示那些离预测值最远的观测。
    b. 它们表示离自变量中心最远的观测。
    c. 它们表示观测对回归系数的影响。
    d. 它们代表选项 a 和选项 b 的组合。

7. 以下哪项最能描述库克距离？

    a. 它们表示那些离预测值最远的观测。
    b. 它们表示离自变量中心最远的观测。
    c. 它们表示观测对回归系数的影响。
    d. 它们代表选项 a 和选项 b 的组合。

8. 以下哪项最能描述 dfbeta？

    a. 它们表示那些离预测值最远的观测。
    b. 它们表示离自变量中心最远的观测。
    c. 它们表示观测对回归系数的影响。
    d. 它们代表选项 a 和选项 b 的组合。

9. 将 world$gtbeduc 回归到 world$womyear、world$urban 和 world$womleg 上，并回答以下问题。

    a. 哪两个国家的库克距离最大？
    b. 哪两个国家对于 world$urban 对 world$gtbeduc 的作用影响最大？
    c. 哪些国家对 world$gtbeduc 与 world$womleg 之间的关系有重大影响？
    d. 是否有什么证据表明误差存在非恒定方差？

10. 将 states$democrat 回归到 states$medinc、states$evangel 和 states$region 上，并回答以下问题。

    a. 哪两个州的库克距离最大？
    b. 哪三个州对收入和党派之间的关系影响最大？
    c. 哪个州对于宗教对党派的作用影响最大？
    d. 根据增加变量图，哪个系数似乎最不稳定？

R 函数注释

以下函数在本章中出现。它们按首次出现的顺序列出（括号中的是代码块编号），并在此注释以简要地说明其用途。其中有些不是独立的函数，必须结合其他指令使用。友情提示；只要按照它们出现的顺序运行，每章的代码就都可以正常工作。正确的运行还依赖作者定义的 libraries() 函数，用于加载所需的 R 包。

row.names()：指定一个变量作为数据框的行名。使用某些函数时，有助于标记观测。（16-1）

lm()：线性模型或回归函数。（16-1）

`resid()`：应用于线性模型描述的对象时，将生成残差。（16-1）

`predict()`：应用于线性模型描述的对象时，将生成预测值。（16-1）

`ggplot()`：定义图的基本结构（通常是变量 x 和 y）。（16-1）

`aes()`：aes（图形属性，aesthetics）函数在 ggplot 中用于定义图的基本结构[1]，通常包含要用到的变量以及形状或颜色。（16-1）

`geom_point()`：在 ggplot 的网格中绘制点。（16-1）

`geom_text_repel()`：在 ggplot 框架的散点图中标记点。（16-1）

`ifelse()`：用于构建"如果……那么……"（if-then）语句的逻辑函数。既可用于选择特定案例进行标注，也可用于从连续变量中创建分类变量。（16-1）

`geom_hline()`：在图中生成一条水平线。（16-1）

`theme_minimal()`：为 ggplot 设置极简风格的主题。（16-1）

`theme()`：指定 ggplot 中的字体、大小等。（16-1）

`xylab()`：在 ggplot 中设置 x 轴标签。（16-1）

`ylab()`：在 ggplot 中设置 y 轴标签。（16-1）

`ggtitle()`：设置 ggplot 的标题。（16-1）

`hatvalues()`：应用于线性模型描述的对象时，将生成杠杆值。（16-2）

`geom_smooth()`：在散点图中绘制曲线或直线。（16-3）

`grid.arrange()`：在页面上排列多张图。（16-5）

`cooks.distance()`：应用于线性模型描述的对象时，将为每个观测生成库克距离。（16-6）

`db_dfb()`：一个由作者定义的函数，用于生成 ggplot 版本的 dfbeta。（16-7）

`update()`：让用户修改回归模型的某个方面，而无须重新输入整个模型公式的实用函数。（16-8）

`stargazer()`：用于生成回归表的实用命令。（16-8）

`db_avp()`：作者定义的函数，用于生成 ggplot 版本的增加变量图。（16-9）

---

1 译注：图形属性与变量的映射关系。

17 逻辑回归

本章大纲
- 学习目标
- 概述
- 需要逻辑回归解决的议题与难题
- 逻辑回归违反了高斯-马尔可夫假设
- 使用对数发生比
- 使用预测概率
- 逻辑回归模型拟合
- 小结
- 常见问题
- 复习题
- 数据分析与可视化练习
- R 函数注释

学习目标
- 探讨最适合用非线性框架概括的问题。
- 阐述逻辑关系如何违反了高斯-马尔可夫假设。
- 计算逻辑回归。
- 阐述如何将对数发生比转换为预测概率。
- 评估逻辑模型预测结果的能力。

概述

你会投票吗？会发生政变吗？战争会爆发吗？公司会盈利吗？不管哪个专业，是/否的问题都是社会科学领域研究的核心。遗憾的是，当因变量是二元变量时，高斯-马尔可夫框架并不适用：用直线拟合二值结果有些欠妥。因此，我们必须改用**逻辑回归**（logistic regression）。逻辑回归相当于用 S 形曲线来拟合数据，而非普通最小二乘（OLS）回归采用的直线。虽然线性回归和逻辑回归有些相似之处，但我们对系数的解读和诊断需要额外的工作。

本章先介绍逻辑回归最适合回答什么类型的问题，然后介绍其计算和解读。估计逻辑回归很简单，而理解估计值就难了。进入非线性世界，我们对系数的解读就不同了。我们再也不能，至少不能再以直观的方式说，自变量一个单位的增加对应着因变量固定量的变化。因此，我们需要转换结果，以有意义的方式呈现出来。最后，我们将学习使用不同的工具来评估逻辑模型对现实的描述表现如何。幸运的是，R 提供的代码让这个过程变得相对容易了。

需要逻辑回归解决的议题与难题

假设我们想了解收入和投票率之间的关系。我们首先注意到因变量描述了两种截然不同的状态：一个人要么投票了，要么没投票。这是逻辑回归的关键特征。因变量是二分变量。我们猜想，或许最好用曲线来描述收入和投票概率之间的关系：一条 S 形曲线。

这个理论认为，收入非常低的人根本没有时间或精力积极参与政治。工作时间长，没有休息时间，交通不便，都使得投票难以进行。而高收入使得个人有时间和精力参与，参加会议、联系政治家以及投票。在这两个极端中，年收入增加 1 万美元或许无足轻重。对于那些没有多少钱的人来说，额外的 1 万美元收入可能只能用来满足基本需求。对于社会上最富有的人来说，多 1 万美元几乎没什么差别。然而，对于中间的人来说，多 1 万美元收入或许会显著提高投票概率。

S 形曲线（逻辑曲线）也可以用于描述教育和投票概率之间的关系。将某人的受教育程度提高 4 年——从幼儿园到四年级——无关痛痒。对于已经拥有硕士学位的人来说，增加 4 年教育也不太可能改变投票行为。而高中毕业后，再增加 4 年教育时间（念完大学），可能就会显著影响投票行为。

收入和教育的例子描述的关系也存在于其他许多情况中。上大学、加入工会、买房或加入政党的决定，往往涉及从一种状态转变到另一种状态，这种状态的跳转是由自变量的增量变化达到一定程度带来的。国家是否参战也涉及同样的实用性考量。通常，一系列小的事态发展预示着全面冲突的爆发。抗议和动乱是另一种情况，一系列事件引发的行动相对较少。然而，最终某个事件引爆了全国性和全球性的抗议。所有这些例子描述的过程，大都遵循了相同的函数形式。

在目前给出的所有例子中，关系理论上都是非线性的：自变量在低端、中端和高端的增长具有不同的影响。描述的情景需要使用逻辑回归。由于这些情景明显是非线性的，因此不适合使用线性估计器（OLS）。

> 知识检验：探讨最适合用非线性框架概括的问题。

1. 以下哪些问题隐含着逻辑函数形式？
   a. 温度与液体沸点之间的关系是什么？
   b. 收入与大学支出之间的关系是什么？
   c. 教育和收入有什么关系？
   d. 大学毕业和收入有什么关系？
2. 什么线索表明要使用逻辑回归？
   a. 因变量是连续的。
   b. 因变量是二分变量。
   c. 假设的关系是线性的。
   d. 假设的关系是非线性的。

逻辑回归违反了高斯 – 马尔可夫假设

为了说明在逻辑回归的情境下高斯 – 马尔可夫假设是如何被违反的，请看以下例子。假设我们想解释为什么有些州有"坚守阵地（stand your ground）"法[1]，而其他州没有。坚守阵地法允许公民在感到受到威胁时使用致命武力保护自己。目前，在美国半数的州都有某种形式的此项法律有案可查。有什么因素能解释这些法律的采纳？一个州的财富是支持还是阻碍了这种法律？请看二者关系的散点图（见图 17-1）。

现在我们对代码块 17-1 中的这些代码应该都很熟悉了，我使用 ggplot 构建了一个散点图，将是否采纳坚守阵地法变量（states$stand）和家庭收入中位数变量的对数（states$medinc）展现出来。

代码块 17-1

```
ggplot(states, aes(log(medinc), stand)) +
  geom_point(col="#bf0000", cex=0.7) +
  theme_minimal() +
  theme(plot.title = element_text(size = 8, face = "bold"),
        axis.title = element_text(size = 8, face = "bold")) +
  geom_smooth(method="lm", se=FALSE, col = "#0000bf") +
  geom_text_repel(size=3, aes(label = st, size = 1), col="grey") +
  ggtitle(" 图 17-1：收入越高，戒备心越弱 ") +
  ylab(" 采纳坚守阵地法 = 1") +
  xlab(" 家庭收入中位数 ")
```

---

[1] 译注：亦称 No-duty-to-retreat law，不退让法。

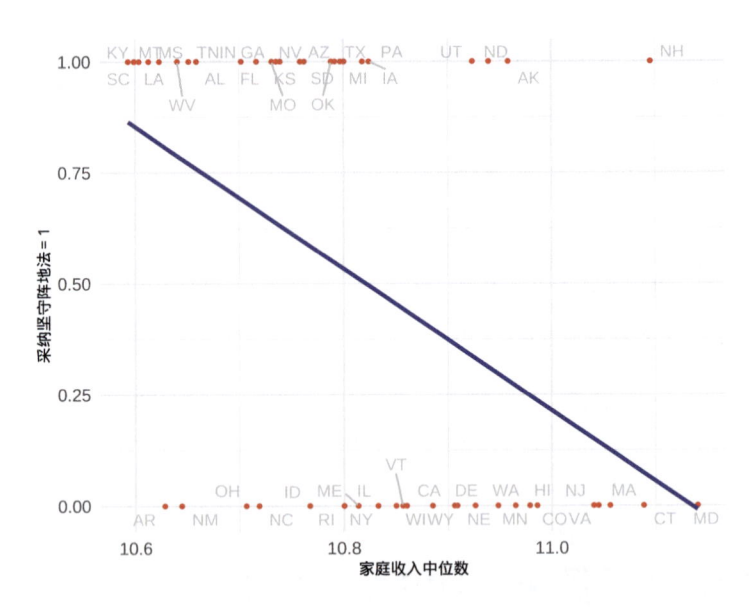

图 17-1：收入越高，戒备心越弱

这张图看起来很奇怪，因为我把二分变量（坚守阵地法）和连续变量（家庭收入中位数）画在一起了。回归线与数据拟合得并不好。在收入的低端，这条线总是低估了 Y 的水平——预测值在左上象限的州之下，包括俄克拉荷马州（OK）、内华达州（NV）和得克萨斯州（TX）。随着收入的增加，回归线高估了所有案例，包括加利福尼亚州（CA）、怀俄明州（WY）和威斯康星州（WI）。为了进一步说明这一点，我们对这两个变量进行二元回归，并根据模型生成残差图（见图 17-2）。回想一下，在上一章中，我们确定任何在残差图中观察到的模式都表明违反了高斯 - 马尔可夫假设。

在代码块 17-2 中，我使用 lm() 函数定义了一个回归对象，然后使用 stargazer() 生成相应的回归表（见表 17-1）。

代码块 17-2

```
badreg.lm <- lm(stand ~ medinc, data = states)

stargazer(badreg.lm, title = "表 17-1：二元因变量的 OLS 回归",
          header = FALSE, type = "text")
```

表 17-1：二元因变量的 OLS 回归

```
=============================================
                      Dependent variable:
                      -----------------------
                             stand
---------------------------------------------
medinc                     -0.00003***
                            (0.00001)

Constant                     2.037***
                             (0.442)

---------------------------------------------
Observations                    50
R2                             0.205
Adjusted R2                    0.188
Residual Std. Error      0.455 (df = 48)
F Statistic            12.351*** (df = 1; 48)
=============================================
Note:                *p<0.1; **p<0.05; ***p<0.01
```

在得到回归结果 `badreg.lm` 之后，就可以从中收集残差和预测值（代码块 17-3 中的前两行），用于创建残差图了。

代码块 17-3

```
states$res <- resid(badreg.lm)
states$pred <- predict(badreg.lm)

ggplot(states, aes(pred, res)) + geom_point(col="red", cex=0.7) +
  geom_hline(yintercept = 0, linetype = 2) +
  theme_minimal() +
  theme(plot.title = element_text(size = 8, face = "bold"),
        axis.title = element_text(size = 8, face = "bold")) +
  geom_text_repel(size=3, aes(label = st, size = 1), col="grey") +
  xlab(" 预测值或"拟合"值 ") +
  ylab(" 残差 ") +
  ggtitle(" 图 17-2：残差图 ")
```

虽然从回归表中看不出有什么问题（见表 17-1），但残差图表明数据并没有构成无形的云。不仅残差有明显的模式，而且沿着 x 轴移动时，还系统性地高估和低估了观测。残差图表明，我们至少违反了一个与 OLS 相关的假设，这表明或许需要使用不同的估计量。

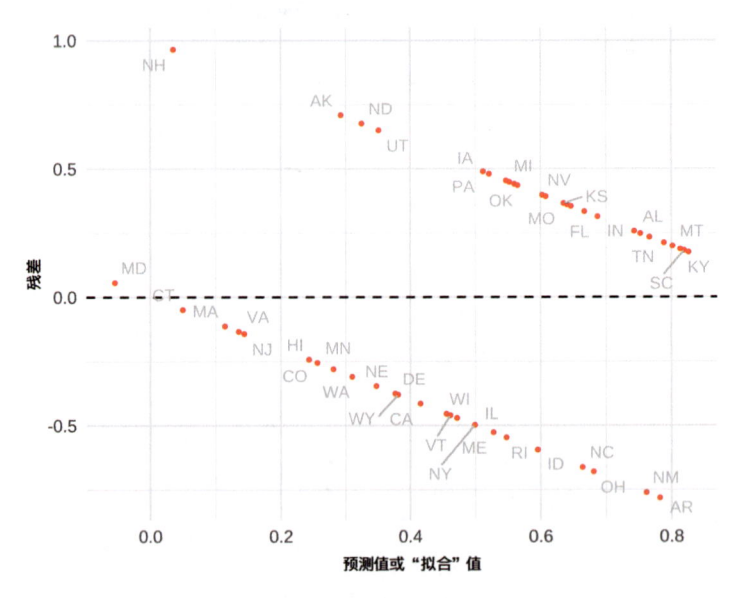

图 17-2：残差图

> **知识检验**：阐述逻辑关系如何违反了高斯－马尔可夫假设。

3. 在用直线拟合逻辑关系的情境下，违反了以下高斯－马尔可夫假设中的哪一个？
   a. 误差的方差恒定。
   b. 误差是独立的。
   c. 误差之和为零。
   d. 残差之和为零。

4. 当用线性模型拟合逻辑关系时，残差图会展现出什么？
   a. 扇形关系
   b. 无形的云
   c. 低估和高估
   d. 显著的离群值

使用对数发生比

由于违反了高斯－马尔可夫的一个重要假设，我们需要寻找替代方案。幸运的是，如果我们用投票**对数发生比**（logged odds）来构思问题，那么就可以使用线性回归框架了。为了计算对数发生比,首先要有发生比(odds ratio):成功与失败的概率(Pr)之比[1]。例如,今天下雨的概率是 80%,不下雨的概率是 20%。

$$发生比 = \frac{\Pr(\text{rain})}{\Pr(1-\text{rain})}$$

发生比如下:

$$发生比 = \frac{0.8}{(1-0.8)} = 4$$

发生比为 4。要计算对数发生比,在这个例子中,只需取 4 的对数:ln(4)。

使用对数发生比,是因为发生比经过对数变换后,我们就可以用线性函数来处理了。逻辑模型中的自变量可以表示为对数发生比的线性组合。在逻辑回归中,目标系数的解读类似其 OLS 备选方案,只不过现在的单位是以对数发生比表示的。例如,常数告诉我们,当收入等于 0 时,投票的对数发生比是多少;而收入的系数则表示,收入一个单位的变化,对应着投票对数发生比有多大变化。

然而,唯一的问题是对数发生比不是一个直观的度量单位。把对数发生比转换为预测概率更加清晰明了。幸运的是,R 可以轻松地把对数发生比转换为预测概率,生成的图形展示了在自变量的范围内,事件发生的可能性是多少。

让我们来定义一个模型(model.glm),以特朗普是否赢得该州的选举人团投票(trumpwin)为因变量,以家庭收入中位数(medinc)为自变量(为了便于展示,这里将 medinc 除以 1,000 美元,因此单位是"千美元")。R 中的 glm 函数会生成一个类似于之前我们看过的回归表(见表 17-2)。不过,回归表中的系数指的是对数发生比。例如,回归表表明,x 的一个单位变化(收入中位数增加 1,000 美元),对应的特朗普赢得该州的对数发生比下降 0.2。

在继续之前,代码块 17-4 中有几个地方要留意。首先,因为进行的是非线性回归,所以我们使用 glm() 函数代替了 lm() 函数。glm 是"广义线性模型(generalized linear model)"的意思。其次,在回归函数中,指定了 family=binomial 选项,即指定要用逻辑回归。

---

[1] 译注:即事件发生和不发生的概率之比。亦可译作优势比、比值比。

代码块 17-4

```
states$inc1000 <- states$medinc/1000

model.glm <- glm(trumpwin ~ inc1000, data=states,
                 family=binomial)

stargazer(model.glm, title = "表 17-2：特朗普赢得州的逻辑回归",
          header = FALSE, type = "text")
```

表 17-2：特朗普赢得州的逻辑回归

```
===========================================
                    Dependent variable:
                    -----------------------
                           trumpwin
-------------------------------------------
inc1000                   -0.231***
                           (0.066)

Constant                  12.187***
                           (3.414)

-------------------------------------------
Observations                 50
Log Likelihood             -23.298
Akaike Inf. Crit.          50.597
===========================================
Note:              *p<0.1; **p<0.05; ***p<0.01
```

遗憾的是，即使是最常来拉斯维加斯的游客，也很难解释这个结果的实质显著性。因此，我们要将对数发生比转换为预测概率：特朗普赢得该州的概率。

知识检验：计算逻辑回归。

---

5. 以下哪项最能描述对数发生比？
   a. 我们可以将系数解读为对数发生比的线性函数。
   b. 它们很容易解读。
   c. 它们的实质重要性很容易理解。
   d. 对数发生比给出了事件发生的预测概率。

6. 利用 states 数据集，将死刑回归到凶杀率（murderrate）上。使用对数发生比，并解读系数。

使用预测概率

为了让逻辑过程更直观,要把回归输出的对数发生比转换为**预测概率**(predicted probability)。预测概率就是事件发生的概率。例如,现在我们计算在特定收入水平下特朗普获胜的概率。然而,如果采用这种方法,因变量变化的大小要看我们在分布中所处的位置。换句话说,当问及收入对特朗普获胜的影响时,预测概率框架中的答案必须是"看情况",因为我们把直线(对数发生比)转换成了 S 形曲线。让我们从一个简单的二元逻辑回归开始,接着是多元逻辑回归,最后是一个例子。

二元逻辑回归

在前面的例子中,特朗普能否赢得一个州取决于该州的财富水平。选用逻辑回归的动机正是基于这样的想法:在低端或高端,额外 1,000 美元收入的影响比在中端要小——因此是 S 形曲线。在收入相对较高或较低的州,家庭收入中位数增加 1,000 美元,带来的变化相对较小。特朗普获胜概率的最大增幅发生在分布的中间某处。

接下来,我们计算在不同的自变量水平下因变量的预测值,并转换为预测概率,然后绘制出来以理解其关系。简而言之,我们把对数发生比形式(直线)的预测值转换成了预测概率(S 形曲线)。此时,我们使用的还是相同的模型和估计。不管怎样,有了估计值,就可以将其从对数发生比转换为预测概率,以便更好地理解结果。为了理解逻辑回归的实质显著性,我们遵循以下步骤:

1. 通过 GLM 回归的估计值获得预测值(对数发生比形式)。
2. 使用下面的方法将估计的投票对数发生比转换为预测的投票概率:

$$特朗普获胜概率 = \frac{e^{\hat{Y}_i}}{(1+e^{\hat{Y}_i})}$$

3. 绘制预测概率图。

请注意图 17-3 中,特朗普赢得一个州(`trumpwin`)与家庭收入中位数(千美元)(`inc1000`)的二元逻辑回归。好在 "visreg" 软件包可以自动进行这些计算,能在任意目标自变量范围内提供漂亮的预测概率图。代码块 17-5 很简单。首先定义了一个对象估计二分变量 `trumpwin`(对数发生比形式)和 `inc1000` 之间的关系,收入变量 `inc1000` 是在代码块 17-4 中创建的。请注意,这里通过 `family=binomial` 选项告诉 R 要使用逻辑回归。然后使用 `visreg()` 函数将关系绘制出来,这种方法可以轻松可视化任何回归结果。只需输入模型名称 `trump.glm`,指出要绘制的自变量（放在引号中），再指定 scale="response"，告诉 R 使用预测概率。还有，不要画出关系的置信区间（band=FALSE），并采用 ggplot 框架绘图（gg=TRUE）。

代码块 17-5
```
trump.glm <- glm(trumpwin ~ inc1000, data = states, family = binomial)
visreg(trump.glm, "inc1000", header = FALSE, scale = "response",
       band=FALSE, gg=TRUE) +
  theme_minimal() +
  theme(plot.title = element_text(size = 8, face = "bold"),
        axis.title = element_text(size = 8, face = "bold")) +
  annotate("segment", x = 50, xend = 50, y = 0, yend = 0.66,
           col = "grey", linetype = "dashed") +
  annotate("segment", x = 40, xend = 50, y = 0.66, yend = 0.66,
           col = "grey", linetype = "dashed") +
  annotate("segment", x = 60, xend = 60, y = 0, yend = 0.15,
           col = "grey", linetype = "dashed") +
  annotate("segment", x = 40, xend = 60, y = 0.15, yend = 0.15,
           col = "grey", linetype = "dashed") +
  annotate("text", x = 38, y = 0.66, parse = F, label = '0.66') +
  annotate("text", x = 38, y = 0.15, parse = F, label = '0.15') +
  ggtitle(" 图 17-3：特朗普获胜的概率随着收入的增加而下降 ")
```

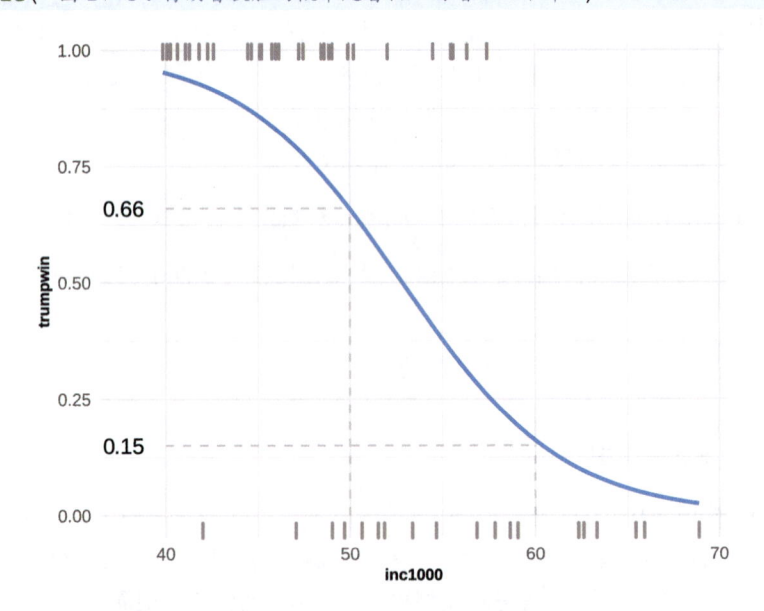

图 17-3：特朗普获胜的概率随着收入的增加而下降

请注意线的曲率；在分布中部周围，投票给特朗普的预测概率下降幅度最大。还要注意图的底部和顶部的刻度（轴须，rug），它们标出了回归中用到的单个数据点。我们可以清楚地看到，随着州家庭收入中位数的增加，特朗普赢得该州选举的概率在下降。确切地说，我们可以看到，当收入为 50,000 美元时，赢得该州的概率为 66%；当收入达到 60,000 美元时，预测概率为 15%。在双变量的情境下描述了这种技巧之后，现在让我们来探讨多变量的情况。

多元逻辑回归

分析师有多种不同的方式展示逻辑回归的结果。在多元框架中，选择一个自变量的具体数值并在另一个自变量的范围内绘制预测概率是有用的。为了说明，让我们在已经估计过的二元模型（特朗普赢得的选举人团与收入中位数的逻辑回归）的基础上增加其他变量。在这个例子中，我们或许想要控制人口密度——特朗普在农村选民中表现特别好。让我们看看在考虑了特朗普获胜的概率、家庭收入中位数和州人口密度之间关系的情况下，预测会是什么样的（见图 17-4）。

我们只需要对代码块 17-5 进行一些调整。首先，把 `density` 变量加入逻辑回归中（见代码块 17-6）。然后，在 `visreg()` 函数中，表明要按密度变量（`by="density"`）来查看特朗普获胜的概率与收入之间的关系。`visreg()` 函数通过计算密度变量的四分位距并分别为下四分位数、中位数和上四分位数绘制一条曲线，让这个过程变得非常容易。

代码块 17-6

```r
trump1.glm <- glm(trumpwin ~ inc1000 + density,
                  data = states, family = binomial)

visreg(trump1.glm, "inc1000", by="density", overlay = TRUE,
       band = FALSE, scale = "response", legend = TRUE, gg=TRUE) +
  theme_minimal() +
  theme(plot.title = element_text(size = 8, face = "bold"),
        axis.title = element_text(size = 8, face = "bold"),
        legend.position = c(0.85, 0.65)) +
  annotate("segment", x = 38, xend = 50, y = 0.325, yend = 0.325,
           col = "grey", linetype = "dashed") +
  annotate("segment", x = 38, xend = 50, y = 0.795, yend = 0.795,
           col = "grey", linetype = "dashed") +
  annotate("text", x = 36, y = 0.795, parse = F, label = "0.795") +
  annotate("text", x = 36, y = 0.325, parse = F, label = "0.325") +
  annotate("segment", x = 50, xend = 50, y = 0, yend = 0.795,
           col = "grey", linetype = "dashed") +
  ggtitle("图 17-4：特朗普获胜的概率随着收入的增加而下降") +
  xlab("家庭收入中位数（千美元）") +
  ylab("特朗普赢得州的预测概率")
```

从图 17-4 可以看出，特朗普赢得一个州的概率因收入和人口密度不同有很大的差异。请看家庭收入中位数为 50,000 美元时特朗普获胜的概率。在人口较密集的州（蓝线），特朗普获胜的概率为 32.5%。在人口最稀少的州（红线），特朗普获胜的概率为 79.5%！请注意，这种差异在低端（低于 45,000 美元）和高端（高于 60,000 美元）是如何缩小的[1]。

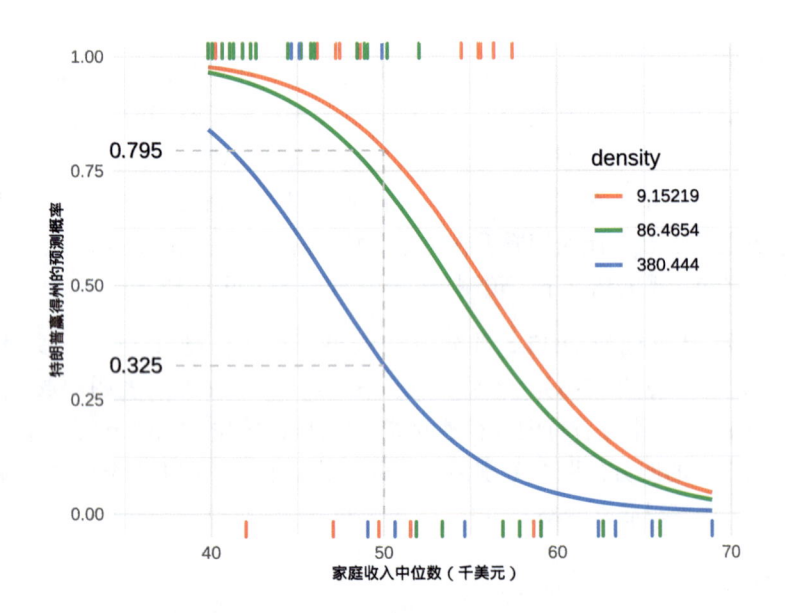

图 17-4：特朗普获胜的概率随着收入的增加而下降

例子：2012 年奥巴马赢得的选举人团

让我们再做一次同样的工作，不过这次看的是收入、教育和人口密度对奥巴马 2012 年大选获胜概率的影响（见代码块 17-7）。我们使用的数据是表明奥巴马是否在 2012 年大选中赢得了某个州的二元因变量 obamawin。我们想了解的自变量是收入（inc1000）、教育度量（hsdiploma）和人口密度（density）。回归结果见表 17-3。

代码块 17-7

```
Obama.glm <- glm(obamawin ~ inc1000 + hsdiploma + density,
                 data = states, family = binomial)
stargazer(Obama.glm, title = "表 17-3：奥巴马赢得州的概率（2012 年）",
          header = FALSE, type = "text")
```

---

1 visreg 函数默认根据指定自变量的第 25、第 50 和第 75 百分位数来创建三条线。在图 17-4 所示的例子中，密度的第 25、第 50 和第 75 百分位数分别约为 9.2、86.5 和 380.4。

表 17-3：奥巴马赢得州的概率（2012 年）

```
===============================================
                        Dependent variable:
                      -------------------------
                               obamawin
-----------------------------------------------
inc1000                         0.205*
                               (0.107)

hsdiploma                       0.169
                               (0.152)

density                        0.019***
                               (0.007)

Constant                      -26.480**
                              (11.539)

-----------------------------------------------
Observations                      50
Log Likelihood                 -17.642
Akaike Inf. Crit.               43.284
===============================================
Note:               *p<0.1; **p<0.05; ***p<0.01
```

由于想看看在考虑不同的教育和人口密度的情况下，奥巴马获胜的概率如何随着收入的变化而变化，我们需要了解 hsdiploma 变量：什么值是最有意义的？从 hsdiploma 的统计摘要可知，下四分位数为 82.53，中位数为 86.1，上四分位数为 90.4。我们用这三个值来定义要考察的三条线。如前所述，R 中的 visreg() 函数会自动进行此操作（见代码块 17-8 和图 17-5）。

代码块 17-8

```r
visreg(Obama.glm, "inc1000", by = "hsdiploma", overlay = TRUE,
       scale = "response", band = FALSE, gg=TRUE) +
  theme_minimal() +
  theme(plot.title = element_text(size = 8, face = "bold"),
        axis.title = element_text(size = 8, face = "bold"),
        legend.position = c(0.9, 0.2)) +
  annotate("segment", x = 38, xend = 50, y = 0.245, yend = 0.245,
           col = "grey", linetype = "dashed") +
  annotate("segment", x = 38, xend = 50, y = 0.69, yend = 0.69,
           col = "grey", linetype = "dashed") +
  annotate("text", x = 36, y = 0.69, parse = F, label = '0.690') +
  annotate("text", x = 36, y = 0.245, parse = F, label = '0.245') +
  annotate("segment", x = 50, xend = 50, y = 0, yend = 0.70,
           col ="grey", linetype = "dashed") +
```

```
ggtitle(" 图 17-5：奥巴马获胜的概率随着收入的增加而增加 ") +
xlab(" 家庭收入中位数（千美元）") +
ylab(" 奥巴马赢得州的预测概率 ")
```

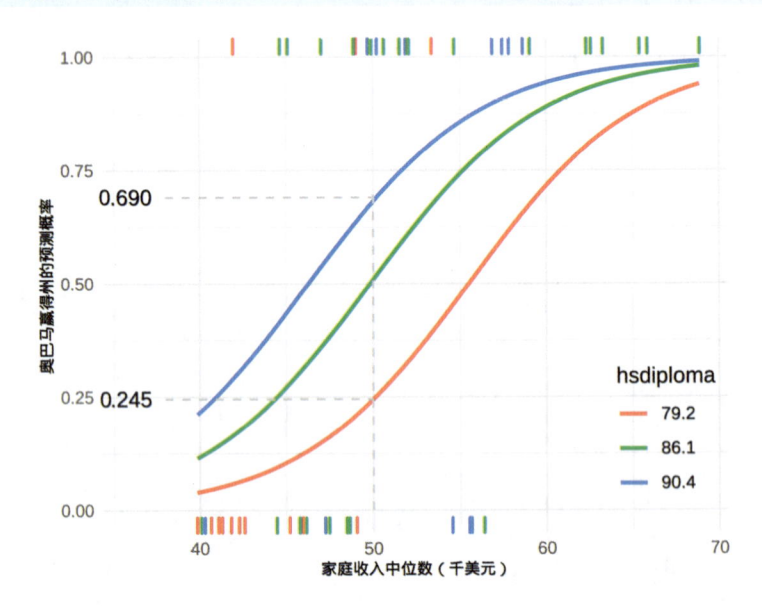

图 17-5：奥巴马获胜的概率随着收入的增加而增加

我们看到，随着收入的增加，奥巴马获胜的概率增加了（见图 17-5）。然而，达到某种收入水平后，奥巴马获胜的概率就不会以同样的速率增加了。此外，我们看到州教育水平很重要。当教育水平相对较低时（红线），50,000 美元的收入对应的奥巴马获胜概率为 24.5%。在受教育程度更高的州（蓝线），50,000 美元对应的奥巴马获胜概率为 69%。请注意，收入与获胜概率之间的关系会随着收入的增加而变化，而且还取决于教育水平。换句话说，在多元逻辑领域，任何给定变量与成功概率之间的关系不仅取决于目标自变量的值，还取决于其他自变量的水平。

> **知识检验**：阐述如何将对数发生比转换为预测概率。

7. 将对数发生比形式的预测值转换为预测概率的数学公式是什么？

8. 如何解读预测概率给出的结果？

    a. x 的单位变化对应着 y 的概率变化。

    b. x 的单位变化对应着 y 的发生比变化。

    c. x 的单位变化对应着概率 y 的变化。

    d. 在 x 处，y 的概率。

9. 使用 `states` 数据集，在家庭收入中位数为 50,000 美元，变量 `democrat` 下四分位数的情况下，一个州有死刑的概率是多少？

逻辑回归模型拟合

与 OLS 一样，在逻辑回归框架中，我们关注的是模型与数据的拟合程度。遗憾的是，没有什么统计量可以和在 OLS 框架中得到的 R^2 相提并论。相反，只有一些拟 R^2 统计量，能够帮助我们了解模型与数据的拟合程度。`logitR2()` 函数能生成许多不同的统计量（Pollock, 2014）。`logitR2()` 函数给出了 **McFadden's** R^2、**Cox-Snell** R^2 和 **Nagelkerke** R^2。这三个度量彼此相似，让我们可以了解模型与数据的拟合程度。`logitR2()` 函数的输出还生成了卡方检验。**卡方检验**（chi-square test）表明，该模型是否比所谓的空偏差[1]（null-deviance）或无所知模型（know-nothing model，即没有自变量的模型）更好。

我们还可以使用卡方检验来探讨自变量较少的模型是否优于自变量较多的模型。使用 `pchisqC()` 函数，指明想要比较的两个模型，并给出两个模型自变量的数量差异。该函数返回一个 p 值，表明完整模型（full model）是否比简化模型（reduced model）有所改进。如果 p 值为 0.05 或更小，我们可以说，完整模型比自变量较少的模型有显著改进。这样就可以明确地测试变量的增减能否改善模型。为了加深理解，让我们用一个例子来练习。

例子：奥巴马，收入和教育

为了演示拟合度量和卡方检验，让我们根据投票、收入和教育来估计两个不同的模型（见代码块 17-9）。模型 1 只将一个二元因变量（奥巴马是否赢得某州）回归到收入中位数上，模型 2 将同一个二元因变量回归到收入中位数和教育上。在这个练习中，我们不那么关心模型的实质显著性，而更关注的是对模型拟合效果的评估（见表 17-4 和表 17-5）。

代码块 17-9

```
model1.glm <- glm(obamawin ~ inc1000, data = states, family = binomial)
model2.glm <- glm(obamawin ~ inc1000 + hsdiploma, data = states,
                  family = binomial)

object  <- logitR2(model1.glm)
object1 <- logitR2(model2.glm)
```

---

1 译注：亦可译作零偏差。

```
knitr::kable(object, format = "pandoc",
             caption = "表 17-4：Logit 模型 1 的拟合度量", digits = 4)
knitr::kable(object1, format = "pandoc",
             caption = "表 17-5：Logit 模型 2 的拟合度量", digits = 4)
```

表 17-4：Logit 模型 1 的拟合度量

n	Chi2	df	p	Cox	Nag	RL2
50	18.6762	1	0	0.3117	0.4165	0.2707

表 17-5：Logit 模型 2 的拟合度量

n	Chi2	df	p	Cox	Nag	RL2
50	18.7058	2	1e-04	0.3121	0.417	0.2711

看来在模型中增加教育变量（`hsdiploma`）对回归的影响相对较小；拟合度量大致相同（见表 17-4 和表 17-5）。纳入 `hsdiploma` 是否有助于明显改善模型的拟合？为了回答这个问题，我们在代码块 17-10 中使用了 Pollock（2014）中的 `pchisqC` 函数来进行测试。

代码块 17-10

```
pchisqC(model1.glm$dev, model2.glm$dev, 1)
        [1] "0.863444"
```

测试得到的数字为 0.863，远高于标志着 95% 显著性水平的数字 0.05。因此，我们不能拒绝零假设：为什么一些州投票支持奥巴马，而其他州没有，增加教育变量对于解释这个问题的能力没有明显的影响。换句话说，教育变量似乎没有为模型增加什么。

接收者操作特征曲线和曲线下面积

各种拟 R^2 度量为拟合提供了很好的数值摘要，而可视化任何逻辑模型拟合的实用方法包括**接收者操作特征**（Receiver Operating Characteristic，ROC）**曲线**以及相关的**曲线下面积**（Area Under the Curve，AUC），这些听起来相当有技术性的名称源自信号检测理论（雷达）。它们在逻辑回归中使用的底层逻辑很简单，ROC 曲线和 AUC 基于的是模型猜对了和猜错了多少案例之间的关联。在前面的例子中，阳性案例为奥巴马赢得的州。好的模型结果能正确地预测奥巴马实际赢得了多少个州。类似地，好的结果也被定义为正确地预测了输掉的州。通过比较这两个问题的结果，就可以构建 ROC 曲线和 AUC。

在这个例子中，我们需要在预测奥巴马会赢的州和预测会输的州内部做出一些重要的区分。让我们先从预测会赢的州开始。对于预测他会赢且实际上也赢了的州，我们称这些案例为**真阳性**（true positive）。对于预测他会赢而实际上却输了的州，我们称这些案例为**假阳性**（false positive）。现在再来看阴性预测。对于那些正确地预测他会输的州，我们称其为**真阴性**（true negative）。对于那些错误地预测他会输的州（实际上赢了），我们称其为**假阴性**（false negative）。表 17-6 有助于在奥巴马赢得一个州的语境下界定 4 种不同情况：真阳性、假阳性、真阴性和假阴性。

表 17-6：用于构建 ROC 曲线的分类

	实际赢了	实际输了
预测会赢	真阳性	假阳性
预测会输	假阴性	真阴性

在继续之前有必要指出，虽然 ROC 曲线来源于信号检测理论，但你在评估医学检测时可能也会发现这些术语。之所以提到医学，是因为另外两个需要理解的术语，最好在医学检测的情境下解释。这两个术语是**敏感度**（sensitivity）和**特异度**（specificity）。我认为将这些术语的定义同医学检测的框架（例如，患者和疾病）与对奥巴马选举获胜问题的分析联系起来是很有帮助的。检测的敏感度指的是患者患有疾病，检出阳性的概率。敏感度也被称为真阳性率（true positive rate）或检出概率（probability of detection）。在我们的例子中，就是指预测奥巴马会赢得某州且确实也赢了的概率。具体来说，敏感度的计算如下：

$$敏感度 = \frac{真阳性数}{奥巴马赢得的州总数}$$

特异度是指患者健康，检出阴性的概率。你可能还会看到术语——假阳性率（false positive rate），即（1- 特异度）。假阳性率也被称为误报概率（probability of the false alarm）。在我们的例子中，特异度是指预测奥巴马会输掉某州且确实也输掉了的概率。特异度的计算如下：

$$特异度 = \frac{真阴性数}{奥巴马输掉的州总数}$$

把逻辑回归模型看作医学检测，阴性结果表明患者健康，阳性结果表明患者生病。这有点反直觉，但是当我们说患者检测结果呈阳性且确实生病了的时候，这和模型预测奥巴马会赢得某州且确实赢了是一样的（真阳性）。患者检测结果呈阴性且确实是健康的，这和模型预测奥巴马会输掉某州且确实输了也是一样的（真阴性）。

ROC 曲线的定义可能有些令人费解，因为它有两种不同的定义方式（但含义是一样的）。你会看到，在有些教材中，ROC 曲线是通过绘制真阳性率与假阳性率来定义的。而在另外一些教材中，ROC 曲线则是通过绘制敏感度与 1- 特异度定义的。只要记住，敏感度与真阳性率是一样的，1-特异度与假阳性率是一回事就可以了。这里绘制敏感度和特异度关系的 R 包为 "pROC"，不过它反转了 x 轴（等同于 1-特异度）。

有了这些定义，我们就可以继续了。我构建了一个密度图展示奥巴马实际输掉的州（红色）和实际赢得的州（蓝色），根据奥巴马赢得一个州的预测概率来绘图。

为了生成图，首先要把数据整理好。预测概率采集自一个简单的二元模型，states$obamawin 与 states$inc1000 的逻辑回归。然后创建两个数据集（testwin 和 testlose），将奥巴马赢得的州和输掉的州区分开。请注意，我在 filter() 和 select() 函数的前面分别加上了包名 "dplyr"，这是因为它们被屏蔽（masked）[1]了。接着将它们合并到 varlist 对象中。我使用 melt() 函数将 varlist 中的案例堆叠起来，用于绘制两个密度图。这个数据集名为 newvar。为了绘图，我还把 newvar 数据集中的 L1 变量改成了因子类型（见代码块 17-11）。

代码块 17-11

```
mtest.glm <- glm(obamawin ~ inc1000, data = states, family = binomial)
states$pred.glm <- predict(mtest.glm, type = "response")
testwin <- states %>% dplyr::filter(obamawin == 1) %>%
                      dplyr::select(pred.glm)
testlost <- states %>% dplyr::filter(obamawin == 0) %>%
                      dplyr::select(pred.glm)
varlist <- list(testwin, testlost)
newvar <- melt(varlist)
newvar$L1 <- as.factor(newvar$L1)
```

数据生成后，我使用 ggplot() 函数绘图（见代码块 17-12）。请记住，这些密度代表着 2012 年大选的真实结果。红色代表奥巴马输掉的州，蓝色代表奥巴马赢得的州。我还构建了三个用于说明的阈值（垂直虚线），分别为 25%、50% 和 75%。图 17-6 表明，某些案例，模型预测奥巴马会轻松获胜（极有可能赢），但却输了。类似地，某些案例，模型笃定他会输（赢的可能性很小），但却赢了。

代码块 17-12

```
ggplot(newvar,aes(x=value, fill=L1)) +
  geom_density(alpha = 0.7) +
  ggtitle(" 图 17-6：奥巴马获胜的预测概率，按实际输赢着色 ") +
  theme_minimal() +
  theme(plot.title = element_text(size = 8, face = "bold"),
        axis.title = element_text(size = 8, face = "bold"),
        legend.position = "bottom") +
  scale_fill_manual(values = c("#0000bf", "#bf0000"), name = "",
                    labels = c(" 实际赢得的州 ", " 实际输掉的州 ")) +
```

---

[1] 译注：当后加载的包中含有同名函数时，先加载的包中的同名函数会被屏蔽。此时要调用被屏蔽的函数，就要在函数名前面加上所属的包名和两个冒号。

```
xlab("奥巴马赢得某州的预测概率") +
ylab("密度") +
geom_vline(xintercept = 0.50, linetype = "dashed") +
geom_vline(xintercept = 0.25, linetype = "dashed") +
geom_vline(xintercept = 0.75, linetype = "dashed")
```

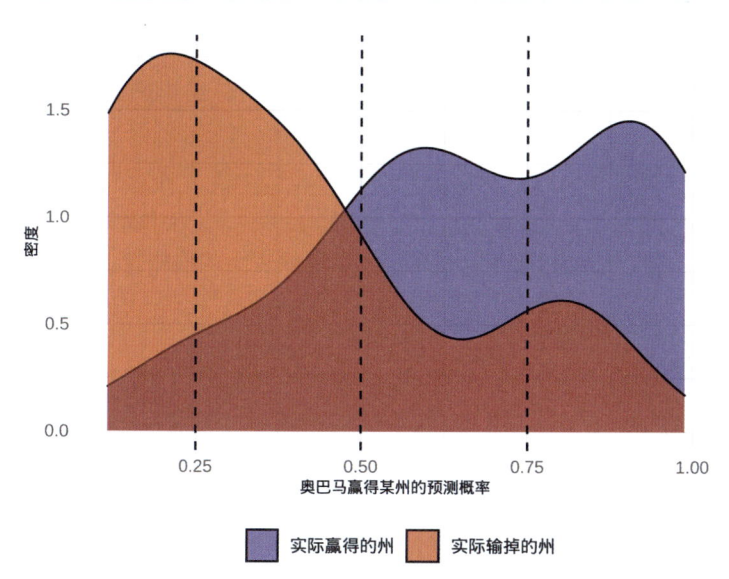

图 17-6：奥巴马获胜的预测概率，按实际输赢着色

ROC 曲线是通过计算在不同的阈值下检测的敏感度和特异度来构建的（我们用三个阈值来说明）。对于每个阈值，我们都取模型预测正确的阳性案例百分比（真阳性），并将其与预测正确输掉的州百分比（真阴性）绘制在一起。请记住，真阳性等于敏感度，真阴性等于 1– 特异度。同样为了简化，我们不在 x 轴上使用 "1– 特异度"，而是将图的 x 轴反转（从左到右移动时，值减小）。

ROC曲线坐标 =（特异度，敏感度）

对于每个阈值，我们都用正确预测奥巴马赢得的州数除以他赢得的州数（敏感度），并将其与预测奥巴马会输的州数除以他输掉的州数（特异度）绘制在一起。

当阈值为 25% 时，我们可以正确预测 96% 奥巴马获胜的州。换言之，蓝色阴影分布的 96% 位于阈值 25% 的右侧。然后计算正确预测他输掉的州的百分比，即 39%。换言之，就是计算位于 25% 阈值左侧的红色阴影分布（输掉的州）的百分比。这些是预测奥巴马会输且确实也输了的州。现在，我们有了在 ROC 曲线上绘制点所需的两个值（0.39, 0.96）。

我们只需计算两个分布在阈值左侧和阈值右侧的面积就可以了。代码块 17-13 中提供了计算用到的代码和数字。

通过两个独立的分布（testwin 和 testlost），我用阈值右侧的面积计算敏感度，用阈值左侧的面积计算特异度。首先将经验累积分布函数 ecdf() 定义为 d_fun，该函数用于绘制密度函数的坐标，以便计算出每个分布的百分比。然后定义要用的阈值为 x0，将其作为参数应用于 d_fun 函数，给出阈值左侧的面积。在计算敏感度时，我们想要的是 testwin 分布在阈值右侧的面积，因此用 1 减去 d_fun(x0)。在计算特异度时，我们想要的是 testlost 分布在阈值左侧的面积，因此跳过了用 1 减的步骤。作为练习，使用代码块 17-13 中的代码计算 50% 阈值的敏感度和特异度，看看是否和图 17-6 中的 ROC 曲线表示的值相符。

代码块 17-13

```
d_fun <- ecdf(testwin$pred.glm)
x0 <- 0.25
d_fun(x0)
1 - d_fun(x0)

d_fun <- ecdf(testlost$pred.glm)
x0 <- 0.25
d_fun(x0)
```

当阈值为 75% 时，蓝色阴影分布在右侧的百分比为 44%。在这个阈值下，我们可以正确预测 44% 奥巴马赢得的州。在 75% 阈值的左侧，我们正确预测了 83% 奥巴马输掉的州。因此，75% 阈值的 ROC 曲线的 x 和 y 坐标为（0.83, 0.44）。

现在，所有计算都完成了，是时候以退为进，通观全局了。我们把逻辑回归模型看作想了解患者是否患病的医学检测。医学检测越强大（模型越好），密度图就越能区分开彼此（重叠越少）。虽然这个例子有些重叠，但我们也会看到它是怎样转换为 ROC 曲线及其 AUC 的。

现在我已经说明了 ROC 曲线上的几个点是如何计算的，剩下的工作就交给 R 吧！有好几个 R 包都可以绘制 ROC 曲线。这里选择使用"pROC"，是因为它可以用 ggplot 呈现图，且绘制多条 ROC 曲线的接口简单。现在，让我们继续使用 obamawin 和 inc1000 这个示范性的简单二元逻辑回归模型。

首先定义回归对象（roc.list），然后使用 ggroc 函数生成图。剩下的代码看起来应该很熟悉了，就是对图进行了常规的完善（见代码块 17-14 和图 17-7）。

代码块 17-14

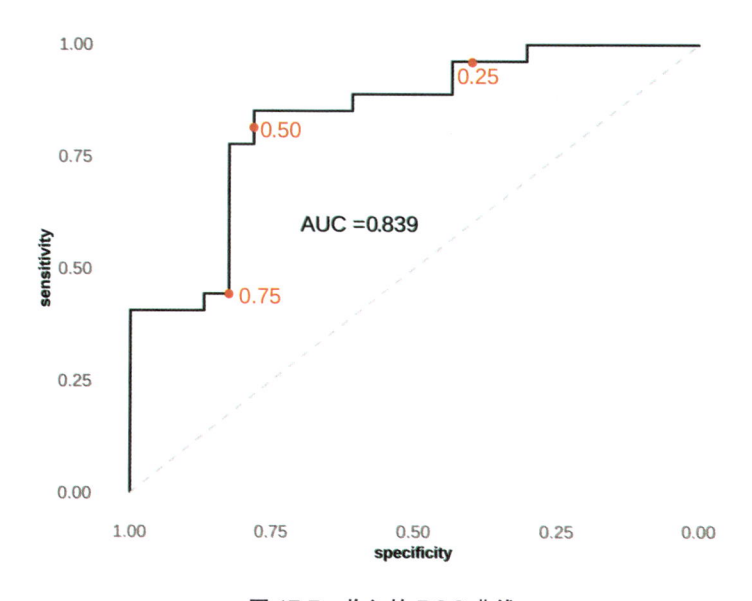

```
roc.list <- roc(obamawin ~ inc1000, data = states)

g.list <- pROC::ggroc(roc.list)

g.list + theme_minimal() +
  theme(plot.title = element_text(size = 8, face = "bold"),
        axis.title = element_text(size = 8, face = "bold")) +
  geom_segment(aes(x = 1, xend = 0, y = 0, yend = 1),
               color="grey", linetype="dashed") +
  geom_point(aes(0.40, 0.961), col = "#bf0000") +
  geom_point(aes(0.7826, 0.8148), col = "#bf0000") +
  geom_point(aes(0.8260, 0.4444), col = "#bf0000") +
  annotate("text", x = 0.6, y = 0.6, label = "AUC = 0.839") +
  annotate("text", x = 0.38, y = 0.93, label = "0.25", col = "#bf0000") +
  annotate("text", x = 0.75, y = 0.81, label = "0.50", col = "#bf0000") +
  annotate("text", x = 0.79, y = 0.44, label = "0.75", col = "#bf0000") +
  ggtitle(" 图 17-7：收入的 ROC 曲线 ")
```

图 17-7：收入的 ROC 曲线

收入对奥巴马选举成功的影响的 ROC 曲线表明，在绘制相应的敏感度和特异度数值时，大约 84% 的面积位于曲线下方（见图 17-7）。曲线越靠近虚线，我们的变量对输赢的预测就越不成功。事实上，虚线代表的点预测正确和预测错误的概率各占一半，就像抛硬币。曲线越接近左上角，其代表的模型越成功。

回顾一下，逻辑回归模型越好，两种预测结果的密度图就分得越开（无论探讨的是选举的胜负还是疾病的发生）。两种结果分得越开，曲线下的面积就越大。大的 AUC 值意味着 ROC 曲线离图的左上角越来越近，这为模型与数据的拟合程度提供了漂亮的可视化。

现在我们对 ROC 曲线和相关的 AUC 有了很好的理解，让我们把例子扩展到使用三个变量（收入、教育和人口密度）的完整模型，来预测奥巴马是否赢得了某州的选举人票。我们确认了收入对预测奥巴马在 2012 年获胜有多大帮助。当然，收入并不是唯一的变量。让我们加上两个新变量来扩展模型：hsdiploma 和 density。

在 R 中，为回归中的多个变量生成 ROC 曲线很容易。在代码块 17-15 中，我只需要指定逻辑回归，然后绘图即可（见图 17-8）。

代码块 17-15

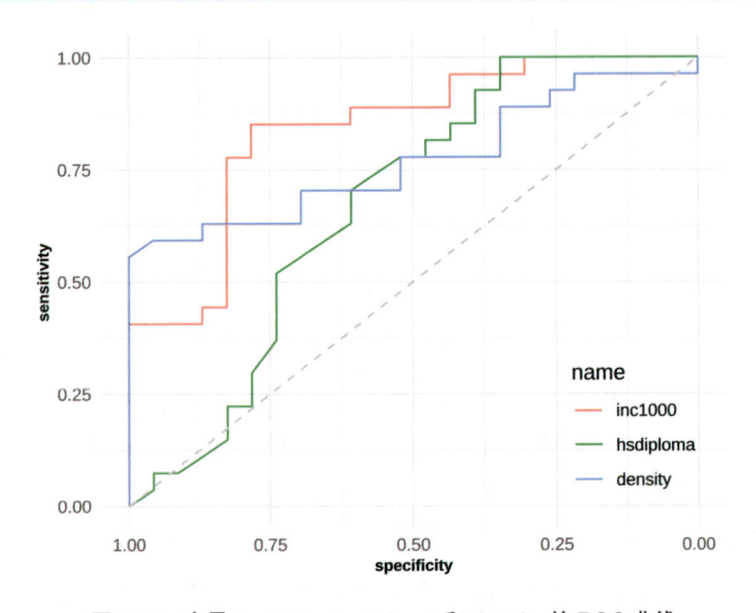

```
roc.list <- roc(obamawin ~ inc1000 + hsdiploma + density, data = states)

g.list <- pROC::ggroc(roc.list)

g.list +
  theme_minimal() +
  theme(plot.title = element_text(size = 8, face = "bold"),
        axis.title = element_text(size = 8, face = "bold"),
        legend.position = c(0.85, 0.2)) +
  geom_segment(aes(x = 1, xend = 0, y = 0, yend = 1),
               color="grey", linetype="dashed") +
  ggtitle("图 17-8：变量 inc1000、hsdiploma 和 density 的 ROC 曲线")
```

图 17-8：变量 inc1000、hsdiploma 和 density 的 ROC 曲线

如图 17-8 所示，inc1000（红线表示）的 ROC 曲线总体上优于 `hsdiploma` 和 `density`。我们之所以知道这一点，是因为收入的 ROC 曲线有较大部分接近图的左上角。虽然人口密度在局部确实优于收入（当特异度大于 0.80 时），但收入曲线总体上比其他曲线更靠近左上角。简而言之，这提供了一种简单快速的方法来评估逻辑回归中的不同变量。

> **数据可视化的艺术与实践**
> **计算 AUC**
>
> 虽然"pROC"包中的 `ggroc()` 函数提供了一种简单快速的方法来了解不同变量的实际表现，但它提供的细节很少。如果想计算 AUC 并标记不同水平的阈值，`roc()` 函数就很好用。但是，它无法和 ggplot 一起用。

> **知识检验**：评估逻辑模型预测结果的能力。

10. 有哪些工具可以用于逻辑回归的诊断？

    a. R^2 统计量

    b. 拟 R^2 统计量

    c. 接收者操作特征曲线

    d. 曲线下面积

11. 下面哪项最好地描述了卡方检验？

    a. 它将一个模型与另一个模型进行了比较。

    b. 它检验了模型中的不同变量。

    c. 它记录了预测成功的次数。

    d. 它记录了预测不成功的次数。

12. 以下哪项等同于敏感度？

    a. 真阳性

    b. 阳性案例预测正确的比例

    c. 真阴性

    d. 阴性案例预测正确的比例

13. 以下哪项等同于特异度？

    a. 真阳性

    b. 阳性案例预测正确的比例

    c. 真阴性

    d. 阴性案例预测正确的比例

14. 使用逻辑回归，将一个州是否有"坚守阵地法"回归到 hsdiploma 和 evangel 上。为这些变量生成 ROC 曲线并回答以下问题：
    a. 模型中哪个变量是比较成功的试验？
    b. hsdiploma 是否有助于我们区分这两种州？
    c. evangel 是否有助于我们区分这两种州？

小结

本章我们学到了许多涉及二元因变量的有意义的问题。我们还了解到，OLS 框架并不能很好地估计自变量和二元因变量之间的关系。虽然生成逻辑回归模型的系数很容易，但我们还要做一些额外的工作才能理解目标自变量和因变量之间的实质性关系。

具体来说，在逻辑回归框架中，自变量和因变量之间的关系取决于模型中其他变量的值(它们是交互作用的)。因此，我们不得不多花一点时间来计算实质性的影响。有一些包（本章用的是"visreg"）可以帮助我们生成这些图表。对逻辑模型进行诊断也需要一些额外的工作。拟 R^2 统计量有助于证明模型的表现如何，但它提供的信息与 OLS 中的 R^2 统计量不同。ROC 曲线和 AUC 的计算很好地概括了逻辑模型的表现。然而，要了解其背后的分析方法，首先要了解敏感度和特异度。在具备了如何在逻辑框架下进行计算、解读和诊断回归的完整图景后，我们现在便有了更广泛的工具来进行自己的数据分析。

> **常见问题**

- 敏感度和特异度。这些术语容易混淆，不常用它们的人相对比较容易遗忘。敏感度就是指确实有病时检出患病（真阳性）。特异度相反，是指没病时排除患病的能力（真阴性）。医学检测或者逻辑回归，在这两个方面突出的有所不同。
- 对数发生比与预测概率。对数发生比是解读逻辑回归系数最快捷的方式。自变量一个单位的变化，对应的特定结果的对数发生比变化 x。换句话说，由于发生比的对数（对数发生比）把二分因变量和连续自变量放在了线性框架中，我们对它的解释很像直线的斜率。预测概率采用以下数学表达式转换对数发生比：

$$\text{预测概率} = \frac{e^{\hat{Y}_i}}{\left(1+e^{\hat{Y}_i}\right)}$$

其中，$\hat{Y}_i$ 是模型对第 i 个案例的预测（以对数发生比表示）。由于预测概率将线性函数转换成了非线性函数，因此不能像以前那样解读系数了。相反，我们选择 x 的一个值，并计算其结果发生的概率。

- ROC 和 AUC。虽然理解怎样得到 ROC 曲线的推演过程需要一点耐心，但是曲线本身可以直观地可视化逻辑模型的拟合效果。曲线越接近与之相交的对角线，预测效果越差。对角线相当于抛硬币的准确度。曲线越接近左上角，拟合效果越好，曲线下面积越大。虽然 AUC 提供了不错的简单数值摘要（在 0.50 和 1 之间变化），但 ROC 提供了更多的细节，在查看具有多个变量的模型时会有所帮助。

复习题

1. 我们什么时候使用逻辑回归？
2. 将 OLS 应用于二元因变量时，违反了高斯－马尔可夫假设的哪些条件？
3. 为什么对数发生比没什么用？
4. 对数发生比是如何转换产生预测概率的？
5. 逻辑曲线的形状是什么样的？为什么？
6. 在逻辑回归框架下，如何衡量拟合效果？
7. 在逻辑回归框架下，如何评估一个模型是否优于另一个模型？
8. 如何解读逻辑回归中的系数？
9. 应该如何呈现预测概率？
10. 对二元因变量进行 OLS 时，残差图说明了什么？

数据分析与可视化练习

1. 我们在什么情况下使用逻辑回归？
    a. 因变量为对数时
    b. 因变量为分类变量时
    c. 自变量为二分变量时
    d. 因变量为二分变量时
2. 以下哪个问题意味着要使用逻辑模型？
    a. 什么能解释为什么有些球队赢得了超级碗？
    b. 今年会有足球赛季吗？
    c. 人们为什么投票？
    d. 为什么有些人会杀人？
3. 为什么以二分变量作为因变量的模型会违反高斯－马尔可夫假设？
    a. 误差会有非恒定方差。
    b. 误差之和不会为零。
    c. 误差不会是独立的。
    d. 总会有一个遗漏的变量。

4. 使用 states 数据集，将死刑回归到 stuspend、murderrate、inc 和 democrat 上。使用对数发生比解读 stuspend 和 murderrate 的系数。

5. 进行相同的回归，并使用预测概率绘制出在不同的学生教育支出水平下死刑与 murderrate 之间的关系。

6. 计算回归的拟 R^2 度量。

7. 使用卡方检验，验证 democrat 变量是否会显著改善模型？

8. 生成 stuspend 变量的 ROC 曲线。这是一个有用的预测指标吗？

9. stuspend 变量的 AUC 是多少？

10. 绘制完整模型的 ROC 曲线。哪个变量最能解释某些州是否采用了死刑？

R 函数注释

以下函数在本章中出现。它们按首次出现的顺序列出（括号中的是代码块编号），并在此注释以简要地说明其用途。其中有些不是独立的函数，必须配合其他指令使用。友情提示：只要按照它们出现的顺序运行，每章的代码就都可以正常工作。正确的运行还依赖作者定义的 libraries() 函数，用于加载所需的 R 包。

ggplot()：定义图的基本结构（通常是变量 x 和 y）。（17-1）

aes()：aes（图形属性，aesthetics）函数在 ggplot 中用于定义图的基本结构[1]，通常包含要用到的变量以及形状或颜色。（17-1）

geom_point()：在 ggplot 的网格中绘制点。（17-1）

theme_minimal()：为 ggplot 设置极简风格的主题。（17-1）

theme()：指定 ggplot 中的字体、大小等。（17-1）

geom_smooth()：在散点图中绘制曲线或直线。（17-1）

geom_text_repel()：在 ggplot 框架的散点图中标记点。（17-1）

ggtitle()：设置 ggplot 的标题。（17-1）

ylab()：在 ggplot 中设置 y 轴标签。（17-1）

xlab()：在 ggplot 中设置 x 轴标签。（17-1）

lm()：线性模型或回归函数。（17-2）

stargazer()：生成指定模型的回归表。（17-2）

resid()：应用于线性模型描述的对象时，将生成残差。（17-3）

predict()：应用于线性模型描述的对象时，将生成预测值。（17-3）

geom_hline()：在图中生成一条水平线。（17-3）

---

1 译注：图形属性与变量的映射关系。

glm()：广义线性模型函数。这里是为了进行逻辑回归。（17-4）

visreg()：绘制各种模型预测值的图形包。能够生成基于 ggplot 的图形。（17-5）

annotate()：让用户在图中放置文字和线条。（17-5）

logitR2()：作者定义的函数，用于生成逻辑回归的拟 R^2 统计量。（17-9）

pchisq()：比较两个不同模型卡方检验输出的 p 值。其用于逻辑回归的诊断。（17-10）

filter()："dplyr" 软件包中的函数，用于在数据集中根据标准选择行。（17-11）

select()："dplyr" 软件包中的函数，用于在数据集中根据标准选择列。（17-11）

melt()：将两个变量堆叠在一起的函数。将宽格式的数据转换为长格式。（17-11）

geom_density()：用于绘制密度图的 ggplot 图层。（17-12）

scale_fill_manual()：让用户指定 ggplot 填充图形的颜色。（17-12）

geom_vline()：在 ggplot 中绘制垂直线。（17-12）

ecdf()：计算变量的累积分布函数的坐标。（17-13）

roc()：使用逻辑模型计算生成 ROC 曲线坐标的函数。（17-14）

ggroc()：将用 R 基础绘图绘制的 ROC 曲线对象转换为用 ggplot 呈现的 ROC 曲线对象。（17-14）

geom_segment()：在 ggplot 图中绘制线段。（17-14）

附录A
形成经验蕴涵

概述

在探索性数据分析（Exploratory Data Analysis，EDA）中，我们不能依赖经典统计方法来评估结果的准确性，因为我们通过在模型中纳入和排除变量、剔除或增加某些案例的方式，测试了不同的模型。在这个过程中，我们永远不应该就只依靠或者说只在一个回归估计上孤注一掷。全面的验证性分析方法可以让我们确信确实在数据中发现了一些东西，而确定是否有发现的可用手段有很多。在此附录中，我列出并简要讨论了其中一些方法。从某种意义上说，这些方法公式化了数据分析师的工作，让新手明确了这个过程。

本附录首先介绍了一个产生经验蕴涵的简单框架："如果……那么……"（if-then）语句。运用这种简单的逻辑能够产生最深刻的议题。然后使用公式化的"如果……那么……"来盘查等式左边（因变量）、等式右边（自变量）、特定的观测，以及所考察的连接等式两边的因果机制。本附录最后认为该过程是永无止境的，需要分析师决定何时适可而止！

形成经验蕴涵

EDA过程的关键是在查看数据视图或模型生成的估计后形成"如果……那么……"语句。我们寻找更多的间接证据，来了解在图或回归中所观察到的东西是否真实，而非统计学上的偶然性、糟糕的测量或草率推理的结果。此附录就如何开展这个过程提供了一些建议。就像菜鸟侦探可以向经验丰富的老手学习一样，这些指示说明了数据分析师要如何着手解决问题。

检验其他因变量

假设我们发现凶杀率和教育之间存在着很强的负相关关系。确切地说，我们发现一个州的凶杀率与该州拥有高中文凭的人口比例密切相关。如果理论（现在似乎已被某些证据证实）是教育为个人提供了避免冲突的手段，那么我们可能期望高中毕业生也能避免其他类型的冲突。

> 此时，我们可以做出以下声明：如果高中教育降低了凶杀率，那么其他攻击性犯罪也应该随着人口的教育水平而变化。

只要有数据或者能拿到数据，我们就可以检验这个新的假设。如果假设得到了证明（即拥有高中文凭的州人口百分比与其他攻击性犯罪有关），那么个案中就会有更多的间接证据。如果高中毕业与其他攻击性犯罪之间没有关系，那么或许我们也能了解到关于其他犯罪类型的一些事情。

检验其他自变量

继续以凶杀率和高中教育为例，我们还可以检验其他自变量与凶杀率之间是否存在相同的模式。

> 例如，如果受教育程度越高，越能避免暴力犯罪，那么我们可能期望接受过大学教育的人口比例越高，凶杀率越低。

如果我们发现拥有大学文凭的人口比例与凶杀率之间存在负相关关系，那么就有更多的证据表明教育提供了避免冲突的手段。如果它们之间没有关系，那么避免犯罪的能力或许是在高中学到的。请注意，无论结果如何都有重大发现。所以，发现靠的是精心设计的问题——由明晰的数据分析产生的问题。

利用个案的信息

要做出新发现并不一定需要收集新的数据或使用不同的变量。我们可以更深入地研究现有数据来获得洞见。这就要更多地了解课题，同时提出正确的议题，以便取得问题的进展。也许教育和凶杀率之间的负相关关系纯粹是收入的函数，而收入恰好与教育密切相关。虽然我们随时可以将收入纳入回归模型来观察其对结果的影响，但是也可以在散点图中找出令人关注的案例，提供一些线索。

假设用州名标记所有点后，我们发现康涅狄格州和怀俄明州的凶杀率有很大的差别，而高中毕业率却非常相似。我们可能想要探索收入的作用，因为这两个州的家庭收入中位数差别很大。假设，我们可能还注意到，鉴于佛蒙特州的收入和教育水平，其凶杀率太高了。考虑到佛蒙特州允许持枪的法律（佛蒙特州流行打猎），我们可能想要在解释凶杀率的时候考察枪支法的作用。对简单的散点图进行更深入仔细的研究，就能获得所有这些洞见。

因果机制

作为最后的例子，基于从数据的初始描述中观察到的经验证据，我们可以提出若干假设。再来看看拥有高中文凭的人口比例与凶杀率之间的负相关关系。我们可以根据最初的观察，编一个故事（理论）来说明为什么认为这两个变量是相关的。或许我们认为，受教育程度越高的人，其获得的收入就越多。收入较高的人，其休闲活动更可能涉及高尔夫球、网球和游泳，而不是狩猎。参与枪支相关活动的人数越少，枪支暴力事件可能就越少，进而降低了凶杀率。

虽然这个推理相当复杂和冗长，却能让我们检验许多不同的机制。首先，较高的高中毕业率是否与较高的收入水平有关？休闲活动的类型与枪支暴力事件之间是否有关系？通过系统地阐述我们认为可能起作用的因果机制，就可以检验那些隐藏在数据背后，将故事关联起来的具体联系了。

如果本例检验的机制没有得到证实，我们会发现要么教育并没有那么重要，要么很重要，但不是我们所想的那样。或许关于拥有枪支的牵强理论是错误的，或许那些拥有高中文凭的人更容易发现要避开的关系、地点和人。作为政策制定者，重要的是要知晓将凶杀率与教育联系起来的具体因果关系。

兔子（无底）洞

上述过程可以是永无止境的。在每个新的检验或数据视图中，总能得到并检验新的假设。虽然这里列出的不是最高效的过程，但可能却是最有价值的，因为它能带来有意义的发现：了解世界上那些我们以为知道，实际上却不知道的事情。尽管如此，但是知道什么时候适可而止很重要。最终，论文需要写，结果需要报告，政策也需要制定。然而，数据分析师在理论和证据之间来回往复迭代的次数越多，故事就越丰富和准确。

只要得到实践和开发，这些技能就可以被应用到许多不同的情境。抛开重要的发现不谈，数据分析是我们开发逻辑、创造力和想象力等关键技能的舞台。